TRAGEDIA Y ESPERANZA

—

HISTORIA CONTEMPORÁNEA DE NUESTRO MUNDO

TOMO I

*De la civilización occidental en su contexto
global a la política de Apaciguamiento*

Discovery Publisher

Título original: *Tragedy & Hope: A History of the World in Our Time*
1966, ©The Macmillan Company, ©Carroll Quigley
All rights reserved

Para la edición española:
2024, ©Discovery Publisher
Todos los derechos están reservados.

Ninguna parte de este libro puede ser reproducida en forma alguna, ni en ningún medio electrónico o mecánico incluidos medios de almacenamiento de información o sistemas de recuperación de datos, sin el permiso escrito de la editorial.

Autor: Carroll Quigley
Traducción: Luisa Martinez
Revisión y edición final: Sabanda Guimerá

616 Corporate Way
Valley Cottage, New York,
www.discoverypublisher.com
editors@discoverypublisher.com
Orgulloso de no estar en Facebook o Twitter

New York • Paris • Dublin • Tokyo • Hong Kong

TABLA DE CONTENIDO

Tragedia y Esperanza: historia contemporánea de nuestro mundo   I
  Prólogo   3

I

Introducción: la civilización occidental en su contexto global   9
  Evolución cultural en las civilizaciones   10
  Difusión cultural en la civilización occidental   20
  El paso de Europa al siglo XX   33

II

La civilización occidental hasta 1914   41
  El patrón de cambio   42
  Evolución de la economía europea   52
    Capitalismo comercial   52
    Capitalismo industrial, 1770–1850   58
    Capitalismo financiero, 1850–1931   61
    Prácticas financieras nacionales   66
    La situación antes de 1914   79
  Estados Unidos hasta 1917   82

III

El Imperio ruso hasta 1917   93

IV

La franja de protección — 123

Oriente Próximo hasta 1914 — 125
La crisis del Imperio británico: África, Irlanda y la India hasta 1926 — 141
    Egipto y Sudán hasta 1922 — 150
    África Oriental hasta 1910 — 151
    Sudáfrica, 1895–1933 — 154
    La creación de la Commonwealth, 1910–1926 — 162
    África Oriental, 1910–1931 — 167
    India hasta 1926 — 172
    Irlanda hasta 1939 — 194
Del Lejano Oriente a la Primera Guerra Mundial — 198
    El resurgimiento de Japón hasta 1918 — 215

V

La Primera Guerra Mundial, 1914–1918 — 233

El crecimiento de las tensiones internacionales, 1871–1914 — 234
    La creación de la Triple Alianza, 1871–1890 — 235
    La creación de la Triple Entente, 1890–1907 — 236
    Esfuerzos para salvar la brecha entre las dos coaliciones, 1890–1914 — 239
    Las crisis internacionales, 1905–1914 — 242
Historia militar, 1914–1918 — 249
Historia diplomática, 1914–1918 — 260
El frente interno, 1914–1918 — 281

VI

El sistema de Versalles y la vuelta a la «normalidad», 1919–1929 — 293

Los acuerdos de paz, 1919–1923 — 294
Seguridad, 1919–1935 — 312
Desarme, 1919–1935 — 325
Reparaciones de guerra, 1919–1932 — 335

VII

Finanzas, política comercial y actividad empresarial — 345
- Reflación e inflación, 1897–1925 — 346
- El período de estabilización, 1922–1930 — 351
- El período de deflación, 1927–1936 — 371
  - La caída de 1929 — 374
  - La crisis de 1931 — 377
- La crisis en Estados Unidos, 1933 — 382
  - La Conferencia Económica Mundial, 1933 — 384
- Reflación e inflación, 1933–1947 — 393
  - El período de inflación, 1938–1945 — 403

VIII

El socialismo internacional y el desafío soviético — 407
- El Movimiento Socialista Internacional — 408
- La revolución bolchevique hasta 1924 — 418
- El estalinismo, 1924–1939 — 426

IX

Alemania del Káiser a Hitler, 1913–1945 — 441
- Introducción — 442
- La República de Weimar, 1918–1933 — 452
- El régimen nazi — 468
  - Llegada al poder, 1933–1934 — 468
  - Los gobernantes y los gobernados, 1934–1945 — 478

X

Gran Bretaña: Los antecedentes del apaciguamiento, 1900–1939   495

    Antecedentes sociales y constitucionales   496

    Historia política hasta 1939   517

XI

Cambios en los patrones económicos   533

    Introducción   534

    Gran Bretaña   536

    Alemania   544

    Francia   553

    Estados Unidos de América   568

    Los factores económicos   575

    Los resultados de la depresión económica   586

    La economía pluralista y los bloques mundiales   590

XII

La Política de Apaciguamiento, 1931–1936   597

    Introducción   598

    El ataque japonés, 1931–1941   600

    El ataque italiano, 1934–1936   610

    Círculos y contracírculos, 1935–1939   616

    La tragedia española, 1931–1939   627

TRAGEDIA Y ESPERANZA

—

HISTORIA CONTEMPORÁNEA DE NUESTRO MUNDO

TOMO I
De la civilización occidental en su contexto global a la política de Apaciguamiento

Prólogo

El término «historia contemporánea» probablemente es contradictorio en sí mismo porque lo contemporáneo no es histórico y lo histórico no es contemporáneo. Normalmente, los historiadores sensatos se abstienen de escribir informes de eventos muy recientes porque se dan cuenta de que no disponen de los materiales originales de tales acontecimientos, especialmente los documentos oficiales e indispensables, e incluso con la documentación disponible, es muy difícil para cualquiera obtener la perspectiva necesaria de los acontecimientos de la propia vida. Claramente, no debo ser un historiador sensato o al menos ordinario, ya que he cubierto, en un libro anterior, toda la historia de la humanidad en apenas 271 páginas. Ahora escribo más de 1300 páginas para acontecimientos de una vida entera. Aquí hay una conexión. Para cualquier lector atento resultará evidente que he dedicado muchos años de estudio y de auténtica investigación, aún sin disponer de documentación adecuada, pero debería ser igualmente evidente que, sea cual sea el valor que esta obra tenga, ello se debe a su amplia perspectiva. He tratado de corregir las deficiencias de la evidencia por medio de la perspectiva, no solo proyectando los patrones de la historia pasada hacia el presente y el futuro, sino también tratando de situar los acontecimientos del presente en su contexto total, examinando todos los variados aspectos de estos acontecimientos, no solo los políticos y económicos, como se hace con tanta frecuencia, sino mediante mis esfuerzos por incluir también los factoresmilitares, tecnológicos, sociales e intelectuales.

Espero que el resultado de esta obra sea la interpretación del presente, así como del pasado reciente y del futuro cercano, los cuales no cuentan con clichés aceptados, eslóganes y autojustificaciones que arruinan demasiado la «historia contemporánea». La mayor parte de mi vida adulta la he dedicado a formar estudiantes universitarios en técnicas de análisis histórico que les ayuden a liberar su comprensión de la historia de las categorías aceptadas y de las clasificaciones cognitivas de la sociedad en la que vivimos, ya que estas, por muy necesarias que sean para nuestros procesos de pensamiento y para los conceptos y símbolos que necesitamos para hablar sobre la realidad, sirven, sin embargo a menudo, como barreras que nos protegen del reconocimiento de las propias realidades subyacentes. El presente trabajo es el resultado de ese intento de mirar las situaciones reales que se esconden bajo los símbolos conceptuales y verbales. Creo que proporciona, como consecuencia de este esfuerzo, una explicación más fresca, algo diferente y (espero) más satisfactoria de cómo hemos llegado a la situación en la que nos encontramos.

La redacción de esta obra ha durado más de veinte años. Aunque la mayor parte se basa en los relatos habituales de estos acontecimientos, algunas partes se basan en una investigación personal bastante intensa (incluida la búsqueda entre materiales manuscritos). Estas partes incluyen lo siguiente: la naturaleza y las técnicas del capitalismo financiero, la estructura económica de Francia bajo la Tercera República, la historia social de los Estados Unidos y la pertenencia y las actividades del Establishment británico. En otros temas, mi lectura ha sido tan amplia como he podido hacerla y he tratado sistemáticamente de ver todos los temas desde puntos de vista tan amplios y variados como soy capaz. Aunque me considero, a efectos de clasificación, un historiador, he realizado muchos estudios de ciencias políticas en Harvard, he persistido en el estudio privado de la teoría psicológica moderna durante más de treinta años y he sido miembro de la Asociación Antropológica Americana, la Asociación Económica Americana y la Asociación Americana para el Avance de la Ciencia, así como de la Asociación Histórica Americana durante muchos años.

Así pues, mi principal justificación para escribir una obra extensa sobre historia contemporánea, a pesar del carácter necesariamente restringido de la documentación, debe basarse en mis esfuerzos por remediar esta inevitable deficiencia utilizando la perspectiva histórica que me permita proyectar las tendencias del pasado en el presente e incluso en el futuro y mis esfuerzos por dar a este intento una base más sólida, utilizando todas las evidencias de una amplia variedad de disciplinas académicas.

Como consecuencia de estos esfuerzos por utilizar este amplio y quizás complejo método, este libro es inexcusablemente largo. Por ello debo pedir disculpas, con la excusa de que no me dio tiempo de hacerlo más corto y de que una obra ciertamente tentativa e interpretativa debe ser necesariamente más larga que una presentación más definida o dogmática. A quienes les parezca excesiva la extensión, solo puedo decirles que he omitido capítulos que ya estaban escritos, sobre tres temas: la historia agrícola de Europa, la historia nacional de Francia e Italia y la historia intelectual del siglo XX en general. Para ello he introducido suficiente información sobre estos temas en otros capítulos.

Aunque muchas veces proyecto la interpretación hacia un futuro próximo, la narración histórica cesa en 1964, no porque la fecha de redacción haya coincidido con la marcha de los acontecimientos históricos, sino porque el periodo entre 1862 y 1864, me parece que marca el final de una era de desarrollo histórico y un período de pausa antes de que comience una era muy diferente con problemas muy distintos. Este cambio es evidente en una serie de acontecimientos obvios, como el hecho de que los líderes de todos los países importantes (excepto China comunista y Francia) y de muchos otros menores (como Canadá, India, Alemania Occidental, el Vaticano, Brasil e Israel) cambiaron en este período. Aún más importante es el hecho de que la Guerra Fría, que culminó en la crisis cubana de octubre de 1962, empezó a disminuir hacia su final durante los dos años siguientes, un proceso que se hizo evidente en una serie de acontecimientos, como la rápida sustitución de la Guerra Fría por la «Coexistencia Pacífica»; la desintegración de los dos superbloques políticos que se habían enfrentado durante la Guerra Fría; el aumento del neutralismo, entre los superbloques políticos y la franja neutral de las potencias del tercer bloque; la saturación de la Asamblea General de las Naciones Unidas por una avalancha de nuevas pseudopotencias independientes, a veces microscópicas; el creciente paralelismo de la Unión Soviética y los Estados Unidos; y el creciente aumentoen todas las partes del mundo de los problemas del nivel de vida, de los desajustes sociales y de la salud mental, sustituyendo el énfasis anterior en los armamentos, las tensiones nucleares y la industrialización pesada. En un período como este, en el que una era parece estar terminando y aparece una diferente, aunque todavía poco definida, me pareció un buen momento para evaluar el pasado y buscar alguna explicación de cómo hemos llegado a donde estamos.

En un prólogo como este, es habitual concluir con los reconocimientos, lo que forma parte de mis obligaciones personales. Mi agradecimiento es tan grande que me parece injusto destacar algunas y omitir otras, pero hay que mencionar a cuatro. Gran parte de este libro fue mecanografiado por mi esposa, con su habitual e impecable estilo. Esto se hizo en versión original y en versiones revisadas, a pesar de las constantes distracciones de sus obligaciones domésticas, de su propia carrera profesional en una universidad diferente y de su propia escritura y publicación. Le estoy muy agradecido por haber asumido tan alegremente esta gran tarea.

De igual manera agradezco la paciencia, el entusiasmo y el conocimiento asombrosamente amplio de mi editor en *The Macmillan Company*, Peter V. Ritner.

Deseo expresar mi gratitud al Comité de Becas de la Universidad de Georgetown, que en dos ocasiones me proporcionó fondos para la investigación durante el verano.

Por último, debo decir unas palabras de agradecimiento a mis alumnos de muchos años que me obligaron a mantenerme al día con las costumbres y perspectivas frecuentemente cambiantes de nuestros jóvenes y, a veces, también me obligaron a reconocer que mi manera de ver el mundo no es necesariamente la única, ni siquiera la mejor. Muchos de estos estudiantes, pasados, presentes y futuros, están incluidos en la dedicatoria de este libro.

Carroll Quigley
Washington D.C.
8 de marzo de 1965

I

INTRODUCCIÓN: LA CIVILIZACIÓN OCCIDENTAL EN SU CONTEXTO GLOBAL

La evolución cultural de las civilizaciones	10
La difusión cultural en la civilización occidental	20
La transición al siglo XX en Europa	33

Evolución cultural en las civilizaciones

S iempre han existido hombres que se preguntan «¿a dónde vamos?» Pero nunca, al parecer, habían sido tantos. Y seguramente estos miles de hombres nunca se han hecho la pregunta más dolorosa, ni siquiera la han reformulado con palabras desesperadas: «¿Puede el hombre sobrevivir?». Incluso sobre un fundamento menos cósmico, aparecen por todas partes hombres que se interrogan buscando «significado» o «identidad», o también, sobre un fundamento más egocéntrico, «tratando de encontrarme a mí mismo».

Una de estas preguntas persistentes es típica del siglo XX y no de épocas anteriores: ¿puede sobrevivir nuestro modo de vida? ¿Está nuestra civilización condenada a desaparecer como la de los Incas, los Sumerios o los Romanos? Desde Giovanni Battista Vico, a principios del siglo XVIII, hasta Oswald Spengler, a principios del siglo XX, y Arnold J. Toynbee, en nuestros días, los hombres se han preocupado durante mucho tiempo del problema de si las civilizaciones tienen un ciclo de vida y siguen un patrón de cambio similar. De esta discusión ha surgido un acuerdo bastante general de que los hombres viven en sociedades organizadas por separado, cada una con su propia cultura; que algunas de estas sociedades, con escritura y vida urbana, existen en un nivel superior de cultura que el resto y deben ser denominadas con el término «civilizaciones»; y que estas civilizaciones tienden a pasar por un patrón común de experiencia.

De estos estudios parece desprenderse que las civilizaciones siguen un proceso de evolución que puede analizarse brevemente así: cada civilización nace de alguna manera inexplicable y, tras un lento comienzo, entra en un periodo de vigorosa expansión, aumentando su tamaño y poder, tanto internamente como a costa de sus vecinos, hasta que gradualmente aparece una crisis de organización. Cuando esta crisis ha pasado y la civilización se ha reorganizado, parece algo diferente. Se han debilitado su vigor y moral, se ha estabilizado y ha acabado por estancarse. Tras la Edad de Oro de paz y prosperidad, vuelven a surgir crisis internas. En este momento aparece, por primera vez, una debilidad moral y física que plantea, también por primera vez, dudas sobre la capacidad de la civilización para defenderse de los enemigos externos. Atormentada por las luchas internas de carácter social y constitucional, debilitada por la pérdida de fe en sus antiguas ideologías y por el desafío de nuevas ideas incompatibles con su naturaleza pasada, la civilización se debilita constantemente hasta que es sumergida por los enemigos exteriores, y finalmente desaparece.

Cuando llegamos a aplicar este proceso, incluso vagamente, a nuestra propia civilización, la civilización occidental, podemos ver que son necesarias ciertas modificaciones. Al igual que otras civilizaciones, la nuestra comenzó con un período de mezcla de elementos culturales de otras sociedades, transformó estos elementos en una cultura claramente propia, comenzó a expandirse con creciente rapidez como lo habían hecho otras y pasó de este período de expansión a un período de crisis. Pero en ese momento el patrón cambió.

En más de una docena de otras civilizaciones, la «Época de expansión» fue seguida por una «Época de crisis» y esta, a su vez, por un período de «imperio universal» en el que una única unidad política gobernaba toda la extensión de la civilización. La civilización occidental, por el contrario, no pasó de la «Época de crisis» a la «Época del imperio universal», sino que fue capaz de reformarse y entró en un nuevo período de expansión. Además, la civilización occidental no solo lo hizo una vez, sino varias veces. La capacidad de reformarse o reorganizarse una y otra vez fue lo que convirtió a la civilización occidental en el factor dominante del mundo a principios del siglo XX.

Al observar las tres eras que forman la parte central del ciclo de vida de una civilización, podemos notar un patrón común. La «Época de expansión» se caracteriza generalmente por cuatro tipos de expansión: (1) de la población, (2) del área geográfica, (3) de la producción y (4) del conocimiento. La expansión de la producción y la expansión del conocimiento dan lugar a la expansión de la población y las tres juntas dan lugar a la expansión de la extensión geográfica. Esta expansión geográfica tiene cierta importancia porque da a la civilización una especie de estructura nuclear formada por una zona central más antigua (que había existido como parte de la civilización incluso antes del período de expansión) y una zona periférica más nueva (que pasó a formar parte de la civilización solo en el período de expansión y posteriormente). Si lo deseamos, podemos establecer, como sutileza adicional, una tercera zona semiperiférica entre la zona central y la zona totalmente periférica.

Estas diversas áreas son fácilmente perceptibles en varias civilizaciones del pasado y han desempeñado un papel importante en el cambio histórico de dichas civilizaciones. En la civilización mesopotámica (6000 a.C.–300 a.C.), la zona central era el valle bajo de Mesopotamia; la zona semiperiférica era el valle medio y superior, mientras que la zona periférica incluía las tierras altas que rodeaban este valle y zonas más remotas como Irán, Siria e incluso Anatolia. El área central de la civilización minoica (3500 a.C.–1100 a.C.) era la isla de Creta, mientras que el área periférica incluía las islas del Egeo y las costas de los Balcanes. En la civilización clásica, el área central era la costa del mar Egeo; el área semiperiférica era el resto de la porción norte del mar Mediterráneo oriental, mientras que el área periférica abarcaba el resto de la costa mediterránea y finalmente, España, el norte de África y la Galia. En la civilización cananea

(2200 a.C.–100 a.C.) el área central era el Levante, mientras que el área periférica estaba en el Mediterráneo occidental, en Túnez, Sicilia occidental y España oriental. La zona central de la civilización occidental (desde el año 400 a.C. hasta algún momento en el futuro) ha sido la mitad norte de Italia, Francia, el extremo occidental de Alemania e Inglaterra; la zona semiperiférica ha sido el centro, el este y el sur de Europa y la Península Ibérica, mientras que las zonas periféricas han incluido América del Norte y del Sur, Australia, Nueva Zelanda, Sudáfrica y algunas otras zonas.

Esta distinción de al menos dos zonas geográficas en cada civilización es de gran importancia. El proceso de expansión, que comienza en la zona central, también empieza a ralentizarse en el núcleo cuando la zona periférica aún sigue expandiéndose. En consecuencia, en la última parte de la «Época de expansión», las zonas periféricas de una civilización tienden a ser más ricas y poderosas que la zona central. Otra forma de decir esto es que el núcleo pasa de la «Época de expansión» a la «Época de conflicto» antes que la periferia. Con el tiempo, en la mayoría de las civilizaciones el ritmo de expansión empieza a disminuir en todas partes.

Este descenso en el ritmo de expansión de una civilización es lo que marca el cambio de la «Época de expansión» a la «Época de conflicto». Este último es el más complejo, interesante y crítico de todos los períodos del ciclo de vida de una civilización. Tiene cuatro características principales: (a) es un período de disminución del ritmo de expansión; (b) es un período de crecientes tensiones y conflictos de clase; (c) es un período de guerras imperialistas que son cada vez más frecuentes y violentas; y (d) es un período en el que se hacen presentes la creciente irracionalidad, el pesimismo, las supersticiones y otras experiencias. Todos estos fenómenos aparecen en el núcleo de una civilización antes de que se manifiesten en partes más periféricas de la sociedad.

La decreciente tasa de expansión de la «Época de conflicto» da lugar a las otras características de la era, al menos en parte. Tras los largos años de la «Época de expansión», la ideología de las personas y sus organizaciones sociales están ajustadas a la expansión y es muy difícil reajustarlas a un ritmo de expansión decreciente. Las clases sociales y las unidades políticas *dentro de la civilización* intentan compensar la ralentización de la expansión a través del crecimiento normal mediante el uso de la violencia contra otras clases sociales o contra otras unidades políticas. De ahí surgen las luchas de clases y las guerras imperialistas. Los resultados de estas luchas dentro de la civilización no tienen gran importancia para el futuro de la propia civilización, lo que tendría gran importancia sería la reorganización de la estructura de la civilización para que se reanudara el proceso de crecimiento normal. Dado que tal reorganización requiere la eliminación de las causas de la decadencia de la civilización, el triunfo de una clase social sobre otra o de una unidad política sobre otra, dentro de la civilización, no tendrá normalmente ninguna influencia importante sobre las causas de la decadencia y no dará lugar (salvo por accidente) a una reorganización de la estructura que dé lugar a un nuevo período de expansión. De hecho, las luchas de clases y las guerras imperialistas de la «Época de conflicto» probablemente servirán para aumentar la velocidad del declive de la civilización, porque disipan el capital y desvían la riqueza y las energías de las actividades productivas a las no productivas.

En la mayoría de las civilizaciones, la larga angustia de la «Época de conflicto» termina finalmente en un nuevo período: la «Época del imperio universal». Como resultado de las guerras imperialistas de la «Época de conflicto», el número de unidades políticas de la civilización se reduce mediante la conquista y finalmente, una de ellas emerge triunfante. Cuando esto ocurre, tenemos una unidad política para toda la civilización. Al igual que la zona central pasa de la «Época de expansión» a la «Época de conflicto» antes que las zonas periféricas, a veces la zona central es conquistada por un solo Estado antes de que toda la civilización sea conquistada en la «Época del imperio universal». Cuando esto ocurre, el imperio del núcleo suele ser un Estado semiperiférico, mientras que «el imperio universal» suele ser un Estado periférico. Así pues, el núcleo de Mesopotamia fue conquistado por la semiperiférica Babilonia hacia el 1700 a.C., mientras que toda la civilización mesopotámica fue conquistada por la más periférica Asiria hacia el 725 a.C. (sustituida por la totalmente periférica Persia hacia el 525 a.C.). En la civilización clásica, la zona central fue conquistada por la semiperiférica Macedonia hacia el 336 a.C., mientras que toda la civilización fue conquistada por la periférica Roma hacia el 146 a.C. En otras civilizaciones, el «imperio universal» ha sido siempre un Estado periférico, incluso cuando no ha habido una conquista anterior de la zona central por un Estado semiperiférico. En la civilización maya (1000 a.C.–1550 d.C.), el área central estaba supuestamente en Yucatán y Guatemala, pero el «imperio universal» de los aztecas se centró en las tierras altas periféricas del centro de México. En la civilización andina (1500 a.C.–1600 d.C.), las zonas centrales se encontraban en las laderas y valles más bajos de los Andes centrales y septentrionales, pero el «imperio universal» de los Incas se centró en las zonas más altas de los Andes, una zona periférica. La civilización cananea (2200 a.C.–146 a.C.) tuvo su núcleo en el Levante, pero su «imperio universal», el Imperio púnico, se centró en Cartago, en el Mediterráneo occidental. Si nos dirigimos al Lejano Oriente, solo vemos tres civilizaciones. De ellas, la primera, la civilización sínica, surgió en el valle del río Amarillo después del año 2000 a.C., culminó con los imperios Chin y Han después del año 200 a.C., y fue destruida en gran parte por los invasores uralo-altaicos después del año 400 d.C. Del mismo modo que la civilización clásica surgió de la civilización minoica o que la civilización occidental surgió de la civilización clásica, de la civilización sínica surgieron otras dos civilizaciones: (a) la civilización china, que comenzó alrededor del año 400 d.C., y culminó en el Imperio Manchú después de 1644 y fue alterada por los invasores europeos en el período 1790–1930, y (b) la civilización japonesa, que comenzó alrededor de la época de Cristo, culminó en el Imperio Tokugawa después de 1600 y puede haber sido completamente interceptada por los invasores de la civilización occidental en el siglo siguiente a 1853.

Tanto en India, como en China, se han sucedido dos civilizaciones. Aunque sabemos relativamente poco sobre la primera de las dos, la última (como en China) culminó en un «imperio universal» gobernado por un pueblo extranjero y periférico. La civilización índica, que comenzó hacia el 3500 a.C., fue destruida por los invasores arios hacia el 1700 a.C. La civilización hindú, que surgió de la civilización índica hacia el 1700 a.C., culminó en el Imperio mogol y fue destruida por los invasores de la civilización occidental en el período de 1500–1900.

Volviendo a la complicadísima zona de Oriente Próximo, podemos notar un patrón similar. La civilización islámica, que comenzó alrededor del año 500 d.C., culminó con el Imperio otomano en el período entre 1300 y 1600 y está en proceso de ser destruida por los invasores de la civilización occidental desde aproximadamente 1750.

Explicados de esta forma, estos patrones en los ciclos vitales de las distintas civilizaciones pueden parecer confusos. Pero si los vemos en una tabla, el patrón se nota fácilmente.

Civilización	Fechas	Imperio universal	Invasión final	Fechas
Mesopotámica	6000–300 a.C.	Asirio, Persa 725–333 a.C.	Griegos	335–300 a.C.
Egipcia	5500–300 a.C.	Egipcio	Griegos	334–300 a.C.
Minoica	3500–1150 a.C.	Minoico-Micénico	Griegos dóricos	1200–1000 a.C.
Valle del Indo	3500–1700 a.C.	¿Harappa?	Arios	1800–1600 a.C.
Cananea	2200–100 a.C.	Púnico	Romanos	264–146 a.C.
Este y Sudeste de Asia	2000 a.C.–400 d.C.	Chin Han	Uralos Altaicos	200–500 d.C.
Hitita	1800–1150 a.C.	Hitita	Indoeuropeos	1200 a.C.–1000 d.C.
Clásica	1150 a.C.–500 d.C.	Romano	Germánica	350–600 d.C.
Andina	1500 a.C.–1600 d.C.	Inca	Europea	1534 d.C.
Maya	1000 a.C.–1550 d.C.	Azteca	Europea	1519 d.C.
Hindú	1800 a.C.–1900 d.C.	Mogol	Europea	1500–1900 d.C.

China	400–1930 d.C.	Manchú	Europea	1790–1930 d.C.
Japonesa	850 a.C.–?	Tokugawa	Europea	1853 d.C.–
Islámica	500 d.C.–?	Otomano	Europea	1750 d.C.–
Occidental	350 d.C.–?	¿Estados Unidos?	¿En el futuro?	?
Ortodoxa	350 d.C.–?	Soviético	¿En el futuro?	?

De esta tabla se desprende un hecho extraordinario: de las aproximadamente veinte civilizaciones que han existido en toda la historia de la humanidad, hemos enumerado dieciséis. De estas dieciséis, doce, posiblemente catorce, ya están muertas o a punto de morir, sus culturas han sido destruidas por intrusos capaces de entrar con el poder suficiente como para perturbar la civilización, destruir su ideología y modo de ser establecido, para finalmente aniquilarla. De estas doce culturas muertas o agonizantes, seis han sido destruidas por europeos portadores de la cultura de la civilización occidental. Cuando consideramos el incalculable número de otras sociedades más simples, que la civilización occidental ha destruido o está destruyendo ahora, sociedades como los hotentotes, los iroqueses, los tasmanos, los navajos, los caribes y muchos otros, se hace evidente todo el aterrador poder de la civilización occidental.

Una de las causas, aunque de ninguna manera la principal, de la capacidad de la civilización occidental para destruir otras culturas se basa en el hecho de que ha estado expandiéndose durante mucho tiempo. Este hecho, a su vez, se basa en otra condición a la que ya hemos aludido, el hecho de que la civilización occidental ha pasado por tres periodos de expansión, ha entrado en una «Época de conflicto» tres veces, y cada vez ha tenido su área central conquistada casi completamente por una sola unidad política. Sin embargo, no ha logrado pasar a la «Época del imperio universal» porque de la confusión de la «Época de conflicto» surgió siempre una nueva organización de la sociedad capaz de expandirse por sus propios poderes organizativos, con el resultado de que los cuatro fenómenos característicos de la «Época de conflicto» (ritmo de expansión decreciente, conflictos de clase, guerras imperialistas, irracionalidad) fueron sustituidos gradualmente de nuevo por los cuatro tipos de expansión típicos de una «Época de expansión» (demográfica, geográfica, de producción, del conocimiento). Desde un punto de vista estrictamente técnico, este paso de la «Época de conflicto» a la «Época de expansión» está marcado por la reanudación de la inversión de capital y la acumulación de capital a gran escala, al igual que el anterior paso de la «Época de expansión» a la «Época de conflicto» estuvo marcado por una tasa de inversión decreciente y, finalmente, por una tasa de acumulación de capital decreciente.

La civilización occidental comenzó, como todas las civilizaciones, con un periodo de mezcla cultural. En este caso concreto, fue una mezcla resultante de las invasiones bárbaras que destruyeron la civilización clásica en el período entre los años 350 y 700. Al crear una nueva cultura a partir de los diversos elementos ofrecidos por las tribus bárbaras, el mundo romano, el mundo sarraceno y, sobre todo, el mundo judío (el cristianismo), la civilización occidental se convirtió en una nueva sociedad.

Esta sociedad se convirtió en una civilización cuando se organizó, en el período entre 700 y 970, de modo que se produjo la acumulación de capital y el comienzo de la inversión de este capital en nuevos métodos de producción. Estos nuevos métodos se asociaron a un cambio de las fuerzas de infantería a los guerreros a caballo en la defensa, de la mano de obra (y, por tanto, de la esclavitud) a la fuerza animal en el uso de la energía, del arado romano y la tecnología agrícola de dos campos en barbechodescanso de la siembra alternativo de la Europa mediterránea hasta el sistema de carucate, el arado de reja y el de tres campos de los pueblos germánicos; de la orientación política centralizada y centrada en el Estado del mundo romano a la red descentralizada y de poder privado del mundo medieval. En el nuevo sistema, un pequeño número de hombres, equipados y entrenados para luchar, recibían cuotas y servicios de la inmensa mayoría de hombres que debían labrar la tierra. De este sistema defensivo, desigual pero eficaz, surgió una distribución no equitativa del poder político y, a su vez, una distribución desigual en los ingresos socioeconómicos. Con el tiempo, esto dio lugar a una acumulación de capital que, al dar lugar a la demanda de bienes de lujo de origen remoto, comenzó a desplazar todo el énfasis económico de la sociedad desde su anterior organización en unidades agrarias autosuficientes (señoríos) hacia el intercambio comercial, la especialización económica y, aproximadamente en el siglo XIII, hacia un modelo de sociedad totalmente nuevo con ciudades, una clase burguesa, la difusión de la alfabetización, la creciente libertad de opciones sociales alternativas y nuevos pensamientos, a menudo inquietantes.

De todo esto surgió el primer período de expansión de la civilización occidental entre los años 970 y 1270. A finales de este período, la organización social se estaba convirtiendo en un conjunto permanente de intereses personales, la inversión disminuía y la tasa de expansión descendía. Por lo tanto, la civilización occidental entró por primera vez a la «Época de conflicto». Este período que comprende la guerra de los Cien Años, la peste negra, las grandes herejías y los graves conflictos de clases duró aproximadamente de 1270 a 1420. A su término, Inglaterra y Borgoña hacían sus esfuerzos para conquistar el núcleo de la civilización occidental, pero, justo entonces, una nueva «Época de expansión» comenzó. Esta comprendía una nueva organización social que eludía los antiguos intereses establecidos del sistema feudal-manorial.

Esta nueva «Época de expansión», también llamada frecuentemente período del capitalismo comercial, duró aproximadamente de 1440 a 1680. Durante este período, el verdadero impulso de la expansión económica provenía del esfuerzo de obtener beneficios mediante el intercambio de bienes a larga distancia, sobre todo de bienes semi lujosos o lujosos. Con el tiempo, este sistema de capitalismo comercial se detuvo a causa de una estructura de intereses personales, misma que buscaba beneficiarse imponiendo restricciones en la producción o intercambio de los bienes en vez de incentivar ese tipo de actividades. Esta nueva estructura de intereses personales, también llamada mercantilismo, se convirtió en una carga para las actividades económicas, tanto que la tasa de expansión en la vida económica bajó e incluso dio lugar a un período de declive económico durante las décadas después de 1690. Las luchas de clases y las guerras imperialistas resultantes de esta «Época de conflicto» también son conocidas como la segunda guerra de los Cien Años. Dichas guerras continuaron hasta 1815 pero las luchas de clases duraron aún más. Como resultado de lo anterior, hacia 1810, Francia había conquistado gran parte del núcleo de la civilización occidental. Pero aquí, igual que ocurrió en 1420, cuando Inglaterra también había conquistado parte de la civilización en la última fase de la «Época de conflicto», la victoria fue inútil porque un nuevo período de expansión comenzó. Al igual que después de 1440, cuando el capitalismo comercial eludió al sistema feudal-manorial (caballería), el capitalismo industrial también eludió la institución permanente del capitalismo comercial (mercantilismo) después de 1820.

La nueva «Época de expansión» que hizo imposible mantener la victoria político-militar de Napoleón en 1810, había comenzado mucho antes en Inglaterra. Apareció como la Revolución Agrícola entre 1725 y la Revolución Industrial en 1775, pero no comenzó a expandirse hasta después de 1820. Una vez iniciada, avanzó con un impulso nunca antes visto y parecía que la civilización occidental llegaría a todo el mundo. Las fechas de esta tercera «Época de expansión» podrían precisarse entre 1770–1929, después de una segunda «Época de conflicto» entre 1690–1815. La organización social que lideraba este nuevo desarrollo podría llamarse «capitalismo industrial». En el transcurso de la última década del siglo XIX, empezó a convertirse en una estructura de intereses personales a la cual podemos llamar «capitalismo monopolista». Como antes, tal vez en 1890, ciertas características de una nueva «Época de conflicto» (la tercera en la civilización occidental) comenzaron a hacerse presentes, sobre todo en el núcleo, con un renacimiento del imperialismo, la lucha de clases, las guerras violentas y las irracionalidades.

Hacia 1930, estaba más que claro que la civilización occidental había entrado de nuevo a una «Época de conflicto». Hacia 1942, un Estado semiperiférico, Alemania, había conquistado gran parte del núcleo. Ese esfuerzo fue derrotado al llamar a la lucha a un Estado periférico (Estados Unidos) y a otro, fuera de la civilización (la sociedad soviética). Aún no está claro si la civilización occidental seguirá el camino marcado por tantas civilizaciones anteriores o si le será posible reorganizarse lo suficiente como para entrar a una nueva y cuarta «Época de expansión». Si lo anterior sucede, esta «Época de conflicto», sin duda alguna, continuará con las cuatro características: lucha de clases, guerras, irracionalidad y declive del progreso. En este caso, deberíamos definitivamente obtener una «Época del imperio universal» en el que Estados Unidos gobernaría la mayor parte de la civilización occidental. Esto sería seguido, como en otras civilizaciones, por un período de decadencia y finalmente, mientras la civilización se debilita, por invasiones y por la destrucción total de la cultura occidental. Por otra parte, si la civilización occidental es capaz de reorganizarse y entra en una cuarta «Época de expansión», su habilidad para sobrevivir y seguir incrementando la prosperidad y poder será sobresaliente. Dejando de lado el futuro hipotético, parecería entonces que, en aproximadamente quince mil años, la civilización occidental ha pasado por ocho períodos:

1. Mezcla 350–700

2. Gestación, 700–970

3A. Primera Expansión, 970–1270

4A. Primer Conflicto, 1270–1440

    Núcleo del Imperio: Inglaterra, 1420

3B. Segunda Expansión, 1440–1690

4B. Segundo Conflicto, 1690–1815

    Núcleo del Imperio: Francia, 1810

3C. Tercera Expansión, 1770–1929

4C. Tercer Conflicto, 1893–

    Núcleo del Imperio: Alemania, 1942

Las dos posibilidades que se plantean en el futuro son:

1. Reorganización

    3D. Cuarta Expansión, 1944–

2. Continuación del Proceso

    5. Imperio Universal (Estados Unidos)

    6. Decadencia

    7. Invasión (fin de la civilización)

De la lista de civilizaciones dada anteriormente, se hace más fácil ver como la civilización occidental fue capaz de destruir (o continúa destruyendo) la cultura de otras seis civilizaciones. En cada uno de esos seis casos, la civilización afectada ya había pasado por la «Época del imperio universal» y estaba hundida en la «Época de decadencia». En esa situación, la civilización occidental ejerció el papel de invasor, similar al de las tribus germánicas en la civilización clásica, a los dorios en la civilización minoica, a los griegos en la civilización mesopotámica o egipcia, a los romanos en la civilización cananea o a los arios en la civilización india. Los occidentales que invadieron a los aztecas en 1519, a los incas en 1534, al Imperio mogol en el siglo XVIII, al Imperio manchú después de 1790, al Imperio otomano después de 1774 y al Imperio tokugawa después de 1853, tenían el mismo papel que los visigodos y las otras tribus bárbaras en el Imperio romano después del 377. En cada caso, el resultado de la colisión de dos civilizaciones, una en la «Época de expansión» y otra en la «Época de decadencia», era un fin inevitable. La expansión destruiría la decadencia.

Durante el curso de sus varias expansiones, la cultura occidental solo se topó con otra civilización que aún no estaba en decadencia. Digamos que esta excepción era su medio hermano, el actual Imperio soviético. No está claro en que etapa se encuentra esta civilización «ortodoxa», pero claramente no está en decadencia. Parecería que la civilización ortodoxa se inició en un período de mezcla (500–1300) y está ahora en su segundo período de expansión. El primer período de expansión, de 1500 a 1900, se inició solo para convertirse a la «Época de conflicto» (1900–1920) cuando los intereses personales de la sociedad fueron borrados por la derrota frente a Alemania en 1917 y remplazado por una nueva organización social que dio paso a la segunda «Época de expansión» (desde 1921). Gran parte de los últimos cuatrocientos años que culminan en el siglo XX, las fronteras de Asia han sido ocupadas por un semicírculo de antiguas civilizaciones moribundas (islámica, hindú, china y japonesa). Estas han estado bajo la presión de la civilización occidental que llega desde los océanos y desde la civilización ortodoxa, que empuja hacia afuera desde el centro de la masa terrestre euroasiática. La presión oceánica comenzó con Vasco da Gama en la India en 1498, culminó a bordo del acorazado Missouri en la bahía de Tokio en 1945 y continuó con el ataque anglo-francés a Suez en 1956. La presión rusa del centro continental se aplicó a las fronteras interiores de China, Irán y Turquía desde el siglo XVII hasta el presente. Mucha de la historia del mundo durante el siglo XX ha surgido de las interacciones de estos tres factores (el centro continental del poder ruso, las culturas destruidas de la frontera de protección de Asia y las potencias oceánicas de la civilización occidental).

Difusión cultural en la civilización occidental

Hemos dicho que la cultura de una civilización se crea originalmente en su núcleo y se desplaza hacia las zonas periféricas, que pasan así a formar parte de la civilización. Este movimiento de elementos culturales es llamado «difusión» por los especialistas del tema. Cabe destacar que los elementos materiales de una cultura, como las herramientas, las armas, los vehículos, etc., se difunden más fácilmente, es decir, más rápidamente que los elementos no materiales, como la ideología, las formas de arte, la perspectiva religiosa o los patrones de comportamiento social. Por esta razón, las partes periféricas de una civilización (como Asiria en la civilización mesopotámica, Roma o España en la civilización clásica, y Estados Unidos o Australia en la civilización occidental) tienden a tener una cultura algo más rudimentaria y material que el área central de la misma civilización.

Los elementos materiales de una cultura también se difunden más allá de los límites de una civilización en otras sociedades y lo hacen de forma más fácil que los elementos no materiales de la cultura. Por esta razón, los elementos no materiales y espirituales de una cultura son los que le dan su carácter distintivo, más que sus herramientas y armas, que pueden exportarse tan fácilmente a sociedades totalmente diferentes. Así, el carácter distintivo de la civilización occidental se basa en su herencia cristiana, su perspectiva científica, sus elementos humanitarios y su punto de vista distintivo en lo que respecta a los derechos del individuo y el respeto a la mujer, más que en cosas materiales como las armas de fuego, los tractores, las instalaciones de fontanería o los rascacielos, todos ellos productos exportables.

La exportación de elementos materiales de una cultura, a través de sus zonas periféricas y más allá, a los pueblos de sociedades totalmente diferentes tiene resultados sorprendentes. A medida que los elementos de la cultura material se trasladan del núcleo a la periferia dentro de una civilización, tienden, a la larga, a fortalecer la periferia a expensas del núcleo, porque este se ve más obstaculizado en el uso de las innovaciones materiales por la fuerza de los intereses creados en el pasado y porque el núcleo dedica una parte mucho mayor de su riqueza y energía a la cultura no material. Así, aspectos de la Revolución Industrial como los automóviles y las radios son inventos europeos más que americanos, pero se han desarrollado y utilizado en mayor medida en América porque esta zona no se vio obstaculizada en su uso por los elementos supervivientes del feudalismo, de la dominación eclesiástica, de las rígidas distinciones de clase (por ejemplo, en la educación), o por la atención generalizada a la música, la poesía, el arte o la religión, como encontramos en Europa. En la civilización clásica, un contraste similar puede verse entre la griega y la romana, en la civilización mesopotámica, entre la sumeria y la asiria o en la civilización maya, entre la maya y la azteca.

La difusión de elementos culturales más allá de las fronteras de una sociedad hacia la cultura de otra sociedad presenta un caso bastante diferente. Las fronteras entre sociedades presentan un obstáculo relativamente pequeño a la difusión de elementos materiales, y un obstáculo relativamente mayor a la difusión de elementos no materiales. Efectivamente, es este hecho el que determina el límite de la sociedad, ya que, si los elementos no materiales también se difundieran, la nueva zona hacia la que se dirigiesen sería una porción periférica de la antigua sociedad en lugar de una parte de una sociedad muy diferente.

La difusión de elementos materiales de una sociedad a otra tiene un efecto complejo en la sociedad importadora. A corto plazo suele beneficiarse de la importación, pero a largo plazo tiende a desorganizarse y debilitarse. Cuando los hombres blancos llegaron por primera vez a Norteamérica, los elementos materiales de la civilización occidental se extendieron rápidamente entre las diferentes tribus indias. Los indios de las llanuras, por ejemplo, eran débiles y empobrecidos antes de 1543, pero en ese año el caballo comenzó a difundirse hacia el norte desde el México español. En el plazo de un siglo, los indios de las llanuras alcanzaron un nivel de vida mucho más alto (gracias a la capacidad de cazar búfalos a caballo) y se vieron inmensamente fortalecidos en su capacidad de resistir a los estadounidenses que llegaban al oeste del continente. Mientras tanto, los indios de las regiones Trans Apalaches, que habían sido muy poderosos en el siglo XVI y principios del XVII, empezaron a recibir armas de fuego, trampas de acero, sarampión y, finalmente, whisky de los franceses y más tarde de los ingleses, a través del río San Lorenzo. Estos debilitaron en gran medida a los indios de los bosques de la zona Trans Apalache y, en última instancia, a los indios de las llanuras de la zona más allá del río Misisipi, porque el sarampión y el whisky eran devastadores y desmoralizadores, también porque el uso de trampas y armas de fuego por parte de ciertas tribus las hacía depender de los blancos para abastecerse, al mismo tiempo que les permitía ejercer una gran presión física sobre las tribus más remotas que aún no habían recibido armas o trampas. Cualquier frente unido de los pieles rojas contra los blancos era imposible, así que los indios fueron perturbados, desmoralizados y destruidos. En general, la importación de un elemento de la cultura material de una sociedad a otra es útil para la sociedad importadora a largo plazo solo si (a) es productivo, (b) puede realizarse dentro de la propia sociedad, y (c) puede encajar en la cultura no material de la sociedad importadora sin desmoralizarla. El impacto destructivo de la civilización occidental sobre tantas otras sociedades se basa en su capacidad para deteriorar su cultura ideológica y espiritual, tanto como en su capacidad para destruirlas en un sentido material con armas de fuego.

Cuando una sociedad es destruida por el impacto de otra sociedad, la gente permanece entre los restos de elementos culturales derivados de su propia cultura destrozada, así como de la cultura invasora. Estos elementos generalmente proporcionan los instrumentos para satisfacer las necesidades materiales de estas personas, pero no pueden organizarse en una sociedad que funcione debido a la falta de una ideología y una cohesión espiritual. Estos pueblos perecen o se incorporan como individuos y pequeños grupos a alguna otra cultura, cuya ideología adoptan para sí mismos y, sobre todo, para sus hijos. Sin embargo, en algunos casos, las personas que permanecen entre los restos de una cultura destrozada, son capaces de reintegrar los elementos culturales en una nueva sociedad y una nueva cultura, y son capaces de hacerlo porque obtienen una nueva cultura no material, y, por tanto, una nueva ideología y una nueva moral que sirven de cohesión para los elementos dispersos de la cultura pasada que conservan. Esta nueva ideología puede ser importada o autóctona, pero en cualquier caso, se integra suficientemente con los elementos necesarios de la cultura material para formar un conjunto funcional, y, por consiguiente, una nueva sociedad. Gracias a este proceso, han nacido todas las nuevas sociedades y, en consecuencia, todas las nuevas civilizaciones. Así, la civilización clásica nació de los restos de la civilización minoica en el período entre 1150 a.C. y 900 a.C., y la civilización occidental nació de los restos de la civilización clásica entre el 350 y el 700 a.C. Es posible que nazcan nuevas civilizaciones entre los restos de las civilizaciones destruidas por la civilización occidental en la periferia de Asia. Entre estos remanentes hay restos de civilizaciones islámicas, hindúes, chinas y japonesas. Actualmente, parece que nuevas civilizaciones pueden estar naciendo en Japón, posiblemente en China, menos probablemente en la India, y dudosamente, en Turquía o Indonesia. El nacimiento de una civilización poderosa en alguno de estos puntos, o en varios de ellos, tendría una importancia primordial en la historia mundial, ya que serviría de contrapeso a la expansión de la civilización soviética en la masa terrestre de Eurasia.

Pasando de un futuro hipotético a un pasado histórico, podemos rastrear la difusión de los elementos culturales de la civilización occidental desde su núcleo a través de las zonas periféricas y hacia el exterior, a otras sociedades. Algunos de estos elementos son lo suficientemente importantes como para exigir un análisis más detallado.

Entre los elementos de la tradición occidental que se han difundido muy lentamente o no se han difundido en absoluto, se encuentra un conjunto de ideas estrechamente relacionadoque están en la base de la ideología occidental. Entre ellos se encuentran el cristianismo, la perspectiva científica, el humanitarismo y la idea del valor y los derechos únicos del individuo. Pero de este sistema de ideas han surgido una serie de elementos de la cultura material, de los cuales los más notables están asociados a la tecnología. Dichos elementos se han difundido fácilmente, incluso a otras sociedades. Esta capacidad de emigración de la tecnología occidental y la incapacidad de hacerlo de la perspectiva científica con la que dicha tecnología está estrechamente asociada, han creado una situación anómala: sociedades como la Rusia soviética que, por falta de tradición del método científico, han mostrado poca inventiva en materia de tecnología son, sin embargo, capaces de amenazar a la civilización occidental mediante el uso, a escala gigantesca, de una tecnología importada casi por completo de la civilización occidental. Una situación similar podría desarrollarse en las nuevas civilizaciones que surjan en la periferia de Asia.

Las partes más importantes de la tecnología occidental pueden enumerarse en cuatro apartados:

1. Capacidad de matar: desarrollo de armas

2. Capacidad de preservar la vida: desarrollo de servicios sanitarios y médicos

3. Capacidad para producir tanto alimentos como productos industriales

4. Mejoras en el transporte y las comunicaciones

Ya hemos hablado de la difusión de las armas de fuego occidentales. Es obvio el impacto que estas han tenido en zonas periféricas y en otras sociedades, desde la invasión de México por Hernán Cortés, en 1519, hasta el uso de la primera bomba atómica en Japón, en 1945. Menos obvia, pero a largo plazo de mucha mayor importancia, es la capacidad de la civilización occidental para vencer la enfermedad y posponer la muerte mediante el saneamiento y los avances médicos. Estos avances comenzaron en el núcleo de la civilización occidental antes de 1500, pero solo han ejercido su pleno impacto desde aproximadamente 1750, con la llegada de la vacunación, el fin de la peste y el avance constante en la salvación de vidas mediante el descubrimiento de la antisepsia en el siglo XIX y de los antibióticos en el siglo XX. Estos descubrimientos y técnicas se han difundido al exterior desde el núcleo de la civilización occidental y han provocado un descenso de la tasa de mortalidad en Europa occidental y América casi inmediatamente, en el sur de Europa y en Europa oriental algo más tarde, y en Asia solo en el periodo posterior a 1900. La importancia trascendental de esta difusión se discutirá en su momento.

La conquista de las técnicas de producción por parte de la civilización occidental es tan destacada que ha sido honrada con el término «revolución» en todos los libros de historia que se ocupan del tema. La conquista del problema de la producción de alimentos, conocida como la Revolución Agrícola, comenzó en Inglaterra ya a principios del siglo XVIII, aproximadamente en 1725. La conquista del problema de la producción de bienes manufacturados, conocida como la Revolución Industrial, también comenzó en Inglaterra, unos cincuenta años después de la Revolución Agrícola, digamos hacia 1775. La relación de estas dos «revoluciones» entre sí y con la «revolución» del saneamiento y la salud pública, así como los diferentes ritmos de difusión de estas tres «revoluciones», son de suma importancia para comprender tanto la historia de la civilización occidental como su impacto en otras sociedades.

Las actividades agrícolas, que proporcionan el principal suministro de alimentos de todas las civilizaciones, drenan los elementos nutritivos del suelo. Si no se reponen estos elementos, la productividad del suelo se reduce a un nivel peligrosamente bajo. En la época medieval y moderna de la historia de Europa, estos elementos nutritivos, especialmente el nitrógeno, se reponían mediante la acción del clima dejando la tierra en barbecho uno de cada tres años o incluso cada dos años. Esto tenía como efecto la reducción de la tierra cultivable a la mitad o a un tercio. La Revolución Agrícola supuso un inmenso avance ya que sustituyó el año de barbecho por un cultivo de leguminosas cuyas raíces aumentaban el suministro de nitrógeno en el suelo al captar este gas del aire y fijarlo en el suelo en una forma utilizable por la vida vegetal. Dado que el cultivo de leguminosas que sustituyó al año de barbecho del antiguo ciclo agrícola era generalmente un cultivo como la alfalfa, el trébol o la esparceta, que proporcionaba alimento al ganado, esta Revolución Agrícola no solo aumentó el contenido de nitrógeno del suelo para las siguientes cosechas de grano, sino que también incrementó el número y la calidad de los animales de granja, aumentando así el suministro de carne y productos animales para la alimentación, y también aumentó la fertilidad del suelo al incrementar el suministro de estiércol animal como fertilizante. El resultado neto de toda la Revolución Agrícola fue un aumento tanto de la cantidad como de la calidad de los alimentos. Menos hombres pudieron producir muchos más alimentos, y una gran cantidad de aquellos se liberaron de la carga de producirlos y pudieron dedicar su atención a otras actividades, como al gobierno, a la educación, a la ciencia o a los negocios. Se ha afirmado que en 1700 se requeriría el trabajo agrícola de veinte personas para producir alimentos suficientes para veintiuna personas, mientras que, en algunas zonas, en 1900, tres personas podían producir alimentos suficientes para veintiuna personas, dejando así a diecisiete personas para actividades no agrícolas.

Esta Revolución Agrícola, que comenzó en Inglaterra antes de 1725, llegó a Francia después de 1800, pero no llegó a Alemania ni al norte de Italia hasta después de 1830. Hasta 1900 apenas se había extendido a España, al sur de Italia y Sicilia, a los Balcanes y a Europa oriental en general. En Alemania, hacia 1840, esta Revolución Agrícola recibió un nuevo impulso hacia adelante con la introducción del uso de fertilizantes químicos y recibió otro impulso en Estados Unidos después de 1880 con la introducción de la maquinaria agrícola que redujo la necesidad del trabajo humano. Estas dos mismas áreas, con contribuciones de algunos otros países, dieron otro impulso considerable a la producción agrícola después de 1900 mediante la introducción de nuevas simientes y mejores cultivos a través de la selección de semillas y la hibridación.

Después de 1725, estos grandes avances agrícolas hicieron posible los avances en la producción industrial a partir de 1775 al proporcionar los alimentos, y, por consiguiente, la mano de obra para el crecimiento del sistema fabril y el surgimiento de las ciudades industriales. Las mejoras en el saneamiento y los servicios médicos después de 1775 contribuyeron al mismo fin al reducir la tasa de mortalidad y hacer posible que un gran número de personas viviera en las ciudades sin el peligro de las epidemias.

La «Revolución del Transporte» también contribuyó a la creación del mundo moderno. Esta contribución comenzó, muy lentamente, hacia 1750, con la construcción de canales y la fabricación de autopistas con peajes mediante los nuevos métodos de construcción de carreteras ideados por John L. McAdam (carreteras «macadamizadas»). El carbón llegó por canales y los alimentos por las nuevas carreteras a las nuevas ciudades industriales después de 1800. A partir de 1825, ambas cosas mejoraron notablemente con el crecimiento de una red de ferrocarriles, mientras que las comunicaciones se aceleraron con el uso del telégrafo (después de 1837) y el cable (a partir de 1850). Esta «conquista de la distancia» se aceleró increíblemente en el siglo XX con el uso de motores de combustión interna en automóviles, aviones y barcos y con la llegada de los teléfonos y las comunicaciones por radio. El principal resultado de esta tremenda aceleración de las comunicaciones y el transporte fue el acercamiento de todas las partes del mundo y la intensificación del impacto de la cultura europea en el mundo no europeo. Este impacto fue aún más abrumador por el hecho de que la revolución de los transportes se extendió desde Europa con extrema rapidez, difundiéndose casi tan rápidamente como la propagación de las armas europeas, algo más rápido que la difusión de los servicios sanitarios y médicos europeos, y mucho más rápido que la del industrialismo europeo, las técnicas agrícolas europeas o la ideología europea. Como veremos dentro de un momento, muchos de los problemas a los que se enfrentaba el mundo a mediados del siglo XX tenían su origen en el hecho de que estos diferentes aspectos del modo de vida europeo se extendieron hacia el exterior, al mundo no europeo, a velocidades tan diferentes que el dicho mundo no europeo los obtuvo en un orden totalmente distinto al que los había obtenido Europa.

Un ejemplo de esta diferencia puede verse en el hecho de que en Europa la Revolución Industrial tuvo lugar generalmente antes de la Revolución del Transporte, pero en el mundo no europeo esta secuencia se invirtió.

Esto significa que Europa fue capaz de producir su propio hierro, acero y cobre para construir sus propios ferrocarriles y cables de telégrafo, pero el mundo no europeo solo pudo construir estas cosas obteniendo los materiales industriales necesarios de Europa y convirtiéndose así en deudor de la misma. La velocidad con la que la Revolución del Transporte se extendió desde Europa puede verse en el hecho de que, en este continente, el ferrocarril comenzó antes de 1830, el telégrafo antes de 1840, el automóvil alrededor de 1890 y la tecnología inalámbrica alrededor de 1900. El ferrocarril transcontinental en Estados Unidos se inauguró en 1869; en 1900 el ferrocarril transiberiano y el ferrocarril de El Cabo a El Cairo estaban en plena construcción y el proyecto de ferrocarril de Berlín a Bagdad acababa de empezar. En esa misma fecha (1900), la India, los Balcanes, China y Japón estaban siendo cubiertos con una red de ferrocarriles, aunque ninguna de estas áreas, en ese entonces, estaba lo suficientemente desarrollada en un sentido industrial como para proveerse del acero o el cobre para construir o mantener tal red. Las etapas posteriores de la Revolución del Transporte, como los automóviles o las radios, se extendieron aún más rápido y se utilizaron para cruzar los desiertos del Sahara o de Arabia una generación después de su llegada a Europa.

Otro ejemplo importante de esta situación puede verse en el hecho de que en Europa la Revolución Agrícola comenzó antes que la Revolución Industrial. Gracias a ello, Europa pudo aumentar su producción de alimentos, lo que también aumentó la oferta de mano de obra necesaria para la industrialización. Pero en el mundo no europeo (excepto en América del Norte) el esfuerzo de industrialización comenzó generalmente antes de que hubiera habido un éxito notable en la obtención de un sistema agrícola más productivo. En consecuencia, el aumento de la oferta de alimentos (y, por tanto, de mano de obra) necesario para el crecimiento de las ciudades industriales en el mundo no europeo se obtuvo, por lo general, no del aumento de la producción de alimentos, sino de la reducción de la participación de los campesinos en los alimentos producidos. En la Unión Soviética, especialmente, la rápida expansión de la industrialización en el período entre 1926 y 1940 se logró mediante una opresión despiadada de la comunidad rural en la que perdieron la vida millones de campesinos. El esfuerzo por copiar este método soviético en la China comunista en la década de 1950 llevó a esa zona al borde del desastre.

El ejemplo más importante de este tipo de diferentes ritmos de difusión de dos desarrollos europeos aparece en la diferencia entre la difusión de la revolución de la producción de alimentos y la difusión de la revolución de los servicios sanitarios y médicos. Esta diferencia llegó a tener unas consecuencias tan trascendentales a mediados del siglo XX que debemos dedicar mucho tiempo para analizarla.

La revolución agrícola en Europa, que sirvió para aumentar el suministro de alimentos, comenzó al menos cincuenta años antes de los inicios de la revolución de los servicios sanitarios y médicos, que disminuyeron el número de muertes aumentando así el número de la población. Las fechas de estos dos inicios podrían situarse aproximadamente en 1725 y 1775. Como resultado de esta diferencia, Europa disponía en general de alimentos suficientes para alimentar a su creciente población. Cuando la población llegó a un punto en el que la propia Europa ya no podía alimentar a su propia gente (digamos hacia 1850), las zonas periféricas del mundo europeo y no europeo estaban tan ansiosas por industrializarse (o por obtener ferrocarriles) que Europa pudo obtener alimentos no europeos a cambio de productos industriales propios. Esta secuencia de acontecimientos fue una combinación muy conveniente para Europa. Pero en el mundo no europeo, esta secuenciafue bastante diferente y mucho menos conveniente. El mundo no europeo no solo obtuvo la industrialización antes de la revolución en la producción de alimentos, sino que también obtuvo la revolución en los servicios sanitarios y médicos antes de obtener un aumento suficiente de alimentos para atender el consiguiente aumento de la población. Como resultado, la explosión demográfica que comenzó en el noroeste de Europa a principios del siglo XIX se extendió hacia el este de Europa y Asia con consecuencias cada vez peores a medida que se expandía. El resultado fue la creación del mayor problema social del mundo del siglo XX.

La mayoría de las sociedades estables y primitivas, como los indios americanos antes de 1492, o la Europa medieval, no tienen grandes problemas de población porque la tasa de natalidad se equilibra con la de mortalidad. En estas sociedades, ambas son altas, la población es estable y la mayor parte de esa población es joven (menos de dieciocho años). Este tipo de sociedad (a menudo denominada población tipo A) es la que existía en Europa en el periodo medieval (digamos hacia 1400) o incluso en parte del periodo moderno temprano (digamos hacia 1700). Como resultado del aumento del suministro de alimentos en Europa después de 1725 y de la mayor capacidad de los hombres para salvar vidas, debido a los avances en el saneamiento y la medicina después de 1775, la tasa de mortalidad comenzó a disminuir, la tasa de natalidad se mantuvo alta, la población comenzó a aumentar y el número de personas mayores en la sociedad creció. Esto dio lugar a lo que hemos llamado la explosión demográfica (o población tipo B). Como resultado de la misma, la población de Europa (empezando por Europa occidental) aumentó en el siglo XIX, y la mayor parte de esa población se encontraba en la flor de la vida (entre los dieciocho y los cuarenta y cinco años), la edad de portar armas para los hombres y la edad fértil para las mujeres.

En este punto, el ciclo demográfico de una población en expansión pasa a una tercera etapa (población tipo C) en la que la tasa de natalidad también comienza a descender. Las razones de esta caída de la tasa de natalidad nunca se han explicado de forma satisfactoria, pero, como consecuencia de ella, aparece una nueva condición demográfica marcada por una tasa de natalidad en descenso, una baja tasa de mortalidad y una población estable y envejecida cuya mayor parte se encuentra en los años de madurez, de los treinta a los sesenta. A medida que la población envejece debido a la disminución de los nacimientos y al aumento de las expectativas de vida, una parte cada vez mayor de la población ha superado la edad de tener hijos o de portar armas. Esto hace que la tasa de natalidad descienda aún más rápido y finalmente da lugar a una población tan envejecida que la tasa de mortalidad comienza a aumentar de nuevo debido al gran incremento de las muertes por vejez o por las bajas de la inevitable senilidad. Como consecuencia, la sociedad pasa a una cuarta etapa del ciclo demográfico (población tipo D). Esta etapa se caracteriza por una tasa de natalidad en descenso, una tasa de mortalidad en aumento, una población decreciente y una población en la que la mayor parte tiene más de cincuenta años.

Hay que confesar que la naturaleza de la cuarta etapa de este ciclo demográfico se basa en consideraciones teóricas más que en la observación empírica, porque incluso Europa occidental, donde el ciclo está más avanzado, no ha alcanzado todavía esta cuarta etapa. Sin embargo, parece bastante probable que se pase a dicha fase en el año 2000 y el creciente número de personas mayores ya ha dado lugar a nuevos problemas y a una nueva ciencia llamada Geriatría, tanto en Europa occidental como en el este de Estados Unidos.

Como hemos dicho, Europa ya ha experimentado las tres primeras etapas de este ciclo demográfico como resultado de la Revolución Agrícola después de 1725 y la Revolución Sanitaria-Médica después de 1775. A medida que estas dos revoluciones se han ido extendiendo desde Europa occidental hacia las zonas más periféricas del mundo (la revolución de la salvación de vidas ha superado a la revolución de la producción de alimentos en el proceso), estas zonas más remotas han entrado, una a una, en el ciclo demográfico. Esto significa que la explosión demográfica (tipo de población B) se ha desplazado hacia el exterior, desde Europa occidental hasta Europa central, pasando por Europa oriental y, finalmente, por Asia y África. A mediados del siglo XX, la India se encontraba en plena explosión demográfica y su población se disparaba a un ritmo de unos 5 millones de habitantes al año, mientras que la población de Japón pasó de 55 millones en 1920 a 94 millones en 1960. Un buen ejemplo del funcionamiento de este proceso puede verse en Ceilán, donde en 1920 la tasa de natalidad era de 40 nacimiento por cada mil personas y la de mortalidad de 32 por cada mil, pero en 1950 la tasa de natalidad seguía siendo de 40 mientras que la de mortalidad había descendido a 12. Antes de examinar el impacto de esta evolución en la historia mundial del siglo XX, veamos dos breves cuadros que aclararán este proceso.

El ciclo demográfico puede dividirse en cuatro etapas que hemos designado con las cuatro primeras letras del alfabeto. Estas cuatro etapas pueden distinguirse con respecto a cuatro rasgos: la tasa de natalidad, la tasa de mortalidad, el número de la población y su distribución por edades. La naturaleza de las cuatro etapas en estos cuatro aspectos puede verse en la siguiente tabla:

	EL CICLO DEMOGRÁFICO			
Etapa	A	B	C	D
Tasa de natalidad	Alta	Alta	Bajando	Bajo
Tasa de mortalidad	Alta	Bajando	Bajo	Subiendo
Números	Estable	Subiendo	Estable	Bajando
Distribución por edades	Muchos jóvenes (Por debajo de 18)	Muchos en la flor de la vida (18–45)	Muchos de edad madura (más de 30 años)	Muchos viejos (Más de 50 años)

Las consecuencias de este ciclo demográfico (y de la explosión demográfica resultante) a medida que se difunde desde Europa occidental hacia las zonas más periféricas del mundo, pueden reunirse en el siguiente cuadro que establece la cronología de este movimiento en las cuatro zonas de Europa occidental, Europa central, Europa oriental y Asia:

DIFUSIÓN DEL CICLO DEMOGRÁFICO				
	Áreas			
Fechas	Europa Occidental	Europa Central	Europa del Este	Asia
1700	A	A	A	A
1800	B	A	A	A
1850	B	B	A	A
1900	C	B	B	A
1950	C	C	B	B
2000	D	D	C	B

En este cuadro se ha marcado con una línea de puntos la línea de mayor presión demográfica (la explosión demográfica de la población tipo B). Esto muestra que ha habido una secuencia, a intervalos de unos cincuenta años, de cuatro presiones demográficas sucesivas que podrían designarse con los siguientes nombres:

- Presión anglo-francesa, hacia 1850
- Presión germano-italiana, alrededor de 1900
- Presión eslava, alrededor de 1950
- Presión asiática, alrededor de 2000

Esta difusión de la presión hacia el exterior desde el núcleo europeo occidental de la civilización occidental puede contribuir en gran medida a una comprensión más profunda del periodo entre 1850 y 2000. Ayuda a explicar la rivalidad anglo-francesa en torno a 1850, la alianza anglo-francesa basada en el miedo a Alemania después de 1900, la alianza del mundo libre basada en el miedo a la Rusia soviética después de 1950 y el peligro, tanto para la civilización occidental como para la soviética, de la presión asiática en el año 2000.

Estos ejemplos muestran cómo nuestra comprensión de los problemas del mundo del siglo XX puede ser aclarada por un estudio de los diversos desarrollos de Europa occidental y de los diferentes ritmos con los que se difundieron hacia el exterior, a las partes más periféricas de la civilización occidental y, en última instancia, hacia el mundo no occidental. A grandes rasgos, podríamos enumerar estos avances en el orden en que aparecieron en Europa occidental y en el orden en que aparecieron en el mundo no occidental más remoto:

Avances en Europa Occidental	Avances en Asia
1. La ideología occidental	1. La Revolución de las Armas
2. La Revolución de las Armas (especialmente las de fuego)	2. La Revolución en el transporte y las comunicaciones
3. La Revolución Agrícola	3. La Revolución en la Sanidad y la Medicina
4. La Revolución Industrial	4. La Revolución Industrial
5. La Revolución en la Sanidad y la Medicina	5. Explosión demográfica
6. Explosión demográfica	6. La Revolución Agrícola
7. Revolución en el Transporte y las Comunicaciones	7. Y por último (si acaso), la ideología occidental

Claramente, estas dos listas son solo una aproximación a la verdad. En la lista europea debe quedar bastante claro que cada desarrollo aparece en el orden de su primer comienzo y que cada uno de estos rasgos ha sido un proceso continuo de desarrollo desde entonces. En la lista asiática, debe quedar claro que el orden de llegada de los distintos rasgos es bastante diferente en las distintas zonas y que el orden que se da en esta lista es simplemente uno que parece aplicarse a varias zonas importantes. Obviamente, los problemas derivados de la aparición de estos rasgos en las zonas asiáticas dependen del orden de llegada de los mismos, por lo tanto, son muy diferentes en las zonas donde este orden de llegada es distinto. La principal diferencia surge de la inversión del orden entre los puntos 3 y 4.

El hecho de que Asia obtuviera estas características en un orden diferente al de Europa es de suma importancia; dedicaremos gran parte del resto de este libro a examinar este tema. Llegados a este punto, podemos señalar dos aspectos. En 1830, la democracia estaba creciendo rápidamente en Europa y en América. En esa época, el desarrollo de las armas había llegado a un punto en el que los gobiernos no podían obtener armas mucho más eficaces que las que podían conseguir los particulares. Además, los particulares podían obtener buenas armas porque tenían un nivel de vida lo suficientemente alto como para permitírselo (como resultado de la Revolución Agrícola) y dichas armas eran baratas (como resultado de la Revolución Industrial). En 1930 (y aún más en 1950) el desarrollo de las armas había avanzado hasta el punto de que los gobiernos podían obtener armas más eficaces (bombarderos en picado, carros blindados, lanzallamas, gases venenosos, etc.) que los particulares. Además, en Asia, estas armas mejoradas llegaron antes de que el nivel de vida pudiera ser elevado por la Revolución Agrícola o de que los costes de las armas se redujeran lo suficiente por la Revolución Industrial. Además, los niveles de vida se mantuvieron bajos en Asia porque la Revolución Médico-Sanitaria y la explosión demográfica llegaron antes que la Revolución Agrícola. En consecuencia, los gobiernos de Europa en 1830 apenas se atrevían a oprimir al pueblo y la democracia iba en aumento; pero en el mundo no europeo en 1930 (y aún más en 1950) los gobiernos sí se atrevían y podían oprimir a sus pueblos, que poco podían hacer para evitarlo. Si añadimos a este panorama el hecho de que la ideología de Europa Occidental tenía fuertes elementos democráticos derivados de sus tradiciones cristianas y científicas, mientras que los países asiáticos tenían tradiciones autoritarias en la vida política, podemos ver que la democracia tenía un futuro esperanzador en Europa en 1830, pero un futuro muy dudoso en Asia en 1950.

Desde otro punto de vista, podemos ver que en Europa la secuencia de revoluciones Agrícola-Industrial-Transporte hizo posible que Europa tuviera niveles de vida crecientes y poca opresión rural, ya que la Revolución Agrícola proporcionó los alimentos y, por consiguiente, la mano de obra para el industrialismo y para los medios de transporte. Pero en Asia, donde la secuencia de estas tres revoluciones era diferente (en general: Transporte-Industrial-Agrícola), la mano de obra podía obtenerse de la Revolución Sanitaria-Médica, pero los alimentos para esta mano de obra solo podían obtenerse oprimiendo a la población rural e impidiendo cualquier mejora real del nivel de vida. Algunos países trataron de evitarlo pidiendo prestado capital para los ferrocarriles y las acerías a los países europeos, en lugar de obtenerlo de los ahorros de su propia población, pero esto significó que estos países se convirtieron en los deudores (y, por lo tanto, en cierta medida, en los subordinados) de Europa. El nacionalismo asiático por lo general llegó a ofenderse por este papel de deudor y a preferir el papel de opresión rural de su propio pueblo por parte de su propio Gobierno. El ejemplo más llamativo de esta preferencia por la opresión rural frente al endeudamiento exterior se dio en la Unión Soviética en 1928 con la apertura de los planes quinquenales. Incluso antes, se tomaron opciones algo similares, pero menos drásticas, en Japón y mucho después en China. Pero nunca debemos olvidar que los asiáticos tuvieron que tomar estas y otras decisiones difíciles porque obtuvieron las características difusundias de la civilización occidental en un orden diferente al que los obtuvo Europa.

El paso de Europa al siglo XX

Mientras las características de Europa se difundían hacia el mundo no europeo, este continente también experimentaba profundos cambios y se enfrentaba a decisiones difíciles. Estas opciones estaban asociadas a cambios drásticos, en algunos casos podríamos decir que a la inversa del punto de vista europeo. Estos cambios pueden examinarse en ocho rúbricas. El siglo XIX estuvo marcado por (1) la creencia en la bondad innata del hombre; (2) el laicismo; (3) la creencia en el progreso; (4) el liberalismo; (5) el capitalismo; (6) la fe en la ciencia; (7) la democracia; (8) el nacionalismo. En general, estos ocho factores iban unidos en el siglo XIX y se consideraban compatibles entre sí; los amigos de uno eran generalmente los amigos de los otros; y los enemigos de uno eran generalmente los enemigos del resto. Metternich y De Maistre se oponían generalmente a los ocho mientras que Thomas Jefferson y John Stuart Mill estaban a favor de los ocho.

La creencia en la bondad innata del hombre tiene sus raíces en el siglo XVIII, cuando a muchos les parecía que el hombre nacía bueno y libre, pero que en todas partes estaba distorsionado, corrompido y esclavizado por malas instituciones y costumbres. Como dijo Rousseau: «El hombre nace libre, pero en todos lados está encadenado». Así surgió la creencia en el «noble salvaje», la nostalgia romántica por la naturaleza y por la simple nobleza y honestidad de los habitantes de una tierra lejana. Pensaban que, si el hombre pudiera ser liberado de la corrupción de la sociedad y de sus convenciones artificiales, liberado de la carga de la propiedad, del estado, del clero y de las reglas del matrimonio, entonces el hombre, parecía claro, podría elevarse a alturas nunca soñadas, y podría, de hecho, convertirse en una especie de superhombre, prácticamente en un dios. Fue este espíritu el que desencadenó la Revolución francesa, fue este espíritu el que provocó el estallido de autonomía y de optimismo tan característico de todo el período que va de 1770 a 1914.

Obviamente, si el hombre es innatamente bueno y no necesita más que liberarse de las restricciones sociales, es capaz de alcanzar enormes logros en este mundo temporal, y no necesita posponer sus esperanzas de salvación personal en la eternidad. Obviamente, si el hombre es una criatura divina cuyas acciones no divinas se deben solo a las frustraciones de las convenciones sociales, no hay necesidad de preocuparse por el servicio a Dios o la devoción a cualquier otro fin mundano. El hombre puede lograr más mediante el servicio a sí mismo y la devoción a los objetivos de este mundo. Así llegó el triunfo del laicismo.

Ciertas teorías sobre la naturaleza del mal estaban estrechamente relacionadas con estas creencias del siglo XIX de que la naturaleza humana es buena, que la sociedad es mala y que el optimismo y el laicismo eran actitudes razonables.

Para la ideología del siglo XIX el mal, o el pecado, era una concepción negativa. Simplemente, indicaba una carencia o, a lo sumo, una distorsión del bien. Cualquier idea del pecado o del mal como una fuerza positiva maligna opuesta al bien, y capaz de existir por su propia naturaleza, estaba completamente ausente en la ideología típica del siglo XIX. Para esa ideología, el único mal era la frustración y el único pecado era la represión.

Así como la idea negativa de la naturaleza del mal surgía de la creencia de que la naturaleza humana era buena, la idea del liberalismo surgía de la creencia de que la sociedad era mala. Porque, si la sociedad era mala, el Estado, que era el poder coercitivo organizado de la sociedad, era doblemente malo, y si el hombre era bueno, debía ser liberado, sobre todo del poder coercitivo del Estado. El liberalismo fue la cosecha que surgió de esta tierra. En su aspecto más amplio, el liberalismo creía que los hombres debían liberarse del poder coercitivo tanto como fuera posible. En su aspecto más reducido, el liberalismo creía que las actividades económicas del hombre debían liberarse completamente de la «interferencia del Estado». Esta última creencia, resumida en el grito de guerra «Ningún Gobierno en los negocios», se denominaba comúnmente «laissez-faire». El liberalismo, que incluía el *laissez-faire*, era un término más amplio porque habría liberado a los hombres del poder coercitivo de cualquier Iglesia, Ejército u otra institución, y habría dejado a la sociedad poco poder más allá del necesario para evitar que el fuerte oprimiera físicamente al débil.

Desde cualquier punto de vista, el liberalismo se basaba en una superstición del siglo XIX casi universalmente aceptada, conocida como «comunidad de intereses». Esta extraña e irreflexiva creencia, afirmaba que realmente existía, a largo plazo, una comunidad de intereses entre los miembros de una sociedad. También sostenía que, a largo plazo, lo que era bueno para un miembro de la sociedad lo era para todos y que lo que era malo para uno lo era para todos. Pero esto iba mucho más allá. La teoría de la «comunidad de intereses» creía que existía un modelo social posible en el que cada miembro de la sociedad estaría seguro, sería libre y próspero, y que este modelo podría alcanzarse mediante un proceso de ajuste para que cada persona pudiera ocupar el lugar en el sistema al que le dieran derecho sus capacidades innatas. Esto implicaba dos resultados que el siglo XIX estaba dispuesto a aceptar: (1) que las capacidades humanas son innatas y solo pueden ser distorsionadas o suprimidas por la disciplina social, y (2) que cada individuo es el mejor juez de su propio interés. Todo ello forma la doctrina de la «comunidad de intereses», una doctrina que sostenía que, si cada individuo hace lo que le parece mejor para sí mismo, el resultado, a la larga, será mejor para la sociedad en su conjunto.

En estrecha relación con la idea de la «comunidad de intereses» había otras dos creencias del siglo XIX: la creencia en el progreso y en la democracia. El hombre promedio de 1880 estaba convencido de que él era la culminación de un largo proceso de progreso inevitable que se había producido durante milenios incontables y que continuaría indefinidamente en el futuro. Esta creencia en el progreso era tan fija que tendía a considerar dicho progreso como algo inevitable y automático. De las luchas y conflictos del universo surgían constantemente cosas mejores, y los deseos o planes de los propios sujetos tenían poco que ver con el proceso.

La idea de la democracia también fue aceptada como inevitable, aunque no siempre como deseable, ya que el siglo XIX no pudo suprimir completamente un sentimiento persistente de que el gobierno de los mejores o el gobierno de los fuertes sería mejor que el gobierno de la mayoría. Pero los hechos del desarrollo político hacían inevitable el gobierno de la mayoría y llegó a ser aceptado, al menos en Europa occidental, especialmente porque era compatible con el liberalismo y con la comunidad de intereses.

El liberalismo, la comunidad de intereses y la creencia en el progreso condujeron casi inevitablemente a la práctica y la teoría del capitalismo. El capitalismo era un sistema económico en el que la fuerza motriz era el deseo de obtener beneficios privados determinados en un sistema de precios. Se consideraba que tal sistema, al buscar el engrandecimiento de las ganancias de cada individuo, daría un progreso económico sin precedentes bajo el liberalismo y acorde con la comunidad de intereses. En el siglo XIX, este sistema, en asociación con el avance sin precedentes de las ciencias naturales, había dado lugar al industrialismo (es decir, la producción de energía) y al urbanismo (la vida en la ciudad), ambos considerados como acompañantes inevitables del progreso por la mayoría de la gente, pero bajo la mayor sospecha para una minoría persistente y ruidosa.

El siglo XIX fue también una época de ciencia. Con este término nos referimos a la creencia de que el universo obedecía a leyes racionales que podían encontrarse mediante la observación y que podían utilizarse para controlarlo. Esta creencia estaba estrechamente relacionada con el optimismo de la época, con su fe en el progreso inevitable y en el laicismo. Este último apareció como una tendencia al materialismo. Este podría definirse como la creencia de que toda la realidad es explicable esencialmente en términos de las leyes físicas y químicas que se aplican a la materia temporal.

El último atributo del siglo XIX no es para nada el menos importante: el nacionalismo. Fue la gran época del nacionalismo, un movimiento que ha sido discutido en muchos libros extensos e inconclusos, pero que puede definirse para nuestros propósitos como «un movimiento para la unidad política con aquellos con los que creemos que somos afines». Como tal, el nacionalismo en el siglo XIX tenía una fuerza dinámica que funcionaba en dos direcciones: por un lado, sirvió para unir a personas de la misma nacionalidad en una unidad estrecha y emocionalmente satisfactoria. Por otro lado, sirvió para dividir a personas de distinta nacionalidad en grupos antagónicos, a menudo en deterioro de sus verdaderas ventajas políticas, económicas o culturales mutuas. Así, en el periodo al que nos referimos, el nacionalismo actuó a veces como una fuerza de cohesión, creando una Alemania y una Italia unidas a partir de una mezcla de unidades políticas distintas. Pero a veces, por el contrario, el nacionalismo actuó como una fuerza disruptiva dentro de estados dinásticos como el Imperio de los Habsburgo o el Imperio otomano, dividiendo estos grandes Estados en una serie de unidades políticas distintas.

Estas características del siglo XIX se han modificado tanto en el siglo XX que podría parecer, a primera vista, como si este último no fuera sino lo contrario del primero. Esto no es del todo exacto, pero no cabe duda de que la mayoría de estas características se han modificado drásticamente en el siglo XX.

Este cambio ha surgido de una serie de experiencias devastadoras que han perturbado profundamente los patrones de comportamiento y de creencias, las organizaciones sociales y las esperanzas humanas. De estas experiencias devastadoras, las principales fueron el trauma de la Primera Guerra Mundial, la prolongada agonía de la depresión mundial y la violencia y destrucción sin precedentes de la Segunda Guerra Mundial. De estas tres, la Primera Guerra Mundial fue sin duda la más importante. Para un pueblo que creía en la bondad innata del hombre, en el progreso inevitable, en la comunidad de intereses y en el mal como mera ausencia de bien, la Primera Guerra Mundial, con sus millones de personas muertas y sus miles de millones de dólares desperdiciados, fue un golpe tan terrible que comprenderlo está más allá de la capacidad humana. De hecho, analizándola bien, no se logró ningún éxito real. La gente de la época lo consideraba como una aberración temporal e inexplicable a la que había que poner fin lo antes posible y olvidar tan pronto como se terminara. En consecuencia, casi todos los hombres en 1919 compartían la misma opinión y determinación de restaurar el mundo de 1913. Este esfuerzo fue un fracaso. Después de diez años de esfuerzo por ocultar la nueva realidad de la vida social mediante una fachada pintada para parecerse a la de 1913, los hechos interrumpieron esta pretensión y los hombres se vieron obligados, de buena gana o no, a enfrentarse a la nefasta realidad del siglo XX. Los acontecimientos que destruyeron el bonito mundo de ensueño de 1919 a 1929 fueron la caída de la bolsa, la depresión mundial, la crisis financiera mundial y, finalmente, el clamor militar del rearme y la agresión. Así, la depresión y la guerra obligaron a los hombres a darse cuenta de que el viejo mundo del siglo XIX había desaparecido para siempre y les hizo tratar de crear un nuevo mundo acorde con los hechos derivados de las condiciones actuales. Este nuevo mundo, proveniente del período entre 1914 y 1945, no tomó su forma reconocible hasta que la primera mitad del siglo llegó a su fin.

En contraste con la creencia del siglo XIX de que la naturaleza humana es innatamente buena y que la sociedad es corruptora, el siglo XX llegó a creer que la naturaleza humana es, si no innatamente mala, al menos capaz de ser muy mala. Abandonado a sí mismo, parece hoy que el hombre cae muy fácilmente al nivel primitivo o incluso más abajo, y este resultado solo puede evitarse mediante la formación y el poder coercitivo de la sociedad. Por lo tanto, el hombre es capaz de un gran mal, pero la sociedad puede impedirlo. Junto con este cambio de hombres buenos y sociedad mala a hombres malos y sociedad buena, ha aparecido una reacción del optimismo al pesimismo y del laicismo a la religión. Al mismo tiempo, la visión de que el mal es simplemente la ausencia del bien ha sido sustituida por la idea de que el mal es una fuerza muy positiva a la que hay que resistir y vencer. Los horrores de los campos de concentración de Hitler y de las unidades de mano de obra esclava de Stalin son los principales responsables de este cambio.

Estos cambios van acompañados de otros; la creencia de que las capacidades humanas son innatas y deben dejarse libres de la coacción social para que se manifiesten, ha sido sustituida por la idea de que las capacidades humanas son el resultado de la formación social y deben dirigirse a fines socialmente aceptables. Así, el liberalismo y el *laissez-faire* deben ser sustituidos, aparentemente, por la disciplina social y la planificación. La comunidad de intereses que aparecería si se dejara a los hombres simplemente perseguir sus propios deseos ha sido sustituida por la idea de la comunidad de bienestar, que debe ser creada mediante una acción organizadora y consciente. La creencia en el progreso ha sido sustituida por el miedo al retroceso social o incluso a la aniquilación humana. La antigua marcha de la democracia cede ahora ante el insidioso avance del autoritarismo y el capitalismo individual del afán de lucro parece estar a punto de ser sustituido por el capitalismo estatal de la economía del bienestar. La ciencia, por todos lados, es desafiada por los misticismos, algunos de los cuales marchan bajo la bandera de la propia ciencia; el urbanismo ha finalizadosu apogeo y es reemplazado por el suburbanismo o incluso por la «huida al campo»; y el nacionalismo encuentra su atractivo patriótico desafiado por apelaciones a grupos mucho más amplios de clase, de ideología o de alcance continental.

Ya hemos prestado cierta atención a la forma en que una serie de innovaciones de Europa occidental, como el industrialismo y la explosión demográfica, se difundieron hacia el exterior, al mundo periférico no europeo, a una velocidad tan diferente que llegaron a Asia en un orden bastante distinto al que tenían al salir de Europa occidental. El mismo fenómeno puede observarse dentro de la civilización occidental en relación con las características del siglo XIX de Europa que hemos enumerado. Por ejemplo, el nacionalismo ya era evidente en Inglaterra en el momento de la derrota de la Armada española en 1588; hizo estragos en Francia en el período posterior a 1789; llegó a Alemania e Italia solo después de 1815, se convirtió en una fuerza potente en Rusia y los Balcanes hacia el final del siglo XIX y fue notable en China, India e Indonesia, e incluso en África, únicamente en el siglo XX. Se pueden encontrar patrones de difusión algo similares con respecto a la expansión de la democracia, el gobierno parlamentario, el liberalismo y el laicismo. La regla, sin embargo, no es tan general ni tan simple como parece a primera vista. Las excepciones y las complicaciones se hacen más numerosas a medida que nos acercamos al siglo XX. Ya antes era evidente que la llegada del Estado soberano no seguía este modelo, apareciendo el despotismo ilustrado y el crecimiento de la autoridad pública suprema en Alemania, e incluso en Italia, antes de que apareciera en Francia. La educación gratuita universal también apareció en Europa central antes que en un país occidental como Inglaterra. El socialismo también es un producto de Europa central más que de Europa occidental, y pasó de la primera a la segunda solo en la quinta década del siglo XX. Estas excepciones a la regla general sobre el movimiento hacia el este de los desarrollos históricos modernos tienen varias explicaciones. Algunas de ellas son obvias, pero otras son muy complicadas. Como ejemplo de tal complicación podríamos mencionar que en Europa Occidental el nacionalismo, el industrialismo, el liberalismo y la democracia se alcanzaron generalmente en este orden. Pero en Alemania aparecieron todos al mismo tiempo. A los alemanes les pareció que podrían alcanzar el nacionalismo y el industrialismo (ambos deseados) rápidamente y con más éxito si sacrificaban el liberalismo y la democracia. Así, en Alemania el nacionalismo se consiguió de forma no democrática, a «sangre y hierro», como dijo Bismarck, mientras que el industrialismo se consiguió bajo los auspicios del Estado y no a través del liberalismo. Esta selección de elementos y el consiguiente juego de principios entre sí solamente fue posible en las zonas más periféricas porque estas zonas tenían la experiencia anterior de Europa occidental para estudiar, copiar, evitar o modificar. A veces tuvieron que modificar estos rasgos a medida que se desarrollaban. Esto puede verse en las siguientes consideraciones, cuando la Revolución Industrial comenzó en Inglaterra y Francia, estos países pudieron reunir el capital necesario para las nuevas fábricas porque ya tenían la Revolución Agrícola y porque, como primeros productores de bienes industriales, obtuvieron beneficios excesivos que pudieron utilizar para proporcionar capital. Pero en Alemania y Rusia, el capital era mucho más difícil de encontrar, porque obtuvieron la Revolución Industrial más tarde, cuando tenían que competir con Inglaterra y Francia, y no podían obtener beneficios tan grandes y también porque no tenían ya una Revolución Agrícola establecida sobre la que construir su Revolución Industrial.

En consecuencia, mientras que Europa occidental, con abundante capital y armas democráticas y baratas, pudo financiar su industrialización con el liberalismo y la democracia, Europa central y oriental tuvo dificultades para financiar el industrialismo y allí, el proceso se retrasó hasta un período en el que las armas democráticas baratas y sencillas fueron sustituidas por armas caras y complicadas. Esto significó que el capital para los ferrocarriles y las fábricas tuvo que conseguirse con la ayuda del Gobierno; el liberalismo disminuyó; el nacionalismo creciente fomentó esta tendencia; y la naturaleza antidemocrática de las armas existentes dejó claro que tanto el liberalismo como la democracia vivían una existencia muy precaria.

Como consecuencia de situaciones como esta, algunos de las características que surgieron en Europa occidental en el siglo XIX se trasladaron al exterior, a zonas más periféricas de Europa y Asia, con gran dificultad y solo durante un breve período. Entre estas características menos fuertes del gran siglo de Europa occidental podríamos mencionar el liberalismo, la democracia, el sistema parlamentario, el optimismo y la creencia en el progreso inevitable. Podríamos decir que eran flores de naturaleza tan delicada que no podían sobrevivir a ningún período prolongado de tormenta. El hecho de que el siglo XX las haya sometido a largos periodos muy tormentosos es evidente si tenemos en cuenta que este trajo consigo una depresión económica global intercalada entre dos guerras mundiales.

II

LA CIVILIZACIÓN OCCIDENTAL HASTA 1914

El patrón de cambio	42
Evolución de la economía europea	52
Capitalismo comercial	52
Capitalismo industrial, 1770–1850	58
Capitalismo financiero, 1850–1931	61
Prácticas financieras nacionales	66
La situación antes de 1914	79
Estados Unidos hasta 1917	82

El patrón de cambio

Para obtener una perspectiva, a veces dividimos la cultura de una sociedad de forma un tanto arbitraria, en varios aspectos diferentes. Por ejemplo, podemos dividir una sociedad en seis aspectos: militar, político, económico, social, religioso e intelectual. Claramente, hay conexiones muy estrechas entre estos distintos aspectos; y en cada aspecto hay conexiones muy estrechas entre lo que existe hoy y lo que existía en una época anterior. Por ejemplo, podemos hablar de la democracia como un hecho en el plano (o aspecto) político. Para hablar de ella de forma inteligente, no solo tendríamos que saber qué es hoy, sino también ver qué relación tiene con hechos anteriores en el nivel político, así como su relación con diversos hechos en los otros cinco niveles de la sociedad. Generalmente, no podemos hablar con certeza si no tenemos una idea bastante clara de lo que queremos decir con las palabras que utilizamos. Por ello, definiremos con frecuencia los términos que utilizamos al hablar de este tema.

El nivel militar se ocupa de la organización de la fuerza, el nivel político de la organización del poder y el nivel económico de la organización de la riqueza. Por «organización del poder» en una sociedad entendemos las formas de obtener la obediencia y el consentimiento (o la aquiescencia). Las estrechas relaciones entre los niveles pueden verse en el hecho de que hay tres formas básicas de ganar obediencia: por la fuerza, comprando el consentimiento con la riqueza y por la persuasión. Cada una de estas tres nos lleva a otro nivel (militar, económico o intelectual) fuera del nivel político. Al mismo tiempo, la organización del poder en la actualidad (es decir, de los métodos para obtener la obediencia en la sociedad) es un desarrollo de los métodos utilizados para obtener la obediencia en la sociedad en un período anterior.

Estas relaciones son importantes porque en el siglo XX, en la civilización occidental, los seis niveles están cambiando con una rapidez asombrosa, y las relaciones entre los niveles también están cambiando a gran velocidad. Cuando añadimos a este confuso panorama de la civilización occidental el hecho de que otras sociedades están influyendo en ella o siendo influidas por ella, parecería que el mundo en el siglo XX es casi demasiado complicado para entenderlo. Esto es cierto, y tendremos que simplificar (quizás incluso simplificar en exceso) estas complejidades para alcanzar un nivel básico de comprensión. Cuando hayamos alcanzado un nivel tan básico, tal vez podamos elevar el nivel de nuestra comprensión, introduciendo en nuestra mente, poco a poco, algunas de las complejidades que existen en el propio mundo.

En el plano militar de la civilización occidental en el siglo XX, el principal desarrollo ha sido un aumento constante de la complejidad y del coste de las armas. Cuando las armas son baratas de conseguir y tan fáciles de usar que casi cualquiera puede utilizarlas, tras un breve período de entrenamiento, los ejércitos suelen estar formados por grandes masas de soldados poco profesionales. A tales armas las llamamos «armas de novatos» y a tales ejércitos podríamos llamarlos «ejércitos masivos de ciudadanos-soldados». La época de Pericles, en la Grecia clásica, y el siglo XIX en la civilización occidental fueron períodos de armas de novatos y de ciudadanos-soldados. Pero el siglo XIX fue precedido (como lo fue también la Era de Pericles) por un período en el que las armas eran caras y requerían un largo entrenamiento en su uso. A estas armas las llamamos «especializadas». Los períodos de armas especializadas suelen ser períodos de pequeños ejércitos de soldados profesionales (normalmente mercenarios). En un período de armas especializadas, la minoría que posee dichas armas suele poder obligar a la mayoría que carece de ellas a obedecer; por tanto, un período de armas especializadas tiende a dar lugar a un periodo de gobierno minoritario y autoritario. Pero un período de armas de novatos es un período en el que todos los hombres son aproximadamente iguales en poder militar, una mayoría puede obligar a una minoría a ceder y el gobierno de la mayoría o incluso el gobierno democrático tiende a aumentar. El período medieval, en el que la mejor arma solía ser un caballero montado a caballo (claramente un arma especializada), fue un periodo de gobierno minoritario y autoritario. Incluso cuando el caballero medieval quedó obsoleto (junto con su castillo de piedra) por la invención de la pólvora y la aparición de las armas de fuego, estas nuevas armas eran tan caras y tan difíciles de usar (hasta 1800) que el gobierno minoritario y el gobierno autoritario continuaron, aunque ese gobierno trató de imponer su dominio pasando de los caballeros a caballo a los hombres con pica y a los mosqueteros profesionales. Pero después de 1800, las armas se volvieron más baratas de obtener y más fáciles de usar. En 1840, un revólver Colt se vendía por 27 dólares y un mosquete Springfield por no mucho más; estas eran las mejores armas que se podían conseguir en aquella época. Es así como los ejércitos masivos de ciudadanos, equipados con estas armas baratas y fáciles de usar, empezaron a sustituir a los ejércitos de soldados profesionales, a partir de 1800 en Europa, e incluso antes, en América. Al mismo tiempo, los gobiernos democráticos empezaron a sustituir a los gobiernos autoritarios (pero sobre todo en aquellas zonas en las que las armas nuevas y baratas estaban disponibles y el nivel de vida local era lo suficientemente alto como para que la gente pudiera obtenerlas).

La llegada del ejército de masas de ciudadanos-soldados en el siglo XIX creó un difícil problema de control, porque las técnicas de transporte y de comunicaciones no habían alcanzado un nivel lo suficientemente alto como para permitir cualquier control flexible en un ejército de masas. Un ejército de este tipo podía desplazarse por sus propios medios o por ferrocarril; el Gobierno solo podía comunicarse con sus distintas unidades por correo postal o por telegrama. El problema de manejar un ejército de masas mediante tales técnicas fue resuelto parcialmente en la Guerra Civil estadounidense de 1861 a 1865 y completamente por Helmuth von Moltke para el Reino de Prusia en la Guerra Austro-Prusiana de 1866. La solución era rígida: se preparaba de antemano un plan de campaña contra un adversario concreto, con un calendario establecido e instrucciones detalladas para cada unidad militar; los comunicados se preparaban e incluso se emitían de antemano, para ser utilizados según el calendario. Este plan era tan inflexible que la señal de movilización era prácticamente una señal para atacar a un Estado vecino concreto, ya que el plan, una vez iniciado, no podía cambiarse y apenas podía ralentizarse. Con este rígido método, Prusia creó el Imperio alemán aplastando a Austria en 1866 y a Francia en 1871. Hacia 1900 todos los Estados de Europa habían adoptado el mismo método y tenían planes fijos en los que la señal de movilización constituía un ataque a algún vecino, con el cual, en algunos casos (como en la invasión alemana de Bélgica), el atacante no tenía ninguna disputa real. Así, cuando se dio la señal de movilización en 1914, los Estados de Europa se lanzaron unos contra otros.

En el siglo XX, la situación militar cambió drásticamente en dos sentidos: por un lado, las comunicaciones y el transporte mejoraron tanto con la invención de la radio y el motor de combustión interna, que el control y el movimiento de las tropas e incluso de los soldados individuales se hicieron muy flexibles; la movilización dejó de ser equivalente al ataque, y el ataque dejó de ser equivalente a la guerra total. Por otra parte, a partir del primer uso de tanques, gas, proyectiles de alto poder explosivo y bombardeos tácticos desde el aire entre 1915 y 1918, y continuando con todas las innovaciones en materia de armamento que condujeron a la primera bomba atómica en 1945, las armas especializadas pasaron a ser superiores a las armas de novatos. Esto tuvo un doble resultado, que todavía se estaba resolviendo a mediados de siglo: el ejército reclutado de ciudadanos-soldados comenzó a ser reemplazado por un ejército más pequeño de soldados profesionales especializados y el gobierno autoritario comenzó a reemplazar al gobierno democrático.

En el aspecto político se produjeron cambios igualmente profundos en el siglo XX. Estos cambios estaban relacionados con la base sobre la que se podía apelar a la fidelidad, especialmente una fidelidad que pudiera ganarle a la lealtad que había en áreas cada vez más grandes de grupos más numerosos de personas. A principios de la Edad Media, cuando no existía el Estado ni la autoridad pública, la organización política era el sistema feudal, que se mantenía unido por las obligaciones de lealtad personal entre un pequeño número de personas. Con la reaparición del Estado y de la autoridad pública, se organizaron nuevos patrones de comportamiento político en lo que se llama la «monarquía feudal». Esto permitió que el Estado reapareciera por primera vez desde el colapso del Imperio de Carlomagno en el siglo IX, pero con una fidelidad restringida a un número relativamente pequeño de personas en un área igualmente pequeña. El desarrollo de las armas y la mejora constante de los transportes y las comunicaciones permitieron imponer la obediencia en zonas cada vez más extensas e hicieron necesario basar la fidelidad en algo más amplio que solo la lealtad personal a un monarca feudal. En consecuencia, la monarquía feudal fue sustituida por la monarquía dinástica. En este sistema, los súbditos debían fidelidad a una familia real (dinastía), aunque la base real de la dinastía descansaba en la lealtad de un ejército profesional de piqueros y mosqueteros.

El paso del ejército profesional de mercenarios al ejército de masas de ciudadanos-soldados, junto con otros factores que actúan en otros niveles de la cultura, hizo necesario ampliar de nuevo la base de la fidelidad después de 1800. La nueva base fue el nacionalismo y dio lugar al Estado nacional como unidad política típica del siglo XIX. Este cambio, no fue posible para los grandes Estados dinásticos que gobernaban sobre muchos grupos lingüísticos y nacionales diferentes. Hacia el año 1900, tres antiguas monarquías dinásticas estaban amenazadas de desintegración por la creciente ola de agitación nacionalista. El Imperio austrohúngaro, el Imperio otomano y el Imperio ruso de los Romanov, se desintegraron como consecuencia de las derrotas de la Primera Guerra Mundial. Pero las unidades territoriales más pequeñas que los sustituyeron, Estados como Polonia, Checoslovaquia o Lituania, organizados en gran medida sobre la base de grupos lingüísticos, pueden haber reflejado adecuadamente los sentimientos nacionalistas del siglo XIX, pero manifestaron muy inadecuadamente los avances en armas, comunicaciones, transporte y economía del siglo XX. A mediados de este último siglo, estos avances estaban llegando a un punto en el que los Estados que podían producir los últimos instrumentos de coerción, estaban en condiciones de obligar a la obediencia en áreas mucho más grandes que las ocupadas por los pueblos que hablaban el mismo idioma, o que se consideraban a sí mismos como parte de una nacionalidad común. Ya en 1940, parecía que había que encontrar alguna base nueva de alcance más continental que los grupos de nacionalidad existentes para los nuevos superestados que empezaban a nacer. Quedó claro que la base de fidelidad de estos nuevos superestados de alcance continental debía ser ideológica más que nacional. Entonces, el Estado nacional del siglo XIX empezó a ser sustituido por el bloque ideológico del siglo XX. Al mismo tiempo, el paso de las armas de novatosa las especializadas, hizo probable que la nueva forma de organización fuera autoritaria y no democrática, como lo había sido el anterior Estado nacional. Sin embargo, el prestigio del poder y la influencia de Gran Bretaña en el siglo XIX fue tan grande en el primer tercio del siglo XX que el sistema parlamentario británico siguió siendo copiado en todos los lugares en los que se pedía la creación de una nueva forma de gobierno. Esto ocurrió en Rusia en 1917, en Turquía en 1908, en Checoslovaquia, en Polonia entre 1918 y 1919 y en la mayoría de los estados de Asia (como China en 1911).

Cuando pasamos al aspecto económico, nos encontramos con una serie de acontecimientos complejos. Sería grato que pudiéramos ignorarlos, pero obviamente no podemos porque las cuestiones económicas han tenido una importancia capital en el siglo XX, y nadie puede entender este período sin tener al menos un conocimiento rudimentario de las cuestiones económicas. Para simplificarlos un poco, podemos dividirlos en cuatro aspectos: (a) energía, (b) materiales, (c) organización, y (d) control.

Está claro que no se puede fabricar ningún bien económico sin el uso de energía y materiales. La historia de la primera se divide en dos partes principales, cada una de las cuales se divide en dos subpartes. La división principal, alrededor de 1830, separa un período anterior en el que la producción utilizaba la energía suministrada a través de los cuerpos vivos y un período posterior en el que la producción utilizaba la energía de los combustibles fósiles, obtenida a través de los motores. La primera mitad se subdivide en un periodo anterior de mano de obra (y esclavitud) y un periodo posterior que utiliza la energía de los animales de tiro. Esta subdivisión se produjo aproximadamente hacia el año 1000 de nuestra era. La segunda mitad (desde 1830) se subdivide en un período en el que se utilizaba el carbón en las máquinas de vapor y un período en el que se utilizaba el petróleo en los motores de combustión interna. Esta subdivisión se produjo alrededor de 1900 o un poco más tarde.

La evolución del uso de los materiales es conocida por todos, podemos hablar de una era del hierro (antes de 1830), una era del acero (1830–1910) y una era de las aleaciones, los metales ligeros y los sintéticos (desde 1910). Generalmente, todas estas fechas son arbitrarias y aproximadas, ya que los distintos períodos se iniciaron en fechas diferentes y en zonas distintas, difundiéndose hacia el exterior, desde su origen en el núcleo de la civilización occidental, en el noroeste de Europa.

Cuando pasamos a la evolución de la organización económica, nos acercamos a un tema de gran importancia. También en este caso podemos ver una secuencia de varios períodos. Hubo seis de estos períodos, cada uno con su propia forma típica de organización económica. Al principio, en la Alta Edad

Media, la civilización occidental tenía un sistema económico casi totalmente agrícola, organizado en señoríos autosuficientes, casi sin comercio ni industria. Después de aproximadamente el año 1050, a este sistema señorial-agrario se le añadió un nuevo sistema económico basado en el comercio de bienes de lujo de origen remoto con fines de lucro, también podemos llamarlo capitalismo comercial. Este tuvo dos períodos de expansión: uno entre 1050 y 1270 y el otro entre 1440 y 1690. La organización típica de estos dos períodos fue la compañía comercial (en el segundo podríamos decir la compañía privilegiada, como la Compañía de la Bahía de Massachusetts, la Compañía de la Bahía de Hudson, o las diversas compañías de las Indias Orientales). El siguiente periodo de organización económica fue la etapa del capitalismo industrial, que comenzó hacia 1770 y se caracterizó por la gestión de los propietarios a través de la propiedad individual o la sociedad. El tercer período podríamos llamarlo capitalismo financiero, este comenzó alrededor de 1850, alcanzó su punto de mayor importancia hacia 1914 y terminó hacia 1932. Sus formas típicas de organización económica fueron la sociedad de responsabilidad limitada y la sociedad de cartera. Fue un periodo de gestión financiera o bancaria, en lugar de una gestión por parte de los propietarios, como en el periodo anterior del capitalismo industrial. A este periodo de capitalismo financiero le siguió un periodo de capitalismo monopolista. En este cuarto período, las formas típicas de organización económica eran los cárteles y las asociaciones comerciales. Este período comenzó a hacerse presente hacia 1890, tomó el control del sistema económico de manos de los banqueros hacia 1932 y se distingue como un período de dominio gerencial en contraste con la gestión de propietarios y la gestión financiera de los dos periodos inmediatamente anteriores. Muchas de sus características continúan, incluso hoy en día, pero los dramáticos acontecimientos de la Segunda Guerra Mundial y el período de postguerra lo sitúan en un contexto social e histórico tan diferente como para crear uno nuevo, un sexto período de organización económica que podría llamarse «la economía pluralista». Las características de este sexto periodo se describirán más adelante.

La relación aproximada de estas distintas etapas puede verse en el siguiente cuadro:

Nombre	Fechas	Organización típica	Gestión
Señorío	670–	Señor	Personalizado
Capitalismo comercial	a. 1050–1270 b. 1440–1690	Empresa; Sociedad privilegiada	Mercantilismo municipal; Mercantilismo estatal
Capitalismo industrial	1770–1870	Empresa privada o asociación	Propietarios
Capitalismo financiero	1850–1932	Corporación y sociedad de cartera	Banqueros

Capitalismo monopólico	1890–1950	Cárteles y asociaciones comerciales	Gerentes
Economía pluralista	1934–presente	Grupos de presión	Tecnócratas

Hay que tener en cuenta dos cosas: en primer lugar, estas diversas etapas o períodos son aditivos en cierto sentido y hay muchos restos de etapas anteriores en otras posteriores. En 1925, todavía funcionaba una casa señorial en Inglaterra y la sociedad privilegiada de Cecil Rhodes, que abrió Rodesia (la Compañía Británica de Sudáfrica), se constituyó en una fecha tan tardía como 1889. Del mismo modo, hoy en día se pueden crear empresas privadas dirigidas por sus propietarios que se dedican a actividades industriales, o corporaciones y sociedades de cartera que se dedican a actividades financieras. En segundo lugar, todos los períodos posteriores se denominan capitalismo. Este término significa «un sistema económico motivado por la búsqueda de beneficios dentro de un sistema de precios». El capitalista comercial buscaba beneficios en el intercambio de mercancías; el capitalista industrial buscaba beneficios en la fabricación de mercancías; el capitalista financiero buscaba beneficios en la manipulación de los créditos sobre el dinero; y el capitalista monopolista buscaba beneficios en la manipulación del mercado a fin de que el precio de mercado y la cantidad vendida fueran tales que sus beneficios se maximizaran.

Es interesante observar que, como consecuencia de estas diversas etapas de organización económica, la civilización occidental ha pasado por cuatro grandes etapas de expansión económica marcadas por las fechas aproximadas entre 970 y 1270, 1440 y 1690, 1770 y 1928 y desde 1950. Tres de estas etapas de expansión fueron seguidas por el estallido de guerras imperialistas, cuando la etapa de expansión llegó a su fin. Estas fueron la Guerra de los Cien Años y las Guerras Italianas (1338–1445, 1494–1559), la Segunda Guerra de los Cien Años (1667–1815) y las Guerras Mundiales (1914–1945). El trasfondo económico de la tercera de ellas se examinará más adelante en este capítulo, pero ahora debemos continuar nuestro estudio general de las condiciones de la civilización occidental en lo que respecta a otros aspectos de la cultura. Uno de ellos es la cuarta y última parte del nivel económico, la relativa al control económico.

El control económico ha pasado por cuatro etapas en la civilización occidental. De ellas, la primera y la tercera fueron períodos de «control automático», en el sentido de que no hubo ningún esfuerzo consciente para un sistema centralizado de control económico, mientras que la segunda y la cuarta fueron períodos de esfuerzos conscientes de control. Estas etapas, con fechas aproximadas, fueron las siguientes:

1. Control automático: costumbre señorial, 650–1150
2. Control consciente
    a. mercantilismo municipal, 1150–1450
    a. mercantilismo estatal, 1450–1815
2. Control automático: el laissez-faire en el mercado competitivo, 1815–1934
3. Control consciente: planificación (tanto pública como privada), 1934

Debería ser evidente que estas cinco etapas de control económico están estrechamente relacionadas con las etapas anteriormente mencionadas en lo que respecta a los tipos de armas en el aspecto militar, o a las formas de gobierno en el aspecto político. Las mismas cinco etapas de control económico tienen una relación compleja con las seis etapas de organización económica ya mencionadas. La importante etapa del capitalismo industrial se superpone a la transición del mercantilismo estatal al *laissez-faire*.

Cuando pasamos al nivel social de una cultura, podemos observar una serie de fenómenos diferentes, como los cambios en el crecimiento de la población, los cambios en el total de esta población (como el aumento o la disminución de las ciudades) y los cambios en las clases sociales. La mayoría de estas cosas son demasiado complicadas para que intentemos tratarlas aquí de forma exhaustiva. Ya hemos hablado de las distintas etapas del crecimiento de la población y hemos demostrado que, hacia 1900, Europa estaba pasando, en general, de una etapa de crecimiento de la población con muchas personas en la flor de la vida (tipo B), a una etapa de estabilización de la población con un mayor porcentaje de personas de mediana edad (tipo C). Este paso de la población de tipo B a la de tipo C en Europa puede situarse, a grandes rasgos, en el momento en que el siglo XIX dio paso al siglo XX. Aproximadamente al mismo tiempo o poco después, y estrechamente relacionado con el auge del capitalismo monopolista (con su énfasis en los automóviles, los teléfonos, la radio, etc.), se produjo un cambio en la totalidad de la población. Este cambio se produjo desde el período que podríamos llamar «el crecimiento de la ciudad» (en el que, año tras año, una mayor parte de la población vivía en las ciudades) a lo que podríamos llamar «el crecimiento de los suburbios» o incluso «el período de las megápolis» (en el que el crecimiento de la concentración residencial se desplazó desde la propia ciudad hacia los alrededores).

El tercer aspecto del nivel social al que podemos dirigir nuestra atención se refiere a los cambios en las clases sociales. Cada una de las etapas del desarrollo de la organización económica fue acompañada por el ascenso prominente de una nueva clase social. El sistema medieval había proporcionado la nobleza feudal basada en el sistema agrario señorial. El crecimiento del capitalismo comercial (en dos etapas) dio lugar a una nueva clase de burguesía comercial.

El crecimiento del capitalismo industrial dio lugar a dos nuevas clases, la burguesía industrial y los obreros industriales (o *proletariado*, como se les llamaba a veces en Europa). El desarrollo del capitalismo financiero y monopolista proporcionó un nuevo grupo de técnicos directivos. La distinción entre la burguesía industrial y los gerentes se basa esencialmente en el hecho de que la primera controla la industria y posee el poder porque es propietaria, mientras que los gerentes controlan la industria (y también el Gobierno o los sindicatos o la opinión pública) porque están capacitados o entrenados en ciertas técnicas. Como veremos más adelante, el paso de unos a otros se asoció a la separación del control de la propiedad en la vida económica. El cambio también se asoció con lo que podríamos llamar una transformación de una sociedad de dos clases a una sociedad de clase media. Bajo el capitalismo industrial y la primera parte del capitalismo financiero, la sociedad comenzó a convertirse en una sociedad polarizada de dos clases en la que una burguesía arraigada se oponía a un proletariado de masas. Sobre la base de este desarrollo Karl Marx, alrededor de 1850, formó sus ideas de una inevitable lucha de clases en la que el grupo de propietarios sería cada vez más limitado y con mayor riqueza, mientras que la masa de trabajadores se volvía cada vez más pobre, pero cada vez más numerosa, hasta que finalmente la masa se levantaría y tomaría la propiedad y el control sobre la minoría privilegiada. Hacia 1900, la evolución social tomó una dirección tan diferente de la esperada por Marx que su análisis quedó casi sin valor y su sistema tuvo que imponerse por la fuerza en un país industrial muy atrasado (Rusia) en lugar de producirse inevitablemente en el país industrial más avanzado, como él había esperado.

Los avances sociales que hicieron obsoletas las teorías de Marx fueron el resultado de desarrollos tecnológicos y económicos que Marx no había previsto. La energía para la producción se derivaba cada vez más de fuentes de energía inanimadas y cada vez menos del trabajo humano. Como resultado, la producción en masa requería menos trabajo, aunque un consumo masivo, de modo que los productos de la nueva tecnología tenían que ser distribuidos a los grupos de trabajadores, así como a otros, de manera que el aumento del nivel de vida de las masas hacía que el proletariado fuera cada vez menos numeroso y más rico. Al mismo tiempo, la necesidad de directivos y de administrativos en los niveles medios del sistema económico hizo que el proletariado pasara a formar parte de la clase media en gran número. La difusión de la forma corporativa de la empresa industrial permitió separar el control de la propiedad y permitió que esta última se dispersara entre un grupo mucho más amplio, de modo que, en efecto, los propietarios se hicieron cada vez más numerosos y más pobres. Y, finalmente, el control pasó de los propietarios a los directivos. El resultado fue que la sociedad polarizada de dos clases prevista por Marx fue, después de 1900, sustituida cada vez más por una sociedad de masas de clase media, con menos pobres y, si no menos ricos, al menos un grupo más numeroso de ricos que eran relativamente menos ricos que en un período anterior. Este proceso de nivelación ascendente de los pobres y de nivelación descendente de los ricos se originó en las fuerzas económicas, pero se aceleró y amplió por las políticas gubernamentales en materia de impuestos y bienestar social, especialmente después de 1945.

Cuando pasamos a los niveles superiores de la cultura, como los aspectos religiosos e intelectuales, podemos discernir una secuencia de etapas similares a las que se han encontrado en los niveles más materiales. No vamos a hacer un examen extenso de ellos en este momento, salvo para decir que en el nivel religioso se ha pasado de una perspectiva básicamente secularista, materialista y antirreligiosa a finales del siglo XIX a un punto de vista mucho más espiritualista y religioso en el curso del siglo XX. Al mismo tiempo, una evolución muy compleja en el plano intelectual ha mostrado un profundo cambio de perspectiva, desde un punto de vista optimista y científico en el período entre 1860 y 1890 hasta un punto de vista mucho más pesimista e irracionalista en el período posterior a 1890. Este cambio de punto de vista, que comenzó en un grupo bastante restringido que formaba una vanguardia intelectual alrededor de 1890, un grupo que incluía a figuras como Freud, Sorel, Bergson y Proust, se extendió hacia abajo a sectores cada vez más amplios de la sociedad occidental en el curso del nuevo siglo, como resultado de la experiencia devastadora de dos Guerras Mundiales y la Gran Depresión. Los resultados de este proceso pueden verse en el sorprendente contraste entre la perspectiva típica de Europa en el siglo XIX y la del siglo XX, tal como se mostró en el capítulo anterior.

Evolución de la economía europea

CAPITALISMO COMERCIAL

La civilización occidental es la organización social más rica y poderosa jamás antes creada por el hombre. Una de las razones de este éxito ha sido su organización económica. Esta, como hemos dicho, ha pasado por seis etapas sucesivas, de las cuales al menos cuatro se llaman «capitalismo». Tres características son notables en el conjunto de este desarrollo.

En primer lugar, cada etapa creó las condiciones que tendieron a provocar la siguiente etapa; por lo tanto, podríamos decir, en cierto sentido, que cada etapa se iba destruyendo. La organización económica original de las unidades agrarias autosuficientes (señoríos) se encontraba en una sociedad organizada, de manera que sus rangos superiores (los señores, laicos y eclesiásticos) encontraban sus deseos y necesidades tan bien satisfechos que buscaban cambiar sus excedentes de necesidades por lujos de origen remoto. Esto dio lugar a un comercio de lujos extranjeros (especias, tejidos finos, metales finos) que fue la primera evidencia de la etapa del capitalismo comercial. En esta segunda etapa, los beneficios mercantiles y la ampliación de los mercados crearon una demanda de textiles y otros bienes que solo podía satisfacerse mediante la aplicación de la fuerza a la producción. Esto dio lugar a la tercera etapa: el capitalismo industrial. La etapa del capitalismo industrial pronto dio lugar a una demanda tan insaciable de bienes de equipo pesado, como líneas de ferrocarril, acerías, astilleros, etc., que estas inversiones no podían financiarse con los beneficios y las fortunas privadas de los propietarios individuales. Surgieron nuevos instrumentos de financiación de la industria en forma de sociedades de responsabilidad limitada y bancos de inversión. Estos pronto estuvieron en condiciones de controlar las principales partes del sistema industrial, ya que le proporcionaban capital, lo que dio lugar al capitalismo financiero. El control del capitalismo financiero se utilizó para integrar el sistema industrial en unidades cada vez más grandes con controles financieros interconectados. Esto hizo posible una reducción de la competencia con el consiguiente aumento de los beneficios. Como resultado, el sistema industrial pronto descubrió que podía volver a financiar su propia expansión a partir de sus propios beneficios y con este logro, los controles financieros se debilitaron y llegó la etapa del capitalismo monopolista. En esta quinta etapa, las grandes unidades industriales, trabajando juntas directamente o a través de cárteles y asociaciones comerciales, estaban en condiciones de explotar a la mayoría del pueblo. El resultado fue una gran crisis económica que pronto se convirtió en una lucha por el control del Estado: la minoría esperaba utilizar el poder político para defender su posición privilegiada, la mayoría esperaba utilizar el Estado para reducir el poder y los privilegios de la minoría. Ambos esperaban utilizar el poder del Estado para encontrar alguna solución a los aspectos económicos de la crisis. Esta lucha dualista disminuyó con el crecimiento del pluralismo económico y social a partir de 1945.

La segunda característica importante de todo este desarrollo es que la transición de cada etapa a la siguiente estuvo asociada a un período de depresión o de baja actividad económica. Esto se debió a que cada etapa, después de una fase progresiva anterior, se convirtió más tarde, en su fase final, en una organización de intereses personales más preocupada por proteger los modos de acción ya establecidos que por continuar con cambios progresivos mediante la aplicación de recursos a métodos nuevos y mejorados. Esto es inevitable en cualquier organización social, pero es particularmente así en lo que respecta al capitalismo.

La tercera característica de todo el desarrollo está estrechamente relacionada con esta naturaleza especial del capitalismo. El capitalismo proporciona motivaciones muy poderosas para la actividad económica porque asocia estrechamente las motivaciones económicas con el interés propio. Pero esta misma característica, que es una fuente de fuerza al proporcionar motivación económica a través de la búsqueda de beneficios, es también una fuente de debilidad, debido al hecho de que una motivación tan egocéntrica contribuye muy fácilmente a una pérdida de coordinación económica. Cada individuo, por el mero hecho de estar tan poderosamente motivado por el interés propio, pierde fácilmente de vista el papel que sus propias actividades desempeñan en el conjunto del sistema económico, y tiende a actuar como si sus actividades fueran el todo, con el inevitable perjuicio para ese todo. Podríamos demostrar esto señalando que el capitalismo nunca busca principalmente conseguir prosperidad, alta producción, alto consumo, poder político, mejora patriótica o elevación moral, porque solo busca beneficios como objetivo principal. Cualquiera de estas cosas puede lograrse bajo el capitalismo y cualquiera de ellas (o todas) puede sacrificarse y perderse bajo el capitalismo, dependiendo de su relación con el objetivo principal de la actividad capitalista: la búsqueda de beneficios. Durante los novecientos años de historia del capitalismo, este ha contribuido, en diversas ocasiones, tanto al logro como a la destrucción de estos otros objetivos sociales.

Las diferentes etapas del capitalismo han tratado de obtener beneficios mediante distintos tipos de actividades económicas. La etapa original, a la que llamamos capitalismo comercial, buscaba beneficios trasladando mercancías de un lugar a otro. En este esfuerzo, las mercancías iban de lugares donde eran menos valiosas a lugares donde eran más valiosas, mientras que el dinero, haciendo lo mismo, se movía en la dirección opuesta. Esta valoración, que determinaba el movimiento tanto de las mercancías como del dinero y que hacía que circularan en direcciones opuestas, se medía por la relación entre estas dos cosas. Así, el valor de las mercancías se expresaba en dinero y el valor del dinero se expresaba en mercancías. Las mercancías se desplazaban de las zonas de precios bajos a las de precios altos y el dinero se desplazaba de las zonas de precios altos a las de precios bajos, porque las mercancías eran más valiosas donde los precios eran altos y el dinero era más valioso donde los precios eran bajos.

Por tanto, es evidente que el dinero y los bienes no son lo mismo, sino que, por el contrario, son cosas exactamente opuestas. La mayor parte de la confusión en el pensamiento económico surge de no reconocer este hecho. Los bienes son una riqueza que se posee, mientras que el dinero es un derecho sobre una riqueza que no se tiene. Por tanto, los bienes son un activo; el dinero es una deuda. Si los bienes son riqueza, el dinero no lo es, ni riqueza negativa, ni siquiera va en contra de ella. Siempre se comportan de forma opuesta, al igual que suelen moverse en direcciones opuestas. Si el valor de uno sube, el valor del otro baja y en la misma proporción. El valor de las mercancías, expresado en dinero, se llama «precio», mientras que el valor del dinero, expresado en mercancías, se llama «valor».

El capitalismo comercial surgió cuando los mercaderes, que transportaban mercancías de una zona a otra, podían venderlas en su destino por un precio que cubría el coste original, todos los gastos de traslado de las mercancías, incluidos los gastos del mercader y un beneficio. Este desarrollo, que comenzó con la circulación de bienes de lujo, aumentó la riqueza porque condujo a la especialización de las actividades, tanto en la artesanía como en la agricultura, lo que aumentó las habilidades, la producción y también trajo al mercado nuevos productos.

Con el tiempo, esta etapa del capitalismo comercial se institucionalizó en un sistema restrictivo, a veces llamado «mercantilismo», en el que los comerciantes buscaban obtener beneficios, no de los movimientos de mercancías, sino de la restricción de los movimientos de mercancías. Así, la búsqueda de beneficios, que antes había conducido a una mayor prosperidad mediante el aumento del comercio y la producción, se convirtió en una restricción tanto del comercio como de la producción, porque el beneficio se convirtió en un fin en sí mismo y no en un mecanismo accesorio del sistema económico en su conjunto.

La forma en que el capitalismo comercial (una organización económica en expansión) se transformó en mercantilismo (una organización económica restrictiva), dos veces en nuestra historia pasada, es muy reveladora no solo de la naturaleza de los sistemas económicos y de los propios hombres, sino también de la naturaleza de la crisis económica y de lo que se puede hacer al respecto.

En el capitalismo comercial, los mercaderes pronto descubrieron que un flujo creciente de mercancías de una zona de precios bajos a otra de precios altos tendía a elevar los precios en la primera, y a bajarlos en la segunda. Cada vez que llegaba un cargamento de especias a Londres, el precio de las especias allí empezaba a bajar, mientras que la llegada de compradores y barcos a Malaca hacía que los precios allí sufrieran un incremento repentino. Esta tendencia a la equiparación de los niveles de precios entre las dos zonas a causa de la doble, y recíproca, circulación de mercancías y dinero, ponía en peligro los beneficios de los mercaderes, por mucho que satisficiera a los productores y consumidores de ambos extremos. Lo hacía reduciendo el diferencial de precios entre las dos zonas y, por tanto, reduciendo el margen dentro del cual el comerciante podía obtener su beneficio. Los comerciantes astutos no tardaron en darse cuenta de que podían mantener este diferencial de precios, así como sus beneficios, si podían restringir el flujo de mercancías, de modo que fluyera un volumen igual de dinero por un volumen reducido de mercancías. De este modo, los envíos disminuían, los costes se reducían, pero los beneficios se mantenían.

Dos cosas se destacan en esta situación mercantilista: en primer lugar, el comerciante, con sus prácticas restrictivas, aumentaba, en esencia, su propia satisfacción, reduciendo la del productor, en un extremo y en el otro, el consumidor podía hacerlo porque estaba en medio de ambos. En segundo lugar, mientras el comerciante se ocupaba de las mercancías en su puerto de origen, estaba deseoso de que los precios de estas fueran y siguieran siendo elevados.

Sin embargo, con el tiempo, en el intercambio comercial, algunos comerciantes empezaron a desplazar su atención del aspecto de las mercancías al otro aspectodel intercambio, el monetario. Comenzaron a acumular los beneficios de estas transacciones y se preocuparon cada vez más, no por el envío e intercambio de mercancías, sino por el envío e intercambio de dinero. Con el tiempo, se preocuparon por prestar dinero a los comerciantes para financiar sus barcos y sus actividades, adelantando dinero para ambos, a elevados tipos de interés, garantizando la recuperación de fondos con el uso de los barcos o las mercancías como aval para el reembolso.

En este proceso, las actitudes e intereses de estos nuevos banqueros se volvieron totalmente opuestos a los de los comerciantes (aunque pocos de ellos reconocieron la situación). Donde el comerciante había estado ansioso por obtener precios altos y estaba cada vez más ansioso por conseguir tipos de interés bajos, el banquero lo estaba por lograr un valor alto del dinero (es decir, precios bajos) y tipos de interés altos. Cada uno se preocupaba por mantener o aumentar el valor de la mitad de la transacción (bienes por dinero) con la que estaba directamente relacionado, con relativa negligencia de la transacción en sí misma (que era, por supuesto, la preocupación de los productores y los consumidores).

En resumen, la especialización de las actividades económicas, al dividir el proceso económico, ha hecho posible que la gente se concentre en una parte del proceso y, al maximizar esa parte, ponga en peligro el resto. El proceso no solo se dividió en productores, intercambiadores y consumidores, sino que también hubo dos tipos de intercambiadores (uno relacionado con las mercancías y otro con el dinero), con objetivos casi antitéticos, a corto plazo. Los problemas que inevitablemente surgían solamente podían resolverse reformando el sistema teniendo como referencia al conjunto del mismo. Pero, desgraciadamente, tres partes del sistema, las relativas a la producción, la transferencia y el consumo de bienes, eran concretas y claramente visibles, de modo que casi cualquiera podía comprenderlas con solo examinarlas, mientras que las operaciones de la banca y las finanzas estaban ocultas, dispersas y eran abstractas, de modo que a muchos les parecían difíciles. Además, los propios banqueros hacían todo lo posible para que sus actividades fueran más secretas y misteriosas. Sus actividades se reflejaban en marcas ocultas en los libros de contabilidad que nunca se mostraban a los ojos curiosos de personas ajenas.

Con el tiempo, el hecho central del sistema económico en desarrollo, la relación entre las mercancías y el dinero, quedó claro, al menos para los banqueros. Esta relación, el sistema de precios, dependía de cinco factores: la oferta y la demanda de bienes, la oferta y la demanda de dinero y la velocidad de intercambio entre el dinero y los bienes. Un aumento de tres de ellos (demanda de bienes, oferta de dinero, velocidad de circulación) haría subir los precios de los bienes y bajar el valor del dinero. Esta inflación era inaceptable para los banqueros, aunque deseable para los productores y comerciantes. En cambio, una disminución de estos tres elementos sería deflacionaria y complacería a los banqueros, preocuparía a los productores, a los comerciantes y encantaría a los consumidores (que obtendrían más bienes por menos dinero). Los demás factores actúan en sentido contrario, de modo que un aumento de estos (oferta de bienes, demanda de dinero y lentitud de la circulación o del intercambio) sería deflacionista.

Estas oscilaciones de precios, ya sean inflacionarios o deflacionarios, han sido fuerzas importantes en la historia durante al menos los últimos seis siglos. Durante ese largo periodo, su poder para modificar la vida de los hombres y la historia de la humanidad ha ido en aumento. Esto se ha reflejado de dos maneras. Por un lado, las subidas de precios han fomentado generalmente el aumento de la actividad económica, especialmente la producción de bienes, mientras que, por otro lado, la variabilidad de los precios han servido para redistribuir la riqueza dentro del sistema económico. La inflación, especialmente una subida lenta y constante de los precios, anima a los productores porque significa que pueden comprometerse con los costes de producción en un nivel de precios y más tarde, ofrecer el producto acabado para su venta a un nivel de precios algo más alto. Esta situación fomenta la producción porque da la confianza de un margen de beneficio casi seguro. Por el contrario, la producción se ve desalentada en un periodo de precios a la baja, a menos que el productor se encuentre en una situación poco probable donde sus costes bajen más rápido que los precios de su producto.

La redistribución de la riqueza mediante la variación de los precios es igualmente importante, pero atrae mucha menos atención. La subida de precios beneficia a los deudores y perjudica a los acreedores, mientras que la bajada de precios hace lo contrario. Un deudor al que se le pide que pague una deuda en un momento en el que los precios son más altos que cuando contrajo la deuda debe ceder menos bienes y servicios de los que obtuvo en la fecha anterior, en un nivel de precios más bajo que cuando pidió prestado el dinero. Un acreedor, como un banco, que ha prestado dinero (equivalente a una determinada cantidad de bienes y servicios) en un nivel de precios, recupera la misma cantidad de dinero (pero una menor cantidad de bienes y servicios) cuando el reembolso se produce en un nivel de precios más alto, porque el dinero reembolsado tiene entonces menos valor. Por eso los banqueros, como acreedores en términos monetarios, han estado obsesionados con mantener el valor del dinero, aunque la razón que han dado tradicionalmente para esta obsesión (que el «dinero sólido» mantiene la «confianza empresarial») ha sido más propagandística que precisa.

Hace cientos de años, los banqueros comenzaron a especializarse y los más ricos e influyentes se asociaron cada vez más con el comercio exterior y las transacciones de divisas. Como estos eran más ricos y cosmopolitas y se ocupaban cada vez más de cuestiones de importancia política, como la estabilidad y la devaluación de las monedas, la guerra y la paz, los matrimonios dinásticos y los monopolios comerciales mundiales, se convirtieron en los financieros y asesores financieros de los gobiernos. Además, dado que sus relaciones con los gobiernos siempre fueron en términos monetarios y no en términos reales y dado que siempre estuvieron obsesionados con la estabilidad de los intercambios monetarios entre el dinero de un país y el de otro, utilizaron su poder e influencia para hacer dos cosas: (1) conseguir que todo el dinero y las deudas se expresaran en términos de una mercancía estrictamente limitada (en última instancia, el oro); y (2) conseguir que todos los asuntos monetarios quedaran fuera del control de los gobiernos y de la autoridad política, con el argumento de que serían manejados mejor por los intereses bancarios privados en términos de un valor tan estable como el oro.

Estos esfuerzos fracasaron con el paso del capitalismo comercial al mercantilismo y la destrucción de todo el modelo de organización social basado en la monarquía dinástica, los ejércitos mercenarios profesionales y el mercantilismo, en la serie de guerras que sacudieron Europa desde mediados del siglo XVII hasta 1815. El capitalismo comercial pasó por dos períodos de expansión, cada uno de los cuales se deterioró en una fase posterior de guerra, luchas de clases y retroceso. La primera etapa, asociada al mar Mediterráneo, fue dominada por los italianos del norte y los catalanes, pero terminó en una fase de crisis después de 1300, que no se cerródefinitivamente hasta 1558. La segunda etapa del capitalismo comercial, asociada al océano Atlántico, estuvo dominada por los españoles y los portugueses, los holandeses y los ingleses. Dicho capitalismo comercial comenzó a expandirse en 1440, estaba en pleno apogeo en 1600, pero a finales del siglo XVII se vio envuelto en las luchas restrictivas del mercantilismo estatal y en la serie de guerras que asolaron Europa de 1667 a 1815.

El capitalismo comercial del periodo 1440–1815 se caracterizó por la supremacía de las compañías privilegiadas, como la Hudson's Bay, las compañías holandesa y británica de las Indias Orientales, la compañía de Virginia y la Asociación de Aventureros Mercantiles (compañía de Moscovia). Los mayores rivales de Inglaterra en todas estas actividades fueron derrotados por el poder inmenso del país británico y, sobre todo, por su mayor seguridad derivada de su posición insular.

CAPITALISMO INDUSTRIAL, 1770–1850

Las victorias de Gran Bretaña contra Luis XIV en el periodo 1667–1715 y contra los gobiernos revolucionarios franceses y Napoleón en 1792–1815, obedecieron a muchas causas, como su posición insular, su capacidad para conservar el control del mar, su capacidad para presentarse ante el mundo como defensora de las libertades, y los derechos de las naciones pequeñas y de los diversos grupos sociales y religiosos. Entre estas numerosas causas, había una financiera y otra económica. Financieramente, Inglaterra había descubierto el secreto del crédito. Económicamente, Inglaterra se había embarcado en la Revolución Industrial.

Los italianos y los holandeses conocían el crédito mucho antes de que se convirtiera en uno de los instrumentos de la supremacía mundial inglesa. Sin embargo, la fundación del Banco de Inglaterra por William Paterson y sus amigos en 1694, es uno de los grandes acontecimientos de la historia mundial. Durante generaciones, los hombres habían tratado de evitar el único inconveniente del oro, su peso, utilizando piezas de papel para representar piezas específicas de oro. Hoy llamamos a estos trozos de papel certificados de oro. Un certificado de este tipo da derecho a su portador a canjearlo por su pieza de oro cuando lo solicite, pero en vista de la comodidad del papel, únicamente una pequeña fracción de los titulares de los certificados llegó a solicitarlo. Pronto se hizo evidente que el oro solo debía mantenerse a mano en la cantidad necesaria para cubrir la fracción de certificados que probablemente se presentaran para el pago; en consecuencia, el resto del oro podía utilizarse para fines comerciales, o, lo que es lo mismo, podía emitirse un volumen de certificados mayor que el volumen de oro reservado para el pago de las demandas contra ellos. A este exceso de fondos en papel contra las reservas lo llamamos ahora billetes de banco.

En efecto, esta creación de fondos en papel superiores a las reservas disponibles significa que los banqueros estaban creando dinero de la nada. Lo mismo podía hacerse de otra manera, no por los bancos emisores de billetes, sino por los bancos de depósito. Los banqueros de depósito descubrieron que las órdenes y los cheques girados contra los depósitos de los depositantes y entregados a terceras personas, a menudo no eran cobrados por estos últimos, sino que eran depositados en sus propias cuentas. De este modo, no había movimientos reales de fondos y los pagos se realizaban simplemente mediante operaciones contables en las cuentas. En consecuencia, era necesario que el banquero mantuviera en dinero real (oro, certificados y billetes) no más que la fracción de los depósitos susceptibles de ser retirados y cobrados; el resto podía utilizarse para préstamos y, si estos préstamos se hacían creando un depósito para el prestatario, que a su vez recurriría al uso de cheques en lugar de retirarlo en dinero, tales «depósitos creados» o préstamos también podían cubrirse adecuadamente reteniendo reservas a solo una fracción de su valor. Dichos depósitos creados también eran una fabricación de dinero de la nada, aunque los banqueros normalmente se negaban a definir sus acciones, tanto la emisión de billetes como el préstamo de depósitos, en estos términos. William Paterson, sin embargo, al obtener la Carta Real del Banco de Inglaterra en 1694, para utilizar el dinero que había ganado en sus actividades corsarias, dijo: «El Banco tiene el beneficio de los intereses de todo el dinero que crea de la nada». Esto fue repetido por sir Edward Holden, fundador del Midland Bank, el 18 de diciembre de 1907 y es, por supuesto, generalmente admitido hoy en día.

Esta estructura organizativa para crear medios de pago de la nada, que llamamos crédito, no fue inventada por Inglaterra, sino que fue desarrollada por ella para convertirse en una de sus principales armas en la victoria sobre

Napoleón en 1815. El emperador, como último gran mercantilista, no podía ver el dinero más que en términos concretos y estaba convencido de que sus esfuerzos por librar guerras sobre la base del «dinero sólido», evitando la creación de crédito, le harían ganar finalmente una victoria al llevar a Inglaterra a la bancarrota. Se equivocó, aunque la lección ha tenido que ser reaprendida por los financieros modernos en el siglo XX.

La victoria de Gran Bretaña sobre Napoleón también se vio favorecida por dos innovaciones económicas: la Revolución Agrícola, que estaba bien establecida en 1720, y la Revolución Industrial, que estaba igualmente bien establecida en 1776, cuando Watt patentó su máquina de vapor. La Revolución Industrial, al igual que la Revolución del Crédito, ha sido muy malinterpretada, tanto en su momento como desde entonces. Esto es lamentable, ya que cada una de ellas tiene una gran importancia en el siglo XX, tanto para los países avanzados como para los subdesarrollados. La Revolución Industrial estuvo acompañada de una serie de características incidentales, como el crecimiento de las ciudades a través del sistema de fábricas, el rápido crecimiento de una oferta de mano de obra no cualificada (el proletariado), la reducción de la mano de obra al estatus de mercancía en el mercado competitivo y el cambio de la propiedad de las herramientas y el equipamiento de los trabajadores a una nueva clase social de empresarios. Ninguno de ellos constituía la característica esencial del industrialismo, que era, de hecho, la aplicación de la fuerza inanimada al proceso productivo. Esta aplicación, simbolizada en la máquina de vapor y la rueda hidráulica, sirvió a la larga para reducir o eliminar la importancia relativa del trabajo no cualificado y el uso de la energía humana o animal en el proceso productivo (automatización) y para dispersar el proceso productivo de las ciudades, pero se hizo, en todo momento, intensificando la característica vital del sistema, el uso de energía procedente de fuentes distintas a los cuerpos vivos.

En este proceso continuo, los primeros logros del industrialismo en Gran Bretaña le proporcionaron unos beneficios tan grandes que estos, combinados con los beneficios derivados anteriormente del capitalismo comercial y los beneficios simultáneos derivados del aumento del valor de la tierra de las nuevas ciudades y minas, no producido por el trabajo, hicieron que sus primeras empresas industriales se autofinanciaran en gran medida, o al menos se financiaran localmente. Estaban organizadas en propiedades y sociedades, mantenían contacto con los bancos de depósito locales para obtener préstamos corrientes a corto plazo, pero tenían poco que ver con los banqueros internacionales, los bancos de inversión, los gobiernos centrales o las formas corporativas de organización empresarial.

Esta primera etapa del capitalismo industrial, que duró en Inglaterra desde aproximadamente 1770 hasta cerca de 1850, fue compartida en cierta medida por Bélgica e incluso Francia, pero adoptó formas muy diferentes en Estados Unidos, Alemania e Italia y formas casi totalmente distintas en Rusia o Asia. La razón principal de estas diferencias fue la necesidad de recaudar fondos (capital) para pagar la reorganización de los factores de producción (tierra, mano de obra, materiales, habilidades, equipos, etc.) que requería el industrialismo. El noroeste de Europa, sobre todo Inglaterra, disponía de grandes bolsas de ahorro para esas nuevas empresas. Europa central y América del Norte tenían mucho menos, mientras que Europa oriental y meridional tenían muy poco en manos privadas.

Cuantas más dificultades tenía una zona para movilizar el capital para la industrialización, más importante era el papel de los banqueros de inversión y de los gobiernos en el proceso industrial. De hecho, las primeras formas de industrialismo basadas en el textil, el hierro, el carbón y el vapor se extendieron tan lentamente desde Inglaterra a Europa, que la propia Inglaterra estaba entrando en la siguiente etapa, el capitalismo financiero, cuando Alemania y Estados Unidos (hacia 1850) apenas comenzaban a industrializarse. Esta nueva etapa del capitalismo financiero, que siguió dominando Inglaterra, Francia y Estados Unidos hasta 1930, fue necesaria por las grandes movilizaciones de capital requeridas para la construcción de ferrocarriles después de 1830. El capital necesario para los ferrocarriles, con sus enormes gastos en vías y equipos, no podía obtenerse de propietarios individuales o sociedades o a nivel local, sino que, en cambio, requería una nueva forma de empresa (la sociedad anónima de responsabilidad limitada) y una nueva fuente de fondos: el banquero de inversión internacional que, hasta entonces, había concentrado su atención casi por completo en la flotación internacional de bonos del Estado. La demanda de equipamiento por parte de los ferrocarriles llevó este mismo desarrollo, casi de inmediato, a la fabricación de acero y a la minería del carbón.

CAPITALISMO FINANCIERO, 1850-1931

Esta tercera etapa del capitalismo tiene una importancia tan abrumadora en la historia del siglo XX y sus ramificaciones e influencias han sido tan subterráneas e incluso ocultas, que es comprensible dedicar una atención detallada a su organización y métodos. En esencia, lo que hizo fue tomar los antiguos métodos desorganizados y restringidos de manejar el dinero y el crédito y organizarlos en un sistema integrado, sobre una base internacional, que funcionó eficientemente y con una facilidad increíble durante muchas décadas. El centro de ese sistema estaba en Londres, con importantes sucursales en Nueva York y París y ha dejado, como su mayor logro, un sistema bancario integrado y un marco fuertemente capitalizado (aunque ahora en gran medida obsoleto) de la industria pesada, reflejado en ferrocarriles, acerías, minas de carbón y servicios eléctricos.

Este sistema tenía su centro en Londres por cuatro razones principales: la primera era por el gran volumen de ahorro existente en Inglaterra, que se apoyaba en los primeros éxitos de este país en el capitalismo comercial e industrial. La segunda, por la estructura social oligárquica de Inglaterra (especialmente reflejada en la concentración de la propiedad de la tierra y en el acceso limitado a las oportunidades educativas), que proporcionaba una distribución muy desigual de los ingresos, con grandes excedentes que pasaban a estar bajo el control de una pequeña y enérgica clase alta. En tercer lugar, esta clase alta era aristocrática, pero no noble. Por lo tanto, basada en las tradiciones más que en el nacimiento, estaba muy dispuesta a reclutar dinero y capacidades en los niveles inferiores de la sociedad, e incluso de fuera del país, acogiendo en sus filas a herederas estadounidenses y judíos centroeuropeos, casi con la misma disposición con la que acogió a miembros adinerados, capaces y conformistas, de las clases bajas inglesas, cuyas desventajas derivadas de la privación de educación, el provincianismo y el origen religioso no conformista (es decir, no anglicano) generalmente los excluían de la aristocracia privilegiada. Y la cuarta (de ninguna manera en último lugar en importancia) era la habilidad en la manipulación financiera, especialmente en la escena internacional, que el pequeño grupo de banqueros mercantiles de Londres había adquirido en el período del capitalismo comercial e industrial, y que estaba listo para ser utilizado cuando la necesidad de la innovación capitalista financiera se hizo urgente.

Los banqueros mercantiles de Londres ya tenían a mano en 1810–1850 la Bolsa de Valores, el Banco de Inglaterra y el mercado monetario de Londres, cuando las necesidades del avance del industrialismo atrajeron a todos ellos al mundo industrial que hasta entonces habían ignorado. Con el tiempo, incorporaron a su red financiera los centros bancarios provinciales, organizados como bancos comerciales y cajas de ahorro, así como las compañías de seguros, para formar todos ellos un único sistema financiero a escala internacional que manipulaba la cantidad y el flujo de dinero, de modo que podían influir, incluso controlar, a los gobiernos, por un lado, y a las industrias por otro. Los hombres que hicieron esto, mirando hacia atrás, hacia el período de la monarquía dinástica en la que tenían sus propias raíces, aspiraron a establecer dinastías de banqueros internacionales y tuvieron al menos tanto éxito en esto como muchos de los gobernantes políticos dinásticos. La mayor de estas dinastías, por supuesto, fueron los descendientes de Meyer Amschel Rothschild (1743–1812) de Frankfort, cuyos descendientes varones, durante al menos dos generaciones, se casaron generalmente con primos hermanos o incluso con sobrinas. Los cinco hijos de Rothschild, establecidos en filiales en Viena,

Londres, Nápoles y París, así como en Frankfort, cooperaron juntos de una manera que otras dinastías bancarias internacionales copiaron, pero rara vez superaron.

Al concentrarnos como es debido en las actividades financieras o económicas de los banqueros internacionales, no debemos ignorar totalmente sus otros atributos. Eran, especialmente en las últimas generaciones, cosmopolitas más que nacionalistas... Por lo general, eran caballeros muy civilizados y cultos, mecenas de la educación y las artes, de modo que hoy en día las universidades, las cátedras, las compañías de ópera, las sinfonías, las bibliotecas y las colecciones de los museos siguen reflejando su munificencia. Para estos fines, establecieron un modelo de fundaciones financiadas por donaciones que hoy en día aún persisten.

Los nombres de algunas de estas familias de banqueros nos resultan familiares a todos y deberían serlo más. Entre ellas están Raring, Lazard, Erlanger, Warburg, Schroder, Seligman, los Speyer, Mirabaud, Mallet, Fould y principalmente, Rothschild y Morgan. Incluso después de que estas familias de banqueros se involucraran plenamente en la industria nacional con la aparición del capitalismo financiero, siguieron siendo diferentes de los banqueros ordinarios en aspectos distintivos: (1) eran cosmopolitas e internacionales; (2) estaban cerca de los gobiernos y se preocupaban especialmente por las cuestiones de la deuda pública, incluida la deuda de los gobiernos extranjeros, incluso en zonas que parecían, a primera vista, poco arriesgadas, como Egipto, Persia, la Turquía otomana, la China imperial y América Latina; (3) sus intereses se centraban casi exclusivamente en los bonos y muy raramente en los bienes, ya que admiraban la «liquidez» y consideraban que dedicarse a las materias primas o incluso a los bienes inmuebles era el primer paso hacia la quiebra; (4) eran, por lo tanto, fanáticos devotos de la deflación (a la que llamaban dinero «sólido» por su estrecha asociación con los altos tipos de interés y el alto valor del dinero) y del patrón oro, que, a sus ojos, simbolizaba y aseguraba estos valores; y (5) eran casi igualmente devotos de la discreción y el uso secreto de la influencia financiera en la vida política. Estos banqueros pasaron a llamarse «banqueros internacionales» aunque fueron mayormente conocidos como «banqueros mercantiles» en Inglaterra, «banqueros privados» en Francia y «banqueros de inversión» en Estados Unidos. En todos los países realizaban diversos tipos de actividades bancarias y cambiarias, pero en todas partes se distinguían claramente de otros tipos de bancos con actividades menos veladas, como las cajas de ahorro o los bancos comerciales.

Una de sus características menos evidentes era que, hasta hace relativamente poco tiempo, se mantenían como empresas privadas no incorporadas, generalmente sociedades, que no ofrecían acciones, ni informes, ni solían anunciarse al público. Este arriesgado estatus, que les privaba de la responsabilidad limitada, se mantuvo en la mayoría de los casos, hasta que los modernos impuestos de sucesiones hicieron esencial rodear tal riqueza familiar con la perennidad del estatus corporativo, a efectos de evasión de impuestos. Esta persistencia como empresas privadas continuó porque aseguraba el máximo de anonimato y discreción a personas con un inmenso poder público, que temían el conocimiento manifiesto de sus actividades como un mal casi tan grande como la inflación. Como consecuencia, la gente común no tenía forma de conocer la riqueza o las áreas de operación de dichas empresas y, a menudo, no se sabía con certeza su membresía. Así, las personas con un conocimiento político considerable podrían no asociar los nombres de Walter Burns, Clinton Dawkins, Edward Grenfell, Willard Straight, Thomas Lamont, Dwight Morrow, Nelson Perkins, Russell Leffingwell, Elihu Root, John W. Davis, John Foster Dulles y S. Parker Gilbert con el nombre de «Morgan», aunque todos ellos y muchos otros formaban parte del sistema de influencia que se centraba en la oficina de J. P. Morgan en el número 23 de Wall Street. Esta empresa, al igual que otras de la fraternidad bancaria internacional, operaba constantemente a través de corporaciones y gobiernos, pero siguió siendo una oscura sociedad privada hasta que el capitalismo financiero internacional pasó de su lecho de muerte a la tumba. J. P. Morgan and Company, fundada originalmente en Londres como George Peabody and Company en 1838, no se constituyó en sociedad hasta el 21 de marzo de 1940 y dejó de existir como entidad independiente el 24 de abril de 1959, cuando se fusionó con su filial bancaria comercial más importante, la Guaranty Trust Company. La filial londinense, Morgan Grenfell, se constituyó en 1934 y todavía existe.

La influencia del capitalismo financiero y de los banqueros internacionales que lo crearon, se ejerció tanto sobre las empresas como sobre los gobiernos, pero no podría haber hecho ninguna de las dos cosas si no hubiera sido capaz de persuadir a ambos de que aceptaran dos «axiomas» de su propia ideología. Ambos se basaban en la suposición de que los políticos eran demasiado débiles y estaban demasiado sujetos a las presiones populares temporales como para confiarles el control del sistema monetario; en consecuencia, la inviolabilidad de todos los valores y la solidez del dinero debían protegerse de dos maneras: basando el valor del dinero en el oro y permitiendo a los banqueros controlar la oferta de dinero. Para ello era necesario ocultar, o incluso engañar, tanto a los gobiernos como a la población, sobre la naturaleza del dinero y sus métodos de funcionamiento.

Por ejemplo, los banqueros llamaban «estabilización» al proceso de establecimiento de un sistema monetario basado en el oro y daban a entender que esto abarcaba, como una única consecuencia, la estabilización de los intercambios y la estabilización de los precios. En realidad, solo se lograba la estabilización de los intercambios, mientras que su influencia sobre los precios era bastante independiente e incidental, y además podía ser desestabilizadora (por su tendencia habitual a forzar los precios a la baja al limitar la oferta de dinero). En consecuencia, muchas personas, incluidos los financieros e incluso los economistas, se sorprendieron al descubrir, en el siglo XX, que el patrón oro daba intercambios estables y precios inestables. Sin embargo, ya había contribuido a una situación similar, aunque menos extrema, en gran parte del siglo XIX.

Los intercambios se estabilizaron en el patrón oro porque, por ley, en varios países, la unidad monetaria se hizo igual a una cantidad fija de oro y los dos se hicieron intercambiables en esa proporción legal. En el período anterior a 1914, la moneda se estabilizó en algunos países de la siguiente manera:

- En Gran Bretaña: 77 chelines y 10,50 peniques. equivalían a una onza estándar (11/12 de oro puro).
- En los Estados Unidos: 20,67 dólares equivalían a una onza fina (12/12 de oro puro).
- En Francia: 3447,74 francos equivalían a un kilo de oro fino.
- En Alemania: 2790 marcos equivalen a un kilo de oro fino.

Estas relaciones se establecieron mediante el requisito legal de que una persona que llevara oro, monedas de oro o certificados al Tesoro Público (u otros lugares designados) podía convertir cualquiera de ellos en uno de los otros en cantidades ilimitadas y sin coste alguno. Como resultado, en un patrón oro completo, el oro tenía una posición única: estaba, al mismo tiempo, en la esfera del dinero y en la esfera de la riqueza. En la esfera del dinero, el valor de todos los demás tipos de dinero se expresaba en términos de oro; y, en el contexto de la riqueza real, los valores de todos los demás tipos de bienes se expresaban en términos de oro como dinero. Si consideramos las relaciones entre el dinero y las mercancías como un balancín en el que cada una de ellas se encontraba en los extremos opuestos, de modo que el valor de una subía tanto como bajaba el de la otra, entonces debemos ver el oro como el punto de apoyo del balancín en el que se equilibra esta relación, pero que no sube ni baja por sí mismo.

Dado que es imposible entender la historia del siglo XX sin comprender el papel desempeñado por el dinero en los asuntos internos y externos, así como el papel desempeñado por los banqueros en la vida económica y en la vida política, debemos echar al menos un vistazo a cada uno de estos cuatro temas.

PRÁCTICAS FINANCIERAS NACIONALES

En cada país, la oferta de dinero tenía la forma de una pirámide invertida o de un cono en equilibrio sobre su punta. En la punta había una oferta de oro y sus certificados equivalentes; en los niveles intermedios había una oferta mucho mayor de billetes; y en la cima, con una superficie superior abierta y expansible, había una oferta aún mayor de depósitos. Cada nivel utilizaba los niveles inferiores como sus reservas y, dado que estos niveles inferiores tenían menores cantidades de dinero, eran «más sólidos». Un acreedor de depósitos recuperables en el nivel medio o superior podía aumentar su confianza en dichos depósitos sobre la riqueza, reduciéndolos a un nivel inferior, aunque, por supuesto, si todo el mundo, o un número considerable de personas, intentara hacer esto al mismo tiempo, el volumen de reservas resultaría totalmente inadecuado. Los billetes eran emitidos por «bancos de emisión» o «bancos emisores» y estaban garantizados por reservas de oro o certificados guardados en sus propias arcas o en alguna reserva central. La fracción de dicha emisión de billetes que se mantenía en reserva dependía de la costumbre, de las regulaciones bancarias (incluyendo los términos de concesión de un banco) o del derecho estatutario. Antiguamente, había muchos bancos de emisión, pero ahora esta función se limita generalmente a unos pocos o incluso a un único «banco central» en cada país. Estos bancos, incluso los centrales, eran instituciones privadas, propiedad de accionistas que se beneficiaban de sus operaciones. En el período 1914–1939, en los Estados Unidos, los billetes de la Reserva Federal estaban cubiertos por certificados de oro hasta el 40 % de su valor, pero esto se redujo al 25 % en 1945. El Banco de Inglaterra, por una ley de 1928, tenía sus billetes descubiertos hasta 250 millones de libras y cubiertos por oro por el 100 % de su valor por encima de esa cantidad. El Banco de Francia, en el mismo año, fijó la cobertura de sus billetes en un 35 %. Estas disposiciones siempre podían ser interrumpidas momentáneamente o modificadas en caso de emergencia, como la guerra.

Los depósitos del nivel superior de la pirámide se llamaban así, con la típica ambigüedad de los banqueros, a pesar de que consistían en dos tipos de relaciones totalmente diferentes: (1) «depósitos constituidos», que eran fondos recuperables reales dejados por un depositante en un banco, por los que el depositante podía recibir intereses, ya que tales depósitos eran deudas del banco con el depositante; y (2) «depósitos creados», que eran fondos recuperables creados por el banco de la nada como préstamos del banco a los «depositantes», que tenían que pagar intereses por ellos, puesto que representaban una deuda de estos con el banco. En ambos casos, por supuesto, se podían librar cheques contra dichos depósitos para realizar pagos a terceros, por lo que ambos recibían el mismo nombre. Ambos forman parte de la masa monetaria. Los depósitos constituidos como forma de ahorro son deflacionarios, mientras que los depósitos creados, al ser una adición a la oferta monetaria, son inflacionarios. El volumen de estos últimos depende de una serie de factores entre los que destacan la tasa de interés y la demanda de dicho crédito; Ambos juegan un papel muy importante en la determinación del volumen de dinero en la comunidad debido a que una gran parte de ese volumen, en una comunidad económica avanzada, se compone de cheques girados contra depósitos. El volumen de depósitos que los bancos pueden crear, al igual que la cantidad de billetes que pueden emitir, depende del volumen de reservas disponibles para pagar cualquier fracción de cheques que se cobren en lugar de depositarse. Estas cuestiones pueden estar reguladas por las leyes, por las normas de los banqueros o simplemente por las costumbres locales. En Estados Unidos los depósitos se limitaban tradicionalmente a diez veces las reservas de billetes y oro. En Gran Bretaña solían ser más de veinte veces dichas reservas. En todos los países, la demanda y el volumen de ese crédito eran mayores en tiempos de auge y menores en tiempos de depresión; esto explica en gran medida el aspecto inflacionario de una depresión, y la combinación ayuda a formar el llamado «ciclo económico».

En el transcurso del siglo XIX, con el pleno establecimiento del patrón oro y del sistema bancario moderno, creció alrededor de la fluctuante pirámide invertida de la oferta monetaria una plétora de establecimientos financieros que llegaron a asumir las configuraciones de un sistema solar; es decir, de un banco central rodeado de instituciones financieras como satélites. En la mayoría de los países, el banco central estaba rodeado de cerca por las casi invisibles empresas privadas de banca de inversión. Estas, al igual que el planeta Mercurio, apenas podían verse en la irradiación emitida por el banco central que, de hecho, a menudo dominaban. Sin embargo, un observador atento no podía dejar de notar las estrechas asociaciones privadas entre estos banqueros privados e internacionales y el propio banco central. En Francia, por ejemplo, en 1936, cuando se reformó el Banco de Francia, su Consejo de Regentes (directores) seguía dominado por los nombres de las familias que lo habían creado en 1800; a ellos se habían añadido algunos nombres más recientes, como el de Rothschild (añadido en 1819); en algunos casos, el nombre no podía reconocerse fácilmente porque era el de un yerno y no el de un hijo. Por lo demás, en 1914, los nombres, frecuentemente de protestantes de origen suizo (llegados en el siglo XVIII) o de judíos de origen alemán (llegados en el siglo XIX), eran prácticamente los mismos desde hacía más de un siglo.

En Inglaterra existía una situación algo similar, de modo que, incluso a mediados del siglo XX, los miembros del Tribunal del Banco de Inglaterra eran principalmente socios de las diversas empresas de la antigua «banca comercial», como Baring Brothers, Morgan Grenfell, Lazard Brothers y otras.

En una posición secundaria, fuera del núcleo central, están los bancos comerciales, llamados en Inglaterra «joint-stock banks» y en el continente frecuentemente conocidos como «bancos de depósito». Entre ellos se encuentran nombres tan famosos como el Midland Bank, el Lloyd's Bank, el Barclays Bank en Inglaterra, el National City Bank en Estados Unidos, el Crédit Lyonnais en Francia y el Darmstadter Bank en Alemania.

Fuera de este anillo secundario hay un tercer conjunto más periférico de instituciones que tienen poco poder financiero pero que cumplen la función muy importante de movilizar fondos del público. Se trata de una gran variedad de cajas de ahorros, compañías de seguros y empresas fiduciarias.

Naturalmente, estos acuerdos varían mucho de un lugar a otro, sobre todo porque la división de las funciones y los poderes bancarios no es la misma en todos los países. En Francia e Inglaterra, los banqueros privados ejercían sus poderes a través del banco central, tenían mucha más influencia en el Gobierno y en la política exterior, pero menos influencia en la industria porque en estos dos países, a diferencia de Alemania, Italia, Estados Unidos o Rusia, el ahorro privado era suficiente para permitir que gran parte de la industria se financiara sin recurrir ni a los banqueros ni al Gobierno. En Estados Unidos, gran parte de la industria era financiada directamente por los banqueros de inversión y el poder de estos, tanto en la industria como en el Gobierno, era muy grande, mientras que el banco central (el Banco de la Reserva Federal de Nueva York) se estableció tarde (1913) y se hizo poderoso mucho tiempo después (cuando el capitalismo financiero desapareció de la escena). En Alemania la industria estaba financiada y controlada por los bancos de descuento, mientras que el banco central tenía poco poder o importancia antes de 1914. En Rusia, el papel del Gobierno era dominante en gran parte de la vida económica, mientras que en Italia la situación era atrasada y complicada.

Hemos dicho que dos de los cinco factores que determinan el valor del dinero (es decir, el nivel de precios de las mercancías) son la oferta y la demanda de dinero. En la mayoría de los países de los últimos siglos, la oferta de dinero en un país no estaba sujeta a un control centralizado y responsable. En su lugar, había una variedad de controles de los cuales algunos podían ser influenciados por los banqueros, otros podían ser influenciados por el Gobierno y otros apenas podían ser influenciados por cualquiera de los dos. Por lo tanto, las distintas partes de la pirámide monetaria no estaban más que vagamente relacionadas entre sí. Además, gran parte de esta distancia se debía a que los controles eran compulsivos en el sentido de la deflación y solo eran permisivos en el sentido de la inflación.

Este último punto puede verse en el hecho de que la oferta de oro podía disminuir, pero difícilmente podía aumentar. Si se añadiera una onza de oro a la punta de la pirámide, en un sistema en el que la ley y la costumbre permitieran un 10 % de reservas en cada nivel, esto podría permitir un aumento de los depósitos equivalente a 2067 dólares en el nivel superior. Si esa onza de oro se retirara de una pirámide monetaria totalmente expandida, ello obligaría a reducir los depósitos en al menos esa cantidad, probablemente por la negativa a renovar los préstamos.

A lo largo de la historia moderna, la influencia del patrón oro ha sido deflacionaria porque la producción natural de oro cada año, excepto en épocas extraordinarias, no ha seguido el ritmo del aumento de la producción de bienes. Únicamente los nuevos suministros de oro, la suspensión del patrón oro en tiempos de guerra, o el desarrollo de nuevos tipos de dinero (como los billetes y los cheques) que economizan el uso del oro, han salvado a nuestra civilización de una deflación constante de los precios en los últimos dos siglos. En efecto, tuvimos dos largos períodos de deflación, de 1818 a 1850 y de 1872 a 1897 aproximadamente. Los tres períodos de inflación circundantes (1790–1817, 1850–1872, 1897–1921) fueron causados por (1) las guerras de la Revolución Francesa y de Napoleón, cuando la mayoría de los países no tenían oro; (2) las nuevas huelgas del oro de California y Alaska en 1849–1850, seguidas de una serie de guerras, que incluyeron la guerra de Crimea de 1854–1856, la guerra austro-francesa de 1859, la guerra civil americana de 1861–1865, las guerras austro-prusiana y franco-prusiana de 1866 y 1870, e incluso la guerra ruso-turca de 1877; y (3) las huelgas del oro de Klondike y Transvaal de finales de la década de 1890, complementadas por el nuevo método de refinado de oro con cianuro (hacia 1897) y la serie de guerras desde la guerra hispano-americana de 1898–1899, la guerra de los bóeres de 1899–1902 y la guerra ruso-japonesa de 1904–1905, hasta la serie casi ininterrumpida de guerras de la década de 1911–1921. En cada caso, los tres grandes periodos de guerra terminaron con una crisis deflacionaria extrema (1819, 1873, 1921), ya que el influyente poder monetario persuadió a los gobiernos de restablecer una unidad monetaria deflacionaria con un alto contenido de oro.

La obsesión del poder monetario por la deflación era en parte resultado de su preocupación por el dinero y no por las mercancías, pero también se basaba en otros factores, uno de los cuales era paradójico. La paradoja surgía del hecho de que las condiciones económicas básicas del siglo XIX eran deflacionistas, con un sistema monetario basado en el oro y un sistema industrial que vertía suministros crecientes de bienes, pero a pesar de la caída de los precios (con su valor creciente del dinero) el tipo de interés tendía a bajar en lugar de subir. Esto ocurría porque la limitación relativa de la oferta de dinero en las empresas no se reflejaba en el mundo de las finanzas, donde el exceso de beneficios de estas hacía que hubiera un exceso de fondos disponibles para los préstamos. Además, las viejas tradiciones de la banca comercial siguieron prevaleciendo en el capitalismo financiero, incluso hasta su final en 1931. Siguió haciendo hincapié en los bonos en lugar de los valores de renta variable (acciones), favoreciendo las emisiones del Gobierno en lugar de las ofertas privadas y buscando las inversiones extranjeras en lugar de las nacionales. Hasta 1825, los bonos del Estado constituían casi la totalidad de los valores de la Bolsa de Londres. En 1843, dichos bonos, generalmente extranjeros, constituían el 80% de los valores registrados y en 1875 seguían siendo el 68%. Los fondos disponibles para tales préstamos eran tan grandes que, en el siglo XIX, a veces se producían disturbios por parte de los suscriptores que buscaban oportunidades para comprar los valores en situación de flotación; y las ofertas procedentes de muchos lugares remotos y de actividades oscuras obtenían una venta fácil. El exceso de ahorro condujo a una caída del precio necesario para prestar dinero, de modo que el tipo de interés de los bonos del gobierno británico bajó del 4,42% en 1820 al 3,11 en 1850 y al 2,76 en 1900. Esto tendió a impulsar el ahorro hacia el extranjero, donde, en general, siguió buscando las emisiones gubernamentales y los valores de interés fijo. Todo esto sirvió para reforzar la obsesión de los banqueros mercantiles tanto por la influencia del Gobierno como por la deflación (que aumentaría el valor del dinero y los tipos de interés).

Otra paradoja de la práctica bancaria surge del hecho de que los banqueros, amantes de la deflación, actúan a menudo de forma inflacionista por su afán de prestar dinero a interés. Como ganan dinero con los préstamos, están ansiosos por aumentar las cantidades de crédito bancario en préstamo, pero esto es inflacionario. El conflicto entre las ideas deflacionistas y las prácticas inflacionistas de los banqueros tuvo profundas repercusiones en las empresas. Los banqueros concedieron préstamos a las empresas para que el volumen de dinero aumentara más rápido que el aumento de las mercancías. El resultado fue la inflación. Cuando esto se hizo claramente perceptible, los banqueros recurrieron a los billetes o a las monedas, restringiendo el crédito y aumentando los tipos de descuento. Esto era beneficioso para los banqueros a corto plazo (ya que les permitía ejecutar las garantías de los préstamos), pero podía ser desastroso para ellos a largo plazo (al forzar el valor de las garantías por debajo del importe de los préstamos que garantizaban). Pero esa deflación de los banqueros era destructiva para las empresas y la industria, tanto a corto como a largo plazo.

La fluctuación resultante de la oferta de dinero, principalmente depósitos, era un aspecto destacado del «ciclo económico». La cantidad de dinero puede modificarse cambiando los requisitos de reserva o las tasas de descuento (interés). Por ejemplo, en Estados Unidos se ha establecido un límite máximo para los depósitos, exigiendo a los bancos miembros de la Reserva Federal que mantengan un determinado porcentaje de sus depósitos como reservas en el Banco de la Reserva Federal local. El porcentaje (normalmente del 7 % al 26 %) varía según la localidad y las decisiones de la Junta de Gobernadores del Sistema de la Reserva Federal.

Los bancos centrales suelen poder variar la cantidad de dinero en circulación mediante «operaciones de mercado abierto» o influyendo en los tipos de descuento de los bancos menores. En las operaciones de mercado abierto, un banco central compra o vende bonos del Estado en el mercado abierto. Si compra, libera dinero en el sistema económico, si vende, reduce la cantidad de dinero en la comunidad. El cambio es mayor que el precio pagado por los títulos. Por ejemplo, si el Banco de la Reserva Federal compra títulos del Estado en el mercado abierto, los paga con un cheque que pronto se deposita en un banco. De este modo, aumenta las reservas de este banco en el Banco de la Reserva Federal. Dado que los bancos están autorizados a emitir préstamos por un valor varias veces superior al de sus reservas en el Banco de la Reserva Federal, esta operación les permite emitir préstamos por una suma mucho mayor.

Los bancos centrales también pueden modificar la cantidad de dinero influyendo en las políticas crediticias de otros bancos. Esto puede hacerse por varios métodos como la modificación de la tasa de redescuento o la modificación de los requisitos de reserva. Por modificación de la tasa de redescuento se entiende la tasa de interés que los bancos centrales cobran a los bancos menores por los préstamos respaldados por papel comercial u otros valores que estos bancos menores han tomado a cambio de los préstamos. Al aumentar la tasa de redescuento, el banco central obliga al banco menor a aumentar su tasa de descuento para poder operar con beneficios; este aumento de las tasas de interés tiende a reducir la demanda de crédito, al igual que la cantidad de depósitos (dinero). Bajar la tasa de redescuento permite un resultado opuesto.

La modificación de los requisitos de reserva como método por el que los bancos centrales pueden influir en las políticas crediticias de otros bancos solo es posible en aquellos lugares (como Estados Unidos) en los que existe un límite legal de reservas. El aumento de los requisitos de reserva reduce la capacidad de los bancos menores para conceder créditos, mientras que su disminución amplía esa capacidad.

Hay que señalar que el control del banco central sobre las políticas de crédito de los bancos locales es permisivo en un sentido y compulsivo en el otro. Pueden obligar a estos bancos locales a restringir el crédito y únicamente pueden permitirles aumentarlo. Esto significa que tienen poderes de control contra la inflación y no contra la deflación, un reflejo de la antigua idea bancaria de que la inflación era mala y la deflación buena.

Los poderes de los gobiernos sobre la cantidad de dinero son de varios tipos, e incluyen (a) el control sobre un banco central, (b) el control sobre los impuestos públicos y (c) el control sobre el gasto público. El control de los gobiernos sobre los bancos centrales varía mucho de un país a otro, pero en general ha ido aumentando. Dado que la mayoría de los bancos centrales han sido (técnicamente) instituciones privadas, este control se basa frecuentemente en la costumbre más que en la ley. En cualquier caso, el control sobre la oferta de dinero que tienen los gobiernos a través de los bancos centrales, se ejerce mediante los procedimientos bancarios habituales que hemos comentado. Los poderes del Gobierno sobre la cantidad de dinero en la comunidad, ejercidos a través de los impuestos y el gasto público, son en gran medida independientes del control bancario. Los impuestos tienden a reducir la cantidad de dinero en una comunidad y suelen ser una fuerza deflacionaria; el gasto público tiende a aumentar la cantidad de dinero en una comunidad y suele ser una fuerza inflacionaria. Los efectos totales de la política de un Gobierno dependerán de qué partida sea mayor. Un presupuesto desequilibrado será inflacionario; un presupuesto con superávit será deflacionario.

Un Gobierno también puede cambiar la cantidad de dinero en una comunidad por otros métodos más drásticos. Cambiando el contenido de oro de la unidad monetaria pueden cambiar la cantidad de dinero en la comunidad por una cantidad mucho mayor. Si, por ejemplo, el contenido de oro del dólar se reduce a la mitad, la cantidad de certificados de oro podrá duplicarse y la cantidad de billetes y depósitos creados sobre esta base se multiplicará muchas veces, dependiendo de las costumbres de la comunidad con respecto a los requisitos de reserva. Además, si un Gobierno abandona por completo el patrón oro (es decir, se niega a cambiar los certificados y billetes por monedas), la cantidad de billetes y depósitos puede aumentar indefinidamente porque ya no están limitados por la cantidad de reservas de oro.

En las diversas acciones que aumentan o disminuyen la oferta de dinero, los gobiernos, los banqueros y los industriales no siempre han coincidido. En general, hasta 1931, los banqueros, especialmente el poder monetario controlado por los banqueros de inversión internacionales, pudieron dominar tanto a las empresas como a los gobiernos. Podían dominar los negocios, especialmente en las actividades y en las áreas donde la industria no podía financiar sus propias necesidades de capital, porque los banqueros de inversión tenían la capacidad de suministrar o negarse a suministrar dicho capital. Así, los intereses de Rothschild llegaron a dominar muchos de los ferrocarriles de Europa, mientras que Morgan dominaba al menos 41 000 kilómetros de ferrocarriles estadounidenses. Estos banqueros fueron más allá, a cambio de la emisión de acciones de la industria, ocuparon puestos en los consejos de administración de las empresas industriales, como ya habían hecho en los bancos comerciales, las cajas de ahorro, las empresas de seguros y las compañías financieras. Desde estas instituciones menores canalizaban el capital hacia las empresas que cedían el control y lo alejaban de las que se resistían. Estas empresas fueron controladas a través de direcciones interconectadas, sociedades de cartera y bancos menores. Diseñaron fusiones y generalmente redujeron la competencia, hasta que a principios del siglo XX muchas actividades estaban tan monopolizadas que podían elevar sus precios no competitivos por encima de los costes, para obtener beneficios suficientes a fin de autofinanciarse y así, eliminar el control de los banqueros. Pero antes de llegar a esa etapa, un número relativamente pequeño de banqueros ocupaba posiciones de inmensa influencia en la vida económica europea y americana. Ya en 1909, Walter Rathenau, que estaba en posición de saber (ya que había heredado de su padre el control de la General Electric Company alemana y ocupaba él mismo muchos puestos directivos), dijo: «Trescientos hombres que se conocen entre sí dirigen el destino económico de Europa y eligen entre ellos a sus sucesores».

El poder de los banqueros de inversión sobre los gobiernos se basa en una serie de factores, de los cuales el más significativo, quizás, es la necesidad de los gobiernos de emitir letras del tesoro a corto plazo, así como bonos del Estado a largo plazo. Al igual que los empresarios acuden a los bancos comerciales en busca de anticipos de capital corriente para suavizar las discrepancias entre sus ingresos irregulares e intermitentes y sus salidas periódicas y persistentes (como los alquileres mensuales, los pagos anuales de las hipotecas y los salarios semanales), un Gobierno tiene que acudir a los banqueros mercantiles (o a instituciones controladas por ellos) para suplir las carencias causadas por los ingresos fiscales irregulares. Como expertos en bonos del Estado, los banqueros internacionales no solo se ocupaban de los anticipos necesarios, sino que asesoraban a los funcionarios del Gobierno y en muchas ocasiones, colocaban a sus propios miembros en puestos oficiales durante diversos períodos para que se ocuparan de problemas especiales. Esto está tan aceptado incluso hoy en día que, en 1961, un banquero de inversiones republicano llegó a ser secretario del Tesoro en una administración demócrata en Washington, sin que haya habido comentarios significativos por parte de ninguna dirección.

Claramente, la influencia de los banqueros sobre los gobiernos durante la era del capitalismo financiero (aproximadamente entre 1850 y 1931) no era algo de lo que se hablara libremente, pero ha sido admitida con bastante frecuencia por los que estaban dentro, especialmente en Inglaterra. En 1852, Gladstone, ministro de Hacienda, declaró: «El meollo de toda la situación era este: el propio Gobierno no debía ser un poder sustantivo en materia de finanzas, sino que debía dejar al poder monetario como supremo e incuestionable». El 26 de septiembre de 1921, el periódico The Financial Times escribió: «Media docena de hombres en la cúpula de los cinco grandes bancos podrían alterar todo el entramado de las finanzas del Gobierno, absteniéndose de renovar las letras del tesoro». En 1924, sir Drummond Fraser, vicepresidente del Instituto de Banqueros, dijo: «El director del Banco de Inglaterra debe ser el autócrata que dicte los términos en los que solo el Gobierno puede obtener dinero prestado».

Además de su poder sobre el Gobierno basado en la financiación gubernamental y la influencia personal, los banqueros podían orientar a los gobiernos por el camino que deseaban mediante otras presiones. Como la mayoría de los funcionarios del Gobierno se sentían ignorantes de las finanzas, buscaban el consejo de los banqueros a los que consideraban expertos en la materia. La historia del siglo pasado muestra, como veremos más adelante, que los consejos que los banqueros daban a los gobiernos, al igual que los consejos que daban a los industriales, eran siempre buenos para los banqueros, pero a menudo eran desastrosos para los gobiernos, los empresarios y el pueblo en general. Estos consejos podían aplicarse, si era necesario, mediante la manipulación de los intercambios, los flujos de oro, las tasas de descuento e incluso los niveles de actividad empresarial. Es así como Morgan dominó la segunda administración de Cleveland mediante retiradas de oro y, entre 1936 y 1938, los manipuladores franceses de divisasparalizaron los gobiernos del Frente Popular. Como veremos, los poderes de estos banqueros internacionales alcanzaron su punto álgido en la última década de su supremacía, entre 1919 y 1931, cuando Montagu Norman y J. P. Morgan dominaron no solo el mundo financiero, sino también las relaciones internacionales y otros asuntos. El 11 de noviembre de 1927, el Wall Street Journal llamó al Sr. Norman «el dictador de la moneda de Europa». Esto fue admitido por el propio Sr. Norman ante el Tribunal del Banco el 21 de marzo de 1930 y ante el Comité Macmillan de la Cámara de los Comunes cinco días después. En una ocasión, justo antes de que el capitalismo financiero internacional avanzara a toda velocidad hacia su propio fin, se afirma que el Sr. Norman dijo: «Tengo el dominio del mundo». En aquel momento, algunos ingleses hablaron de «la segunda conquista normanda de Inglaterra» en referencia al hecho de que el hermano de Norman era el jefe de la British Broadcasting Corporation. Cabe añadir que el gobernador Norman rara vez actuaba en los grandes problemas mundiales sin consultar con los representantes de J. P. Morgan y por ello era uno de los hombres que más viajaban en su época.

Este conflicto de intereses entre banqueros e industriales ha dado lugar en la mayoría de los países europeos a la subordinación de los primeros a los segundos o al Gobierno (después de 1931). Esta subordinación se llevó a cabo mediante la adopción de «políticas financieras no ortodoxas», es decir, políticas financieras no acordes con los intereses a corto plazo de los banqueros. Este cambio por el que los banqueros fueron subordinados reflejó un desarrollo fundamental en la historia económica moderna, un desarrollo que puede describirse como el crecimiento del capitalismo financiero al capitalismo monopolista. Esto tuvo lugar en Alemania antes que en cualquier otro país y ya estaba en marcha en 1926. En Gran Bretaña no se produjo hasta después de 1931 y en Italia hasta 1934. En Francia se dio en mucha menor medida, lo que explica, en gran parte, la debilidad económica de este país entre 1938 y 1940.

Los principios financieros que se aplican a las relaciones entre distintos países son una ampliación de los que se aplican dentro de un mismo país. Cuando se intercambian mercancías entre países, deben pagarse con productos básicos u oro. No pueden pagarse con billetes, certificados y cheques del país del comprador, ya que estos solo tienen valor en el país de emisión. Para evitar el envío de oro con cada compra, se utilizan letras de cambio. Se trata de fondos recuperables contra una persona de otro país, que se venden a una persona del mismo país. Este último comprará dichos fondos si quiere satisfacer una recuperación de fondos contra él tenga una persona en el otro país. Puede satisfacer dicha recuperación enviando a su acreedor, en el otro país, la que el primero ha comprado contra otra persona en ese otro país y dejar que su acreedor utilice esa recuperación para satisfacer su propia reclamación de fondos. Así, en lugar de que los importadores de un país envíen dinero a los exportadores de otro país, los primeros pagan sus deudas a los exportadores de su propio país, y sus acreedores del otro país reciben, de los importadores de su propio país, el pago de las mercancías que han exportado. Por lo tanto, el pago de las mercancías en un comercio internacional se realiza mediante la fusión de transacciones individuales que implican a dos personas dando lugar a transacciones dobles que implican a cuatro personas. En muchos casos, el pago se realiza involucrando una multitud de transacciones, frecuentemente en varios países diferentes. Estas transacciones se realizan en el llamado mercado de divisas. Un exportador de mercancías vendía letras de cambio en ese mercado y sacaba de él dinero en unidades de su propio país. Un importador compraba esas letras de cambio para enviarlas a su acreedor, poniendo así en el mercado las unidades monetarias de su propio país. Dado que las letras disponibles en cualquier mercado estaban giradas en las unidades monetarias de muchos países extranjeros diferentes, surgieron relaciones de intercambio entre las cantidades de dinero disponibles en las unidades propias del país (puestas allí por los importadores) y la variedad de letras giradas en monedas extranjeras y puestas en el mercado por los exportadores. La oferta y la demanda de billetes (o dinero) de cualquier país en función de la oferta, y la demanda del dinero propio disponible en el mercado de divisas, determinaban el valor del dinero de los demás países en relación con el dinero nacional. Estos valores podían fluctuar, de forma generalizada en el caso de los países que no estaban sometidos al patrón oro, pero solamente de forma limitada (como veremos) en el caso de los que sí lo estaban.

En condiciones normales, el mercado de divisas servía para pagar los bienes y servicios de los extranjeros sin necesidad de un envío internacional de dinero (oro). También actuaba como regulador del comercio internacional. Si las importaciones de un país superaban constantemente las exportaciones a otro, había más importadores en el mercado que ofrecían dinero nacional por letras de cambio giradas en dinero de su acreedor extranjero.

Por lo tanto, habría una mayor oferta de dinero nacional y una mayor demanda de ese dinero extranjero. Como resultado, los importadores tendrían que ofrecer más de su dinero por estos billetes extranjeros y el valor del dinero nacional caería, mientras que el valor del dinero extranjero subiría en el mercado de divisas. Esta subida o bajada se mediría en términos de «paridad» con respecto al oro (el equivalente exacto en contenido de oro de las dos monedas).

Al bajar el valor de la moneda nacional por debajo de la paridad, en relación con el de alguna moneda extranjera, los exportadores nacionales a ese país extranjero aumentarán sus actividades porque al recibir el pago en forma de letra de cambio, pueden venderla por un precio más alto del que normalmente se espera en su propia divisa y pueden así aumentar sus beneficios. Un excedente de importaciones, al disminuir el valor en divisas del dinero del país importador, conducirá finalmente a un aumento de las exportaciones que, al proporcionar más letras de cambio, tenderá a restablecer la relación de las monedas hacia la paridad. Este restablecimiento de la paridad de las divisas reflejará un restablecimiento del equilibrio de las obligaciones internacionales y este, a su vez, reflejará un restablecimiento del equilibrio en el intercambio de bienes y servicios entre los dos países. Esto significa, en condiciones normales, que un desequilibrio comercial creará condiciones comerciales que tenderán a restaurar el propio equilibrio comercial.

Cuando los países no siguen el patrón oro, este desequilibrio cambiario (es decir, la disminución del valor de una unidad monetaria en relación con la otra unidad) puede llegar, de hecho, a fluctuaciones muy amplias, hasta el grado que sea necesario para restablecer el equilibrio comercial, animando a los importadores a comprar en el otro país porque su dinero tiene un valor tan bajo que los precios de las mercancías de dicho país son irresistibles para los importadores del primero.

Pero cuando los países siguen el patrón oro, el resultado es muy diferente. En este caso, el valor del dinero de un país nunca estará por debajo de la cantidad equivalente al coste de envío del oro entre los dos países. Un importador que desee pagar a su socio comercial en el otro país no ofrecerá más y más dinero de su propio país por letras de cambio, sino que subirá el precio de dichas letras solamente hasta el punto en que le resulte más barato comprar oro a un banco y pagar los costes de envío y de seguro del oro cuando acuda a su acreedor extranjero. Así, en el patrón oro, las cotizaciones de las divisas no fluctúan mucho, sino que se mueven únicamente entre los dos puntos de oro que están solo ligeramente por encima (punto de exportación de oro) y ligeramente por debajo (punto de importación de oro) de la paridad (la relación legal del oro de las dos monedas).

Dado que el coste de empaquetar, enviar y asegurar el oro solía ser aproximadamente el 50 % de su valor, los puntos de exportación e importación de oro se situaban aproximadamente en esta cantidad por encima y por debajo del punto de paridad. En el caso de la relación dólar-libra, cuando la paridad era de 1 libra = 4866 dólares, el punto de exportación de oro era de unos 4885 dólares y el punto de importación de oro era de unos 4845 dólares. Así pues:

Punto de exportación de oro: 4885 dólares
    (exceso de demanda de billetes por parte de los importadores)

Paridad: 4866 dólares

Punto de importación de oro: 4845 dólares
    (exceso de oferta de billetes por parte de los exportadores)

La situación que hemos descrito está demasiado simplificada. En la práctica, la situación se complica por varios factores. Entre ellos se encuentran los siguientes: (1) los intermediarios compran y venden divisas para su entrega presente o futura como actividad especulativa; (2) la oferta total de divisas disponibles en el mercado depende de muchos otros factores, además del intercambio internacional de productos básicos. Depende de la suma total de todos los pagos internacionales, como los intereses, el pago de servicios, el gasto de los turistas, los préstamos, las ventas de valores, las remesas de los inmigrantes, etc.; (3) la balanza cambiaria total depende del total de las relaciones entre todos los países, no solamente entre dos.

El flujo de oro de un país a otro, resultante de un comercio desequilibrado, tiende a crear una situación que contrarresta el flujo. Si un país exporta más de lo que importa, de modo que el oro entra para cubrir la diferencia, este oro se convertirá en la base de una mayor cantidad de dinero, lo que provocará una subida de precios dentro del país suficiente para reducir las exportaciones y aumentar las importaciones. Al mismo tiempo, el oro que salga de otro país reducirá la cantidad de dinero allí y provocará una caída de los precios en ese país. Estos cambios en los precios provocarán cambios en el flujo de mercancías debido al hecho obvio de que las mercancías tienden a fluir hacia las zonas de precios más altos y dejan de hacerlo hacia las zonas de precios más bajos. Estos cambios en el intercambios de mercancías contrarrestarán el desequilibrio original en el comercio que causó el flujo de oro. Como resultado, el flujo de oro cesará y se producirá un comercio internacional equilibrado con niveles de precios ligeramente diferentes. Todo este proceso ilustra la subordinación de la estabilidad de los precios internos a la estabilidad de los intercambios. Esta subordinación fue rechazada por la mayoría de los países después de 1931. Este rechazo se tradujo en (a) el abandono del patrón oro, al menos en parte, (b) los esfuerzos por controlar los precios internos y (c) los esfuerzos por controlar los cambios. Todo esto se hizo por el deseo de liberar el sistema económico de la influencia restrictiva de un modelofinanciero dominado por el oro.

Este maravilloso mecanismo automático de pagos internacionales representa uno de los mayores instrumentos sociales jamás concebidos por el hombre. Sin embargo, requiere un conjunto de condiciones muy especiales para su funcionamiento eficaz y como mostraremos, estas condiciones estaban desapareciendo hacia 1900 y fueron en gran parte eliminadas como resultado de los cambios económicos provocados por la Primera Guerra Mundial. Debido a estos cambios, fue imposible restablecer el sistema financiero que existía antes de 1914. Se hicieron esfuerzos para restaurarlo con gran determinación, pero en 1933 obviamente habían fracasado y todos los países importantes se vieron obligados a abandonar el patrón oro y los intercambios automáticos.

Cuando se abandona el patrón oro, el oro fluye entre los países como cualquier otra mercancía y el valor de los intercambios extranjeros (que ya no están vinculados al oro) puede fluctuar mucho más. En teoría, un desequilibrio de los pagos internacionales puede rectificarse mediante una variación de los tipos de cambio o una variación de los niveles de precios internos. En el patrón oro, esta rectificación se realiza mediante variaciones de los tipos de cambio únicamente entre los puntos de oro. Cuando el desequilibrio es tan grande que los intercambios se vieran forzados más allá de los puntos de oro, la rectificación se realiza mediante la modificación de los precios internos provocada por el hecho de que el oro fluye en los puntos de oro, en lugar de que los intercambios pasen más allá de dichos puntos. En cambio, cuando una moneda está fuera del patrón oro, la fluctuación de los intercambios no se limita entre dos puntos cualquiera, sino que puede ir indefinidamente en cualquier dirección. En tal caso, el desequilibrio de los pagos internacionales se resuelve en gran medida por la variación de los tipos de cambio y solo remotamente por variaciones de los precios internos. En el período entre 1929 y 1936, los países del mundo abandonaron el oro porque preferían llevar sus balanzas internacionales hacia el equilibrio mediante la fluctuación de los intercambios antes que mediante la fluctuación de los niveles de precios. Temían esto último porque los cambios (especialmente la caída) de los precios conducían a la disminución de la actividad empresarial y al cambio de la utilización de los recursos económicos (como el trabajo, la tierra y el capital) de una actividad a otra.

El restablecimiento de la balanza de pagos internacional cuando una moneda está fuera del oro puede verse con un ejemplo. Si el valor de la libra esterlina cae a 4,00 o 3,00 dólares, los americanos comprarán en Inglaterra cada vez más porque los precios ingleses son baratos para ellos, pero los ingleses comprarán en América solo con reticencia porque tienen que pagar mucho por el dinero americano. Esto servirá para rectificar el exceso original de exportaciones a Inglaterra que dio la gran oferta de libras esterlinas necesaria para hacer bajar su valor a 3 dólares. Tal depreciación en el valor de cambio de una moneda causará un aumento de los precios dentro del país como resultado del aumento de la demanda de los bienes de ese país.

LA SITUACIÓN ANTES DE 1914

La clave de la situación mundial en el periodo anterior a 1914 se encuentra en la posición dominante de Gran Bretaña. Esta posición era más real que aparente. En muchos campos (como el naval o el financiero) la supremacía de Gran Bretaña era tan completa que casi nunca tuvo que ser declarada por ella ni admitida por los demás. Era asumida tácitamente por ambos. Como gobernante indiscutible en estos campos, Gran Bretaña podía permitirse ser un gobernante benévolo. Segura de sí misma y de su posición, podía conformarse con el fondo más que con las formas. Si los demás aceptaban su dominio de hecho, estaba muy dispuesta a dejarles la independencia y la autonomía de derecho.

Esta supremacía de Gran Bretaña no fue un logro exclusivo del siglo XIX. Sus orígenes se remontan al siglo XVI, cuando el descubrimiento de América hizo que el Atlántico fuera más importante que el Mediterráneo como ruta de comercio y camino hacia la riqueza. En el Atlántico, la posición de Gran Bretaña era única, no solo por su posición más occidental, sino mucho más por ser una isla. Este último hecho le permitía ver cómo Europa se enredaba en disputas internas mientras ella conservaba la libertad de explotar los nuevos mundos al otro lado de los mares. Sobre esta base, Gran Bretaña había construido una supremacía naval que la convirtió en gobernante de los mares en 1900. A ello se unía su preeminencia en la marina mercante, que le daba el control de las vías de transporte mundial y la propiedad del 39 % de los buques oceánicos del mundo (tres veces más que su rival más cercano).

A su supremacía ganada en estos sectores durante el periodo anterior a 1815, Gran Bretaña añadió nuevos sectores de dominio en el periodo posterior a 1815. Estos surgieron de su anticipado logro de la Revolución Industrial. Esto se aplicó tanto al transporte y las comunicaciones como a la producción industrial. En el primero dio al mundo el ferrocarril y el barco de vapor; en el segundo, el telégrafo, el cable y el teléfono; en el tercero, el sistema de fábricas.

La Revolución Industrial existió en Gran Bretaña durante casi dos generaciones antes de extenderse a otros lugares. Supuso un gran aumento de la producción de productos manufacturados y una gran demanda de materias primas y alimentos; también supuso un gran aumento de la riqueza y el ahorro. Como resultado de los dos primeros y de la mejora de los métodos de transporte, Gran Bretaña desarrolló un comercio mundial del que era el centro y que consistía principalmente en la exportación de productos manufacturados y la importación de materias primas y alimentos. Al mismo tiempo, los ahorros de Gran Bretaña tendieron a salir hacia América del Norte, América del Sur y Asia, buscando aumentar la producción de materias primas y alimentos en estas zonas. En 1914, estas exportaciones de capital habían alcanzado una cuantía tal que superaban las inversiones extranjeras de todos los demás países juntos. En 1914, la inversión británica en el extranjero era de unos 20 000 millones de dólares (es decir, una cuarta parte de la riqueza nacional de Gran Bretaña, lo que supone una décima parte de la renta nacional total). La inversión francesa en el extranjero en esa misma época era de unos 9000 millones de dólares (o una sexta parte de la riqueza nacional francesa, con un rendimiento del 6 % de la renta nacional), mientras que Alemania tenía unos 5000 millones de dólares invertidos en el extranjero (una decimoquinta parte de la riqueza nacional, con un rendimiento del 3 % de la renta nacional). Estados Unidos era entonces un gran deudor.

La posición dominante de Gran Bretaña en el mundo de 1913 era, como he dicho, más real que aparente. En todas las partes del mundo la gente dormía más segura, trabajaba más productivamente y vivía más plenamente porque existía Gran Bretaña. Los buques británicos en el Océano Índico y en el lejano oriente reprimieron a los cazadores de esclavos, a los piratas y a los cazadores de cabezas. Pequeñas naciones como Portugal, los Países Bajos o Bélgica conservaron sus posesiones de ultramar bajo la protección de la flota británica. Incluso Estados Unidos, sin darse cuenta, se mantuvo seguro y mantuvo la Doctrina Monroe tras el escudo de la Armada británica. Las pequeñas naciones fueron capaces de preservar su independencia en las brechas entre las Grandes Potencias, mantenidas en precario equilibrio por la táctica de equilibrio de poderes más bien reservadas del Ministerio de Relaciones Exteriores. La mayoría de los grandes mercados comerciales del mundo, incluso de productos como el algodón, el caucho y el estaño, que no producía en cantidades, se hallaban en Inglaterra y el precio mundial se fijaba a partir de las subastas de los comerciantes especializados de allí. Si un hombre en Perú deseaba enviar dinero a un hombre en Afganistán, el pago final, probablemente, se realizaba mediante una transacción contable en Londres. El sistema parlamentario inglés y algunos aspectos del sistema judicial inglés, como el estado de derecho, estaban siendo copiados, lo mejor posible, en todas las partes del mundo.

La rentabilidad del capital fuera de Gran Bretaña (hecho que provocó la gran exportación de capital) fue correspondida por una rentabilidad del trabajo. Como resultado, el flujo de capital desde Gran Bretaña y Europa fue acompañado por un flujo de personas. Ambos sirvieron para construir áreas no europeas sobre un modelo europeo modificado. Tanto en la exportación de hombres como en la de capital, Gran Bretaña fue fácilmente la primera (más de 20 millones de personas emigraron del Reino Unido en el periodo entre 1815–1938). Como resultado de ambos, Gran Bretaña se convirtió en el centro de las finanzas mundiales, así como en el centro del comercio mundial. El sistema de relaciones financieras internacionales, que hemos descrito anteriormente, se basaba en el sistema de relaciones industriales, comerciales y crediticias que acabamos de describir. El primero requería para su existencia un grupo muy especial de circunstancias, un grupo que no podía esperarse que continuara para siempre. Además, también requería un grupo de características secundarias que, a su vez, estaban lejos de ser permanentes. Entre ellas se encuentran las siguientes: (1) todos los países implicados deben estar en el patrón oro completo; (2) debe haber libertad de interferencia pública o privada en la economía doméstica de cualquier país; es decir, los precios deben ser libres de subir y bajar de acuerdo con la oferta y la demanda tanto de bienes como de dinero; (3) también debe haber libre flujo de comercio internacional para que tanto los bienes como el dinero puedan ir sin obstáculos a aquellas áreas donde cada uno es más valioso; (4) la economía financiera internacional debe organizarse en torno a un centro con numerosos centros subordinados, de modo que sea posible cancelar en alguna cámara de compensación las reclamaciones internacionales de fondos entre sí, y reducir de esa forma el flujo de oro al mínimo; (5) la circulación de bienes y fondos en asuntos internacionales debe estar controlada por factores económicos y no estar sujeta a influencias políticas, psicológicas o ideológicas.

Estas condiciones, que hicieron que el sistema financiero y comercial internacional funcionara tan bien antes de 1914, habían empezado a cambiar hacia 1890. Las condiciones económicas y comerciales fundamentales cambiaron primero y se modificaron notablemente hacia 1910; el conjunto de características secundarias del sistema fue modificado por los acontecimientos de la Primera Guerra Mundial. Como resultado, el sistema del primer capitalismo financiero internacional es ahora solo un vago recuerdo. Imaginemos una época sin pasaportes ni visados y casi sin restricciones de inmigración o aduaneras. Ciertamente, el sistema tenía muchos inconvenientes incidentales, pero eran fortuitos. Socializado si no social, civilizado si no culto, el sistema permitía a los individuos respirar libremente y desarrollar sus talentos individuales de una manera desconocida antes y en peligro desde entonces.

Estados Unidos hasta 1917

Al igual que la cultura clásica se extendió hacia el oeste desde los griegos que la crearon hasta los pueblos romanos que la adoptaron y la modificaron, la cultura europea se extendió hacia el oeste hasta el Nuevo Mundo, donde se modificó profundamente sin dejar de ser básicamente europea. El hecho central de la historia de Estados Unidos es que los pueblos de origen y cultura europeos llegaron a ocupar y utilizar la inmensamente rica naturaleza entre el Atlántico y el Pacífico. En este proceso, la naturaleza se desarrolló y explotó zona por zona: el Tidewater, el Piamonte, el bosque Trans-Apalache, las praderas del Trans-Misisipi, la costa del Pacífico y finalmente, las Grandes Llanuras. Hacia 1900, el período de ocupación que había comenzado en 1607 había terminado, pero la era del desarrollo continuó de forma intensiva en lugar de extensiva. Este cambio de desarrollo extensivo a intensivo, frecuentemente llamado «cierre de la frontera», requirió un reajuste de la perspectiva y el comportamiento social, pasando de una base mayormente individualista a una más cooperativa, y de un énfasis en la mera destreza física a un énfasis en otros talentos menos tangibles de habilidades de gestión, formación científica y capacidad intelectual, capaces de llenar las fronteras recién ocupadas con una población más densa, produciendo un nivel de vida más alto y utilizando un tiempo de ocio más extenso.

La capacidad del pueblo de los Estados Unidos para realizar este reajuste de la perspectiva social y el comportamiento en el «fin de la frontera» alrededor de 1900 se vio obstaculizada por una serie de factores de su experiencia histórica anterior. Entre ellos debemos mencionar el crecimiento del sectarismo, las experiencias políticas y constitucionales pasadas, el aislacionismo y el énfasis en la destreza física y el idealismo irreal.

La ocupación de los Estados Unidos había dado lugar a tres secciones geográficas principales: un Este comercial y posteriormente financiero e industrial, un Oeste agrario y, posteriormente industrial, y un Sur agrario. Desgraciadamente, las dos secciones agrarias estaban organizadas de forma muy diferente: el Sur sobre la base de la mano de obra esclava y el Oeste sobre la base de la mano de obra libre. En esta cuestión, el Este se alió con el Oeste para derrotar al Sur en la Guerra Civil (1861–1865) y someterlo a una prolongada ocupación militar como territorio conquistado (1865–1877). Como la guerra y la ocupación fueron controladas por el nuevo Partido Republicano, la organización política del país se dividió sobre una base regional: el Sur se negó a votar a los republicanos hasta 1928 y el Oeste se negó a votar a los demócratas hasta 1932. En el Este, las familias más antiguas, que se inclinaban hacia el Partido Republicano a causa de la Guerra Civil, fueron en gran parte sumergidas por las oleadas de nuevos inmigrantes procedentes de Europa, empezando por los irlandeses y los alemanes después de 1846 y continuando con un número aún mayor de Europa del Este y del Mediterráneo después de 1890. Estos nuevos inmigrantes de las ciudades del Este votaban a los demócratas por su oposición religiosa, económica y cultural a los republicanos de clase alta de la misma zona. La base de clase en los patrones de voto en el Este y la base regional del voto en el Sur y el Oeste demostraron ser de gran importancia política a partir de 1880.

Los Padres Fundadores habían asumido que el control político del país sería conducido por propietarios y sin ocupaciones laborales, por lo general, se conocerían personalmente y que, al no tener necesidad de tomar decisiones urgentes, moverían al Gobierno a actuar cuando estuvieran de acuerdo y podrían impedirlehacerlo, sin graves perjuicios, cuando no lo estuvieran. La Constitución estadounidense, con sus disposiciones sobre la división de poderes y la selección del jefe del ejecutivo por un colegio electoral, reflejaba este punto de vista. También lo hizo el uso de la asambleas legislativas, es decir, del *caucus* del partido, para la nominación a los cargos públicos y la elección de los senadores por dichas asambleas. La llegada de una democracia de masas a partir de 1830 cambió esta situación, estableciendo el uso de las convenciones de los partidos para las nominaciones y el uso de la maquinaria de partidos políticos arraigados, apoyados en el patrocinio de los cargos públicos, a fin de movilizar suficientes votos para elegir a sus candidatos.

Como resultado de esta situación, el funcionario electo de 1840 a 1880 se encontraba bajo la presión de tres direcciones: del electorado popular que le proporcionaba los votos necesarios para la elección, de la maquinaria del partido que le proporcionaba la nominación para presentarse al cargo, así como de los nombramientos de patrocinio con los que podía recompensar a sus seguidores y de los intereses económicos de personas pudientes que le proporcionaban el dinero para los gastos de campaña con, quizás, un cierto excedente para su propio bolsillo. Este era un sistema bastante viable, ya que las tres fuerzas eran aproximadamente iguales y la ventaja, si es que la había, recaía en la maquinaria del partido. Esta ventaja llegó a ser tan grande en el período entre 1865 y 1880 que las fuerzas de las finanzas, el comercio y la industria se vieron obligadas a contribuir con una generosidad cada vez mayor a los engranajes políticos para obtener los servicios del Gobierno que consideraban que les correspondían, servicios tales como tarifas más altas, concesiones de tierras a los ferrocarriles, mejores servicios postales y concesiones mineras o madereras. El hecho de que estas fuerzas de las finanzas y los negocios estuvieran creciendo en riqueza y poder, hizo que se inquietaran cada vez más ante la necesidad de hacer contribuciones progresivamente mayores a las maquinarias políticas de los partidos. Además, estos magnates de la economía consideraban cada vez más inapropiado no poder dar órdenes, sino tener que negociar de igual a igual para obtener servicios o favores de los jefes de los partidos.

A finales de la década de 1870, los líderes empresariales decidieron poner fin a esta situación cortando de un solo golpe la raíz primaria del sistema de maquinarias de los partidos, es decir, el sistema de patrocinio. Este sistema, al que llamaron con el término despectivo de «sistema de botín», era objetable para las grandes empresas no tanto porque condujera a la deshonestidad o a la ineficacia, sino porque independizaba a los engranajes de los partidos del control de las empresas al proporcionarles una fuente de ingresos (las contribuciones a las campañas de los empleados del Gobierno) que era independiente del control de las empresas. Si esta fuente pudiera cortarse o incluso reducirse prudentemente, los políticos dependerían mucho más de las contribuciones empresariales para los gastos de campaña. En una época en la que el crecimiento de la prensa de masas y el uso de trenes fletados para los candidatos políticos aumentaban, en gran medida, los gastos de la campaña electoral, cualquier reducción de las contribuciones a la campaña por parte de los funcionarios haría que los políticos estuvieran inevitablemente más supeditados a las empresas. Con este objetivo se inició la reforma de la administración pública en el gobierno federal con el proyecto de ley Pendleton de 1883. Como resultado, el Gobierno fue controlado, con diferentes grados de completitud, por las fuerzas de la banca de inversión y la industria pesada desde 1884 hasta 1933.

Este periodo entre 1884 y 1933 fue el del capitalismo financiero, en el que los banqueros de inversión que se desplazaban hacia la banca comercial y los seguros por un lado, y hacia el ferrocarril y la industria pesada por otro, fueron capaces de movilizar una enorme riqueza y ejercer un inmenso poder económico, político y social. Conocidos popularmente como la «Sociedad» o los «400», llevaban una vida de deslumbrante esplendor. Navegando por el océano en grandes yates privados o viajando por tierra en trenes privados, se movían en una ronda ceremoniosa entre sus espectaculares fincas y casas adosadas en Palm Beach, Long Island, los Berkshires, Newport y Bar Harbor, reuniéndoseen sus residencias en Nueva York, que parecían fortalezas, para asistir a la Ópera Metropolitana bajo la mirada crítica de la Sra. Astor, o concurriendo en encuentros de negocios del más alto nivel estratégico en la imponente presencia del propio J. P. Morgan.

La estructura de los controles financieros creados por los magnates de la «Gran Banca» y el «Gran Comercio» en el período entre1880 y 1933 era de una complejidad extraordinaria, un feudo empresarial construido sobre otro, ambos aliados con socios semi-independientes, y el conjunto ascendiendo hacia dos pináculos de poder económico y financiero, de los cuales uno, centrado en Nueva York, estaba dirigido por J. P. Morgan y Compañía y el otro en Ohio, estaba dirigido por la familia Rockefeller. Cuando estos dos personajes cooperaban, como generalmente lo hacían, podían influir en la vida económica del país en gran medida y casi podían controlar su vida política, al menos a nivel federal. El primer punto puede ilustrarse con algunos hechos. En Estados Unidos, el número de empresas de mil millones de dólares pasó de una en 1909 (United States Steel, controlada por Morgan) a quince en 1930. La proporción de todos los activos de las empresas en manos de las 200 mayores corporaciones aumentó del 32 % en 1909 al 49 % en 1930 y alcanzó el 57 % en 1939. En 1930 estas 200 mayores corporaciones poseían el 49,2 % de los activos de todas las 40 000 corporaciones del país (81 000 millones de dólares de un total de 165 000 millones); poseían el 38 % de toda la riqueza empresarial, constituida o no (o 81 000 millones de dólares de un total de 212 000 millones), y el 22 % de toda la riqueza del país (o 81 000 millones de dólares de un total 367 000 millones). De hecho, en 1930, una corporación (American Telephone and Telegraph, AT&T, controlada por Morgan) tenía más activos que la riqueza total de veintiún estados de la Unión.

La influencia de estos líderes empresariales era tan grande que los grupos de Morgan y Rockefeller actuando juntos o incluso Morgan actuando solo, podrían haber arruinado el sistema económico del país simplemente lanzando títulos a la venta en el mercado de valores y, precipitando un pánico bursátil, podrían haber recomprado los títulos que habían vendido, pero a un precio más bajo. Obviamente, no fueron tan insensatos como para hacer esto, aunque Morgan estuvo muy cerca de hacerlo al desatar el «pánico de 1907», pero no dudaron en arruinar corporaciones individuales, a expensas de los tenedores de acciones comunes, llevándolas a la bancarrota. De esta manera, para tomar solo dos ejemplos, Morgan arruinó el Ferrocarril de Nueva York, New Haven y Hartford antes de 1914 vendiéndole, a precios elevados, los títulos, en gran parte sin valor, de una miríada de líneas de barcos de vapor y de tranvías de Nueva Inglaterra; y William Rockefeller y sus amigos arruinaron el Ferrocarril de Chicago, Milwaukee, St. Paul y el Pacífico antes de 1925 vendiéndole, a precios excesivos, planes para electrificar hasta el Pacífico, cobre, electricidad y un ramal ferroviario sin valor (la Línea Gary). Estos no son más que ejemplos del descubrimiento por parte de los capitalistas financieros de que ganaban dinero con la emisión y venta de títulos en lugar de con la producción, distribución y consumo de bienes y, en consecuencia, les llevó a descubrir que la explotación de una empresa en funcionamiento mediante la emisión excesiva de títulos o la emisión de bonos en lugar de títulos de renta variable, no solo les resultaba rentable, sino que les permitía aumentar sus beneficios mediante la bancarrota de la empresa, proporcionando honorarios y comisiones de reorganización, así como la oportunidad de emitir nuevos títulos.

Cuando los intereses empresariales, liderados por William C. Whitney, impulsaron la primera entrega de la reforma de la administración pública en 1883, esperaban poder controlar ambos partidos políticos por igual. De hecho, algunos de ellos pretendían contribuir a ambos y permitir una alternancia de los dos partidos en los cargos públicos para ocultar su propia influencia, inhibir cualquier muestra de independencia por parte de los políticos y permitir que el electorado creyera que estaba ejerciendo su propia y libre elección. Tal alternancia de los partidos en la escena federal ocurrió en el período entre 1880 y 1896, con la influencia de los negocios (o al menos la influencia de Morgan) tan grande en las administraciones demócratas como en las republicanas. Pero en 1896, llegó una experiencia impactante. Los intereses empresariales descubrieron que podían controlar el Partido Republicano en gran medida, pero no podían estar tan seguros de controlar el Partido Demócrata. La razón de esta diferencia residía en la existencia del Sur Sólido como una sección demócrata con casi ningún votante republicano. Esta sección enviaba delegados a la Convención Nacional Republicana, al igual que el resto del país, pero, como estos delegados no representaban a los votantes, venían a representar a aquellos que estaban dispuestos a pagar sus gastos a la Convención Nacional Republicana. De este modo, estos delegados llegaron a representar los intereses empresariales del Norte, cuyo dinero aceptaron. Mark Hanna nos ha contado con detalle cómo pasó gran parte del invierno de 1895 a 1896 en Georgia comprando más de doscientos delegados para McKinley en la Convención Nacional Republicana de 1896. Como resultado de este sistema, aproximadamente una cuarta parte de los votos de la Convención Republicana eran votos «controlados» del Sur Sólido, que no representaban al electorado. Tras la división del Partido Republicano en 1912, esta parte de los delegados se redujo a cerca del 17 %.

La incapacidad de los banqueros de inversión y sus aliados industriales para controlar la Convención Demócrata de 1896 fue el resultado del descontento agrario del periodo entre 1868 y 1896. Este descontento a su vez se basaba, en gran medida, en las tácticas monetarias de la oligarquía bancaria. Los banqueros estaban comprometidos con el patrón oro por las razones que ya hemos explicado. En consecuencia, al final de la Guerra Civil, persuadieron a la Administración Grant para que frenara la inflación de la posguerra y volviera al patrón oro (crisis de 1873 y reanudación de los pagos en especie en 1875). Esto dio a los banqueros un control de la oferta de dinero que no dudaron en utilizar para sus propios fines, mientras Morgan presionó despiadadamente a Cleveland entre 1893 y 1896. El afecto de los banqueros por los precios bajos no era compartido por los agricultores, ya que cada vez que los precios de los productos agrícolas bajaban, la carga de las deudas de los agricultores (especialmente las hipotecas) se hacía mayor. Además, los precios agrícolas, al ser mucho más competitivos que los industriales y no estar protegidos por un arancel, caían mucho más rápido que los precios industriales y los agricultores no podían reducir los costes ni modificar sus planes de producción tan rápidamente como los industriales. El resultado fue una explotación sistemática de los sectores agrarios de la comunidad por parte de los sectores financiero e industrial. Esta explotación tomó la forma de altos precios industriales, altas (y discriminatorias) tarifas ferroviarias, altos cargos por intereses, bajos precios agrícolas y un nivel muy bajo de servicios agrícolas por parte de los ferrocarriles y el Gobierno. Incapaces de resistir con armas económicas, los agricultores del Oeste recurrieron a la ayuda política, pero se vieron enormemente obstaculizados por su reticencia a votar a los demócratas (debido a sus recuerdos de la Guerra Civil). En su lugar, trataron de trabajar en el ámbito político estatal a través de la legislación local (las llamadas Leyes Granger) y de crear movimientos de terceros (como el Greenback Party en 1878 o el Populist Party en 1892). Sin embargo, en 1896, el descontento agrario aumentó tanto que empezó a superar el recuerdo del papel demócrata en la Guerra Civil. La conquista del Partido Demócrata por estas fuerzas del descontento bajo William Jennings Bryan en 1896, que estaba decidido a obtener precios más altos aumentando la oferta de dinero sobre una base bimetálica en lugar de oro, presentó al electorado una elección sobre una cuestión social y económica por primera vez en una generación. Aunque las fuerzas de las altas finanzas y de los grandes negocios estaban al borde del pánico, mediante un poderoso esfuerzo que implicaba un gasto a gran escala, lograron elegir a McKinley.

La incapacidad de la plutocracia para controlar al Partido Demócrata como había demostrado que podía controlar al Partido Republicano, les aconsejó adoptar una perspectiva de partido único en los asuntos políticos, aunque siguieron contribuyendo en cierta medida a ambos partidos y no cesaron en sus esfuerzos por controlarlos. De hecho, en dos ocasiones, en 1904 y en 1924, J. P. Morgan pudo relajarse con un sentimiento de satisfacción y asistir a unas elecciones presidenciales en las que los candidatos de ambos partidos estaban en su esfera de influencia. En 1924, el candidato demócrata era uno de sus principales abogados, mientras que el candidato republicano era el compañero de clase y seleccionado a mano por su socio, Dwight Morrow. Normalmente, Morgan tenía que compartir esta influencia política con otros sectores de la oligarquía empresarial, especialmente con los intereses de los Rockefeller (como se hizo, por ejemplo, al dividir la lista entre ellos en 1900 y en 1920).

El descontento agrario, el crecimiento de los monopolios, la opresión del trabajo y los excesos de los financieros de Wall Street inquietaron mucho al país en el período entre 1890 y 1900. Todo esto podría haberse aliviado simplemente aumentando la oferta de dinero lo suficiente como para que los precios subieran un poco, pero los financieros en este período, al igual que treinta años después, estaban decididos a defender el patrón oro pasara lo que pasara. Buscando algún tema que distrajera el descontento público de las cuestiones económicas internas, ¿qué mejor solución que una crisis en los asuntos exteriores? Cleveland había encontrado esta alternativa, más o menos accidentalmente en 1895, cuando suscitó una controversia con Gran Bretaña sobre Venezuela. Sin embargo, la gran oportunidad llegó con la revuelta cubana contra España en 1895. Mientras la «prensa amarilla», liderada por William Randolph Hearst, despertaba la opinión pública, Henry Cabot Lodge y Theodore Roosevelt tramaban la mejor manera de involucrar a Estados Unidos en el conflicto. Obtuvieron la excusa que necesitaban cuando el acorazado estadounidense Maine fue hundido por una misteriosa explosión en el puerto de La Habana en febrero de 1898. En dos meses, Estados Unidos declaró la guerra a España para luchar por la independencia de Cuba. La victoria resultante reveló a Estados Unidos como una potencia naval mundial, lo estableció como una potencia imperialista con la posesión de Puerto Rico, Guam y las Filipinas, despertó algunos apetitos de gloria imperialista y cubrió la transición de la prolongada era de semi-depresión a un nuevo período de prosperidad. Este nuevo período de prosperidad fue estimulado en cierta medida por el aumento de la demanda de productos industriales derivado de la guerra, pero aún más por el nuevo período de aumento de precios asociado a un considerable incremento de la producción mundial de oro de Sudáfrica y Alaska a partir de 1895.

La entrada de Estados Unidos como gran potencia en el escenario mundial continuó con la anexión de Hawái en 1808, la intervención en el levantamiento de los Bóxers en 1900, la toma de Panamá en 1903, la intervención diplomática en la guerra ruso-japonesa en 1905, la vuelta al mundo de la marina estadounidense en 1908, la ocupación militar de Nicaragua en 1912, la apertura del canal de Panamá en 1914 y la intervención militar en México en 1916.

Durante este mismo período, apareció un nuevo movimiento de reforma económica y política conocido como progresismo. El movimiento progresista fue el resultado de una combinación de fuerzas, algunas nuevas y otras antiguas. Sus cimientos se apoyaban en los restos del descontento agrario y laboral que tan inútilmente se había rezagado antes de 1897. También apareció una especie de idea adicional tardía por parte de los exitosos líderes empresariales, un debilitamiento del egoísmo adquisitivo y un renacimiento del antiguo sentido de obligación social e idealismo. Hasta cierto punto, este sentimiento se mezclaba con la comprensión de que la posición y los privilegios de los más ricos podían preservarse mejor con concesiones superficiales y con mayores oportunidades para que los descontentos se desahogaran, que con cualquier política de obstruccionismo ciego por parte de los ricos. Como ejemplo del impulso más idealista podríamos mencionar la creación de las diversas fundaciones Carnegie para trabajar por la paz universal o para ampliar el trabajo académico en ciencia y estudios sociales. Como ejemplo del punto de vista más práctico podríamos mencionar la fundación de The New Republic, un «semanario liberal», por un agente de Morgan financiado con dinero de Whitney (1914). Algo similar a este último punto fue el crecimiento de una nueva «prensa liberal» que encontró rentable imprimir los escritos de las «personas que hurgan en los escándalos ajenos», y así exponer a la vista del público el lado sórdido del mundo de los grandes negocios y de la propia naturaleza humana. Pero la gran oportunidad para las fuerzas progresistas surgió de una división dentro del mundo de los grandes negocios entre las fuerzas más antiguas del capitalismo financiero lideradas por Morgan y las fuerzas más nuevas del capitalismo monopolista organizadas en torno al bloque Rockefeller. Como consecuencia, el Partido Republicano se dividió entre los seguidores de Theodore Roosevelt y los de William Howard Taft, de modo que las fuerzas combinadas del Este liberal y del Oeste agrario pudieron tomar la Presidencia bajo Woodrow Wilson en 1912.

Wilson despertó un gran entusiasmo popular con su discurso sobre la «nueva libertad» y los derechos de los desamparados, pero su programa equivalía a poco más que un intento de establecer sobre una base federal las reformas que el descontento agrario y laboral había estado buscando sobre una base estatal durante muchos años. Wilson no era de ninguna manera un radical (después de todo, había estado aceptando dinero para sus ingresos personales de ricos industriales como Cleveland Dodge y Cyras Hall McCormick durante su cátedra en Princeton, y este tipo de cosas no cesaron en absoluto cuando entró en política en 1910) y había bastante hipocresía inconsciente en muchos de sus sonados discursos públicos. Sea como fuere, sus reformas políticas y administrativas fueron mucho más eficaces que sus reformas económicas o sociales. La Ley Antimonopolio Clayton y la Ley de la Comisión Federal de Comercio (1913) pronto se vieron fuertemente envueltas en litigios y futilidades. Por otro lado, la elección directa de los senadores, el establecimiento de un impuesto sobre la renta así como del Sistema de la Reserva Federal, la creación de un Sistema Federal de Préstamos Agrícolas (1916), el servicio de correo y de paquetes postales en zonas rurales, así como los primeros pasos hacia diversas promulgaciones laborales, como los salarios mínimos para los marinos mercantes, las restricciones al trabajo infantil y la jornada de ocho horas para los trabajadores del ferrocarril, justificaron el apoyo que los progresistas habían dado a Wilson.

La primera Administración de Wilson (1913-1917) y la anterior de Theodore Roosevelt (1901-1909) contribuyeron de forma sustancial al proceso por el que Estados Unidos reorientó su objetivo desde la expansión extensiva de las fronteras físicas a la explotación intensiva de sus recursos naturales y morales. Roosevelt utilizó su anterior genio como presentador para publicitar la necesidad de conservar los recursos naturales del país, mientras que Wilson, en su propio estilo profesoral, hizo mucho por extender la igualdad de oportunidades a grupos más amplios del pueblo estadounidense. Estas personas estaban tan absortas en las controversias generadas por estos esfuerzos que apenas se dieron cuenta de las crecientes tensiones internacionales en Europa o incluso del estallido de la guerra en agosto de 1914, hasta que en 1915 la clamorosa controversia de la amenaza de guerra eclipsó bastante las antiguas polémicas internas. A finales de 1915, Estados Unidos estaba siendo llamado, de forma nada grata, a desempeñar un papel en el escenario mundial. Esta es una historia que debemos retomar en un capítulo posterior.

III

EL IMPERIO RUSO HASTA 1917

En el siglo XIX, la mayoría de los historiadores consideraban a Rusia como parte de Europa, pero en la actualidad está cada vez más claro que Rusia es otra civilización muy distinta de la occidental. Ambas civilizaciones descienden de la civilización clásica, pero la conexión con esta predecesora se hizo de forma tan diferente que surgieron dos tradiciones muy distintas. Las tradiciones rusas derivaron de Bizancio directamente, las occidentales, de la civilización clásica, más moderada, indirectamente, al haber pasado por la Alta Edad Media, cuando no había estado ni gobierno en Occidente.

La civilización rusa se creó originalmente a partir de tres fuentes: (1) el pueblo eslavo, (2) los invasores vikingos del norte y (3) la tradición bizantina del sur. Estas tres se fusionaron como resultado de una experiencia común derivada de la posición geográfica expuesta de Rusia en el borde occidental de una gran llanura que se extiende miles de kilómetros hacia el este. Esta llanura está dividida horizontalmente en tres zonas, de las cuales la más meridional es una llanura abierta, mientras que la más septentrional es matorral abierto y tundra, la zona intermedia es un bosque. La zona meridional (o estepa) consta de dos partes: la meridional es una llanura salada prácticamente inservible, mientras que la parte septentrional, junto al bosque, es la famosa región de tierra negra de rico suelo agrícola. Desgraciadamente, la parte oriental de esta gran llanura euroasiática se ha ido secando constantemente durante miles de años, con la consecuencia de que los pueblos de lengua uralo-altaica de Asia central y centro-oriental, pueblos como los hunos, los búlgaros, los magiares, los mongoles y los turcos, han empujado repetidamente hacia el oeste a lo largo del corredor estepario entre los Urales y el mar Caspio, haciendo que las estepas de tierra negra sean peligrosas para los pueblos agrícolas sedentarios.

Los eslavos aparecieron por primera vez hace más de dos mil años como un pueblo pacífico y huidizo, con una economía basada en la caza y la agricultura rudimentaria en los bosques del este de Polonia. Este pueblo aumentó lentamente en número, desplazándose hacia el noreste a través de los bosques, mezclándose con los dispersos pueblos cazadores finlandeses que ya estaban allí. Alrededor del año 700 d.C., los hombres del norte, a los que conocemos como vikingos, bajaron del Mar Báltico, a través de los ríos de Europa oriental y finalmente llegaron al Mar Negro y atacaron Constantinopla. Estos hombres del norte intentaban hacer del militarismo una forma de vida, apoderándose de botines y esclavos, imponiendo tributos a los pueblos conquistados, recolectando pieles, miel y cera de los tímidos eslavos que acechaban en sus bosques y cambiándolos por los coloridos productos del sur bizantino. Con el tiempo, los norteños establecieron puestos comerciales fortificados a lo largo de sus rutas fluviales, especialmente en Nóvgorod, en el norte, en Smolensk, en el centro, y en Kiev, en el sur. Se casaron con mujeres eslavas e impusieron a la rudimentaria economía agrícola-cazadora de los eslavos una superestructura de Estado recaudador de tributos con una economía comercial explotadora y militarista. Esto creó el modelo de una sociedad rusa con dos clases sociales que ha continuado desde entonces, muy intensificado por los acontecimientos históricos posteriores.

Con el tiempo, la clase dirigente de Rusia conoció la cultura bizantina. Quedaron deslumbrados por ella y trataron de importarla a sus dominios salvajes del norte. De este modo, impusieron a los pueblos eslavos muchos de los elementos del Imperio bizantino, como el cristianismo ortodoxo, el alfabeto bizantino, el calendario bizantino, el uso de la arquitectura eclesiástica con cúpula, el nombre de Zar (César) para su gobernante e innumerables rasgos más. Lo más importante de todo es que importaron la autocracia totalitaria bizantina, según la cual todos los aspectos de la vida, incluidos los políticos, económicos, intelectuales y religiosos, se consideraban departamentos del gobierno, bajo el control de un gobernante autocrático. Estas creencias formaban parte de la tradición griega y se basaban, en última instancia, en la incapacidad griega de distinguir entre Estado y sociedad. Dado que la sociedad incluye todas las actividades humanas, los griegos habían asumido que el Estado debía incluir todas las actividades humanas. En la época de la Grecia clásica, esta entidad global se llamaba *polis*, un término que significaba tanto sociedad como estado; en el período romano posterior, esta entidad global se llamaba *imperium*. La única diferencia era que la *polis* era a veces (como en la Atenas de Pericles hacia el 450 a.C.) democrática, mientras que el *imperium* era siempre una autocracia militar. Ambas eran totalitarias, de modo que la religión y la vida económica se consideraban focos de la actividad gubernamental. Esta tradición autocrática totalitaria se trasladó al Imperio bizantino y pasó al Estado ruso en el norte y al posterior Imperio otomano en el sur. En el norte, esta tradición bizantina se combinó con la experiencia de los norteños para intensificar la estructura de dos clases sociales de la sociedad eslava. En la nueva civilización eslava (u ortodoxa) esta fusión, que encaja la tradición bizantina y la vikinga, creó Rusia. De Bizancio vino la autocracia y la idea del Estado como poder absoluto y como poder totalitario, así como aplicaciones tan importantes de estos principios como la idea de que el Estado debe controlar el pensamiento y la religión, que la Iglesia debe ser una rama del gobierno, que la ley es una promulgación del Estado y que el gobernante es semidivino. De los vikingos procede la idea de que el Estado es una importación extranjera, basada en el militarismo y sostenida por el botín y el tributo, que las innovaciones económicas son función del gobierno, que el poder, y no la ley, es la base de la vida social y que la sociedad, con su gente y sus bienes, son propiedad privada de un gobernante extranjero.

Hay que destacar estos conceptos del sistema ruso porque son muy ajenos a nuestras propias tradiciones. En Occidente, el Imperio romano (que continuó en Oriente como Imperio bizantino) desapareció en el año 476 y, aunque se hicieron muchos esfuerzos por revivirlo, hubo claramente un periodo, alrededor del año 900, en el que no hubo imperio, ni Estado, ni autoridad pública en Occidente. El Estado desapareció, pero la sociedad continuó, así como también la vida religiosa y económica. Esto demostró claramente que el Estado y la sociedad no eran lo mismo, que la sociedad era la entidad básica y que el Estado era un aspecto supremo, pero no esencial, el tope de la estructura social. Esta experiencia tuvo efectos revolucionarios. Se descubrió que el hombre puede vivir sin Estado, esto se convirtió en la base del liberalismo occidental. Se descubrió que el Estado, si existe, debe servir a los hombres y que es incorrecto creer que la finalidad de los hombres es servir al Estado. Se descubrió que la vida económica, la vida religiosa, el derecho y la propiedad privada pueden existir y funcionar eficazmente sin un Estado, de ahí surgió *el laissez-faire*, la separación de la iglesia y el Estado, el estado de derecho y la inviolabilidad de la propiedad privada. En Roma, en Bizancio y en Rusia, la ley se consideraba una promulgación de un poder supremo, en Occidente, cuando no existía un poder supremo, se descubrió que el Derecho seguía existiendo como el conjunto de normas que rigen la vida social. Así, en Occidente el Derecho se descubrió por observación, no se promulgaba por autocracia como en Oriente. Esto significaba que la autoridad se establecía por la ley y bajo la ley en Occidente, mientras que la autoridad se establecía por el poder y por encima de la ley en Oriente. Occidente consideraba que las reglas de la vida económica se descubrían y no se promulgaban, que los individuos tenían derechos independientes de la autoridad pública, e incluso opuestos a ella; que los grupos podían existir, como la Iglesia, por derecho y no por privilegio, y sin necesidad de tener ninguna carta de constitución que les diera derecho a existir como grupo o a actuar como tal, que los grupos o los individuos podían poseer propiedades como un derecho y no como un privilegio y que dichas propiedades no podían ser tomadas por la fuerza, sino que debían serlo mediante un proceso legal establecido. En Occidente se recalcaba que la forma de hacer una cosa era más importante que lo que se hacía, mientras que en Oriente lo que se hacía era mucho más significativo que la forma en que se hacía.

También había otra distinción básica entre la civilización occidental y la rusa que se derivaba de la historia del cristianismo, esta nueva fe llegó a la civilización clásica desde la sociedad semítica. En su origen era una religión de este mundo, que creía que el mundo y la carne eran básicamente buenos, o al menos llenos de potencialidades buenas porque ambos fueron hechos por Dios, el cuerpo fue hecho a imagen de Dios, Dios se hizo hombre en este mundo con un cuerpo humano, para salvar a los hombres como individuos y para establecer la «Paz en la tierra». Los primeros cristianos intensificaron la tradición «de este mundo», insistiendo en que la salvación solo era posible porque Dios vivía y moría en un cuerpo humano en este mundo, que el individuo únicamente podía salvarse con la ayuda de Dios (gracia) y viviendo correctamente en este cuerpo, en esta Tierra (buenas obras), que habría, algún día, un milenio en esta Tierra en el que tendría lugar el juicio final y que, en ese juicio final, habría una resurrección del cuerpo y una vida eterna. De este modo, el mundo del espacio y del tiempo, que Dios había hecho al principio con la afirmación «era bueno» (Libro del Génesis), sería, al final, restaurado a su condición original.

Esta religión optimista, «de este mundo», se introdujo en la civilización clásica en un momento en que la perspectiva filosófica de esa sociedad era bastante incompatible con la perspectiva religiosa del cristianismo. La perspectiva filosófica clásica, que podríamos llamar neoplatónica, se derivaba de las enseñanzas del zoroastrismo persa, el racionalismo pitagórico y el platonismo. Era dualista y dividía el universo en dos mundos opuestos, el de la materia y la carne, el del espíritu y las ideas. El primero era cambiante, incognoscible, ilusorio y malo, el segundo era eterno, cognoscible, real y bueno. Para estas enseñanzas la verdad podía ser encontrada solamente mediante el uso de la razón y la lógica, y no por el uso del cuerpo o los sentidos ya que estos eran propensos al error y debían ser rechazados; el cuerpo, como decía Platón, era la «tumba del alma».

Así, el mundo clásico al que llegó el cristianismo hacia el año 60 d.C. creía que el mundo y el cuerpo eran irreales, incognoscibles, corruptos y sin esperanza y que no se podía encontrar ninguna verdad o éxito mediante el uso del cuerpo, los sentidos o la materia. Una pequeña minoría, derivada de Demócrito y los primeros científicos jónicos a través de Aristóteles, Epicuro y Lucrecio, rechazaba el dualismo platónico y prefería el materialismo como explicación de la realidad. Estos materialistas eran igualmente incompatibles con la nueva religión cristiana. Además, incluso el ciudadano común de Roma tenía una visión cuyas implicaciones no eran compatibles con la religión cristiana. Por poner un ejemplo sencillo: mientras los cristianos hablaban de un milenio en el futuro, el romano común seguía pensando en una «época de oro» en el pasado, tal y como había hecho Homero.

Como consecuencia del hecho de que la religión cristiana llegó a una sociedad con una perspectiva filosófica incompatible, dicha religiónse vio asolada por disputas teológicas y dogmáticas y atravesada por herejías «de otro mundo». En general, estas herejías consideraban que Dios era tan perfecto y remoto mientras que el hombre era tan imperfecto y tan poca cosa, que la brecha entre Dios y el hombre no podía ser salvada por ningún acto del hombre, que la salvación dependía de la gracia, no de las buenas obras y que, si Dios alguna vez se rebajó tanto como para ocupar un cuerpo humano, este no era un cuerpo ordinario, en consecuencia, Cristo podía ser o bien Dios verdadero o bien Hombre verdadero, pero no podía ser ambos. Los Padres cristianos de la Iglesia se opusieron a este punto de vista, no siempre con éxito, pero en la batalla decisiva, en el primer Concilio de la Iglesia, celebrado en Nicea en el año 325, el punto de vista cristiano fue promulgado como dogma formal de la Iglesia. Aunque la Iglesia continuó existiendo durante siglos después en una sociedad cuya perspectiva filosófica estaba mal adaptada a la religión cristiana y solo obtuvo una filosofía compatible en el período medieval, la perspectiva básica del cristianismo reforzó la experiencia de la Alta Edad Media para crear el enfoque de la civilización occidental. Algunos de los elementos de esta perspectiva que fueron de gran importancia fueron los siguientes: (1) la importancia del individuo, ya que solamente este se salva; (2) la bondad potencial del mundo material y del cuerpo; (3) la necesidad de buscar la salvación mediante el uso del cuerpo y los sentidos en este mundo (buenas obras); (4) la fe en la fiabilidad de los sentidos (que contribuyó mucho a la ciencia occidental); (5) la fe en la realidad de las ideas (que contribuyó en gran medida a las matemáticas occidentales); (6) el optimismo mundano y el milenarismo (que contribuyó en gran medida a la fe en el futuro y a la idea de progreso); (7) la creencia de que Dios (y no el diablo) reina en este mundo mediante un sistema de reglas establecidas (que contribuyó en gran medida a las ideas de ley natural, ciencia natural y estado de derecho).

Estas ideas, que pasaron a formar parte de la tradición de Occidente, no llegaron a formar parte de la tradición rusa. La influencia del pensamiento filosófico griego siguió siendo fuerte en Oriente. El Occidente latino, antes del año 900, utilizaba una lengua que en aquella época no era apta para la discusión abstracta y casi todos los debates dogmáticos que surgían de la incompatibilidad de la filosofía griega y la religión cristiana se desarrollaban en lengua griega y se alimentaban de la tradición filosófica griega. En Occidente, la lengua latina reflejaba una tradición muy diferente, basada en el énfasis romano en los procedimientos administrativos y en las ideas éticas sobre el comportamiento humano hacia el prójimo. En consecuencia, la tradición filosófica griega siguió siendo fuerte en Oriente, continuó penetrando en la Iglesia de habla griega y pasó con esa Iglesia al norte eslavo. El cisma entre la Iglesia latina y la griega reforzó sus diferentes puntos de vista ya que la primera era más de este mundo, más preocupada por el comportamiento humano y seguía creyendo en la eficacia de las buenas obras, mientras que la segunda era más de otro mundo, más preocupada por la majestuosidad y el poder de Dios, mientras enfatizaba la maldad y la debilidad no solo del cuerpo, sino también del mundo y la eficacia de la gracia de Dios. En consecuencia, la perspectiva religiosa, y, por consiguiente, la visión del mundo de la religión y la filosofía eslavas se desarrollaron en una dirección bastante diferente a la de Occidente. El cuerpo, este mundo, el dolor, la comodidad personal e incluso la muerte tenían poca importancia, el hombre no podía hacer nada para cambiar su suerte, que estaba determinada por fuerzas más poderosas que él; la resignación al destino, el pesimismo y la creencia en el poder abrumador del pecado y del diablo dominaban Oriente.

Hasta aquí hemos visto a los eslavos formados en la civilización rusa como resultado de varios factores. Antes de continuar, quizás debamos recapitular. Los eslavos fueron sometidos al principio al sistema de explotación vikingo. Estos vikingos copiaron la cultura bizantina y lo hicieron de forma muy consciente, en su religión, en su escritura, en su estado, en sus leyes, en el arte, la arquitectura, la filosofía y la literatura. Estos gobernantes eran extranjeros que innovaron toda la vida política, religiosa, económica e intelectual de la nueva civilización. No había Estado: los extranjeros lo introdujeron, no había una religión organizada: se importó una de Bizancio y se impuso a los eslavos. La vida económica de los eslavos era de bajo nivel, una economía de subsistencia en el bosque con caza y agricultura rudimentaria: sobre ella los vikingos impusieron un sistema de comercio internacional. No había una perspectiva religioso-filosófica: la nueva superestructura Estado-Iglesia impuso a los eslavos una perspectiva derivada del idealismo dualista griego. Y, por último, Oriente nunca experimentó una Alta Edad Media que le demostrara que la sociedad es distinta del Estado y más fundamental que este.

Este resumen sitúa a la sociedad rusa en torno al año 1200. En los seiscientos años siguientes, nuevas experiencias no hicieron sino intensificar el desarrollo ruso. Estas experiencias surgieron del hecho de que la nueva sociedad rusa se encontró atrapada entre las presiones demográficas de los asaltantes de las estepas del este y la presión del avance de la tecnología de la civilización occidental.

La presión de los hablantes de los Urales-Altaicos desde las estepas orientales, culminó con las invasiones de los mongoles (Tártaros) después de 1200. Los mongoles conquistaron Rusia y establecieron un sistema de recolección de tributos que se mantuvo durante generaciones. De este modo, siguió existiendo un sistema de explotación extranjero impuesto sobre el pueblo eslavo. Con el tiempo, los mongoles convirtieron a los príncipes de Moscú en sus principales recaudadores de tributos para la mayor parte de Rusia. Un poco más tarde, estos crearon un tribunal de máxima instancia en Moscú, de modo que tanto el dinero como los casos judiciales fluyeron hacia esta ciudad; todos ellos siguieron fluyendo incluso después de que los príncipes de Moscú (1380) lideraran la exitosa revuelta que expulsó a los mongoles.

A medida que la presión demográfica de Oriente disminuía, la presión tecnológica de Occidente aumentaba (después de 1500). Entendemos por tecnología occidental la pólvora y las armas de fuego, la mejora de la agricultura, la contabilidad y las finanzas públicas, el saneamiento, la imprenta y la difusión de la educación. Rusia no recibió todo el impacto de estas presiones hasta más tarde y fue de fuentes secundarias como Suecia y Polonia, más que de Inglaterra o Francia. Sin embargo, Rusia se debatía entre las presiones de Oriente y las de Occidente. El resultado de este choque fue la autocracia rusa, una máquina militar y recaudadora de tributos superpuesta a la población eslava. La pobreza de esta población hacía imposible que obtuviera armas de fuego o cualquier otra ventaja de la tecnología occidental. El Estado era el único que disponía de estas cosas, pero solo podía permitírselas drenando la riqueza del pueblo. Este drenaje de la riqueza desde abajo hacia arriba proporcionaba armas y tecnología occidental a los gobernantes, pero mantenía a los gobernados demasiado pobres para obtener estas cosas, de modo que todo el poder se concentraba en la cima. La continua presión de Occidente hizo imposible que los gobernantes utilizaran la riqueza que se acumulaba en sus manos para financiar mejoras económicas que podrían haber elevado el nivel de vida de los gobernados, ya que esta acumulación tenía que utilizarse para aumentar el poder ruso y no la riqueza rusa. Como consecuencia, la presión hacia abajo aumentó y la autocracia se hizo más autocrática. Con el fin de conseguir una burocracia para el ejército y para el servicio del Gobierno, los terratenientes recibieron poderes personales sobre los campesinos, creando un sistema de servidumbre en el Este justo en el momento en que la servidumbre medieval estaba desapareciendo en el Oeste. Los siervos rusos perdieron la propiedad privada, la libertad personal y el contacto directo con el Estado (para pagar impuestos o hacer justicia). Se otorgaron estos poderes a los terratenientes para que fueran libres y estuvieran dispuestos a luchar por Moscú o a servir en la autocracia moscovita.

Hacia 1730, la presión directa de Occidente sobre Rusia comenzó a debilitarse un poco debido a la decadencia de Suecia, de Polonia y de Turquía, mientras que Prusia estaba demasiado ocupada con Austria y con Francia como para presionar fuertemente a Rusia. Así, los eslavos, adoptando una tecnología occidental de carácter rudimentario, pudieron imponer su supremacía a los pueblos del Este. Los campesinos de Rusia, buscando escapar de las presiones de la servidumbre en la zona al oeste de los Urales, comenzaron a huir hacia el este, y finalmente llegaron al Pacífico. El Estado ruso hizo todo lo posible por detener este movimiento porque consideraba que los campesinos debían quedarse para trabajar la tierra y pagar impuestos si los terratenientes querían mantener la autocracia militar que se consideraba necesaria. Finalmente, la autocracia siguió a los campesinos hacia el este y la sociedad rusa llegó a ocupar todo el norte de Asia.

Al disminuir la presión de Oriente y la de Occidente, la autocracia, inspirada quizá por poderosos sentimientos religiosos, empezó a tener mala conciencia hacia su propio pueblo. Al mismo tiempo, seguía intentando occidentalizarse. Cada vez estaba más claro que este proceso de occidentalización no podía limitarse a la propia autocracia, sino que debía extenderse hacia abajo para incluir al pueblo ruso. En 1812, la autocracia descubrió que no podía derrotar al ejército de Napoleón sin recurrir al pueblo ruso. Su incapacidad para derrotar a los aliados occidentales en la Guerra de Crimea entre 1854 y 1856 y la creciente amenaza de las Potencias Centrales tras la alianza austro-alemana de 1879, dejaron claro que Rusia debía occidentalizarse, en tecnología si no en ideología, en todas las clases de la sociedad para sobrevivir. Esto significaba, de forma muy concreta, que Rusia tenía que conseguir la Revolución Agrícola y el industrialismo; pero estos, a su vez, requerirían que la capacidad de leer y escribir se extendiera a los campesinos, que se redujera la población rural y se aumentara la urbana. Estas necesidades, de nuevo, significaban que había que abolir la servidumbre y que había que introducir el saneamiento moderno. Así, una necesidad llevó a otra, de modo que toda la sociedad tuvo que ser reformada. De forma típica en Rusia, todas estas cosas se llevaron a cabo por medio de la acción gubernamental, pero a medida que una reforma llevaba a otra, se planteaba la cuestión de si la autocracia y las clases altas terratenientes estarían dispuestas a permitir que el movimiento de reforma llegara a poner en peligro su poder y sus privilegios. Por ejemplo, la abolición de la servidumbre hizo necesario que la nobleza terrateniente dejara de considerar a los campesinos como propiedad privada cuyo único contacto con el Estado era a través de ellos mismos. Del mismo modo, el industrialismo y el urbanismo crearían nuevas clases sociales de burgueses y trabajadores. Estas nuevas clases plantearían inevitablemente reivindicaciones políticas y sociales muy desagradables para la autocracia y la nobleza terrateniente. Si las reformas daban lugar a demandas de nacionalismo, ¿cómo podría una monarquía dinástica como la autocracia Romanov ceder a tales demandas sin arriesgarse a perder Finlandia, Polonia, Ucrania o Armenia?

Mientras el deseo de occidentalización y la mala conciencia de las clases altas se combinaban, la reforma avanzó. Pero en cuanto las clases bajas comenzaron a plantear exigencias, apareció la reacción. Sobre esta base, la historia de Rusia fue una alternancia de reforma y reacción desde el siglo XVIII hasta la Revolución de 1917. Pedro el Grande (1689–1725) y Catalina la Grande (1762–1796) fueron partidarios de la occidentalización y la reforma. Pablo I (1796–1801) fue un conservador, Alejandro I (1801–1825) y Alejandro II (1855–1881) fueron reformistas, mientras que Nicolás I (1825–1855) y Alejandro III (1881–1894) fueron conservadores. Como consecuencia de estas diversas actividades, en 1864 se había abolido la servidumbre y se había establecido un sistema bastante moderno de derecho, de justicia y de educación. Se había modernizado en cierta medida el gobierno local, se había establecido un sistema financiero y fiscal bastante bueno, y se había creado un ejército basado en el servicio militar universal (pero carente de equipamiento). Por otro lado, continuaba la autocracia, con todo el poder en manos de hombres débiles, sujetos a todo tipo de intrigas personales de la más baja estofa, los siervos liberados no tenían tierras adecuadas, los recién alfabetizados estaban sometidos a una censura implacable que intentaba controlar su lectura, su escritura y su pensamiento, los recién liberados y los recién urbanizados estaban sometidos a una constante supervisión policial, los pueblos no rusos del imperio estaban sometidos a oleadas de rusificación y paneslavismo; el sistema judicial y el sistema fiscal se administraban con un desprecio arbitrario de todos los derechos personales o de la equidad; y en general, la autocracia era tan tiránica como débil.

El primer período de reformas del siglo XIX, el de Alejandro I, fue el resultado de la fusión de dos factores: la «alta burguesía con problemas de conciencia» y la autocracia occidentalizada. El propio Alejandro representaba ambos elementos. Como resultado de sus reformas e incluso antes, de las de su abuela, Catalina la Grande, apareció en Rusia, por primera vez, una nueva clase con una educación más amplia que la de la alta burguesía, reclutada entre los hijos de los sacerdotes ortodoxos o de los funcionarios del Estado (incluidos los oficiales del ejército) y en general, en los márgenes entre la autocracia y la alta burguesía. Cuando la autocracia se volvió conservadora bajo Nicolás I, este grupo reciente formó, con cierto apoyo de la alta burguesía con problemas de conciencia, un grupo revolucionario llamado generalmente la «*Intelligentsia*». Al principio este nuevo grupo era prooccidental, pero más tarde se volvió cada vez más antioccidental y «eslavófilo» debido a su desilusión con Occidente. En general, los occidentalizadores sostenían que Rusia no era más que un suburbio atrasado y bárbaro de la civilización occidental, que no había hecho ninguna aportación cultural propia en su pasado y que debía pasar por la misma evolución económica, política y social que Occidente. Los occidentalizadores deseaban acelerar esta evolución.

Los eslavófilos insistían en que Rusia era una civilización totalmente diferente a la occidental y muy superior porque tenía una profunda espiritualidad (en contraste con el materialismo occidental), una profunda irracionalidad en íntimo contacto con las fuerzas vitales y las virtudes de la vida simple (en contraste con la racionalidad, la artificialidad y la hipocresía occidentales), su propia forma nativa de organización social, la aldea campesina (comuna) que proporcionaba una vida social y emocional plenamente satisfactoria (en contraste con la frustración occidental del individualismo atomista en las sórdidas ciudades); y que en Rusia se podía construir una sociedad socialista a partir de la simple comuna campesina autogestionada y cooperativa, sin necesidad de pasar por la ruta occidental marcada por el industrialismo, la supremacía de la burguesía o la democracia parlamentaria.

A medida que el industrialismo crecía en Occidente, en el período entre 1830 y 1850, los occidentalizadores rusos como P. Y. Chaadayev (1793–1856) y Alexander Herzen (1812–1870) se desilusionaron cada vez más con Occidente, especialmente con sus barrios marginales, su sistema de fábricas, su desorganización social, la avaricia y la mezquindad de la clase media, su estado absolutista y sus armas avanzadas. En un principio, los occidentalizadores de Rusia se habían inspirado en pensadores franceses, mientras que los eslavófilos se habían inspirado en pensadores alemanes como Schelling y Hegel, por lo que el paso de occidentalizadores a eslavófilos supuso un cambio de maestros franceses a germánicos.

Los eslavófilos apoyaban la ortodoxia y la monarquía, aunque eran muy críticos con la Iglesia ortodoxa y la autocracia existentes. Afirmaban que esta última era una importación germánica, y que la primera, en lugar de ser un crecimiento orgánico nativo de la espiritualidad eslava, se había convertido en poco más que un instrumento de la autocracia. En vez de apoyar estas instituciones, muchos eslavófilos salieron a las aldeas para entrar en contacto con la espiritualidad y la virtud eslavas puras en la forma del campesino inculto. Estos misioneros, denominados *«narodniki»*, fueron recibidos con una sospecha y una aversión no disimuladas por parte de los campesinos, ya que eran forasteros criados en la ciudad, tenían estudios y expresaban ideas contrarias a la Iglesia y al Gobierno.

Ya desilusionada con Occidente, la Iglesia y el Gobierno, y ahora rechazada por los campesinos, la *Intelligentsia* no pudo encontrar ningún grupo social en el que basar un programa de reformas. El resultado fue el crecimiento del nihilismo y del anarquismo.

El nihilismo era un rechazo de todas las convenciones en nombre del individualismo, ambos conceptos entendidos en sentido ruso. Dado que el hombre es un hombre y no un animal debido a su desarrollo y crecimiento individual en una sociedad formada por convenciones, el rechazo nihilista de las convenciones servía para destruir al hombre en lugar de liberarlo como esperaban. La destrucción de las convenciones no elevaría al hombre a ser un ángel, sino que lo rebajaría a ser un animal. Además, el individuo que los nihilistas pretendían liberar mediante esta destrucción de las convenciones no era lo que la cultura occidental entiende por la palabra «individuo», más bien era la «humanidad». Los nihilistas no tenían ningún respeto por el individuo concreto ni por la personalidad individual. De hecho, destruyendo todas las convenciones y despojando a todas las personas de todas las distinciones convencionales, esperaban hundir a todos, especialmente a ellos mismos, en la masa amorfa e indistinguible de la humanidad. Los nihilistas eran completamente ateos materialistas, irracionales, doctrinarios, déspotas y violentos. Rechazaban todo pensamiento de sí mismos mientras la humanidad sufriera; «se convirtieron en ateos porque no podían aceptar a un Creador que hiciera un mundo malvado, incompleto y lleno de sufrimiento»; rechazaban todo pensamiento, todo arte, todo idealismo, todas las convenciones, porque eran lujos superficiales e innecesarios es decir, malos; rechazaban el matrimonio porque era una esclavitud convencional sobre la libertad del amor; rechazaban la propiedad privada porque era una herramienta de opresión individual; algunos incluso rechazaban la ropa como una corrupción de la inocencia natural; y rechazaban el vicio y el libertinaje como lujos innecesarios de la clase alta, como dijo Nikolai Berdyaev: «Es el ascetismo ortodoxo vuelto del revés y el ascetismo sin gracia». En la base del nihilismo ruso, cuando se capta en su pureza y profundidad, se encuentra el rechazo ortodoxo del mundo el reconocimiento de la pecaminosidad de todas las riquezas y el lujo, de toda la profusión creativa en el arte y en el pensamiento. El nihilismo considera como lujo pecaminoso no solo el arte, la metafísica y los valores espirituales, sino también la religión. El nihilismo es una exigencia de desnudez, de despojarse de todos los adornos de la cultura, de aniquilar todas las tradiciones históricas, de liberar al hombre natural. El ascetismo intelectual del nihilismo encontró su expresión en el materialismo, cualquier filosofía más sutil fue proclamada un pecado. No ser materialista era considerado como una sospecha moral. Si no se era materialista, se estaba a favor de la esclavización del hombre tanto intelectual como políticamente».

Esta fantástica filosofía es de gran importancia porque preparó el terreno para el bolchevismo. De la misma enfermedad espiritual que produjo el nihilismo surgió el anarquismo. Para el anarquista, como reveló el fundador del movimiento, Mijaíl Bakunin (1814–1876), el principal de todos los convencionalismos esclavizadores e innecesarios era el Estado. El descubrimiento de que el Estado no era idéntico a la sociedad, un descubrimiento que Occidente había hecho mil años antes que Rusia, podría haber sido un descubrimiento liberador para Rusia si, como Occidente, los rusos hubieran estado dispuestos a aceptar tanto el Estado como la sociedad, cada uno en su lugar. Pero esto era imposible en la tradición rusa de totalitarismo fanático. Para esta tradición, el Estado totalitario había sido considerado malvado por lo que debía ser destruido por completo y sustituido por la sociedad totalitaria en la que el individuo podía ser absorbido. El anarquismo fue el siguiente paso tras la desilusión de los *narodniki* y las agitaciones de los nihilistas. La *Intelligentsia* revolucionaria, incapaz de encontrar un grupo social en el que basar un programa de reformas y convencida de la maldad de todos las convenciones establecidas y de la perfección latente en las masas rusas, adoptó un programa de pura acción política directa del tipo más simple: el asesinato. Simplemente matando a los líderes de los estados (no solamente en Rusia sino en todo el mundo), los gobiernos podrían ser eliminados y las masas liberadas para la cooperación social y el socialismo agrario. De estos antecedentes surgió el asesinato del zar Alejandro II en 1881, del rey Humberto de Italia en 1900, del presidente McKinley en 1901, así como muchas atrocidades anarquistas en Rusia, España e Italia en el período entre 1890 y 1910. El fracaso de los gobiernos en hacer desaparecer esta agitación terrorista, especialmente en Rusia, donde la opresión de la autocracia se incrementó después de 1881, condujo, poco a poco, a un desvanecimiento de la fe de la *Intelligentsia* en la violencia destructiva como acción constructiva, así como en la satisfactoria comuna campesina, y en la supervivencia de la inocencia natural en las masas irreflexivas.

Justo en ese momento, hacia 1890, comenzó un gran cambio en Rusia. El industrialismo occidental comenzó a crecer bajo los auspicios gubernamentales y extranjeros, empezó a aparecer un proletariado urbano y la teoría social marxista llegó desde Alemania. El crecimiento del industrialismo resolvió la violenta disputa académica entre prooccidentales y eslavófilos sobre si Rusia debía seguir el camino del desarrollo occidental o podía escapar de él recurriendo a algunas soluciones eslavas nativas ocultas en la comuna campesina. El crecimiento de un proletariado dio a los revolucionarios, una vez más, un grupo social sobre el que construir, y la teoría marxista dio a la *Intelligentsia* una ideología que podía adoptar fanáticamente. Estos nuevos desarrollos, al sacar a Rusia del punto muerto en el que se encontraba en 1885, fueron generalmente bienvenidos. Incluso la autocracia levantó la censura para permitir la circulación de la teoría marxista, en la creencia de que aliviaría la presión terrorista ya que evitaba la acción política directa, especialmente el asesinato, y pospondría la revolución hasta que la industrialización hubiera avanzado lo suficiente como para crear una clase *burguesa* y un proletariado plenamente desarrollados. Sin duda, la teoría creada por el trasfondo germánico de Marx a mediados del siglo XIX, fue (como veremos) modificada gradualmente por la perspectiva rusa existente desde hacía largo tiempo, primero por el triunfo bolchevique leninista sobre los mencheviques y después por la victoria nacionalista rusa de Stalin sobre el racionalismo más occidental de Lenin, pero en el período entre 1890 y 1914 se rompió el estancamiento de la oposición violenta y apareció el progreso, marcado por la violencia e intolerancia.

Este período de progreso marcado por la violencia que duró de 1890 a 1914 tiene varios aspectos, de ellos, se hablará primero del desarrollo económico y social, seguido del político y, por último, del ideológico.

Hasta la liberación de los siervos en 1863, Rusia prácticamente no había sido alcanzada por el proceso industrial, de hecho, estaba mucho más atrasada que Gran Bretaña y Francia antes de la invención de la propia máquina de vapor. Debido a la falta de carreteras, el transporte era muy deficiente, excepto por el excelente sistema de ríos, aunque estos se congelaban durante meses cada año. Los caminos de barro, intransitables durante una parte del año y apenas transitables el resto del tiempo, dejaban a los pueblos relativamente aislados, con el resultado de que casi todos los productos artesanales y gran parte de los productos agrícolas se producían y consumían localmente. Después de la liberación, los siervos se empobrecieron y se mantuvieron en un nivel de vida bajo porque se les quitaba una gran parte de sus productos en forma de rentas a los terratenientes y de impuestos a la burocracia estatal. Esto sirvió para vaciar una fracción considerable de la producción agrícola y mineral del país hacia las ciudades y el mercado de exportación. Esta fracción proporcionó el capital para el crecimiento de una economía moderna a partir de 1863, siendo exportada para pagar la importación de la maquinaria y las materias primas industriales necesarias. Esto se complementó con la importación directa de capital del extranjero, especialmente de Bélgica y Francia, mientras que gran parte del capital, especialmente para los ferrocarriles, fue proporcionado por el Gobierno. El capital extranjero representaba aproximadamente un tercio de todo el capital industrial en 1890 y aumentó a casi la mitad en 1900. Las proporciones variaban de una actividad a otra, siendo la parte extranjera, en 1900, del 70% en el campo de la minería, del 42% en el de la industria metalúrgica, pero menos del 10% en el textil. En la misma fecha, el capital total de los ferrocarriles ascendía a 4700 millones de rublos, de los cuales 3500 pertenecían al gobierno. Estas dos fuentes eran de gran importancia porque, excepto en el sector textil, la mayor parte del desarrollo industrial se basaba en los ferrocarriles y las primeras empresas de la industria pesada, aparte de la antigua metalurgia del carbón de los Urales, eran extranjeras. La primera gran concesión ferroviaria, la de la compañía principal para unos 4200 kilómetros de línea, fue otorgada a una empresa francesa en 1857. Una corporación británica abrió la explotación de la gran cuenca de hierro del sur, en Krivoi Rog, mientras que los hermanos alemanes Nobel iniciaron el desarrollo de la industria petrolera en Bakú (ambos hacia 1880).

Como consecuencia de estos factores, la economía rusa siguió siendo en gran medida, pero cada vez menos, una economía colonial durante la mayor parte del período entre 1863 y 1914. El nivel de vida del pueblo ruso era muy bajo, con una exportación excesiva de productos básicos de consumo, incluso de los que el propio pueblo ruso necesitaba con urgencia, que se utilizaban para obtener divisas a fin de comprar productos industriales o de lujo de origen extranjero que pasaban a manos de la pequeñísima clase dirigente.

Este modelo de organización económica rusa ha continuado bajo el régimen soviético desde 1917.

El primer ferrocarril ruso se inauguró en 1838, pero su crecimiento fue lento hasta el establecimiento de un plan racional de desarrollo en 1857. Este plan pretendía penetrar en las principales regiones agrícolas, especialmente en la región de tierra negra del sur, para conectarlas con las principales ciudades del norte y los puertos de exportación. En aquella época solamente había unos mil kilómetros de ferrocarril, pero esta cifra se multiplicó por más de diez en 1871, se duplicó de nuevo en 1881 (con unos 22 000 kilómetros), alcanzó unos 59 000 en 1901 y casi 75 000 en 1915. Esta construcción se produjo en dos grandes oleadas, la primera en el decenio entre 1866 y 1875 y la segunda en los quince años entre 1891 y 1905. En estos dos períodos se construyeron una media de más de 2200 kilómetros de vía al año, mientras que, en los quince años intermedios, de 1876 a 1890, la media de construcción fue de solo mil kilómetros al año. La disminución en este período medio se debió a la «gran depresión» en Europa occidental entre 1873 y 1893, y culminó en Rusia, con la terrible hambruna de 1891. Después de esta última fecha, la construcción de ferrocarriles fue impulsada vigorosamente por el conde Sergei Witte, que pasó de jefe de estación a ministro de Finanzas, ocupando este último cargo de 1892 a 1903. Su mayor logro fue la línea transiberiana de vía única, que recorría unos 10 200 kilómetros desde la frontera polaca hasta Vladivostok y que fue construida en los catorce años entre 1891 y 1905. Esta línea, al permitir a Rusia aumentar su presión política en el Lejano Oriente, llevó a Gran Bretaña a una alianza con Japón (1902) y a Rusia a la guerra con Japón (1904–1905).

Los ferrocarriles tuvieron un efecto muy profundo en Rusia desde todos los puntos de vista, uniendo una sexta parte de la superficie de la tierra en una sola unidad política y transformando la vida económica, política y social del país. Nuevas zonas, sobre todo en las estepas, que hasta entonces estaban demasiado alejadas de los mercados como para dedicarlas a otra cosa que no fuera el pastoreo, fueron puestas en cultivo (sobre todo de cereales y algodón), compitiendo así con la zona central de tierras negras. La fuga de riqueza de los campesinos hacia los mercados urbanos y de exportación se incrementó, especialmente en el período anterior a 1890. Este proceso se vio favorecido por la llegada de la economía monetaria a aquellas zonas rurales que antes se acercaban más a una base de autosuficiencia o de trueque. Esto aumentó la especialización agrícola y debilitó las actividades artesanales. La distribución de productos rurales, que antes estaba en manos de unos pocos grandes operadores comerciales que trabajaban lentamente a largo plazo, en gran parte a través de las más de seis mil ferias anuales de Rusia, fue sustituido, gracias al ferrocarril, a partir de 1870, por una horda de pequeños intermediarios de rápida rotación que abundaban como hormigas por el campo, ofreciendo el contenido de sus pequeñas bolsas de dinero por grano, cáñamo, pieles, grasas, cerdas y plumas. Esta fuga de mercancías de las zonas rurales fue fomentada por el Gobierno mediante cuotas y restricciones, diferencias de precios y diferentes tarifas ferroviarias e impuestos para las mismas mercancías con diferentes destinos. Como resultado, el azúcar ruso se vendía en Londres a un 40 % de su precio en la propia Rusia. Este país, con un consumo interno de unos 5 kilogramos de azúcar per cápita, frente a los 41 kilogramos per cápita de Inglaterra, exportó sin embargo, en 1900, una cuarta parte de su producción total de 817 millones de kilogramos. Ese mismo año, exportó casi 5 millones de kilogramos de algodón (principalmente a Persia y China), aunque el consumo interno de algodón en el país era de solo 2,4 kilogramos per cápita, frente a los 18 kilogramos de Inglaterra. En productos petrolíferos, donde Rusia tenía el 48 % del total de la producción mundial en 1900, se exportaba alrededor del 13,3 %, aunque el consumo ruso era solamente de 5,4 kilogramos per cápita al año, comparado con los 19 kilogramos de Alemania. En uno de estos productos, el queroseno (donde Rusia tenía la mayor demanda interna potencial), se exportó casi el 60 % de la producción nacional. La magnitud de esta fuga de riqueza de las zonas rurales puede juzgarse a partir de las cifras de exportación en general. Entre 1891 y 1895 los productos rurales constituían el 75 % (y los cereales el 40 %) del valor total de todas las exportaciones rusas. Además, los mejores cereales eran los que se exportaban, lo que suponía un descenso de la exportación de trigo de una cuarta parte frente a una quinceava parte de la cosecha en 1900. Hubo una cierta mejoría en este sentido, con el paso del tiempo, que puede observarse en el hecho de que la parte de la cosecha de trigo exportada cayó de la mitad en el siglo XIX a una sexta parte entre 1912 y 1913.

Esta política de malversación de la riqueza hacia el mercado de la exportación proporcionó a Rusia una balanza comercial favorable (es decir, un exceso de exportaciones sobre importaciones) durante todo el periodo posterior a 1875, proporcionando oro y divisas que permitieron al país acumular su reserva de oro y proporcionar capital para su desarrollo industrial. Además, se obtuvieron miles de millones de rublos mediante la venta de bonos del gobierno ruso, en gran parte en Francia, en el marco del esfuerzo francés por construir la Triple Entente. El Banco del Estado, que había aumentado su reserva de oro de 475 millones a 1095 millones de rublos en el período entre 1890 y 1897, se convirtió en un banco de emisión en 1897 y se le exigió por ley que canjeara sus billetes en oro, colocando así a Rusia en el patrón oro internacional. El número de corporaciones en Rusia aumentó de 504 con un capital de 912 millones de rublos (de los cuales 215 millones eran extranjeros) en 1889 a 1181 corporaciones con un capital de 1737 millones de rublos (de los cuales más de 800 millones eran extranjeros) en 1899. La proporción de empresas industriales entre estas corporaciones aumentó constantemente, constituyendo el 58 % de las nuevas salidas a bolsa entre 1874 y 1881 en comparación con solo el 11 % entre 1861 y 1873.

Gran parte del impulso al avance industrial provino de los ferrocarriles, ya que estos, en la última década del siglo XIX, eran con creces los principales compradores de metales ferrosos, carbón y productos petrolíferos. Como resultado, se produjo un espectacular estallido de productividad económica en esta década, seguido de una década de menor prosperidad después de 1900. La producción de arrabio en el período entre 1860 y 1870 osciló en torno a las 350 mil toneladas anuales, aumentó a 997 mil toneladas en 1890, a casi 1,6 millones de toneladas en 1895 y alcanzó un máximo de 3,3 millones de toneladas en 1900. Durante este período, la producción de hierro pasó de las fundiciones de carbón de los Urales a los modernos hornos de coque de Ucrania, evolucionando los porcentajes de la producción total rusa del 67 % de los Urales al 6 % del sur en 1870 y del 20 % de los Urales al 67 % del sur en 1913. La cifra de producción de 1900 no se superó durante la siguiente década, pero aumentó a partir de 1909 hasta alcanzar los 4,6 millones de toneladas en 1913. Esta cifra se compara con los 14,4 millones de toneladas de Alemania, los 31,5 millones de Estados Unidos y los casi 9 millones del Reino Unido.

La producción de carbón presenta un panorama algo similar, salvo que su crecimiento continuó a lo largo de la década entre 1900 y 1910. La producción pasó de 750 mil toneladas en 1870 a más de 3,6 millones en 1880 y alcanzó unos 7 millones en 1890 y casi 17,5 millones en 1900. A partir de este momento, la producción de carbón, a diferencia del arrabio, continuó al alza hasta alcanzar los 26,2 millones de toneladas en 1908 y los 36 millones en 1913. Esta última cifra se compara con la producción alemana de 190 millones de toneladas, la estadounidense de 517 millones y la británica de 287 millones en ese mismo año de 1913. En el carbón, al igual que en el arrabio, se produjo un desplazamiento geográfico del centro de producción: un tercio del carbón ruso procedía de la zona de Donetz en 1860, mientras que, en 1900, más de dos tercios procedían de esa zona en y en 1913, el 70 %.

En cuanto al petróleo, se produjo un cambio geográfico similar en el centro de producción, ya que Bakú tuvo más del 90 % del total en todos los años desde 1870 hasta después de 1900, cuando los nuevos yacimientos de Grozny y un descenso constante de la producción de Bakú redujeron el porcentaje de esta última al 85 % en 1910 y al 83 % en 1913. Debido a este descenso de la producción de Bakú, la producción rusa de petróleo que se disparó hasta 1901, disminuyó a partir de ese año. La producción que era de solo 35 000 toneladas en 1870, subió a 600 000 toneladas en 1880, luego saltó a 4,8 millones de toneladas en 1890, a 11,3 millones en 1900 y alcanzó su máximo de más de 12 millones de toneladas al año siguiente. Durante los doce años siguientes la producción se mantuvo algo por debajo de los 8,4 millones de toneladas.

Como la industrialización de Rusia llegó tan tarde, fue (excepto en el sector textil) a gran escala desde el principio y se organizó sobre la base del capitalismo financiero a partir de 1870 y del capitalismo monopolista después de 1902. Aunque las fábricas que empleaban a más de 500 trabajadores solamente representaban el 3% de todas las fábricas en la década de 1890, el 4% en 1903 y el 5% en 1910, estas fábricas empleaban en general a más de la mitad de todos los trabajadores de las mismas. Este era un porcentaje mucho mayor que en Alemania o Estados Unidos y facilitaba a los agitadores obreros la organización de los trabajadores de estas fábricas rusas. Además, aunque Rusia en su conjunto no estaba muy industrializada, y la producción por trabajador o por unidad en su conjunto era baja (debido a que seguían existiendo formas de producción más antiguas), las nuevas fábricas rusas se construyeron con los equipos tecnológicos más avanzados, a veces en un grado que la mano de obra no capacitada no podía utilizar. En 1912 la producción de arrabio por horno en Ucrania era superior a la de Europa occidental por un amplio margen, aunque inferior a la de Estados Unidos por un margen igualmente amplio. Aunque la cantidad de potencia mecánica disponible per cápita para el ruso medio era baja en 1908, en comparación con Europa occidental o América (siendo solamente 1,6 caballos de fuerza por cada 100 personas en Rusia en comparación con 25 en Estados Unidos, 24 en Inglaterra y 13 en Alemania), la potencia por trabajador industrial era mayor en Rusia que en cualquier otro país continental (siendo 92 caballos de fuerza por cada 100 trabajadores en Rusia en comparación con 85 en Francia, 73 en Alemania, 153 en Inglaterra y 282 en Estados Unidos). Todo esto hacía de la economía rusa una economía de contradicciones. Aunque el abanico de métodos técnicos era muy amplio, las técnicas avanzadas faltaban por completo en algunos campos, e incluso faltaban campos enteros de actividades industriales necesarias (como las herramientas mecánicas o los automóviles). La economía estaba poco integrada, era extremadamente dependiente del comercio exterior (tanto para los mercados como para los productos esenciales) y dependía mucho de la ayuda del Gobierno, especialmente del gasto público.

Mientras que la gran masa del pueblo ruso continuaba, hasta 1914, viviendo en gran medida como lo había hecho durante generaciones, un pequeño número vivía en el nuevo y muy inseguro mundo del industrialismo, donde estaba a merced de fuerzas extranjeras o gubernamentales sobre las que tenía poco control. Los gerentes de este nuevo mundo trataron de mejorar sus posiciones, no mediante ningún esfuerzo por crear un mercado de masas en el otro sector económico ruso, más primitivo, mediante la mejora de los métodos de distribución, la reducción de los precios o el aumento del nivel de vida, sino que trataron de aumentar sus propios márgenes de beneficio en un mercado estrecho mediante la reducción despiadada de los costes, especialmente de los salarios, y mediante combinaciones monopolísticas para subir los precios. Estos esfuerzos condujeron a la agitación laboral, por un lado y al capitalismo monopolista por el otro. El progreso económico, salvo en algunos aspectos, se vio ralentizado por estas razones durante toda la década de 1900 a 1909. Solo en 1909, cuando se creó una estructura industrial mayoritariamente monopolista, se reanudó el aumento de la producción de bienes y se calmó un poco la lucha con los trabajadores. Los primeros cárteles rusos se formaron con el estímulo del gobierno ruso y en aquellas actividades en las que los intereses extranjeros eran más predominantes. En 1887, se formó un cártel del azúcar para permitir el *dumping* extranjero de este producto, en 1892 se creó un organismo similar para el queroseno, pero el gran período de formación de este tipo de organizaciones (normalmente en forma de agencias de venta conjunta) comenzó tras la crisis de 1901. En 1902, un cártel creado por una docena de empresas siderúrgicas gestionaba casi tres cuartas partes de todas las ventas rusas de estos productos. Estaba controlado por cuatro grupos bancarios extranjeros. Un cártel similar, gobernado desde Berlín, se hizo cargo de las ventas de casi toda la producción rusa de tubos de hierro. Seis empresas ucranianas de mineral de hierro crearon en 1908 un cártel que controlaba el 80 % de la producción rusa de mineral. En 1907 se creó un cártel que controlaba las tres cuartas partes de los aperos agrícolas de Rusia. Otros manejaban el 97 % de los vagones de ferrocarril, el 94 % de las locomotoras y el 94 % de las ventas de cobre. Dieciocho empresas carboneras de Donetz crearon en 1906 un cártel que vendía las tres cuartas partes de la producción de carbón de esa zona.

La creación del monopolio se vio favorecida por un cambio en la política arancelaria. El libre comercio, que se había establecido con el arancel de 1857, se redujo en 1877 y se abandonó en 1891. El arancel protector de este último año dio lugar a una grave guerra arancelaria con Alemania, ya que los alemanes intentaron excluir los productos agrícolas rusos como represalia por el arancel ruso sobre los productos manufacturados. Esta «guerra» se resolvió en 1894 mediante una serie de compromisos, pero la reapertura del mercado alemán a los cereales rusos dio lugar a una agitación política proteccionista por parte de los terratenientes alemanes. Como veremos, tuvieron éxito en 1900 como resultado de un acuerdo con los industriales alemanes para apoyar el programa de construcción naval de Tirpitz.

En vísperas de la Primera Guerra Mundial, la economía rusa se encontraba en un estado muy dudoso. Como hemos dicho, era un mosaico, muy poco integrado, muy dependiente del apoyo extranjero y del Gobierno, atormentado por disturbios laborales y lo que era aún más amenazador, por disturbios laborales basados en motivos políticos más que económicos, atravesado por todo tipo de debilidades y discordias tecnológicas. Como ejemplo de esto último, podemos mencionar el hecho de que más de la mitad del arrabio de Rusia se fabricaba con carbón vegetal hasta el año 1900 y que algunos de los recursos naturales más prometedores de Rusia quedaron sin utilizar como resultado de la perspectiva restrictiva de los capitalistas monopolistas. El fracaso en el desarrollo de un mercado interno hizo que los costes de distribución fueran increíblemente altos y que el consumo per cápita ruso de casi todos los productos básicos importantes fuera extremadamente bajo. Además, para empeorar la situación, Rusia, como consecuencia de estas circunstancias, estaba perdiendo terreno en la carrera de la producción con Francia, Alemania y Estados Unidos.

Esta evolución económica tuvo profundos efectos políticos bajo el débil zar Nicolás II (1894–1917). Durante aproximadamente una década, Nicolás intentó combinar una represión civil despiadada, el avance económico y una política exterior imperialista en los Balcanes y el Lejano Oriente, con una piadosa publicidad mundial a favor de la paz y el desarme universal, distracciones internas como masacres antisemitas (pogromos), documentos terroristas falsificados y atentados terroristas fingidos contra la vida de altos funcionarios, incluido él mismo. Esta inverosímil mezcla se derrumbó por completo entre 1905 y 1908. Cuando el conde Witte intentó iniciar algún tipo de desarrollo constitucional poniéndose en contacto con las unidades de gobierno local que funcionaban (los *zemstvos*, que habían sido eficaces en la hambruna de 1891), fue destituido de su cargo por una intriga dirigida por el asesino ministro del Interior Vyacheslav Plehve (1903). El jefe civil de la Iglesia Ortodoxa, Konstantin Pobedonostsev (1827–1907) persiguió a todas las religiones disidentes, al tiempo que permitió que la dicha Iglesia se viera envuelta en la ignorancia y la corrupción. La mayoría de los monasterios católicos romanos de Polonia fueron confiscados, mientras que a los sacerdotes de esa religión se les prohibió salir de sus pueblos. En Finlandia se prohibió la construcción de iglesias luteranas y las escuelas de esta religión fueron asumidas por el gobierno de Moscú. Los judíos fueron perseguidos, restringidos a ciertas provincias (el Pale), excluidos de la mayoría de las actividades económicas, sometidos a fuertes impuestos (incluso sobre sus actividades religiosas) y se les permitió formar solo el 10 % de los alumnos en las escuelas (incluso en los pueblos que eran casi completamente judíos y donde las escuelas se mantenían enteramente con los impuestos judíos). Cientos de judíos fueron masacrados y miles de sus edificios destrozados en pogromos sistemáticos de tres días tolerados, y a veces alentados por la policía. Los matrimonios (y los hijos) de los uniatas católicos romanos se convirtieron en ilegítimos. Los musulmanes de Asia y otros lugares también fueron perseguidos.

Se hizo todo lo posible para rusificar a los grupos nacionales no rusos, especialmente en las fronteras occidentales. A los finlandeses, a los alemanes del Báltico y a los polacos no se les permitió utilizar sus propias lenguas en la vida pública y tuvieron que usar el ruso, incluso en las escuelas privadas, hasta en el nivel primario. La autonomía administrativa en estas zonas, incluso la prometida solemnemente a Finlandia mucho antes, fue destruida y fueron dominadas por la policía, la educación y el ejército rusos. Los pueblos de estas zonas fueron sometidos al alistamiento militar con más rigor que los propios rusos, siendo rusificados mientras estaban en las filas.

Contra los propios rusos se emplearon extremos increíbles de espionaje, contraespionaje, censura, provocación, encarcelamiento sin juicio y brutalidad absoluta. Los revolucionarios respondieron con medidas similares coronadas por el asesinato. Nadie podía confiar en nadie, porque los revolucionarios estaban en la policía y los miembros de la policía estaban en los rangos más altos de los revolucionarios. A Georgi Gapon, un sacerdote a sueldo del Gobierno en secreto, se le animó a formar sindicatos y a dirigir agitaciones obreras para aumentar la dependencia patronal de la autocracia, pero cuando, en 1905, Gapon dirigió una marcha masiva de trabajadores al Palacio de Invierno para presentar una petición al zar, fueron atacados por las tropas y cientos de ellos fueron fusilados. Gapon fue asesinado al año siguiente por los revolucionarios como traidor. Para desacreditar a los revolucionarios, el Departamento Central de Policía de San Petersburgo «imprimió a expensas del Gobierno violentos llamamientos a la revuelta» que fueron distribuidos por todo el país por una organización de conservadores. En un año (1906) el Gobierno exilió a 35 000 personas sin juicio y ejecutó a más de 600 personas en virtud de un nuevo decreto que fijaba la pena de muerte para delitos comunes como el robo o los insultos a los funcionarios. En los tres años entre 1906 y 1908, 5140 funcionarios fueron asesinados o heridos y 2328 personas detenidas fueron ejecutadas. En 1909, se reveló que un agente de policía, Azeff, había sido miembro del Comité Central de los Revolucionarios Socialistas durante años y había participado en complots para asesinar a altos funcionarios, entre ellos Plehve y el Gran Duque Sergio, sin avisar a estos. El antiguo jefe de policía que reveló este hecho fue enviado a prisión por ello.

En estas condiciones no era posible ningún gobierno sensato y todos los llamamientos a la moderación fueron aplastados por los extremistas de ambos bandos. Las derrotas de las fuerzas rusas en la guerra con Japón entre 1904 y 1905 llevaron los acontecimientos a un punto crítico. Todos los grupos descontentos comenzaron a agitarse, culminando en una exitosa huelga general en octubre de 1905. El zar comenzó a ofrecer reformas políticas, aunque lo que se dictaba un día era frecuentemente retirado poco después. Se estableció una asamblea consultiva, la Duma, elegida mediante un amplio sufragio, pero con procedimientos muy complicados destinados a reducir el elemento democrático. Ante las atrocidades en el sector agrario, las huelgas interminables y los motines en el ejército y la marina, se levantó temporalmente la censura y se reunió la primera Duma (mayo de 1906). Contaba con algunos hombres capaces y estaba dominada por dos partidos políticos organizados apresuradamente, los Kadetes (un poco a la izquierda del centro) y los Octubristas (un poco a la derecha del centro). Los planes de reforma total estaban en el aire y cuando el ministro principal del zar rechazó tales planes, fue censurado de forma abrumadora por la Duma. Tras semanas de agitación, el zar intentó formar un ministerio octubrista, pero este grupo se negó a gobernar sin la cooperación de los kadetes y estos se negaron a unirse a un gobierno de coalición. El zar nombró a Petr Stolypin primer ministro, disolvió la primera Duma y convocó la elección de una nueva. Stolypin era un hombre severo, dispuesto a avanzar lentamente en la dirección de la reforma económica y política, pero decidido a aplastar sin piedad cualquier sospecha de violencia o acción ilegal. Utilizó todo el poder del Gobierno para conseguir una segunda Duma más afín, ilegalizando a la mayoría de los Kadetes, hasta entonces el partido más numeroso, e impidiendo a ciertas clases y grupos hacer campaña o votar. El resultado fue una nueva Duma con mucha menos capacidad, mucha menos disciplina y con muchas caras desconocidas. Los Kadetes se redujeron de 150 a 123, los octubristas de unos 42 a 32, mientras que había 46 miembros de extrema derecha, 54 demócratas sociales marxistas, 35 revolucionarios sociales, al menos 100 laboristas diferentes y otros componentes diversos. Este grupo dedicó gran parte de su tiempo a debatir si la violencia terrorista debía ser condenada. Cuando Stolypin exigió la expulsión de los socialdemócratas (marxistas), la Duma remitió el asunto a un comité, la Asamblea fue inmediatamente disuelta y se fijaron nuevas elecciones para una tercera Duma (junio de 1908). Bajo una fuerte intimidación del Gobierno, que incluyó el envío de 31 socialdemócratas a Siberia, se eligió la tercera Duma. Era un órgano mayoritariamente de clase alta y media-alta, con los grupos más numerosos de 154 octubristas y 54 kadetes. Este órgano fue lo suficientemente dócil como para mantenerse durante cinco años (1907–1912). Durante este período, tanto la Duma como el Gobierno siguieron una política de deriva, excepto Stolypin. Hasta 1910 este enérgico administrador continuó sus esfuerzos por combinar la opresión y la reforma, especialmente la reforma agraria. Se crearon bancos de crédito rural; se tomaron diversas medidas para poner mayores cantidades de tierra en manos de los campesinos; se eliminaron las restricciones a la emigración de los campesinos, sobre todo a Siberia; se abrió la participación en el gobierno local a las clases sociales más bajas, antes excluidas; se hizo más accesible la educación, sobre todo la técnica, y se promulgaron algunas disposiciones sobre la seguridad social. Tras la crisis bosnia de 1908 (que se analizará más adelante), los asuntos exteriores se volvieron cada vez más absorbentes y en 1910 Stolypin había perdido su entusiasmo por las reformas, sustituyéndolo por esfuerzos insensatos de rusificación de los numerosos grupos minoritarios. Fue asesinado en presencia del zar en 1911.

La cuarta Duma (1912-1916) fue similar a la tercera, elegida mediante procedimientos complicados y con un sufragio restringido. La política de deriva continuó y fue más evidente, ya que no se encontró ninguna figura enérgica como Stolypin. Por el contrario, la autocracia se hundió más en una ciénaga de superstición y corrupción. La influencia de la zarina se hizo más penetrante y a través de ella se extendió el poder de una serie de místicos religiosos y charlatanes, especialmente Rasputín. La pareja imperial había deseado ardientemente tener un hijo desde su matrimonio en 1894, tras el nacimiento de cuatro hijas, y su deseo se cumplió en 1904. Por desgracia, el nuevo zarevich, Alexis, había heredado de su madre una enfermedad incurable, la hemofilia. Como su sangre no coagulaba, el más mínimo corte ponía en peligro su vida. Esta debilidad no hizo más que exagerar la fanática devoción de la zarina por su hijo y su determinación de verle convertido en zar con los poderes de ese cargo sin merma alguna de las innovaciones constitucionales o parlamentarias. A partir de 1907 cayó bajo la influencia de un extraño vagabundo, Rasputín, un hombre cuyos hábitos personales y apariencia eran viciosos y sucios, pero que tenía el poder, según ella, de detener la hemorragia del zarevich. La zarina cayó completamente bajo el control de Rasputín y dado que el zar estaba completamente bajo su control, Rasputín se convirtió en el gobernante de Rusia, al principio de forma intermitente, pero luego completamente. Esta situación duró hasta que fue asesinado en diciembre de 1916. Rasputín utilizó su poder para satisfacer sus vicios personales, para acumular riqueza mediante la corrupción y para interferir en todas las ramas del Gobierno, siempre en un sentido destructivo y poco progresista. Como dijo sir Bernard Pares, hablando de la zarina, «Sus cartas a Nicolás contienen día a día las instrucciones que Rasputín da sobre todos los detalles de la administración del Imperio: la Iglesia, los ministros, las finanzas, los ferrocarriles, el suministro de alimentos, los nombramientos, las operaciones militares y, sobre todo, la Duma. Una simple comparación de las fechas con los acontecimientos posteriores muestra que en casi todos los casos se han llevado a cabo. En todas sus recomendaciones para puestos ministeriales, la mayoría de las cuales se adoptan, una de las consideraciones primordiales es siempre la actitud de un determinado candidato hacia Rasputín».

A medida que la autocracia se volvía cada vez más corrupta e irresponsable en este sentido, se destruyó el lento crecimiento hacia un sistema constitucional que podría haberse desarrollado a partir del sistema de gobierno local del *zemstvo* y de la hábil composición de la primera Duma. La reanudación de la expansión económica después de 1909 no pudo contrarrestar la perniciosa influencia de la parálisis política. La creciente importancia de los asuntos exteriores a partir de 1908 y la incapacidad de la vida intelectual para crecer de forma constructiva, hicieron aún más desesperada esta situación. La primera de estas complicaciones se analizará más adelante, la segunda merece unas palabras aquí.

La tendencia general del desarrollo intelectual en Rusia en los años anteriores a 1914 no puede considerarse esperanzadora. Sin duda, se produjeron avances considerables en algunos campos como la alfabetización, las ciencias naturales, las matemáticas y el pensamiento económico, pero estos contribuyeron poco al crecimiento de la moderación o a la mayor necesidad de elevar el nivel intelectual de Rusia, es decir, a una visión más integrada de la vida. La influencia de la antigua actitud religiosa ortodoxa continuaba incluso en aquellos que la rechazaban con mayor énfasis. La actitud básica de la tradición occidental había crecido hacia la diversidad y la tolerancia, basándose en la creencia de que cada aspecto de la vida y de la experiencia humana, y cada individuo, tiene algún lugar en la compleja estructura de la realidad si se puede encontrar ese lugar y que, en consecuencia, la unidad del conjunto de la vida puede alcanzarse por la vía de la diversidad y no por ninguna uniformidad obligatoria. Esta idea era totalmente ajena a la mente rusa. Cualquier pensador ruso, y multitud de otros rusos sin capacidad de pensamiento, estaban impulsados por una sed insaciable de encontrar la «clave» de la vida y de la verdad. Una vez encontrada esta «clave», todos los demás aspectos de la experiencia humana deben ser rechazados como malos y todos los hombres deben ser obligados a aceptar esa clave como la totalidad de la vida en una espantosa unidad de uniformidad. Para empeorar la situación, muchos pensadores rusos trataron de analizar las complejidades de la experiencia humana polarizándolas en antítesis de dualismos mutuamente excluyentes: occidentales frente a eslavófilos, individualismo frente a comunidad, libertad frente a destino, revolucionarios frente a conservadores, naturaleza frente a convenciones, autocracia frente a anarquía, etc. No había ninguna correlación lógica entre ellos, por lo que los pensadores individuales abrazaban con frecuencia cualquiera de los dos lados de cualquier antítesis, formando una increíble mezcla de creencias emocionales. Además, los pensadores individuales cambiaban con frecuencia de un lado a otro, o incluso oscilaban entre los extremos de estos dualismos. En las mentes rusas más típicas, ambos extremos se sostenían simultáneamente, independientemente de la compatibilidad lógica, en una especie de unidad mística superior más allá del análisis racional. Así, el pensamiento ruso nos proporciona ejemplos sorprendentes de ateos intoxicados por Dios, conservadores revolucionarios, no resistentes violentos, pacifistas beligerantes, liberadores forzosos y totalitarios individualistas.

La característica básica del pensamiento ruso es su extremismo, que adoptó dos formas: (1) cualquier parte de la experiencia humana a la que se ofreciera lealtad se convertía en toda la verdad, exigiendo que dicha lealtad fuera total, siendo todo lo demás un engaño maligno; y (2) se esperaba que toda persona viva aceptara esta misma parteo fuera condenada como un secuaz del Anticristo. Se esperaba que los que aceptaran el Estado lo hicieran como una autocracia en la que el individuo no tenía derechos, de lo contrario su lealtad no era pura; se esperaba que los que negaban el Estado lo rechazaran totalmente adoptando el anarquismo. Los que se volvían materialistas tenían que convertirse en completos nihilistas sin lugar para ninguna convención, ceremonia o sentimiento. De los que cuestionaban algún aspecto menor del sistema religioso se esperaba que se convirtieran en ateos militantes, y si no daban este paso ellos mismos, eran empujados a ello por el clero. A los que se consideraban espirituales, o se decían espirituales, se les perdonaba todo tipo de corrupción y lascivia (como Rasputín) porque esos aspectos materiales eran irrelevantes. De los que simpatizaban con los oprimidos se esperaba que se perdieran en las masas, viviendo como ellas, comiendo como ellas, vistiendo como ellas y renunciando a toda cultura y pensamiento (si creían que las masas carecían de estas cosas).

El extremismo de los pensadores rusos puede verse en sus actitudes hacia aspectos tan básicos de la experiencia humana como la propiedad, la razón, el Estado, el arte, el sexo o el poder. Siempre había una tendencia fanática a eliminar como pecaminoso y malvado todo lo que no fuera el aspecto que el pensador consideraba la clave del cosmos. Alexei Khomyakov (1804–1860), un eslavófilo, quería rechazar por completo la razón, considerándola «el pecado mortal de Occidente», mientras que Fedor Dostoevski (1821–1881) fue tan lejos en esta dirección que deseaba destruir toda la lógica y toda la aritmética, buscando, dijo, «liberar a la humanidad de la tiranía del dos más dos igual a cuatro». Muchos pensadores rusos, mucho antes de los soviéticos, consideraban que toda propiedad era pecaminosa, otros opinaban lo mismo sobre el sexo. León Tolstói, el gran novelista y ensayista (1828–1910), consideraba que cualquier forma de propiedad y de sexo eran malos. El pensamiento occidental, que por lo general ha tratado de encontrar un lugar en el cosmos para todo y ha considerado que cualquier cosa es aceptable en su lugar apropiado, retrocede ante tal fanatismo. Occidente, por ejemplo, rara vez ha considerado necesario justificar la existencia del arte, pero muchos pensadores en Rusia (como Platón hace tiempo) han rechazado todo el arte como algo malo. Tolstói, entre otros, tuvo momentos (como en el ensayo *¿Qué es el arte?* de 1897 o *Sobre Shakespeare y el drama* de 1903) en los que denunció la mayor parte del arte y la literatura, incluidas sus propias novelas, como vanas, irrelevantes y satánicas. Del mismo modo, Occidente, aunque a veces ha mirado con recelo el sexo y, más frecuentemente, le ha puesto demasiado énfasis, ha considerado en general que el sexo tenía una función adecuada en su lugar correspondiente. En Rusia, sin embargo, muchos pensadores, incluyendo una vez más a Tolstói (*La Sonata Kreutzer* de 1889), han insistido en que el sexo era malo en todos los lugares y bajo todas las circunstancias y más pecaminoso en el matrimonio. Los efectos perturbadores de tales ideas en la vida social o familiar pueden verse en los últimos años de la vida personal de Tolstói, culminando en su odio final hacia su sufrida esposa, a la que llegó a considerar como el instrumento de su caída en desgracia. Pero mientras Tolstói alababa el matrimonio sin sexo, otros rusos, con mayor vehemencia aún, alababan el sexo sin matrimonio, considerando esta institución social como un impedimento innecesario en el camino del puro impulso humano.

En cierto modo, encontramos en Tolstói la culminación del pensamiento ruso. Rechazó todo el poder, toda la violencia, la mayor parte del arte, todo el sexo, toda la autoridad pública y toda la propiedad como algo malo. Para él, la clave del universo se encontraba en el mandato de Cristo: «No resistan al mal». Todos los demás aspectos de las enseñanzas de Cristo, excepto los que se derivan directamente de esto, eran rechazados, incluyendo cualquier creencia en la divinidad de Cristo o en un Dios personal. De este mandato fluyeron las ideas de Tolstói sobre la no violencia y la no resistencia y su fe en que solamente así se podría liberar la capacidad del hombre para un amor espiritual tan poderoso que podría resolver todos los problemas sociales. Esta idea de Tolstói, aunque se basa en el mandato de Cristo, no es tanto un reflejo del cristianismo como de la suposición básica rusa de que toda derrota física debe representar una victoria espiritual y que esta última únicamente puede lograrse a través de la primera.

Este punto de vista solo puede ser sostenido por personas para las que toda prosperidad o felicidad no solamente es irrelevante, sino pecaminosa. Y este punto de vista únicamente puede ser sostenido con tal fanatismo por personas para las que la vida, la familia o cualquier ganancia objetiva carecen de valor. Esta es una idea dominante en toda la *Intelligentsia* rusa, una idea que se remonta, a través de Platón, a la antigua Asia: toda la realidad objetiva carece de importancia, excepto como símbolos de alguna verdad subjetiva. Este era, por supuesto, el punto de vista de los pensadores neoplatónicos de la primera época cristiana. En general, era el punto de vista de los primeros herejes cristianos y de aquellos herejes occidentales, como los cátaros (albigenses), que derivaban de esta posición filosófica oriental. En el pensamiento ruso moderno está bien representado por Dostoievski que, si bien es cronológicamente anterior a Tolstói, es espiritualmente posterior. Para Dostoievski, cada objeto y cada acto no es más que un símbolo de una verdad espiritual difusa. De este punto de vista surge una perspectiva que hace que sus personajes sean casi incomprensibles para la persona común de la tradición occidental: si un personaje obtiene una fortuna, grita: «¡Estoy arruinado!». Si es absuelto de una acusación de asesinato, o parece que va a serlo, exclama: «¡Estoy condenado!», y trata de autoinculparse para asegurar el castigo que es tan necesario para su propia autoexculpación espiritual. Si falla deliberadamente a su oponente en un duelo, tiene una conciencia culpable y dice: «¡No debería haberle herido así; debería haberle matado!». En cada caso, el orador no se preocupa por la propiedad, el castigo o la vida; solo le importan los valores espirituales: el ascetismo, la culpa, el remordimiento, la lesión de la autoestima. Del mismo modo, los primeros pensadores religiosos, tanto cristianos como no cristianos, consideraban todos los objetos como símbolos de valores espirituales, todo el éxito temporal como una inhibición de la vida espiritual, y sentían que la riqueza solamente podía obtenerse deshaciéndose de la propiedad, la vida solo podía encontrarse muriendo (una cita directa de Platón), la eternidad únicamente podía hallarse si el tiempo terminaba, y el alma solo podía liberarse si el cuerpo era esclavizado. Así, hasta 1910, cuando murió Tolstói, Rusia seguía siendo fiel a su tradición intelectual greco-bizantina.

Hemos observado que Dostoievski, que vivió un poco antes que Tolstói, tenía sin embargo ideas que se adelantaron cronológicamente a las de este último. De hecho, en muchos aspectos, Dostoievski fue un precursor de los bolcheviques. Concentrando su atención en la pobreza, el crimen y la miseria humana, buscando siempre el verdadero significado detrás de cada acto o palabra manifiesta, llegó a una posición en la que la distinción entre la apariencia y el significado se hizo tan amplia que estos dos conceptos estaban en contradicción entre sí. Esta contradicción era realmente la lucha entre Dios y el diablo en el alma del hombre. Dado que esta lucha no tiene fin, no hay solución a los problemas de los hombres, salvo afrontar con decisión el sufrimiento. Este sufrimiento purga a los hombres de toda artificialidad y los une en una masa. En esta masa el pueblo ruso, por su mayor sufrimiento y su mayor espiritualidad, es la esperanza del mundo y debe salvar al mundo del materialismo, la violencia y el egoísmo de la civilización occidental. Por otra parte, dicho pueblo, lleno de sacrificio y sin ninguna lealtad al lujo o a la ganancia material y purificado por el sufrimiento que lo hace hermano de todos los demás pueblos que sufren, salvará al mundo tomando la espada de la justicia contra las fuerzas del mal que provienen de Europa. Constantinopla será conquistada, todos los eslavos serán liberados, Europa y el mundo serán forzados a la libertad por la conquista, de modo que Moscú se convertirá en la Tercera Roma. Sin embargo, antes de que Rusia esté en condiciones de salvar al mundo de esta manera, los intelectuales rusos deben fundirse en la gran masa del sufrido pueblo ruso y este debe adoptar la ciencia y la tecnología de Europa no contaminada por ninguna ideología europea. La sangre derramada en este esfuerzo por extender la hermandad eslava a todo el mundo por la fuerza, ayudará a la causa ya que el sufrimiento compartido hará que los hombres sean uno.

Este imperialismo místico eslavo con matices apocalípticos no era en absoluto exclusivo de Dostoievski. Muchos pensadores rusos lo sostenían de forma vaga e implícita y tenía un amplio atractivo para las masas irreflexivas. Estaba implícita en gran parte de la propaganda del paneslavismo y se hizo semioficial con el crecimiento de esta propaganda a partir de 1908. Estaba muy extendida entre el clero ortodoxo, que hacía hincapié en el reino de la justicia que seguiría al establecimiento milenarista de Moscú como la «Tercera Roma». Fue explícitado en un libro, *Rusia y Europa*, publicado en 1869 por Nicholas Danilevsky (1822–1885). Tales ideas, como veremos, no se extinguieron con la desaparición de la autocracia de los Romanov en 1917, sino que llegaron a ser aún más influyentes, fusionándose con la revisión leninista del marxismo para proporcionar la ideología de la Rusia soviética a partir de 1917.

IV

LA FRANJA DE PROTECCIÓN

Oriente Próximo hasta 1914   125
La crisis del Imperio británico: África, Irlanda y la India hasta 1926   141
    Egipto y Sudán hasta 1922   150
    África Oriental hasta 1910   151
    Sudáfrica, 1895-1933   154
    La creación de la Commonwealth, 1910-1926   162
    África Oriental, 1910-1931   167
    India hasta 1926   172
    Irlanda hasta 1939   194
Del Lejano Oriente a la Primera Guerra Mundial   198
    El colapso de China hasta 1920   198
    El resurgimiento de Japón hasta 1918   215

En la primera mitad del siglo XX la estructura de poder del mundo se transformó por completo. En 1900, la civilización europea, liderada por Gran Bretaña y seguida por otros Estados a distintas distancias, seguía extendiéndose hacia el exterior, perturbando las culturas de otras sociedades incapaces de resistir y a menudo, sin ningún deseo de hacerlo. La estructura europea que empujaba hacia el exterior formaba una jerarquía de poder, riqueza y prestigio con Gran Bretaña en la cima, seguida por un rango secundario de otras Grandes Potencias, por uno terciario de las Potencias secundarias adineradas (como Bélgica, los Países Bajos y Suecia), y por un rango cuaternario de las Potencias menores o decadentes (como Portugal o España, cuyas posiciones mundiales se sostenían gracias al poder británico).

A principios del siglo XX, esta estructura de poder emitió los primeros signos de un desastre inminente que, en general, fueron ignorados: en 1896 los italianos fueron masacrados por los etíopes en Adowa; en 1899–1902, todo el poderío de Gran Bretaña fue controlado por las pequeñas repúblicas bóeres en la Guerra de Sudáfrica, y en 1904–1905, Rusia fue derrotada por un Japón resurgido. En general, no se hizo caso a estos presagios y la civilización europea siguió su curso hacia el Armagedón.

En la segunda mitad del siglo XX, la estructura de poder del mundo presentaba un panorama muy diferente. En esta nueva situación, el mundo constaba de tres grandes zonas: (1) la civilización ortodoxa bajo el imperio soviético, que ocupaba el corazón de Eurasia; (2) alrededor de esta, una frontera de culturas moribundas y destrozadas: islámica, hindú, malaya, china, japonesa, indonesia y otras; y (3) fuera de esta frontera y principal responsable de la destrucción de sus culturas, la civilización occidental. Además, la civilización occidental se había modificado profundamente. En 1900 había consistido en un núcleo en Europa con zonas periféricas en América, Australia, Nueva Zelanda y los bordes de África. En 1950, la civilización occidental tenía su centro de poder en América, las periferias de África se estaban perdiendo y Europa había quedado tan reducida en poder, riqueza y prestigio que a muchos les pareció que debía elegir entre convertirse en un ayudante de una civilización occidental dominada por Estados Unidos o unirse a la franja de protección para intentar crear una tercera fuerza capaz de mantener el equilibrio de poder entre Estados Unidos y el bloque soviético. Esta impresión era errónea y a finales de la década de 1950 Europa estaba en condiciones, una vez más, de desempeñar un papel independiente en los asuntos mundiales.

En los capítulos anteriores hemos examinado los antecedentes de la civilización occidental y del Imperio ruso hasta la segunda década del siglo XX. En el presente capítulo examinaremos la situación de la franja de protección hasta aproximadamente el final de esa misma década. A principios del siglo

XX, las zonas que se convertirían en franjas de protección eran: 1) Oriente Próximo, dominado por el Imperio otomano, 2) Oriente Medio, dominado por el Imperio británico en la India, y 3) Extremo Oriente, formado por dos antiguas civilizaciones, China y Japón. En la periferia de estas se encontraban las zonas coloniales menores de África, Malasia e Indonesia. En este punto, consideraremos las tres áreas principales de la franja de protección lanzando una mirada a África.

Oriente Próximo hasta 1914

Durante más de un siglo, desde poco después del final de las Guerras Napoleónicas en 1815, hasta 1922, las relaciones de las grandes potencias se vieron exasperadas por lo que se conoce como la «cuestión de Oriente Próximo». Este problema, surgido de la creciente debilidad del Imperio otomano, se refería a la cuestión de qué sería de las tierras y pueblos que quedaban sin gobierno por la retirada del poder turco. El problema se hizo más complejo por el hecho de que el poder turco no se retiró, sino que comenzó a desintegrarse allí mismo, de modo que en muchas zonas siguió existiendo de derecho, cuando ya había dejado de funcionar de hecho, debido a la debilidad y la corrupción del gobierno del sultán. Los propios turcos trataron de mantener su posición, no remediando su debilidad y corrupción mediante reformas, sino enfrentando a un Estado europeo con otro y utilizando acciones crueles y arbitrarias contra cualquiera de sus pueblos sometidos que se atreviera a mostrarse indómito bajo su dominio.

El Imperio otomano alcanzó su apogeo en el período entre 1526 y 1533 con la conquista de Hungría y el primer asedio de Viena; un segundo asedio, también infructuoso, llegó en 1683. A partir de este momento, el poder turco declinó y la soberanía turca se retiró, pero desgraciadamente el declive fue mucho más rápido que la retirada, con el resultado de que los pueblos sometidos se vieron animados a rebelarse y las potencias extranjeras se vieron alentadas a intervenir debido a la debilidad del poder turco en las zonas que todavía estaban nominalmente bajo la soberanía del sultán.

En su apogeo, el Imperio otomano era más grande que cualquier estado europeo contemporáneo, tanto en superficie como en población. Al sur del Mediterráneo se extendía desde el Océano Atlántico en Marruecos hasta el

Golfo Pérsico; al norte del Mediterráneo se extendía desde el Mar Adriático hasta el Mar Caspio, incluyendo los Balcanes hasta el norte de Polonia y toda la orilla norte del Mar Negro. Este vasto imperio estaba dividido en veintiún gobiernos y subdividido en setenta valiatos, cada uno bajo un pachá. Toda la estructura se mantenía unida como sistema militar de recaudación de tributos, porque los gobernantes de todas las partes eran musulmanes. El gobernante supremo de Constantinopla no solo era sultán (jefe del imperio), sino también califa (y por consiguiente defensor del credo musulmán). En la mayor parte del imperio el pueblo era musulmán como sus gobernantes, pero también otra gran parte no era musulmana, siendo cristianos romanos, cristianos ortodoxos, judíos o practicantes de otros credos.

Las variaciones lingüísticas eran aún más notables que las distinciones religiosas; solamente los pueblos de Anatolia hablaban generalmente el turco, mientras que los del norte de África y Oriente Próximo hablaban varios dialectos semíticos y camíticos, de los cuales el más frecuente era el árabe. Desde Siria hasta el mar Caspio, a lo largo de la base de Anatolia, había varias lenguas, de las cuales las principales eran el kurdo y el armenio. Las orillas del mar Egeo, especialmente las occidentales, eran generalmente de habla griega. La orilla norte era una mezcla confusa de pueblos de habla turca, griega y búlgara. La orilla oriental del Adriático era de habla griega hasta el paralelo 40 y luego albanesa a lo largo de casi tres grados de latitud, fusionándose gradualmente con varias lenguas eslavas del sur como el croata, el esloveno y (en el interior) el serbio. En la costa dálmata y en Istria había muchos hablantes de italiano. En la costa del Mar Negro, en Tracia existía una mezcla de turco, griego y búlgaro, desde el Bósforo hasta el paralelo 42, donde había un grupo sólido de búlgaros. El centro de los Balcanes era una zona confusa, especialmente Macedonia, donde se mezclaban turcos, griegos, albaneses, serbios y búlgaros. Al norte de los grupos de habla búlgara, generalmente separados de ellos por el Danubio, estaban los rumanos. Al norte de los croatas y serbios, generalmente separados de ellos por el río Drava, estaban los húngaros. La región en la que se encontraban húngaros y rumanos, Transilvania, era lingüísticamente confusa, con grandes bloques de una lengua separados de sus compañeros por bloques de la otra, y la confusión se veía agravada por la presencia de un número considerable de alemanes y gitanos.

Las divisiones religiosas y lingüísticas del Imperio otomano se vieron complicadas por las divisiones geográficas, sociales y culturales, especialmente en los Balcanes. Esta última zona ofrecía contrastes tales como las actividades comerciales y mercantiles relativamente avanzadas de los griegos; grupos primitivos de pastores, como los pastores de cabras albaneses; agricultores de subsistencia que se ganaban la vida en pequeñas parcelas de los suelos rocosos de Macedonia; pequeñas granjas de campesinos en los mejores suelos de Serbia y Rumanía; grandes y ricos latifundios que producían para un mercado comercial y eran trabajados por mano de obra sierva en Hungría y Rumanía. Tal diversidad hacía casi imposible cualquier esperanza de unidad política por consentimiento o por federación en los Balcanes. De hecho, era casi imposible trazar líneas políticas que coincidieran con las líneas geográficas y lingüísticas o religiosas porque las distinciones lingüísticas y religiosas indicaban a menudo diferencias de clase. Así, las clases altas y bajas o los grupos comerciales y agrícolas, incluso en el mismo distrito, tenían a menudo lenguas diferentes o religiones distintas. La forma más fácil de mantener unida esta diversidad era mediante un simple despliegue de fuerza militar. Esto fue lo que proporcionaron los turcos. El militarismo y el fiscalismo fueron las dos claves del gobierno turco; fueron suficientes para mantener el imperio unido mientras ambos siguieran siendo efectivos y el imperio estuviera libre de interferencias externas, pero en el transcurso del siglo XVIII la administración turca se volvió ineficaz y la injerencia exterior cobró importancia.

El sultán, que era un gobernante completamente absolutista, se convirtió muy pronto en un gobernante completamente arbitrario, y esta característica se extendió a todas sus actividades. Llenaba su harén con cualquier mujer que le apeteciera, sin ninguna ceremonia formal. Estos numerosos y temporales amoríos produjeron numerosos hijos, de los cuales muchos fueron descuidados o incluso olvidados. Por ello, la sucesión al trono nunca se estableció ni se basó en la primogenitura. Como consecuencia, el sultán llegó a temer miedo de ser asesinado casi en cualquier parte. Para evitarlo, tendía a rodearse de personas que no podían tener ninguna posibilidad de sucederle: mujeres, niños, negros, eunucos y cristianos. Todos los sultanes a partir de 1451 nacieron de madres esclavas y solamente un sultán después de esta fecha se molestó en contraer un matrimonio formal. Este modo de vida aislaba completamente al sultán de sus súbditos.

Este aislamiento se aplicaba tanto al proceso de gobierno como a la vida personal del gobernante. La mayoría de los sultanes se ocupaban poco del gobierno, dejándolo en manos de sus grandes visires y de los pachás locales. Los primeros no tenían cargo alguno y eran nombrados o destituidos según los caprichos de las intrigas del harén. Los pachás tendían a ser cada vez más independientes ya que recaudaban los impuestos locales e instituían las fuerzas militares locales. El hecho de que el sultán fuera también califa (y por consiguiente sucesor religioso de Mahoma) y la creencia religiosa de que el gobierno estaba bajo la dirección divina y debía ser obedecido, por muy injusto y tiránico que fuera, hizo que todo el pensamiento religioso sobre cuestiones políticas o sociales adoptara la forma de justificación del *statu quo*, e hizo casi imposible cualquier tipo de reforma. La reforma solo podía venir del sultán, pero su ignorancia y aislamiento de la sociedad hacían improbable dicha reforma. En consecuencia, todo el sistema se volvió cada vez más débil y corrupto. La administración era caótica, ineficiente y arbitraria. No se podía hacer casi nada sin regalos o sobornos a los funcionarios, y no siempre era posible saber a qué funcionario o serie de funcionarios había que recompensar.

El caos y la debilidad que hemos descrito estaban en pleno apogeo en el siglo XVII, y se agravaron durante los doscientos años siguientes. Ya en 1699 el sultán perdió Hungría, Transilvania, Croacia y Eslavonia a manos de los Habsburgo, partes de los Balcanes occidentales a manos de Venecia y distritos del norte a manos de Polonia. En el transcurso del siglo XVIII, Rusia adquirió zonas al norte del Mar Negro, especialmente Crimea. Durante el siglo XIX, la cuestión de Oriente Próximo se agravó cada vez más. Rusia emergió de las guerras napoleónicas como una gran potencia, capaz de aumentar su presión sobre Turquía; esta presión obedecía a tres motivaciones. El imperialismo ruso pretendía ganar una salida a las aguas abiertas del sur dominando el Mar Negro y ganando el acceso al Egeo mediante la adquisición de los Estrechos y Constantinopla. Más tarde, este esfuerzo se complementó con la presión económica y diplomática sobre Persia para alcanzar el Golfo Pérsico. Al mismo tiempo, Rusia se consideraba protectora de los cristianos ortodoxos del Imperio otomano y, ya en 1774, había obtenido el consentimiento del sultán para este papel protector. Además, como el Estado eslavo más poderoso, Rusia ambicionaba ser considerada la protectora de los eslavos en los dominios del sultán.

Estas ambiciones rusas nunca podrían haber sido frustradas por el sultán en solitario, pero no necesariamente estaba solo. En general, encontró el apoyo de Gran Bretaña y, cada vez más, el de Francia. Gran Bretaña estaba obsesionada con la necesidad de defender la India, que constituía una reserva de mano de obra y una zona de escala militar vital para la defensa de todo elImperio. Desde 1840 hasta 1907, se enfrentó a la posible pesadilla de que Rusia intentara cruzar Afganistán hasta el noroeste de la India, o cruzar Persia hasta el Golfo Pérsico, o penetrar a través de los Dardanelos y el Egeo en el Canal de Suez llamado «British Imperial Lifeline» a través del Mediterráneo. La apertura de dicho Canal en 1869 aumentó la importancia de esta ruta mediterránea hacia el este a ojos británicos. Esta estaba protegida por fuerzas británicas en Gibraltar, Malta (adquirida en 1800), Chipre (1878) y Egipto (1882). En general, a pesar de la simpatía humanitaria inglesa por los pueblos sometidos a la tiranía turca, y a pesar de la consideración de Inglaterra por los méritos de su buen gobierno, la política imperial británica consideraba que sus intereses estarían más seguros con una Turquía débil, aunque corrupta, en Oriente Próximo que con cualquier gran potencia en esa zona o con la zona dividida en pequeños estados independientes que pudieran caer bajo la influencia de las grandes potencias.

La preocupación de los franceses por el Oriente Próximo era paralela, aunque más débil, a la de los británicos. Mantenían relaciones culturales y comerciales con el Levante que se remontaban, en algunos casos, a las Cruzadas. Además, los franceses tenían antiguas reivindicaciones, revividas en 1854, para ser considerados los protectores de los católicos romanos en el Imperio otomano y de los «lugares santos» de Jerusalén.

Otras tres influencias que se hicieron cada vez más fuertes en Oriente Próximo fueron el crecimiento del nacionalismo y los crecientes intereses de Austria (después de 1866) y de Alemania (después de 1889). Los primeros brotes de nacionalismo balcánico se manifiestan en la revuelta de los serbios entre 1804 y 1812. Al arrebatar Besarabia a Turquía en 1812, Rusia obtuvo el derecho de autonomía local para los serbios. Desgraciadamente, estos últimos empezaron casi inmediatamente a luchar entre sí, siendo la principal división entre un grupo rusófilo dirigido por Milan Obrenovich y un grupo nacionalista serbio dirigido por George Petroviae (más conocido como Karageorge). El estado serbio, establecido formalmente en 1830, estaba delimitado por los ríos Dvina, Save, Danubio y Timok. Con una autonomía local bajo la soberanía turca, siguió pagando tributos al sultán y apoyando a las guarniciones de las tropas turcas. La feroz disputa entre Obrenovich y Karageorgevic continuó después de que Serbia obtuviera la independencia total en 1878. La dinastía Obrenovich gobernó entre 1817 y 1842 y entre 1858 y 1903, mientras que el grupo Karageorgevic lo hizo entre 1842 y 1858 y entre 1903 y 1945. Las intrigas entre ambos se ampliaron en un conflicto constitucional en el que el grupo Obrenovich apoyó la constitución algo menos liberal de 1869, mientras que el grupo Karageorgevic apoyó la constitución algo más liberal de 1889. La primera constitución estuvo en vigor entre 1869 y 1889 y de nuevo entre 1894 y 1903, mientras que la segunda estuvo en vigor entre 1889 y 1894 y de nuevo entre 1903 y 1921. Para ganar el apoyo popular apelando a los sentimientos nacionalistas, los dos grupos conspiraron contra Turquía y más tarde contra Austria-Hungría.

Un segundo ejemplo de nacionalismo balcánico apareció en la lucha griega por independizarse del sultán (1821–1830). Después de que griegos y musulmanes se masacraran mutuamente por miles, la independencia griega se estableció con una monarquía constitucional bajo la garantía de las tres grandes potencias. Un príncipe bávaro fue colocado en el trono y comenzó a establecer un estado constitucional centralizado y burocrático que era bastante inadecuado para un país con tradiciones tan poco constitucionales, con escasos transportes y comunicaciones, un bajo nivel de alfabetización y un alto nivel de localismo partidista. Tras treinta turbulentos años (1832–1862), Otón de Baviera fue depuesto y sustituido por un príncipe danés y por un gobierno unicameral completamente democrático que funcionaba solo un poco mejor.

La dinastía danesa sigue gobernando, aunque suplantada por una república entre 1924 y 1935 y por dictaduras militares en diversas ocasiones, especialmente la de Joannes Metaxas (1936–1941).

No hay que enfatizar demasiado los primeros inicios del nacionalismo balcánico, aunque los habitantes de la zona siempre se han mostrado poco amistosos con los extranjeros y resentidos con los gobiernosopresivos. Estos sentimientos merecen ser considerados como provincialismo o localismo y no como nacionalismo. Tales sentimientos prevalecen entre todos los pueblos primitivos y no deben considerarse como nacionalismo a menos que sean tan amplios como para abarcar la lealtad a todos los pueblos de la misma lengua y cultura y estén organizados de tal manera que esta lealtad se dirija hacia el Estado como núcleo de las luchas nacionalistas. Entendido de esta manera, el nacionalismo se convirtió en un factor muy potente en la ruptura del Imperio otomano solamente después de 1878.

Los inicios del nacionalismo balcánico estuvieron estrechamente relacionados con el paneslavismo y los diversos «movimientos pan» de reacción, como el panislamismo. Estos movimientos no alcanzaron un nivel significativo hasta finales del siglo XIX. El paneslavismo era un movimiento que buscaba la unidad cultural y, quizás a largo plazo, la unidad política de los eslavos. En la práctica, llegó a significar el derecho de Rusia a asumir el papel de protector de los pueblos eslavos fuera de la propia Rusia. A veces resultaba difícil para algunos pueblos, especialmente los enemigos de Rusia, distinguir entre paneslavismo e imperialismo ruso. Definido de forma igualmente sencilla, el panislamismo era un movimiento a favor de la unidad o, al menos, de la cooperación entre todos los pueblos musulmanes para resistir las invasiones de las potencias europeas en sus territorios. En concreto, pretendía dotar al califa de un liderazgo religioso y, tal vez con el tiempo, de un liderazgo político como nunca antes había tenido. Ambos «movimientos pan» no tienen importancia hasta finales del siglo XIX, mientras que el nacionalismo balcánico fue solo ligeramente anterior a ellos en el aumento de su importancia.

Estos nacionalistas balcánicos tenían sueños románticos sobre la unión de los pueblos de la misma lengua; generalmente miraban hacia atrás, con una perspectiva histórica distorsionada, a algún período en el que las personas que hablaban su misma lengua habían desempeñado un papel político más importante. Los griegos soñaban con un Estado bizantino revivido o incluso con un imperio ateniense periclitado; los serbios soñaban con los días de Esteban Dushan, mientras que los búlgaros se remontaban a los días del Imperio búlgaro de Symeon a principios del siglo X. Sin embargo, hay que recordar que, incluso a principios del siglo XX, tales sueños solamente se encontraban entre la minoría culta de los pueblos balcánicos. En el siglo XIX, la agitación en los Balcanes era mucho más probable que fuera causada por el desgobierno turco que por cualquier movimiento de sentimiento nacional. Además, cuando el sentimiento nacional aparecía, lo hacía como un sentimiento de animosidad contra los vecinos que eran diferentes, más que como un sentimiento de unidad con los pueblos que eran iguales en cultura y religión. Y, en todo momento, el localismo y los antagonismos de clase (especialmente la hostilidad rural contra los grupos urbanos) se mantuvieron en un nivel alto.

Rusia declaró la guerra a Turquía cinco veces en el siglo XIX. En las dos últimas ocasiones, las grandes potencias intervinieron para impedir que Rusia impusiera su voluntad al sultán. La primera intervención condujo a la guerra de Crimea (1854–1856) y al Congreso de París (1856), mientras que la segunda intervención, en el Congreso de Berlín de 1878, reescribió un tratado de paz que el zar acababa de imponer al sultán (Tratado de San Stefano, 1877).

En 1853 el zar, como protector de los cristianos ortodoxos del Imperio otomano, ocupó los principados de Moldavia y Valaquia al norte del Danubio y al este de los Cárpatos. Bajo la presión británica, el sultán declaró la guerra a Rusia y fue apoyado por Gran Bretaña, Francia y Cerdeña en la subsiguiente «Guerra de Crimea». Bajo la amenaza de unirse a las fuerzas antirrusas, Austria obligó al zar a evacuar los principados y los ocupó ella misma, exponiendo así una rivalidad austro-rusa en los Balcanes que se prolongó durante dos generaciones y acabó precipitando la I Guerra Mundial entre 1914 y 1918.

El Congreso de París de 1856 pretendía eliminar toda posibilidad de una futura intervención rusa en los asuntos turcos. Se garantizó la integridad de Turquía, Rusia renunció a su pretensión de proteger a los súbditos cristianos del sultán, se «neutralizó» el Mar Negro prohibiendo todos los buques y arsenales navales en sus aguas y costas, se creó una Comisión Internacional para asegurar la libre navegación en el Danubio y en 1862, tras varios años de indecisión, se permitió que los dos principados de Moldavia y Valaquia, junto con Besarabia, formaran el Estado de Rumanía. El nuevo Estado permaneció técnicamente bajo la soberanía turca hasta 1878 y fue el más progresista de los Estados sucesores del Imperio otomano, con sistemas educativos y judiciales avanzados, basados en los de la Francia napoleónica y una profunda reforma agraria. Esta última, ejecutada en dos etapas (1863–1866 y 1918–1921), dividió las grandes propiedades de la Iglesia y la nobleza, eliminó todo vestigio de los derechos señoriales o la servidumbre. Bajo una constitución liberal, pero no democrática, un príncipe alemán, Carlos de Hohenzollern-Sigmaringen (1866–1914), instauró una nueva dinastía que no finalizóhasta 1948. Durante todo este período, los sistemas cultural y educativo del país siguieron orientados hacia Francia, en claro contraste con las inclinaciones de la dinastía gobernante, que profesaba simpatías alemanas. La posesión de Besarabia por parte de los rumanos y su orgullo general por su herencia latina, como se refleja en el nombre del país, establecieron una barrera para las buenas relaciones con Rusia, aunque la mayoría de los rumanos eran miembros de la iglesia ortodoxa.

La debilidad política y militar del Imperio otomano ante la presión rusa y los nacionalismos balcánicos, hizo evidente que debía occidentalizarse y reformarse si quería sobrevivir. El sultán hizo amplias promesas verbales en este sentido en el período entre 1839 y 1877, e incluso hubo ciertos esfuerzos para ejecutar estas promesas. El ejército se reorganizó sobre una base europea con la ayuda de Prusia, se reorganizó y centralizó el gobierno local y se mejoró considerablemente el sistema fiscal, principalmente reduciendo el uso de las tasas de arrendamiento agrícola; los funcionarios del Gobierno pasaron de ser remunerados a ser asalariados; se abolió el mercado de esclavos, aunque esto supuso una gran reducción de los ingresos del sultán; se redujo el monopolio religioso en la educación y se dio un impulso considerable a la educación técnica secular. Finalmente, en 1856, en un edicto impuesto al sultán por las grandes potencias, se hizo un esfuerzo por establecer un estado laico en Turquía, aboliendo todas las desigualdades basadas en el credo religioso con respecto a la libertad personal, la ley, la propiedad, los impuestos y la elegibilidad para el cargo o el servicio militar.

En la práctica, ninguna de estas reformas sobre el papel fue muy eficaz. No era posible cambiar las costumbres del pueblo turco mediante promulgaciones escritas. De hecho, cualquier intento de hacerlo despertaba la ira de muchos musulmanes hasta el punto de que su conducta personal hacia los no musulmanes empeoraba. Al mismo tiempo, estas promesas llevaron a los no musulmanes a esperar un mejor trato, por lo que las relaciones entre los distintos grupos se exacerbaron. Aunque el sultán hubiera tenido toda la intención de llevar a cabo sus reformas declaradas, habría experimentado particulares dificultades para hacerlo debido a la estructura de la sociedad turca y a la total falta de administradores capacitados o incluso de personas alfabetizadas. El Estado turco era un Estado teocrático y la sociedad turca era una sociedad patriarcal o incluso tribal. Cualquier movimiento hacia la secularización o hacia la igualdad social, podría resultar fácilmente no en una reforma, sino en la completa destrucción de la sociedad al disolver las relaciones religiosas y autoritarias que mantenían unidos tanto al Estado como a la sociedad. Pero el movimiento hacia la reforma carecía del apoyo incondicional del sultán; asimismo suscitaba la oposición de los grupos de musulmanes más conservadores y en cierto modo, más leales; provocaba la oposición de muchos turcos liberales porque se derivaba de la presión occidental sobre Turquía; generaba la oposición de muchos grupos cristianos o no turcos que temían que el éxito de la reforma pudiera debilitar sus posibilidades de quebrar el Imperio otomano por completo; y los esfuerzos de reforma, al estar dirigidos al carácter teocrático del Estado turco, contrarrestaban los esfuerzos del sultán por convertirse en el líder del panislamismo y utilizar su título de califa para movilizar a los musulmanes no otomanos de la India, Rusia y Oriente a fin de que le apoyaran en sus luchas con las grandes potencias europeas.

Por otro lado, estaba igualmente claro que Turquía no podría enfrentarse a ningún Estado europeo en igualdad de condiciones militares hasta que se occidentalizara. Al mismo tiempo, los productos industriales baratos de las potencias occidentales, fabricados con maquinaria, empezaron a entrar en Turquía y a destruir la capacidad de los artesanos turcos para ganarse la vida. Esto no podía evitarse con la protección arancelaria porque el sultán estaba obligado por los acuerdos internacionales a mantener sus derechos de aduana a un nivel bajo. Al mismo tiempo, algunos de los súbditos del sultán que conocían los modos de vida occidentales empezaron a sentirse atraídos por ellos. Estos se empezaron a interesar activamente por el industrialismo o la construcción de ferrocarriles, por mayores oportunidades en la educación, especialmente la técnica, por reformas en la lengua turca y por nuevos tipos de literatura turca menos formales, por métodos honestos e impersonales de administración en la justicia y las finanzas públicas y por todas aquellas cosas que, al hacer fuertes a las potencias occidentales, las convertían en un peligro para Turquía.

El sultán hizo débiles esfuerzos de reforma en el período entre 1838 y 1875, pero en esta última fecha estaba completamente desilusionado con estos esfuerzos, así que cambió a una política de censura y represión despiadada; esta represión condujo, finalmente, a la llamada rebelión de los «Jóvenes Turcos» de 1908.

El paso de una débil reforma a una represión despiadada coincidió con la reanudación de los ataques rusos contra Turquía. Estos ataques fueron incitados por la carnicería turca de los agitadores búlgaros en Macedonia y por una exitosa guerra turca contra Serbia. Apelando a la doctrina del paneslavismo, Rusia acudió al rescate de búlgaros y serbios derrotando rápidamente a los turcos, obligándoles a aceptar el Tratado de San Stefano antes de que ninguna de las potencias occidentales pudiera intervenir (1877). Entre otras disposiciones, este tratado estableció un gran Estado de Bulgaria, independiente de Turquía y bajo ocupación militar rusa, que incluía gran parte de Macedonia.

Este Tratado de San Stefano, especialmente la disposición de un gran Estado búlgaro que, se temía, no sería más que una herramienta rusa, era completamente inaceptable para Inglaterra y Austria. Uniéndose a Francia, Alemania e Italia, obligaron a Rusia a acudir a una conferencia en Berlín en la que se reescribió completamente el tratado (1878). Se aceptó la independencia de Serbia, Montenegro y Rumanía, así como las adquisiciones rusas de Kars y Batum, al este del Mar Negro. Rumanía tuvo que ceder Besarabia a Rusia, pero recibió Dobruja del sultán. La propia Bulgaria, la cuestión crucial de la conferencia, se dividió en tres partes: (a) la frontera entre el Danubio y las montañas de los Balcanes se estableció como un Estado autónomo y pagador de tributos bajo la soberanía turca; (b) la parte de Bulgaria al sur de las montañas se devolvió al sultán como la provincia de Rumelia Oriental, que sería gobernada por un gobernador cristiano aprobado por las potencias; y (c) Macedonia, aún más al sur, se devolvió a Turquía a cambio de promesas de reformas administrativas. A Austria se le concedió el derecho de ocupar Bosnia, Herzegovina y el Sanjak de Novi-Bazar (una franja entre Serbia y Montenegro). Los ingleses, por un acuerdo separado con Turquía, recibieron la isla de Chipre para conservarla mientras Rusia mantuviera Batum y Kars. Los demás Estados no recibieron nada, aunque Grecia presentó reclamaciones sobre Creta, Tesalia, Epiro y Macedonia, mientras que Francia habló de su interés en Túnez, e Italia no ocultó sus ambiciones en Trípoli y Albania. Solamente Alemania no pidió nada, recibió el agradecimiento y la amistad del sultán por su moderación.

El Tratado de Berlín de 1878 fue un desastre desde casi todos los puntos de vista, porque dejó a todos los Estados, excepto a Austria, con el apetito abierto y el hambre insatisfecha. Los paneslavos, los rumanos, los búlgaros, los eslavos del sur, los griegos y los turcos estaban descontentos con el acuerdo. Dicho acuerdo convirtió a los Balcanes en un polvorín abierto cuya chispa se mantuvo alejada solamente con gran dificultad y únicamente durante veinte años. También abrió la perspectiva de la liquidación de las posesiones turcas en el norte de África, incitando así una rivalidad entre las grandes potencias que fue un peligro constante para la paz en el período entre 1878 y 1912. La pérdida rumana de Besarabia, la pérdida búlgara de Rumelia oriental, la pérdida por parte de los eslavos del sur de su esperanza de alcanzar el Adriático o incluso de llegar a Montenegro (debido a la ocupación austriaca de Bosnia y Novi-Bazar), el fracaso griego en conseguir Tesalia o Creta y el completo malestar de los turcos crearon una atmósfera de descontento general. En medio de todo esto, la promesa de reformas a Macedonia, sin ninguna disposición para hacerla cumplir, suscitó esperanzas y agitaciones que no pudieron ser satisfechas ni calmadas. Incluso Austria, que, a primera vista, había obtenido más de lo que realmente podía esperar, había conseguido en Bosnia el instrumento que iba a conducir finalmente a la destrucción total del Imperio de los Habsburgo. Esta adquisición había sido alentada por Bismarck como método para desviar las ambiciones austriacas hacia el sur, hacia el Adriático y fuera de Alemania. Pero al colocar a Austria, de esta manera, en la posición de ser el principal obstáculo en el camino de los sueños de unidad de los eslavos del sur, Bismarck también estaba creando la ocasión para la destrucción del Imperio Hohenzollern. Está claro que la historia diplomática europea de 1878 a 1919 es poco más que un comentario sobre los errores del Congreso de Berlín.

Para Rusia los acontecimientos de 1878 fueron una amarga decepción. Incluso el pequeño Estado búlgaro que surgió del acuerdo les dio poca satisfacción. Con una constitución dictada por Rusia y bajo el mando de un príncipe, Alejandro de Battenberg, sobrino del zar, los búlgaros mostraron un espíritu poco cooperativo que afligió profundamente a los rusos. En consecuencia, cuando Rumelia Oriental se rebeló en 1885 y exigió la unión con Bulgaria, el cambio contó con la oposición de Rusia y el estímulo de Austria. Serbia, resentida, entró en guerra con Bulgaria, pero fue derrotada y obligada a hacer la paz por Austria. El sultán aceptó la unión de Bulgaria y Rumelia Oriental, en condiciones que salvaban las apariencias. Las objeciones rusas se mantuvieron dentro de los límites por el poder de Austria e Inglaterra, pero fueron lo suficientemente fuertes como para forzar la abdicación de Alejandro de Battenberg. El príncipe Fernando de Sajonia-Coburgo-Gotha fue elegido para suceder a Alejandro, pero era inaceptable para Rusia y no fue reconocido por ninguna de las potencias hasta su reconciliación con Rusia en 1896. Durante este período, el Estado se encontraba en una situación de agitación general, los complots y asesinatos se sucedían constantemente. Una organización revolucionaria macedonia conocida como EVIRO, que trabajaba por la independencia de su zona, adoptó una política cada vez más terrorista, matando a cualquier estadista búlgaro o rumano que no colaborara incondicionalmentecon sus esfuerzos. Los búlgaros agitados formaron bandas insurgentes que hicieron incursiones en Macedonia y la insurrección se hizo endémica en la provincia, estallando con toda su fuerza en 1902. En esa fecha, las bandas serbias y griegas se sumaron a la confusión. Las potencias intervinieron en ese momento para inaugurar un programa de reforma en Macedonia bajo la supervisión austro-rusa.

El Congreso de Berlín inició la liquidación de la posición turca en el norte de África. Francia, que ocupaba Argelia desde 1830, estableció un protectorado francés también sobre Túnez en 1881, y esto condujo a la ocupación británica de Egipto al año siguiente. Para no quedarse atrás, Italia reclamó Trípoli, pero no consiguió más que un intercambio de papeles, conocido como el Acuerdo Mediterráneo de 1887, por el que Inglaterra, Italia, Austria, España y Alemania se comprometían a mantener el *statu quo* en el Mediterráneo, el Adriático, el Egeo y el Mar Negro, a menos que todas las partes aceptaran cambios. La única ventaja concreta para Italia era la promesa británica de apoyo en el norte de África a cambio del apoyo italiano a la posición británica en Egipto. Esto solamente proporcionó una leve satisfacción a las ambiciones italianas en Trípoli, pero se reforzó en 1900 con un acuerdo franco-italiano por el que Italia daba a Francia carta blanca en Marruecos a cambio de recibir carta blanca en Trípoli.

Hacia 1900, un factor totalmente nuevo comenzó a inmiscuirse en la cuestión oriental. Con Bismarck (1862–1890) Alemania había evitado todo riesgo no europeo. Bajo Guillermo II (1888–1918) cualquier tipo de riesgo, especialmente los remotos e inciertos, eran bienvenidos. En el período anterior, Alemania se había ocupado de la cuestión de Oriente Próximo únicamente como miembro del «concierto de potencias» europeo y con algunos asuntos incidentales como el uso de oficiales alemanes para entrenar al ejército turco. Después de 1889 la situación fue diferente, desde el punto de vista económico. Los alemanes empezaron a invadir Anatolia estableciendo agencias comerciales y servicios bancarios; desde el punto de vista político, Alemania trató de reforzar la posición internacional de Turquía en todos los sentidos. Este esfuerzo quedó simbolizado por las dos visitas del káiser alemán al sultán en 1889 y 1898. En esta última ocasión prometió solemnemente su amistad al «sultán Abdul Hamid y a los trescientos millones de mahometanos que lo veneran como califa». Lo más importante, quizás, fue el proyecto de ferrocarril «Berlín a Bagdad», que completó su línea principal desde la frontera austro-húngara hasta Nusaybin, en el norte de Mesopotamia, en septiembre de 1918. Este proyecto era de la mayor importancia económica, estratégica y política no solamente para el Imperio otomano y el Oriente Próximo sino para toda Europa. Desde el punto de vista económico, se aprovechaba una región con grandes recursos minerales y agrícolas, incluidas las mayores reservas de petróleo del mundo. Se puso en contacto con Constantinopla y más allá, con el centro y el noroeste de Europa. Alemania, que se industrializó tarde, tenía una gran demanda insatisfecha de alimentos y materias primas y una gran capacidad para fabricar productos industriales que pudieran exportarse para pagar esos alimentos y materias primas. El país germánico se había esforzado, y seguía esforzándose, por encontrar una solución a este problema abriendo relaciones comerciales con Sudamérica, Extremo Oriente y Norteamérica. Se estaban estableciendo facilidades bancarias y una marina mercante para fomentar dichas relaciones comerciales. Pero los alemanes, con su gran sentido estratégico, sabían muy bien que las relaciones con las zonas mencionadas estaban a merced de la flota británica, que controlaría, casi indiscutiblemente, los mares en tiempos de guerra. El ferrocarril de Berlín a Bagdad resolvió estos problemas cruciales. Puso a la industria metalúrgica alemana en contacto con los grandes recursos de metales de Anatolia; puso a la industria textil alemana en contacto con los suministros de lana, algodón y cáñamo de los Balcanes, Anatolia y Mesopotamia; de hecho, aportó a casi todas las ramas de la industria alemana la posibilidad de encontrar una solución a sus críticos problemas de mercado y de materias primas. Lo mejor de todo es que estas conexiones, al ser casi totalmente por tierra, estarían al alcance del ejército alemán y fuera del alcance de la marina británica.

Para la propia Turquía el ferrocarril fue igualmente significativo. Estratégicamente hizo posible, por primera vez, que Turquía movilizara todo su poder en los Balcanes, la zona del Cáucaso, el Golfo Pérsico o el Levante. Aumentó en gran medida la prosperidad económica de todo el país; podía funcionar (como ocurrió después de 1911) con petróleo de Mesopotamia; proporcionó mercados y por tanto, incentivos para aumentar la producción de productos agrícolas y minerales; redujo en gran medida el descontento político, el desorden público y el vandalismo en las zonas por las que pasaba; aumentó en gran medida los ingresos del Tesoro otomano a pesar de que el Gobierno se comprometió a pagar subvenciones al ferrocarril por cada kilómetro de vía construida y conun ingreso garantizado por kilómetro cada año.

Las grandes potencias mostraron una leve aprobación del ferrocarril de Bagdad hasta aproximadamente 1900. Luego, durante más de diez años, Rusia, Gran Bretaña y Francia mostraron una violenta desaprobación e hicieron todo lo posible por obstruir el proyecto. Después de 1910 esta desaprobación desapareció en gran medida gracias a una serie de acuerdos por los que el Imperio otomano se dividió en zonas de influencia exclusivas. Durante el período de desaprobación, las grandes potencias implicadas emitieron tal bombardeo de propaganda contra el plan, que es necesario, incluso hoy, advertir de su influencia. Describieron el ferrocarril de Bagdad como la cuña de entrada de la agresión imperialista alemana que pretendía debilitar y destruir el Imperio otomano y las inversiones de las demás potencias en la zona. Las pruebas demuestran todo lo contrario. Alemania era la única gran potencia que quería que el Imperio otomano fuera fuerte y estuviera intacto. Gran Bretaña quería que fuera débil y estuviera intacto. Francia compartía en general el punto de vista británico, aunque los franceses, con una inversión de 500 000 000 de dólares en la zona, querían que Turquía también fuera próspera. Rusia quería que fuera débil y estuviera dividida, opinión que compartían los italianos y, en cierta medida, los austriacos.

Los alemanes no solamente se mostraron favorables a Turquía, sino que su conducta parece haber sido completamente justa en lo que respecta a la administración del propio ferrocarril de Bagdad. En una época en la que los ferrocarriles estadounidenses y de otros países practicaban la discriminación a gran escala entre los clientes en lo que respecta a las tarifas y el manejo de la carga, los alemanes tenían las mismas tarifas y el mismo trato para todos, incluidos los alemanes y los no alemanes. Trabajaron para que el ferrocarril fuera eficiente y rentable, aunque sus ingresos estaban garantizados por el gobierno turco. En consecuencia, los pagos turcos al ferrocarril disminuyeron constantemente y el Gobierno pudo participar en sus beneficios hasta casi tres millones de francos en 1914. Además, los alemanes no trataron de monopolizar el control del ferrocarril, ofreciendo compartirlo a partes iguales con Francia e Inglaterra y, eventualmente, con otras potencias. Francia aceptó esta oferta en 1899, pero Gran Bretaña siguió negándose y puso todos los obstáculos al desarrollo del proyecto. En 1911 cuando el Gobierno otomano quiso aumentar sus derechos de aduana del 11 % al 14 % para financiar la continuación de la construcción del ferrocarril, Gran Bretaña lo impidió. Para poder llevar a cabo el proyecto, los alemanes vendieron sus intereses ferroviarios en los Balcanes y renunciaron a la subvención de construcción otomana de 275 000 dólares por kilómetro. En llamativo contraste con esta actitud, los rusos obligaron a los turcos a cambiar el trazado original de la línea desde el norte de Anatolia hasta el sur de Anatolia, amenazando con tomar medidas inmediatas para cobrar todos los atrasos, que ascendían a más de 57 millones de francos, que Turquía debía al zar en virtud del Tratado de 1878. Los rusos consideraban el proyecto de ferrocarril como una amenaza estratégica para su frontera armenia. Finalmente, en 1900, obligaron al sultán a prometer que no otorgaría ninguna concesión para la construcción de ferrocarriles en el norte de Anatolia o Armenia, salvo con la aprobación rusa. El gobierno francés, a pesar de que las inversiones francesas en Turquía ascendían a 2500 millones de francos, se negó a permitir que los títulos de los ferrocarriles de Bagdad se negociaran en la bolsa de valores de París. Para bloquear el crecimiento de las actividades misioneras católicas alemanas en el Imperio otomano, los franceses persuadieron al Papa para que emitiera una encíclica ordenando a todos los misioneros de ese imperio que se comunicaran con el Vaticano a través de los consulados franceses. La oposición británica no se intensificó hasta abril de 1903. A principios de ese mes, el primer ministro Arthur Balfour, y el secretario de asuntos exteriores, lord Lansdowne, llegaron a un acuerdo para el control conjunto alemán, francés y británico del ferrocarril. Al cabo de tres semanas el Gobierno repudió este acuerdo debido a las protestas de los periódicos en su contra, a pesar de que habría reducido a turcos y alemanes juntos a solo catorce de los treinta votos en el consejo de administración del ferrocarril. Cuando en 1910 el Gobierno turco intentó pedir un préstamo en el extranjero de 30 millones de dólares, garantizados por los ingresos aduaneros del país, fue rechazado instantáneamente en París y Londres, pero obtuvo la suma sin vacilar en Berlín. En vista de estos hechos, el crecimiento del prestigio alemán y su declive en favor de las potencias occidentales en la corte del sultán, no es sorprendente y explica en gran medida la intervención turca en el lado de las potencias centrales en la guerra entre 1914 y 1918.

El ferrocarril de Bagdad no desempeñó ningún papel real en el estallido de la guerra de 1914 porque los alemanes, en el período entre 1910 y 1914, lograron reducir las objeciones de las grandes potencias al proyecto. Esto se hizo mediante una serie de acuerdos que dividían a Turquía en zonas de influencia extranjera. En noviembre de 1910, un acuerdo germano-ruso en Potsdam dio a Rusia carta blanca en el norte de Persia, retiró toda la oposición rusa al ferrocarril de Bagdad y se comprometió a que ambas partes apoyaran la igualdad de oportunidades comerciales para todos (la política de «puertas abiertas») en sus respectivas áreas de influencia en Oriente Próximo. Los franceses recibieron unos 3200 kilómetros de concesiones ferroviarias en el oeste y el norte de Anatolia y en Siria entre 1910 y 1912. Firmaron un acuerdo secreto con los alemanes en febrero de 1914, por el que estas regiones eran reconocidas como «zonas de influencia» francesas, mientras que la ruta del ferrocarril de Bagdad era reconocido como una zona de influencia alemana; ambas potencias prometieron trabajar para aumentar los ingresos fiscales otomanos; los franceses retiraron su oposición al ferrocarril y dieron a los alemanes la inversión de 70 millones de francos que ya tenían en el ferrocarril de Bagdad a cambio de una cantidad igual en la emisión de bonos turcos de 1911, que Francia había rechazado anteriormente, más un lucrativo descuento en una nueva emisión de bonos otomanos de 1914.

Los británicos hicieron un trato mucho más duro con los alemanes. Mediante un acuerdo de junio de 1914, Gran Bretaña retiró su oposición al ferrocarril de Bagdad, permitió a Turquía elevar sus tasas aduaneras del 11 % al 15 % y aceptó una zona de influenciaalemana a lo largo de la ruta del ferrocarril a cambio de las promesas (1) de que el ferrocarril no se extendería hasta el Golfo Pérsico, sino que se detendría en Basora, en el río Tigris, (2) que los capitalistas británicos recibirían el monopolio de la navegación de los ríos Éufrates y Tigris y el control exclusivo de los proyectos de irrigación basados en estos ríos, (3) que dos súbditos británicos recibirían puestos en el consejo de administración del Ferrocarril de Bagdad, (4) que Gran Bretaña tendría el control exclusivo de las actividades comerciales de Kuwait, el único buen puerto en la parte superior del Golfo Pérsico: (5) que el monopolio de los recursos petrolíferos de la zona que va de Mosul a Bagdad se otorgaría a una nueva corporación en la que las finanzas británicas tendrían intereses del 50 %, la Royal Dutch Shell Company del 25 %y los alemanes de otro 25 %; y (6) que ambas potencias apoyarían la política de «puertas abiertas» en las actividades comerciales en la Turquía asiática. Lamentablemente, este acuerdo, así como los anteriores con otras potencias, perdió su valor con el estallido de la Primera Guerra Mundial en 1914. Sin embargo, sigue siendo importante reconocer que las potencias de la Entente obligaron a los alemanes a llegar a un acuerdo que dividía a Turquía en «zonas de interés» en lugar del acuerdo alemán proyectado, basado en la cooperación internacional para la reconstrucción económica de la zona.

Estas luchas de las grandes potencias por el beneficio y la influencia en la destrucción del Imperio otomano no podían dejar de tener profundos efectos en los asuntos internos turcos. Probablemente, el gran grupo de los súbditos del sultán seguía sin verse afectada por estos acontecimientos, pero una minoría exaltada estaba profundamente alborotada. Esta minoría no recibió ningún estímulo del despótico Abdul-Hamid U, sultán de 1876 a 1909. Aunque deseoso de mejoras económicas, Abdul-Hamid II se oponía a la difusión de las ideas occidentales de liberalismo, constitucionalismo, nacionalismo o democracia e hizo todo lo posible para impedir su propagación mediante la censura, las restricciones a los viajes o estudios en el extranjero por parte de los turcos y un elaborado sistema de régimen policial arbitrario y espionaje gubernamental. Como resultado, la minoría de turcos liberales, nacionalistas o progresistas tuvo que organizarse en el extranjero. Esto lo hicieron en Ginebra en 1891 en un grupo que se conoce generalmente como los «Jóvenes Turcos». Su principal dificultad era conciliar las animosidades que existían entre los numerosos grupos lingüísticos de los súbditos del sultán. Esto se hizo en una serie de congresos celebrados en París, especialmente en 1902 y en 1907. En esta última reunión participaron representantes de los turcos, armenios, búlgaros, judíos, árabes y albaneses. Mientras tanto, esta organización secreta había penetrado en el ejército del sultán, que estaba furioso de descontento. Los conspiradores tuvieron tanto éxito que lograron sublevarse en julio de 1908 y obligar al sultán a restablecer la Constitución de 1876. Enseguida aparecieron divisiones entre los líderes rebeldes, sobre todo entre los que deseaban un Estado centralizado y los que aceptaban las demandas de descentralización de las nacionalidades sometidas. Además, los musulmanes ortodoxos formaron una liga para resistirse a la secularización, y el ejército pronto vio que sus principales demandas de mejores salarios y mejores condiciones de vida no iban a ser satisfechas. Abdul-Hamid aprovechó estas divisiones para organizar una violenta contrarrevolución (abril de 1909). Fue aplastada, el sultán fue depuesto y los Jóvenes Turcos comenzaron a imponer sus ideas de un estado nacional turco dictatorial con una severidad despiadada. Surgió una ola de resistencia por parte de los grupos no turcos y de los musulmanes ortodoxos. El estallido de la I Guerra Mundial en 1914 no logró resolver estas disputas. De hecho, como veremos en un capítulo posterior, la Revolución de los Jóvenes Turcos de 1908 precipitó una serie de crisis internacionales de las que el estallido de la guerra en 1914 fue la última y más desastrosa.

La crisis del Imperio británico: África, Irlanda y la India hasta 1926

INTRODUCCIÓN

La vieja afirmación de que Inglaterra adquirió su Imperio en un ataque de distracción es divertida, pero no explica gran cosa. Sin embargo, hay algo de cierto en ello: gran parte del Imperio fue adquirido por particulares y empresas comerciales, y fue controlado por el gobierno británico mucho más tarde. Los motivos que impulsaron al Gobierno a anexionar zonas que sus ciudadanos habían estado explotando fueron variados, tanto en el tiempo como en el lugar y con frecuencia fueron muy diferentes de lo que alguien ajeno podría creer.

Gran Bretaña adquirió el mayor Imperio del mundo porque poseía ciertas ventajas de las que carecían otros países. Mencionemos tres de estas ventajas: (1) que era una isla, (2) que estaba en el Atlántico, y (3) que sus tradiciones sociales produjeron la voluntad y los talentos para la adquisición imperial.

Como isla frente a la costa de Europa, Gran Bretaña tenía seguridad mientras tuviera el control de los canales entre Gran Bretaña y el Continente y Gran Bretaña e Iralanda. Mantuvo ese control desde la derrota de la Armada española en 1588 hasta la creación de nuevas armas basadas en el poder aéreo en el período posterior a 1935. El auge de la fuerza aérea alemana bajo el mandato de Hitler, la invención de los cohetes de largo alcance (arma V-2) en 1944, el desarrollo de las bombas atómicas y de hidrógeno entre 1945 y 1955, destruyeron la seguridad de Inglaterra al reducir la eficacia defensiva del Canal de la Mancha. Pero en el período entre 1588 y 1942, en el que Gran Bretaña controlaba los mares, el Canal de la Mancha daba seguridad a Inglaterra y hacía que su posición internacional fuera totalmente diferente a la de cualquier potencia continental. Como Gran Bretaña tenía seguridad, tenía libertad de acción, eso significa que podía elegir entre intervenir o mantenerse al margen de las diversas disputas que surgían en el continente europeo o en cualquier otra parte del mundo. Además, si intervenía, podía hacerlo con un compromiso limitado, limitando su contribución de hombres, energía, dinero y riqueza a la cantidad que deseara. Si ese compromiso limitado se agotaba o se perdía, mientras la flota británica controlara los mares, Gran

Bretaña tenía seguridad y, por tanto, libertad para elegir si interrumpía su intervención o aumentaba su compromiso. Además, Inglaterra podía hacer que, incluso comprometiendo pocos recursos, ejerciera una importancia decisiva utilizando estos en apoyo de la segunda potencia más fuerte del continente contra la más potente, obstaculizando así a esta última y haciendo que la segunda potencia fuera temporalmente la más fuerte, siempre que actuara de acuerdo con los deseos de Gran Bretaña. De este modo, siguiendo la táctica del equilibrio de poderes, Gran Bretaña pudo desempeñar un papel decisivo en el continente, mantenerlo dividido y enredado en sus propias disputas; pudo hacerlo con un compromiso limitado de los recursos propios de Gran Bretaña, dejando un considerable excedente de energía, mano de obra y riqueza disponible para adquirir un imperio en ultramar. Además, la ventaja única de Gran Bretaña de obtener seguridad dedicando pocos recursos al control del mar, fue uno de los factores que contribuyeron a que desarrollara su estructura social única, su sistema parlamentario, su amplia variedad de libertades civiles y su gran avance económico.

Las potencias del continente no contaban con ninguna de estas ventajas. Como cada una podía ser invadida por sus vecinos en cualquier momento, cada una tenía seguridad y, en consecuencia, libertad de acción, solamente en raras y breves ocasiones. Cuando la seguridad de una potencia continental era amenazada por un vecino, no tenía libertad de acción, sino que debía defenderse con todos sus recursos. Evidentemente, sería imposible que Francia se dijera a sí misma: «Nos opondremos a la hegemonía alemana en el continente únicamente con 50 000 hombres o con 10 millones de dólares». Sin embargo, ya en 1939, Chamberlain informó a Francia de que el compromiso de Inglaterra en el continente para este fin no sería de más de dos divisiones.

Dado que las potencias continentales no tenían ni seguridad ni libertad de acción, su posición en el continente siempre fue primordial sobre sus ambiciones de imperio mundial, y estas últimas siempre tuvieron que sacrificarse por el bien de las primeras cuando surgía un conflicto. En el siglo XVIII, Francia no pudo mantener sus posesiones en la India o en América del Norte porque gran parte de sus recursos tuvieron que utilizarse para reforzar la seguridad francesa contra Prusia o Austria. Napoleón vendió Luisiana a Estados Unidos en 1803 porque su principal preocupación debía ser su posición en el continente. Bismarck trató de disuadir a Alemania de embarcarse en cualquier aventura en un país extranjero en el período posterior a 1871 porque veía que Alemania debía ser una potencia continental o no ser nada. De nuevo, Francia en 1882 tuvo que ceder Egipto a Gran Bretaña y en 1898 tuvo que ceder Sudán de la misma manera porque vio que no podía entablar ninguna disputa colonial con Gran Bretaña mientras el ejército alemán estuviera al otro lado de Renania. Esta situación era tan clara que todas las potencias continentales menores con posesiones coloniales en ultramar, como Portugal, Bélgica o los Países Bajos, tuvieron que colaborar con Gran Bretaña o, como mínimo, ser cuidadosamente neutrales. Mientras la ruta oceánica de estos países hacia sus imperios de ultramar estuviera controlada por la flota británica, no podían permitirse emprender una política hostil a Gran Bretaña, independientemente de sus sentimientos personales al respecto. No es casualidad que el apoyo internacional más constante de Gran Bretaña en los dos siglos que siguieron al Tratado de Methuen de 1703 procediera de Portugal y que Gran Bretaña se haya sentido libre para negociar con una tercera potencia, como Alemania, la disposición de las colonias portuguesas, como hizo en 1898 e intentó hacer entre 1937 y 1939.

La posición de Gran Bretaña en el Atlántico, combinada con su control naval del mar, le dio una gran ventaja cuando las nuevas tierras al oeste de ese océano se convirtieron en una de las principales fuentes de riqueza comercial y naval en el período posterior a 1588. La madera, el alquitrán y los barcos fueron suministrados desde las colonias americanas a Gran Bretaña en el período anterior a la llegada de los barcos de hierro y de vapor (a partir de 1860), y estos barcos ayudaron a establecer la supremacía mercantil de Gran Bretaña. Al mismo tiempo, su posición insular privó a su monarquía de cualquier necesidad de un gran ejército profesional y mercenario como el que los reyes del continente utilizaban como principal baluarte del absolutismo real. Como resultado, los reyes de Inglaterra no pudieron evitar que la alta burguesía terrateniente tomara el control del gobierno en el período entre 1642 y 1690, y los reyes de Inglaterra se convirtieron en monarcas constitucionales. La seguridad de Gran Bretaña, debido a su armada, permitió que esta lucha se decidiera sin ninguna interferencia exterior importante y permitió una rivalidad entre monarca y aristocracia que habría sido suicida en los terrenos inseguros de la Europa continental.

La seguridad de Gran Bretaña se combinó con el triunfo político de la oligarquía terrateniente para crear una tradición social totalmente diferente a la del continente. Uno de los resultados de estos dos factores fue que Inglaterra no obtuvo una burocracia como la que apareció en el continente. Esta falta de una burocracia separada y leal al monarca puede verse en la debilidad del ejército profesional (ya mencionada) y también en la falta de un sistema judicial burocrático. En Inglaterra, la alta burguesía y los hijos más jóvenes de la oligarquía terrateniente estudiaron Derecho en los *Inns of Court* y obtuvieron un sentimiento de tradición y de la inviolabilidad del proceso legal mientras seguían formando parte de la clase terrateniente. De hecho, esta clase se convirtió en la clase terrateniente de Inglaterra solamente porque obtuvo el control del colegio de abogados y de la judicatura, por lo tanto, estaba en condiciones de juzgar todas las disputas sobre la propiedad inmobiliaria a su favor. El control de los tribunales y del Parlamento hizo posible que este grupo gobernante en Inglaterra anulara los derechos de los campesinos sobre la tierra, los expulsara de ella, cerrara los campos abiertos del sistema medieval, privara a los cultivadores de sus derechos señoriales y los redujera así a la condición de trabajadores rurales sin tierra o arrendatarios. Este avance del movimiento de cercados en Inglaterra hizo posible la Revolución Agrícola, despobló en gran medida las zonas rurales de Inglaterra (como se describe en *La aldea abandonada* de Oliver Goldsmith) y proporcionó un excedente de población para las ciudades, la marina mercante, la naval y para la colonización de ultramar.

La oligarquía terrateniente que surgió en Inglaterra se diferenció de la aristocracia terrateniente de la Europa continental en los tres puntos ya mencionados: (1) obtuvo el control del gobierno; (2) no se le opuso un ejército profesional, una burocracia o un sistema judicial profesional, sino que, por el contrario, tomó el control por sí misma de estos estamentos del gobierno, sirviendo generalmente sin remuneración y dificultando el acceso a estos puestos a personas ajenas a esa oligarquía al encarecer dicho acceso; y (3) obtuvo el control total de la tierra, así como el control político, religioso y social de los pueblos. Además, la oligarquía terrateniente de Inglaterra se diferenciaba de la del continente porque no era una nobleza, y esta carencia se reflejaba en tres factores importantes. En el continente, para un noble estaba excluido casarse fuera de su clase o dedicarse a la empresa comercial; además, el acceso a la nobleza por parte de personas de nacimiento no noble era muy difícil y casi no podía lograrse en mucho menos de tres generaciones. En Inglaterra, la oligarquía terrateniente podía dedicarse a cualquier tipo de comercio o negocio y podía casarse con cualquier persona sin cuestionarlo (siempre que fuera rica); además, mientras que el acceso a la nobleza en Inglaterra era un proceso lento que podía requerir generaciones de esfuerzo para adquirir tierras en una sola localidad, el acceso al título de noble por acto del gobierno solamente tardaba un momento y podía lograrse sobre la base de la riqueza o el servicio. Como consecuencia de todas estas diferencias, la clase alta terrateniente de Inglaterra estaba abierta a la afluencia de nuevos talentos, nuevo dinero y nueva sangre, mientras que la nobleza continental estaba privada de estas valiosas adquisiciones.

Aunque la clase alta terrateniente de Inglaterra no pudo convertirse en una nobleza (es decir, una casta basada en un nacimiento privilegiado), sí pudo convertirse en una aristocracia (es decir, una clase alta distinguida por sus tradiciones y su comportamiento). Los principales atributos de esta clase alta aristocrática en Inglaterra eran (1) que debía formarse en un sistema educativo caro, exclusivo, masculino y relativamente espartano, centrado en las grandes escuelas para chicos como *Eton, Harrow* o *Winchester*; (2) que este sistema educativo debería imbuir ciertas actitudes distintivas de liderazgo, coraje, deportividad, trabajo en equipo, autosacrificio, desprecio por las comodidades físicas y devoción al deber; (3) que debería estar preparado en su vida posterior para dedicar una gran cantidad de tiempo y energía a tareas no remuneradas de importancia pública, como jueces de paz, en los consejos del condado, en la milicia del condado, o en otros servicios. Dado que todos los hijos de las clases altas recibían la misma formación, mientras que solo el mayor, por primogenitura, tenía derecho a hacerse cargo de los bienes de la familia que generaban ingresos, todos los hijos menores tenían que salir al mundo a buscar su fortuna y, con toda probabilidad, lo harían en el extranjero. Al mismo tiempo, la vida tranquila de la típica aldea o condado inglés, completamente controlada por la oligarquía de clase alta, hacía necesario que los miembros más ambiciosos de las clases bajas buscaran el ascenso fuera del condado e incluso fuera de Inglaterra. De estas dos fuentes se reclutaron los hombres que adquirieron el Imperio británico y los que lo colonizaron.

Los ingleses no siempre han sido unánimes en considerar al Imperio como una fuente de orgullo y beneficio. De hecho, la generación intermedia del siglo XIX estaba llena de personas, como Gladstone, que veían al Imperio con profunda sospecha. Consideraban que era una fuente de grandes gastos; estaban convencidos de que implicaba a Inglaterra en problemas estratégicos remotos que podían conducir fácilmente a guerras que el país no tenía necesidad de librar; no veían ninguna ventaja económica en tener un Imperio, ya que la existencia del libre comercio (que esta generación aceptaba) permitiría que el comercio fluyera sin importar quién tuviera las zonas coloniales; estaban convencidos de que todas las zonas coloniales, independientemente del coste de su adquisición, acabarían separándose de la madre patria, voluntariamente si se les concedían los derechos de los ingleses o por rebelión, como habían hecho las colonias americanas, si se les privaba de tales derechos. En general, los «pequeños ingleses», como se les llamaba, eran reacios a la expansión colonial por motivos de coste.

Aunque los defensores del punto de vista de la «pequeña Inglaterra», hombres como Gladstone o sir William Harcourt, continuaron en la prominencia política hasta 1895, este punto de vista estuvo en constante retroceso después de 1870. En el Partido Liberal, los imperialistas como lord Rosebery se opusieron a los «pequeños ingleses» incluso antes de 1895; después de esa fecha, un grupo más joven de imperialistas, como Asquith, Grey y Haldane, se hizo cargo del partido. En el Partido Conservador, donde la idea antiimperialista nunca había sido fuerte, los imperialistas moderados como lord Salisbury fueron seguidos por imperialistas más activos como Joseph Chamberlain o lords Curzon, Selborne y Milner. Hubo muchos factores que condujeron al crecimiento del imperialismo después de 1870 y muchas manifestaciones obvias de ese crecimiento. El *Royal Colonial Institute* se fundó en 1868 para luchar contra la idea de la «pequeña Inglaterra»; Disraeli, como primer ministro (1874-1880), dramatizó el beneficio y el glamour del imperio con actos como la compra del control del Canal de Suez y la concesión a la reina Victoria del título de emperatriz de la India; después de 1870 se hizo cada vez más evidente que, por muy caras que fueran las colonias para un gobierno, podían ser fantásticamente rentables para los individuos y las empresas apoyadas por esos gobiernos; además, con la difusión de la democracia y la creciente influencia de la prensa y la necesidad cada vez mayor de contribuciones a las campañas, los individuos que obtenían fantásticos beneficios en las aventuras de ultramar podían lograr el apoyo favorable de sus gobiernos contribuyendo con una parte de sus beneficios a los gastos de los políticos; los esfuerzos del rey Leopoldo II de Bélgica, valiéndose de Henry Stanley, para obtener la zona del Congo como reserva propia entre 1876 y 1880, iniciaron una fiebre contagiosa de acaparamiento de colonias en África que duró más de treinta años; el descubrimiento de diamantes (en 1869) y de oro (en 1886) en Sudáfrica, especialmente en la República Bóer de Transvaal, intensificó esta fiebre.

El nuevo imperialismo, a partir de 1870, tenía un tono bastante diferente al que los «pequeños ingleses» se habían opuesto anteriormente. Los principales cambios fueron que se justificaba por motivos de deber moral y de reforma social y no, como antes, por motivos de actividad misionera y ventajas materiales. El principal responsable de este cambio fue John Ruskin.

Hasta 1870, no existía una cátedra de bellas artes en *Oxford*, pero en ese año, gracias al legado de Slade, John Ruskin fue nombrado para tal cátedra, su figura sacudió Oxford como un terremoto, no tanto porque hablara de bellas artes, sino porque también hablaba del imperio y de las masas oprimidas de Inglaterra, sobre todo porque hablaba de las tres cosas como cuestiones morales. Hasta finales del siglo XIX, las masas oprimidas de las ciudades de Inglaterra vivían en la miseria, la ignorancia y la delincuencia tal y como las describe Charles Dickens. Ruskin se dirigía a los estudiantes de Oxford como miembros de la clase privilegiada y dominante, les dijo que eran los poseedores de una magnífica tradición de educación, belleza, estado de derecho, libertad, decencia y autodisciplina, pero que esta tradición no podía salvarse, y no merecía ser salvada, a menos que pudiera extenderse a las clases inferiores de la propia Inglaterra y a los miembros de los grupos que no fuesen ingleses de todo el mundo. Si esta preciosa tradición no se extendía a estas dos grandes mayorías, la minoría de ingleses de clase alta acabaría siendo sumergida por estas mayorías y la tradición se perdería. Para evitarlo, la tradición debe extenderse a los grupos y al Imperio.

El mensaje de Ruskin tuvo un impacto sensacional. Su conferencia inaugural fue copiada a mano por un estudiante, Cecil Rhodes, que la conservó durante treinta años. Rhodes (1853-1902) explotó febrilmente los campos de diamantes y oro de Sudáfrica, llegó a ser primer ministro de la colonia del Cabo (1890-1896), contribuyó con dinero a los partidos políticos, controló los escaños parlamentarios tanto en Inglaterra como en Sudáfrica, trató de ganar una franja de territorio británico a través de África, desde el Cabo de Buena Esperanza hasta Egipto, y de unir estos dos extremos con una línea de telégrafo y finalmente con un ferrocarril del Cabo a El Cairo. Rhodes inspiró un devoto apoyo a sus objetivos por parte de otros grupos en Sudáfrica y en Inglaterra. Con el apoyo financiero de lord Rothschild y Alfred Beit, pudo monopolizar las minas de diamantes de Sudáfrica como *De Beers Consolidated Mines* y construir una gran empresa minera de oro como *Consolidated Gold Fields*. A mediados de la década de 1890, Rhodes tenía unos ingresos personales de al menos un millón de libras esterlinas al año (entonces unos cinco millones de dólares), que gastaba con tanta libertad para sus misteriosos propósitos que solía tener la cuenta en descubierto. Estos propósitos se centraban en su deseo de federar a los pueblos de habla inglesa y poner bajo su control todas las porciones habitables del mundo. Con este propósito, Rhodes dejó parte de su gran fortuna para fundar las Becas Rhodes en Oxford, con el fin de difundir la tradición de la clase dominante inglesa por todo el mundo de habla inglesa, tal y como había querido Ruskin.

Entre los discípulos más devotos de Ruskin en Oxford se encontraba un grupo de amigos íntimos que incluía a Arnold Toynbee, Alfred (más tarde Lord) Milner, Arthur Glazebrook, George (más tarde sir George) Parkin, Philip Lyttelton Gell y Henry (más tarde sir Henry) Birchenough. Estos se sintieron tan conmovidos por Ruskin que dedicaron el resto de sus vidas a llevar a cabo sus ideas. Un grupo similar de hombres de Cambridge, entre los que se encontraban Reginald Baliol Brett (Lord Esher), sir John B. Seeley, Albert (lord) Grey y Edmund Garrett, también se sintieron atraídos por el mensaje de Ruskin y dedicaron sus vidas a la extensión del Imperio británico y a elevar el nivel de los grupos urbanos de Inglaterra como dos partes de un proyecto que denominaron «extensión de la ideología angloparlante». Tuvieron un éxito notable en estos objetivos porque el periodista más sensacionalista de Inglaterra, William T. Stead (1849-1912), un ardiente reformista social e imperialista, los asoció con Rhodes. Esta asociación se estableció formalmente el 5 de febrero de 1891, cuando Rhodes y Stead organizaron una sociedad secreta con la que Rhodes había estado soñando durante dieciséis años. En esta sociedad secreta, Rhodes debía ser el líder; Stead, Brett (lord Esher) y Milner debían formar un comité ejecutivo; Arthur (lord) Balfour, (sir) Harry Johnston, lord Rothschild, Albert (lord) Grey y otros figuraban como miembros potenciales de un «círculo de iniciados»; mientras que debía haber un círculo externo conocido como la «asociación de ayudantes» (más tarde organizada por Milner como la organización Mesa Redonda). Brett fue invitado a unirse a esta organización el mismo día y Milner un par de semanas después, a su regreso de Egipto. Ambos aceptaron con entusiasmo. Así, la parte central de la sociedad secreta se estableció en marzo de 1891, siguió funcionando como grupo formal, aunque el círculo exterior no se organizó, al parecer, hasta 1909-1913.

Este grupo pudo acceder al dinero de Rhodes tras su muerte en 1902 y también a los fondos de leales partidarios de Rhodes como Alfred Beit (1853-1906) y sir Abe Bailey (1864-1940). Con este respaldo trataron de ampliar y ejecutar los ideales que Rhodes había heredado de Ruskin y Stead. Milner fue el principal fideicomisario de Rhodes y Parkin fue secretario organizador del *Rhodes Trust* después de 1902, mientras que Gell y Birchenough, así como otras personas con ideas similares, se convirtieron en funcionarios de la *British South Africa Company*. Se les unieron en sus esfuerzos otros amigos *ruskinitas* de Stead como lord Grey, lord Esher y Flora Shaw (más tarde lady Lugard). En 1890, mediante una estratagema demasiado elaborada como para describirla aquí, la señorita Shaw se convirtió en directora del Departamento Colonial de *The Times* mientras seguía en la nómina de la *Pall Mall Gazette de Stead*. En este puesto desempeñó un papel importante durante los diez años siguientes en la ejecución de los planes imperiales de Cecil Rhodes, a quien Stead la había presentado en 1889.

Mientras tanto, en 1884, actuando bajo la inspiración de Ruskin, un grupo que incluía a Arnold Toynbee, Milner, Gell, Grey, Seeley y Michael Glazebrook fundó la primera «casa de acogida», una organización por la que personas educadas de clase alta podían vivir en los barrios bajos con el fin de ayudar, instruir y guiar a los pobres, haciendo hincapié en el bienestar social y la educación de adultos. La nueva empresa, creada en el este de Londres y presidida por P. L. Gell, recibió el nombre de *Toynbee Hall* en honor a Arnold Toynbee, que murió a los 31 años en 1883. Este fue el modelo original de las miles de casas de acogida, como la *Hull House* de Chicago, que ahora se encuentran en todo el mundo y fue una de las acciones de las que surgió el movimiento moderno de educación de adultos y extensión universitaria.

Como gobernador general y alto comisionado de Sudáfrica en el período entre 1897 y 1905, Milner reclutó a un grupo de jóvenes, principalmente de *Oxford* y de *Toynbee Hall*, para que le ayudaran a organizar su administración. A través de su influencia, estos hombres pudieron conseguir puestos relevantes en el Gobierno y las finanzas internacionales, también se convirtieron en la influencia dominante en los asuntos imperiales y exteriores británicos hasta 1939. Bajo el mando de Milner en Sudáfrica se les conoció como *el Jardín de infantes de Milner* hasta 1910. Entre 1909 y 1913 organizaron grupos semisecretos, conocidos como los grupos de *la mesa redonda*, en las principales dependencias británicas y en Estados Unidos, y estos siguen funcionando en ocho países. Se mantuvieron en contacto entre sí mediante correspondencia personal, visitas frecuentes y a través de una influyente revista trimestral, *The Round Table (La Mesa Redonda)*, fundada en 1910 y financiada en gran medida por el dinero de sir Abe Bailey. En 1919, fundaron el Real Instituto de Asuntos Internacionales (*Chatham House*), cuyos principales patrocinadores fueron sir Abe Bailey y la familia Astor (propietarios de *The Times*). En el período entre 1919 y 1927, se crearon institutos de asuntos internacionales similares en los principales dominios británicos y en Estados Unidos (donde se conoce como Consejo de Relaciones Exteriores). A partir de 1925, se creó una estructura de organizaciones algo similar, conocida como el Instituto de Relaciones del Pacífico, en doce países que tienen territorio en la zona del Pacífico, existiendo las unidades en cada dominio británico sobre una base de interconexión con el *grupo de la mesa redonda* y el Real Instituto de Asuntos Internacionales del mismo país. En Canadá, el núcleo de este grupo estaba formado por los amigos universitarios de Milner en *Oxford* (como Arthur Glazebrook y George Parkin), mientras que en Sudáfrica e India el núcleo estaba formado por antiguos miembros del *Jardín de infantes de Milner*. Entre ellos estaban (sir) Patrick Duncan, B. K. Long, Richard Feetham y (sir) Dougal Malcolm en Sudáfrica y (sir) William Marris, James (lord) Meston y su amigo Malcolm (lord) Hailey en la India. Los grupos de Australia y Nueva Zelanda habían sido reclutados por Stead (a través de su revista *The Review of Reviews*) ya entre 1890 y 1893; por Parkin, a instancias de Milner, en el período entre1889 y 1910 y por Lionel Curtis, también a instancias de Milner, entre 1910 y 1919. El poder y la influencia de este grupo Rhodes-Milner en los asuntos imperiales británicos y en la política exterior desde 1889, aunque no se reconoce ampliamente, difícilmente puede exagerarse. Podemos mencionar como ejemplo que este grupo dominó *The Times* desde 1890 hasta 1912 y lo ha controlado completamente desde 1912 (excepto en los años entre 1919 y 1922). Debido a que *The Times* ha sido propiedad de la familia Astor desde 1922, a veces se hablaba de este grupo Rhodes-Milner como el «grupo Cliveden», llamado así por la casa de campo de los Astor donde a veces se reunían. Desde 1889, numerosos periódicos y revistas estuvieron bajo el control o la influencia de este grupo. También crearon e influido en numerosas cátedras universitarias y de otro tipo sobre asuntos imperiales y relaciones internacionales. Algunas de ellas son las cátedras *Beit* y *Montague Burton* en Oxford, la cátedra *Rhodes* en Londres, la cátedra *Stevenson* en *Chatham House*, la cátedra *Wilson* en *Aberystwyth* y otras, así como importantes fuentes de influencia como la *Rhodes House* en *Oxford*.

Desde 1884 hasta aproximadamente 1915, los miembros de este grupo trabajaron valientemente para ampliar el Imperio británico y organizarlo en un sistema federal. Insistían constantemente en las lecciones que debían aprenderse del fracaso de la Revolución Americana y del éxito de la Confederación Canadiense de 1867, esperaban federar las diversas partes del Imperio que parecieran factibles, para luego confederarlas todas con el Reino Unido en una sola organización. También esperaban incorporar a los Estados Unidos a esta organización en la medida de lo posible. Stead consiguió que Rhodes aceptara, en principio, una solución que podría haber convertido a Washington en la capital de toda la organización o permitir que partes del Imperio se convirtieran en Estados de la Unión Americana. El carácter variado de las posesiones imperiales británicas, el atraso de muchos de los pueblos nativos implicados, la independencia de muchos de los colonos blancos de ultramar y la creciente tensión internacional que culminó en la Primera Guerra Mundial, hicieron imposible llevar a cabo el plan de la Federación Imperial, aunque las cinco colonias de Australia se unieron en la *Commonwealth* de Australia en 1901 y las cuatro colonias de Sudáfrica se unieron en la Unión de Sudáfrica en 1910.

EGIPTO Y SUDÁN HASTA 1922

La compra por parte de Disraeli, con el dinero de Rothschild, de 176 602 acciones del Canal de Suez por 3 680 000 libras esterlinas al jedive de Egipto en 1875 estaba motivada por la preocupación de las comunicaciones británicas con la India, al igual que la adquisición británica del Cabo de Buena Esperanza en 1814 había sido resultado de la misma preocupación. Pero en los asuntos imperiales una cosa llevó a la otra y cada adquisición obtenida para proteger una adquisición anterior requirió un nuevo avance, en una fecha posterior, para protegerla. Esto fue claramente cierto en África, donde tales motivaciones extendieron gradualmente el control británico hacia el sur desde Egipto y hacia el norte desde el Cabo, hasta que se unieron en África central con la conquista de la Tanganica alemana en 1916.

Las extravagancias del jedive Ismail (1863–1879), que habían obligado a vender sus acciones del Canal de Suez, condujeron finalmente a la creación de un condominio anglo-francés para gestionar la deuda externa egipcia, y a la deposición del jedive por su señor feudal, el sultán de Turquía. El condominio dio lugar a disputas y finalmente a combates abiertos entre los nacionalistas egipcios y las fuerzas anglo-francesas. Cuando los franceses se negaron a unirse a los británicos en un bombardeo conjunto de Alejandría en 1882, se rompió el condominio y Gran Bretaña reorganizó el país de tal manera que, aunque todos los cargos públicos estaban en manos de egipcios, el país estaba bajo la ocupación de un ejército británico, los «asesores» británicos controlaban todos los principales puestos gubernamentales y un «residente» británico, sir Evelyn Baring (conocido como lord Cromer después de 1892), controlaba todas las finanzas y gobernó realmente el país hasta 1907.

Inspirado por agitadores religiosos musulmanes fanáticos (derviches), el *mahdi* Muhammad Ahmed dirigió una revuelta sudanesa contra el control egipcio en 1883, masacró a una fuerza británica al mando del general Charles («chino») Gordon en Jartum y mantuvo un Sudán independiente durante quince años. En 1898, una fuerza británica al mando de (lord) Kitchener, que pretendía proteger el suministro de agua del Nilo a Egipto, se abrió paso hacia el sur contra tribus sudanesas fanáticas y obtuvo una victoria decisiva en Omdurmán. Una convención anglo-egipcia estableció un condominio conocido como el Sudán anglo-egipcio en la zona situada entre Egipto y el río Congo. Esta zona, que había vivido en el desorden durante siglos, fue gradualmente pacificada, sometida al estado de derecho, regada por extensas obras hidráulicas y puesta en cultivo, produciendo principalmente algodón de fibra larga.

ÁFRICA ORIENTAL HASTA 1910

Al sur y al este de Sudán, la lucha por el África británica estuvo en gran medida en manos de H. H. (sir Harry) Johnston (1858–1927) y Frederick (más tarde lord) Lugard (1858–1945). Ambos utilizaban principalmente fondos privados, ocupaban a menudo cargos oficiales, y lucharon por toda África tropical, buscando aparentemente pacificarla y acabar con el tráfico de esclavos árabes, pero siempre con el vivo deseo de extender el dominio británico. Con frecuencia, estas ambiciones provocaron rivalidades con los partidarios de las ambiciones francesas y alemanas en las mismas regiones. En 1884, Johnston obtuvo muchas concesiones de los jefes nativos en la zona de Kenia y las entregó a la Compañía Británica de África Oriental en 1887. Cuando esta empresa quebró en 1895, la mayoría de sus derechos pasaron a manos del gobierno británico. Entretanto, Johnston se había trasladado al sur, a un caos de intrigas de esclavistas árabes y disturbios de los nativos en Nyasalandia (1888). Aquí sus hazañas fueron financiadas en gran parte por Rhodes (1889–1893) para evitar que la Compañía Portuguesa de Mozambique avanzara hacia el oeste, hacia la colonia portuguesa de África Occidental de Angola, y bloquear así la ruta del Cabo a El Cairo. Lord Salisbury convirtió a Nyasalandia en un protectorado británico tras un acuerdo con Rhodes en el que el sudafricano se comprometía a pagar 1000 libras al año por el coste del nuevo territorio. Por la misma época, Rhodes dio al Partido Liberal una importante contribución financiera a cambio de la promesa de que no abandonaría Egipto. Ya había dado (en 1888) 10 000 libras esterlinas al Partido de la Autonomía Irlandesa con la condición de que buscara la autonomía para Irlanda y mantuviera a los miembros irlandeses en el Parlamento británico como un paso hacia la Federación Imperial.

Los planes de Rhodes recibieron un terrible golpe entre 1890 y 1891, cuando lord Salisbury trató de poner fin a las disputas africanas con Alemania y Portugal delimitando sus reclamaciones territoriales en el sur y el este de África. El acuerdo portugués de 1891 nunca fue ratificado, pero el acuerdo anglo-alemán de 1890 bloqueó la ruta de Rhodes hacia Egipto al extender África Oriental alemana (Tanganica) hacia el oeste, hasta el Congo belga. Por el mismo acuerdo, Alemania abandonó Nyasalandia, Uganda y Zanzíbar, a favor de Gran Bretaña a cambio de la isla de Heligoland en el mar Báltico y de una frontera ventajosa en el suroeste del África alemana.

Tan pronto como se publicó el acuerdo alemán, Lugard fue enviado por la Compañía Británica de África Oriental para vencer la resistencia de los jefes nativos y los esclavistas en Uganda (1890–1894). Parecía que la quiebra de esta compañía en 1895 iba a provocar el abandono de Uganda debido a la ideología del *«pequeño inglés»* del Partido Liberal (que estaba en el poder entre 1892 y 1895). Rhodes ofreció hacerse cargo él mismo de la zona y gestionarla por 25 000 libras al año, pero fue rechazado. Como resultado de complejas y secretas negociaciones en las que lord Rosebery fue la figura principal, Gran Bretaña se quedó con Uganda, Rhodes fue nombrado consejero privado, Rosebery sustituyó a su suegro, lord Rothschild, en el grupo secreto de Rhodes, fue nombrado fideicomisario en el siguiente (y último) testamento de Rhodes. Rosebery trató de obtener una ruta para el ferrocarril de Rhodes hacia el norte a través del Congo belga y fue informado de los planes de Rhodes para financiar un levantamiento de los ingleses dentro de la República de Transvaal (Bóer) y a fin de enviar al Dr. Jameson en un ataque a ese país «para restaurar el orden»; finalmente, Rhodes encontró el dinero para financiar el ferrocarril de Kitchener desde Egipto a Uganda, utilizando el ancho de vía sudafricano y los motores dados por Rhodes.

La fuerza económica que permitía a Rhodes hacer estas cosas residía en sus minas de diamantes y oro, estas últimas en el Transvaal, y por tanto no en territorio británico. Al norte de la colonia del Cabo, al otro lado del río Orange, había una república bóer, el Estado Libre de Orange. Más allá y separada por el río Vaal, había otra república bóer, Transvaal. Aún más allá, al otro lado del río Limpopo y continuando hacia el norte hasta el río Zambeze, estaba el salvaje reino nativo de los Matabeles. Con gran audacia personal, un oportunismo sin escrúpulos y un gasto extravagante de dinero, Rhodes obtuvo una apertura hacia el norte, pasando al oeste de las repúblicas bóeres, al conseguir el control británico en Gricualandia Occidental (1880), Bechuanalandia y el Protectorado de Bechuanalandia (1885). En 1888, Rhodes obtuvo una vaga, pero extensa concesión minera del jefe de los Matabeles, Lobengula, y la entregó a la Compañía Británica de Sudáfrica, organizada a tal efecto (1889). Rhodes obtuvo un acta constitutiva redactada de tal manera que la compañía tenía poderes muy amplios en una zona sin límites al norte, más allá del Protectorado de Bechuanalandia. Cuatro años después, los Matabeles fueron atacados y destruidos por el Dr. Jameson, y sus tierras fueron tomadas por la compañía. Sin embargo, la empresa no tuvo éxito comercial y no pagó dividendos durante treinta y cinco años (1889-1924) y solamente 12,5 chelines en cuarenta y seis años. Esto se compara con el 793,5 % de dividendos pagados por *Rhodes's Consolidated Gold Fields* en los cinco años entre 1889 y 1894 y el 125 % de dividendos que pagó en 1896. La mayor parte del dinero de la Compañía Sudafricana se utilizó en mejoras públicas como carreteras y escuelas, aunque no se encontraron minas ricas en su territorio (conocido como Rodesia) en comparación con las que se hallaban más al sur, en Transvaal.

A pesar de los términos de los testamentos de Rhodes, el propio Rhodes no era racista, tampoco era un político demócrata. Trabajaba con la misma facilidad y cercanía con los judíos, los nativos negros o los bóeres que con los ingleses. Pero creía apasionadamente en el valor de una educación liberal y era partidario de un sufragio restringido e incluso de un voto no secreto. En Sudáfrica fue amigo incondicional de los holandeses y de los negros, encontró su principal apoyo político entre los bóeres, al menos hasta 1895, y quería que las restricciones a los nativos se basaran en la educación y no en el color. Estas ideas han sido generalmente mantenidas por su grupo desde entonces y han jugado un papel importante en la historia imperial británica. Su mayor debilidad residía en el hecho de que su apasionado apego a sus objetivos le hacía ser excesivamente tolerante en cuanto a los métodos. No dudó en utilizar el soborno o la fuerza para conseguir sus fines si consideraba que eran eficaces. Esta debilidad le llevó a cometer sus mayores errores, la incursión de Jameson en 1895 y la Guerra de los Bóeres entre 1899 y 1902, errores que fueron desastrosos para el futuro del imperio que amaba.

SUDÁFRICA, 1895-1933

En 1895, la República del Transvaal presentaba un grave problema: todo el control político estaba en manos de una minoría rural de bóeres, atrasada, lectora de la Biblia y racista, mientras que toda la riqueza económica estaba en manos de una mayoría violenta y agresiva de extranjeros (uitlandeses), la mayoría de los cuales vivían en la nueva ciudad de Johannesburgo. A los uitlandeses, que eran dos veces más numerosos que los bóeres y poseían dos tercios de la tierra y nueve décimas partes de la riqueza del país, se les impedía participar en la vida política o adquirir la ciudadanía (salvo tras catorce años de residencia) y se les importunabacon una serie de pequeñas molestias y extorsiones, como las diferencias fiscales, el monopolio de la dinamita y las restricciones al transporte) y por los rumores de que el presidente del Transvaal, Paul Kruger, estaba intrigando para obtener algún tipo de intervención y protección alemana. En este punto, en 1895, Rhodes hizo sus planes para derrocar al gobierno de Kruger mediante un levantamiento en Johannesburgo, financiado por él mismo y Beit, y dirigido por su hermano Frank Rhodes, Abe Bailey y otros partidarios, seguido de una invasión de Transvaal por una fuerza dirigida por Jameson desde Bechuanalandia y Rhodesia. Flora Shaw utilizó *The Times* para preparar a la opinión pública en Inglaterra, mientras Albert Grey y otros negociaban con el secretario colonial Joseph Chamberlain el apoyo oficial que era necesario. Desgraciadamente, cuando la revuelta se desvaneció en Johannesburgo, Jameson hizo una incursión de todos modos en un intento de revivirla y fue capturado fácilmente por los bóeres. Los funcionarios públicos implicados denunciaron el complot, proclamaron enérgicamente su sorpresa por el suceso y consiguieron encubrir a la mayoría de los participantes en la posterior investigación parlamentaria. Un telegrama del káiser alemán al presidente Kruger de Transvaal, felicitándole por su éxito «en preservar la independencia de su país sin necesidad de pedir ayuda a sus amigos», fue convertido por *The Times* en un ejemplo de descarada injerencia alemana en los asuntos británicos y casi eclipsó la agresión de Jameson.

Rhodes fue detenido solo temporalmente, pero había perdido el apoyo de muchos de los bóeres. Durante casi dos años, sus amigos y él se mantuvieron en silencio, esperando a que pasara la tormenta para entonces empezar a actuar de nuevo. La propaganda, en su mayor parte verdadera, sobre la difícil situación de los uitlandeses en la República de Transvaal, inundó Inglaterra y Sudáfrica de la mano de Flora Shaw, W. T. Stead, Edmund Garrett y otros; Milner fue nombrado alto comisionado de Sudáfrica (1897); Brett se ganó la confianza de la monarquía para convertirse en su principal asesor político durante un período de más de veinticinco años (escribió cartas de consejo casi diarias al rey Eduardo durante su reinado, de 1901 a 1910). Mediante un proceso cuyos detalles son aún oscuros, un joven y brillante graduado de *Cambridge*, Jan Smuts, que había sido un vigoroso partidario de Rhodes y actuó como su agente en Kimberley hasta 1895, siendo uno de los miembros más importantes del grupo Rhodes-Milner en el período entre1908 y 1950, fue a Transvaal y mediante una violenta agitación antibritánica, se convirtió en secretario de Estado de ese país (aunque era súbdito británico) y asesor político principal del presidente Kruger; Milner realizó movimientos provocadores de tropas en las fronteras bóeres, a pesar de las enérgicas protestas de su general al mando en Sudáfrica, que tuvo que ser destituido; finalmente, la guerra se precipitó cuando Smuts redactó un ultimátum insistiendo en que cesaran los movimientos de tropas británicas y cuando este fue rechazado por Milner.

La Guerra de los Bóeres (1899–1902) fue uno de los acontecimientos más importantes de la historia imperial británica. La capacidad de 40 000 campesinos bóeres para contener a diez veces más británicos durante tres años, infligiéndoles una serie de derrotas durante ese período, destruyó la fe en el poder británico. Aunque las repúblicas bóeres fueron derrotadas y anexionadas en 1902, la confianza de Gran Bretaña se vio tan afectada, que ese mismo año firmó un tratado con Japón en el que se establecía que si alguno de los firmantes se veía envuelto en una guerra con dos enemigos en Extremo Oriente, el otro acudiría al rescate. Este tratado, que permitió a Japón atacar a Rusia en 1904, duró veinte años, ampliándose a Oriente Medio en 1912. Al mismo tiempo, la evidente simpatía de Alemania por los bóeres, combinada con el programa de construcción naval alemán de 1900, enemistó al pueblo británico con los alemanes y contribuyó en gran medida a la Entente anglo-francesa de 1904.

Milner se hizo cargo de las dos repúblicas bóeres derrotadas y las administró como territorio ocupado hasta 1905, utilizando un servicio civil de jóvenes reclutados para tal fin. Este grupo, conocido como el «Jardín de infantes de Milner», reorganizó al gobierno y la administración del Transvaal y la Colonia del Río Orange, desempeñando un papel importante en la vida sudafricana en general. Cuando Milner abandonó la vida pública en 1905 para dedicarse a las finanzas internacionales y a las empresas de Rhodes, lord Selborne, su sucesor como alto comisionado, se hizo cargo del *Jardín de infantes* y continuó utilizándolo. En 1906, un nuevo gobierno liberal en Londres concedió el autogobierno a los dos Estados bóeres. El *Jardín de infantes* pasó los siguientes cuatro años realizando un esfuerzo exitoso por crear una Federación Sudafricana. La tarea no fue fácil, incluso con apoyos tan poderosos como Selborne, Smuts (que era ahora la figura política dominante en Transvaal, aunque Botha ocupaba el puesto de primer ministro) y Jameson (que fue primer ministro de la Colonia del Cabo entre 1904 y 1908). El tema se abordó a través de un intercambio público de cartas preestablecido entre Jameson y Selborne. Entonces Selborne publicó un memorando, escrito por Philip Kerr (Lothian) y Lionel Curtis, en el que se pedía la unión de las cuatro colonias. Kerr fundó una revista (The State, financiada por sir Abe Bailey) que abogaba por la federación en cada número; Curtis y otros se apresuraron a organizar sociedades de «unión más estrecha»; Robert H. (lord) Brand y (sir) Patrick Duncan sentaron las bases de la nueva constitución. En la convención constitucional de Durban (en la que Duncan y B. K. Long eran asesores jurídicos) la delegación de Transvaal estaba controlada por Smuts y el *Jardín de infantes*. Esta delegación, fuertemente financiada, estrechamente organizada y que sabía exactamente lo que quería, dominó la convención, redactó la constitución para la Unión Sudafricana y consiguió que fuera ratificada (1910). Las hostilidades locales se resolvieron con una serie de ingeniosos acuerdos, entre ellos uno por el que los poderes legislativo, ejecutivo y judicial del nuevo Gobierno se ubicaron en tres ciudades diferentes. El grupo Rhodes-Milner reconocía que el nacionalismo bóer y la intolerancia al color eran amenazas para la estabilidad y la lealtad futuras de Sudáfrica, pero confiaba en la influencia política de Smuts y Botha, de los aliados de Rhodes y de los cuatro miembros del *Jardín de infantes* que se quedaron en Sudáfrica, para frenar estos problemas hasta que el tiempo pudiera moderar a los irreductiblesbóeres. En esto se equivocaron, porque, al morir hombres como Jameson (1917), Botha (1919), Duncan (1943), Long (1943) y Smuts (1950), no fueron reemplazados por hombres de igual lealtad y capacidad, con el resultado de que los extremistas bóeres, bajo D. F. Malan, llegaron al poder en 1948.

El primer gabinete de la Unión Sudafricana fue formado en 1910 por el Partido Sudafricano, mayoritariamente bóer, con Louis Botha como primer ministro. La verdadera autoridad del Gobierno era Smuts, que ocupaba tres de las nueve carteras, todas ellas importantes, y dominaba completamente a Botha. Su política de reconciliación con los ingleses y de apoyo leal a la conexión británica contó con la violenta oposición de los nacionalistas bóeres dentro del partido, dirigidos por J. B. M. Hertzog. Hertzog estaba ansioso por conseguir la independencia de Gran Bretaña y reservar el control político únicamente a los bóeres en una república sudafricana. Consiguió un apoyo cada vez mayor agitando las cuestiones lingüísticas y educativas, insistiendo en que todos los funcionarios del Gobierno debían hablar afrikáans y que este fuera un idioma obligatorio en las escuelas, con el inglés como segunda lengua voluntaria.

El partido de la oposición, conocido como Unionista, era mayoritariamente inglés y estaba liderado por Jameson apoyado por Duncan, Richard Feetham, Hugh Wyndham y Long. Financiado por los aliados de Milner y el Rhodes Trust, sus líderes consideraban que su principal tarea era «apoyar al primer ministro contra los extremistas de su propio partido». Long, como mejor orador, recibió la orden de atacar constantemente a Hertzog. Cuando Hertzog contraatacó con un lenguaje demasiado violento en 1912, fue expulsado del Gabinete y pronto se separó del Partido Sudafricano, uniéndose a los irreconciliables republicanos bóeres como Christiaan De Wet para formar el Partido Nacionalista. El nuevo partido adoptó una posición extremista anti-inglesa y anti-nativa.

El partido de Jameson, bajo su sucesor, sir Thomas Smartt (un agente a sueldo de la organización Rhodes), contenía elementos disidentes debido al crecimiento de los sindicatos de blancos que insistían en una legislación anti-nativa. En 1914, estos formaron un Partido Laborista independiente bajo el mando de F. H. P. Creswell y consiguieron que Smuts promulgara una ley que excluía a los nativos de la mayoría de los trabajos semicualificados o cualificados, o de cualquier puesto de alto nivel (1911). Los nativos se vieron obligados a trabajar por salarios, aunque fueran bajos, por la necesidad de obtener dinero en efectivo para los impuestos y por la insuficiencia de las reservas nativas para mantenerlos con sus propias actividades agrícolas. Mediante la Ley de Tierras de 1913, se reservó alrededor del 7% de la superficie de la tierra para la futura compra de tierras por parte de los nativos y el otro 93% para la compra por parte de los blancos. En esa época, la población nativa superaba a la blanca en al menos cuatro veces.

Como resultado de estas discriminaciones, los salarios de los nativos eran aproximadamente una décima parte de los de los blancos. Esta discrepancia en la remuneración permitía a los trabajadores blancos ganar sueldos comparables a los de los norteamericanos, aunque la renta nacional era baja y la productividad per cápita muy reducida (unos 125 dólares al año).

El gobierno de Botha-Smuts, entre 1910 y 1924, no hizo mucho por resolver los problemas casi insolubles a los que se enfrentaba Sudáfrica. A medida que se debilitaba y los nacionalistas de Hertzog se fortalecían, tuvo que recurrir con mayor frecuencia al apoyo del Partido Unionista. En 1920, se formó una coalición, y tres miembros de dicho partido, entre ellos Duncan, ocuparon puestos en el gabinete de Smuts. En las siguientes elecciones de 1924, los laboristas de Cresswell y los nacionalistas de Hertzog formaron un acuerdo que dejaba de lado la cuestión republicano-imperial y destacaba la importancia de las cuestiones económicas y nativas. Esta alianza derrotó al partido de Smuts y formó un Gabinete que se mantuvo en el cargo durante nueve años. Fue sustituido en marzo de 1933 por una coalición Smuts-Hertzog formada para hacer frente a la crisis económica derivada de la depresión mundial entre 1929 y 1935.

La derrota del grupo de Smuts en 1924 fue el resultado de cuatro factores, además de su propia personalidad imperiosa. Estos fueron (1) su violencia hacia los sindicatos y los huelguistas; (2) su fuerte apoyo a la conexión imperial, especialmente durante la guerra entre 1914 y 1918; (3) su negativa a mostrar entusiasmo por un programa anti-nativo y (4) las dificultades económicas de la depresión de posguerra y las sequías entre 1919 y 1923. Una huelga de mineros en 1913 fue seguida por una huelga general en 1914; en ambas, Smuts utilizó la ley marcial y las balas de ametralladora contra los huelguistas y en el último caso, deportó ilegalmente a nueve líderes sindicales a Inglaterra. Este problema apenas había remitido antes de que el Gobierno entrara en la guerra contra Alemania y participara activamente en la conquista del África alemana, así como en los combates en Francia. La oposición de los extremistas bóeres a esta prueba de la conexión inglesa fue tan violenta que dio lugar a una revuelta abierta contra el Gobierno y a un motín de varios contingentes militares que pretendían unirse a las pequeñas fuerzas alemanas en el suroeste de África. Los rebeldes fueron aplastados y miles de sus partidarios perdieron sus derechos políticos durante diez años.

Botha y, aún más, Smuts desempeñaron papeles importantes en el Gabinete imperial de guerra en Londres y en la Conferencia de Paz de 1919. El primero murió tan pronto como regresó a casa, dejando a Smuts como primer ministro para afrontar los agudos problemas de la posguerra. El colapso económico entre 1920 y 1923 fue especialmente duro en Sudáfrica, ya que los mercados de plumas de avestruz y de diamantes fueron aniquilados, los mercados del oro y de la exportación se vieron gravemente perjudicados y los años de sequía se impusieron. Los esfuerzos por reducir los costes en las minas mediante un mayor uso de mano de obra nativa condujeron a huelgas y finalmente a una revolución en el Rand (1922). Más de 200 rebeldes fueron asesinados. Como resultado, la popularidad de Smuts en su propio país alcanzó su punto más bajo, justo en el momento en que era elogiado casi a diario en Inglaterra como uno de los mejores hombres del mundo.

Estos cambios políticos en los asuntos internos de Sudáfrica no sirvieron para aliviar ninguno de los graves problemas económicos y sociales a los que se enfrentaba el país, al contrario, estos se agravaban año tras año. En 1921, la unión contaba con solo 1,5 millones de blancos, 4,7 millones de nativos, 545 mil mulatos («de color») y 166 mil indios. En 1936, los blancos solamente habían aumentado en medio millón, mientras que el número de nativos había subido casi dos millones. Estos nativos vivían en reservas inadecuadas y erosionadas o en horribles chabolasurbanas y estaban drásticamente restringidos en cuanto a movimientos, residencia u oportunidades económicas y casi no tenían derechos políticos o incluso civiles. En 1950, la mayoría de los trabajadores nativos de Johannesburgo vivían en un suburbio lejano en el que 90 000 africanos se apiñaban en 600 acres (aproximadamente 2 427 600 metros cuadrados) de chabolas sin saneamiento, casi sin agua corriente y con un servicio de autobuses tan inadecuado que tenían que hacer fila durante horas para conseguir un autobús que los llevara a la ciudad para trabajar. De este modo, los nativos se fueron «destribalizando», abandonando la fidelidad a sus propias costumbres y creencias (incluida la religión) sin asumir las costumbres o creencias de los blancos. De hecho, por lo general se les excluía de ello debido a los obstáculos que se les ponían en el camino hacia la educación o la propiedad. El resultado fue que los nativos fueron descendiendo progresivamente en la escala social hasta el punto de que se les negaron todas las oportunidades, excepto las de supervivencia y reproducción animal.

Casi la mitad de los blancos y muchos de los negros eran agricultores, pero las prácticas agrícolas eran tan deplorables que la escasez de agua y la erosión aumentaron con una rapidez espantosa y los ríos que habían fluido de forma constante en 1880 desaparecieron en gran medida en 1950. Cuando las tierras se volvieron demasiado secas para ser cultivadas, se destinaron al pastoreo, especialmente bajo el estímulo de los altos precios de la lana durante las dos grandes guerras, pero el suelo siguió convirtiéndose en polvo.

Debido al bajo nivel de vida de la población negra, había poco mercado interno para los productos agrícolas o para los bienes industriales. En consecuencia, la mayor parte de los productos del trabajo de dicha población y de los blancos se exportaban y los ingresos se utilizaban para pagar los bienes que no estaban disponibles localmente o para los lujos de los blancos. Pero la mayor parte del comercio de exportación era precario. Las minas de oro y de diamantes tenían que ser excavadas a tanta profundidad (por debajo de los 2130 metros) que los costes aumentaban considerablemente, mientras que la demanda de ambos productos fluctuaba mucho, ya que ninguno de ellos era una necesidad vital. No obstante, cada año se exportaba más de la mitad de la producción anual de todos los bienes de la Unión y aproximadamente un tercio del total lo representaba el oro.

El problema básico era la falta de mano de obra, no tanto la falta de ella como el bajo nivel de productividad de esas manos. Esto, a su vez, era el resultado de la falta de capitalización y de la jerarquía de color que se negaba a permitir que la mano de obra nativa se volviera cualificada. Además, lo barata que era la mano de obra no cualificada, especialmente en las granjas, hizo que la mayor parte del trabajo quedara en manos de los negros y muchos blancos se volvieron perezosos. Los blancos no cualificados, al no querer ni poder competir como mano de obra con los negros, se convirtieron en indolentes «blancos pobres». Al final de la Guerra de los Bóeres, el *Jardín de infantes* dispuso de la suma de 3 millones de libras esterlinas proporcionada por el tratado de paz a fin de que se utilizara para devolver a las familias bóeres de los campos de concentración a sus granjas. Se sorprendieron al descubrir que una décima parte de los bóeres eran «blancos pobres», no tenían tierras y no querían tenerlas. El *Jardín de infantes* decidió que esta triste condición se debía a la competencia de la mano de obra negra barata, conclusión que se incorporó al informe de una comisión creada por Selborne para estudiar el problema.

Este famoso informe de la Comisión de Indigencia de Transvaal, publicado en 1908, fue redactado por Philip Kerr (Lothian) y reeditado por el Gobierno de la Unión veinte años después. Más o menos en la misma época, el grupo se convenció de que la mano de obra negra no solamente desmoralizaba a la mano de obra blanca y le impedía adquirir las habilidades físicas necesarias para la autosuficiencia y la alta moral personal, sino que los negros eran capaces de aprender esas habilidades tan bien como los blancos. Como lo expresó Curtis en 1952: «Llegué a ver cómo la segregación racial afectaba a los blancos y los negros. Exentos del trabajo pesado por la costumbre y la ley, los blancos no adquieren ninguna habilidad en la artesanía porque la escuela de la habilidad es el trabajo pesado. Los negros, haciendo trabajos penosos, adquieren destreza. Todo el trabajo cualificado en las minas, como la perforación de rocas, era realizado por mineros importados de Cornualles que trabajaban en un régimen de segregación racial. Los taladros pesados eran fijados y conducidos bajo su dirección por nativos, estos mineros de Cornualles ganaban 1 libra al día, los nativos unos 2 centavos. Los mineros de Cornualles se pusieron en huelga para obtener un salario más alto, pero los negros, que al realizar los trabajos pesados habían aprendido a trabajar con los taladros, mantuvieron las minas en funcionamiento a un costo menor».

En consecuencia, el grupo *Milner-Round Table* elaboró un plan para reservar las partes tropicales de África al norte del río Zambeze para los nativos en condiciones tan atractivas, que los negros al sur de ese río se vieran atraídos a emigrar hacia el norte. Tal y como Curtis concibió este plan, un Estado u organismo administrativo internacional «se haría cargo de las dependencias británicas, francesas, belgas y portuguesas en el África tropical… Su política consistiría en fundar al norte del Zambeze un Dominio Negro en el que los negros pudieran poseer tierras, ejercer profesiones y estar en pie de igualdad con los blancos. La consecuencia inevitable sería que los trabajadores negros al sur del Zambeze emigrarían rápidamente de Sudáfrica y dejarían a los blancos sudafricanos hacer su propio trabajo pesado, lo que sería la salvación de los blancos». Aunque este proyecto no se llevó a cabo, proporcionó la clave de las políticas británicas sobre los nativos y los centroafricanos a partir de 1917. Por ejemplo, entre 1937 y 1939, Gran Bretaña hizo muchos esfuerzos en vano para negociar un acuerdo sobre las pretensiones coloniales de Alemania, según el cual este país renunciaría para siempre a dichas pretensiones sobre Tanganica y se le permitiría participar como miembro de una administración internacional de toda África tropical (incluidos el Congo belga y la Angola portuguesa, así como el territorio británico y francés) como una unidad en la que los derechos de los nativos serían primordiales. La tradición británica de conducta justa hacia los nativos, y los no blancos en general, se encontraba con mayor frecuencia entre los más educados de la clase alta inglesa y entre aquellos grupos de clase baja, como los misioneros, donde las influencias religiosas eran más fuertes. Esta tradición se vio muy reforzada por las acciones del grupo Rhodes-Milner, especialmente después de 1920. Rhodes despertó un considerable malestar entre los blancos de Sudáfrica cuando anunció que su programa incluía «la igualdad de derechos para todos los hombres civilizados al sur del Zambeze» y siguió indicando que los «hombres civilizados» incluían a los negros ambiciosos y alfabetizados. Cuando Milner se hizo cargo de los Estados bóeres en 1901, intentó seguir la misma política. El tratado de paz de 1902 prometía que no se concedería el derecho de voto a los bóeres derrotados, pero Milner intentó organizar los gobiernos de los municipios, empezando por Johannesburgo, para que los nativos pudieran votar. Esto fue bloqueado por el *Jardín de infantes* (dirigido por Curtis, que se encargó de la reorganización municipal entre 1901 y 1906) porque consideraban más urgente la reconciliación con los bóeres como paso previo a la Unión Sudafricana. Del mismo modo, Smuts, como principal figura política en Sudáfrica después de 1910, tuvo que restar importancia a los derechos de los nativos para conseguir el apoyo de los bóeres y de los trabajadores ingleses al resto de su programa.

Sin embargo, el grupo Rhodes-Milner estaba en mejor posición para llevar a cabo sus planes en las partes no autónomas de África fuera de la Unión. En Sudáfrica, las autoridades imperiales mantuvieron los tres protectorados nativos de Esuatini, Bechuanalandia y Basutolandia como zonas en las que los derechos de los nativos eran primordiales y en las que las formas de vida tribales podían mantenerse al menos parcialmente. Sin embargo, algunas costumbres tribales, como las que exigían que un joven demostrara su hombría sometiéndose a sufrimientos inhumanos, participando en guerras o robos de ganado antes de poder casarse o convertirse en un miembro de pleno derecho de la tribu, tuvieron que ser restringidas. En el siglo XX se sustituyeron por la costumbre de trabajar en las minas de Sudáfrica como obreros contratados durante unos años. Este trabajo era tan pesado y mortífero como lo había sido antes la guerra tribal, ya que las muertes por enfermedad y accidente eran muy elevadas. Pero, al someterse a esta prueba durante unos cinco años, los supervivientes obtenían suficientes ahorros para poder regresar a sus tribus, comprar suficiente ganado y esposas para mantenerse como miembros de pleno derecho de la tribu durante el resto de sus días. Desgraciadamente, este procedimiento no dio lugar a buenas prácticas agrícolas, sino al sobrepastoreo, sequía y erosión crecientes y a una gran presión demográfica en las reservas nativas, también dejó a las minas sin una oferta de mano de obra segura, por lo que fue necesario reclutar mano de obra contratada cada vez más al norte. Los esfuerzos del Gobierno de la Unión por fijar los límites del norte más allá de los cuales se prohibía el reclutamiento de mano de obra, dieron lugar a controversias con los jefes de las empresas, a frecuentes cambios en la normativa y a evasiones generalizadas. Como consecuencia de un acuerdo alcanzado por Milner con las autoridades portuguesas, alrededor de una cuarta parte de los nativos que trabajaban en las minas sudafricanas procedían de África Oriental portuguesa, incluso hasta 1936.

LA CREACIÓN DE LA COMMONWEALTH, 1910–1926

Tan pronto como Sudáfrica se unió en 1910, el *Jardín de infantes* regresó a Londres para intentar federar todo el Imperio por los mismos métodos; tenían prisa por conseguirlo antes de la guerra con Alemania que creían que se acercaba. Con el dinero de Abe Bailey fundaron *The Round Table* (la Mesa Redonda) bajo la dirección de Kerr (Lothian), se reunieron en cónclaves formales presididos por Milner para decidir el destino del Imperio y reclutaron nuevos miembros para su grupo, principalmente del *New College*, del que Milner era miembro. Entre los nuevos reclutas figuraban un historiador, F. S. Oliver, (sir) Alfred Zimmern, (sir) Reginald Coupland, lord Lovat y Waldorf (lord) Astor. Curtis y otros fueron enviados por todo el mundo para organizar grupos de la *Mesa Redonda* en las principales dependencias británicas.

Durante varios años (1910–1916) los grupos de la Mesa Redonda trabajaron desesperadamente tratando de encontrar una fórmula aceptable para federar el Imperio. De estos debates surgieron tres libros y muchos artículos, pero poco a poco quedó claro que la federación no era aceptable para las coloniasde habla inglesa. Poco a poco, se decidió disolver todos los vínculos formales entre estas colonias, excepto, quizás, la lealtad a la Corona, y depender de la perspectiva común de los ingleses para mantener el Imperio unido. Esto implicaba cambiar el nombre de «Imperio británico» por el de «Commonwealth de Naciones», como en el título del libro de Curtis de 1916, otorgar a los principales países dependientes, incluidos la India e Irlanda, su completa independencia (pero de forma gradual mediante donaciones gratuitas y no bajo coacción), trabajar para que Estados Unidos se sumara más a esta misma orientación, y tratar de solidificar los vínculos intangibles de sentimiento mediante la propaganda entre los líderes financieros, educativos y políticos de cada país.

Los esfuerzos por estrechar la relación de las antiguas colonias con la madre patria no eran en absoluto nuevos en 1910, ni fueron apoyados únicamente por el grupo Rhodes-Milner y, sin embargo, las acciones de este grupo eran omnipresentes. El pobre rendimiento militar de las fuerzas británicas durante la Guerra de los Boéres llevó a la creación de una comisión para investigar la Guerra de Sudáfrica, con Lord Esher (Brett) como presidente (1903). Entre otros puntos, esta comisión recomendó la creación de un Comité de Defensa Imperial permanente. Esher se convirtió en presidente (no oficial) de este comité, cargo que ocupó durante el resto de su vida (1905–1930). Fue capaz de establecer un estado mayor imperial en 1907 y de conseguir una completa reorganización de las fuerzas militares de Nueva Zelanda, Australia y Sudáfrica para que pudieran incorporarse a las fuerzas imperiales en caso de emergencia (1909–1912). En el propio comité creó una Secretaría capacitada que cooperó lealmente con el grupo Rhodes-Milner a partir de entonces. Entre estos hombres se encontraban (sir) Maurice (más tarde lord) Hankey y (sir) Ernest Swinton (que inventó el tanque en 1915). Cuando, en 1916–1917, Milner y Esher persuadieron al Gabinete de que creara una Secretaría por primera vez, la tarea se encomendó en gran medida a la misma desde el Comité de Defensa Imperial. Así, Hankey fue secretario del Comité durante treinta años (1908–1938), del Gabinete durante veintidós años (1916–1938), secretario del Consejo Privado durante quince años (1923–1938), secretario general de las cinco conferencias imperiales celebradas entre 1921 y 1937, secretario de la delegación británica en casi todas las conferencias internacionales importantes celebradas entre la Conferencia de Versalles de 1919 y la Conferencia de Lausana de 1932 y uno de los principales asesores de los gobiernos conservadores después de 1939.

Hasta 1907, las partes de ultramar del Imperio (excepto la India) se comunicaban con el gobierno imperial a través del secretario de Estado para las colonias. Para complementar esta relación, en 1887, 1897, 1902, 1907, 1911, 1917 y 1918 se celebraron en Londres conferencias de los primeros ministros de las colonias autónomas para discutir problemas comunes. En 1907, se decidió celebrar estas conferencias cada cuatro años, llamar a las colonias autónomas «Dominios» y prescindir del secretario colonial estableciendo un nuevo departamento de dominios. La influencia de Ruskin, entre otras cosas, pudo verse en el énfasis que puso la Conferencia Imperial de 1911 en que el Imperio se basaba en una triple base de (1) estado de derecho, (2) autonomía local y (3) tutela de los intereses y las fortunas de aquellos súbditos que aún no habían alcanzado la autonomía.

La conferencia de 1915 no pudo celebrarse a causa de la guerra, pero tan pronto como Milner se convirtió en uno de los cuatro miembros del Gabinete de Guerra en 1915, su influencia comenzó a sentirse en todas partes. Hemos mencionado que entre 1916 y 1917 estableció una Secretaría del Gabinete formada por dos protegidos de Esher (Hankey y Swinton) y dos de los suyos (sus secretarios, Leopold Amery y W. G. A. Ormsby-Gore, más tarde lord Harlech). Al mismo tiempo, dotó al primer ministro, Lloyd George, de una Secretaría de la *Mesa Redonda*, formada por Kerr (Lothian), Grigg (lord Altrincham), W. G. S. Adams (*Fellow del All Souls College*) y Astor. Creó un Gabinete de Guerra Imperial añadiendo a los primeros ministros de los Dominios (especialmente a Smuts) al Gabinete de Guerra del Reino Unido. También convocó las conferencias imperiales de 1917 y 1918 e invitó a los Dominios a establecer ministros residentes en Londres. Al finalizar la guerra en 1918, Milner asumió el cargo de secretario colonial, con Amery como ayudante, negoció un acuerdo que proporcionaba la independencia a Egipto, estableció una nueva constitución de autonomía en Malta, envió a Curtis a la India (donde redactó las principales disposiciones de la Ley del Gobierno de la India de 1919), nombró a Curtis para el puesto de consejero de Asuntos Irlandeses (donde desempeñó un papel importante en la concesión del estatus de Dominio a Irlanda del Sur en 1921), dio permiso a Canadá para establecer relaciones diplomáticas separadas con Estados Unidos (el primer ministro era el yerno del colaborador más cercano de Milner en el Rhodes Trust) y convocó la Conferencia Imperial de 1921.

Durante esta década, entre 1919 y 1929, el grupo Rhodes-Milner dio el principal impulso a la transformación del Imperio británico en la Commonwealth de Naciones y al lanzamiento de la India en el camino hacia la autonomía responsable. La creación de los grupos de la *Mesa Redonda* por el *Jardín de infantes* de Milner entre 1909 y 1913 instauró una nueva época en estos dos campos, aunque todo el grupo era tan secreto que, incluso hoy, muchos estudiosos del tema no son conscientes de su importancia. Estos hombres habían formado su desarrollo intelectual en *Oxford* sobre la oración fúnebre de Pericles, tal como se describe en un libro de un miembro del grupo, *The Greek Commonwealth* (La mancomunidad griega, 1911) de (sir) Alfred Zimmern, sobre *On Conciliation with America* (*Sobre la conciliación con América*) de Edmund Burke, sobre *Growth of British Policy (El crecimiento de la política británica)* de sir J. B. Seeley, sobre *The Law and Custom of the Constitution (La ley y la costumbre de la constitución)* de A. V. Dicey y sobre el «Sermón de la Montaña» del *Nuevo Testamento*. Este último influyó especialmente en Lionel Curtis. Tenía la convicción fanática de que con el espíritu y la organización adecuados (autonomía local y federalismo), el Reino de Dios podría establecerse en la tierra. Estaba seguro de que, si se confiaba en las personas un poco más allá de lo que merecían, responderían demostrando que eran dignas de esa confianza. Como escribió en *The Problem of a Commonwealth* (*El problema en la mancomunidad*, 1916), «si se concede el poder político a los grupos antes de que sean aptos, tenderán a estar a la altura de la necesidad». Este fue la ideología que el grupo de Milner trató de utilizar con los bóeres entre 1902 y 1910, con la India entre 1910 y 1947 y por desgracia, con Hitler entre 1933 y 1939. Este punto de vista se reflejó en los tres volúmenes de Curtis sobre la historia del mundo, publicados como *Civitas Dei* en 1938. En el caso de Hitler, al menos, estos elevados ideales condujeron al desastre; este parece ser también el caso de Sudáfrica; si este grupo logró transformar al Imperio Británico en una Commonwealth de naciones o simplemente logró destruirlo no está todavía claro, pero una cosa parece tan probable como la otra.

Quedará claro para todos los que lo estudien esto, que estas ideas no eran únicamente las de Curtis, sino que eran sostenidas por el grupo en su conjunto. Cuando Lord Lothian murió en Washington en 1940, Curtis publicó un volumen de sus discursos e incluyó el obituario que Grigg había escrito para *La Mesa Redonda*. De Lothian se decía: «Sostenía que los hombres debían esforzarse por construir el Reino de los Cielos aquí en esta tierra, y que el liderazgo en esa tarea debía recaer en primer lugar en los pueblos de habla inglesa». Otras actitudes de este influyente grupo pueden recogerse en algunas citas de cuatro libros publicados por Curtis entre 1916 y 1920: «El Estado de derecho, en contraste con el gobierno de un individuo, es la marca distintiva de la Commonwealth. En los despotismos, el gobierno se basa en la autoridad del gobernante o del poder invisible e incontrolable que lo respalda, en una Commonwealth los gobernantes derivan su autoridad de la ley y la ley de una opinión pública que es competente para cambiarla... La idea de que el principio de la Commonwealth implica el sufragio universal traiciona la ignorancia de su verdadera naturaleza. Ese principio significa simplemente que el gobierno se basa en el deber de los ciudadanos entre sí y que ha de recaer en aquellos que son capaces de anteponer los intereses públicos a los suyos propios... La tarea de preparar para la libertad a las razas que aún no pueden gobernarse a sí mismas es el deber supremo de quienes pueden hacerlo. Es el fin espiritual para el que existe la Commonwealth y el orden material no es más que un medio para ello... Los pueblos de la India y Egipto, al igual que los de las Islas Británicas y los Dominios, deben ser instruidos gradualmente en la gestión de sus asuntos nacionales... Todo el efecto de la guerra (de 1914 a 1918) fue llevar los movimientos agrupados desde hacía tiempo a un punto crítico... El compañerismo en las armas avivó... un resentimiento latente durante mucho tiempo contra la presunción de que los europeos estaban destinados a dominar el resto del mundo. Cada parte de Asia y África estaba estallando en llamas... Personalmente, considero que este desafío a la pretensión largamente incuestionada del hombre blanco de dominar el mundo, es inevitable y saludable, especialmente para nosotros mismos... El mundo está en la agonía que precede a la creación o a la muerte. Toda nuestra raza ha superado el estado meramente nacional y, tan cierto como que el día sigue a la noche o la noche al día, pasará a una Commonwealth de naciones o a un imperio de esclavos. Y la cuestión de estas agonías depende de nosotros».

Con este espíritu, el grupo Rhodes-Milner intentó elaborar planes para una federación del Imperio Británico entre 1909 y 1916. Poco a poco, este proyecto fue sustituido o pospuesto a favor del proyecto de libre cooperación de la Commonwealth. Milner parece haber aceptado el objetivo menor después de una reunión, patrocinada por la Asociación Parlamentaria del Imperio, el 28 de julio de 1916, en la que esbozó el proyecto de federación con muchas referencias a los escritos de Curtis, pero se encontró con que ningún miembro del Dominio presente lo aceptaría. En la Conferencia Imperial de 1917, bajo su dirección, se resolvió que «cualquier reajuste de las relaciones constitucionales... debería basarse en el pleno reconocimiento de los Dominios como naciones autónomas de una Commonwealth Imperial y de la India como una parte importante de la misma; asimismo debería reconocer el derecho de los Dominios y de la India a tener una voz válida en la política exterior y en las relaciones exteriores y debería proporcionar acuerdos efectivos para la consulta continua en todos los asuntos importantes de interés imperial común». Otra resolución pedía la plena representación de la India en las futuras conferencias imperiales. Esto se hizo en 1918. En esta segunda Conferencia imperial en tiempos de guerra se resolvió que los primeros ministros de los Dominios podrían comunicarse directamente con el primer ministro del Reino Unido y que cada Dominio (y la India) podría establecer ministros residentes en Londres que tendrían puestos en el Gabinete de Guerra Imperial. Milner fue el principal impulsor de estos avances, y esperaba que el Gabinete de Guerra Imperial siguiera reuniéndose anualmente después de la guerra, pero no fue así.

Durante estos años, entre 1917 y 1918, se redactó una declaración que establecía la independencia total de los Dominios, excepto la lealtad a la corona. Esta no se publicó hasta 1926, en su lugar, el 9 de julio de 1919, Milner emitió una declaración oficial que decía: «El Reino Unido y los Dominios son naciones asociadas; que de hecho aún no tienen el mismo poder, pero sí con el mismo estatus... La única posibilidad de que continúe el Imperio Británico es sobre la base de una asociación absolutamente igualitaria entre el Reino Unido y los Dominios. Lo digo sin ningún tipo de reserva». Este punto de vista se reafirmó en la llamada Declaración Balfour de 1926 y se convirtió en ley como el Estatuto de Westminster en 1931. B. K. Long, del grupo de la *Mesa Redonda* Sudafricana (que fue editor colonial de *The Times* entre 1913 y 1921 y editor del periódico de Rhodes, *The Cape Times*, en Sudáfrica entre 1922 y 1935) nos dice que las disposiciones de la declaración de 1926 se acordaron en 1917, durante la Conferencia Imperial convocada por Milner. Fueron formuladas por John W. Dafoe, editor del *Winnipeg Free Press* durante 43 años y el periodista más influyente de Canadá durante gran parte de ese período. Dafoe persuadió al primer ministro canadiense, sir Robert Borden, para que aceptara sus ideas y luego trajo a Long y Dawson (editor de *The Times*). Dawson negoció el acuerdo con Milner, Smuts y otros. Aunque Australia y Nueva Zelanda estaban lejos de estar satisfechas, la influencia de Canadá y de Sudáfrica condujo al acuerdo. Nueve años más tarde se publicó bajo el nombre de Balfour en una conferencia convocada por Amery.

ÁFRICA ORIENTAL, 1910-1931

En el imperio dependiente, especialmente en África tropical al norte del río Zambeze, el grupo Rhodes-Milner no pudo lograr la mayor parte de sus deseos, pero pudo ganar una amplia publicidad para ellos, especialmente para sus puntos de vista sobre las cuestiones nativas. Dominó la Oficina Colonial en Londres, al menos durante la década de 1919 a 1929. Allí Milner fue secretario de Estado entre 1919 y 1921 y Amery entre 1924 y 1929, mientras que el puesto de subsecretario parlamentario fue ocupado por tres miembros del grupo durante la mayor parte de la década. La publicidad de sus puntos de vista sobre la civilización de los nativos y su formación para una eventual autonomía recibió una amplia difusión, no solo por parte de las fuentes oficiales sino también de las organizaciones académicas y periodísticas imperantes. Como ejemplos de esto podemos mencionar los escritos de Coupland, Hailey, Curtis, Grigg, Amery y Lothian, todos ellos miembros de *mesas redondas*. En 1938, lord Hailey editó un gigantesco volumen de 1837 páginas titulado *An Africa Survey*. Esta obra fue sugerida por primera vez por Smuts en Rhodes House, Oxford, en 1929, y contenía un prólogo de Lothian, y un consejo editorial formado por Lothian, Hailey, Coupland, Curtis y otros. Este sigue siendo el mejor libro sobre el África moderna. Estas y otras personas, a través de *The Times, The Round Table, The Observer, Chatham House* y otros conductos, se convirtieron en la principal fuente de ideas sobre los problemas coloniales en el mundo de habla inglesa; sin embargo, no pudieron cumplir su programa.

En el transcurso de la década de 1920, el programa de la *Mesa Redonda* para África Oriental quedó paralizado por un debate sobre la prioridad que debía darse a los tres aspectos del proyecto del grupo para un Dominio negro al norte del Zambeze. Las tres partes eran (1) derechos de los nativos, (2) «Unión más estrecha» y (3) fideicomiso internacional. En general, el grupo dio prioridad a la *Unión más estrecha*(federación de Kenia con Uganda y Tanganica), pero la ambigüedad de sus ideas sobre los derechos de los nativos hizo posible que el Dr. Joseph H. Oldham, portavoz de los grupos misioneros no conformistas organizados, llevara a cabo un exitoso movimiento de oposición a la federación de África Oriental. En este movimiento, Oldham encontró un poderoso aliado en lord Lugard y un considerable apoyo de otras personas al corriente, como Margery Perham.

Los miembros de las *mesas redondas*, que no conocían de primera mano la vida de los nativos, ni siquiera África tropical, eran devotos partidarios del modo de vida inglés y no veían mayor beneficio para los nativos que ayudarles a avanzar en esa dirección. Sin embargo, esto destruiría inevitablemente la organización tribal de la vida, así como los sistemas nativos de tenencia de la tierra, que generalmente se basaban en la posesión tribal de la misma. Los colonos blancos estaban ansiosos por ver desaparecer estas cosas, ya que en general deseaban incorporar la mano de obra nativa y las tierras africanas al mercado comercial. Oldham y Lugard se oponían a ello porque consideraban que conduciría a la propiedad blanca de grandes extensiones de tierra en las que los nativos destribalizados y desmoralizados subsistirían como esclavos asalariados. Además, para Lugard, la economía en la administración colonial requería que los nativos fueran gobernados bajo su sistema de «gobierno indirecto» a través de los jefes tribales. Hacer que la Unión fuera más estrecha se convirtió en un objetivo controvertido en esta disputa, porque implicaba un aumento gradual de la autonomía local que llevaría a un mayor grado de dominio de los colonos blancos.

La oposición para que la Unión se hiciera más estrecha en África Oriental consiguió frenar este proyecto a pesar de la superioridad de la *Mesa Redonda* en la Oficina Colonial, principalmente por la negativa del primer ministro Baldwin a actuar con rapidez. Esto retrasó el cambio hasta que el gobierno laborista asumió el poder en 1929; en este la influencia pro-nativa e inconformista (especialmente cuáquera) fue más fuerte.

La cuestión de la administración fiduciaria entró en esta controversia porque Gran Bretaña estaba obligada, como potencia mandataria, a mantener los derechos de los nativos en Tanganica a satisfacción de la Comisión de Mandatos de la Sociedad de Naciones. Esto supuso un gran obstáculo en el camino de los esfuerzos de la Mesa Redonda para unir Tanganica con Kenia y Uganda en un Dominio negro que estaría bajo un tipo muy diferente de administración fiduciaria de las potencias coloniales africanas. En el sur, en las Rodas y Nyasalandia, la obsesión de la *Mesa Redonda* por la federación no se topó con este obstáculo y esa zona fue finalmente federada en 1953, a pesar de las protestas de los nativos; pero esta creación, la Federación Centroafricana, volvió a romperse en 1964. Curiosamente, el sistema de mandatos de la Sociedad de Naciones, que se convirtió en un obstáculo para los planes de la *Mesa Redonda*, fue en gran medida una creación de esta.

El Grupo Milner aprovechó la derrota de Alemania en 1918 como una oportunidad para imponer a ciertas potencias la obligación internacional de tratar con justicia a los nativos en las regiones arrebatadas a Alemania. Esta oportunidad fue de gran importancia porque, justo en ese momento, el anterior impulso en esta dirección surgido de los misioneros comenzaba a debilitarse como consecuencia del declive general del sentimiento religioso en la cultura europea.

El principal problema en África Oriental surgió de la posición de los colonos blancos de Kenia. Aunque esta colonia descansa directamente sobre el ecuador, sus tierras altas interiores, de 1200 a 3000 metros de altura, estaban bien adaptadas al asentamiento blanco y a los métodos agrícolas europeos. La situación era peligrosa en 1920 y fue empeorando constantemente a medida que pasaban los años, hasta que, en 1950, Kenia tenía el problema nativo más crítico de África. Se diferenciaba de Sudáfrica en que carecía de autonomía, de minas ricas o de una población blanca dividida, pero tenía muchos problemas comunes, como las reservas nativas superpobladas, la erosión del suelo y los negros descontentos y destribalizados que trabajaban por sueldos bajos en tierras propiedad de los blancos. En 1910, había unos dos millones de negros y solamente 3000 blancos. Cuarenta años más tarde tenía unos 4 millones de negros, 100 000 indios, 24 000 árabes y únicamente 30 000 blancos (de los cuales el 40 % eran empleados del Gobierno). Pero lo que a los blancos les faltaba en número lo compensaban en determinación. Las tierras altas provechosas se reservaron para la propiedad blanca ya en 1908, aunque no se delimitaron y garantizaron hasta 1939. Se organizaron como granjas muy grandes, en su mayoría sin desarrollar, de las cuales solamente había 2000 que cubrían alrededor de 2 500 000 hectáreas en 1940. Muchas de estas granjas eran de más de 120 kilómetros cuadrados y habían sido obtenidas del Gobierno, ya sea por compra o en arrendamientos muy largos (999 años) por solo costos nominales (rentas de unos dos centavos al año por 4000 metros cuadrados). Las reservas nativas sumaban unas 13 000 000 de hectáreas de tierras generalmente más pobres, es decir, cinco veces más tierra para los negros, aunque tenían al menos 150 veces más personas. Los indios, principalmente en el comercio y la artesanía, eran tan trabajadores que gradualmente llegaron a poseer la mayoría de las áreas comerciales tanto en las ciudades como en las reservas nativas.

Los dos grandes temas de controversia en Kenia se referían al suministro de mano de obra y al problema de la autonomía, aunque problemas menos inquietantes, como la tecnología agrícola, el saneamiento y la educación, eran de vital importancia. Los blancos intentaron aumentar la presión sobre los nativos para que trabajaran en sus granjas en lugar de buscarse la vida en sus propias tierras dentro de las reservas, obligándoles a pagar impuestos en efectivo, reduciendo el tamaño o la calidad de las reservas, restringiendo las mejoras en las técnicas agrícolas de los nativos, mediante la presión y la coacción personal y política. El esfuerzo por utilizar la compulsión política alcanzó su punto culminante en 1919 y fue detenido por Milner, aunque su grupo, al igual que Rhodes en Sudáfrica, estaba ansioso por hacer que los nativos fueran más diligentes y ambiciosos mediante cualquier tipo de presión social, educativa o económica. Los colonos alentaron a los nativos a vivir fuera de las reservas de varias maneras: por ejemplo, permitiéndoles establecerse como ocupantes ilegales en las fincas de los blancos a cambio de un mínimo de 180 días de trabajo al año con los bajos salarios habituales. Para ayudar tanto a los agricultores blancos como a los negros, no solamente en Kenia sino en todo el mundo, Milner creó, como organismo de investigación, un Colegio Imperial de Agricultura Tropical en Trinidad en 1919.

Como consecuencia de varias presiones que hemos mencionado, especialmente la necesidad de pagar impuestos que promediaban, quizás, el salario de un mes al año y en conjunto, quitaban a los nativos una suma mayor que la obtenida por la venta de sus productos, el porcentaje de hombres adultos que trabajaban fuera de las reservas aumentó de alrededor del 35 % en 1925, a más del 80 % en 1940. Esto tuvo efectos muy nocivos en la vida tribal, la vida familiar, la moral nativa y la disciplina familiar, aunque parece haber tenido efectos beneficiosos en la salud y la educación general de los autóctonos.

El verdadero punto decisivo de la controversia antes del levantamiento Mau Mau entre 1948 y 1955 era el problema de la autonomía. Señalando a Sudáfrica, los colonos de Kenia exigían un gobierno autónomo que les permitiera imponer restricciones a las personas que no fuesen blancas. En 1906, se organizó un gobierno colonial local dependiente de la Oficina colonial; como era habitual en estos casos, estaba formado por un gobernador designado, asistido por un Consejo Ejecutivo nombrado y asesorado por un Consejo Legislativo. Este último contaba, también como es habitual, con una mayoría de funcionarios y una minoría de extranjeros «no oficiales». Solo en 1922, la parte no oficial pasó a ser electiva y solo en 1949 se convirtió en mayoría del conjunto. Los esfuerzos por establecer un elemento electivo en el Consejo Legislativo entre 1919 y 1923 dieron lugar a una violenta controversia. El proyecto elaborado por el propio Consejo preveía únicamente miembros europeos elegidos por un electorado europeo. Milner añadió dos miembros indios elegidos por un electorado indio separado. En la controversia resultante, los colonos trataron de obtener su plan original, mientras que Londres pretendía un censo electoral único, de tamaño restringido en base a las calificaciones educativas y la propiedad, pero sin mención a la raza. Para resistirse, los colonos organizaron un comité de vigilancia y planearon tomar la colonia, secuestrar al gobernador y formar una república federada de alguna manera con Sudáfrica. De esta controversia surgió finalmente un compromiso, el famoso Libro Blanco de Kenia de 1923, y el nombramiento de sir Edward Grigg como gobernador para el período entre 1925 y 1931. El compromiso otorgó a Kenia un Consejo Legislativo con representantes del gobierno imperial, los colonos blancos, los indios, los árabes y un misionero blanco para representar a los negros. A excepción de los colonos y los indios, la mayoría de ellos eran nombrados en lugar de elegidos, pero en 1949, al aumentarse el número de miembros, se amplió la elección y solamente se nombraron los miembros oficiales y los negros (4 de 41).

El Libro Blanco de Kenia de 1923 surgió de un problema específico en una sola colonia, pero siguió siendo la declaración formal de la política imperial en África tropical. Decía: «Principalmente, Kenia es un territorio africano y el gobierno de Su Majestad considera necesario dejar constancia de su opinión de que los intereses de los nativos africanos deben ser primordiales y que, si esos intereses y los de las razas inmigrantes entran en conflicto, los primeros deben prevalecer... En la administración de Kenia, el gobierno de Su Majestad se considera a sí mismo como el ejercicio de un fideicomiso en nombre de la población africana y no puede delegar o compartir este fideicomiso, cuyo objeto puede definirse como la protección y el progreso de las razas autóctonas».

Como resultado de estos problemas en Kenia y de la continua invasión de los colonos blancos en las reservas nativas, Amery envió a uno de los miembros más importantes del grupo de Milner a la colonia como gobernador y comandante en jefe. Se trataba de sir Edward Grigg (lord Altrincham), que había sido miembro del *Jardín de infantes* de *Milner*, editor de *The Round Table* y de *The Times* (1903–1905, 1908–1913), secretario de Lloyd George y de los Rhodes Trustees (1923–1925) y un prolífico escritor sobre Asuntos Imperiales, Coloniales y Exteriores británicos. En Kenia trató de proteger las reservas de los nativos, al tiempo que los obligaba a desarrollar hábitos industriales mediante el trabajo constante, a desplazar la atención de los blancos de los problemas políticos a los técnicos, como la agricultura, y a trabajar por la consolidación de África tropical en una sola unidad territorial. En 1930, forzó la aprobación de la Legislatura Colonial de la Ordenanza de Fideicomiso de tierras nativas que garantizaba las reservas oriundas, pero estas reservas seguían siendo inadecuadas y se veían cada vez más perjudicadas por las malas prácticas agrícolas. Únicamente en 1925 se inició un esfuerzo sostenido para mejorar dichas prácticas por parte de los indígenas. Alrededor de la misma época se hicieron esfuerzos para extender el uso de los tribunales y los consejos consultivos autóctonos y para formar a la población oriunda para un servicio administrativo. Todos estos esfuerzos tuvieron un éxito lento, variado y (en general) indiferente, principalmente debido a la reticencia de los nativos a cooperar y a su creciente sospecha sobre los motivos de los hombres blancos, incluso cuando estos estaban muy dispuestos a ayudar. La causa principal de esta creciente sospecha (que en algunos casos alcanzó un nivel psicótico) parece ser el hambre insaciable de religión de los nativos y su convicción de que los blancos eran hipócritas, que enseñaban una religión que no obedecían, eran traidores a las enseñanzas de Cristo y las utilizaban para controlarles y traicionar sus intereses, amparándose en ideas religiosas que los propios blancos no observaban en la práctica.

INDIA HASTA 1926

En la década entre 1910 y 1920, los dos mayores problemas a los que había que enfrentarse para crear una Commonwealth de naciones eran la India e Irlanda. No cabe duda de que la India constituía un rompecabezas infinitamente más complejo, por ser más remota y visualizada con menor claridad, que Irlanda. Cuando la Compañía Británica de las Indias Orientales se convirtió en la potencia dominante en la India a mediados del siglo XVIII, el Imperio mogol estaba en las últimas fases de desintegración. Los gobernantes provinciales solamente tenían títulos nominales, suficientes para aportarles un inmenso tesoro en impuestos y rentas, pero en general carecían de voluntad o fuerza para mantener el orden. Los más vigorosos intentaban ampliar sus dominios a costa de los más débiles, oprimiendo en el proceso al campesinado amante de la paz, mientras que todo el poder legal era desafiado por bandas advenedizas itinerantes y tribus saqueadoras. De estas tribus obstinadas, las más importantes fueron los *marathas*. Estos devastaron sistemáticamente gran parte del centro-sur de la India en la última mitad del siglo XVIII, obligando a cada pueblo a comprar una inmunidad temporal contra la destrucción, pero reduciendo constantemente la capacidad del campo para satisfacer sus demandas debido al rastro de muerte y desorganización económica que dejaron a su paso. En 1900, únicamente se cultivaba una quinta parte de la tierra en algunas zonas.

Aunque la Compañía de las Indias Orientales era una empresa comercial, interesada principalmente en los beneficios, y por lo tanto reacia a asumir un papel político en esta caótica campiña, tuvo que intervenir una y otra vez para restablecer el orden, sustituyendo a un gobernante nominal por otro e incluso haciéndose cargo del gobierno de aquellas zonas en las que le afectaba directamente. Además, la codicia de muchos de sus empleados los llevó a intervenir como poderes políticos para desviar a sus propios bolsillos parte de la fabulosa riqueza que veían pasar. Por estas dos razones, las áreas bajo el dominio de la Compañía, aunque no eran contiguas, se expandieron constantemente hasta que, en 1858, cubrían las tres quintas partes del país. Fuera de las zonas británicas había más de quinientos dominios principescos, algunos no más grandes que una sola aldea, pero otros tan extensos como algunos Estados de Europa. En este punto, entre 1857 y 1858, una repentina y violenta insurrección de las fuerzas indias, conocida como el Gran Motín, supuso el fin del Imperio mogol y de la Compañía de las Indias Orientales, asumiendo el gobierno británico sus actividades políticas. De ello se derivaron varias consecuencias importantes. La anexión de los principados nativos cesó, dejando 562 fuera de la India británica, pero sujetos a la protección ya la intervención británica para garantizar el buen gobierno; dentro de la propia India británica, el buen gobierno se hizo cada vez más dominante y el beneficio comercial cada vez menos durante todo el período entre 1858 y 1947; el prestigio político británico alcanzó niveles altos de 1858 a 1890 y luego empezó a decaer, cayendo precipitadamente entre 1919 y 1922.

El trabajo de un buen gobierno en la India no es fácil. En este gran subcontinente, con una población que representa casi una quinta parte de la raza humana, se encontraba una diversidad casi increíble de culturas, religiones, lenguas y actitudes. Incluso en 1950 las locomotoras modernas unían grandes ciudades con una producción industrial avanzada atravesando selvas habitadas por tigres, elefantes y tribus paganas primitivas. La población, que pasó de 284 millones en 1901 a 389 millones en 1941 y alcanzó los 530 millones en 1961, hablaba más de una docena de lenguas principales divididas en cientos de dialectos y profesaba docenas de creencias religiosas antitéticas. En 1941, había 255 millones de hindúes, 92 millones de musulmanes, 6,3 millones de cristianos, 5,7 millones de sijs, 1,5 millones de jainistas y casi 26 millones de animistas paganos de diversos tipos. Además, los hindúes e incluso algunos de los no hindúes, estaban divididos en cuatro grandes castas hereditarias subdivididas en miles de subcastas, más un grupo inferior de parias («intocables»), que sumaban al menos 30 millones de personas en 1900 y el doble en 1950. Estos miles de grupos eran endogámicos, practicaban actividades económicas hereditarias, con frecuencia tenían marcas o vestimentas distintivas y por lo general, tenían prohibido casarse, comer o beber con personas de otra casta o incluso relacionarse con ellas. A los intocables se les prohibía generalmente entrar en contacto, aunque fuera de forma indirecta, con miembros de otros grupos y en consecuencia, se les prohibía entrar a muchos templos o edificios públicos, sacar agua de los pozos públicos, incluso dejar que su sombra estuviera sobre cualquier persona de un grupo diferente; también estaban sujetos a otras restricciones, todas ellas destinadas a evitar una contaminación personal que solo podía eliminarse mediante rituales religiosos de diversos grados de elaboración. La mayoría de las subcastas eran grupos ocupacionales que abarcaban todo tipo de actividades, de modo que había grupos hereditarios de recolectores de carroña, ladrones, asaltantes en caminos o asesinos (rufianes), así como agricultores, pescadores, comerciantes, mezcladores de drogas o fundidores de cobre. Para la mayoría de los pueblos de la India, la casta era el hecho más importante de la vida, sumergiendo su individualidad en un grupo del que nunca podrían escapar y regulando todas sus actividades desde el nacimiento hasta la muerte. En consecuencia, la India, incluso hasta 1900, era una sociedad en la que dominaba el estatus, cada individuo tenía un lugar en un grupo que, a su vez, tenía un lugar en la sociedad. Este lugar, conocido y aceptado por todos, funcionaba mediante procedimientos establecidos en sus relaciones con otros grupos, de modo que había, a pesar de la diversidad, un mínimo de fricción intergrupal y una cierta tolerancia pacífica, siempre que se conociera y aceptara la etiqueta intergrupal.

La diversidad de grupos sociales y creencias se reflejaba naturalmente en una gama extraordinariamente amplia de comportamientos sociales, desde las actividades más degradadas y bestiales, basadas en vulgares supersticiones, hasta niveles aún más asombrosos de exaltación de la abnegación espiritual y la cooperación. Aunque los británicos se abstuvieron de interferir en las prácticas religiosas, en el transcurso del siglo XIX abolieron o redujeron en gran medida la práctica del *thuggism* (en la que una casta secreta estrangulaba a extraños en honor a la diosa Kali), el satí (en el que se esperaba que la viuda de un hindú fallecido se inmolara en su pira funeraria), el infanticidio, la prostitución en el templo y los matrimonios infantiles. En el otro extremo, la mayoría de los hindúes se abstenían de todo tipo de violencia; muchos tenían tal respeto por la vida que no comían carne, ni siquiera huevos, mientras que unos pocos llevaban esta creencia tan lejos que no molestaban a una cobra a punto de atacar, a un mosquito a punto de picar o incluso a caminar por la noche para no pisar a una hormiga o a un gusano sin saberlo. Los hindúes, que consideraban a las vacas tan sagradas que el peor crimen sería causar la muerte de una de ellas (aunque fuera por accidente), que permitían que millones de estas bestias tuvieran vía libre en el país en gran detrimento de la limpieza o del nivel de vida, que no usaban zapatos de cuero y que preferirían morir antes que probar la carne de vacuno, comían carne de cerdo y se relacionaban a diario con los musulmanes que comían carne de vacuno pero consideraban que el cerdo era contaminante. En general, la mayoría de los indios vivían en la pobreza extrema y la necesidad; solo uno de cada cien sabía leer en 1858 y un número considerablemente menor entendía la lengua inglesa. La inmensa mayoría eran entonces campesinos, presionados por onerosos impuestos y rentas, aislados en pequeñas aldeas desconectadas por carreteras y diezmados a intervalos irregulares por el hambre o las enfermedades.

El dominio británico en el período entre 1858 y 1947 unió a la India mediante ferrocarriles, carreteras y líneas de telégrafo. Puso al país en contacto con el mundo occidental, especialmente con los mercados mundiales, al establecer un sistema monetario uniforme, conexiones de barcos de vapor con Europa por el Canal de Suez, conexiones por cable en todo el mundo y el uso del inglés como lengua de gobierno y administración. Lo mejor de todo es que Gran Bretaña estableció el Estado de derecho, la igualdad ante la ley y una tradición judicial para impartir justicia que sustituyó a la antigua práctica de la desigualdad y la violencia arbitraria. Un cierto grado de eficiencia y una energía ambiciosa, aunque descontenta, dirigida al cambio sustituyeron a la antigua resignación abyecta ante el destino inevitable.

Los sistemas postal, telegráfico y ferroviario modernos comenzaron en 1854. El primero alcanzó tales dimensiones que, al estallar la guerra en 1939, manejaba más de mil millones de piezas de correo y cuarenta millones de rupias en giros postales cada año. El ferrocarril pasó de unos 320 kilómetros en 1855 a unos 15 500 en 1880, a alrededor de 40 000 en 1901 y unos 69 000 en 1939. Este sistema ferroviario, el tercero más grande del mundo, transportaba 600 millones de pasajeros y un millón de toneladas de mercancías al año. En la misma época, las vías de tierra de 1858 habían sido parcialmente sustituidas por más de 480 000 kilómetros de carreteras, de las cuales solamente una cuarta parte podían calificarse de primera clase. A partir de 1925, estas autopistas fueron utilizadas cada vez más por los autobuses de pasajeros, atestados y destartalados en muchos casos, pero que rompían progresivamente el aislamiento de los pueblos.

La mejora de las comunicaciones y el orden público sirvieron para fusionar los mercados de las aldeas aisladas, suavizando las anteriores alternancias de escasez y superabundancia con sus fenómenos de despilfarro y de hambre en medio de la prosperidad. Todo esto condujo a una gran extensión de los cultivos en zonas más remotas y a la producción de una mayor variedad de dichos cultivos. Se ocuparon zonas de bosques y colinas poco pobladas, especialmente en Assam y las provincias del noroeste, sin la devastación de la deforestación (como en China o en el Nepal no indio) gracias a un servicio de conservación forestal muy desarrollado. Las migraciones, permanentes y estacionales, se convirtieron en rasgos regulares de la vida india; los ingresos de los emigrantes se enviaban a sus familias en las aldeas que habían dejado. Se construyó un magnífico sistema de canales, principalmente para el riego, que pobló páramos desolados, sobre todo en las zonas del noroeste del país y animó a tribus enteras que antes habían sido previamente pastores saqueadores para establecerse como cultivadores. En 1939, casi 24 000 kilómetros cuadrados de tierra estaban regadas. Por esta y otras razones, la superficie sembrada de la India aumentó de 789 000 a 920 000 de kilómetros cuadrados en unos cuarenta años (1900–1939). El aumento de los rendimientos fue mucho menos satisfactorio debido al rechazo al cambio, la falta de conocimientos o de capital y los problemas de organización.

El impuesto sobre la tierra había sido tradicionalmente la mayor parte de los ingresos públicos en la India y se mantuvo cerca de ese porcentaje hasta 1900. Bajo los mogoles, estos ingresos de la tierra habían sido recaudados por los recaudadores de impuestos. En muchas zonas, sobre todo en Bengala, los británicos tendían a considerar estos ingresos de la tierra como rentas y no como impuestos, por lo que consideraban a los recaudadores como propietarios de la tierra. Una vez establecido esto, estos nuevos terratenientes utilizaron sus poderes para elevar las rentas, desalojar a los agricultores que llevaban años o incluso generaciones en la misma tierra, y crear un proletariado rural inestable de arrendatarios y jornaleros incapaces o no dispuestos a mejorar sus métodos. Varias leyes intentaron, sin gran éxito, mejorar estas condiciones. Tales esfuerzos se vieron contrarrestados por el crecimiento de la población, el gran aumento del valor de la tierra, la incapacidad de la industria o el comercio para mermar el excedente de población campesina con la misma rapidez con que aumentaba, la tendencia del Gobierno a favorecer a la industria o el comercio en detrimento de la agricultura mediante aranceles, impuestos y gastos públicos. Ocurrió lo mismo ante la creciente frecuencia de las hambrunas (por las sequías), de la malaria (debida a los proyectos de irrigación) y de la peste (debida al comercio con el Extremo Oriente), que anulaban en un año las ganancias obtenidas en varios años, la creciente carga de la deuda de los campesinos en condiciones onerosas con elevados tipos de interés y la creciente incapacidad de complementar los ingresos del cultivo con los de la artesanía doméstica, debido a la creciente competencia de los productos industriales baratos. Aunque la esclavitud fue abolida en 1843, muchos de los pobres se vieron reducidos al peonaje al contraer deudas en condiciones injustas y obligarse a sí mismos y a sus herederos a trabajar para sus acreedores hasta el pago de la deuda. En muchos casos, esa deuda no podía pagarse nunca, ya que el tipo de interés al que se reducía quedaba en manos del acreedor y rara vez podía ser cuestionado por el deudor analfabeto.

Todas estas desgracias culminaron en los años entre 1895 y 1901. Entre 1873 y 1896 hubo un largo período de precios a la baja, que aumentó la carga de los deudores y estancó las actividades económicas. En 1897, fallaron las lluvias monzónicas, con una pérdida de 18 millones de toneladas de cultivos alimentarios y de un millón de vidas por la hambruna; este desastre se repitió entre 1899 y 1900. La peste bubónica se introdujo en Bombay desde China en 1895 y mató a unos dos millones de personas en los seis años siguientes.

A partir de esta baja en 1901, las condiciones económicas mejoraron de forma bastante constante, excepto por un breve período entre 1919 y 1922 y el gran peso de la depresión mundial entre 1929 y 1934. La subida de los precios entre 1900 y 1914 benefició a la India más que a otros países, ya que los precios de sus exportaciones subieron más rápidamente. La guerra de 1914 a 1918 dio a la India una gran oportunidad económica, sobre todo al aumentar la demanda de sus textiles. Los aranceles se elevaron constantemente después de 1916, proporcionando protección a la industria, especialmente a los sectores de los metales, los textiles, el cemento y el papel. Las aduanas se convirtieron en la mayor fuente de ingresos, aliviando en cierta medida la presión de los impuestos sobre los agricultores. Sin embargo, el problema agrario seguía siendo grave debido a que la mayoría de los factores mencionados anteriormente seguían vigentes. En 1931, se calculaba que, en las Provincias Unidas, el 30 % de los cultivadores no podía vivir de sus explotaciones ni siquiera en los años prósperos, mientras que el 52 % podía vivir en los años prósperos, pero no en los malos.

En el período posterior a 1900 se produjo un gran avance económico en la minería, la industria, el comercio y las finanzas. La producción de carbón pasó de 6 a 21 millones de toneladas entre 1900 y 1924 y la de petróleo (principalmente de Birmania) aumentó de 37 a 294 millones de galones. La producción de las industrias protegidas también mejoró en el mismo período hasta que, en 1932, India podía producir tres cuartas partes de su tela de algodón, tres cuartas partes de su acero y la mayor parte de su cemento, cerillas y azúcar. Con un producto, el yute, la India se convirtió en la principal fuente de suministro del mundo y este se convirtió en la principal exportación después de 1925.

Una característica notable del crecimiento de la industria manufacturera en la India a partir de 1900 es que el capital hindú sustituyó en gran medida al británico, principalmente por razones políticas. A pesar de la pobreza de la India, existía un volumen considerable de ahorro, derivado principalmente de la desigual distribución de los ingresos entre la clase terrateniente y los prestamistas (si es que estos dos grupos pueden separarse de esta manera). Naturalmente, estos grupos preferirían invertir sus ingresos en las actividades de las que procedían, pero, después de 1919, la agitación nacionalista y, sobre todo, la influencia de Gandhi, inclinaron a muchos hindúes a contribuir a la fortaleza de su país invirtiendo en la industria.

No hay que exagerar el crecimiento de la industria, cuya influencia fue bastante menor de lo que se podría creer a primera vista. Hubo poco crecimiento de un proletariado urbano o de una clase permanente de trabajadores fabriles, aunque sí existió. El aumento de la producción provino en gran medida de la producción de energía y no del aumento de la mano de obra. Esta mano de obra siguió siendo rural en su orientación psicológica y social, siendo generalmente emigrantes temporales de las aldeas, viviendo en condiciones industriales y urbanas solo durante unos años, con toda la intención de volver eventualmente a la aldea y generalmente enviando ahorros a sus familias y visitándolas durante semanas o incluso meses cada año (normalmente en la temporada de cosecha). Esta clase de trabajadores industriales no adoptaban un punto de vista urbano ni proletario, eran casi totalmente analfabetos, formaban organizaciones sindicales solamente a regañadientes (porque se negaban a pagar las cuotas) y rara vez adquirían conocimientos industriales. Después de 1915, aparecieron los sindicatos, pero el número de miembros seguía siendo reducido, estaban organizados y controlados por personas que no eran trabajadores, a menudo intelectuales de clase media. Además, la industria seguía siendo una actividad muy dispersa que se encontraba en unas pocas ciudades pero que estaba ausente en el resto. Aunque la India tenía 35 ciudades de más de 100 000 habitantes en 1921, la mayoría de ellas seguían siendo centros comerciales y administrativos, no centros de fabricación. Que el énfasis principal seguía estando en las actividades rurales puede verse en el hecho de que estos 35 centros de población tenían un total de 8,2 millones de habitantes, frente a los 310,7 millones que había fuera de sus límites en 1921. De hecho, solo 30 millones de personas vivían en los 1623 centros de más de 5000 personas cada uno, mientras que 289 millones vivían en centros menores de 5000 personas.

Una de las principales vías por las que el impacto de la cultura occidental llegó a la India fue la educación. Con frecuencia se ha acusado a los británicos de haber descuidado la educación en la India o de haber cometido un error al hacer hincapié en la educación en inglés para las clases altas en lugar de la educación en las lenguas vernáculas para las masas del pueblo. La historia no sostiene la justicia de estas acusaciones; en la propia Inglaterra el Gobierno asumió poca responsabilidad en materia de educación hasta 1902 y en general tuvo una política más avanzada en este campo en la India que en Inglaterra hasta bien entrado el presente siglo. Hasta 1835, los ingleses trataron de fomentar las tradiciones educativas autóctonas, pero sus escuelas vernáculas fracasaron por falta de patrocinio, los propios indios se opusieron a ser excluidos, como ellos consideraban, de la educación inglesa. En consecuencia, a partir de 1835, los británicos ofrecieron una educación en inglés en los niveles superiores con la esperanza de que la ciencia, la tecnología y las actitudes políticas occidentales pudieran introducirse sin perturbar la vida religiosa o social y que estas innovaciones se «infiltraran» en la población de «abajo». Debido a los gastos, la educación patrocinada por el Gobierno tuvo que limitarse a los niveles superiores, aunque el fomento de las escuelas natales en los niveles inferiores comenzó (sin mucha obligación financiera) en 1854. La teoría de la «infiltración para los de abajo» era bastante errónea porque quienes adquirían conocimientos de inglés los utilizaban como pase para ascender al servicio gubernamental o a la vida profesional y se convertían en renegados de las clases inferiores de la sociedad india, en lugar de misioneros de estas. En cierto sentido, el uso del inglés en el nivel universitario de la educación no condujo a su difusión en la sociedad india, sino que apartó a quienes lo adquirieron de esa sociedad, dejándolos en una especie de terreno estéril que no era ni indio ni occidental, sino que oscilaba incómodamente entre ambos. El hecho de que el conocimiento del inglés y la posesión de un título universitario pudieran liberar de la monotonía física de la vida india, abriendo la puerta al servicio público o a las profesiones, creó una verdadera pasión por obtener estas oportunidades (pero solamente en una minoría).

Los británicos no tuvieron más remedio que utilizar el inglés como lengua del Gobierno y de la enseñanza superior. En la India, las lenguas utilizadas en estos dos ámbitos habían sido extranjeras durante siglos. La lengua del Gobierno y de los tribunales fue la persa hasta 1837, la enseñanza superior y media siempre había sido extranjera, en sánscrito para los hindúes y en árabe para los musulmanes. El sánscrito, una lengua «muerta», era la de la literatura religiosa hindú, mientras que el árabe era la lengua del Corán, el único escrito que el musulmán corriente desearía leer. De hecho, la lealtad de los musulmanes al Corán y al árabe era tan intensa que se negaban a participar en el nuevo sistema educativo en lengua inglesa por lo que habían sido excluidos del Gobierno, de las profesiones y de gran parte de la actividad económica del país en 1900.

Ninguna lengua vernácula podría haber sido utilizada para enseñar las aportaciones realmente valiosas de Occidente, como la ciencia, la tecnología, la economía, la ciencia agrícola o la ciencia política, porque las lenguas autóctonas carecían del vocabulario necesario. Cuando la universidad del Estado nativo de Hyderabad intentó traducir obras occidentales al urdu con fines didácticos después de 1920, fue necesario crear unas 40 000 palabras nuevas. Además, el gran número de lenguas oriundas habría hecho que la elección de cualquiera de ellas para los fines de la enseñanza superior fuera injusta. Y, por último, los propios indios no tenían ningún deseo de aprender a leer sus lenguas natales, al menos durante el siglo XIX; querían aprender inglés porque les permitía acceder al conocimiento, a los puestos de gobierno y a la promoción social como no podía hacerlo ninguna de sus lenguas. Pero hay que recordar que era el indio excepcional, y no el indio promedio, el que quería aprender a leer. El nativo medio se contentaba con seguir siendo analfabeto, al menos hasta bien entrado el siglo XX. Solo entonces se extendió el deseo de leer bajo el estímulo del creciente nacionalismo, la conciencia política y la creciente preocupación por las tensiones políticas y religiosas. Estas fomentaron el deseo de leer, para leer los periódicos, pero esto tuvo efectos adversos: cada grupo político o religioso tenía su propia prensa y presentaba su propia versión sesgada de los acontecimientos mundiales, de modo que, en 1940, estos diferentes grupos tenían ideas totalmente distintas de la realidad.

Además, el nuevo entusiasmo por las lenguas autóctonas, la influencia de nacionalistas hindúes extremos como B. G. Tilak (1859–1920) o de antioccidentales como M. K. Gandhi (1869–1948), provocaron un rechazo generalizado de todo lo mejor de la cultura británica o europea. Al mismo tiempo, los que buscaban el poder, el ascenso o el conocimiento siguieron aprendiendo inglés como pieza clave para estas ambiciones. Por desgracia, estos indios semioccidentales descuidaron gran parte del lado práctico del modo de vida europeo, tendieron a ser intelectualistas, doctrinarios y a despreciar tanto el aprendizaje práctico como el trabajo físico. Vivían, como hemos dicho, en un mundo intermedio que no era ni indio ni occidental, mimados por el modo de vida indio, pero a menudo incapaces de encontrar una posición en la sociedad india que les permitiera vivir su propia versión de un modo de vida occidental. En la universidad estudiaron literatura, derecho y ciencias políticas, todas ellas asignaturas que hacían hincapié en los logros verbales. Como la India no ofrecía suficientes puestos de trabajo para tales logros, había mucho «desempleo académico», con el consiguiente descontento y el creciente radicalismo. La carrera de Gandhi fue el resultado de los esfuerzos de un hombre por evitar este problema fusionando ciertos elementos de la enseñanza occidental con un hinduismo purificado para crear un modo de vida indio nacionalista sobre una base básicamente moral.

Es evidente que uno de los principales efectos de la política educativa británica fue aumentar las tensiones sociales dentro de la India y darles una orientación política. Este cambio suele denominarse «ascenso del nacionalismo indio», pero es bastante más complejo de lo que este simple nombre podría implicar. Comenzó a surgir alrededor de 1890, posiblemente bajo la influencia de las desgracias de finales de siglo, creció de forma constante hasta alcanzar la fase de crisis después de 1917 y finalmente emergió en la larga crisis de 1930 a 1947.

La perspectiva de la India era fundamentalmente religiosa, al igual que la perspectiva británica era fundamentalmente política. El indio promedio derivaba de su perspectiva religiosa una profunda convicción de que el mundo material y la comodidad física eran irrelevantes y carecían de importancia en contraste con asuntos espirituales como la preparación adecuada para la vida venidera después de la muerte del cuerpo. De su educación inglesa, el estudiante indio promedio derivaba la convicción de que la libertad y la autonomía eran los bienes más elevados de la vida y debían buscarse mediante la resistencia a la autoridad, como se había demostrado en la Carta Magna, la oposición a Carlos I, la «Revolución Gloriosa» de 1689, los escritos de John Locke y de John Stuart Mill, y la resistencia general a la autoridad pública que se encuentra en el liberalismo y el *laissez-faire* del siglo XIX. Estos dos puntos de vista tendían a fundirse en las mentes de los intelectuales indios en un punto de vista en el que parecía que los ideales políticos ingleses debían buscarse con métodos indios de fervor religioso, autosacrificio y desprecio por el bienestar material o las comodidades físicas. Como resultado, se agudizaron las tensiones políticas y sociales entre británicos e indios, entre occidentalistas y nacionalistas, entre hindúes y musulmanes, entre brahmanes y castas inferiores, y entre miembros de castas y parias.

A principios del siglo XIX, se produjo de nuevo el interés por las lenguas y literaturas indias. Este renacimiento pronto reveló que muchas ideas y prácticas hindúes no tenían ningún apoyo real en las evidencias más antiguas. Dado que estas innovaciones posteriores incluían algunos de los rasgos más objetables de la vida hindú, como el satí, el matrimonio infantil, la inferioridad femenina, el culto a las imágenes y el politeísmo extremo, se inició un movimiento que pretendía liberar al hinduismo de estos elementos extraños y devolverle su «pureza» anterior haciendo hincapié en la ética, el monoteísmo y una idea abstracta de la deidad. Esta tendencia se vio reforzada por la influencia del cristianismo y del islam, de modo que el hinduismo revivido fue realmente una síntesis de estas tres religiones. Como consecuencia de estas influencias, se restó importancia a la antigua y básica idea hindú del karma. Esta idea sostenía que cada alma individual reaparecía una y otra vez, a lo largo de la eternidad, en una forma física diferente y en un estatus social distinto, siendo cada diferencia una recompensa o un castigo por la conducta del alma en su aparición anterior. No había ninguna esperanza real de escapar de este ciclo, excepto por una mejora gradual a través de una larga serie de apariciones sucesivas hasta el objetivo final de la completa obliteración de la personalidad (*Nirvana*) por la fusión final en el alma del universo (*Brahma*). Esta liberación (*moksha)* del ciclo interminable de la existencia solamente puede lograrse mediante la supresión de todo deseo, de toda individualidad y de toda voluntad de vivir.

La creencia en el karma era la clave de la ideología hindú y de la sociedad hindú, y explicaba no solo el énfasis en el destino y la resignación a la suerte, la idea de que el hombre era parte de la naturaleza y hermano de las bestias, la sumersión de la individualidad y la falta de ambición personal, sino también instituciones sociales específicas como las castas o incluso el satí. ¿Cómo se podría acabar con las castas si estas son gradaciones dadas por Dios por las recompensas o castigos ganados en una existencia anterior? ¿Cómo podría acabarse el satí si una esposa es para toda la eternidad y debe pasar de una vida a otra cuando lo hace su marido?

La influencia del cristianismo y del islam, de las ideas occidentales y de la educación británica, en el cambio de la sociedad hindú fue en gran medida consecuencia de su capacidad para reducir la fe del hindú medio en el karma. Una de las primeras figuras de esta creciente síntesis del hinduismo, el cristianismo y el islam fue Ram Mohan Roy (1772-1833), fundador de la Sociedad Brahma Samaj en 1828. Otro fue Keshab Chandra Sen (1841-1884), que esperaba unir Asia y Europa en una cultura común sobre la base de una síntesis de los elementos comunes de estas tres religiones. Hubo muchos reformistas de este tipo. Su característica más notable era que eran universalistas en lugar de nacionalistas y eran occidentalizadores en sus inclinaciones básicas. Alrededor de 1870, empezó a aparecer un cambio, quizá por la influencia de Ramakrishna (1834-1886) y su discípulo *swami* Vivekananda (1862-1902), fundador del *Vedanta*. Esta nueva tendencia destacaba el poder espiritual de la India como un valor superior al poder material de Occidente, abogaba por la simplicidad, el ascetismo, el autosacrificio, la cooperación y la misión de la India de difundir estas virtudes en el mundo. Uno de los discípulos de este movimiento fue Gopal Krishna Gokhale (1866-1915), fundador de la Sociedad de Servidores de la India (1905). Se trataba de un pequeño grupo de personas devotas que hacían votos de pobreza y obediencia, de considerar a todos los indios como hermanos, independientemente de su casta o credo y de no entablar peleas personales. Los miembros se dispersaron entre los más diversos grupos de la India para enseñar, para unir la India en una sola unidad espiritual y buscar la reforma social.

Con el tiempo, estos movimientos se volvieron cada vez más nacionalistas y antioccidentales, tendiendo a defender el hinduismo ortodoxo más que a purificarlo y a oponerse a los occidentales más que a copiarlos. Esta tendencia culminó con Bal Gangathar Tilak (1859-1920), un periodista *marathi* de Poona, que comenzó su carrera en Matemáticas y Derecho, pero que poco a poco desarrolló un amor apasionado por el hinduismo, inclusive en sus detalles más degradantes e insistió en que había que defenderlo de los extranjeros, incluso con violencia. No se oponía a las reformas que aparecían como desarrollos espontáneos del sentimiento indio, pero se oponía violentamente a cualquier intento de legislar la reforma desde arriba o de introducir influencias extranjeras de fuentes europeas o cristianas. Se convirtió en una figura política por primera vez en 1891, cuando se opuso enérgicamente a un proyecto de ley del Gobierno que habría restringido el matrimonio infantil fijando la edad de consentimiento de las niñas en doce años. En 1897 ya utilizaba su periódico para incitar al asesinato y a los disturbios contra los funcionarios del Gobierno.

Un funcionario británico que previó este movimiento hacia el nacionalismo violento ya en 1878 trató de desviarlo hacia canales más legales y constructivos mediante la creación del Congreso Nacional Indio en 1885. El funcionario en cuestión, Allan Octavian Hume (1829–1912), contaba con el apoyo secreto del virrey, lord Dufferin. Esperaban reunir cada año un congreso no oficial de líderes indios para debatir los asuntos políticos de la India, con la esperanza de que esta experiencia sirviera de entrenamiento para el funcionamiento de las instituciones representativas y el gobierno parlamentario. Durante veinte años, el Congreso desalentó la ampliación de la participación india en la administración y por la extensión de la representación y, eventualmente, del gobierno parlamentario dentro del sistema británico. Cabe destacar que este movimiento renunció a los métodos violentos, no buscó la separación de Gran Bretaña y aspiró a formar un gobierno basado en el modelo británico.

El apoyo al movimiento creció muy lentamente al principio, incluso entre los hindúes y hubo una oposición abierta, liderada por sir Saiyid Ahmad Khan, entre los musulmanes. A medida que el movimiento cobraba impulso, después de 1890, muchos funcionarios británicos comenzaron a oponerse a él, al mismo tiempo, bajo la presión de Tilak, el propio Congreso avanzó en sus demandas y comenzó a utilizar la presión económica para obtenerlas. Como resultado, después de 1900, menos musulmanes se unieron al congreso: había 156 musulmanes de 702 delegados en 1890, pero únicamente 17 de 756 en 1905. Todas estas fuerzas llegaron a su punto culminante entre 1904 y 1907, cuando por primera vez, el Congreso exigió la autonomía dentro del imperio para la India y aprobó el uso de presiones económicas (boicot) contra Gran Bretaña.

La victoria japonesa sobre Rusia en 1905, que se consideró un triunfo asiático sobre Europa, la revuelta rusa de 1905, el creciente poder de Tilak sobre Gokhale en el Congreso Nacional Indio, y la agitación pública por los esfuerzos de lord Curzon para impulsar una división administrativa de la inmensa provincia de Bengala (con 78 millones de habitantes) llevaron la situación a un punto crítico. Los extremistas hindúes se mostraron abiertamente dispuestos a derramar sangre inglesa para satisfacer a la diosa de la destrucción, Kali. En el Congreso Nacional Indio de 1907, los seguidores de Tilak irrumpieron en el estrado e interrumpieron la reunión. Muy impresionados por la violencia revolucionaria en Rusia contra el zar y en Irlanda contra los ingleses, este grupo abogaba por el uso del terrorismo en la India en lugar de la presentación de solicitudes. El virrey, lord Hardinge, fue herido por una bomba en 1912. Durante muchos años, la intolerancia racial contra los indios por parte de los residentes ingleses en la India había ido en aumento y se manifestaba cada vez más en insultos premeditados e incluso en agresiones físicas. En 1906, se formó una liga musulmana en oposición a los extremistas hindúes y en apoyo de la posición británica, pero en 1913 también exigió la autonomía. El grupo de Tilak protestó contra el Congreso Nacional Indio durante nueve años (1907–1916) y el propio Tilak estuvo en prisión por sedición durante seis años (1908–1914).

El desarrollo constitucional de la India no se detuvo durante esta revuelta; en 1861 se habían creado comités de designación con poderes consultivos, tanto en el centro para ayudar al virrey como en las provincias. Estos tenían miembros tanto oficiales como no oficiales y los provinciales tenían ciertos poderes legislativos, pero todas estas actividades estaban bajo estricto control y veto del Ejecutivo. En 1892, estos poderes se ampliaron para permitir la discusión de cuestiones administrativas y se permitió a varios grupos no gubernamentales (llamados «comunidades») proponer individuos para los puestos no oficiales de los comités.

Una tercera ley, de 1909, aprobada por el gobierno liberal con John (lord) Morley como secretario de Estado y lord Minto como virrey, amplió los consejos, haciendo una mayoría no oficial en los consejos provinciales, permitió a los consejos votar en todos los asuntos y dio el derecho de elegir a los miembros no oficiales a varios grupos comunales, incluyendo hindúes, musulmanes y sikhs, en una proporción fija, esta última disposición fue un desastre. Al establecer listas electorales separadas para los distintos grupos religiosos, se fomentó el extremismo religioso en todos los grupos, hizo que los candidatos más extremistas tuvieran éxito y convirtió las diferencias religiosas en el hecho básico e irreconciliable de la vida política. Al conceder a las minorías religiosas más escaños de los que les correspondían por su proporción real en el electorado (un principio conocido como «ponderación»), hizo que fuera políticamente ventajoso ser una minoría. Al hacer hincapié en los derechos de las minorías (en los que sí creían) sobre el gobierno de la mayoría (en el que no creían), los británicos convirtieron la religión en una fuerza permanentemente perturbadora en la vida política, alentaron al extremismo exasperado resultante a resolver sus rivalidades fuera del marco constitucional y del ámbito de la acción legal, creando disturbios en lugar de ir a las urnas o tomar parte en las asambleas políticas. Además, aun cuando los británicos concedieron a los musulmanes esta posición constitucional especial en 1909, perdieron el apoyo de la comunidad musulmana entre 1911 y 1919. Esta pérdida de apoyo musulmán fue el resultado de varios factores. La división de Bengala por parte de Curzon, que los musulmanes habían apoyado (ya que les otorgaba Bengala Oriental como zona separada con mayoría musulmana) fue anulada en 1911 sin avisar a los musulmanes. La política exterior británica después de 1911 fue cada vez más antiturca, por tanto, opuesta al califa (el líder religioso de los musulmanes). En consecuencia, la liga musulmana pidió por primera vez la autonomía de la India en 1913 y cuatro años después formó una alianza con el Congreso Nacional Indio que se mantuvo hasta 1924.

En 1909, mientras Philip Kerr (lord Lothian), Lionel Curtis y (sir) William Marris estaban en Canadá sentando las bases de la organización de la *Mesa Redonda* en ese país. Marris convenció a Curtis de que «la autonomía, ... por muy lejana que fuera, era el único objetivo inteligible de la política británica en la India... la existencia de disturbios políticos en la India, lejos de ser un motivo de pesimismo, era la señal más segura de que los británicos, con todos sus fallos manifiestos, no habían eludido su deber primordial de extender la educación occidental a la India y preparar así a los indios para gobernarse a sí mismos». Cuatro años más tarde, el grupo de la *Mesa Redonda* de Londres decidió investigar cómo se podía hacer esto, así que formó un grupo de estudio de ocho miembros, bajo la dirección de Curtis, añadiendo al grupo tres funcionarios de la oficina de la India. Este grupo decidió, en 1915, emitir una declaración pública a favor de «la realización progresiva de un gobierno responsable en la India». Lord Milner redactó una declaración en este sentido, que fue emitida el 20 de agosto de 1917 por el secretario de Estado para la India, Edwin S. Montagu. Decía que «la política del gobierno de Su Majestad, con la que el gobierno de la India está completamente de acuerdo, es la de la creciente asociación de los indios en cada rama de la administración y el desarrollo gradual de las instituciones autónomas con vistas a la realización progresiva de un gobierno responsable en la India como parte integral del Imperio Británico».

Esta declaración fue revolucionaria porque, por primera vez, enunció específicamente las esperanzas británicas para el futuro de la India y porque utilizó, por primera vez, las palabras «gobierno responsable». Los británicos habían hablado vagamente durante más de un siglo de «autonomía» para la India; habían hablado cada vez más de «gobierno representativo»; pero habían evitado sistemáticamente la expresión «gobierno responsable». Este último término significaba gobierno parlamentario, que la mayoría de los conservadores ingleses consideraban bastante inadecuado para las condiciones indias, ya que requería, según ellos, un electorado educado y un sistema social homogéneo, de los que la India carecía. Los conservadores habían hablado durante años de una autonomía definitiva para la India según algún modelo indígena, pero no habían hecho nada para encontrar ese modelo.

Luego, sin una concepción clara de hacia dónde se dirigían, habían introducido el «gobierno representativo», en el que el Ejecutivo consultaba a la opinión pública a través de representantes del pueblo (nombrados, como en 1871, o elegidos, como en 1909), pero dicho Ejecutivo seguía siendo autocrático y no era en absoluto responsable ante esos representantes. El uso de la expresión «gobierno responsable» en la declaración de 1917 se remonta al grupo de la *Mesa Redonda*y, en última instancia, a la conversación Marris-Curtis en las montañas rocosas canadienses en 1909.

Mientras tanto, el grupo de estudio de la *Mesa Redonda* había trabajado durante tres años (1913–1916) en los métodos para llevar a cabo esta promesa. A través de la influencia de Curtis y F. S. Oliver, la Constitución federal de los Estados Unidos contribuyó en gran medida a los borradores que se hicieron, especialmente a las disposiciones para dividir las actividades gubernamentales en sectorescentrales y provinciales, con la indianización gradual de las segundas y finalmente de las primeras. Este enfoque del problema fue denominado por Curtis como «diarquía». El borrador de *la Mesa Redonda* fue enviado al gobernador de Nueva Gales del Sur, lord Chelmsford, miembro del *All Souls College*, quien creyó que procedía de un comité oficial de la Oficina de la India, tras aceptarlo al principio, fue nombrado virrey de la India en 1916. Curtis se desplazó inmediatamente a la India para consultar con las autoridades locales de ese país (entre ellas Meston, Marris, Hailey y el editor retirado del *Times* Foreign, sir Valentine Chirol), así como con los indios. De estas conferencias surgió un informe, redactado por Marris, que se publicó como Informe Montagu-Chelmsford en 1917. Las disposiciones de este informe se redactaron en forma de proyecto de ley, que fue aprobado por el Parlamento (tras una revisión sustancial por parte de un comité mixto bajo el mando de lord Selborne) y se convirtió en la Ley del Gobierno de la India de 1919.

La Ley de 1919 fue la más importante de la historia constitucional de la India antes de 1935. Dividía las actividades gubernamentales en «centrales» y «provinciales». Las primeras incluían la defensa, los asuntos exteriores, los ferrocarriles y las comunicaciones, el comercio, el Derecho y los procedimientos civiles y penales entre otras; las segundas incluían el orden público y la policía, el riego, los bosques, la educación, la salud pública, las obras públicas y otras actividades. Además, las actividades provinciales se dividían en departamentos «transferidos» y departamentos «reservados»; los primeros se encomendaban a ministros nativos que eran responsables ante las asambleas provinciales. El gobierno central seguía en manos del gobernador general y virrey, que era responsable ante Gran Bretaña y no ante el poder legislativo indio. Su gabinete (Consejo Ejecutivo) solía tener tres miembros indios después de 1921. El poder legislativo era bicameral, compuesto por un Consejo de Estado y una Asamblea Legislativa. En ambos, algunos miembros eran funcionarios designados, pero la mayoría eran elegidos mediante un sufragio muy restringido. En las listas electorales no había más de 900 000 votantes para la Cámara Baja y solo 16 000 para la Cámara Alta. Las legislaturas unicamerales provinciales tenían un sufragio más amplio, pero aún limitado, con una lista de cerca de un millón de votantes de en Bengala y la mitad en Bombay. Además, algunos escaños, según el principio de «ponderación», estaban reservados a los musulmanes elegidos por una lista electoral musulmana separada. Ambas Asambleas Legislativas estaban facultadas para promulgar leyes, sujetas a poderes de veto y de decreto bastante amplios en manos del gobernador general y de los gobernadores provinciales designados. Solamente los departamentos «transferidos» de los gobiernos provinciales eran responsables ante las asambleas electivas; las actividades «reservadas» a nivel provincial y todas las actividades de la administración central eran responsables ante los gobernadores, el gobernador general designado y en última instancia, ante Gran Bretaña.

Se esperaba que la Ley de 1919 proporcionara oportunidad es a los indios en procedimientos parlamentarios, gobierno responsable y administración, de modo que la autonomía pudiera ampliarse mediante pasos sucesivos más adelante, pero estas esperanzas se desvanecieron en los desastres entre 1919 y 1922. La violencia de los reaccionarios británicos chocó con la negativa no violenta de Mahatma Gandhi a cooperar, aplastando entre ambos las esperanzas de los reformistas de la *Mesa Redonda*.

Mohandas Karamchand Gandhi (1869–1948), conocido como «Mahatma» o «Gran Alma», era hijo y nieto de primeros ministros de un diminuto Estado principesco del oeste de la India. De la casta Vaisya (la tercera de las cuatro), creció en un ambiente muy religioso y ascético del hinduismo. Casado a los trece años y padre a los quince, Gandhi fue enviado a Inglaterra a estudiar Derecho por su hermano mayor cuando tenía diecisiete años. Ese viaje estaba prohibido por las normas de su casta y por ello, fue expulsado de la misma. Antes de partir hizo un voto a su familia de no tocar el vino, las mujeres ni la carne. Después de tres años en Inglaterra, aprobó el examen de abogado en Inner Temple. La mayor parte de su tiempo en Europa lo pasó entre modas diletantes, experimentando con dietas vegetarianas y medicinas autoadministradas o en discusiones religiosas o éticas con amantes de la moda e indiófilos ingleses. Le preocupaban mucho los escrúpulos religiosos y los sentimientos de culpa. De vuelta a la India, en 1891, fracasó como abogado por su falta de seguridad debida a su poca elocuencia y por su desinterés real hacia el Derecho. En 1893, un bufete musulmán le envió a Natal (Sudáfrica) para un caso; allí Gandhi encontró su vocación.

La población de Natal en 1896 estaba compuesta por 50 000 europeos, en su mayoría ingleses, 400 000 nativos africanos y 51 000 indios, principalmente parias. Este último grupo había sido importado de la India, principalmente como jornaleros contratados por tres o cinco años, para trabajar en las húmedas plantaciones de tierras bajas donde los negros se negaban a trabajar. La mayoría de los indios se quedaron una vez cumplidos sus contratos y eran tan trabajadores e inteligentes que empezaron a ascender muy rápidamente en el plano económico, especialmente en el comercio minorista. Los blancos, que a menudo eran indolentes, se resentían de esa competencia de los de piel oscura y, en general, se indignaban ante el éxito económico de los indios. Como dijo Lionel Curtis a Gandhi en el Transvaal en 1903, «No son los vicios de los indios lo que temen los europeos en este país, sino sus virtudes».

Cuando Gandhi llegó por primera vez a Natal en 1893, se encontró con que ese país, como la mayor parte de Sudáfrica, estaba desgarrado por el odio a las personas de color y por las animosidades entre los grupos. Todos los derechos políticos estaban en manos de los blancos, mientras que los no blancos eran objeto de diversos tipos de discriminación, segregación social y económica. Cuando Gandhi compareció por primera vez ante un tribunal, el juez le ordenó que se quitara el turbante (que llevaba con ropa europea); Gandhi se negó y se marchó. Más tarde, viajando por negocios en un vagón de primera clase hacia el Transvaal, fue expulsado del tren ante la insistencia de un pasajero blanco. Pasó una noche muy fría en el andén del tren en lugar de trasladarse a un compartimento de segunda o tercera clase cuando le habían vendido un billete de primera. Durante el resto de su vida solamente viajó en tercera clase. En Transvaal, no pudo conseguir una habitación en un hotel debido a su color. Estos episodios le dieron su nueva vocación: establecer que los indios eran ciudadanos del Imperio británico así que tenían derecho a la igualdad bajo sus leyes. Estaba decidido a utilizar únicamente métodos pacíficos de no cooperación masiva pasiva para lograr su objetivo. Su principal arma sería el amor y la docilidad, incluso hacia aquellos que le trataban de forma más brutal. Su negativa a temer a la muerte o a evitar el dolor y sus esfuerzos por devolver el amor a quienes intentaban infligirle heridas constituían un arma poderosa, especialmente si se practicaba de forma masiva.

Los métodos de Gandhi procedían en realidad de su propia tradición hindú, pero ciertos elementos de esta se habían reforzado con la lectura de Ruskin, Thoreau, Tolstói y el Sermón de la Montaña. Cuando fue brutalmente golpeado por los blancos en Natal en 1897, se negó a llevarlos a juicio, diciendo que no era culpa de ellos que les hubieran enseñado ideas malas.

Estos métodos dieron a los indios de Sudáfrica un respiro temporal de la carga de la intolerancia bajo el liderazgo de Gandhi en el período entre

1893 y 1914. Cuando Transvaal propuso una ordenanza que obligaba a todos los indios a registrarse, tomarse las huellas dactilares y llevar documentos de identidad en todo momento, Gandhi organizó una negativa masiva y pacífica a registrarse, y cientos de personas fueron a la cárcel. Smuts llegó a un acuerdo con Gandhi: si los indios se registraban «voluntariamente», Transvaal derogaría la ordenanza. Después de que Gandhi persuadiera a sus compatriotas para que se registraran, Smuts no cumplió su parte del acuerdo y los indios quemaron solemnemente sus tarjetas de registro en una reunión masiva. Luego, para poner a prueba la prohibición de la inmigración india en Transvaal, Gandhi organizó marchas masivas de indios hacia Transvaal desde Natal, otros fueron del Transvaal a Natal y regresaron, siendo arrestados por cruzar la frontera. En un momento dado, 2500 de los 13 000 indios de Transvaal estaban en la cárcel y 6000 en el exilio.

La lucha se intensificó tras la creación de la Unión Sudafricana en 1910, ya que no se derogaron las restricciones impuestas a los indios en Transvaal, que les prohibían poseer tierras, vivir fuera de los distritos segregados o votar, y una decisión del Tribunal Supremo de 1913 declaró que todos los matrimonios no cristianos eran legalmente inválidos. Esta última decisión privó a la mayoría de las esposas e hijos no blancos de toda protección legal de sus derechos familiares. La desobediencia civil masiva de los indios aumentó, incluyendo una marcha de 6000 personas desde Natal hasta el Transvaal. Finalmente, tras mucha controversia, Gandhi y Smuts establecieron un acuerdo elaborado de compromiso en 1914, en el cual se revocaban algunas de las discriminaciones contra los indios en Sudáfrica, se reconocían los matrimonios indios, se anulaba un impuesto anual discriminatorio de 3 libras para los indios y se detenía toda importación de mano de obra contratada de la India en 1920. La paz se restableció en esta controversia civil justo a tiempo para permitir un frente unido en la guerra exterior con Alemania, pero en Sudáfrica, en 1914, Gandhi había elaborado las técnicas que utilizaría contra los británicos en la India a partir de 1919.

Hasta 1919, Gandhi fue muy fiel a su vínculo británico. Tanto en Sudáfrica como en la India había comprobado que los ingleses de Gran Bretaña eran mucho más tolerantes y comprensivos que la mayoría de los blancos anglófonos de clase media de las zonas de ultramar. En la Guerra de los Bóeres, fue el líder activo de un cuerpo de ambulancias indio de 1100 hombres que trabajó con un valor inspirador, incluso bajo el fuego, en el campo de batalla. Durante la Primera Guerra Mundial, trabajó constantemente en campañas de reclutamiento para las fuerzas británicas; en una de ellas, en 1915, dijo: «Descubrí que el Imperio británico tenía ciertos ideales de los que me he enamorado y uno de estos ideales es que cada súbdito de este Imperio tenga el mayor margen posible para su energía y su honor y lo que crea que le corresponde a su conciencia». En 1918, este apóstol de la no violencia decía: «Se nos considera un pueblo cobarde. Si queremos librarnos de ese reproche, debemos aprender a usar las armas… La asociación con el Imperio es nuestro objetivo definitivo. Debemos sufrir al máximo de nuestra capacidad e incluso dar la vida para defenderlo. Si este perece, con él perece nuestra preciada aspiración».

Durante este período, el ascetismo de Gandhi y su oposición a todo tipo de discriminación, le valieron una posición moral destacada entre el pueblo indio. Se oponía a toda violencia y derramamiento de sangre, al alcohol, a la carne y al tabaco, incluso a consumir leche y huevos, y al sexo (incluso en el matrimonio). Además, se oponía al industrialismo occidental, a la ciencia, la medicina occidental y al uso de lenguas occidentales en lugar de lenguas indias. Exigía a sus seguidores que elaboraran cuotas fijas de algodón casero cada día, portaba un mínimo de ropa hecha a mano, hilaba en una pequeña rueca durante todas sus actividades diarias y tomó la pequeña rueca de hilar a mano como símbolo de su movimiento; todo ello para simbolizar la naturaleza honorable del trabajo manual, la necesidad de autosuficiencia económica india y su oposición al industrialismo occidental. Trabajó por la igualdad de los intocables, llamándolos «hijos de Dios» (harijans), asociándose con ellos siempre que podía, acogiéndolos en su propia casa, e incluso adoptando a una como su propia hija. Trabajó para aliviar la opresión económica, organizando huelgas contra los bajos salarios o las condiciones de trabajo miserables, apoyando a los huelguistas con el dinero que había reunido de los industriales hindúes más ricos de la India. Atacó la medicina y la sanidad occidentales, apoyó todo tipo de fórmulas médicas autóctonas e incluso el curanderismo, pero acudió a un cirujano formado en Occidente para operarse cuando él mismo tuvo apendicitis. Asimismo, predicaba contra el uso de la leche, pero bebió leche de cabra por su salud durante gran parte de su vida. Estas incoherencias las atribuía a su propia debilidad pecaminosa. También, permitía que el algodón hilado a mano se cosiera en máquinas de coser Singer y admitía que las fábricas de tipo occidental eran necesarias para proporcionar dichas máquinas.

Durante este período descubrió que sus ayunos personales de alimento, que había practicado durante mucho tiempo, podían ser utilizados como armas morales contra los que se oponían a él, al tiempo que reforzaban su dominio moral sobre los que le apoyaban. «Ayuné», dijo, «para reformar a los que me amaban. No se puede ayunar contra un tirano». Gandhi nunca pareció reconocer que su ayuno y su desobediencia civil no violenta fueron eficaces contra los británicos en la India y en Sudáfrica solamente en la medida en que los británicos tenían las cualidades de humanidad, decencia, generosidad y juego limpio que él más admiraba, pero que al atacar a los británicos a través de estas virtudes estaba debilitando a Gran Bretaña y a la clase que poseía estas virtudes, haciendo más probable que fueran reemplazados por naciones y por líderes que no tenían estas virtudes. Ciertamente, Hitler y los alemanes que exterminaron a seis millones de judíos a sangre fría durante la Segunda Guerra Mundial no habrían compartido la reticencia de Smuts a encarcelar a unos miles de indios o la de lord Halifax a ver a Gandhi morir de hambre. Esta era la debilidad fatal de los objetivos de Gandhi y sus métodos, pero estos objetivos y métodos eran tan queridos por los corazones indios y tan desinteresadamente perseguidos por Gandhi que rápidamente se convirtió en el líder espiritual del Congreso Nacional Indio después de la muerte de Gokhale en 1915. En esta posición, Gandhi consiguió, gracias a su poder espiritual, algo que ningún líder indio anterior había logrado y que pocos habían esperado: difundir la conciencia política y el sentimiento nacionalista desde la clase educada hasta la gran masa inculta del pueblo indio.

Esta masa y Gandhi esperaban y exigían un mayor grado de autonomía tras el final de la Primera Guerra Mundial. La Ley de 1919 lo proporcionó, y probablemente proporcionó todo lo que la experiencia política de los indios les permitía. Además, la Ley preveía la ampliación de las áreas de autonomía a medida que aumentaba la experiencia política de los indios. Pero la ley fue en gran medida un fracaso porque Gandhi había despertado ambiciones políticas en grandes grupos de indios que carecían de experiencia en actividades políticas y estas demandas dieron lugar a una intensa oposición a la autonomía india en los círculos británicos que no compartían los ideales del grupo de la *Mesa Redonda*. Finalmente, las acciones de esta oposición británica llevaron a Gandhi de la «no resistencia» a la «no cooperación» completa, a la «desobediencia civil», destruyendo así todo el propósito del Acta de 1919.

Muchos conservadores británicos, tanto en su país como en la India, se opusieron a la Ley de 1919. Lord Ampthill, que tenía una larga experiencia en la India y había apoyado valientemente a Gandhi en Sudáfrica, atacó la Ley y a Lionel Curtis por haberla elaborado. En la Cámara de los Lores dijo: «El hecho increíble es que, si no fuera por la visita casual a la India de un doctrinario trotamundos con una manía positiva de hacer constituciones (Curtis), a nadie en el mundo se le habría ocurrido una noción tan peculiar como la diarquía. Y, sin embargo, el Comité Mixto (Selborne) nos dice de manera idealista que no se puede concebir un plan mejor». En la India, hombres como el gobernador del Punjab, sir Michael O'Dwyer, se opusieron aún más rotundamente a la autonomía india o a la agitación nacionalista india. Muchos conservadores que estaban decididos a mantener el Imperio intacto no veían cómo podía hacerse sin que la India fuera la principal joya de este, como en el siglo XIX. La India no solamente proporcionaba una gran parte de la mano de obra del ejército imperial en tiempos de paz, sino que este ejército estaba en gran parte ubicado en la India y se pagaba con los ingresos del gobierno de la India. Además, esta reserva de mano de obra que se pagaba a sí misma estaba fuera del alcance de los reformistas, así como de los contribuyentes británicos. Los conservadores más antiguos, con sus fuertes conexiones con el ejército y otros, como Winston Churchill, con un conocimiento de los asuntos militares, no veían cómo Inglaterra podía hacer frente a las demandas militares del siglo XX sin la mano de obra militar india, al menos en las zonas coloniales.

En lugar de obtener más libertad al final de la guerra en 1918, los indios obtuvieron menos. El grupo conservador impulsó la Ley Rowlatt en marzo de 1919. Esta ley continuó con la mayoría de las restricciones a las libertades civiles en la India en tiempos de guerra y se utilizó para controlar las agitaciones nacionalistas. Gandhi llamó a la desobediencia civil y a una serie de huelgas generales locales dispersas (*hartels*) en señal de protesta. Estas acciones dieron lugar a la violencia, especialmente a los ataques indios contra los británicos. Gandhi lamentó esta violencia y se impuso un ayuno de setenta y dos horas como penitencia.

En Amritsar, una inglesa fue atacada en la calle (10 de abril de 1919). Los líderes del partido del Congreso en la ciudad fueron deportados y el brigadier R. E. H. Dyer fue enviado para restaurar el orden. A su llegada prohibió todas las marchas y reuniones, y luego, sin esperar a que la orden se hiciera pública, fue con cincuenta hombres a dispersar a tiros una reunión que ya había comenzado (13 de abril de 1919). Disparó 1650 balas contra una densa multitud aglomerada en una plaza con salidas inadecuadas, causando 1516 heridos, de las cuales 379 encontraron la muerte. Dejando a los heridos sin atender en el suelo, el general Dyer regresó a su despacho y emitió la orden de que todos los indios que pasaran por la calle en la que la inglesa había sido asaltada una semana antes debían hacerlo arrastrándose sobre manos y rodillas. No hay duda de que el general Dyer buscaba problemas, en sus propias palabras: «Me había hecho a la idea de que llevaría a todos los hombres a la muerte... Ya no se trataba simplemente de dispersar a la multitud, sino de producir un efecto moral suficiente desde el punto de vista militar no solamente en los presentes, sino especialmente en todo el Punjab».

La situación aún podría haberse salvado de la barbarie de Dyer, pero el Comité Hunter, que investigó la atrocidad, se negó a condenar a Dyer salvo por «un grave error de juicio» y «una concepción honesta pero equivocada del deber». La mayoría de la Cámara de los Lores aprobó su acción al negarse a censurarle y cuando el Gobierno le obligó a dimitir del ejército, sus admiradores en Inglaterra le regalaron una espada y una bolsa con 20 000 libras.

En este punto, Gandhi cometió un grave error de juicio. Para solidificar la alianza de hindúes y musulmanes que existía desde 1917, apoyó el movimiento *Khilafat* de los musulmanes indios para obtener un tratado de paz indulgente para el sultán (y califa) turco tras la Primera Guerra Mundial. Gandhi sugirió que el *Khilafat* adoptara la «no cooperación» contra Gran Bretaña para hacer valer sus demandas. Esto habría implicado una obstrucción a los bienes, las escuelas, los tribunales, las oficinas, los honores británicos y a todos los bienes sujetos a impuestos británicos (como el alcohol). Esto fue un error de juicio porque el sultán fue pronto derrocado por su propio pueblo organizado en un movimiento nacionalista turco y que buscaba un estado turco secularizado, a pesar de todo lo que Gran Bretaña ya estaba haciendo (tanto en público como en privado) para apoyarlo. Así pues, el movimiento *Khilafat* pretendía obligar a Gran Bretaña a hacer algo que ya quería hacer y no era capaz de hacer. Además, al sacar a relucir la «no cooperación» como arma contra los británicos, Gandhi había abierto una serie de puertas que no deseaba abrir, con muy malas consecuencias para la India.

En el Congreso Nacional Indio de diciembre de 1919, Tilak y Gandhi fueron las figuras principales. Ambos estaban dispuestos a aceptar las Reformas Montagu-Chelmsford, Tilak porque creía que sería la mejor manera de demostrar que no eran adecuadas. Pero el 1 de agosto de 1920, Gandhi proclamó la «no cooperación» en nombre del movimiento *Khilafat*. Ese mismo día murió Tilak, dejando a Gandhi como líder indiscutible del Congreso. En la reunión de 1920, consiguió la aprobación unánime de la «no cooperación» y a continuación presentó una resolución a favor del *swaraj* (gobierno autónomo) dentro o fuera del Imperio británico. Los musulmanes del Congreso, liderados por Muhammad Ali Jinnah, se negaron a aceptar una India independiente fuera del Imperio británico porque esto sometería a los musulmanes a una mayoría hindú sin la restricción protectora de Gran Bretaña. Como resultado, a partir de ese momento, muchos musulmanes abandonaron el Congreso.

La no cooperación fue un gran éxito público, pero no consiguió el gobierno autónomo para la India, e hizo que el país fuera menos apto para el gobierno autónomo al imposibilitar que los indios obtuvieran experiencia en el Gobierno bajo la Ley de 1919. Miles de indios renunciaron a las medallas y los honores, abandonaron el ejercicio de la abogacía en los tribunales británicos, dejaron las escuelas británicas y quemaron bienes británicos. Gandhi celebró grandes reuniones de masas en las que miles de personas se despojaron de sus ropas extranjeras para arrojarlas a las hogueras, sin embargo, esto no les sirvió para formarse como gobernantes. Simplemente despertó la violencia nacionalista. El 1 de febrero de 1922, Gandhi informó al virrey de que estaba a punto de comenzar la desobediencia civil masiva, en un distrito a la vez, comenzando en Bardoli, cerca de Bombay. La desobediencia civil, que incluía la negativa a pagar impuestos o a obedecer las leyes, era un paso más allá de la no cooperación, ya que implicaba actos ilegales en lugar de legales. El 5 de febrero de 1922, una turba hindú atacó a veintidós agentes de policía y los mató quemando la comisaría ante sus ojos. Horrorizado, Gandhi canceló la campaña contra Gran Bretaña, enseguida fue detenido y condenado a seis años de prisión por sedición.

Los acontecimientos de 1919 a 1922 habían causado un gran daño. Gran Bretaña y la India estaban distanciadas hasta el punto de que ya no confiaban la una en la otra. El propio partido del Congreso se había dividido y los moderados habían formado un nuevo grupo llamado Federación Liberal India. Los musulmanes también habían abandonado en gran medida el partido del Congreso y se habían ido a reforzar la Liga musulmana. A partir de ese momento, los disturbios entre musulmanes e hindúes fueron sucesos anuales en la India. Por último, el complot había paralizado las reformas Montagu-Chelmsford, ya que casi dos tercios de los votantes con derecho a voto se negaron a participar en las elecciones al Consejo de noviembre de 1920.

IRLANDA HASTA 1939

Mientras la crisis india estaba en su punto álgido entre 1919 y 1922, una crisis aún más violenta hacía estragos en Irlanda. A lo largo del siglo XIX, Irlanda se había visto agitada por antiguos agravios; los tres principales problemas eran agrarios, religiosos y políticos. La conquista cromwelliana de Irlanda en el siglo XVII había transferido gran parte de las tierras irlandesas, como botín de guerra, a los terratenientes ingleses ausentes. En consecuencia, las elevadas rentas, la inseguridad de la tenencia, la falta de mejoras y la explotación económica legalizada, apoyada por jueces y soldados ingleses, dieron lugar a violentos disturbios agrarios y atrocidades rurales contra las vidas y propiedades de los ingleses.

A partir de la Ley de Tierras de Gladstone de 1870, los problemas agrarios se fueron aliviando poco a poco y en 1914, estaban bien controlados. El problema religioso surgió del hecho de que Irlanda era abrumadoramente católica y se resentía de ser gobernada por personas de una religión diferente. Además, hasta que la Iglesia irlandesa (episcopal) fue disuelta en 1869, los católicos irlandeses tuvieron que soportar una estructura de clérigos y obispos anglicanos, la mayoría de los cuales tenían pocos o ningún feligrés en Irlanda y residían en Inglaterra, sostenidos por los ingresos procedentes de Irlanda. Por último, el Acta de Unión de 1801 había convertido a Irlanda en parte del Reino Unido, con representantes en el Parlamento de Westminster.

En 1871, los representantes que se oponían a la unión con Inglaterra formaron el *Irish Home Rule Party*. Su objetivo era conseguir la separación obstruyendo las funciones del Parlamento y perturbando sus procedimientos. En ocasiones, este grupo ejerció una influencia considerable en el Parlamento al mantener el equilibrio de poder entre liberales y conservadores. Los liberales de Gladstone estaban dispuestos a conceder a Irlanda la autonomía, sin representantes en Westminster; los conservadores (con el apoyo de la mayoría de los ingleses) se oponían a la autonomía; el grupo de Rhodes-Milner quería la autonomía de los irlandeses en sus asuntos internos, con representantes irlandeses en Westminster para los asuntos exteriores e imperiales. El gobierno liberal entre 1906 y 1916 intentó promulgar un proyecto de ley de autonomía con representación irlandesa en la Cámara de los Comunes, pero fue bloqueado repetidamente por la oposición de la Cámara de los Lores; el proyecto no se convirtió en ley hasta septiembre de 1914.

La principal oposición surgió del hecho de que el Ulster protestante (Irlanda del Norte) quedaría sumergido en una Irlanda abrumadoramente católica. La oposición del Ulster, dirigida por sir Edward (más tarde lord) Carson, organizó un ejército privado, lo armó con armas de contrabando de Alemania y se preparó para tomar el control de Belfast a una señal de Londres. Carson se dirigía a la estación de telégrafo para enviar esta señal en 1914 cuando recibió un mensaje del primer ministro de que la guerra estaba a punto de estallar con Alemania. Por consiguiente, se canceló la revuelta del Ulster y se suspendió la Ley de Autonomía hasta seis meses después de la paz con Alemania. Como consecuencia, la revuelta con armas alemanas en Irlanda fue realizada por los nacionalistas irlandeses en 1916, en lugar de por sus oponentes del Ulster en 1914. Esta llamada Revuelta de Pascua de 1916 fue aplastada y sus líderes ejecutados, pero el descontento continuó cociéndose a fuego lento en Irlanda, con una violencia solo ligeramente por debajo de la superficie.

En las elecciones parlamentarias de 1918, Irlanda eligió a 6 nacionalistas (que querían la autonomía para toda Irlanda), 73 del Sinn Fein (que querían una República irlandesa libre de Inglaterra) y 23 unionistas (que querían seguir formando parte de Gran Bretaña). En lugar de acudir a Westminster, el Sinn Fein organizó su propio Parlamento en Dublín. Los esfuerzos por detener a sus miembros condujeron a una guerra civil abierta. Fue una lucha de asesinatos, traiciones y represalias, que se libró en callejones y campos a la luz de la luna. Sesenta mil soldados británicos no pudieron mantener el orden, se perdieron miles de vidas, con una inhumanidad brutal por parte de ambos bandos, y los daños materiales ascendieron a 50 millones de libras esterlinas.

Lionel Curtis, que colaboró en la edición de *The Round Table* en 1919-1921, abogó en marzo de 1920 por la separación de Irlanda del Norte e Irlanda del Sur y la concesión a cada una de ellas de la autonomía de Gran Bretaña. Esta propuesta se convirtió en ley ocho meses más tarde como Ley del Gobierno de Irlanda de 1920, pero fue rechazada por los republicanos irlandeses dirigidos por Eamon de Valera. La guerra civil continuó. El grupo de *la Mesa Redonda* trabajó valientemente para detener a los extremistas de ambos bandos, pero con un éxito moderado. El cuñado de Amery, Hamar (lord) Greenwood, fue nombrado secretario jefe para Irlanda, el último titular de ese cargo, mientras que Curtis fue nombrado asesor sobre Asuntos irlandeses de la Oficina Colonial (que estaba dirigida por Milner y Amery). *The Times* y *The Round Table* condenaron la represión británica en Irlanda, diciendo este último: «Si la Commonwealth británica solamente puede ser preservada por tales medios, se convertiría en una negación del principio que ha defendido». Pero la violencia británica no podía ser reducida hasta que la violencia irlandesa pudiera serlo. Uno de los principales líderes de los republicanos irlandeses era Erskine Childers, un viejo amigo de la escuela de Curtis que había estado con él en Sudáfrica, pero no se podía hacer nada a través de él ya que se había vuelto fanáticamente antibritánico. En consecuencia, se llamó a Smuts. Escribió un discurso conciliador para que el rey Jorge lo pronunciara en la apertura del Parlamento del Ulster y realizó una visita secreta al escondite de los rebeldes en Irlanda para intentar persuadir a los líderes republicanos irlandeses de que fueran razonables, contrastó la inseguridad de la República de Transvaal antes de 1895 con su feliz condición bajo el estatus de Dominio desde 1910, diciendo: «No se equivoquen, tienen más privilegios, más poder, más paz, más seguridad en una hermandad de naciones iguales que en una pequeña y nerviosa república que tiene que depender todo el tiempo de la buena voluntad y quizás de la ayuda de los extranjeros. ¿Qué clase de independencia llaman ustedes a eso?».

Smuts organizó un armisticio y una conferencia para negociar un acuerdo. De esta conferencia, en la que Curtis era secretario, salieron los Artículos del Acuerdo de diciembre de 1921, que otorgaban a Irlanda del Sur el estatus de Estado libre irlandés, mientras que Irlanda del Norte continuaba bajo la Ley de 1920. La línea fronteriza entre los dos países fue trazada por un comité de tres personas, cuyo miembro británico (y presidente) era Richard Feetham, del grupo del *Jardín de infantes* de *Milner* y de la *Mesa Redonda*, que posteriormente fue juez del Tribunal Supremo de Sudáfrica.

Los republicanos irlandeses de De Valera se negaron a aceptar el acuerdo y se sublevaron, esta vez contra los líderes irlandeses moderados, Arthur Griffith y Michael Collins. Collins fue asesinado y Griffith murió, agotado por la tensión, pero el propio pueblo irlandés estaba ya cansado de la agitación. Las fuerzas de De Valera fueron empujadas a la clandestinidad y salieron derrotadas en las elecciones de 1922. Cuando el partido de De Valera, el Fianna Fail, ganó las elecciones de 1932 y se convirtió en presidente de Irlanda, abolió el juramento de lealtad al rey y el cargo de gobernador general, puso fin a los pagos anuales por las tierras inglesas incautadas y a los llamamientos al Consejo privado, se enzarzó en una amarga guerra arancelaria con Gran Bretaña y siguió exigiendo la anexión del Ulster. Uno de los últimos vínculos con Gran Bretaña terminó en 1938, cuando las bases navales británicas en Eire fueron entregadas a los irlandeses, para gran beneficio de los submarinos alemanes entre 1939 y 1945.

Del Lejano Oriente a la Primera Guerra Mundial

EL COLAPSO DE CHINA HASTA 1920

La destrucción de la cultura tradicional china bajo el impacto de la civilización occidental fue considerablemente posterior a la destrucción similar de la cultura india por parte de los europeos. Este retraso se debió al hecho de que la presión europea sobre la India se aplicó de forma bastante constante desde principios del siglo XVI, mientras que, en Extremo Oriente, en Japón incluso de forma más completa que en China, esta presión se relajó desde principios del siglo XVII durante casi doscientos años, hasta 1794 en el caso de China y hasta 1854 en el caso de Japón. Como resultado, podemos ver el proceso por el cual la cultura europea fue capaz de destruir las culturas nativas tradicionales de Asia más claramente en China que en casi cualquier otro lugar.

La cultura tradicional de China, al igual que la del resto de Asia, consistía en una jerarquía militar y burocrática superpuesta a una gran masa de campesinos trabajadores. Es habitual, al estudiar este tema, dividir esta jerarquía en tres niveles. Desde el punto de vista político, estos tres niveles consistían en la autoridad imperial en la cúspide, una enorme jerarquía de funcionarios imperiales y provinciales en el medio, y la miríada de pueblos locales semipatriarcales y semidemocráticos en la base. Desde el punto de vista social, esta jerarquía se dividía igualmente en la clase dirigente, la alta burguesía y los campesinos. Económicamente, existía una división paralela: el grupo superior obtenía sus ingresos en forma de tributos e impuestos por su posesión del poder militar y político, mientras que el grupo medio los obtenía de fuentes económicas, como los intereses de los préstamos, las rentas de las tierras y los beneficios de las empresas comerciales, así como de los salarios, los sobornos y otras remuneraciones derivadas del control de la burocracia por parte de dicho grupo. En la base, el campesinado, que era el único grupo realmente productivo de la sociedad, obtenía sus ingresos del sudor colectivo de su frente y tenía que sobrevivir con lo que le quedaba después de que una fracción sustancial de su producto hubiera ido a parar a los dos grupos superiores en forma de rentas, impuestos, intereses, sobornos consuetudinarios (llamados «estrujones») y beneficios excesivos en la compra de «productos de primera necesidad» como la sal, el hierro o el opio.

Aunque los campesinos eran claramente un grupo explotado en la sociedad tradicional China, esta explotación era impersonal y conservadora, lo que se soportaría más fácilmente si hubiera sido personal o arbitraria. Con el paso del tiempo, había surgido un sistema viable de relaciones consuetudinarias entre los tres niveles de la sociedad. Cada grupo conocía sus relaciones establecidas con los demás y las utilizaba para evitar cualquier presión repentina o excesiva que pudiera alterar los patrones establecidos de la sociedad. La fuerza política y militar del régimen imperial rara vez incidía directamente en el campesinado, ya que la burocracia intervenía entre ellos como un amortiguador protector. Este amortiguador seguía un patrón de amorfa ineficacia deliberada, de modo que la fuerza militar y política de arriba se había difuminado, dispersado y mitigado al llegar a las aldeas campesinas. La burocracia siguió esa pauta porque reconocía que el campesinado era la fuente de sus ingresos y no deseaba crear un descontento que pusiera en peligro el proceso productivo o los pagos de rentas, impuestos e intereses de los que vivía. Además, la ineficacia del sistema era habitual y deliberada, ya que permitía que una gran parte de la riqueza que se drenaba del campesinado se desviara y difundiera entre la clase media de la nobleza antes de que los restos de dicha riqueza llegaran al grupo imperial de la cúspide.

A su vez, este grupo imperial tuvo que aceptar este sistema de ineficiencia y de desvío de ingresos, así como su propia lejanía básica del campesinado debido al gran tamaño de China, a la ineficacia de sus sistemas de transporte y comunicaciones y a la imposibilidad de llevar registros de población o de ingresos e impuestos, salvo por la mediación indirecta de la burocracia. La posición semiautónoma de la burocracia dependía, en gran medida, del hecho de que el sistema chino de escritura era tan engorroso, tan ineficaz y difícil de aprender que el gobierno central no podía llevar ningún registro ni administrar la recaudación de impuestos, el orden público o la justicia si no era a través de una burocracia de expertos formados. Esta burocracia fue reclutada entre la nobleza porque los complejos sistemas de escritura, de derecho y de tradiciones administrativas solo podían ser dominados por un grupo que disfrutara de un ocio basado en ingresos no ganados. Sin duda, con el tiempo, la formación para esta burocracia y para los exámenes de admisión se volvió bastante irreal, consistiendo principalmente en la memorización de textos literarios antiguos para el examen y no con fines culturales o administrativos. Esto no era tan malo como parece, ya que muchos de los textos memorizados contenían una buena cantidad de sabiduría antigua con un sesgo ético o práctico y la posesión de este acervo de conocimientos engendraba en sus poseedores un respeto por la moderación y por la tradición, que era justo lo que el sistema requería. Nadie lamentó que el sistema de educación y de exámenes que conducía a la burocracia no engendrara una sed de eficiencia porque la eficiencia no era una cualidad deseada. La propia burocracia no deseaba la eficacia porque eso habría reducido su capacidad de desviar los fondos que fluían hacia arriba desde el campesinado.

El campesinado seguramente no deseaba ningún aumento de la eficacia, lo que habría conducido a un aumento de la presión sobre él y habría hecho que fuera menos fácil amortiguar o evitar el impacto del poder imperial. El propio poder imperial no deseaba ningún aumento de la eficiencia de su burocracia, ya que esto podría haber conducido a una mayor independencia por parte de la misma. Mientras la superestructura imperial de la sociedad china obtuviera su parte de la riqueza que fluía hacia arriba desde el campesinado, estaba satisfecha. La parte de esta riqueza en cifras absolutas que obtenía el grupo imperial era muy grande, aunque proporcionalmente era solo una pequeña parte de la cantidad total que salía de la clase campesina, ya que la mayor parte era desviada por la alta burguesía y la burocracia en su flujo ascendente.

La naturaleza explotadora de este sistema social de tres clases se veía aliviada, como hemos visto, por la ineficacia, por la moderación tradicional y las ideas éticas aceptadas, por el sentido de interdependencia social y por el poder de la ley y las costumbres tradicionales que protegían al campesino ordinario del trato arbitrario o del impacto directo de la fuerza. Lo más importante de todo, quizás, es que el sistema se veía aliviado por la existencia de profesiones abiertas al talento. China nunca se organizó en grupos o castas hereditarias, siendo en este aspecto parecida a Inglaterra y muy diferente de la India. En la sociedad china, el camino hacia la cima estaba abierto; no para cualquier campesino individual en su propia vida, sino para cualquier familia campesina individual durante un período de varias generaciones. Así, la posición de un individuo en la sociedad no dependía de los esfuerzos de su propia juventud, sino de los esfuerzos de su padre y de su abuelo.

Si un campesino chino era diligente, astuto y afortunado, podía esperar acumular algún pequeño excedente más allá de la subsistencia de su propia familia y del drenaje de las clases altas. Este excedente podía invertirse en actividades como la fabricación de hierro, la venta de opio, la venta de madera o combustible, el comercio de cerdos, etc. Los beneficios de estas actividades podían invertirse en pequeñas parcelas de tierra que se alquilaban a campesinos menos afortunados o en préstamos a otros campesinos. Si los tiempos seguían siendo prósperos, el propietario de los excedentes empezaba a recibir rentas e intereses de sus vecinos; si los tiempos se volvían malos, este seguía teniendo sus tierras o podía hacerse con las de su deudor como garantía de su préstamo. Tanto en los buenos como en los malos tiempos, el crecimiento de la población en China mantenía una alta demanda de tierras y los campesinos podían ascender en la escala social desde el campesinado hasta la alta burguesía ampliando lentamente sus derechos legales sobre la tierra. Una vez en la alta burguesía, los hijos o nietos podían ser educados para superar los exámenes burocráticos y ser admitidos en el grupo de los mandarines. Una familia que tuviera uno o dos miembros en este grupo accedía a todo el sistema de «estrujones» y de desvío burocrático de los flujos de ingresos, de modo que la familia en su conjunto podía seguir ascendiendo en la estructura social y económica. Con el tiempo, algún miembro de la familia podría pasar al centro imperial desde el nivel provincial en el que comenzó este ascenso, e incluso podría acceder al propio grupo gobernante imperial.

En estos niveles superiores de la estructura social, muchas familias pudieron mantener una posición durante generaciones, pero, en general, se produjo una constante aunque lenta «circulación en la élite» y la mayoría de las familias permanecían en una posición social elevada únicamente durante un par de generaciones, tras unas tres generaciones de ascenso, seguidas por un par de generaciones en declive. Así, el viejo dicho que dice que solo se tardaba tres generaciones «abuelo trabajador, hijo millonario y nieto pobre» tendría que ampliarse en la antigua China para permitir que unas seis o siete generaciones pasaran de la monotonía de los arrozales a los arrozales de nuevo. Pero la esperanza de ese ascenso contribuyó en gran medida a aumentar la diligencia individual y la solidaridad familiar y a reducir el descontento campesino. Solo a finales del siglo XIX y principios del XX, los campesinos de China llegaron a considerar su situación tan desesperada que la violencia pasó a ser preferible a la diligencia o la conformidad. Como veremos, este cambio surgió del impacto de la cultura occidental en China que, de hecho, hizo que la posición del campesino fuera económicamente desesperada.

En la sociedad china tradicional, los burócratas reclutados mediante exámenes entre la clase noble se llamaban mandarines. Se convirtieron, a efectos prácticos, en el elemento dominante de la sociedad china. Dado que su posición social y económica no se basaba en el poder político o militar, sino en las tradiciones, la estructura legal, la estabilidad social, las enseñanzas éticas aceptadas y los derechos de propiedad, este grupo de nivel medio dio a la sociedad china una poderosa orientación tradicionalista. El respeto a las viejas tradiciones, a la ideología y conductas aceptadas, a los antepasados en la sociedad y la religión y al padre de familia se convirtieron en las características más destacadas de la sociedad china. El hecho de que esta sociedad fuera una compleja red de intereses creados, que no fuera progresiva y que estuviera plagada de corrupción, no era en modo alguno más objetable para el chino medio que el hecho de que también estuviera plagada de ineficacia.

Estas cosas solo se volvieron objetables cuando la sociedad china entró en contacto directo con la cultura europea durante el siglo XIX. Cuando estas dos sociedades chocaron, la ineficacia, la falta de progreso, la corrupción y todo el nexo de intereses creados y de tradiciones que constituían la sociedad china fueron incapaces de sobrevivir en contacto con la eficacia, el progreso y los instrumentos de invasión y dominación de los europeos. Un sistema que no podía proveerse de armas de fuego en grandes cantidades o de ejércitos masivos de soldados leales para usarlas, un sistema que no podía aumentar sus impuestos o su producción de riqueza, que no podía llevar la cuenta de su propia población o de sus propios ingresos mediante registros eficaces o que no tenía métodos eficaces de comunicación y transporte en un área de 9 millones de km.² no podía esperar sobrevivir.

La sociedad occidental que comenzó a incidir en China hacia 1800 era poderosa, eficiente y progresista. No aceptaba la corrupción ni respetaba las tradiciones, los derechos de propiedad, la solidaridad familiar ni la moderación ética de la sociedad china tradicional. A medida que las armas de Occidente, junto con sus eficientes métodos de saneamiento, de escritura, de transporte y comunicaciones, de interés individual y de racionalismo intelectual corrosivo entraron en contacto con la sociedad china, comenzaron a disolverla. Por un lado, la sociedad china era demasiado débil para defenderse de Occidente. Cuando intentó hacerlo, como en las Guerras del Opio y otras luchas entre 1841 y 1861, o en el levantamiento de los bóxers de 1900, esa resistencia china a la penetración europea fue aplastada por el armamento de las potencias occidentales y se impusieron a China todo tipo de concesiones a estas potencias.

Hasta 1841, Cantón era el único puerto autorizado para las importaciones extranjeras y el opio era ilegal. Como consecuencia de la destrucción por parte de los chinos del opio indio ilegal y de las exacciones comerciales de las autoridades de Cantón, Gran Bretaña impuso a China los tratados de Nankín (1842) y de Tientsin (1858). Dichos tratados obligaron a China a ceder Hong Kong a Gran Bretaña y a abrir dieciséis puertos al comercio exterior, a imponer un arancel de importación uniforme no superior al 5%, a pagar una indemnización de unos 100 millones de dólares, a permitir legaciones extranjeras en Pekín, a permitir que un funcionario británico actuara como jefe del servicio aduanero chino y a legalizar la importación de opio. Se impusieron otros acuerdos por los que China perdió varias zonas limítrofes como Birmania (a favor de Gran Bretaña), Indochina (a favor de Francia), Formosa y los Pescadores (a favor de Japón) y Macao (a favor de Portugal), mientras que otras zonas fueron tomadas en arrendamiento de diversa duración, de veinticinco a noventa y nueve años. De este modo, Alemania se quedó con Kiaochow, Rusia con el sur de Liaotung (incluido Port Arthur), Francia con Kwangcho-wan y Gran Bretaña con Kowloon y Weihaiwei. En ese mismo período, varias potencias impusieron a China un sistema de tribunales extraterritoriales, en virtud del cual los extranjeros con casos judiciales no podían ser juzgados por los tribunales chinos o bajo la ley china.

El impacto político de la civilización occidental en China, por grande que fuera, se vio eclipsado por el impacto económico. Ya hemos indicado que China era un país mayoritariamente agrario. Los años de cultivo y el lento crecimiento de la población habían dado lugar a una incesante presión sobre el suelo y a una explotación destructiva de sus recursos vegetales. La mayor parte del país estaba deforestado, lo que provocaba una escasez de combustible, una rápida escorrentía de las precipitaciones, un peligro constante de inundaciones y una erosión del suelo a gran escala. El cultivo se había extendido a valles remotos y a las laderas de las colinas por la presión de la población, con un gran aumento de las mismas consecuencias destructivas, a pesar de que muchas laderas fueron reconstruidas en terrazas. El hecho de que la parte meridional del país dependiera del cultivo del arroz creaba muchos problemas, ya que este cultivo, de valor nutritivo relativamente bajo, exigía un gran gasto de mano de obra (trasplante y escarda) en unas condiciones destructivas para la salud. Los largos períodos de vadeo en los arrozales exponían a la mayoría de los campesinos a diversos tipos de enfermedades articulares y a infecciones transmitidas por el agua, como el paludismo o los parásitos.

La presión sobre el suelo se intensificó por el hecho de que el 60 % de China estaba a más de 1800 m. sobre el nivel del mar, demasiado alto para el cultivo, mientras que más de la mitad de la tierra tenía precipitaciones inadecuadas (menos de 508 litros/m^2 al año). Además, las precipitaciones procedían de los erráticos vientos monzones, que con frecuencia provocaban inundaciones y en ocasiones fallaban por completo, provocando una hambruna generalizada. En Estados Unidos, 140 millones de personas eran mantenidas por el trabajo de 6,5 millones de agricultores en 148 millones de hectáreas de tierra cultivada en 1945; China, en la misma época, tenía casi 500 millones de personas mantenidas por el trabajo de 65 millones de agricultores en solo 88 millones de hectáreas de tierra cultivada. En China, una granja media poseía solo un poco más de 1,6 hectáreas (en comparación con las 63,5 hectáreas de Estados Unidos), pero estaba dividida en cinco o seis campos separados y contaba con una media de 6,2 personas viviendo en ella (en comparación con las 4,2 personas de la inmensamente mayor granja estadounidense). En consecuencia, en China solo había alrededor de 0,20 hectáreas de tierra por cada persona que vivía en ella, en comparación con la cifra estadounidense de 63,5 hectáreas por persona.

Como consecuencia de esta presión sobre la tierra, el campesino chino medio no tenía, incluso en épocas anteriores, un margen superior al nivel de subsistencia, sobre todo si recordamos que cierta parte de sus ingresos fluía hacia las clases altas. Dado que, en el balance de su actividad agrícola, el campesino chino medio estaba por debajo del nivel de subsistencia, este tenía que utilizar varios recursos ingeniosos para alcanzar ese nivel. Todas las compras de bienes producidos fuera de la granja se mantenían en un mínimo absoluto. Cada brizna de hierba, hoja caída o residuo de la cosecha se recogía para que sirviera de combustible. Todos los residuos humanos, incluidos los de las ciudades, se recogían cuidadosamente y se devolvían a la tierra como abono. Por esta razón, debido al mayor suministro de dichos desechos, las tierras de cultivo alrededor de las ciudades eran más productivas que las granjas más remotas que dependían del suministro local de dichos residuos. La recogida y venta de estos desechos se convirtió en un importante eslabón de la economía agrícola de China. Dado que el sistema digestivo humano solo extrae una parte de los elementos nutritivos de los alimentos, con frecuencia se extraían los elementos restantes para alimentar a los cerdos con dichos desechos, haciéndolos pasar por el sistema digestivo del cerdo antes de que los mismos volvieran a la tierra para nutrir nuevos cultivos y, por tanto, nuevos alimentos. Cada granja campesina tenía al menos un cerdo que se compraba joven, vivía en la letrina de la granja hasta que crecía y luego se vendía en la ciudad para obtener un margen de dinero para compras tan necesarias como sal, azúcar, aceites o artículos de hierro. De forma similar, el arrozal podía contribuir al suministro de proteínas del agricultor actuando como estanque de peces y acuario para los diminutos camarones de agua dulce.

En China, al igual que en Europa, los objetivos de la eficiencia agrícola eran muy diferentes de los objetivos de la eficiencia agrícola en nuevos países como Estados Unidos, Canadá, Argentina o Australia. En estos nuevos países había escasez de mano de obra y un excedente de tierra, mientras que en Europa y Asia había escasez de tierra y un excedente de mano de obra. En consecuencia, el objetivo de la eficiencia agrícola en las tierras más nuevas era una alta producción de cultivos por unidad de trabajo. Por esta razón, la agricultura estadounidense puso tanto énfasis en la maquinaria agrícola que ahorra mano de obra y en las prácticas agrícolas que agotan el suelo, mientras que la agricultura asiática puso inmensas cantidades de mano de obra en pequeñas cantidades de tierra con el fin de salvar el suelo y obtener la máxima cosecha de una cantidad limitada de tierra. En América, el agricultor podía permitirse gastar grandes sumas en maquinaria agrícola porque la mano de obra a la que sustituía esa maquinaria habría sido cara de todos modos y porque el coste de esa maquinaria se distribuía en una superficie tan grande que su coste por hectárea era relativamente moderado. En Asia no había capital para tales gastos en maquinaria porque no existía un margen de excedente por encima del nivel de subsistencia en manos del campesinado y porque la granja promedio era tan pequeña que el costo de la maquinaria por hectárea (ya sea para comprar o incluso para operar) habría resultado prohibitivo. El único excedente en Asia era el de la mano de obra y se hizo todo lo posible, por hacer más productiva la limitada cantidad de tierra dedicando más y más mano de obra a la misma.

Uno de los resultados de esta inversión de mano de obra en la tierra en China puede verse en el hecho de que alrededor de la mitad de la superficie agrícola china era de regadío, mientras que alrededor de una cuarta parte era de cultivo en terrazas. Otro resultado de este exceso de concentración de mano de obra en la tierra fue que dicha mano de obra estaba subempleada y semiocupada durante unas tres cuartas partes del año, estando plenamente ocupada solo en las épocas de siembra y cosecha. De esta semilibertad de la población rural asiática surgió el esfuerzo más importante para complementar los ingresos de los campesinos a través de la artesanía rural. Antes de pasar a este punto crucial, debemos echar un vistazo al éxito relativo de los esfuerzos de China por lograr altos rendimientos unitarios en la agricultura.

En Estados Unidos, hacia 1940, cada 0,40 hectáreas de trigo requería día y medio de trabajo al año; en China, 0,40 hectáreas de trigo requerirían 26 días de trabajo. Los rendimientos de estos días de trabajo eran muy diferentes. En China, la producción de grano por cada día de trabajo era de unos 4000 kg.; en Estados Unidos la producción era de unos 20 000 kg. por día de trabajo. Esa baja productividad de la mano de obra agrícola en China habría sido perfectamente aceptable si China hubiera logrado, en cambio, una alta producción por hectárea. Desgraciadamente, incluso en este objetivo alternativo, China solo tuvo un éxito moderado, más exitoso que Estados Unidos, es cierto, pero mucho menos exitoso que los países europeos que aspiraban al mismo tipo de eficiencia agrícola (alto rendimiento por hectárea) que China. Esto puede verse en las siguientes cifras:

PRODUCCIÓN POR 0,40 HECTÁREAS			
DE ARROZ		DE TRIGO	
Estados Unidos	47 fanegas	Estados Unidos	14 fanegas
China	67 fanegas	China	16 fanegas
Italia	93 fanegas	Inglaterra	32 fanegas

Estas cifras indican el relativo fracaso de la agricultura china (y de otros países asiáticos) incluso en lo que respecta a sus propios objetivos. Este relativo fracaso no se debió a la falta de esfuerzo, sino a factores como (1) unas explotaciones demasiado pequeñas para un funcionamiento eficaz; (2) una presión demográfica excesiva que obligó a cultivar en suelos menos productivos y que extrajo del suelo más elementos nutritivos de los que podían ser restituidos, incluso mediante el uso al por mayor de desechos humanos como fertilizantes; (3) la falta de técnicas agrícolas científicas como la selección de semillas o la rotación de cultivos; y (4) el carácter errático de un clima monzónico en una tierra deforestada y semiderruida.

Debido a la productividad relativamente baja de la agricultura china (y de toda Asia), toda la población se encontraba cerca del margen de subsistencia y, a intervalos irregulares, se veía obligada a descender por debajo de ese margen hasta la hambruna generalizada. En China, la situación se vio aliviada en cierta medida por tres fuerzas: en primer lugar, las hambrunas irregulares que hemos mencionado, y los ataques algo más frecuentes de la enfermedad de la peste, mantuvieron a la población dentro de límites manejables. Cuando ocurrieron, estos dos sucesos irregulares redujeron las cifras de población en millones, tanto en China como en la India. Incluso en los años ordinarios, la tasa de mortalidad era elevada, alrededor de 30 personas por cada mil en China, frente a 25 en la India, 12,3 en Inglaterra u 8,7 en Australia. La mortalidad infantil (en el primer año de vida) era de unas 159 personas por cada mil en China, frente a las 240 en India, las 70 en Europa occidental y las 32 en Nueva Zelanda. Al nacer, se podía esperar que un bebé viviera menos de 27 años en India, menos de 35 años en China, unos 60 años en Inglaterra o Estados Unidos y unos 66 años en Nueva Zelanda (todas las cifras son de 1930). A pesar de esta «expectativa de muerte» en China, la población se mantuvo en un nivel alto gracias a una tasa de natalidad de alrededor de 38 personas por cada mil, en comparación con 34 en la India, 18 en Estados Unidos o Australia, y 15 en Inglaterra. El efecto desbordante que el uso de prácticas sanitarias o médicas modernas podría tener sobre las cifras de población de China puede deducirse del hecho de que aproximadamente tres cuartas partes de las muertes chinas se deben a causas que se pueden prevenir (por lo general, fácilmente) en Occidente. Por ejemplo, una cuarta parte de todas las muertes se deben a enfermedades propagadas por los residuos generados por los humanos; alrededor del 10 % provienen de enfermedades infantiles como la viruela, el sarampión, la difteria, la escarlatina y la tos ferina; alrededor del 15 % se deben a la tuberculosis; y alrededor del 7 % se producen en el parto.

En la sociedad tradicional china, la tasa de natalidad se mantenía como consecuencia de un conjunto de ideas que suelen conocerse como «culto a los antepasados». Toda familia china tenía, como motivación más poderosa, la convicción de que la línea familiar debía continuarse para tener descendientes que mantuvieran los santuarios familiares, las tumbas ancestrales, así como a los miembros vivos de la familia una vez terminados sus años productivos. El coste de estos santuarios, tumbas y ancianos era una carga considerable para la familia china media y también una carga acumulativa, ya que la diligencia de las generaciones anteriores a menudo dejaba a la familia con santuarios y tumbas tan elaborados que el mantenimiento por sí solo suponía un gran gasto para las generaciones posteriores. Al mismo tiempo, el afán por tener hijos varones mantenía la tasa de natalidad alta y daba lugar a prácticas sociales tan indeseables en la sociedad china tradicional, como el infanticidio, el abandono o la venta de la descendencia femenina. Otra consecuencia de estas ideas fue que las familias más acomodadas de China tendían a tener más hijos que las familias pobres, exactamente lo contrario de lo que ocurría en la civilización occidental, donde el aumento de la escala económica daba lugar a la adquisición de una mentalidad de clase media que incluía la restricción de la descendencia familiar.

La presión de la población china sobre el nivel de subsistencia se vio aliviada en cierta medida por la emigración masiva de chinos en el período posterior a 1800. Esta emigración se dirigió a las zonas menos pobladas de Manchuria, Mongolia y el suroeste de China, a ultramar, a América y Europa y, sobre todo, a las zonas tropicales del sureste de Asia (especialmente a Malasia e Indonesia). En estas zonas, la diligencia, la frugalidad y la astucia de los chinos les proporcionaron una buena vida y en algunos casos, una riqueza considerable. Por lo general, actuaban como una clase media comercial que se interponía entre los campesinos nativos de Malasia o Indonesia y el grupo superior de blancos gobernantes. Este movimiento, que comenzó hace siglos, se aceleró de forma constante después de 1900 y dio lugar a reacciones desfavorables por parte de los residentes extranjeros de estas zonas. Los malayos, siameses e indonesios, por ejemplo, llegaron a considerar a los chinos como económicamente opresivos y explotadores, mientras que los gobernantes blancos de estas zonas, especialmente en Australia y Nueva Zelanda, recelaban de ellos por razones políticas y raciales. Entre las causas de este recelo político se encuentra el hecho de que los chinos emigrantes seguían siendo leales a sus familias en el país de origen y a la propia patria, de que generalmente se les excluía de la ciudadanía en las zonas a las que emigraban y de que los sucesivos gobiernos chinos seguían considerándolos como ciudadanos. La lealtad de los chinos emigrantes a sus familias en el país de origen se convirtió en una importante fuente de fuerza económica para estas familias y para la propia China, ya que los chinos emigrantes enviaban grandes ahorros a sus familias.

Ya hemos mencionado el importante papel que desempeñaba la artesanía campesina en la sociedad tradicional china. Quizá no sea exagerado decir que la artesanía campesina fue el factor que permitió la continuidad de la forma tradicional de sociedad, no solo en China sino en toda Asia. Esta sociedad se basaba en un sistema agrícola ineficaz en el que las pretensiones políticas, militares, legales y económicas de las clases altas drenaban del campesinado una proporción tan grande de su producción agrícola que el campesino se mantenía presionado hasta el nivel de subsistencia (y, en gran parte de China, por debajo de este nivel). Asia solo podía mantener a sus grandes poblaciones urbanas y a su gran número de gobernantes, soldados, burócratas, comerciantes, sacerdotes y eruditos (ninguno de los cuales producía los alimentos, la ropa o la vivienda que consumían) mediante este proceso. En todos los países asiáticos, los campesinos de la tierra estaban subempleados en las actividades agrícolas, debido al carácter estacional de su trabajo. Con el paso del tiempo, surgió una solución a este problema socio-agrario: en su tiempo libre, el campesinado se ocupaba de la artesanía y de otras actividades no agrícolas y luego vendía los productos de su trabajo a las ciudades a cambio de dinero para comprar artículos de primera necesidad. En términos reales, esto significaba que los productos agrícolas que pasaban del campesinado a las clases altas (y, en general, de las zonas rurales a las ciudades) eran sustituidos en parte por la artesanía, dejando una parte algo mayor de los productos agrícolas en manos de los campesinos. Fue este acuerdo el que hizo posible que el campesinado chino aumentara sus ingresos hasta el nivel de subsistencia.

La importancia de esta relación debería ser evidente. Si se destruyera, el campesino se enfrentaría a una cruel alternativa: o bien podía perecer cayendo por debajo del nivel de subsistencia, o bien podía recurrir a la violencia para reducir las demandas que las clases altas tenían sobre sus productos agrícolas. A la larga, todos los grupos de campesinos se vieron abocados a la segunda de estas alternativas. En consecuencia, en 1940 toda Asia estaba sumida en una profunda convulsión política y social porque una generación antes se había reducido la demanda de los productos de la artesanía campesina.

La destrucción de este sistema delicadamente equilibrado se produjo cuando los productos baratos de la manufactura occidental fabricados a máquina, comenzaron a fluir hacia los países asiáticos. Los productos autóctonos, como los textiles, los artículos metálicos, el papel, las tallas de madera, la cerámica, los sombreros, las cestas y otros, tuvieron cada vez más dificultades para competir con las manufacturas occidentales en los mercados de sus propias ciudades. En consecuencia, al campesinado le resultaba cada vez más difícil compensar, con sus productos artesanales, las reclamaciones legales y económicas impuestas por las clases altas urbanas sobre sus productos agrícolas. Como consecuencia, el porcentaje de sus productos agrícolas arrebatado por las reivindicaciones de otras clases empezó a aumentar.

Esta destrucción del mercado local de la artesanía autóctona podría haberse evitado si se hubieran impuesto elevados derechos de aduana a los productos industriales europeos. Pero, un punto en el que las potencias europeas estaban de acuerdo era que no permitirían que los países «atrasados» excluyeran sus productos con aranceles. En la India, Indonesia y algunos de los estados menores del sudeste asiático esto se impidió gracias a que las potencias europeas se hicieron cargo del gobierno de las zonas; en China, Egipto, Turquía, Persia y algunos estados malayos las potencias europeas no se hicieron cargo más que del sistema financiero o del servicio aduanero. Como resultado, países como China, Japón y Turquía tuvieron que firmar tratados para mantener sus aranceles en un 5% u 8% y permitir a los europeos controlar estos servicios.

Sir Robert Hart fue el jefe de las aduanas chinas de 1863 a 1906, al igual que sir Evelyn Baring (lord Cromer) fue el jefe del sistema financiero egipcio de 1879 a 1907 y sir Edgar Vincent (lord D'Abernon) fue la figura principal del sistema financiero turco de 1882 a 1897.

Como consecuencia de los factores que hemos descrito, la posición del campesino chino era desesperada en 1900 y empeoraba constantemente. Una estimación moderada (publicada en 1940) mostraba que el 10 % de la población agrícola poseía el 53 % de la tierra cultivada, mientras que el otro 90 % solo tenía el 47 % de la tierra. La mayoría de los agricultores chinos tenían que alquilar al menos una parte de la tierra, por la que pagaban, en concepto de alquiler, de un tercio a la mitad de la cosecha. Como sus ingresos no eran suficientes, más de la mitad de los agricultores chinos tenían que pedir préstamos cada año. El tipo de interés de los cereales prestados era del 85 % anual; en los préstamos de dinero el tipo de interés era variable, siendo superior al 20 % anual en nueve décimas partes de todos los préstamos concedidos y superior al 50 % anual en una octava parte de los préstamos concedidos. En tales condiciones de propiedad de la tierra, tasas de alquiler y tasas de interés, el futuro era desesperado para la mayoría de los agricultores chinos mucho antes de 1940. Sin embargo, la revolución social en China no llegó hasta después de 1940.

El lento crecimiento de la revolución social en China fue el resultado de muchas influencias. La presión demográfica china se vio aliviada en cierta medida en la última mitad del siglo XIX por las hambrunas entre 1877 y 1879 (que mataron a unos 12 millones de personas), por los disturbios políticos del Tai-Ping y otras rebeliones entre 1848 y 1875 (que despoblaron amplias zonas), así como por la continua y elevada tasa de mortalidad. La influencia continuada de las ideas tradicionales, especialmente el confucianismo y el respeto a las costumbres ancestrales, mantuvo la tapa de esta olla en ebullición hasta que esta influencia se destruyó en el período posterior a 1900. La esperanza de que el régimen republicano pudiera encontrar alguna solución tras el colapso del régimen imperial en 1911 tuvo un efecto similar. Y, por último, la distribución de las armas europeas en la sociedad china fue tal que obstaculizó la revolución en lugar de ayudarla hasta bien entrado el siglo XX. Después, esta distribución tomó una dirección muy diferente a la de la civilización occidental. Estos tres últimos puntos son lo suficientemente importantes como para justificar un examen más detallado.

Ya hemos mencionado que las armas eficaces, difíciles de utilizar o caras de obtener, favorecen el desarrollo de regímenes autoritarios en cualquier sociedad. En el período medieval tardío, en Asia, la caballería proporcionaba ese tipo de armas. Como la caballería más eficaz era la de los pueblos pastores de habla uralo-altaica de Asia central, estos pueblos pudieron conquistar a los pueblos campesinos de Rusia, de Anatolia, de la India y de China. Con el tiempo, los regímenes extranjeros de tres de estas zonas (no en Rusia) pudieron reforzar su autoridad mediante la adquisición de una artillería eficaz y costosa. En Rusia, los príncipes de Moscú, que habían sido agentes de los mongoles, los sustituyeron convirtiéndose en sus imitadores, e hicieron la misma transición hacia un ejército mercenario, basado en la caballería y en la artillería, como soporte del despotismo gobernante. En la civilización occidental, despotismos similares, pero basados en la infantería y la artillería, fueron controlados por figuras como Luis XIV, Federico el Grande o Gustavo Adolfo. En la civilización occidental, sin embargo, la revolución agrícola posterior a 1725 elevó el nivel de vida, mientras que la revolución industrial posterior a 1800 abarató tanto el coste de las armas de fuego que el ciudadano de a pie de Europa occidental y de Norteamérica pudo adquirir el arma más eficaz existente (el mosquete). Como resultado de esto, y de otros factores, la democracia llegó a estas zonas, junto con ejércitos masivos de ciudadanos-soldados. En el centro y sur de Europa, donde las revoluciones agrícola e industrial llegaron tarde o no llegaron, la victoria de la democracia también fue tardía e incompleta.

Generalmente, en Asia, la revolución de las armas (es decir, los mosquetes y posteriormente los fusiles) fue anterior a la Revolución Agrícola o a la Revolución Industrial. De hecho, la mayoría de las armas de fuego no se fabricaban localmente, sino que se importaban y, al ser importadas, llegaban a manos de la clase alta de gobernantes, burócratas y terratenientes y no a las de los campesinos o a las de las masas de las ciudades. Como resultado, estos grupos gobernantes fueron generalmente capaces de mantener su posición contra sus propias masas incluso cuando no podían defenderse contra las potencias europeas. Como consecuencia de esto, se volvió bastante improbable cualquier esperanza de una reforma parcial o de una revolución exitosa lo suficientemente pronto como para ser una revolución moderada. En Rusia y en Turquía fue necesaria la derrota en una guerra exterior con los estados europeos para destruir los regímenes imperiales corruptos (1917–1921). Antes, el zar había podido aplastar la revuelta de 1905 porque el ejército se mantuvo fiel al régimen, mientras que el sultán, en 1908, tuvo que ceder ante un movimiento reformista porque este último contaba con el apoyo del ejército. En la India, Malasia e Indonesia, los pueblos nativos desarmados no ofrecieron ninguna amenaza de revuelta a las potencias europeas gobernantes antes de 1940. En Japón, como veremos, el ejército, permaneció leal al régimen y pudo dominar los acontecimientos de modo que no era concebible ninguna revolución antes de 1940. Pero en China la evolución de los acontecimientos fue mucho más compleja.

En China, el pueblo no podía conseguir armas debido a su bajo nivel de vida y al elevado coste de las armas importadas. En consecuencia, el poder seguía en manos del ejército, con la excepción de pequeños grupos financiados por chinos emigrados con ingresos relativamente altos en el extranjero. En 1911, el prestigio del régimen imperial había caído tan bajo que no obtenía el apoyo de casi nadie, y el ejército se negaba a sostenerlo. Como resultado, los revolucionarios, apoyados por el dinero del extranjero, fueron capaces de derrocar el régimen imperial en una revolución casi incruenta, pero no fueron capaces de controlar el ejército después de haber llegado técnicamente al poder. El ejército, dejando que los políticos se pelearan por las formas de gobierno o las áreas de jurisdicción, se convirtió en un poder político independiente y leal a sus propios jefes («señores de la guerra»), se sostuvo y mantuvo su suministro de armas importadas explotando al campesinado de las provincias. El resultado fue un período de «caudillismo» entre 1920 y 1941.

En este período, el gobierno republicano tenía el control nominal de todo el país, pero en realidad solo controlaba la costa y los valles fluviales, principalmente en el sur, mientras que varios señores de la guerra, que actuaban como bandidos, controlaban el interior y la mayor parte del norte. Para restablecer su control en todo el país, el régimen republicano necesitaba dinero y armas importadas. En consecuencia, intentó utilizar dos recursos consecutivos: el primero, en el período entre 1920 y 1927, trató de restaurar su poder en China obteniendo apoyo financiero y militar de países extranjeros (países occidentales, Japón o la Rusia soviética). Este recurso fracasó, ya sea porque estas potencias extranjeras no estaban dispuestas a ayudar o (en el caso de Japón y la Rusia soviética) solo estaban dispuestas a ayudar en términos que habrían acabado con el estatus político independiente de China. Como consecuencia, después de 1927, el régimen republicano sufrió un profundo cambio, pasando de una organización democrática a una autoritaria, cambiando su nombre de republicano a nacionalista y buscando el dinero y las armas para restaurar su control sobre el país haciendo una alianza con las clases terratenientes, comerciales y bancarias de las ciudades del este de China. Estas clases propietarias podían proporcionar al régimen republicano el dinero necesario para obtener armas extranjeras con el fin de luchar contra los señores de la guerra del oeste y del norte, pero estos grupos no apoyarían ningún esfuerzo republicano para tratar los problemas sociales y económicos a los que se enfrentaba la gran masa del pueblo chino.

Mientras los ejércitos republicanos y los señores de la guerra luchaban entre sí sobre las postradas masas chinas, los japoneses atacaron China en 1931 y 1937. Para resistir a los japoneses fue necesario, después de 1940, armar a las masas chinas. Este armamento de las masas chinas para derrotar a Japón entre 1941 y 1945 hizo imposible la continuidad del régimen republicano después de 1945 mientras siguiera aliado con los grupos económicos y sociales superiores de China, ya que las masas consideraban a estos grupos como explotadores. Al mismo tiempo, el cambio a armas más caras y complejas hizo imposible que resurgiera el caudillismo o que las masas chinas utilizaran sus armas para establecer un régimen democrático. Las nuevas armas, como los aviones y los tanques, no podían ser apoyadas por los campesinos a nivel provincial ni podían ser operadas por ellos. El primer hecho acabó con el caudillismo, mientras que el segundo acabó con cualquier posibilidad de democracia. En vista de la baja productividad de la agricultura china y de la dificultad de acumular suficiente capital para comprar o fabricar armas tan caras, estas armas (de cualquier manera) solo podían ser adquiridas por un gobierno que controlara la mayor parte de China y solo podían ser utilizadas por un ejército profesional leal a ese gobierno. En tales condiciones, era de esperar que dicho gobierno fuera autoritario y siguiera explotando al campesinado (con el fin de acumular capital para comprar dichas armas en el extranjero o para industrializarse lo suficiente como para fabricarlas en casa, o ambas cosas).

Desde este punto de vista, la historia de China en el siglo XX presenta cinco fases de la siguiente manera:

- El colapso del régimen imperial, hasta 1911
- El fracaso de la República, 1911–1920
- La lucha contra el caudillismo, 1920–1941

    a. Esfuerzos para obtener apoyo en el extranjero, 1920–1927

    b. Esfuerzos para obtener el apoyo de los grupos propietarios, 1927–1941

- La lucha con Japón, 1931–1945
- El triunfo autoritario, 1945–

El colapso del régimen imperial ya ha sido discutido como un desarrollo político y económico, y también fue una evolución ideológica. La ideología autoritaria y tradicionalista de la antigua China, en la que el conservadurismo social, la filosofía confucianista y el culto a los antepasados estaban íntimamente mezclados, estaba bien preparada para resistir la intrusión de nuevas ideas y nuevos patrones de acción. El fracaso del régimen imperial para resistir la penetración militar, económica y política de la civilización occidental supuso un golpe fatal para esta ideología. Se introdujeron nuevas ideas de origen occidental, al principio por los misioneros cristianos y más tarde por los estudiantes chinos que habían estudiado en el extranjero. Hacia 1900, había miles de estos estudiantes que habían adquirido ideas occidentales completamente incompatibles con el antiguo sistema chino. En general, esas ideas occidentales no eran tradicionalistas ni autoritarias y, por tanto, eran destructivas para la familia patriarcal china, para el culto a los antepasados o para la autocracia imperial. Los estudiantes trajeron del extranjero ideas occidentales de ciencia, de democracia, de parlamentarismo, de empirismo, de autosuficiencia, de liberalismo, de individualismo y de pragmatismo. La posesión de tales ideas les impedía encajar en su propio país. En consecuencia, intentaron cambiarlo, desarrollando un fervor revolucionario que se fundió con las sociedades secretas antidinásticas que existían en China desde que los manchúes se quedaron con el país en 1644.

La victoria de Japón sobre China entre 1894 y 1895 en una guerra derivada de una disputa sobre Corea, y especialmente la victoria japonesa sobre Rusia en la guerra de 1904 hasta 1905, dieron un gran impulso al espíritu revolucionario en China porque estos acontecimientos parecían demostrar que un país oriental podía adoptar con éxito las técnicas occidentales. El fracaso del movimiento de los bóxeres en 1900 para expulsar a los occidentales sin utilizar esas técnicas occidentales también aumentó el fervor revolucionario en China. Como consecuencia de estos acontecimientos, los partidarios del régimen imperial empezaron a perder la fe en su propio sistema y en su propia ideología. Comenzaron a instaurar reformas fragmentarias, vacilantes e ineficaces que perturbaban el sistema imperial sin fortalecerlo en absoluto. Por primera vez, se autorizó el matrimonio entre manchúes y chinos (1902); se abrió Manchuria al asentamiento de chinos (1907); se suprimió el sistema de exámenes imperiales basado en la antigua beca literaria para acceder a la administración pública y al mandarinato y se creó un ministerio de educación, copiado de Japón (1905); se publicó un proyecto de constitución que proveía de asambleas provinciales y un futuro parlamento nacional (1908); se codificó la ley (1910).

Estas concesiones no fortalecieron el régimen imperial, sino que solo intensificaron el sentimiento revolucionario. La muerte del emperador y de la emperatriz viuda Tzu Hsi, que había sido la verdadera gobernante del país (1908), llevó al trono a un niño de dos años, P'u-I. Los elementos reaccionarios se sirvieron de la regencia para obstruir la reforma, destituyendo al ministro reformista conservador Yuan Shih-k'ai (1859–1916). El descubrimiento del cuartel general de los revolucionarios en Hankow en 1911 precipitó la revolución. Mientras el Dr. Sun Yat-sen (1866–1925) se apresuró a regresar a China desde el extranjero, desde donde había dirigido el movimiento revolucionario durante muchos años, el tambaleante régimen imperial llamó a Yuan Shih-K'ai para que tomara el mando de los ejércitos antirrevolucionarios. En cambio, este cooperó con los revolucionarios, forzó la abdicación de la dinastía manchú y conspiró para hacerse elegir presidente de la República China. Sun Yat-sen, que ya había sido elegido presidente provisional por la Asamblea Nacional de Nanjing, aceptó esta situación, retirándose del cargo y llamando a todos los chinos a apoyar al presidente Yuan.

El contraste entre el Dr. Sun y el General Yuan, primer y segundo presidente de la República China, era de lo más agudo. El Dr. Sun creía en las ideas occidentales, especialmente en la ciencia, la democracia, el gobierno parlamentario y el socialismo, y había vivido la mayor parte de su vida como exiliado en el extranjero. Era abnegado, idealista y poco práctico. El general Yuan, en cambio, era puramente chino, un producto de la burocracia imperial, que no conocía las ideas occidentales ni tenía fe en la democracia ni en el gobierno parlamentario. Era vigoroso, corrupto, realista y ambicioso. La verdadera base de su poder residía en el nuevo ejército occidentalizado que había creado como gobernador general de Chihli entre 1901 y 1907. En esta fuerza había cinco divisiones, bien entrenadas y completamente leales a Yuan. Los oficiales de estas unidades habían sido elegidos y entrenados por Yuan y desempeñaron papeles principales en la política china después de 1916.

Como presidente, Yuan se opuso a casi todo lo que el Dr. Sun había soñado. Amplió el ejército, sobornó a los políticos y eliminó a los que no podían sobornar. El principal apoyo a su política fue un préstamo de 25 millones de libras de Gran Bretaña, Francia, Rusia y Japón en 1913. Esto lo hizo independiente de la asamblea y del partido político del Dr. Sun, el Kuomintang, que dominaba la asamblea. En 1913, un elemento de los seguidores de Sun se rebeló contra Yuan, pero fue aplastado. Yuan disolvió el Kuomintang, arrestó a sus miembros, destituyó al parlamento y revisó la constitución para dotarse de poderes dictatoriales como presidente vitalicio, con derecho a nombrar a su propio sucesor. Cuando murió en 1916, estaba haciendo los preparativos para proclamarse emperador.

Tan pronto como Yuan murió, los líderes militares destacados en diversas partes del país comenzaron a consolidar su poder a nivel local, uno de ellos llegó a restaurar la dinastía manchú, pero fue destituido de nuevo a las dos semanas. A finales de 1916, China estaba bajo el dominio nominal de dos gobiernos, uno en Pekín bajo Feng Kuo-chang (uno de los militaristas de Yuan) y un gobierno de secesión en Cantón bajo el Dr. Sun. Ambos funcionaban bajo una serie de constituciones de papel fluctuantes, pero el poder real de ambos se basaba en la lealtad de los ejércitos locales. Como en ambos casos los ejércitos de las zonas más remotas eran semi-independientes, el gobierno en esas zonas era una cuestión de negociación más que de mandos desde la capital. Incluso el Dr. Sun vio esta situación con suficiente claridad como para organizar el gobierno cantonés como un sistema militar con él mismo como generalísimo (1917). El Dr. Sun era tan poco apto para este cargo militar que en dos ocasiones tuvo que huir de sus propios generales para ponerse a salvo en la concesión francesa de Shanghái (1918–1922). En tales condiciones, el Dr. Sun no pudo llevar a cabo ninguno de sus planes favoritos, como la vigorosa educación política del pueblo chino, una amplia red de ferrocarriles chinos construida con capital extranjero o la industrialización de China sobre una base socialista. En cambio, en 1920, el caudillismo era supremo y los chinos occidentalizados solo encontraron la oportunidad de ejercer sus nuevos conocimientos en la educación y en el servicio diplomático. Dentro de la propia China, el mando de un ejército bien entrenado que controlaba un grupo compacto de provincias locales era mucho más valioso que cualquier conocimiento occidentalizado adquirido como estudiante en el extranjero.

EL RESURGIMIENTO DE JAPÓN HASTA 1918

La historia de Japón en el siglo XX es muy distinta a la de los demás pueblos asiáticos. En estos últimos, el impacto de Occidente provocó la ruptura de la estructura social y económica, el abandono de las ideologías tradicionales y la revelación de la debilidad de los sistemas políticos y militares autóctonos. En Japón, estos acontecimientos no sucedieron o se produjeron de forma muy diferente. Hasta 1945, los sistemas políticos y militares de Japón se vieron reforzados por las influencias occidentales; la antigua ideología japonesa se conservó, relativamente intacta, incluso por aquellos que copiaron con mayor ímpetu las costumbres occidentales; y los cambios en la antigua estructura social y económica se mantuvieron dentro de unos límites manejables y se dirigieron en una dirección progresiva. La verdadera razón de estas diferencias radica probablemente en el factor ideológico: los japoneses, incluso los vigorosos occidentalizadores, conservaron el antiguo punto de vista japonés y, en consecuencia, se aliaron con la antigua estructura política, económica y social japonesa en lugar de oponerse a ella (como hicieron, por ejemplo, hicieron los occidentalizadores en la India, en China o en Turquía). La capacidad de los japoneses de occidentalizarse sin oponerse al núcleo básico del antiguo sistema dio un grado de disciplina y un sentido de dirección incuestionable a sus vidas, lo que permitió a Japón lograr una fenomenal cantidad de occidentalización sin debilitar la antigua estructura o sin perturbarla. En cierto sentido, hasta aproximadamente 1950, Japón tomó de la cultura occidental solo detalles superficiales y materiales de forma imitativa y amalgamó estos elementos recién adquiridos en torno a la estructura ideológica, política, militar y social más antigua para hacerla más poderosa y eficaz. El elemento esencial que los japoneses conservaron de su sociedad tradicional y que no adoptaron de la civilización occidental fue la ideología. Con el tiempo, como veremos, esto fue muy peligroso para ambas sociedades, tanto para Japón como para Occidente.

Originalmente, Japón entró en contacto con la civilización occidental en el siglo XVI, casi tan pronto como cualquier otro pueblo asiático, pero, en cien años, Japón fue capaz de expulsar a Occidente, de exterminar a la mayoría de sus conversos cristianos y de cerrar sus puertas a la entrada de cualquier influencia occidental. Se permitió una cantidad muy limitada de comercio de forma restringida, pero solo con los holandeses y únicamente a través del único puerto de Nagasaki.

Japón, así aislado del mundo, estaba dominado por la dictadura militar (o *shogunato*) de la familia Tokugawa. La familia imperial se había retirado a una reclusión en gran parte religiosa, desde donde reinaba, pero no gobernaba. Por debajo del *shogun*, el país se organizaba en una jerarquía hereditaria, encabezada por los señores feudales locales. Por debajo de estos señores se encontraban, en orden descendente, los vasallos armados (samuráis), los campesinos, los artesanos y los comerciantes. Todo el sistema era, al menos en teoría, rígido e inmutable, ya que se basaba en la doble justificación de la sangre y la religión. Esto contrastaba de forma evidente y aguda con la organización social de China, que se basaba, en teoría, en la virtud y en la formación educativa. En Japón se consideraba que la virtud y la capacidad eran características hereditarias y no adquiridas. En consecuencia, cada clase social tenía diferencias innatas que debían mantenerse mediante restricciones a los matrimonios mixtos. El emperador era el nivel más alto, ya que descendía de la diosa suprema del sol, mientras que los señores menores descendían de dioses menores más o menos alejados de la diosa del sol. Este punto de vista desalentaba toda revolución o cambio social y toda «circulación en las élites», con el resultado de que la multiplicidad de dinastías, el ascenso y caída de familias de China se equiparaba en Japón con una única dinastía cuyos orígenes se remontaban a un pasado remoto, mientras que los individuos dominantes de la vida pública japonesa en el siglo XX eran miembros de las mismas familias y clanes que dominaban la vida japonesa siglos atrás.

De esta idea básica surgieron una serie de creencias que siguieron siendo aceptadas por la mayoría de los japoneses casi hasta el presente. La más importante era la creencia de que todos los japoneses eran miembros de una única raza formada por muchas ramas o clanes diferentes de estatus superior o inferior, dependiendo de su grado de relación con la familia imperial. El individuo carecía de importancia real, mientras que las familias y la raza eran de gran importancia, ya que los individuos vivían brevemente y poseían poco más allá de lo que recibían de sus antepasados para transmitirlo a sus descendientes. De este modo, todos los japoneses aceptaban que la sociedad era más importante que cualquier individuo y que esta podía exigirle cualquier sacrificio, que los hombres eran desiguales por naturaleza y debían estar preparados para servir lealmente en el estatus particular en el que cada uno había nacido, que la sociedad no es más que un gran sistema patriarcal, que en este sistema la autoridad se basa en la superioridad personal del hombre sobre el hombre y no en ninguna regla de derecho, que, en consecuencia, toda ley es poco más que una orden temporal de algún ser superior y que todos los no japoneses, al carecer de ascendencia divina, son básicamente seres inferiores que existen solo un nivel por encima del de los animales, por lo que no tienen ninguna base para reclamar ninguna consideración, lealtad o coherencia de trato por parte de los japoneses.

Esta ideología japonesa era tan antitética a la perspectiva del Occidente cristiano como cualquiera de las que Occidente encontró en sus contactos con otras civilizaciones. También era una ideología que estaba especialmente preparada para resistir la intrusión de las ideas occidentales. Como resultado, Japón pudo aceptar e incorporar a su modo de vida todo tipo de técnicas y de cultura material occidentales sin desorganizar su propia perspectiva o estructura social básica.

El *shogunato* Tokugawa ya había pasado por su mejor momento cuando, en 1853, los «barcos negros» del comodoro Matthew Perry entraron en la bahía de Tokio. El hecho de que estos barcos pudieran moverse contra el viento y llevaran armas más potentes que las que los japoneses habían imaginado nunca, supuso una gran conmoción para los nativos de Nipón. Los señores feudales, que se habían mostrado intranquilos bajo el gobierno de Tokugawa, utilizaron este acontecimiento como excusa para acabar con ese gobierno. Estos señores, especialmente los representantes de cuatro clanes del Japón occidental, exigieron que la emergencia se resolviera con la abolición del *shogunato* y la restauración de toda la autoridad en manos del emperador. Durante más de una década, la decisión de abrir Japón a Occidente o de intentar continuar con la política de exclusión pendió de un hilo. Entre 1863 y 1866, una serie de demostraciones navales y bombardeos de puertos japoneses por parte de las potencias occidentales forzaron la apertura de Japón e impusieron al país un acuerdo arancelario que restringía los derechos de importación al 5 % hasta 1899. Un nuevo y vigoroso emperador llegó al trono y aceptó la dimisión del último *shogun* (1867). Japón emprendió de inmediato una política de rápida occidentalización.

El período de la historia japonesa que va desde la llamada Restauración Meiji de 1867 hasta la concesión de una constitución en 1889 es de vital importancia. En teoría, lo que ocurrió fue una restauración del gobierno de Japón de manos del *shogun* a manos del emperador. En realidad, lo que ocurrió fue un cambio de poder del *shogun* a los líderes de cuatro clanes del Japón occidental que procedieron a gobernar Japón en nombre del emperador y a la sombra de este. Estos cuatro clanes de Satsuma, Choshu, Hizen y Tosa se ganaron el apoyo de algunos nobles de la corte imperial (como Saionji y Konoe) y de las familias comerciantes más ricas (como Mitsui) y fueron capaces de derrocar al *shogun*, aplastar a sus partidarios (en la batalla de Uemo de 1868) y hacerse con el control del gobierno y del propio emperador. El emperador no asumió el control del gobierno, sino que permaneció en una reclusión semirreligiosa, demasiado exaltado como para preocuparse por el funcionamiento del sistema gubernamental salvo en casos de emergencia crítica. En tales emergencias, el emperador generalmente se limitaba a emitir una declaración u orden («rescripto imperial») que había sido elaborada por los líderes de la Restauración.

Estos líderes, organizados en un grupo en la sombra conocido como la oligarquía Meiji, habían obtenido el dominio completo de Japón en 1889. Para camuflar este hecho, desencadenaron una vigorosa propaganda de sintoísmo revivido y de sumisión abyecta al emperador que culminó en el culto extremo al mismo de 1941 a 1945. Para proporcionar una base administrativa a su gobierno, la oligarquía creó una extensa burocracia gubernamental reclutada entre sus partidarios y miembros inferiores. Para proporcionar una base económica a su gobierno, esta oligarquía utilizó su influencia política para otorgarse a sí misma extensas pensiones y subvenciones gubernamentales (presumiblemente como compensación por el fin de sus ingresos feudales) y para entablar relaciones comerciales corruptas con sus aliados en las clases comerciales (como Mitsui o Mitsubishi). Para proporcionar una base militar a su Gobierno, la oligarquía creó un nuevo ejército y una nueva marina imperiales y penetró en sus rangos superiores, de modo que pudo dominar estas fuerzas al igual que dominaba la burocracia civil. Para proporcionar una base social a su Gobierno, la oligarquía creó un nuevo linaje de cinco rangos de nobleza reclutados entre sus propios miembros y partidarios.

Habiendo asegurado así su posición dominante en la vida administrativa, económica, militar y social de Japón, la oligarquía redactó en 1889 una constitución que aseguraría, y a la vez ocultaría, su dominio político del país. Esta constitución no pretendía ser un producto del pueblo japonés o de la nación japonesa; la soberanía popular y la democracia no tenían cabida en ella. En cambio, esta constitución pretendía ser emitida por el emperador, estableciendo un sistema en el que todo el gobierno estaría a su nombre y todos los funcionarios serían personalmente responsables ante él. Establecía una Dieta (órgano máximo de poder en Japón) bicameral como poder legislativo. La Cámara de los Pares estaba formada por la nueva nobleza que se había creado en 1884, mientras que la Cámara de Representantes debía ser elegida «según la ley». Toda la legislación debía ser aprobada en cada cámara por mayoría de votos y ser firmada por un ministro de estado.

Estos ministros, establecidos como Consejo de Estado en 1885, eran responsables ante el emperador y no ante la Dieta. Sus tareas se realizaban a través de la burocracia ya establecida. Todos los créditos monetarios, al igual que las demás leyes, debían obtener el visto bueno de la Dieta pero, si el presupuesto no era aceptado por este órgano, el del año anterior se repetía automáticamente para el siguiente. El emperador disponía de amplios poderes para dictar ordenanzas que tenían fuerza de ley y requerían la firma de un ministro, al igual que las demás leyes.

Esta constitución de 1889 se basaba en la constitución de la Alemania Imperial y fue impuesta a Japón por la oligarquía Meiji con el fin de eludir y anticiparse a cualquier agitación futura en favor de una constitución más liberal basada en los modelos británico, estadounidense o francés. En el fondo, la forma y el funcionamiento de la constitución tenían poca importancia, ya que el país seguía siendo dirigido por la oligarquía Meiji a través de su dominio del ejército y la marina, la burocracia, la vida económica y social, y los organismos formadores de opinión como la educación y la religión. En la vida política, esta oligarquía podía controlar al emperador, el Consejo Privado, la Cámara de los Pares, el poder judicial y la burocracia.

Esto dejaba solo un órgano de gobierno posible, la Dieta, a través del cual se podía desafiar a la oligarquía. Además, la Dieta solo disponía de un medio (su derecho a aprobar el presupuesto anual) para contraatacar a la oligarquía. Este derecho tenía poca importancia mientras la oligarquía no quisiera aumentar el presupuesto, ya que el presupuesto del año anterior se repetiría si la Dieta rechazaba el del año siguiente. Sin embargo, la oligarquía no podía darse por satisfecha con la repetición de un presupuesto anterior, ya que el principal objetivo de la oligarquía, después de haber asegurado su propia riqueza y poder, era occidentalizar Japón lo suficientemente rápido como para poder defenderlo contra la presión de las grandes potencias de Occidente.

Todo esto requería un presupuesto en constante crecimiento y, por tanto, otorgaba a la Dieta un papel más importante del que hubiera tenido en otras circunstancias. Este papel, sin embargo, era más una molestia que una seria restricción al poder de la oligarquía Meiji porque el poder de la Dieta podía ser superado de varias maneras. En un principio, la oligarquía planeó dotar a la Casa Imperial de un patrimonio tan grande que sus ingresos fueran suficientes para mantener el ejército y la armada al margen del presupuesto nacional. Este plan fue abandonado por considerarlo poco práctico, aunque la Casa Imperial y todas sus reglas quedaron fuera del ámbito de la Constitución. En consecuencia, se adoptó un plan alternativo: controlar las elecciones a la Dieta para que sus miembros fueran dóciles a los deseos de la oligarquía Meiji. Como veremos, controlar las elecciones a la Dieta era posible, pero asegurar su docilidad era algo muy distinto.

Las elecciones a la Dieta podían ser controladas de tres maneras: por un sufragio restringido, por las contribuciones a la campaña y por la manipulación burocrática de las elecciones y los resultados. El sufragio estuvo restringido durante muchos años en función de la propiedad, de modo que, en 1900, solo una de cada cien personas tenía derecho a votar. La estrecha alianza entre la oligarquía Meiji y los miembros más ricos del sistema económico en expansión facilitó perfectamente el control del flujo de las contribuciones a la campaña. Y si estos dos métodos fallaban, la oligarquía Meiji controlaba tanto la policía como la burocracia de la prefectura que supervisaba las elecciones y contaba los resultados. En caso de necesidad, no dudaron en utilizar estos instrumentos, censurando los periódicos de la oposición, prohibiendo las reuniones de la oposición, utilizando la violencia si era necesario, para impedir el voto de la oposición, y declarando, a través de los prefectos, como elegidos a los candidatos que claramente no habían obtenido el mayor número de votos.

Estos métodos se utilizaron desde el principio. En la primera Dieta de 1889, gánsteres empleados por la oligarquía impidieron a los miembros de la oposición entrar en la cámara de la Dieta, y al menos otros 28 miembros fueron sobornados para que cambiaran sus votos. En las elecciones de 1892 se recurrió a la violencia, sobre todo en los distritos opuestos al gobierno, de modo que 25 personas murieron y 388 resultaron heridas. El gobierno perdió esas elecciones, pero siguió controlando el Gabinete. Incluso despidió a once gobernadores de prefecturas que habían estado robando votos, tanto por no haber robado los suficientes como por su acción de robar alguno. Cuando la Dieta resultante se negó a destinar fondos a la ampliación de la armada, fue enviada a casa durante dieciocho días y luego se volvió a reunir para recibir un rescripto imperial que otorgaba 1,8 millones de yenes de la Casa Imperial a lo largo de un período de seis años para el proyecto y continuaba ordenando a todos los funcionarios públicos que contribuyeran con una décima parte de sus salarios cada año mientras durara el programa de construcción naval que la Dieta se había negado a financiar. De este modo, el control de la Dieta sobre el aumento de las asignaciones fue eludido por el control de la oligarquía Meiji sobre el emperador.

En vista de la posición dominante de la oligarquía Meiji en la vida japonesa desde 1867 hasta después de 1992, sería un error interpretar acontecimientos tales como las Dietas rebeldes, el crecimiento de los partidos políticos o incluso el establecimiento del sufragio masculino adulto (en 1925) como se interpretarían tales acontecimientos en la historia europea. En Occidente estamos acostumbrados a las narraciones sobre las luchas heroicas por los derechos civiles y las libertades individuales, o sobre los esfuerzos de los capitalistas comerciales e industriales por arrebatar al menos una parte del poder político y social de manos de la aristocracia terrateniente, la nobleza feudal o la Iglesia. Conocemos los movimientos de las masas por la democracia política y las agitaciones de los campesinos y los trabajadores por las ventajas económicas. Todos estos movimientos, que llenan las páginas de los libros de historia europeos, están ausentes o tienen un significado totalmente diferente en la historia japonesa.

En Japón, la historia presenta una solidaridad básica de perspectivas y propósitos, salpicada de breves estallidos conflictivos que parecen contradictorios e inexplicables. La explicación de esto se encuentra en el hecho de que, efectivamente, había una solidaridad de perspectivas, pero esta solidaridad era considerablemente menos sólida de lo que parecía, ya que, por debajo de ella, la sociedad japonesa estaba llena de fisuras y descontentos. La solidaridad de perspectivas se basaba en la ideología que hemos mencionado. Esta ideología, a veces llamada sintoísmo, fue propagada por las clases altas, especialmente por la oligarquía Meiji, pero fue abrazada más sinceramente por las clases bajas, especialmente por las masas rurales, que por la oligarquía que la propagaba. Esta ideología aceptaba una sociedad autoritaria, jerárquica y patriarcal, basada en las familias, los clanes y la nación, que culminaba con el respeto y la subordinación al emperador. En este sistema no había lugar para el individualismo, el interés propio, las libertades humanas o los derechos civiles.

En general, este sistema fue aceptado por la masa del pueblo japonés. En consecuencia, estas masas permitieron a la oligarquía llevar a cabo políticas de auto-engrandecimiento egoísta, de explotación despiadada y de cambio económico y social revolucionario con poca resistencia. Los campesinos estaban oprimidos por el servicio militar universal, por los altos impuestos y los elevados tipos de interés, por los bajos precios agrícolas y los altos precios industriales, y por la destrucción del mercado de la artesanía campesina. Se rebelaron breve y localmente entre 1884 y 1885, pero fueron aplastados y no volvieron a rebelarse, a pesar de seguir siendo explotados. Toda la legislación anterior que pretendía proteger a los propietarios campesinos o evitar el acaparamiento de la tierra fue revocada en la década de 1870.

En la década de 1880 se produjo una drástica reducción del número de propietarios de tierras, debido a los fuertes impuestos, los altos tipos de interés y los bajos precios de los productos agrícolas. Al mismo tiempo, el crecimiento de la industria urbana empezó a destruir el mercado de la artesanía campesina y el sistema de fabricación rural «*putting-out*[1]». En siete años, de 1883 a 1890, unos 360 000 propietarios campesinos fueron desposeídos de sus tierras por valor de 5 millones de yenes debido a los atrasos fiscales totales de solo 114 178 yenes (o atrasos de solo un tercio de yen, es decir, 17 centavos de dólar, por persona). En el mismo período, los propietarios fueron despojados de cerca de cien veces la cantidad de tierras por la ejecución de hipotecas. Este proceso continuó a diferentes ritmos, hasta que, en 1940, tres cuartas partes de los campesinos japoneses eran arrendatarios o arrendatarios parciales que pagaban rentas de al menos la mitad de su cosecha anual.

A pesar de su aceptación de la autoridad y de la ideología sintoísta, las presiones sobre los campesinos japoneses habrían alcanzado el punto explosivo si no se les hubieran proporcionado válvulas de seguridad. Entre estas presiones hay que destacar la derivada del aumento de la población, un problema procedente, como en la mayoría de los países asiáticos, de la introducción de la medicina y el saneamiento occidentales. Antes de la apertura de Japón, su población se había mantenido bastante estable, entre 28 y 30 millones, durante varios siglos. Esta estabilidad se debía a una elevada tasa de mortalidad

---

1. N.D.É. También llamado sistema de taller doméstico, es un método en el cual la producción se efectúa de forma dispersa en las casas de los trabajadores.

complementada por frecuentes hambrunas y la práctica del infanticidio y el aborto. Hacia 1870 la población comenzó a crecer, pasando de 30 a 56 millones en 1920, a 73 millones en 1940 y alcanzando los 87 millones en 1955.

La válvula de seguridad en el mundo campesino japonés residía en el hecho de que las oportunidades en las actividades no agrícolas se abrieron con creciente rapidez en el período desde 1870 hasta1920. Estas actividades no agrícolas estuvieron disponibles a partir del hecho de que la oligarquía explotadora utilizó sus propios ingresos crecientes para crear tales actividades mediante la inversión en el transporte marítimo, los ferrocarriles, la industria y los servicios. Dichas actividades permitieron desalojar a la creciente población campesina de las zonas rurales hacia las ciudades. Una ley de 1873 que establecía la primogenitura en la herencia de la propiedad campesina hizo evidente que la población rural que emigraba a las ciudades sería el segundo y el tercer hijo en lugar de los cabezas de familia. Esto tuvo numerosos resultados sociales y psicológicos, de los cuales el principal fue que la nueva población urbana estaba formada por hombres desvinculados de la disciplina de la familia patriarcal y, por tanto, estaban menos influenciados por la psicología general autoritaria japonesa y más por la influencia de las fuerzas urbanas desmoralizadoras. Como consecuencia, después de 1920, este grupo se convirtió en un desafío para la estabilidad de la sociedad japonesa.

En las ciudades, las masas trabajadoras de la sociedad japonesa siguieron siendo explotadas, pero en esta ocasión, debido a los bajos salarios y no a los altos alquileres, impuestos o tipos de interés. Estas masas urbanas, al igual que las masas rurales de las que procedían, se sometieron a dicha explotación sin resistencia durante un período mucho más largo del que habrían tenido los europeos porque siguieron aceptando la ideología sintoísta autoritaria y sumisa. Fueron excluidos de la participación en la vida política hasta el establecimiento del sufragio masculino adulto en 1925. No fue hasta después de esta fecha cuando empezó a aparecer un debilitamiento notable de la ideología autoritaria japonesa entre las masas urbanas.

La resistencia de las masas urbanas a la explotación a través de organizaciones económicas o sociales se vio debilitada por las restricciones impuestas a las organizaciones obreras de todo tipo. Las restricciones generales a la prensa, a las asambleas, a la libertad de expresión y a la creación de sociedades «secretas» se aplicaron de forma bastante estricta contra todos los grupos y doblemente contra los grupos obreros. En los veinte años entre 1890 y 1910 hubo pequeñas agitaciones socialistas y obreras; estas tuvieron un final violento en 1910 con la ejecución de doce personas por desórdenes anarquistas. El movimiento obrero no volvió a surgir hasta la crisis económica de 1919 a 1922.

La política de bajos salarios del sistema industrial japonés se originó en el propio interés de los primeros capitalistas, pero llegó a justificarse con el argumento de que la única mercancía que Japón podía ofrecer al mundo, y la única sobre la que construiría un estatus de gran potencia, era su gran oferta de mano de obra barata. Los recursos minerales de Japón, incluyendo el carbón, el hierro o el petróleo, eran pobres tanto en calidad como en cantidad; de las materias primas textiles solo poseía la seda y carecía tanto de algodón como de lana. No disponía de recursos naturales importantes para los que hubiera demanda mundial, como el estaño de Malasia, el caucho de Indonesia o el cacao de África Occidental; no tenía ni la tierra ni el forraje para producir productos lácteos o animales como Argentina, Dinamarca, Nueva Zelanda o Australia. Los únicos recursos importantes de los que disponía y que podían utilizarse para proporcionar productos de exportación a cambio de carbón, hierro o petróleo importados eran la seda, los productos forestales y los productos del mar. Todos ellos requerirían un gasto considerable de mano de obra y estos productos solo podían venderse en el extranjero si los precios se mantenían bajos manteniendo bajos los salarios.

Dado que estos productos no generaban suficientes divisas para que Japón pudiera pagar las importaciones de carbón, hierro y petróleo que toda gran potencia debe tener, el país tuvo que encontrar algún método por el que pudiera exportar su mano de obra y obtener una remuneración por ella. Esto condujo al crecimiento de las industrias manufactureras basadas en materias primas importadas y al desarrollo de actividades de servicios como la pesca y el transporte marítimo. En una fecha temprana, Japón comenzó a desarrollar un sistema industrial en el que se importaban materias primas como el carbón, el hierro forjado, el algodón en bruto o la lana, que se fabricaban de formas más caras y complejas, y se exportaban de nuevo por un precio más alto en forma de maquinaria o de textiles acabados. Otros productos exportados eran los de tipo forestal como el té, las maderas talladas o la seda cruda, o los derivados de manufactura japonesa como sedas acabadas, pescado en conserva o servicios de transporte.

Las decisiones políticas y económicas que condujeron a estos acontecimientos y que explotaron a las masas rurales y urbanas de Japón fueron tomadas por la oligarquía Meiji y sus partidarios. El poder de decisión de esta oligarquía se concentraba en un grupo sorprendentemente pequeño de hombres, en total no más de una docena, formado principalmente por los líderes de los cuatro clanes del Japón occidental que habían liderado el movimiento contra el *shogun* en 1867. Estos líderes llegaron a formar un grupo formal, aunque extralegal, conocido como el Genro (o Consejo de Ancianos Estadistas). De este grupo escribió Robert Reischauer en 1938: «Son estos hombres los que han sido el verdadero poder detrás del trono. Se ha convertido en costumbre pedir su opinión y, lo que es más importante, seguirla en todos los asuntos de gran importancia para el bienestar del estado. Nunca se nombró a un primer ministro sin la recomendación de estos hombres, que llegaron a ser conocidos como Genro. Hasta 1922, ninguna legislación nacional importante ni ningún tratado exterior importante escapó a su examen y aprobación antes de ser firmado por el Emperador. Estos hombres, en su tiempo, fueron los verdaderos gobernantes de Japón».

La importancia de este grupo puede verse en el hecho de que el Genro solo tenía ocho miembros, y sin embargo el cargo de primer ministro fue ocupado por un Genro desde 1885 hasta 1916 y el importante puesto de presidente del Consejo Privado fue ocupado por un Genro desde su creación en 1889 hasta 1922 (excepto en los años 1890 hasta 1892 cuando el Conde Oki del clan Hizen lo ocupó por Okuma). Si enumeramos a los ocho Genro con tres de sus colaboradores cercanos, estaremos estableciendo el personal principal de la historia japonesa en el período cubierto por este capítulo. A esta lista podríamos añadir otros hechos significativos, como los orígenes sociales de estos hombres, las fechas de sus muertes y sus conexiones dominantes con las dos ramas de las fuerzas de defensa y con los dos mayores monopolios industriales japoneses. El significado de estas conexiones aparecerá en su momento.

La historia de Japón desde 1890 hasta 1940 es, en gran medida, un comentario sobre este panorama. Hemos dicho que la Restauración Meiji de 1868 fue el resultado de una alianza de cuatro clanes del oeste de Japón y algunos nobles de la corte contra el *shogunato* y que esta alianza fue financiada por grupos comerciales liderados por Mitsui. Los líderes de este movimiento que seguían vivos después de 1890 pasaron a formar el Genro, los gobernantes reales, pero no oficiales de Japón. A medida que pasaban los años y que los Genro envejecían y morían, su poder se fue debilitando y surgieron dos aspirantes a sucederles: los militaristas y los partidos políticos. En esta lucha, los grupos sociales que estaban detrás de los partidos políticos eran tan diversos y estaban tan corrompidos que su éxito nunca se dio en el ámbito de la política práctica. A pesar de este hecho, la lucha entre los militaristas y los partidos políticos estuvo bastante igualada hasta 1935, no por ninguna fuerza o habilidad natural en las filas de estos últimos, sino simplemente porque Saionji, el «Último de los Genro» y el único miembro no perteneciente al clan en ese selecto grupo, hizo todo lo posible por retrasar o evitar el casi inevitable triunfo de los militaristas.

Todos los factores de esta lucha y los acontecimientos políticos de la historia japonesa que surgen de la interacción de estos factores se remontan a sus raíces en el Genro tal como existía antes de 1900. Los partidos políticos y Mitsubishi se construyeron como armas de Hizen-Tosa para combatir la dominación Choshu-Satsuma del nexo de poder organizado sobre la burocracia civil-militar aliada con Mitsui; la rivalidad entre el ejército y la marina (que apareció en 1912 y se agudizó después de 1931) tenía sus raíces en una antigua competencia entre Choshu y Satsuma dentro del Genro; mientras que la lucha civil-militarista se remontaba a la rivalidad personal entre Ito y Yamagata antes de 1900. Sin embargo, a pesar de estas fisuras y rivalidades, la oligarquía en su conjunto presentaba generalmente un frente unido contra grupos externos (como campesinos, trabajadores, intelectuales o cristianos) en el propio Japón o contra los no japoneses.

De 1882 a 1898, Ito fue la figura dominante de la oligarquía Meiji y la más poderosa de Japón. Como ministro de la Casa Imperial, se le encomendó la tarea de redactar la constitución de 1889; como presidente del Consejo Privado, dirigió las deliberaciones de la asamblea que ratificó esta constitución; y como primer ministro del nuevo Japón, estableció las bases sobre las que esta funcionaría. En el proceso, afianzó la oligarquía de Sat-Cho tan firmemente en el poder que los partidarios de Tosa y Hizen comenzaron a agitarse contra el gobierno, tratando de obtener lo que consideraban su parte correspondiente de las prebendas del cargo.

Para crear una oposición al gobierno, organizaron los primeros partidos políticos reales: el Partido Liberal de Itagaki (1881) y el Partido Progresista de Okuma (1882). Estos partidos adoptaron ideologías liberales y populares de la Europa burguesa, pero, por lo general, estas no se sostenían con sinceridad ni se entendían con claridad. El verdadero objetivo de estos dos grupos era convertirse en una molestia para la oligarquía imperante, de modo que pudieran obtener, como precio para relajar sus ataques, una parte del patrocinio de los cargos públicos y de los contratos gubernamentales. En consecuencia, los líderes de estos partidos traicionaron una y otra vez a sus seguidores a cambio de estas concesiones, generalmente disolviendo sus partidos para volver a crearlos en una fecha posterior, cuando su descontento con la oligarquía imperante hubiera aumentado de nuevo. Como resultado, los partidos de la oposición desaparecieron y reaparecieron, y sus líderes entraron y salieron de los cargos públicos de acuerdo con los caprichos de las ambiciones personales satisfechas o descontentas.

Al igual que Mitsui se convirtió en el mayor monopolio industrial de Japón sobre la base de sus conexiones políticas con la oligarquía predominante de Sat-Cho, Mitsubishi se convirtió en el segundo mayor monopolio de Japón sobre la base de sus conexiones políticas con los grupos de oposición de Tosa-Hizen. De hecho, Mitsubishi comenzó su trayectoria como empresa comercial del clan Tosa, e Y. Iwasaki, que la había dirigido en esta última función, continuó dirigiéndola cuando se convirtió en Mitsubishi. Ambas empresas, y un puñado de otras organizaciones monopolísticas que surgieron posteriormente, dependían completamente de las conexiones políticas para obtener beneficios y crecer.

La tarea de convertir a Japón en una potencia industrial moderna en una sola vida requería un enorme capital y mercados estables. En un país pobre como Japón, que entraba tarde en la era industrial, ambos requisitos podían obtenerse únicamente del gobierno. Como resultado, las empresas se organizaron en unas pocas y grandes estructuras monopolísticas, y estas (a pesar de su tamaño) nunca actuaron como poderes independientes, ni siquiera en asuntos económicos, sino que cooperaron de forma dócil con quienes controlaban los gastos y los contratos gubernamentales. Así, cooperaron con la oligarquía Meiji antes de 1922, con los líderes de los partidos políticos entre 1922 y 1932 y con los militaristas después de 1932. En conjunto, estas organizaciones industriales y financieras monopolistas se conocían como *zaibatsu*. Había ocho organizaciones importantes de este tipo en el período posterior a la Primera Guerra Mundial, pero tres eran tan poderosas que dominaban a las otras cinco, así como a todo el sistema económico. Estas tres eran Mitsui, Mitsubishi y Sumitomo (controlada por los familiares de Saionji). Estas competían entre sí de forma tibia, pero dicha competencia era política y no económica, y siempre se mantenía dentro de las reglas de un sistema que todas ellas aceptaban.

En el período entre 1885 y 1901, durante el cual Ito fue primer ministro cuatro veces, Matsukata dos veces y Yamagata dos veces, se hizo evidente que la oligarquía no podía ser controlada por la Dieta o por los partidos políticos de Tosa-Hizen, sino que siempre podía gobernar Japón a través de su control sobre el emperador, las fuerzas armadas y la burocracia civil. Esta victoria apenas se estableció antes de que apareciera una rivalidad entre Ito, apoyado por la burocracia civil, y Yamagata, apoyado por los servicios armados. Hacia 1900, Yamagata obtuvo una victoria decisiva sobre Ito y formó su segundo gabinete (1898-1900), del que el grupo de Ito fue, por primera vez, completamente excluido. Durante esta administración, Yamagata amplió la franquicia de medio millón a un millón de votantes con el fin de obtener el apoyo de la ciudad para imponer impuestos a las tierras rurales con el fin de costear la expansión militar. Mucho más importante que esto, Yamagata estableció una ley según la cual los ministerios del ejército y la marina debían estar dirigidos por puestos del gabinete ocupados por generales y almirantes en activo del más alto rango. Esta ley hizo imposible el gobierno civil de Japón a partir de entonces porque ningún primer ministro o miembro del gabinete podía ocupar los dos puestos de defensa a menos que hicieran concesiones a los servicios armados.

En represalia por esta derrota, Ito se alió con el Partido Liberal de Itagaki (1900) y asumió el cargo de primer ministro por tercera vez (1900-1901). Pero tenía poca libertad de acción, ya que, de acuerdo con la nueva ley, el ministro de la guerra era el hombre de Yamagata, Katsura, y el ministro de la marina era el almirante Yamamoto.

En 1903, Yamagata obtuvo un rescripto imperial que obligaba a Ito a retirarse de la vida política activa al amparo del Consejo Privado. Ito lo hizo, dejando el Partido Liberal y el liderazgo de las fuerzas civiles a su protegido, Saionji. Yamagata ya se había retirado entre bastidores, pero seguía dominando la vida política a través de su protegido, Katsura.

En el período entre 1901 y 1913 se produjo una alternancia de gobiernos de Katsura y Saionji, en la que el primero controlaba claramente el gobierno, mientras que el segundo, a través del Partido Liberal, obtenía grandes, aunque insignificantes victorias en las urnas. Tanto en 1908 como en 1912, el partido de Saionji obtuvo fáciles victorias en las elecciones generales celebradas mientras él estaba en el cargo y, en ambos casos, Katsura le obligó a abandonar dicho cargo a pesar de su mayoría en la Dieta.

En este punto, el despiadado uso que Katsura hizo del emperador y de los militaristas para aumentar el tamaño y el poder del ejército introdujo un nuevo factor en la vida política japonesa al provocar una ruptura con la marina. En 1912, cuando Saionji y Katsura habían dirigido dos gobiernos cada uno desde 1901, el primero se negó a aumentar el ejército en dos divisiones (para el servicio en Corea). Katsura destituyó inmediatamente al gobierno de Saionji haciendo dimitir al ministro de la guerra. Cuando Saionji no pudo encontrar ningún general idóneo dispuesto a servir, Katsura formó su tercer gabinete (1912-1913) y creó las nuevas divisiones.

La marina, alienada por las tácticas políticas prepotentes del ejército, trató de mantener a Katsura fuera del cargo en 1912 negándose a proporcionar un almirante para que ejerciera de ministro de la marina. Fueron derrotados cuando Katsura presentó un rescripto imperial del nuevo emperador Taisho (1912-1926) en el que se les ordenaba proporcionar un almirante. La marina tomó represalias al año siguiente formando una alianza con los liberales y otras fuerzas anti-Katsura, con el argumento de que su frecuente uso de la intervención imperial en favor de la más baja política partidista era un insulto a la exaltada santidad de la posición imperial. Por primera y única vez, en 1913, el Partido Liberal se negó a aceptar un rescripto imperial; Katsura tuvo que dimitir y se formó un nuevo gabinete, bajo el mando del almirante Yamamoto (1913-1914). Esta alianza de la marina, el clan Satsuma y el Partido Liberal enfureció tanto al clan Choshu que las alas militar y civil de ese grupo se unieron en una base anti-Satsuma.

En 1914 se reveló que varios altos almirantes habían aceptado sobornos de empresas de municiones extranjeras como la alemana Siemens y la británica Vickers. La Choshu utilizó esto como un varapalo para obligar a Yamamoto a dimitir, pero como no podían formar un gobierno ellos mismos, llamaron a Okuma para que saliera de su retiro y formara un gobierno temporal que dependiera completamente de ellos. El anciano se quedó con la mayoría en la Dieta, desbancando a la mayoría del Partido Liberal existente y, en unas elecciones completamente corruptas, proporcionó una mayoría al nuevo Partido de los Creyentes Constitucionales creado por Katsura en 1913. Okuma dependía completamente de la oligarquía Choshu (es decir, de Yamagata, ya que Ito murió en 1909 e Inoue en 1915). Les dio dos nuevas divisiones del ejército y una fuerte política antichina, pero fue sustituido en 1916 por el general Terauchi, un militarista de la Choshu y favorito de Yamagata. Para dotar a este nuevo gobierno de un apoyo partidista obviamente menos corrupto, se llegó a un acuerdo con el Partido Liberal. A cambio de puestos en la Dieta y en la burocracia y de dinero de Mitsui, este viejo partido de Tosa se vendió al militarismo de Choshu, y los gobernadores de las prefecturas le proporcionaron una mayoría satisfactoria en las elecciones generales de 1916.

Bajo el gobierno de Terauchi, el militarismo de la Choshu y el poder personal de Yamagata alcanzaron su culminación. Para entonces, todos los altos oficiales del ejército debían su posición al patrocinio de Yamagata. Sus antiguos rivales civiles, como Ito o Inoue, estaban muertos. De los cuatro Genro restantes, solo Yamagata, de 81 años en 1918, seguía controlando el timón; Matsukata, de 84 años, era un débil; Okuma, de 81, era un extraño; y Saionji, de 70 años, era un semi-extraño. A raíz de las protestas de 1913, el emperador dejó de intervenir en la vida política. Los partidos políticos estaban desmoralizados y sometidos, dispuestos a sacrificar cualquier principio por unos pocos puestos de trabajo. Las organizaciones económicas, dirigidas por los grandes *zaibatsus*, dependían completamente de las subvenciones y los contratos del gobierno. En pocas palabras, el control de la oligarquía Meiji había pasado casi por completo a manos de un solo hombre.

Sería difícil exagerar el grado de concentración de poder en Japón en el período que abarca este capítulo. En 33 años de gobierno, hubo 18 gabinetes, pero solo nueve primeros ministros diferentes. De estos nueve primeros ministros, solo dos (Saionji y Okuma) no eran de Choshu o Satsuma, mientras que cinco eran militares. La creciente militarización de la vida japonesa en el período que finalizó en 1918 tuvo implicaciones ominosas para el futuro. Los militaristas no solo controlaban sectores cada vez más amplios de la vida japonesa, sino que también habían conseguido fusionar la lealtad al emperador y el servilismo al militarismo en una única lealtad que ningún japonés podía rechazar sin rechazar al mismo tiempo su país, su familia y toda su tradición. Aún más ominosa era la creciente evidencia de que el militarismo japonés era insanamente agresivo, y propenso a encontrar la solución a los problemas internos en las guerras extranjeras.

Japón había entrado en acción bélica con fines puramente agresivos en tres ocasiones en 30 años: contra China entre 1894 y 1895, contra Rusia entre 1904 y 1905, y contra China y Alemania entre 1914 y 1918. Como consecuenca de la primera acción, Japón adquirió Formosa, los Pescadores y obligó a China a reconocer la independencia de Corea (1895). La posterior penetración japonesa en Corea provocó una rivalidad con Rusia, cuyo ferrocarril transiberiano la animaba a compensar sus desplantes en los Balcanes aumentando su presión en el Extremo Oriente.

Para aislar el conflicto que se avecinaba con Rusia, Japón firmó un tratado con Gran Bretaña (1902). En virtud de este tratado, cada uno de los firmantes podía esperar el apoyo del otro si entraba en guerra con más de un enemigo en el Extremo Oriente. Con Rusia aislada en la zona, Japón atacó a las fuerzas del zar en 1904. Estas fuerzas fueron destruidas en tierra por los ejércitos japoneses al mando del Satsuma Genro Oyama, mientras que la flota rusa de 32 buques, procedente de Europa, fue destruida por el Satsuma Admiral Togo en el estrecho de Tsushima. Por el Tratado de Portsmouth (1905), Rusia renunció a su influencia en Corea, cedió a Japón el sur de Sajalín y el arrendamiento de Liaotung, y acordó una renuncia conjunta a Manchuria (que debía ser evacuada por ambas potencias y restituida a China). Corea, que había sido convertida en protectorado japonés en 1904, fue anexionada en 1910.

El estallido de la guerra en 1914 supuso una gran oportunidad para la expansión japonesa. Mientras todas las grandes potencias estaban ocupadas en otros lugares, el Lejano Oriente quedó en manos de Japón. Al declarar la guerra a Alemania el 23 de agosto de 1914, las tropas niponas se apoderaron de las posesiones alemanas en la península de Shantung y de las islas alemanas del Pacífico al norte del ecuador (Islas Marshall, Marianas y Carolinas). A esto le siguió, casi inmediatamente (enero de 1915), la presentación de las «Veintiuna Demandas» a China. Estas demandas revelaron de inmediato las ambiciones agresivas de Japón en el continente asiático y provocaron un cambio decisivo en la opinión mundial sobre Japón, especialmente en Estados Unidos. Como preparación para tales demandas, Japón había sido capaz de construir un sentimiento muy pro-japonés en la mayoría de las grandes potencias. Con ellas se habían establecido acuerdos o notas formales que reconocían, de un modo u otro, la especial preocupación de Japón por Asia Oriental. Con respecto a Rusia, una serie de acuerdos habían establecido esferas de influencia. Estos daban el norte de Manchuria y el oeste de Mongolia interior como esferas de influencia a Rusia, y el sur de Manchuria con el este de Mongolia Interior como esferas de influencia para Japón.

Una serie de notas diplomáticas entre Estados Unidos y Japón habían acordado una aceptación tácita de Estados Unidos de la posición japonesa en Manchuria a cambio de una aceptación japonesa de la política de «puertas abiertas» o de libre comercio en China. Las Veintiuna Demandas rompieron este acuerdo con Estados Unidos, ya que pretendían crear para Japón una posición económica especial en China. Esto, en combinación con el daño infligido al orgullo japonés por las rígidas restricciones estadounidenses a la inmigración japonesa en los Estados Unidos, marcó un punto de inflexión en el sentimiento japonés-estadounidense, que pasó del tono generalmente favorable que había tenido antes de 1915 al creciente tono desfavorable que asumió después de 1915.

La opinión mundial desfavorable obligó a Japón a retirar la más extrema de sus Veintiuna Demandas (las que se referían al uso de asesores japoneses en diversas funciones administrativas chinas), pero muchas de las demás fueron aceptadas por China bajo la presión de un ultimátum japonés. La principal de ellas permitía a Japón acordar con Alemania la disposición de las concesiones alemanas en China sin la interferencia de la propia China. Otras demandas, que fueron aceptadas, otorgaron a Japón numerosas concesiones comerciales, mineras e industriales, principalmente en el este de Mongolia interior y el sur de Manchuria.

A pesar de su creciente distanciamiento de la opinión mundial en los años de la Primera Guerra Mundial, la guerra llevó a Japón a una cima de prosperidad y poder que no había alcanzado antes. La demanda de productos japoneses por parte de los países beligerantes dio lugar a un gran auge industrial. El aumento de la flota japonesa y de los territorios japoneses en el norte del Pacífico, así como la retirada de sus rivales europeos de la región, dieron a Japón una supremacía naval en la zona que fue aceptada formalmente por las demás potencias navales en los Acuerdos de Washington de 1922. Y los avances japoneses en el norte de China la convirtieron en la potencia preeminente en la vida económica y política de Asia Oriental. En definitiva, los sucesores de la Restauración Meiji de 1868 podían contemplar con profunda satisfacción el progreso de Japón en 1918.

V

LA PRIMERA GUERRA MUNDIAL
1914-1918

El crecimiento de las tensiones internacionales, 1871-1914	234
La creación de la Triple Alianza, 1871-1890	235
La creación de la Triple Entente, 1890-1907	236
Esfuerzos para salvar la brecha entre las dos coaliciones, 1890-1914	239
Las crisis internacionales, 1905-1914	242
Historia militar, 1914-1918	249
Historia diplomática, 1914-1948	260
El frente interno, 1914-1918	281

El crecimiento de las tensiones internacionales, 1871-1914

INTRODUCCIÓN

La unificación de Alemania en la década anterior a 1871 puso fin a un equilibrio de poder en Europa que había existido durante 250 o incluso 300 años. Durante este largo período, que abarca casi 10 generaciones, Gran Bretaña se había mantenido relativamente segura y con un poder creciente. Este poder solo había sido desafiado por los estados de Europa occidental. Tal desafío había venido de España bajo Felipe II, de Francia bajo Luis XIV y bajo Napoleón, y, en un sentido económico, de los Países Bajos durante gran parte del siglo XVII. Tal desafío podía surgir porque estos estados eran tan ricos y estaban casi tan unificados como la propia Gran Bretaña pero, sobre todo, porque las naciones de Occidente podían mirar hacia el mar y desafiar a Inglaterra mientras la Europa central estuviera desunida y económicamente atrasada.

La unificación de Alemania por Bismarck destruyó esta situación en el plano político, mientras que el rápido crecimiento económico de ese país a partir de 1871 modificó la situación en el plano económico. Durante mucho tiempo, Gran Bretaña no percibió este cambio, sino que tendió a acoger con satisfacción el ascenso de Alemania porque la aliviaba, en gran medida, de la presión de Francia en los ámbitos político y colonial. Esta incapacidad para ver el cambio de situación continuó hasta después de 1890, debido al genio diplomático de Bismarck y a la incapacidad general de los no alemanes para apreciar la maravillosa capacidad de organización alemana en las actividades industriales. Después de 1890, el magistral control de Bismarck al timón fue sustituido por las vacilantes manos del káiser Guillermo II y una sucesión de cancilleres títeres. Estos incompetentes alarmaron y alienaron a Gran Bretaña al desafiarla en los asuntos comerciales, coloniales y, especialmente, navales. En materia comercial, los británicos encontraron que los vendedores alemanes y sus agentes ofrecían un mejor servicio, mejores condiciones y precios más bajos en productos de calidad y tamaño similares y y en medidas métricas en lugar de anglosajonas. En el ámbito colonial, después de 1884, Alemania adquirió colonias africanas que amenazaban con atravesar el continente de este a oeste y, por tanto, con poner en jaque las ambiciones británicas de construir un ferrocarril desde el Cabo de Buena Esperanza hasta El Cairo. Estas colonias incluían África Oriental (Tanganica), África Sudoccidental, Camerún y Togo. La amenaza alemana se acentuó como consecuencia de las intrigas alemanas en las colonias portuguesas de Angola y Mozambique y, sobre todo, por el fomento alemán de los bóeres del Transvaal y del Estado Libre de Orange antes de su guerra con Gran Bretaña entre 1899 y 1902. En la zona del Pacífico, Alemania adquirió en 1902 las islas Carolinas, Marshall y Marianas, partes de Nueva Guinea y Samoa, y una base de importancia naval y comercial en Kiaochau, en la península china de Shantung. En los asuntos navales, Alemania presentó su mayor amenaza como resultado de los proyectos de ley naval de 1898, 1900 y 1902, que fueron diseñados para ser un instrumento de coerción contra Gran Bretaña. Entre 1900 y 1905 se botaron catorce acorazados alemanes. Como consecuencia de estas actividades, Gran Bretaña se unió a la coalición anti-alemana en 1907, las potencias de Europa se dividieron en dos coaliciones antagónicas y se inició una serie de crisis que condujeron, paso a paso, a la catástrofe de 1914.

Los asuntos internacionales del período entre 1871 y 1914 pueden examinarse bajo cuatro epígrafes: (1) la creación de la Triple Alianza, 1871 1890; (2) la creación de la Triple Entente, 1890–1907; (3) los esfuerzos por salvar la distancia entre ambas coaliciones, 1890–1914; y (4) la serie de crisis internacionales, 1905–1914. Estos son los epígrafes bajo los que examinaremos este tema.

LA CREACIÓN DE LA TRIPLE ALIANZA, 1871–1890

El establecimiento de un Imperio alemán dominado por el Reino de Prusia dejó a Bismarck políticamente satisfecho, ya que este no tenía ningún deseo de anexionar más alemanes al nuevo imperio, y las crecientes ambiciones de colonias y de un imperio mundial no suscitaron su interés. Como diplomático satisfecho, se concentró en mantener lo que tenía y se dio cuenta de que Francia, impulsada por el miedo y la venganza, era la principal amenaza para la situación. Su objetivo inmediato, en consecuencia, era mantener a Francia aislada. Esto implicaba que el objetivo más acertado era el de que Alemania mantuviera relaciones amistosas con Rusia y el Imperio de los Habsburgo, y el de mantener buenas relaciones con Gran Bretaña absteniéndose de aventuras coloniales o navales. En el marco de esta política, Bismarck celebró dos acuerdos tripartitos con Rusia y Austro-Hungría: (a) la Liga de los Tres Emperadores de 1873 y (b) la Alianza de los Tres Emperadores de 1881. Ambos se vieron interrumpidos por la rivalidad entre Austria y Rusia en el sureste de Europa, especialmente en Bulgaria. La Liga de los Tres Emperadores se rompió en 1878 en el Congreso de Berlín debido a la oposición de los Habsburgo a los esfuerzos de Rusia por crear un gran estado satélite en Bulgaria tras su victoria en la guerra ruso-turca de 1877. La Alianza de los Tres Emperadores de 1881 se rompió en la «crisis búlgara» de 1885. Esta crisis surgió a raíz de la anexión búlgara de Rumelia Oriental, unión a la que se opuso Rusia pero que fue favorecida por Austria, invirtiendo así la actitud que estas potencias habían mostrado en Berlín en 1878.

La rivalidad entre Rusia y Austria en los Balcanes dejó claro a Bismarck que sus esfuerzos por formar un frente diplomático de los tres grandes imperios se basaban en fundamentos débiles. En consecuencia, creó una segunda estrategia, que se convirtió en la Triple Alianza. Obligado a elegir entre Austria y Rusia, Bismarck se decantó por la primera porque era más débil y, por tanto, más fácil de controlar. En 1879, tras la ruptura de la Liga de los Tres Emperadores, estableció una alianza austro-alemana que, en 1882, se convirtió en una triple alianza entre Alemania, Austria e Italia. Esta alianza, que en un principio tenía una duración de cinco años, se renovó a intervalos hasta 1915. Tras la ruptura de la Alianza de los Tres Emperadores en 1885, la Triple Alianza se convirtió en la principal arma del arsenal diplomático alemán, aunque Bismarck, para mantener aislada a Francia, se negó a permitir que Rusia se alejara completamente de la esfera alemana, e intentó unir a Alemania y Rusia mediante un acuerdo secreto de amistad y neutralidad conocido como el Tratado de Reaseguro (1887). Este tratado, que tenía una duración de tres años, no fue renovado en 1890 después de que el nuevo emperador, Guillermo II, despidiera a Bismarck. El Káiser argumentó que el Tratado de Reaseguro con Rusia no era compatible con la Triple Alianza con Austria e Italia, ya que Austria y Rusia eran más bien hostiles. Al no renovarlo, Guillermo dejó a Rusia y a Francia aisladas. A partir de ese hecho, naturalmente estas se unieron para formar la Doble Alianza de 1894. Posteriormente, al enemistarse con Gran Bretaña, el gobierno alemán contribuyó a transformar esta Doble Alianza en la Triple Entente. Algunas de las razones por las que Alemania cometió estos errores se examinarán en un capítulo posterior sobre la historia interna de Alemania.

LA CREACIÓN DE LA TRIPLE ENTENTE, 1890-1907

El aislamiento diplomático de Rusia y Francia se combinó con una serie de factores más positivos para dar lugar a la Doble Alianza de 1894. El antagonismo ruso hacia Austria en los Balcanes y el temor francés a Alemania a lo largo del Rin se vieron incrementados por la negativa alemana a renovar el Tratado de Reaseguro y por la pronta renovación de la Triple Alianza en 1891. Ambas potencias estaban alarmadas por los crecientes signos de amistad anglo-alemana en el momento del Tratado de Heligoland (1890) y con motivo de la visita del Káiser a Londres en 1891. Por último, Rusia necesitaba préstamos extranjeros para la construcción de ferrocarriles e industrias, y estos podían obtenerse más fácilmente en París. En consecuencia, el acuerdo se cerró durante las celebraciones del Año Nuevo de 1894 en forma de convenio militar. En este convenio se establecía que Rusia atacaría a Alemania si Francia era atacada por Alemania o por Italia apoyada por Alemania, mientras que Francia atacaría a Alemania si Rusia era atacada por Alemania o por Austria apoyada por Alemania.

Esta doble alianza de Francia y Rusia se convirtió en la base de un triángulo cuyos otros lados eran «ententes», es decir, acuerdos amistosos entre Francia y Gran Bretaña (1904) y entre Rusia y Gran Bretaña (1907).

En retrospectiva, la *Entente Cordiale* entre Francia y Gran Bretaña nos parece inevitable, pero para los contemporáneos, en 1898, debió de parecer un acontecimiento de lo más improbable. Durante muchos años, Gran Bretaña había seguido una política de aislamiento diplomático, manteniendo el equilibrio de poder en el continente, apoyando el bando que pareciera más débil en las disputas europeas. Debido a sus rivalidades coloniales con Francia en África y el suroeste de Asia y a sus disputas con Rusia en el Próximo, Medio y Lejano Oriente, Gran Bretaña era en general amiga de la Triple Alianza y se mantuvo alejada de la Doble Alianza hasta 1902. Sus dificultades con los bóeres en Sudáfrica, la creciente fuerza de Rusia en el Próximo y Lejano Oriente y la evidente simpatía de Alemania por los bóeres llevaron a Gran Bretaña a concluir la Alianza Anglo-Japonesa de 1902 para obtener apoyo contra Rusia en China. Más o menos al mismo tiempo, Gran Bretaña se convenció de la necesidad y la posibilidad de un acuerdo con Francia. La necesidad surgió de la amenaza directa de Alemania al punto más sensible de Gran Bretaña por el programa de construcción naval de Tirpitz en 1898. La posibilidad de un acuerdo con Francia surgió a raíz de la crisis anglo-francesa más aguda de los tiempos modernos, la crisis de Fashoda de 1898. En Fashoda, en el Nilo, un grupo de franceses al mando del coronel Jean Marchand, que había estado cruzando el Sahara de oeste a este, se enfrentó a una fuerza de británicos al mando del general Kitchener, que había estado remontando el Nilo desde Egipto para someter a las tribus de Sudán. Cada uno le ordenó al otro que se retirara. Las tensiones subieron de tono mientras ambos bandos consultaban con sus capitales para recibir instrucciones. Como consecuencia de estas instrucciones, los franceses se retiraron. Cuando las tensiones se enfriaron y se asentó la situación, quedó claro para ambas partes que sus intereses eran conciliables, ya que el interés principal de Francia estaba en el continente, donde se enfrentaba a Alemania, mientras que el interés principal de Gran Bretaña se hallaba en el campo colonial, donde se enfrentaba cada vez más a Alemania.

La negativa de Francia a entablar una guerra colonial con Gran Bretaña mientras el ejército alemán estuviera al otro lado del Rin dejó claro que Francia podía llegar a un acuerdo colonial con Gran Bretaña. Este acuerdo se hizo en 1904 poniendo todas sus disputas juntas en la mesa de negociación y equilibrando unas con otras. Los franceses reconocieron la ocupación británica de Egipto a cambio de apoyo diplomático para sus ambiciones en Marruecos. Renunciaron a antiguos derechos en Terranova a cambio de nuevos territorios en Gabón y a lo largo del río Níger en África. Sus derechos en Madagascar fueron reconocidos a cambio de aceptar una «esfera de intereses» británica en Siam. De este modo, la antigua enemistad anglo-francesa se atenuó ante el creciente poder de Alemania. Esta *Entente Cordiale* se profundizó en el período entre 1906 y 1914 mediante una serie de «conversaciones militares» anglo-francesas que, al principio, daban lugar a discusiones no oficiales sobre el comportamiento en una guerra bastante hipotética con Alemania, pero que se endurecieron imperceptiblemente a lo largo de los años hasta convertirse en un acuerdo moralmente vinculante para que una fuerza expedicionaria británica cubriera el ala izquierda francesa en caso de una guerra de Francia con Alemania. Estas «conversaciones militares» se ampliaron después de 1912 con un acuerdo naval por el que los británicos se comprometían a proteger a Francia desde el Mar del Norte con el fin de liberar a la flota francesa para que esta pudiera actuar contra la marina italiana en el Mediterráneo.

El acuerdo británico con Rusia en 1907 siguió un curso no muy diferente al del acuerdo británico con Francia en 1904. Los recelos británicos hacia Rusia se habían alimentado durante años por su rivalidad en Oriente Próximo. En 1904, estas sospechas se vieron agravadas por la creciente rivalidad anglo-rusa en Manchuria y el norte de China, y llegaron a su punto álgido con la construcción rusa del ferrocarril transiberiano (terminado en 1905). Se produjo una violenta crisis por el incidente del Banco Dogger de 1904, cuando la flota rusa, en ruta desde el Mar Báltico hacia el Lejano Oriente, disparó contra barcos pesqueros británicos en el Mar del Norte creyendo que eran torpederos japoneses. La posterior destrucción de esa flota rusa por parte de los japoneses y la consiguiente victoria del aliado de Gran Bretaña en la Guerra Ruso-Japonesa de 1905 dejaron claro a ambas partes que era posible un acuerdo entre ellas. La rivalidad naval alemana con Gran Bretaña y el recorte de las ambiciones rusas en Asia como resultado de la derrota ante Japón hicieron posible el acuerdo de 1907. Por este acuerdo, Persia se dividió en tres zonas de influencia, de las cuales la norte era rusa, la sur era británica y la del centro era neutral. Se reconoció que Afganistán estaba bajo la influencia británica; se declaró que el Tíbet estaba bajo la soberanía china; y Gran Bretaña expresó su voluntad de modificar los Acuerdos de los Estrechos en una dirección favorable a Rusia.

Una influencia que contribuyó a crear y reforzar la Triple Entente fue la de la hermandad bancaria internacional. Los banqueros estaban en gran parte excluidos del desarrollo económico alemán, pero tenían vínculos crecientes con Francia y Rusia. Empresas prósperas como la Compañía del Canal de Suez, la empresa de cobre de los Rothschild, Río Tinto, en España, y muchas actividades conjuntas más recientes en Marruecos crearon numerosos vínculos discretos que precedieron y reforzaron la Triple Entente. Los Rothschild, amigos íntimos de Eduardo VII y de Francia, estaban vinculados al banco de inversiones francés, Banque de Paris et des Pays Bas. Este, a su vez, fue la principal influencia en la venta de nueve mil millones de rublos de bonos rusos en Francia antes de 1914. El más influyente de los banqueros londinenses, sir Ernest Cassel, una persona grandiosa y misteriosa (1852–1921), había llegado de Alemania a Inglaterra a la edad de 17 años. Amasó una inmensa fortuna, que regaló generosamente, y estaba estrechamente relacionado con Egipto, Suecia, Nueva York, París y América Latina convirtiéndose en uno de los amigos personales más cercanos del rey Eduardo así como en el empleador de la persona con mayor influencia de la época, el omnipresente, lord Esher. Estas influencias generalmente antiprusianas en torno al rey Eduardo desempeñaron un papel importante en la construcción de la Triple Entente y en su fortalecimiento cuando Alemania desafió neciamente sus proyectos en Marruecos durante el período entre 1904 y 1912.

ESFUERZOS PARA SALVAR LA BRECHA ENTRE LAS DOS COALICIONES, 1890–1914

Al principio, e incluso hasta 1913, las dos coaliciones de la escena internacional no eran rígidas ni estaban irreconciliablemente enfrentadas. Los vínculos entre los miembros de cada grupo eran variables y ambiguos. La Triple Entente se llamaba entente solo porque dos de sus tres vínculos no eran alianzas. La Triple Alianza no era en absoluto sólida, especialmente en lo que respecta a Italia, que se había unido a ella originalmente para obtener apoyo contra el papado en la cuestión romana, pero que pronto intentó obtener apoyo para una política italiana agresiva en el Mediterráneo y el norte de África. El fracaso en la obtención de un apoyo alemán específico en estas zonas y la continua enemistad con Austria-Hungría en el Adriático, hicieron que el vínculo italiano con las Potencias Centrales fuera bastante tenue.

Mencionaremos al menos una docena de esfuerzos para salvar la brecha que se estaba formando lentamente en el «concierto de las potencias» europeo. Los primeros en orden cronológico fueron los Acuerdos Mediterráneos de 1887. En una serie de notas, Inglaterra, Italia, Austria y España acordaron preservar el *statu quo* en el Mediterráneo y sus mares adyacentes o verlo modificado solo de mutuo acuerdo. Estos acuerdos tenían como objetivo las ambiciones francesas en Marruecos y las rusas en los Estrechos.

Un segundo acuerdo fue el Tratado Colonial Anglo-Alemán de 1890, por el que las reclamaciones alemanas en África Oriental, especialmente en Zanzíbar, se intercambiaron por el título británico de la isla de Heligoland en el Mar Báltico. Posteriormente, el Káiser y otros miembros del bando alemán, así como Joseph Chamberlain y otros miembros del bando británico, realizaron numerosos esfuerzos frustrados para llegar a un acuerdo para un frente común en los asuntos mundiales. Esto dio lugar a algunos acuerdos menores, como el de 1898 sobre una posible disposición de las colonias portuguesas en África, el de 1899 sobre la división de Samoa y el de 1900 para mantener la «puerta abierta» en China, pero los esfuerzos por crear una alianza o incluso una entente fracasaron a causa del programa naval alemán, las ambiciones coloniales alemanas en África (especialmente en Marruecos) y la penetración económica alemana en Oriente Próximo a lo largo de la ruta del ferrocarril de Berlín a Bagdad. Los celos alemanes por la supremacía mundial de Inglaterra, especialmente el resentimiento del Káiser hacia su tío, el rey Eduardo VII, estaban mal disimulados.

Se llevaron a cabo negociaciones algo similares entre Alemania y Rusia, pero con escasos resultados. Un acuerdo comercial de 1894 puso fin a una larga guerra de aranceles, para disgusto de los terratenientes alemanes que disfrutaban de la anterior exclusión del grano ruso, pero los esfuerzos por lograr cualquier acuerdo político sustancial fracasaron debido a la alianza alemana con Austria (que se enfrentaba a Rusia en los Balcanes) y a la alianza rusa con Francia (que se enfrentaba a Alemania a lo largo del Rin). Estos obstáculos echaron por tierra el llamado Tratado de Bjorko, un acuerdo personal entre el Káiser y el zar Nicolás realizado durante la recíproca visita de sus yates en 1905, aunque los alemanes pudieron conseguir el consentimiento ruso para el ferrocarril de Bagdad concediendo a los rusos vía libre en el norte de Persia (1910).

Otras cuatro líneas de negociación surgieron de las ambiciones francesas de obtener Marruecos, el deseo italiano de conseguir Trípoli, la ambición austriaca de anexionar Bosnia y la determinación rusa de abrir los Estrechos a sus buques de guerra. Las cuatro estaban relacionadas con el declive del poder de Turquía y ofrecían a las potencias europeas la oportunidad de apoyarse mutuamente en sus ambiciones a costa del Imperio otomano. En 1898, Italia firmó un tratado comercial con Francia, al que siguió, dos años después, un acuerdo político que prometía el apoyo francés a las ambiciones italianas en Trípoli a cambio del apoyo italiano a los designios franceses en Marruecos. Los italianos debilitaron aún más la Triple Alianza en 1902 al prometer a Francia que se mantendría neutral en caso de que esta fuera atacada o tuviera que luchar «en defensa de su honor o de su seguridad».

De forma similar, Rusia y Austria intentaron conciliar el deseo de la primera de obtener una salida al Egeo a través de los Dardanelos con el deseo de la segunda de controlar el nacionalismo eslavo en los Balcanes y llegar al Egeo en Salónica. En 1897, llegaron a un acuerdo para mantener el *statu quo* en los Balcanes o, en su defecto, repartir la zona entre los estados balcánicos existentes más un nuevo estado de Albania. En 1903, estas dos potencias acordaron un programa de reforma policial y financiera para la perturbada provincia turca de Macedonia. En 1908, un desacuerdo sobre los esfuerzos austriacos para construir un ferrocarril hacia Salónica se disipó brevemente mediante un acuerdo informal entre los respectivos ministros de Asuntos Exteriores, Aleksandr Izvolski y Lexa von Aehrenthal, para intercambiar la aprobación austriaca del derecho de los buques de guerra rusos a cruzar los Estrechos por la aprobación rusa de una anexión austriaca de las provincias turcas de Bosnia y Herzegovina. Toda esa tentativa de buena voluntad se evaporó al calor de la crisis bosnia de 1908, como veremos dentro de un momento.

Después de 1905, las recurrentes crisis internacionales y la creciente solidaridad de las coaliciones (excepto la de Italia) hicieron que los esfuerzos por salvar las distancias entre ambas fueran menos frecuentes y fructíferos. Sin embargo, hay dos episodios que merecen atención. Se trata de la Misión Haldane de 1912 y del acuerdo sobre el ferrocarril de Bagdad de 1914. En la primera, el secretario de estado de guerra británico, lord Haldane, se desplazó a Berlín para intentar frenar el programa naval de Tirpitz. Aunque la marina alemana se había construido con la esperanza de llevar a Inglaterra a la mesa de negociaciones, y sin ninguna intención real de utilizarla en una guerra con dicho país, los alemanes no supieron aprovechar la oportunidad cuando se presentó. Los alemanes querían una promesa condicional de neutralidad británica en una guerra continental como precio por la suspensión del nuevo proyecto de ley naval. Como esto podría conducir a la hegemonía alemana en el continente, Haldane no pudo aceptarla. Regresó a Londres convencido de que la Alemania de Goethe y Hegel que había aprendido a amar en sus días de estudiante estaba siendo engullida por los militaristas alemanes. El último puente entre Londres y Berlín parecía caído, pero en junio de 1914 los dos países rubricaron el acuerdo por el que Gran Bretaña retiraba su oposición al ferrocarril de Bagdad a cambio de la promesa alemana de permanecer al norte de Basora y reconocer la preeminencia británica en el Éufrates y el Golfo Pérsico. Esta solución a un viejo problema se perdió con el estallido de la guerra seis semanas después.

LAS CRISIS INTERNACIONALES, 1905-1914

La década que va de la *Entente Cordiale* al estallido de la guerra fue testigo de una serie de crisis políticas que llevaron a Europa periódicamente al borde de la guerra y aceleraron el crecimiento del armamento, la histeria popular, el chovinismo nacionalista y la solidez de las alianzas, hasta el punto de que un acontecimiento relativamente menor en 1914 sumió al mundo en una guerra de alcance e intensidad sin precedentes. Hubo nueve de estas crisis que deben ser mencionadas aquí. En orden cronológico son:

1905-1906	La primera crisis marroquí y la Conferencia de Algeciras
1908	La crisis de Bosnia
1911	Agadir y la segunda crisis marroquí
1912	La primera guerra de los Balcanes
1913	La segunda guerra de los Balcanes
1913	La crisis albanesa
1913	El asunto Liman von Sanders
1914	Sarajevo

La primera crisis marroquí surgió de la oposición alemana a los designios franceses sobre Marruecos. Esta oposición fue expresada por el propio Káiser en un discurso en Tánger, después de que los franceses hubieran obtenido la aquiescencia italiana, británica y española mediante acuerdos secretos con cada uno de estos países. Estos acuerdos se basaban en la voluntad francesa de ceder Trípoli a Italia, Egipto a Gran Bretaña y la costa marroquí a España. Los alemanes insistieron en la celebración de una conferencia internacional con la esperanza de que su beligerancia desbaratara la Triple Entente y aislara a Francia. En cambio, cuando la conferencia se reunió en Algeciras, cerca de Gibraltar, en 1906, Alemania se encontró con el único apoyo de Austria. La conferencia reiteró la integridad de Marruecos, pero estableció un banco estatal y una fuerza policial, ambos dominados por la influencia francesa. La crisis alcanzó un nivel muy alto, pero tanto en Francia como en Alemania los líderes del bloque más beligerante (Theophile Delcasse y Friedrich von Holstein) fueron destituidos en el momento crítico.

La crisis bosnia de 1908 surgió de la revuelta de los Jóvenes Turcos de ese mismo año. Temerosa de que el nuevo gobierno otomano pudiera reforzar el imperio, Austria decidió no perder tiempo en la anexión de Bosnia-Herzegovina, que había estado bajo ocupación militar austriaca desde el Congreso de Berlín (1878). Como la anexión cortaría permanentemente a Serbia del Mar Adriático, Aehrenthal, el ministro de Asuntos Exteriores austriaco, consultó con el protector de Serbia, Rusia. El ministro de Asuntos Exteriores del zar, Izvolski, estaba de acuerdo con el plan austriaco si Austria cedía al deseo de Izvolski de abrir los Estrechos a los buques de guerra rusos, en contra de lo acordado en el Congreso de Berlín. Aehrenthal aceptó, siempre y cuando Izvolski lograra obtener el consentimiento de las demás potencias. Mientras Izvolski se dirigía desde Alemania a Roma y París en un esfuerzo por obtener este consentimiento, Aehrenthal se anexionó repentinamente los dos distritos, dejando a Izvolski sin su programa de los Estrechos (6 de octubre de 1908). Pronto quedó claro que no podría conseguir este programa. Casi al mismo tiempo, Austria obtuvo el consentimiento turco para su anexión de Bosnia. Se produjo una crisis bélica, avivada por la negativa de Serbia a aceptar la anexión y su disposición a precipitar una guerra general para impedirla. El peligro de dicha guerra se intensificó por el afán del grupo militar de Austria, dirigido por el jefe del estado mayor Conrad von Hotzendorff, de resolver la irritación serbia de una vez por todas. Una dura nota alemana a Rusia insistiendo en que abandonara su apoyo a Serbia y reconociera la anexión despejó el panorama, pues Izvolski cedió y Serbia le siguió, pero creó una situación psicológica muy mala para el futuro.

La segunda crisis marroquí (julio de 1911) surgió cuando los alemanes enviaron un cañonero, el Panther, a Agadir para obligar a los franceses a evacuar Fez, que habían ocupado, en violación del acuerdo de Algeciras, para reprimir los desórdenes nativos. La crisis se agudizó, pero remitió cuando los alemanes renunciaron a su oposición a los planes franceses en Marruecos a cambio de la cesión de territorio francés en la zona del Congo (4 de noviembre de 1911).

Tan pronto como Italia vio el éxito francés en Marruecos, se apoderó de la vecina Trípoli, lo que condujo a la guerra tripolitana entre Italia y Turquía (28 de septiembre de 1911). Todas las grandes potencias tenían acuerdos con Italia para no oponerse a su adquisición de Trípoli, pero desaprobaron sus métodos y se alarmaron en mayor o menor medida por su conquista de las islas del Dodecaneso en el Egeo y su bombardeo de los Dardanelos (abril de 1912).

Los estados balcánicos decidieron aprovechar la debilidad de Turquía para expulsarla completamente de Europa. En consecuencia, Serbia, Bulgaria, Grecia y Montenegro atacaron a Turquía en la Primera Guerra de los Balcanes y tuvieron un éxito considerable (1912). La Triple Alianza se opuso al avance serbio hacia el Adriático y sugirió la creación de un nuevo estado en Albania para mantener a Serbia alejada del mar. Una breve crisis bélica se apagó cuando Rusia abandonó de nuevo las reivindicaciones territoriales serbias y Austria pudo obligar a Serbia y Montenegro a retirarse de Durazzo y Scutari. Por el Tratado de Londres (1913), Turquía renunció a la mayor parte de su territorio en Europa. Serbia, resentida por su fracaso en la obtención de la costa adriática, intentó encontrar una compensación en Macedonia a costa de los logros de Bulgaria frente a Turquía, esto condujo a la Segunda Guerra de los

Balcanes, en la que Serbia, Grecia, Rumanía y Turquía atacaron a Bulgaria. En los tratados de Bucarest y Constantinopla (agosto-septiembre de 1913), Bulgaria perdió la mayor parte de Macedonia en favor de Serbia y Grecia, gran parte de Dobruja en favor de Rumanía y partes de Tracia en favor de Turquía. Descontenta con los eslavos y sus partidarios, Bulgaria se desvió rápidamente hacia la Triple Alianza.

Los ultimátums de Austria y de Austria e Italia conjuntamente (octubre de 1913), obligaron a Serbia y a Grecia a evacuar Albania, e hicieron posible la organización de este país dentro de unas fronteras aceptables para la Conferencia de Embajadores de Londres. Este episodio apenas tuvo tiempo de convertirse en una crisis cuando fue eclipsado por el asunto Liman von Sanders.

Liman von Sanders era el jefe de una misión militar alemana invitada al Imperio otomano para reorganizar el ejército turco, una necesidad obvia en vista de su historial en las guerras de los Balcanes. Cuando se supo que Liman iba a ser comandante real del Primer Cuerpo de Ejército en Constantinopla y prácticamente jefe de estado mayor en Turquía, Rusia y Francia protestaron violentamente. La crisis se calmó en enero de 1914, cuando Liman dejó el mando en Constantinopla para convertirse en inspector general del ejército turco. La serie de crisis desde abril de 1911 hasta enero de 1914 había sido casi ininterrumpida. La primavera de 1914, por el contrario, fue un período de relativa paz y calma, al menos en apariencia, pero las apariencias fueron engañosas. Bajo la superficie, cada potencia trabajaba para consolidar su propia fuerza y sus vínculos con sus aliados, con el fin de asegurarse un éxito mejor, o al menos no peor, en la siguiente crisis, que todos sabían que iba a llegar. Y así fue, con una brusquedad estremecedora, cuando el heredero del trono de los Habsburgo, el archiduque Francisco Fernando, fue asesinado por extremistas serbios en la ciudad bosnia de Sarajevo el 28 de junio de 1914. Siguió un mes terrible de miedo, indecisión e histeria antes de que se iniciara la Guerra Mundial con un ataque austriaco a Serbia el 28 de julio de 1914.

Se han escrito volúmenes enteros sobre la crisis de julio de 1914, y no cabe esperar que la historia pueda contarse en unos pocos párrafos. Los hechos en sí mismos están entretejidos en una madeja enmarañada, que los historiadores han desenredado ahora; pero más importantes que los hechos, y considerablemente más elusivas, son las condiciones psicológicas que rodean estos hechos. La atmósfera de agotamiento nervioso después de diez años de crisis; el agotamiento físico de las noches de insomnio; los estados de ánimo alternados entre el orgullo patriótico y el frío miedo; el sentimiento subyacente de horror de que el optimismo y el progreso del siglo XIX estuvieran conduciendo a tal desastre; los breves momentos de rabia impaciente contra el enemigo por haber iniciado todo el asunto; la nerviosa determinación de evitar la guerra si fuera posible, pero de no verse sorprendido cuando llegase y en lugar de eso, si resultara posible, tomar desprevenido al adversario; y, finalmente, la profunda convicción de que toda la experiencia era solo una pesadilla y que, en el último momento, algún poder la detendría: estos fueron los sentimientos que se agolparon en la mente de millones de europeos en esas cinco largas semanas de creciente tensión.

Una serie de fuerzas hicieron que las crisis del período anterior al estallido de la guerra fueran más peligrosas de lo que lo hubieran sido una generación antes. Entre ellas cabe mencionar la influencia del ejército de masas, la influencia del sistema de alianzas, la influencia de la democracia, el esfuerzo por obtener fines diplomáticos mediante la intimidación, el estado de ánimo de desesperación entre los políticos y, por último, la creciente influencia del imperialismo.

La influencia del ejército de masas se analizará más ampliamente en el próximo capítulo. Brevemente, el ejército de masas, en una época en la que las comunicaciones se realizaban generalmente por telégrafo y los viajes por ferrocarril, era un elemento poco manejable que solo podía gestionarse de forma bastante rígida e inflexible. Tal y como los alemanes lo elaboraron y utilizaron con tanto éxito en 1866 y en 1870, esta forma requería la creación, mucho antes de que comenzara la guerra, de planes detallados ejecutados secuencialmente a partir de una señal original y organizados de tal manera que cada persona tuviera su papel fijo como una pieza en una gran e intrincada máquina. Tal como lo utilizaron los alemanes en las primeras guerras, ampliado por ellos y copiado por otros en el período anterior a 1914, cada soldado comenzaba a moverse desde su casa a una señal determinada. A medida que avanzaban, hora a hora y día a día, estos hombres reunían su equipo y se organizaban en grupos cada vez más grandes, al principio en pelotones, compañías y regimientos, luego en divisiones y ejércitos. A medida que se reunían, avanzaban siguiendo líneas de ataque estratégicas trazadas mucho antes y, con toda probabilidad, la convergencia en ejércitos no se produciría hasta que el avance hubiera penetrado profundamente en territorio enemigo.

Tal y como se formuló en teoría, el ensamblaje final en una máquina de combate completa tendría lugar solo un breve período antes de que toda la masa se lanzara sobre una fuerza enemiga, aún parcialmente ensamblada. El gran inconveniente de este plan de movilización era su inflexibilidad y su complejidad, siendo estas dos cualidades tan preponderantes que, una vez dada la señal original, era casi imposible detener el avance de toda la agrupación en cualquier lugar antes de su impacto decisivo sobre las fuerzas enemigas en su propio país. Esto significaba que una orden de movilización era casi equivalente a una declaración de guerra; que ningún país podía permitir que su adversario diera la señal original mucho antes de dar la suya; y que las decisiones de los políticos estaban necesariamente subordinadas a las decisiones de los generales.

El sistema de alianzas empeoró esta situación de dos maneras. Por un lado, significaba que cada disputa local era potencialmente un desgaste mundial, porque la señal de movilización dada en cualquier lugar de Europa pondría en marcha las máquinas de la guerra en todas partes. Por otro lado, fomentaba el extremismo porque un país con aliados sería más audaz que un país sin aliados y porque los aliados, a la larga, no actuaban para contenerse mutuamente, bien porque temían que un apoyo tibio a un aliado en su disputa llevara a un apoyo aún más frío de un aliado en la propia disputa más adelante, o bien porque una influencia restrictiva en una disputa anterior debilitaba tanto una alianza, que era necesario dar un apoyo ilimitado en una disputa posterior para salvar esta alianza para el futuro. No cabe duda de que Rusia dio un apoyo excesivo a Serbia en una disputa nociva en 1914 para compensar el hecho de que había defraudado a Serbia en las disputas albanesas de 1913; por otra parte, Alemania dio a Austria un mayor grado de apoyo en 1914, aunque sin simpatía por la cuestión en sí, para compensar la contención que Alemania había ejercido sobre Austria durante las guerras de los Balcanes.

La influencia de la democracia sirvió para aumentar la tensión de la crisis porque los políticos elegidos consideraron necesario complacer las motivaciones más irracionales y crasas del electorado a fin de asegurarse una futura elección y lo hicieron jugando con el odio y el miedo a los poderosos vecinos o con cuestiones tan atractivas como la expansión territorial, el orgullo nacionalista, «un lugar bajo el sol», «salidas al mar» y otros beneficios reales o imaginarios. Al mismo tiempo, la prensa popular, para vender periódicos, jugaba con los mismos motivos y temas, entusiasmando a sus pueblos, llevando a sus propios políticos a los extremos y alarmando a los estados vecinos hasta el punto de que se apresuraron a adoptar tipos de acción similares en nombre de la autodefensa. Además, la democracia no solo hizo imposible examinar las disputas internacionales en cuanto a su fondo, sino que transformó cada argumento insignificante en un asunto de honor y prestigio nacional, de modo que ninguna disputa podía ser examinada en cuanto a su fondo o resuelta como un simple acuerdo, porque tal enfoque sensato sería inmediatamente recibido por la oposición democrática como una pérdida de prestigio y un acuerdo indecoroso de los principios morales exaltados.

El éxito de la política de «sangre y hierro» de Bismarck tendió a justificar el uso de la fuerza y la intimidación en los asuntos internacionales y a distorsionar el papel de la diplomacia, de modo que el antiguo tipo de diplomacia empezó a desaparecer. En lugar de una discusión entre caballeros para encontrar una solución viable, la diplomacia se convirtió en un esfuerzo por mostrar al adversario lo fuerte que era cada uno a fin de disuadir al otro de que se aprovechara de sus evidentes debilidades. La antigua definición de Metternich, según la cual «un diplomático era un hombre que nunca se permitía el placer de un triunfo», se perdió por completo, aunque no fue hasta después de 1930 cuando la diplomacia se convirtió en la práctica de pulir las propias armas en presencia del enemigo.

El ambiente de desesperación entre los políticos sirvió para agudizar las crisis internacionales en el período posterior a 1904. Esta desesperación procedía de la mayoría de los factores que ya hemos comentado, especialmente la presión del ejército de masas y la presión del electorado lector de periódicos, pero se intensificó por una serie de otras influencias. Entre ellas, la creencia de que la guerra era inevitable. Cuando un político importante, como por ejemplo Poincaré, decide que la guerra es inevitable, actúa como si lo fuera y esto la hace inevitable. Otro tipo de desesperación estrechamente relacionada con ésta es el sentimiento de que la guerra ahora es preferible a la guerra después, ya que el tiempo está del lado del enemigo. Los franceses, soñando con la recuperación de Alsacia y Lorena, observaron el creciente poder y el aumento de población de Alemania y consideraron que la guerra sería mejor en 1914 que más tarde. Los alemanes, que soñaban con «un lugar bajo el sol» o temían un «cerco de la entente», observaron el programa de rearme ruso y decidieron que tendrían más esperanzas de victoria en 1914 que en 1917, cuando ese programa de rearme estuviera terminado. Austria, como estado dinástico, tenía su propia clase de desesperación basada en la creencia de que, de todas formas, la agitación nacionalista de los eslavos la condenaba si no hacía nada y que sería mejor morir luchando que desintegrarse en paz.

Por último, la influencia del imperialismo sirvió para que las crisis de 1905 a 1914 fueran más agudas que las de un período anterior. Este es un tema que ha dado lugar a muchas controversias desde 1914 y que, en su forma más cruda, se ha presentado como la teoría de que la guerra era el resultado de las maquinaciones de los «banqueros internacionales» o de los comerciantes internacionales de armamento, o era un resultado inevitable del hecho de que el sistema económico capitalista europeo había alcanzado la madurez. Todas estas teorías serán examinadas en otro lugar donde se demostrará que, en el peor de los casos, son falsas o en el mejor, incompletas. Sin embargo, hay un hecho que parece indiscutible. Se trata de que, en el período anterior a 1914, la competencia económica internacional requería un apoyo político cada vez mayor. Los mineros de oro y diamantes británicos en Sudáfrica, los constructores de ferrocarriles alemanes en Oriente Próximo, los mineros de estaño franceses en el suroeste del Pacífico, los buscadores de petróleo estadounidenses en México, los buscadores de petróleo británicos en Oriente Próximo, incluso los comerciantes de carne de cerdo serbios en los dominios de los Habsburgo, buscaban y esperaban obtener el apoyo político de sus gobiernos de origen. Es posible que las cosas siempre hayan sido así, pero antes de 1914 el número de estos empresarios extranjeros era mayor que nunca, sus demandas más urgentes, sus propios políticos más atentos, obteniendo como resultado la exasperación de las relaciones internacionales.

En un ambiente como éste, Viena recibió la noticia del asesinato del heredero del trono de los Habsburgo el 28 de junio de 1914. Los austriacos estaban convencidos de la complicidad del gobierno serbio, aunque no tenían pruebas reales. Ahora sabemos que los altos funcionarios del gobierno serbio conocían el complot e hicieron poco por evitarlo. Esta falta de actividad no se debió al hecho de que Francisco Fernando fuera poco amigo de los eslavos dentro del Imperio de los Habsburgo, sino, por el contrario, a que estaba asociado a planes para apaciguar a estos eslavos mediante concesiones hacia la autonomía política dentro de los dominios de los Habsburgo e incluso había considerado un proyecto para cambiar la Monarquía Dual de Austria y Hungría en una Triple Monarquía Austriaca, Húngara y Eslava. Este proyecto era temido por los serbios porque, al impedir la desintegración de Austria-Hungría, obligaría a posponer sus sueños de convertir a Serbia en la «Prusia de los Balcanes». El proyecto también fue visto con desagrado por los húngaros, que no deseaban la degradación asociada al cambio de ser uno de dos, a ser uno de tres gobernantes conjuntos. Dentro del gabinete de los Habsburgo había muchas dudas sobre qué medidas tomar con respecto a Serbia. Los húngaros se mostraban reacios a entrar en guerra por temor a que una victoria pudiera conducir a la anexión de más territorios serbios, acentuando así el problema eslavo dentro del imperio y haciendo más probable el establecimiento de una triple Monarquía. En última instancia, les tranquilizó la promesa de que no se anexionarían más territorios eslavos y que la propia Serbia, tras su derrota, se vería obligada a dejar de fomentar la agitación nacionalista eslava dentro del imperio y podría, en caso necesario, ser debilitada mediante la transferencia de parte de su territorio a Bulgaria. Sobre esta base irresponsable, Austria, habiendo recibido una promesa de apoyo de Alemania, envió un ultimátum de cuarenta y ocho horas a Belgrado. Este documento, entregado el 23 de julio, era de gran alcance. Obligaba a Serbia a suprimir las publicaciones, sociedades y enseñanzas anti-Habsburgo; a destituir de los cargos oficiales serbios a personas que serían nombradas posteriormente por Austria; a permitir que los funcionarios Habsburgo cooperaran con los serbios dentro de Serbia en la detención y el juicio de los implicados en el complot de Sarajevo; y a ofrecer explicaciones sobre diversas declaraciones anti-austriacas de funcionarios serbios.

Serbia, confiada en el apoyo ruso, contestó con una respuesta en parte favorable, en parte evasiva y, al menos en un aspecto (el uso de jueces austriacos en los tribunales serbios), negativa. Serbia se movilizó antes de dar su respuesta; Austria se movilizó contra ella tan pronto como la recibió y, el 28 de julio, declaró la guerra. El zar ruso, bajo una fuerte presión de sus generales, emitió, retractó, modificó y volvió a emitir una orden de movilización general. Dado que el calendario militar alemán para una guerra en dos frentes establecía que Francia debía ser derrotada antes de que se completara la movilización rusa, tanto Francia como Alemania ordenaron la movilización el 1 de agosto y Alemania declaró la guerra a Rusia. Cuando los ejércitos alemanes empezaron a dirigirse hacia el oeste, Alemania declaró la guerra a Francia (3 de agosto) y a Bélgica (4 de agosto). Gran Bretaña no podía permitir que Francia fuera derrotada, además estaba moralmente enredada por las conversaciones militares de 1906 a1914 y por el acuerdo naval de 1912. Además, el desafío alemán en alta mar, en las actividades comerciales en todo el mundo y en las actividades coloniales en África, no podía quedar sin respuesta. El 4 de agosto Gran Bretaña declaró la guerra a Alemania, haciendo hincapié en la iniquidad de su ataque a Bélgica, aunque en la reunión del gabinete del 28 de julio se había acordado que dicho ataque no obligaría legalmente a Gran Bretaña a entrar en guerra. Aunque esta cuestión se extendió entre el pueblo y se produjeron interminables discusiones sobre la obligación de Gran Bretaña de defender la neutralidad belga en virtud del Tratado de 1839, los que tomaron la decisión vieron claramente que la verdadera razón de la guerra era que Gran Bretaña no podía permitir que Alemania derrotara a Francia.

Historia militar, 1914–1918

Para el estudiante de historia en general, la historia militar de la Primera Guerra Mundial no es simplemente la narración del avance de los ejércitos, las luchas de los hombres, sus muertes, triunfos o derrotas. Más bien presenta una extraordinaria discrepancia entre los hechos de la guerra moderna y las ideas sobre tácticas militares que dominaban las mentes de los hombres, especialmente las de los militares. Esta discrepancia existió durante muchos años antes de la guerra y solo empezó a desaparecer en el transcurso de 1918. Como consecuencia de su existencia, en los tres primeros años de la guerra se produjeron las mayores bajas militares de la historia de la humanidad. Estas se produjeron como resultado de los esfuerzos de los militares por hacer cosas que eran totalmente imposibles de hacer.

Las victorias alemanas de 1866 y 1870 fueron el resultado de un estudio teórico, principalmente por parte del estado mayor y de un exhaustivo y detallado entrenamiento resultante de dicho estudio. No se basaron en la experiencia, ya que el ejército de 1866 no había tenido experiencia de combate real durante dos generaciones, y estaba comandado por un líder, Helmuth von Moltke, que nunca había dirigido una unidad tan grande como una compañía. La gran aportación de Moltke consistió en que, utilizando el ferrocarril y el telégrafo, pudo fusionar la movilización y el ataque en una sola operación, de modo que la concentración final de sus fuerzas tuvo lugar en el país enemigo, prácticamente en el propio campo de batalla, justo antes de que se produjera el contacto con las principales fuerzas enemigas.

Esta aportación de Moltke fue aceptada y ampliada por el conde Von Schlieffen, jefe del Gran Estado Mayor desde 1891 hasta 1905. Schlieffen consideraba esencial abrumar al enemigo en una gran embestida inicial. Supuso que Alemania se vería superada en número y asfixiada económicamente en cualquier combate de larga duración y trató de evitarlo mediante una guerra relámpago de carácter exclusivamente ofensivo. Supuso que la próxima sería una guerra de dos frentes, contra Francia y Rusia simultáneamente, y que la primera tendría que ser derrotada antes de que la segunda estuviera completamente movilizada. Por encima de todo, estaba decidido a preservar la estructura social existente en Alemania, especialmente la superioridad de la clase *Junker*; en consecuencia, rechazaba o bien un enorme ejército de masas, en el que el control *Junker* del cuerpo de oficiales se perdería por simple falta de efectivos, o bien una guerra de recursos y desgaste de larga duración que requeriría una economía alemana reorganizada.

El énfasis alemán en el ataque fue compartido por el mando del ejército francés, pero de una manera mucho más extrema e incluso mística. Bajo la influencia de Ardant Du Picq y Ferdinand Foch, el estado mayor francés llegó a creer que la victoria dependía únicamente del ataque y que el éxito de cualquier ataque dependía de la moral y no de ningún factor físico. Du Picq llegó a insistir en que la victoria no dependía en absoluto del ataque físico ni de las bajas porque el primero nunca se produce y el segundo solo se produce durante la huida después de la derrota. Según él, la victoria era una cuestión de moral y se posiciona automáticamente del bando con la moral más alta. Los bandos cargan el uno contra el otro; nunca hay choque de ataque porque uno de los bandos se rompe y huye antes del impacto; esta ruptura no es el resultado de las bajas porque la huida se produce antes de que se sufran las bajas y siempre comienza en las filas de retaguardia, donde no se podrían sufrir dichas bajas; las bajas se sufren en la huida y la persecución después de la ruptura. De este modo, todo el problema de la guerra se resuelve en la cuestión de cómo levantar la moral del propio ejército hasta el punto de que esté dispuesto a lanzarse de cabeza sobre el enemigo. Los problemas técnicos de equipamiento o de maniobras tienen poca importancia.

Estas ideas de Du Picq fueron aceptadas por un grupo influyente en el ejército francés como la única explicación posible de la derrota francesa en 1870.

Este grupo, dirigido por Foch, propagó por todo el ejército la doctrina de la moral y la *ofensiva a ultranza*. Foch se convirtió en profesor de la Escuela Superior de Guerra en 1894 y su enseñanza podía resumirse en las cuatro palabras: «Ataquez! Attaquez! Toujours, attaquez!», (¡Ataquen! ¡Ataquen! ¡Ataquen siempre!).

Este énfasis en *la ofensiva a ultranza* por parte de ambos bandos condujo a una concentración de la atención en tres factores que estaban obsoletos en 1914. Estos tres eran (a) la caballería, (b) la bayoneta y (c) el asalto frontal de la infantería. Estos factores estaban obsoletos en 1914 como resultado de tres innovaciones técnicas: (a) los cañones de tiro rápido, especialmente las ametralladoras; (b) las marañas de alambre de púas y (c) la guerra de trincheras. Los dirigentes militares ortodoxos no prestaron, en general, ninguna atención a las tres innovaciones y concentraron toda su atención en los tres factores obsoletos. Foch, a partir de sus estudios sobre la guerra ruso-japonesa, decidió que las ametralladoras y el alambre de púas no tenían importancia e ignoró por completo el papel de las trincheras. Aunque la caballería estaba obsoleta para el asalto en la época de la Guerra de Crimea (un hecho indicado en «La carga de la brigada ligera» de Tennyson), y aunque se demostró claramente que esto era así en la Guerra Civil estadounidense (un hecho reconocido explícitamente en *The Army and Navy Journal* del 31 de octubre de 1868), la caballería y los oficiales de caballería siguieron dominando los ejércitos y los preparativos militares. Durante la Guerra de 1914 a 1918 muchos oficiales al mando, como John French, Douglas Haig y John J. Pershing, eran oficiales de caballería y conservaban la mentalidad de tales oficiales. Haig, en su testimonio ante la Comisión Real sobre la Guerra de Sudáfrica (1903), declaró: «La caballería tendrá una mayor esfera de acción en futuras guerras». Pershing insistió en la necesidad de mantener un gran número de caballos detrás de las líneas, a la espera de la «ruptura» que debía obtenerse mediante la carga de bayonetas. En todos los ejércitos, el transporte era uno de los puntos más débiles, sin embargo, el alimento para los caballos era el mayor artículo transportado, siendo mayor que las municiones u otros suministros. A pesar de que el transporte a través del Atlántico fue críticamente corto durante toda la guerra, un tercio de todo el espacio de embarque se destinó a la alimentación de los caballos. El tiempo para entrenar a los reclutas también era un cuello de botella crítico, pero la mayoría de los ejércitos dedicaban más tiempo a la práctica de la bayoneta que a cualquier otra cosa. Sin embargo, las bajas infligidas al enemigo por la bayoneta fueron tan escasas que apenas aparecen en las estadísticas que tratan el tema.

La creencia de los militares de que un asalto realizado con una moral alta podía atravesar alambradas, ametralladoras y trincheras era aún más irreal por su insistencia en que dicha unidad ofensiva mantuviera un frente recto. Esto significaba que no se le permitiría avanzar en una zona débil, sino que debía contenerse hasta que fuera fácil avanzar para romper los puntos fuertes defensivos, de modo que todo el frente pudiera proceder aproximadamente al mismo ritmo. Esto se hizo, explicaron, para evitar los flancos expuestos y el fuego cruzado del enemigo sobre los salientes avanzados.

Hubo cierta oposición a estas teorías irreales, especialmente en el ejército alemán, y hubo civiles importantes en todos los países que se enfrentaron a sus propios líderes militares en estas cuestiones. Hay que mencionar aquí a Clemenceau en Francia y, sobre todo, a lord Esher y a los miembros del Comité de Defensa Imperial en Inglaterra.

Al estallar la guerra en agosto de 1914, ambos bandos comenzaron a poner en práctica sus complicados planes estratégicos elaborados mucho antes. En el lado alemán, este plan, conocido como Plan Schlieffen, fue elaborado en 1905 y modificado por el joven Helmuth von Moltke (sobrino del Moltke de 1870) después de 1906. En el lado francés el plan se conocía como Plan XVII, y fue elaborado por Joffre en 1912.

El Plan Schlieffen original proponía contener a los rusos, lo mejor posible, con 10 divisiones y enfrentarse a Francia con un ala izquierda estacionaria de ocho divisiones, una gran ala derecha giratoria y un centro de 53 divisiones que atravesaran Holanda y Bélgica y descendieran sobre el flanco y la retaguardia de los ejércitos franceses pasando al oeste de París. Moltke modificó esto añadiendo dos divisiones al ala derecha (una del frente ruso y otra nueva) y ocho nuevas divisiones a la izquierda. También recortó el paso a través de Holanda, haciendo necesario que su ala derecha pasara por la brecha de Lieja, entre el apéndice de Maastricht de Holanda y el terreno boscoso de las Ardenas.

El Plan XVII francés proponía detener un anticipado ataque alemán al este de Francia desde Lorena mediante un asalto de dos ejércitos franceses ampliados a su centro, conduciendo así victoriosamente al sur de Alemania, cuyos pueblos católicos y separatistas no se esperaba que se unieran con mucho entusiasmo a la causa protestante y centralista de un Imperio alemán prusianizado. Mientras esto ocurría, una fuerza de 800 000 rusos iba a invadir Prusia Oriental y 150 000 británicos iban a reforzar el ala izquierda francesa cerca de Bélgica.

La ejecución de estos planes no cumplió del todo las expectativas de sus partidarios. Los franceses movieron 3 781 000 hombres en 7000 trenes en 16 días (del 2 al 18 de agosto), iniciando su ataque a Lorena el 29 de agosto, día 14. El 20 de agosto estaban destrozados y el 25 de agosto, tras 11 días de combate, habían sufrido 300 000 bajas. Esto suponía casi el 25 % del número de hombres alistados y representaba el desgaste más rápido de la guerra.

Mientras tanto, los alemanes transportaron en 7 días (del 6 al 12 de agosto) 1 500 000 hombres a través del Rin a razón de 550 trenes diarios. Estos hombres formaron 70 divisiones divididas en siete ejércitos y formando un vasto arco de noroeste a sureste. Dentro de este arco había 49 divisiones francesas organizadas en cinco ejércitos y la Fuerza Expedicionaria Británica (B.E.F.) de cuatro divisiones. La relación de estas fuerzas, los generales al mando de los respectivos ejércitos y su fuerza relativa pueden verse en la siguiente lista:

Fuerzas de la Entente (de norte a sur)		
Ejército	Comandante	Divisiones
B. E. F.	Sir John French	4
V	Lanrezac	10
IV	De Langle de Cary	20
III	E. Ruffey	
II	Castelnau	19
I	Dubail	

Fuerzas alemanas (de norte a sur)		
Divisiones	Ejército	Comandante
34	I	Von Kluck
	II	Von Bulow
	III	Von Hausen
21	IV	Príncipe Albrecht de Wurttemberg
	V	El príncipe heredero Federico
15	VI	Príncipe Rupprecht de Baviera
	VII	Von Heeringe

El ala derecha alemana pasó por Lieja, sin reducir esa gran fortaleza, en la noche del 5 al 6 de agosto bajo las instrucciones del general Erich Ludendorff, del Estado Mayor. El ejército belga, en lugar de retirarse hacia el suroeste ante la oleada alemana, se desplazó hacia el noroeste para cubrir Amberes. Esto los puso en última instancia en la retaguardia de las fuerzas alemanas que avanzaban. Estas fuerzas desplegaron ocho divisiones y media para reducir los fuertes belgas y siete divisiones para cubrir la fuerza belga antes de Amberes. Esto redujo la fuerza del ala derecha alemana, que estaba cada vez más agotada por la rapidez de su propio avance. Cuando el plan alemán quedó claro el 18 de agosto, Joffre formó un nuevo sexto ejército, en gran parte con tropas de guarnición, bajo el mando de Michel-Joseph Maunoury, pero realmente comandado por Joseph Gallieni, gobernador ministerial de París. El 22 de agosto toda la línea francesa al oeste de Verdún se batía en retirada. Tres días más tarde, Moltke, creyendo que la victoria estaba asegurada, envió a Rusia dos cuerpos del segundo y del tercer ejército. Estos llegaron al frente oriental solo después de que el avance ruso en Prusia hubiera sido aplastado en

Tannenberg y en los alrededores de los lagos de Masuria (26 de agosto – 8 de septiembre). Mientras tanto, al oeste, el proyecto de Schlieffen avanzaba hacia el fiasco. Cuando Lanrezac frenó el avance de Billow el 28 de agosto, Kluck, que ya iba un día por delante de Billow, trató de cerrar la brecha entre ambos girando hacia el sureste. De este modo, su línea de avance se situó al este de París, en lugar del este de la ciudad, como estaba previsto inicialmente. Gallieni, trayendo el sexto ejército desde París en los vehículos que pudo decomisar, lo lanzó contra el flanco derecho expuesto de Kluck. Kluck giró de nuevo para enfrentarse a Gallieni, moviéndose hacia el noroeste en una brillante maniobra para envolverlo dentro del arco alemán antes de reanudar su avance hacia el sureste. Esta operación fue acompañada de un éxito considerable, salvo que abrió una brecha de unos 50 km. de ancho entre Kluck y Bulow. Frente a esta brecha se encontraba la B.E.F., que se retiraba hacia el sur a una velocidad aún mayor que la de los franceses. El 5 de septiembre la retirada francesa se detuvo; al día siguiente iniciaron un contraataque general, ordenado por Joffre ante la insistencia de Gallieni. Así comenzó la Primera Batalla del Marne.

Kluck estaba obteniendo un éxito considerable sobre el sexto ejército francés, aunque Billow estaba siendo golpeado por Lanrezac, cuando el B.E.F. comenzó a moverse en la brecha entre el primer y el segundo ejército alemán (8 de septiembre). Un oficial del Estado Mayor alemán, el teniente coronel Hentsch, ordenó que toda la derecha alemana retrocediera hasta el río Aisne, donde se formó un frente el 13 de septiembre con la llegada de algunas de las fuerzas alemanas que habían estado atacando los fuertes belgas. Los alemanes estaban dispuestos a retroceder hasta el Aisne porque creían que el avance podría reanudarse cuando lo desearan. En los meses siguientes, los alemanes intentaron reanudar su avance y los franceses intentaron desalojar a los alemanes de sus posiciones. Ninguno de los dos fue capaz de avanzar frente a la potencia de fuego del otro. Una sucesión de esfuerzos inútiles para flanquear las posiciones del otro solo consiguió llevar los extremos del frente hasta el Canal de la Mancha en un extremo y hasta Suiza en el otro. A pesar de los millones de bajas, esta línea que va desde el mar hasta las montañas a través de Francia, permaneció casi sin cambios durante más de tres años.

Durante estos terribles años, el sueño de los militares era romper la línea enemiga mediante el asalto de la infantería, para luego arrollar sus flancos y desbaratar sus comunicaciones de retaguardia lanzando la caballería y otras reservas a través de la brecha. Esto nunca se logró. El esfuerzo por conseguirlo llevó a un experimento tras otro. Por orden, fueron estos: (1) asalto con bayoneta, (2) bombardeo preliminar de artillería, (3) uso de gas venenoso, (4) uso del tanque, (5) uso de la infiltración. Las cuatro últimas innovaciones fueron ideadas alternativamente por los aliados y por las Potencias Centrales.

El asalto con bayonetas fue un fracaso a finales de 1914, se limitaba a crear montañas de muertos y heridos sin ningún avance real, aunque algunos oficiales seguían creyendo que un asalto tendría éxito si la moral de los atacantes podía ser lo suficientemente alta como para superar el fuego de las ametralladoras.

El bombardeo de artillería, como paso previo necesario al asalto de la infantería, que se utilizó casi desde el principio, fue ineficaz. Al principio, ningún ejército tenía la cantidad necesaria de municiones. Algunos ejércitos insistieron en pedir metralla en lugar de proyectiles de alto poder explosivo para dichos bombardeos. Esto dio lugar a una violenta controversia entre Lloyd George y los generales, ya que el primero trató de persuadir al segundo de que la metralla no era eficaz contra las fuerzas defensivas en las trincheras de tierra. Con el tiempo debería haber quedado claro que los bombardeos con explosivos tampoco eran eficaces, aunque se utilizaron en enormes cantidades. Fracasaron porque: (1) las fortificaciones de tierra y hormigón proporcionaban suficiente protección a las fuerzas defensivas para permitirles utilizar su propia potencia de fuego contra el asalto de la infantería que seguía a la andanada; (2) una andanada notificaba a la defensa dónde esperar el siguiente asalto de la infantería, de modo que se podían traer reservas para reforzar esa posición; y (3) la doctrina del frente continuo hacía imposible penetrar en las posiciones enemigas en un frente lo suficientemente amplio como para abrirse paso. Sin embargo, los esfuerzos por hacerlo se tradujeron en enormes bajas. En Verdún, en 1916, los franceses perdieron 350 000 soldados y los alemanes 300 000. En el frente oriental, el general ruso Aleksei Brusilov perdió un millón de hombres en un ataque indeciso a través de Galitzia (de junio a agosto de 1916). Ese mismo año, en el Somme, los británicos perdieron 410 000 hombres, los franceses 190 000 y los alemanes 450 000, con un avance máximo de 11 km. en un frente de unos 40 km. de ancho (de julio a noviembre de 1916). Al año siguiente, la matanza continuó. En Chemin des Dames, en abril de 1917, los franceses, bajo un nuevo comandante, Robert Nivelle, dispararon 11 millones de proyectiles en un bombardeo de 10 días en un frente de 48 km. El ataque fracasó, sufriendo pérdidas de 118 000 hombres en un breve período. Muchos cuerpos se amotinaron y un gran número de combatientes fueron fusilados para imponer la disciplina. También fueron ejecutados 23 líderes civiles. Nivelle fue sustituido por Petain. Poco después, en Passchendaele (Tercera Batalla de Ypres), Haig utilizó una descarga de 4 250 000 millones de proyectiles, casi 5 toneladas por cada metro de un frente de casi 18 km, pero perdió 400 000 hombres en el asalto posterior (agosto-noviembre de 1917).

El fracaso del bombardeo hizo necesario idear nuevos métodos, pero los militares eran reacios a probar cualquier innovación. En abril de 1915, los alemanes se vieron obligados por la presión civil a utilizar gas venenoso, como había sugerido el famoso químico Fritz Haber. En consecuencia, sin ningún esfuerzo por ocultarlo y sin planes para explotar un avance si se producía, enviaron una oleada de gas cloro al lugar donde se unían las líneas francesas y británicas. La unión fue eliminada y se abrió una gran brecha en la línea. Aunque no se cerró durante cinco semanas, los alemanes no hicieron nada para utilizarla. El primer uso del gas por parte de las potencias occidentales (los británicos) en septiembre de 1915 no tuvo más éxito que en esta ocasión. En la terrible batalla de Passchendaele, en julio de 1917, los alemanes introdujeron el gas mostaza, un arma que fue copiada por los británicos en julio de 1918. Este fue el gas más eficaz utilizado en la guerra, pero sirvió para reforzar la línea defensiva más que la ofensiva y fue especialmente valioso para los alemanes en su retirada en otoño de 1918, sirviendo para frenar la persecución y dificultando cualquier golpe realmente decisivo contra ellos.

El tanque como arma ofensiva concebida para superar la fuerza defensiva del fuego de las ametralladoras fue inventado por Ernest Swinton en 1915. Solo sus contactos personales con los miembros del Comité de Defensa Imperial consiguieron que, en cierta forma, su idea se llevara a cabo. Los generales no aceptaron la sugerencia. Cuando la resistencia continuada resultó imposible, la nueva arma se utilizó de forma incorrecta, se cancelaron más pedidos de la misma y todos los militares partidarios de dicha nueva arma fueron destituidos de sus puestos de responsabilidad y sustituidos por hombres que desconfiaban o al menos ignoraban los tanques. Swinton envió instrucciones detalladas al cuartel general, insistiendo en que debían utilizarse por primera vez en gran número, en un asalto por sorpresa, sin ninguna descarga de artillería previa y con el apoyo cercano de las reservas de infantería. En cambio, se utilizaron de forma bastante incorrecta. Mientras Swinton seguía entrenando a las tripulaciones de los primeros 150 tanques, 50 fueron llevados a Francia, el comandante que había sido entrenado en su uso fue reemplazado por un hombre inexperto y apenas 18 fueron enviados contra los alemanes. Esto ocurrió el 15 de septiembre de 1916, en las últimas etapas de la batalla del Somme. Desde el cuartel general se envió un informe desfavorable sobre su rendimiento a la Oficina de Guerra en Londres y, como resultado, se canceló una orden de fabricación de mil tanques más sin el conocimiento del gabinete. Esto fue anulado únicamente por órdenes directas de Lloyd George. Solo el 20 de noviembre de 1917 se utilizaron los tanques tal y como había ordenado Swinton. Ese día, 381 tanques apoyados por seis divisiones de infantería atacaron la Línea Hindenburg antes de Cambrai e irrumpieron en campo abierto. Estas fuerzas se agotaron al ganar ocho kilómetros y se detuvieron. La brecha en la línea alemana no fue aprovechada, ya que las únicas reservas disponibles eran dos divisiones de caballería que resultaron ineficaces. Así, se perdió la oportunidad. Solo en 1918 se utilizaron ataques masivos de tanques con algún éxito y de la forma indicada por Swinton.

1917 no fue un buen año. Los franceses y los británicos sufrieron sus grandes desastres en Chemin des Dames y Passchendaele. Rumanía entró en la guerra y fue invadida casi por completo, siendo Bucarest capturada el 5 de diciembre. Rusia sufrió una doble revolución y se vio obligada a rendirse ante Alemania. El frente italiano fue completamente destrozado por un ataque sorpresa en Caporetto y solo por un milagro se restableció a lo largo del Piave (octubre-diciembre de 1917). Los únicos puntos brillantes del año fueron las conquistas británicas de Palestina y Mesopotamia y la entrada en la guerra de los Estados Unidos, pero la primera no fue importante y la segunda fue una promesa para el futuro más que una ayuda para 1917.

Quizás, quien revela más claramente el carácter irreal del pensamiento de la mayoría de los altos líderes militares de la Primera Guerra Mundial es el comandante en jefe británico, el Mariscal de Campo sir (más tarde Conde) Douglas Haig, descendiente de una familia de destiladores escoceses. En junio de 1917, a pesar de la decisión tomada el 4 de mayo por la Conferencia Interaliada en París en contra de cualquier ofensiva británica y, en un momento en el que Rusia y Serbia habían sido eliminadas de la guerra, la moral militar francesa estaba destrozada tras el fiasco de la ofensiva de Nivelle, y la ayuda norteamericana que tardaría casi un año en llegar, Haig decidió llevar a cabo una gran ofensiva contra los alemanes para ganar la guerra. Ignoró toda la información desalentadora de sus servicios de inteligencia, borró del registro las cifras conocidas sobre las reservas alemanas y engañó al gabinete, tanto respecto a la situación como a sus propios planes. A lo largo de la discusión, los líderes políticos civiles, que fueron casi universalmente despreciados como aficionados ignorantes por los militares, se mostraron más correctos en sus juicios y expectativas. Haig obtuvo el permiso para su ofensiva de Passchendaele solo porque el general (más tarde mariscal de campo y baronet) William Robertson, jefe del estado mayor imperial, encubrió las falsificaciones de Haig sobre las reservas alemanas y porque el almirante John Jellicoe dijo al gabinete que, a menos que Haig pudiera capturar las bases submarinas en la costa belga (un objetivo totalmente imposible), consideraba «improbable que pudiéramos seguir con la guerra el próximo año por falta de barcos». Sobre esta base, Haig consiguió la aprobación de una ofensiva «paso a paso» «que no implicara grandes pérdidas». Era tan optimista que dijo a sus generales que «es probable que se ofrezcan oportunidades para el empleo de la caballería en masa». La ofensiva, iniciada el 31 de julio, se convirtió en la lucha más horrible de la guerra, librada semana tras semana en un mar de barro, con bajas que ascendían a 400 000 hombres al cabo de tres meses. En octubre, cuando la situación era desesperada desde hacía semanas, Haig seguía insistiendo en que los alemanes estaban al borde del colapso, que sus bajas duplicaban a las de los británicos (eran bastante menos que estos), y que el desmoronamiento de los alemanes y la oportunidad de que los tanques y la caballería se abalanzaran sobre ellos podría llegar en cualquier momento.

Una de las principales razones del fracaso de estas ofensivas fue la doctrina del frente continuo, que llevó a los comandantes a retener sus ofensivas donde la resistencia era débil y a lanzar sus reservas contra los puntos fuertes del enemigo. Esta doctrina fue completamente invertida por Ludendorff en la primavera de 1918 en una nueva táctica conocida como «infiltración». Con este método, el avance debía realizarse alrededor de los puntos fuertes penetrando lo más rápidamente posible y con la máxima fuerza a través de la resistencia débil, dejando los centros de resistencia fuerte rodeados y aislados para una atención posterior. Aunque Ludendorff no llevó a cabo este plan con la suficiente convicción como para alcanzar un éxito total, consiguió resultados sorprendentes. Las grandes pérdidas sufridas por británicos y franceses en 1917, sumadas al aumento de la fuerza alemana por las fuerzas llegadas de los extintos frentes ruso y rumano, hicieron posible que Ludendorff diera una serie de mazazos a lo largo del Frente Occidental entre Douai y Verdún en marzo y abril de 1918. Finalmente, el 27 de mayo, tras un breve pero abrumador bombardeo, la avalancha alemana irrumpió en el Chemin des Dames, atravesó el Aisne y avanzó implacablemente hacia París. El 30 de mayo estaba en el Marne, a unos 60 km. de la capital. Allí, en la Segunda Batalla del Marne, se reprodujeron los acontecimientos de septiembre de 1914. El 4 de junio, el avance alemán fue detenido temporalmente por la segunda división estadounidense en Chateau-Thierry. En las seis semanas siguientes, se produjeron una serie de contraataques ayudados por nueve divisiones americanas en el flanco norte de la penetración alemana. Los alemanes retrocedieron detrás del río Vesle, militarmente intactos, pero tan asolados por la gripe que muchas compañías solo contaban con 30 hombres. El príncipe heredero exigió que se pusiera fin a la guerra. Antes de que esto pudiera hacerse, el 8 de agosto de 1918 («el día negro del ejército alemán», como lo llamó Ludendorff) los británicos rompieron la línea alemana en Amiens mediante un asalto repentino con 456 tanques apoyados por 13 divisiones de infantería y tres de caballería. Cuando los alemanes se apresuraron a enviar 18 divisiones de reserva para apoyar a las seis que fueron atacadas, las potencias aliadas repitieron su asalto en Saint-Quentin (31 de agosto) y en Flandes (2 de septiembre). Un consejo de la corona alemana, reunido en Spa, decidió que la victoria ya no era posible, pero ni el gobierno civil ni los jefes del ejército asumieron la responsabilidad de abrir negociaciones para la paz. La historia de estas negociaciones se examinará dentro de un momento, como la última de una larga serie de conversaciones diplomáticas que continuaron durante toda la guerra.

Al repasar la historia militar de la Primera Guerra Mundial, queda claro que toda la guerra fue una operación de asedio contra Alemania. Una vez que se detuvo la embestida original alemana en el Marne, la victoria para Alemania se hizo imposible porque esta no podía reanudar su avance. Por otra parte, las potencias de la Entente no pudieron expulsar a la punta de lanza alemana del suelo francés, aunque sacrificaron millones de hombres y miles de millones de dólares en el esfuerzo por hacerlo. Cualquier esfuerzo por irrumpir en Alemania desde algún otro frente se consideraba inútil y se veía dificultado por la continua presión alemana en Francia. En consecuencia, aunque se realizaron ataques esporádicos en el frente italiano, en las zonas árabes del Imperio otomano, en los Dardanelos directamente en 1915, contra Bulgaria a través de Salónica entre 1915 y1918, y a lo largo de todo el frente ruso, ambos bandos siguieron considerando el noreste de Francia como la zona vital y en esa zona, evidentemente, no se podía tomar ninguna decisión.

Para debilitar a Alemania, las potencias de la Entente iniciaron un bloqueo de las Potencias Centrales, controlando directamente el mar, a pesar del indeciso desafío naval alemán en Jutlandia en 1916, y limitando las importaciones de los países neutrales cercanos a Alemania, como los Países Bajos. Para resistir este bloqueo, Alemania utilizó un dispositivo de cuádruple acción. En el frente interno se hizo todo lo posible por controlar la vida económica para que todos los bienes se utilizaran de la manera más eficaz posible y para que los alimentos, el cuero y otros artículos de primera necesidad se distribuyeran equitativamente entre todos. El éxito de esta lucha en el frente interno se debió a la habilidad de dos judíos alemanes. Haber, el químico, ideó un método para extraer el nitrógeno del aire y así obtuvo un suministro adecuado del componente más necesario de todos los fertilizantes y todos los explosivos. Antes de 1914, la principal fuente de nitrógeno estaba en los depósitos de guano de Chile y, de no ser por Haber, el bloqueo británico habría obligado a una derrota alemana en 1915 por falta de nitratos. Walter Rathenau, director de la Compañía Eléctrica Alemana y de unas cinco docenas de empresas más, organizó el sistema económico alemán en una movilización que hizo posible que Alemania siguiera luchando con unos recursos que iban disminuyendo lentamente.

Desde el punto de vista militar, Alemania dio una triple respuesta al bloqueo británico. Intentó abrir el bloqueo derrotando a sus enemigos del sur y del este (Rusia, Rumanía e Italia). En 1917, este esfuerzo tuvo un gran éxito, pero ya era demasiado tarde. Simultáneamente, Alemania trató de deteriorar a sus enemigos occidentales mediante una política de desgaste en las trincheras y de obligar a Gran Bretaña a abandonar la guerra mediante un bloqueo submarino de represalia dirigido a la navegación británica. El ataque submarino, como nuevo método de guerra naval, se aplicó con vacilación e ineficacia hasta 1917. Más tarde, se aplicó con una eficacia tan despiadada que en el mes de abril de 1917 se hundió casi un millón de toneladas de barcos y Gran Bretaña se vio abocada a agotar su suministro de alimentos en tres semanas. Este peligro de una derrota británica, revestido con el ropaje propagandístico de la indignación moral ante la iniquidad de los ataques submarinos, hizo que los Estados Unidos entraran en la guerra del lado de la Entente en ese crítico mes de abril de 1917. Mientras tanto, la política alemana de desgaste militar en el Frente Occidental funcionó correctamente hasta 1918. En enero de ese año, Alemania había perdido la mitad de hombres de su cupo de reemplazo y la mitad del número de pérdidas que estaba infligiendo a las potencias de la Entente. Así, el período entre 1914 y 1918 fue una carrera entre el desgaste económico de Alemania por el bloqueo y el desgaste personal de la Entente por la acción militar. Esta carrera nunca se resolvió por sus propios méritos porque en 1917 entraron en escena tres nuevos factores. Estos fueron: el contra-bloqueo alemán por parte de los submarinos a Gran Bretaña, el aumento de la mano de obra alemana en el Oeste como resultado de su victoria en el Este y la llegada al Frente Occidental de nuevas fuerzas americanas. Los dos primeros factores se vieron contrarrestados por el tercero en el período comprendido entre marzo y septiembre de 1918. En agosto de 1918, Alemania había dado lo mejor de sí misma y no había sido suficiente. El bloqueo y la creciente marea de mano de obra estadounidense dieron a los líderes alemanes la opción de o rendirse o sumirse en una completa agitación económica y social. Todos, sin excepción, liderados por los comandantes militares Junker, eligieron rendirse.

Historia diplomática, 1914–1918

El inicio de la acción militar en agosto de 1914 no marcó el fin de la acción diplomática, ni siquiera entre los principales oponentes. La actividad diplomática continuó y estaba dirigida, en gran medida, hacia dos objetivos: (a) incorporar nuevos países a las actividades militares o, por el contrario, mantenerlos al margen y (b) intentar conseguir la paz mediante negociaciones. Estrechamente relacionadas con el primer objetivo estaban las negociaciones relativas a la disposición de los territorios enemigos tras el cese de los combates.

Detrás de todas las actividades diplomáticas del período entre 1914 y 1918 hubo un hecho que se impuso a los beligerantes con relativa lentitud. Se trataba del cambio de carácter de la guerra moderna. Con algunas excepciones, las guerras del siglo XVIII y principios del XIX habían sido luchas de recursos limitados por objetivos limitados. El crecimiento de la democracia política, el auge del nacionalismo y la industrialización de la guerra condujeron a la guerra total con una movilización absoluta y objetivos ilimitados. En el siglo XVIII, cuando los gobernantes estaban relativamente libres de influencias populares, podían librar guerras por objetivos limitados y negociar la paz sobre las bases de un compromiso cuando estos objetivos se alcanzaban o parecían inalcanzables. Utilizando un ejército mercenario que luchaba a cambio de una paga, podían poner a ese ejército en guerra o fuera de ella, según pareciera necesario, sin afectar vitalmente a su moral o a sus cualidades de combate. La llegada de la democracia y del ejército de masas exigía que el grueso de los ciudadanos apoyara de forma incondicional cualquier esfuerzo bélico y hacía imposible librar guerras por objetivos limitados. Ese apoyo popular solo podía ganarse en nombre de grandes objetivos morales o valores filosóficos universales o, como mínimo, para la supervivencia. Al mismo tiempo, la creciente industrialización y la integración económica de la sociedad moderna hacían imposible la movilización para la guerra, salvo en condiciones en las que la movilización era muy amplia, aproximándose a la movilización total. Esta movilización no podía dirigirse hacia objetivos limitados. De estos factores surgió la guerra total con una movilización absoluta y objetivos ilimitados, incluyendo la destrucción total o la rendición incondicional del enemigo. Habiendo adoptado objetivos tan grandiosos y planes tan gigantescos, se hizo casi imposible permitir la existencia continuada de no combatientes dentro de los países beligerantes o neutrales fuera de ellos. Se hizo casi axiomático que «quien no está conmigo está contra mí». Al mismo tiempo, se hizo casi imposible transigir lo suficiente para obtener los objetivos mucho más limitados que permitirían una paz negociada. Como dijo Charles Seymour «Cada bando se había prometido a sí mismo una paz de victoria. La propia frase *paz negociada* se convirtió en sinónimo de traición». Además, la base popular de la guerra moderna requería una moral alta que podía bajar fácilmente si se filtraba la noticia de que el Gobierno estaba negociando la paz en medio de la lucha. Como consecuencia de estas condiciones, los esfuerzos por negociar la paz durante la Primera Guerra Mundial fueron, en general, muy secretos y muy poco exitosos.

El cambio de guerras limitadas con objetivos limitados libradas con tropas mercenarias a guerras ilimitadas de desgaste económico con objetivos ilimitados libradas con ejércitos nacionales tuvo consecuencias de gran alcance. La distinción entre combatientes y no combatientes y entre beligerantes y neutrales se volvió borrosa y, en última instancia, indistinguible. El derecho internacional, que había crecido en el período de las guerras dinásticas limitadas, realizó muchas de estas distinciones. Los no combatientes gozaban de amplios derechos que pretendían proteger al máximo sus modos de vida durante los períodos de guerra; los neutrales tenían derechos similares. A cambio, sobre estos «extranjeros» recaían estrictas obligaciones de permanecer tanto en calidad de no combatientes como de neutrales. Todas estas distinciones se rompieron entre 1914 y 1915, con el resultado de que ambos bandos se entregaron a violaciones masivas del derecho internacional existente. Probablemente, en general, estas violaciones fueron más amplias (aunque menos publicitadas) por parte de la Entente que por parte de las Potencias Centrales. Las razones para ello eran que los alemanes todavía mantenían las antiguas tradiciones de un ejército profesional, y su posición, tanto como invasor como «potencia central» con mano de obra y recursos económicos limitados, hacía que les resultara ventajoso mantener las distinciones entre combatiente y no combatiente y entre beligerante y neutral. Si hubieran podido mantener la primera distinción, habrían tenido que luchar contra el ejército enemigo y no contra la población civil enemiga y, una vez derrotado el primero, habrían tenido poco que temer de la segunda, que podría haber sido controlada por un mínimo de tropas. Si hubieran podido mantener la distinción entre beligerante y neutral, habría sido imposible bloquear a Alemania, ya que los suministros básicos podrían haberse importado a través de países neutrales. Por esta razón, los planes originales de Schlieffen para un ataque a Francia a través de Holanda y Bélgica fueron cambiados por Moltke por un ataque solo a través de Bélgica. La Holanda neutral debía permanecer como canal de suministro de bienes civiles, lo que resultó posible porque el derecho internacional distinguía entre los bienes de guerra, que podían ser declarados de contrabando y los bienes civiles (incluidos los alimentos), que no podían ser declarados como tales. Además, los planes alemanes, como hemos indicado, preveían una guerra corta y decisiva contra las fuerzas armadas enemigas, no esperaban ni deseaban una movilización económica total ni tampoco una movilización militar total, ya que estas podrían perturbar la estructura social y política existente en Alemania. Por estas razones, Alemania no hizo planes para una movilización industrial o económica, para una guerra larga o para soportar un bloqueo, y esperaba movilizar una proporción menor de su mano de obra que sus enemigos inmediatos.

El fracaso del plan Schlieffen mostró el error de estas ideas: no solo la perspectiva de una guerra larga hacía necesaria la movilización económica, sino que la ocupación de Bélgica demostró que el sentimiento nacional tendía a tornar académica la distinción entre combatientes y no combatientes. Cuando los civiles belgas disparaban contra los soldados alemanes, estos capturaban rehenes civiles y tomaban represalias contra dicha población civil. La maquinaria propagandística británica difundió estas acciones alemanas por todo el mundo como «atrocidades» y violaciones del derecho internacional (que lo eran), mientras que los francotiradores civiles belgas fueron excusados como patriotas leales (aunque sus acciones eran aún más claramente violaciones del derecho internacional y, como tales, justificaban las severas reacciones alemanas). Estas «atrocidades» fueron utilizadas por los británicos para justificar sus propias violaciones del derecho internacional. Ya el 20 de agosto de 1914, trataban los alimentos como productos de contrabando e interferían en los envíos neutrales de alimentos a Europa. El 5 de noviembre de 1914, declararon todo el mar desde Escocia hasta Islandia como «zona de guerra», lo cubrieron con campos de minas flotantes explosivas y ordenaron a todos los barcos que se dirigían al Báltico, a Escandinavia o a los Países Bajos que pasaran por el Canal de la Mancha, donde fueron detenidos, registrados y confiscados gran parte de sus cargamentos, incluso cuando estos no podían ser declarados productos de contrabando según el derecho internacional vigente. En represalia, el 18 de febrero de 1915 los alemanes declararon el Canal de la Mancha como «zona de guerra», anunciaron que sus submarinos hundirían los barcos en esa zona y ordenaron que los barcos destinados a la zona del Báltico utilizaran la ruta al norte de Escocia. Estados Unidos, que rechazó una invitación escandinava para protestar contra la zona de guerra británica cerrada con minas al norte de Escocia, protestó violentamente contra la zona de guerra alemana cerrada con submarinos en los canales entre Gran Bretaña y el Continente y Gran Bretaña e Irlanda, aunque, como dijo un senador estadounidense, «la naturaleza humanitaria del submarino estaba ciertamente a un nivel más alto que la de la mina flotante, la cual no podía actuar ni con criterio ni con juicio».

Estados Unidos aceptó la «zona de guerra» británica e impidió que sus barcos la utilizaran. Por otro lado, se negó a aceptar la zona de guerra alemana e insistió en que las vidas y los bienes estadounidenses estaban bajo la protección de Estados Unidos incluso cuando viajaban en buques beligerantes armados en dicha zona de guerra. Además, Estados Unidos insistió en que los submarinos alemanes debían obedecer las leyes del mar establecidas para los buques de superficie. Estas leyes establecían que los buques mercantes podían ser detenidos, inspeccionados y hundidos por un buque de guerra si llevaban contrabando, después de dejar que los pasajeros y la documentación de los buques llegaran a un lugar seguro. Los barcos no eran un lugar seguro, salvo cuando avistaban tierra u otros buques en un mar en calma. El buque mercante detenido solo obtenía estos derechos si no realizaba ningún acto de hostilidad contra el buque de guerra enemigo. Para los submarinos alemanes no solo era difícil, o incluso imposible, cumplir estas condiciones, sino que a menudo era peligroso, ya que los buques mercantes británicos recibían instrucciones de atacar a los submarinos alemanes a la vista, embistiéndolos si era posible. Era incluso peligroso para los submarinos alemanes aplicar la ley establecida para los buques neutrales, ya que los buques británicos, con estas órdenes agresivas, a menudo enarbolaban banderas neutrales y se hacían pasar por tales mientras fuera posible. Sin embargo, Estados Unidos continuó insistiendo en que los alemanes obedecieran las antiguas leyes, al tiempo que consentía las violaciones británicas de las mismas hasta el punto de que la distinción entre buques de guerra y buques mercantes se difuminaba. En consecuencia, los submarinos alemanes empezaron a hundir buques mercantes británicos sin apenas avisar. Sus intentos de justificar esta falta de distinción entre combatientes y no combatientes con el argumento de que las minas flotantes británicas, el bloqueo alimentario británico y las instrucciones británicas a los buques mercantes de atacar a los submarinos no hacían tal distinción, no tuvieron más éxito que sus esfuerzos por demostrar que su severidad contra la población civil de Bélgica estaba justificada por los ataques civiles a las tropas alemanas. Estaban tratando de mantener las distinciones legales que quedaban de un período anterior, cuando las condiciones eran totalmente diferentes y su abandono final de estas distinciones sobre la base de que sus enemigos ya las habían abandonado, simplemente empeoró las cosas porque, si los neutrales se convertían en beligerantes y los no combatientes en combatientes, Alemania y sus aliados sufrirían mucho más que Gran Bretaña y los suyos. En el análisis final, esta es la razón por la que se destruyeron las distinciones; pero debajo de todas las cuestiones legales se encontraba el ominoso hecho de que la guerra, al convertirse en total, había hecho casi imposible tanto la neutralidad como la paz negociada. Ahora nos ocuparemos de esta lucha por la neutralidad y de la lucha por la paz negociada.

En cuanto a los compromisos legales o diplomáticos, en julio de 1914, Alemania tenía derecho a esperar que Austria-Hungría, Italia, Rumanía y quizás Turquía estuvieran a su lado y que sus oponentes fueran Serbia, Montenegro, Rusia y Francia, con Inglaterra manteniendo la neutralidad, al menos al principio. En cambio, Italia y Rumanía lucharon contra ella, una pérdida que no se vio compensada por la adhesión de Bulgaria a su bando. Además, encontró a sus oponentes reforzados por Inglaterra, Bélgica, Grecia, Estados Unidos, China, Japón, los árabes y otras veinte «potencias aliadas y asociadas». El proceso por el que la realidad resultó ser tan diferente de las legítimas expectativas de Alemania ocupará ahora nuestra atención.

Turquía, que se había ido acercando a Alemania desde antes de 1890, le ofreció una alianza el 27 de julio de 1914, cuando la crisis de Sarajevo estaba en su punto álgido. El documento se firmó en secreto el 1 de agosto y obligaba a Turquía a entrar en la guerra contra Rusia si esta atacaba a Alemania o a Austria. Mientras tanto, Turquía engañó a las potencias de la Entente llevando a cabo largas negociaciones con ellas sobre su actitud hacia la guerra. El 29 de octubre se quitó la máscara de neutralidad atacando a Rusia, cortándola así de sus aliados occidentales por la ruta del sur. Para aliviar la presión sobre Rusia, los británicos realizaron un ineficaz ataque a Gallipoli en los Dardanelos (febrero-diciembre de 1915). Solo a finales de 1916 se inició un verdadero ataque contra Turquía, esta vez desde Egipto hacia Mesopotamia, donde se capturó Bagdad en marzo de 1917 y se abrió el camino hacia el valle, así como a través de Palestina hasta Siria. Jerusalén cayó en manos del general Allenby en diciembre de 1917 y las principales ciudades sirias cayeron en octubre del siguiente año (1918).

Bulgaria, aún resentida por la Segunda Guerra de los Balcanes (1913), en la que había perdido territorio a manos de Rumanía, Serbia, Grecia y Turquía, se inclinó hacia Alemania desde el estallido de la guerra en 1914 y con ello se vio reforzada por el ataque turco a Rusia en octubre. Ambas partes intentaron comprar la lealtad de Bulgaria, un proceso en el que las potencias de la Entente se vieron obstaculizadas por el hecho de que las ambiciones de Bulgaria solo podían satisfacerse a expensas de Grecia, Rumanía o Serbia, cuyo apoyo también deseaban. Bulgaria quería Tracia desde el río Maritsa hasta el Vardar, incluyendo Kavalla y Salónica (que eran griegas), la mayor parte de Macedonia (que era griega o serbia) y Dobruja (de Rumanía). Las potencias de la Entente ofrecieron Tracia al Vardar en noviembre de 1914 y añadieron parte de Macedonia en mayo de 1915, compensando a Serbia con una oferta de Bosnia, Herzegovina y la costa de Dalmacia. Alemania, por su parte, concedió a Bulgaria una franja de territorio turco a lo largo del río Maritsa en julio de 1915, añadió a esta un préstamo de 200 000 000 de francos seis semanas después y, en septiembre de 1915, aceptó todas las demandas de Bulgaria siempre que fueran a costa de los países beligerantes. Al cabo de un mes, Bulgaria entró en la guerra atacando a Serbia (el 11 de octubre de 1915). Tuvo un éxito considerable, al avanzar hacia el oeste a través de Serbia hasta llegar a Albania, pero en este proceso expuso su flanco izquierdo a un ataque de las fuerzas de la Entente que ya estaban asentadas en Salónica. Este ataque se produjo en septiembre de 1918 y en un mes obligó a Bulgaria a pedir un armisticio (30 de septiembre). Esto marcó la primera ruptura del frente unido de las Potencias Centrales.

Cuando comenzó la guerra en 1914, Rumanía se mantuvo neutral, a pesar de que se había adherido a la Triple Alianza en 1883. Esta adhesión se había producido por las simpatías germánicas de la familia real y era tan secreta que solo unas cuantas personas lo sabían. El propio pueblo rumano simpatizaba con Francia. En aquella época, Rumanía constaba de tres partes (Moldavia, Valaquia y Dobruja) y ambicionaba adquirir Besarabia de Rusia y Transilvania de Hungría. No parecía posible que Rumanía obtuviera ambas, sin embargo eso fue exactamente lo que ocurrió porque Rusia fue derrotada por Alemania y condenada al ostracismo por las potencias de la Entente tras su revolución en 1917, mientras que Hungría fue derrotada pordichas potencias en 1918. Los rumanos eran fuertemente antirrusos después de 1878, pero este sentimiento disminuyó con el tiempo, mientras que la animosidad contra las Potencias Centrales aumentó, debido al maltrato húngaro de la minoría rumana en Transilvania. Como resultado, Rumanía se mantuvo neutral en 1914. Los esfuerzos de las potencias de la Entente por atraerla a su bando fueron en vano hasta después de la muerte del rey Carol en octubre de 1914. Los rumanos pidieron, como precio de su intervención en el bando de la Entente, Transilvania, partes de Bucovina y el Banato de Temesvar, 500 000 tropas de la Entente en los Balcanes, 200 000 tropas rusas en Besarabia y la igualdad de estatus con las grandes potencias en la Conferencia de Paz. Para ello prometieron atacar a las Potencias Centrales y no pactar la paz por separado. Solo las grandes bajas sufridas por las potencias de la Entente en 1916 les llevaron a aceptar estas condiciones. Lo hicieron en agosto de ese año y Rumanía entró en la guerra 10 días después. Las Potencias Centrales invadieron inmediatamente el país, capturando Bucarest en diciembre. Los rumanos se negaron a firmar la paz hasta que el avance alemán hacia el Marne en la primavera de 1918 les convenció de que las Potencias Centrales iban a ganar. En consecuencia, firmaron el Tratado de Bucarest con Alemania (el 7 de mayo de 1918) por el que cedían Dobruja a Bulgaria, pero obtenían una reclamación sobre Besarabia, que Alemania había arrebatado previamente a Rusia. Alemania también obtuvo un contrato de arrendamiento de noventa años sobre los pozos de petróleo rumanos.

Aunque los esfuerzos de la Entente para que Grecia entrara en la guerra fueron los más prolongados y sin escrúpulos de la época, no tuvieron éxito mientras el rey Constantino permaneció en el trono (hasta junio de 1917). A Grecia se le ofreció Esmirna en Turquía si cedía Kavalla a Bulgaria y apoyaba a Serbia. El primer ministro Eleutherios Venizelos se mostró favorable, pero no pudo persuadir al rey y pronto se vio obligado a dimitir (marzo de 1915). Volvió al cargo en agosto, tras ganar las elecciones parlamentarias de junio. Cuando Serbia pidió a Grecia los 150 000 hombres prometidos en el tratado serbio-griego de 1913 como protección contra un ataque búlgaro a Serbia, Venizelos intentó obtener estas fuerzas de las potencias de la Entente. Cuatro divisiones franco-británicas desembarcaron en Salónica (octubre de 1915), pero Venizelos fue inmediatamente obligado a abandonar su cargo por el rey Constantino. La Entente ofreció entonces ceder Chipre a Grecia a cambio del apoyo griego contra Bulgaria, pero fue rechazada (el 20 de octubre de 1915). Cuando las fuerzas alemanas y búlgaras comenzaron a ocupar partes de la Macedonia griega, las potencias de la Entente bloquearon Grecia y enviaron un ultimátum pidiendo la desmovilización del ejército griego y un gobierno responsable en Atenas (junio de 1916). Los griegos aceptaron de inmediato, ya que la desmovilización hacía menos probable que se vieran obligados a hacer la guerra a Bulgaria y la exigencia de un gobierno responsable podía satisfacerse sin que Venizelos volviera a ocupar el cargo. Así frustradas, las potencias de la Entente establecieron un nuevo gobierno griego provisional bajo el mando de Venizelos en su base de Salónica. Allí este declaró la guerra a las Potencias Centrales (noviembre de 1916). La Entente exigió entonces que los enviados de las Potencias Centrales fueran expulsados de Atenas y que se entregara el material de guerra bajo control del gobierno ateniense. Estas exigencias fueron rechazadas (el 30 de noviembre de 1916). Las fuerzas de la Entente desembarcaron en el puerto de Atenas (El Pireo) ese mismo día, pero solo permanecieron una noche, produciéndose a continuación un bloqueo de la Entente a Grecia. El gobierno de Venizelos fue reconocido por Gran Bretaña (diciembre de 1916), pero la situación se prolongó sin cambios. En junio de 1917, se envió un nuevo ultimátum a Atenas exigiendo la abdicación del rey Constantino, que fue respaldado por la toma de Tesalia y Corinto, y aceptado de inmediato. Venizelos se convirtió en primer ministro del gobierno de Atenas y declaró la guerra a las Potencias Centrales al día siguiente (el 27 de junio de 1917). Esto dio a la Entente una base suficiente para remontar el valle del Vardar, bajo el mando del general francés Louis Franchet d'Esperey, y obligar a Bulgaria a abandonar la guerra.

Al estallar la guerra en 1914, Italia declaró su neutralidad alegando que la Triple Alianza de 1882, renovada en 1912, la obligaba a apoyar a las Potencias Centrales solo en caso de guerra defensiva y que la acción austriaca contra Serbia no entraba en esta categoría. Para los italianos, la Triple Alianza seguía plenamente vigente y, por lo tanto, según lo dispuesto en el artículo VII, tenían derecho a una compensación por cualquier ganancia territorial austriaca en los Balcanes. Como garantía de esta disposición, los italianos ocuparon el distrito de Valona en Albania en noviembre de 1914. Los esfuerzos de las Potencias Centrales para sobornar a Italia mediante una acción de desgaste fueron difíciles porque las demandas italianas eran en gran medida a expensas de Austria. Estas demandas incluían el Tirol del Sur, Gorizia, las Islas Dálmatas y Valona, con Trieste como ciudad libre. En Italia se produjo una gran controversia pública entre los que apoyaban la intervención en la guerra del lado de la Entente y los que deseaban permanecer neutrales. Mediante un hábil gasto de dinero, los gobiernos de la Entente consiguieron un apoyo considerable, su principal logro fue dividir al partido socialista, normalmente pacifista, mediante grandes subvenciones a Benito Mussolini. Mussolini, un furibundo socialista que había sido un líder pacifista en la Guerra de Trípoli de 1911, era editor del principal periódico socialista, *Avanti*. Fue expulsado del partido cuando apoyó la intervención del lado de la Entente, pero estableció su propio periódico, *Popolo d'Italia*, utilizando dinero francés, y se embarcó en una carrera sin principios que finalmente le convirtió en dictador de Italia.

Por el Tratado secreto de Londres (el 26 de abril de 1915), las demandas de Italia enumeradas anteriormente fueron aceptadas por las potencias de la Entente y ampliadas para establecer que Italia debería obtener también Trentino,

Trieste, Istria (pero no Fiume), Dalmacia del Sur, Albania como protectorado, las islas del Dodecaneso, Adalia en Asia Menor, zonas compensatorias en África si las potencias de la Entente hacían alguna adquisición en ese continente, un préstamo de 50 millones de libras, parte de la indemnización de guerra y la exclusión del Papa de cualquiera de las negociaciones que condujeran a la paz. A cambio de estas amplias promesas, Italia aceptó hacer la guerra a todas las Potencias Centrales en el plazo de un mes. Declaró la guerra a Austria-Hungría el 23 de mayo de 1915, pero no a Alemaniahasta agosto de 1916.

El Tratado de Londres es de suma importancia porque su fantasma rondó las cancillerías de Europa durante más de veinticinco años. Sirvió de excusa para el ataque italiano a Etiopía en 1935 y a Francia en 1940.

El esfuerzo bélico italiano se dedicó a intentar hacer retroceder a las fuerzas de los Habsburgo desde la cabecera del mar Adriático. En una serie de al menos doce batallas en el río Isonzo, en un terreno muy difícil, los italianos fracasaron notablemente. En el otoño de 1917, Alemania proporcionó a los austriacos suficientes refuerzos para permitirles romper la retaguardia de las líneas italianas en Caporetto. La defensa italiana se derrumbó y fue restablecida a lo largo del río Piave solo después de perder más de 600 000 hombres, la mayoría por deserción. Austria no pudo seguir con esta ventaja debido al cansancio causado por la guerra, a su incapacidad para movilizar con éxito su economía interna con fines bélicos y, sobre todo, al creciente malestar de las nacionalidades sometidas al dominio de los Habsburgo. Estos grupos crearon comités gubernamentales en las capitales de la Entente y organizaron «legiones» para luchar en el bando de la misma. Italia organizó una gran reunión de estos pueblos en Roma en abril de 1918. Firmaron el «Pacto de Roma», prometiendo trabajar por la autodeterminación de los pueblos sometidos y acordando trazar la frontera entre los italianos y los eslavos del sur sobre líneas de nacionalidad.

Rusia, al igual que Rumanía, se vio obligada a abandonar la guerra en 1917 y a firmar, por orden de Alemania, una paz por separadoen 1918. El ataque ruso contra Alemania en 1914 había sido completamente desbaratado en las batallas de Tannenberg y de los Lagos de Masuria en agosto y septiembre, pero su capacidad para resistir a las fuerzas austriacas en Galitzia hizo imposible que la guerra en el este llegara a su fin. Las bajas rusas fueron muy numerosas debido a la insuficiencia de suministros y municiones, mientras que los austriacos perdieron considerables fuerzas, especialmente de eslavos, por deserción a los rusos. Este último factor hizo posible que Rusia organizara una «legión checa» de más de 100 000 hombres. En 1915, los refuerzos alemanes en el frente austriaco de Galitzia hicieron posible una gran ofensiva austro-alemana que atravesó Galitzia y que en septiembre había tomado toda Polonia y Lituania. En estas operaciones los rusos perdieron cerca de un millón de hombres, y perdieron un millón más en el contraataque «Brusilov» de 1916, que llegó a los Cárpatos antes de ser detenido por la llegada de refuerzos alemanes desde Francia. Para entonces, el prestigio del gobierno zarista había caído tan bajo que fue fácilmente sustituido por un gobierno parlamentario al mando de Kerensky en marzo de 1917. El nuevo Gobierno intentó continuar la guerra, pero juzgó mal el temperamento del pueblo ruso. Como resultado, el grupo comunista extremista, conocido como los bolcheviques, pudo apoderarse del Gobierno en noviembre de 1917 y mantenerlo, prometiendo al cansado pueblo ruso tanto la paz como las tierras. Las exigencias alemanas, dictadas por el Estado Mayor alemán, eran tan severas que los bolcheviques se negaron a firmar una paz formal, pero el 3 de marzo de 1918 se vieron obligados a aceptar el Tratado de Brest-Litovsk. Por este tratado, Rusia perdió Finlandia, Lituania, las provincias bálticas, Polonia, Ucrania y Transcaucasia. Los esfuerzos alemanes por explotar estas zonas económicamente durante la guerra no tuvieron éxito.

La intervención de Japón en la guerra, el 23 de agosto de 1914, estuvo totalmente determinada por sus ambiciones en el Extremo Oriente y en la zona del Pacífico. Este país pretendía aprovechar la oportunidad que le brindaba la preocupación de las grandes potencias por el hecho de que Europa obtuviera concesiones de China y Rusia y sustituyera a Alemania, no solo en sus posesiones coloniales en Oriente, sino también apoderándose de su posición comercial en la medida de lo posible. Las colonias insulares alemanas al norte del ecuador fueron tomadas de inmediato y la concesión alemana de Kiaochow fue capturada tras un breve asedio. En enero de 1915, se presentaron a China las «Veintiuna Demandas» en forma de ultimátum, que fueron ampliamente aceptadas. Estas demandas abarcaban la adhesión a la posición alemana en Shantung, la ampliación de los arrendamientos japoneses en Manchuria, con total libertad comercial para los japoneses en esa zona, amplios derechos en ciertas empresas siderúrgicas existentes en el norte de China y el cierre de la costa china a cualquier futura concesión extranjera. Se rechazó y se retiró la demanda de utilizar asesores japoneses en los asuntos políticos, militares y financieros de China. El 3 de julio de 1916, Japón obtuvo el reconocimiento ruso de su nueva posición en China a cambio de su reconocimiento de la penetración rusa en la Mongolia Exterior. En febrero de 1917 se obtuvieron nuevas concesiones de China, que fueron aceptadas por los Estados Unidos en noviembre en las llamadas «Notas Lansing-Ishii». En estas notas, los japoneses apoyaron verbalmente la insistencia estadounidense en el mantenimiento de la integridad territorial de China, su independencia política y la política de «puertas abiertas» en materia comercial.

El estallido de la revolución bolchevique en Rusia, seguido de la victoria alemana sobre ese país y del comienzo de la guerra civil, dio a los japoneses una oportunidad en el Lejano Oriente que estos no dudaron en aprovechar y, con el apoyo de Gran Bretaña y Estados Unidos, desembarcaron en Vladivostok en abril de 1918 y comenzaron a avanzar hacia el oeste por la ruta del ferrocarril transiberiano. La legión checa en el frente ruso ya se había rebelado contra el dominio bolchevique y estaba luchando hacia el este a lo largo de la misma ruta. Los checos fueron finalmente evacuados a Europa, mientras que los japoneses siguieron manteniendo el extremo oriental de la vía férrea y dieron apoyo a las facciones antibolcheviques en la guerra civil. Tras un año o más de confusos combates, quedó claro que las facciones antibolcheviques serían derrotadas y que los japoneses no podían esperar más concesiones de los bolcheviques. En consecuencia, evacuaron Vladivostok en octubre de 1922.

Sin duda, los acuerdos diplomáticos más numerosos del período de guerra se referían a la disposición del Imperio otomano. Ya en febrero de 1915, Rusia y Francia firmaron un acuerdo por el que se daba a Rusia vía libre en el Este a cambio de dar a Francia vía libre en el Oeste. Esto significaba que Rusia podía anexionarse Constantinopla y bloquear el movimiento por una Polonia independiente, mientras que Francia podía arrebatarle a Alemania la región de Alsacia-Lorena y establecer un nuevo estado independiente bajo influencia francesa en Renania. Un mes más tarde, en marzo de 1915, Gran Bretaña y Francia acordaron permitir que Rusia se anexionara los Estrechos y Constantinopla. Sin embargo, las actividades inmediatas de las potencias de la Entente elaboraron planes para animar a los árabes a rebelarse contra la autoridad del sultán o, al menos, para abstenerse de apoyar sus esfuerzos bélicos. Las posibilidades de éxito de estas actividades aumentaban por el hecho de que las regiones árabes del Imperio otomano, aunque nominalmente estaban sujetas al sultán, ya se estaban dividiendo en numerosas y pequeñas zonas bajo una autoridad propia, algunas prácticamente independientes. Los árabes, que eran un pueblo completamente separado de los turcos, que hablaban una lengua semítica en lugar de una uralo-altaica y que habían seguido siendo en gran medida nómadas en su modo de vida, mientras que los turcos se habían convertido casi completamente en un pueblo campesino, estaban unidos a los pueblos otomanos por poco más que su lealtad común a la religión musulmana. Este vínculo se había debilitado por los esfuerzos de secularización del estado otomano y por el crecimiento del nacionalismo turco, que suscitó un espíritu de nacionalismo árabe como reacción al mismo.

Entre 1915 y 1916, el alto comisionado británico en Egipto, sir Henry McMahon, mantuvo correspondencia con Sherif Hussein de La Meca. Aunque no se firmó ningún acuerdo vinculante, lo esencial de sus conversaciones fue que Gran Bretaña reconocería la independencia de los árabes si se rebelaban contra Turquía. El área cubierta por el acuerdo incluía las partes del Imperio otomano al sur del grado 37 de latitud, excepto Adana, Alejandría y «las porciones de Siria situadas al oeste de los distritos de Damasco, Homs, Hama y Alepo, que no pueden decirse que sean puramente árabes». Además, se exceptuó a Adén, mientras que Bagdad y Basora debían tener una «administración especial». Se reservaron los derechos de Francia en toda la zona, los acuerdos británicos existentes con varios sultanes locales a lo largo de las costas del Golfo Pérsico debían mantenerse y Hussein debía utilizar exclusivamente asesores británicos después de la guerra. Esta división de áreas ha suscitado una gran controversia, siendo el principalproblema si la declaración, tal y como estaba redactada, incluía a Palestina en el área concedida a los árabes o en el área reservada. La interpretación de estos términos para excluir a Palestina de las manos árabes fue llevada a cabo posteriormente en varias ocasiones por McMahon después de 1922 y explícitamente en 1937.

Mientras McMahon negociaba con Hussein, el gobierno de la India que, a través de Percy Cox, negociaba con Ibn-Saud de Nejd, llegó a un acuerdo el 26 de diciembre de 1915 y reconoció su independencia a cambio de una promesa de neutralidad en la guerra. Poco después, el 16 de mayo de 1916, se firmó un acuerdo entre Rusia, Francia y Gran Bretaña, conocido como el acuerdo Sykes-Picot, por los nombres de los principales negociadores. A principios de 1917, se añadió a Italia al acuerdo. Dicho acuerdo dividió el Imperio otomano de tal manera que los turcos se quedaron con poco territorio, exceptuando la zona situada a 322 o 402 km. de Ankara. Rusia se quedaría con Constantinopla y los Estrechos, así como con el noreste de Anatolia, incluida la costa del Mar Negro; Italia se quedaría con la costa suroeste de Anatolia, desde Esmirna hasta Adalia; Francia se quedaría con la mayor parte de Anatolia oriental, incluidas Mersin, Adana y Cilicia, así como con el Kurdistán, Alejandría, Siria y el norte de Mesopotamia, incluida Mosul; Gran Bretaña debía obtener el Levante desde Gaza hacia el sur hasta el Mar Rojo, Transjordania, la mayor parte del desierto sirio, toda Mesopotamia al sur de Kirkuk (incluyendo Bagdad y Basora), y la mayor parte de la costa del Golfo Pérsico de Arabia. También se preveía que Anatolia occidental, alrededor de Esmirna, pasara a Grecia. La propia Tierra Santa sería internacionalizada.

El siguiente documento relacionado con la disposición del Imperio otomano fue la famosa «Declaración Balfour» de noviembre de 1917. Probablemente ningún documento del período bélico, a excepción de los Catorce Puntos de Wilson, ha dado lugar a más disputas que esta breve declaración de menos de once líneas. Gran parte de la controversia surge de la creencia de que dicha declaración prometía algo a alguien y de que esta promesa entraba en conflicto con otras promesas, especialmente con la «Promesa de McMahon» a Sherif Hussein. La Declaración Balfour adoptó la forma de una carta del secretario de Asuntos Exteriores británico Arthur James Balfour a Lord Rothschild, una de las principales figuras del movimiento sionista británico. Este movimiento, que era mucho más potente en Austria y Alemania que en Gran Bretaña, tenía la aspiración de crear en Palestina, o quizás en otro lugar, algún territorio al que pudieran ir los refugiados de la persecución antisemita u otros judíos para encontrar «un hogar nacional». La carta de Balfour decía: «El Gobierno de Su Majestad ve con buenos ojos el establecimiento en Palestina de un hogar nacional para el pueblo judío y hará todo lo posible para facilitar la consecución de este objetivo, quedando claramente entendido que no se hará nada que pueda perjudicar los derechos civiles y religiosos de las comunidades no judías existentes en Palestina, o los derechos y el estatus político de que gozan los judíos en cualquier otro país». Hay que señalar que no se trataba de un acuerdo ni de una promesa, sino de una mera declaración unilateral, que no prometía un estado judío en Palestina, ni siquiera Palestina como hogar para los judíos, sino que se limitaba a proponer dicho hogar en Palestina y que reservaba ciertos derechos a los grupos existentes en la zona. Hussein se sintió tan afligido cuando se enteró de ello que pidió una explicación. D. G. Hogarth le aseguró, en nombre del gobierno británico, que «el asentamiento judío en Palestina solo se permitiría en la medida en que fuera compatible con la libertad política y económica de la población árabe». Esta garantía fue aparentemente aceptable para Hussein, pero las dudas continuaron entre otros líderes árabes. En respuesta a una petición de siete de estos líderes, el 16 de junio de 1918, Gran Bretaña dio una respuesta pública que dividía los territorios árabes en tres partes: (a) la península arábiga desde Adén hasta Akabah (en la cabecera del Mar Rojo), donde se reconocía la «independencia completa y soberana de los árabes»; (b) la zona bajo ocupación militar británica, que abarcaba el sur de Palestina y el sur de Mesopotamia, donde Gran Bretaña aceptaba el principio de que el Gobierno debía basarse «en el consentimiento de los gobernados»; y (c) la zona que seguía bajo control turco, incluyendo Siria y el norte de Mesopotamia, donde Gran Bretaña asumía la obligación de luchar por la «libertad e independencia». Algo similar ocurrió con la declaración conjunta anglo-francesa del 7 de noviembre de 1918, solo cuatro días antes de que las hostilidades dieran lugar a la guerra. En ella se prometía «la liberación completa y definitiva de los pueblos que durante tanto tiempo han sido oprimidos por los turcos y el establecimiento de gobiernos y administraciones nacionales que derivarán su autoridad del libre ejercicio de la iniciativa y elección de las poblaciones indígenas».

Se ha debatido ampliamente la compatibilidad de los diversos acuerdos y declaraciones de las grandes potencias sobre la disposición del Imperio otomano después de la guerra. Se trata de un problema difícil en vista de la inexactitud y la ambigüedad de la redacción de la mayoría de estos documentos. Por otra parte, algunos hechos son bastante evidentes: hay un fuerte contraste entre la avaricia imperialista que se encuentra en los acuerdos secretos como el de

Sykes-Picot y el tono altruista de las declaraciones emitidas públicamente; también hay un fuerte contraste entre el tono de las negociaciones británicas con los judíos y las que se llevaron a cabo con los árabes respecto a la disposición de Palestina, con el resultado de que tanto los judíos como los árabes creyeron justificado que Gran Bretaña promovería sus ambiciones políticas conflictivas en esa zona. Estas creencias, basadas en un malentendido o en un engaño deliberado, sirvieron posteriormente para reducir la importancia de Gran Bretaña a ojos de ambos grupos, a pesar de que los dos habían tenido anteriormente una opinión más elevada de la imparcialidad y la generosidad británicas que las de cualquier otra potencia; por último, el aumento de las falsas esperanzas árabes y la imposibilidad de llegar a un entendimiento claro y honesto con respecto a Siria, condujeron a un largo período de conflicto entre los sirios y el gobierno francés, que mantuvo la zona como Mandato de la Sociedad de Naciones después de 1923.

Como resultado de su comprensión de las negociaciones con McMahon, Hussein inició una revuelta árabe contra Turquía el 5 de junio de 1916. A partir de ese momento, recibió una subvención de 225 000 libras al mes de Gran Bretaña. El famoso T. E. Lawrence, conocido como «Lawrence de Arabia», que había sido arqueólogo en Oriente Próximo en 1914, no tuvo nada que ver con las negociaciones con Hussein, y no se unió a la revuelta hasta octubre de 1916. Cuando Hussein no obtuvo las concesiones que esperaba en la Conferencia de Paz de París de 1919, Lawrence se hartó de todo el asunto, acabó cambiando su nombre por el de Shaw e intentó desaparecer de la vista pública.

Los territorios árabes permanecieron bajo ocupación militar hasta el establecimiento legal de la paz con Turquía en 1923. La propia Arabia estaba bajo el mando de varios jeques, de los cuales los principales eran Hussein en Hejaz e Ibn-Saud en Nejd. Palestina y Mesopotamia (ahora llamada Irak) estaban bajo ocupación militar británica. La costa de Siria estaba bajo ocupación militar francesa, mientras que el interior de Siria (incluida la línea ferroviaria Alepo-Damasco) y Transjordania estaban bajo una fuerza árabe dirigida por el emir Feisal, tercer hijo de Hussein de La Meca. A pesar de que una comisión de investigación estadounidense, conocida como la Comisión King-Crane (1919), y un «Congreso general sirio» de árabes de todo el Creciente Fértil recomendaron que se excluyera a Francia de la zona, que se uniera Siria-Palestina para formar un solo Estado con Feisal como rey, que se excluyera a los sionistas de Palestina en cualquier función política, así como otros puntos. Una reunión de las grandes potencias en San Remo en abril de 1920 estableció dos mandatos franceses y dos británicos. Siria y el Líbano pasaron a manos de Francia, mientras que Irak y Palestina (incluida Transjordania) pasaron a las de Gran Bretaña. Tras estas decisiones se produjeron levantamientos árabes y un gran malestar local. La resistencia en Siria fue aplastada por los franceses, que luego avanzaron para «ocupar» el interior de Siria y enviaron a Feisal al exilio. Los británicos, que en ese momento mantenían una rivalidad (por los recursos petrolíferos y otros asuntos) con los franceses, establecieron a Feisal como rey en Irak bajo la protección británica (1921) y colocaron a su hermano Abdullah en una posición similar como rey de Transjordania (1923). El padre de los dos nuevos reyes, Hussein, fue atacado por Ibn-Saud de Nejd y obligado a abdicar en 1924. Su reino de Hiyaz fue anexionado por Ibn-Saud en 1926. A partir de 1932, toda esta zona se conoce como Arabia Saudí.

El acontecimiento diplomático más importante de la última parte de la Primera Guerra Mundial fue la intervención de Estados Unidos en el bando de las potencias de la Entente en abril de 1917. Las causas de este acontecimiento se han analizado ampliamente. En general, se han dado cuatro razones principales para la intervención desde cuatro puntos de vista bastante diferentes. Se pueden resumir de la siguiente manera: (1) Los ataques de los submarinos alemanes a los barcos neutrales hicieron necesario que los Estados Unidos entraran en guerra para asegurar la «libertad de los mares»; (2) los Estados Unidos estaban influenciados por la sutil propaganda británica llevada a cabo en los salones, las universidades y la prensa de la parte oriental del país, donde la anglofiliaera creciente entre los grupos sociales más influyentes; (3) Estados Unidos fue arrastrado a la guerra por una conspiración de banqueros internacionales y fabricantes de municiones deseosos de proteger sus préstamos a las potencias de la Entente o sus beneficios de guerra por las ventas a estas potencias; y (4) los principios de equilibrio de poder hicieron imposible que Estados Unidos permitiera que Gran Bretaña fuera derrotada por Alemania. Sea cual sea el peso de estos cuatro puntos de vista en la decisión final, está bastante claro que ni el gobierno ni el pueblo de Estados Unidos estaban dispuestos a aceptar una derrota de la Entente a manos de las Potencias Centrales. De hecho, a pesar de los esfuerzos del Gobierno por actuar con una cierta apariencia de neutralidad, en 1914 estaba claro que esa era la opinión de sus principales dirigentes, con la única excepción del secretario de estado William Jennings Bryan. Sin analizar los cuatro factores mencionados anteriormente, está bastante claro que Estados Unidos no podía permitir que Gran Bretaña fuera derrotada por ninguna otra potencia. Separado de todas las demás grandes potencias por los océanos Atlántico y Pacífico, la seguridad de América requería que el control de esos océanos estuviera en sus propias manos o en las de una potencia aliada.

Durante casi un siglo antes de 1917, Estados Unidos había estado dispuesto a permitir que el control británico del mar no fuera cuestionado porque quedaba claro que dicho control no suponía ninguna amenaza para Estados Unidos, sino que, por el contrario, le proporcionaba seguridad a un coste menor en riqueza y responsabilidad que la seguridad que se podría haber obtenido por cualquier otro método. La presencia de Canadá como territorio británico adyacente a Estados Unidos y expuesto a la invasión por tierra por parte de este último, le convertía en un rehén que aseguraba un comportamiento naval británico aceptable para Estados Unidos. El asalto submarino alemán a Gran Bretaña a principios de 1917 llevó a este países las puertas de la inanición ante el despiadado hundimiento de la marina mercante de la que dependía su existencia. No se podía permitir la derrota de Gran Bretaña porque Estados Unidos no estaba preparado para asumir el control del mar por sí mismo y no podía permitir el control alemán del mar porque no tenía ninguna seguridad sobre la naturaleza de dicho control. Una serie de factores como el hecho de que los submarinos alemanes actuaran en represalia por el ilegal bloqueo británico del continente europeo y por las violaciones británicas del derecho internacional y de los derechos de los países neutrales en alta mar, el que la herencia anglosajona de Estados Unidos y la anglofilia de sus clases influyentes hicieran imposible que el estadounidense medio viera los acontecimientos mundiales si no era a través de los espectáculos fabricados por la propaganda británica, el que los estadounidenses hubieran prestado a la Entente miles de millones de dólares que se verían comprometidos por una victoria alemana, el que las enormes compras de material de guerra por parte de la Entente hubieran creado un auge de prosperidad e inflación que se derrumbaría el mismo día en que la Entente lo hiciera, pudieron influir en la decisión estadounidense solo porque la cuestión del equilibrio de poder sentaba una base sobre la que podían trabajar. El hecho importante era que Gran Bretaña estaba cerca de la derrota en abril de 1917 y, sobre esa base, Estados Unidos entró en la guerra. La suposición inconsciente por parte de los líderes estadounidenses de que una victoria de la Entente era necesaria e inevitable fue la causa de que no aplicaran las mismas reglas de neutralidad y derecho internacional contra Gran Bretaña que contra Alemania. Dichos líderes asumieron constantemente que las violaciones británicas de estas reglas podían ser compensadas con daños monetarios, mientras que las violaciones alemanas de estas reglas debían ser resistidas, si era necesario, por la fuerza. Como no podían admitir esta suposición inconsciente ni defender públicamente la base legítima de la política de poder internacional en la que se apoyaba, finalmente fueron a la guerra con una excusa que era legalmente débil, aunque emocionalmente satisfactoria. Como dijo John Bassett Moore, el abogado internacional más famoso de Estados Unidos, «lo que contribuyó de forma más decisiva a la participación de Estados Unidos en la guerra fue la afirmación de un derecho a proteger los barcos de los países beligerantes en los que los estadounidenses consideraban conveniente viajar y el tratamiento de los mercantes armados como buques pacíficos. Ambas suposiciones eran contrarias a la razón y al derecho establecido y ninguna persona que se declarara neutral las promovía».

Al principio, los alemanes intentaron utilizar las normas establecidas por el derecho internacional sobre la destrucción de buques mercantes. Esto resultó ser tan peligroso debido al carácter peculiar del propio submarino, al control británico de alta mar, a las instrucciones británicas a los buques mercantes para atacar a los submarinos y a la dificultad de distinguir entre los buques británicos y los neutrales, que la mayoría de los submarinos alemanes tendieron a atacar sin previo aviso. Las protestas americanas alcanzaron su punto álgido cuando el Lusitania fue hundido de esta manera a 14 km. de la costa inglesa el 7 de mayo de 1915. El *Lusitania* era un buque mercante británico «construido con fondos del Gobierno como un crucero auxiliar, [...] expresamente incluido en la lista de la armada publicada por el Almirantazgo Británico», con «bases colocadas para montar cañones de calibre de seis pulgadas (unos 15 cm.)», que llevaba una carga de 2400 cajas de cartuchos de fusil y 1250 cajas de metralla, con órdenes de atacar a los submarinos alemanes siempre que fuera posible. 785 de los 1257 pasajeros, incluidos 128 de los 197 estadounidenses, perdieron la vida. La incompetencia del capitán en funciones contribuyó a esta gran pérdida, así como una misteriosa «segunda explosión» tras el impacto del torpedo alemán. El buque, que había sido declarado «insumergible», se hundió en 18 minutos. El capitán seguía un rumbo que tenía órdenes de evitar; circulaba a velocidad reducida; contaba con una tripulación inexperta; las claraboyas se habían quedado abiertas; los botes salvavidas no se habían desplegado; y no se habían realizado ejercicios de salvamento.

Las agencias de propaganda de las potencias de la Entente aprovecharon al máximo la ocasión. El periódico *The Times* de Londres anunció que «cuatro quintas partes de sus pasajeros eran estadounidenses» (la proporción real era del 15,6%), y los británicos fabricaron y distribuyeron una medalla que, según ellos, había sido concedida a la tripulación del submarino por el gobierno alemán; un periódico francés publicó una imagen de la multitud en Berlín al estallar la guerra en 1914 como una imagen de los alemanes «festejando» la noticia del hundimiento del *Lusitania*.

Estados Unidos protestó violentamente contra la guerra de submarinos, al tiempo que desechaba los argumentos alemanes basados en el bloqueo británico. Estas protestas eran tan irreconciliables que Alemania envió a Wilson una nota el 4 de mayo de 1916 en la que prometía que «en el futuro, los buques mercantes dentro y fuera de la zona de guerra no serán hundidos sin previo aviso y sin salvaguardar vidas humanas, a menos que estos buques intenten escapar u ofrezcan resistencia». A cambio, el gobierno alemán esperaba que Estados Unidos presionara a Gran Bretaña para que esta siguiera las normas establecidas por el derecho internacional en materia de bloqueo y libertad marítima. Wilson se negó a hacerlo. En consecuencia, los alemanes tuvieron claro que se verían abocados a la derrota a menos que pudieran derrotar primero a Gran Bretaña mediante una guerra submarina sin restricciones. Como eran conscientes de que el recurso a este método probablemente llevaría a Estados Unidos a la guerra contra ellos, hicieron otro esfuerzo para negociar la paz antes de recurrir a él. Cuando su oferta de negociación, propuesta el 12 de diciembre de 1916, fue rechazada por las potencias de la Entente el 27 de diciembre, el grupo del gobierno alemán que había estado abogando por la guerra submarina despiadada llegó a controlar los asuntos y ordenó la reanudación de los ataques submarinos sin restricciones el 1 de febrero de 1917. Dicha decisión fue notificada a Wilson el 31 de enero, este rompió las relaciones diplomáticas con Alemania el 3 de febrero y, tras dos meses de indecisión, pidió al Congreso una declaración de guerra el 3 de abril de 1917. En la decisión final influyeron la presión constante de sus colaboradores más cercanos, la constatación de que Gran Bretaña estaba llegando al final de sus recursos en cuanto a hombres, dinero y barcos, y el conocimiento de que Alemania planeaba buscar una alianza con México si comenzaba la guerra.

Mientras la diplomacia de la neutralidad y la intervención se movían en las líneas que hemos descrito, una tentativa diplomática paralela se dirigía a los esfuerzos para negociar la paz. Dichos esfuerzos fueron un fracaso, pero son, no obstante, de considerable importancia porque revelan las motivaciones y los objetivos de guerra de los beligerantes. Fueron un fracaso porque cualquier paz negociada requiere la voluntad de ambas partes de hacer aquellas concesiones que permitan la supervivencia del enemigo. Sin embargo, entre 1914 y1918, con el fin de ganar el apoyo del público para la movilización total, la propaganda de cada país tuvo como objetivo la victoria total para sí mismo y la derrota total para el enemigo. Con el tiempo, ambos bandos se enredaron tanto en su propia propaganda que resultó imposible admitir públicamente la disposición a aceptar los objetivos menores que requeriría cualquier paz negociada. Además, a medida que la marea de la batalla aumentaba y disminuía, dando períodos alternos de euforia y desánimo a ambos bandos, el bando que estaba temporalmente eufórico se apegó cada vez más al fetiche de la victoria total y no estaba dispuesto a aceptar el objetivo menor de una paz negociada. En consecuencia, la paz solo fue posible cuando el cansancio de la guerra llegó a un punto en el que uno de los bandos concluyó que incluso la derrota era preferible a la continuación de la misma. Este punto se alcanzó en Rusia en 1917 y en Alemania y Austria en 1918. En Alemania, este punto de vista se vio muy reforzado por la comprensión de que la derrota militar y el cambio político eran preferibles a la revolución económica y la agitación social que acompañarían a cualquier esfuerzo por continuar la guerra en busca de una victoria cada vez más inalcanzable.

De los diversos esfuerzos para negociar la paz se desprende que Gran Bretaña no estaba dispuesta a aceptar ninguna paz que no incluyera la restauración de Bélgica o que dejara a Alemania en posición suprema en el continente o en condiciones de reanudar la rivalidad comercial, naval y colonial que había existido antes de 1914; Francia no estaba dispuesta a aceptar ninguna solución que no le devolviera Alsacia-Lorena; el Alto Mando alemán y los industriales alemanes estaban decididos a no renunciar a todo el territorio ocupado en el oeste, pero esperaban conservar Lorena, parte de Alsacia, Luxemburgo, parte de Bélgica y Longwy en Francia, debido a los recursos minerales e industriales de estas zonas. El hecho de que Alemania dispusiera de un excelente suministro de carbón de coque con un suministro inadecuado de mineral de hierro, mientras que las zonas ocupadas contaban con gran cantidad de este último, pero con un suministro inadecuado del primero, tuvo mucho que ver con las objeciones alemanas a una paz negociada y con los ambiguos términos en los que se discutían sus objetivos de guerra. Austria, hasta la muerte del emperador Francisco José en 1916, no estaba dispuesta a aceptar ninguna paz que dejara a los eslavos, especialmente a los serbios, libres de continuar con sus agitaciones nacionalistas para la desintegración del Imperio de los Habsburgo. Por otra parte, Italia estaba decidida a excluir al Imperio de los Habsburgo de las costas del mar Adriático, mientras que los serbios estaban aún más decididos a alcanzar esas costas mediante la adquisición de las zonas eslavas gobernadas por los Habsburgo en los Balcanes occidentales. Tras las revoluciones rusas de 1917, muchos de estos obstáculos para una paz negociada se debilitaron. El Vaticano, a través del cardenal Pacelli (más tarde Papa Pío XII), buscó una paz negociada que evitara la destrucción del Imperio de los Habsburgo, la última gran potencia católica de Europa. Hombres prominentes de todos los países, como lord Lansdowne (secretario de Asuntos Exteriores británico antes de 1914), se alarmaron tanto ante la expansión del socialismo que estaban dispuestos a hacer casi cualquier concesión para detener la destrucción de las formas de vida civilizadas mediante la guerra continua. Humanistas como Henry Ford o Romain Rolland se alarmaron cada vez más ante las continuas matanzas pero, por las razones que ya hemos mencionado, la paz siguió siendo esquiva hasta que se rompieron las grandes ofensivas alemanas de 1918.

Después de lo que Ludendorff llamó «el día negro del ejército alemán» (8 de agosto de 1918), un consejo de la Corona alemana, reunido en Spa, decidió que la victoria ya no era posible y optó por negociar un armisticio. Esto no se llevó a cabo debido a una controversia entre el príncipe heredero y Ludendorff en la que el primero aconsejaba una retirada inmediata a la «Línea Hindenburg» a unos 32 km. de la retaguardia, mientras que el segundo deseaba realizar una lenta retirada para que la Entente no pudiera organizar un ataque a la Línea Hindenburg antes del invierno. Dos victorias de la Entente, en Saint-Quentin (31 de agosto) y en Flandes (2 de septiembre), hicieron que esta disputa fuera irrelevante. Los alemanes iniciaron una retirada involuntaria, impregnando el terreno que evacuaban con «gas mostaza» para frenar la persecución de la Entente, especialmente la de los tanques. El alto mando alemán destituyó al canciller Hertling, y nombró al príncipe más democrático, Max de Baden, dándole órdenes de llevar a cabo un armisticio inmediato o de enfrentarse al desastre militar (29 de septiembre-1 de octubre de 1918). El 5 de octubre, una nota alemana dirigida al presidente Wilson pedía un armisticio sobre la base de los Catorce Puntos del 8 de enero de 1918 y sus posteriores principios del 27 de septiembre de 1918. Estas declaraciones de Wilson habían captado la imaginación de personas idealistas y de pueblos sometidos de todo el mundo. Los Catorce Puntos prometían el fin de la diplomacia secreta, la libertad de los mares, la libertad de comercio, el desarme, una solución justa de las reivindicaciones coloniales, en la que los intereses de los pueblos nativos tuvieran el mismo peso que los títulos de las potencias imperialistas, la evacuación de Rusia, la evacuación y restauración de Bélgica, la evacuación de Francia y el restablecimiento de Alsacia-Lorena como en 1870, el reajuste de las fronteras italianas en función de la nacionalidad, el desarrollo libre y autónomo de los pueblos del Imperio de los Habsburgo, la evacuación, el restablecimiento y la garantía de Rumanía, Montenegro y Serbia, asegurando a esta última el libre acceso al mar, garantías internacionales para mantener los Estrechos permanentemente abiertos a los barcos y al comercio de todas las naciones, libertad para el desarrollo autónomo de las nacionalidades no turcas del Imperio Otomano, junto con una soberanía segura para los propios turcos, un estado polaco independiente con libre acceso al mar y con garantías internacionales, una Sociedad de Naciones que ofrezca «garantías mutuas de independencia política e integridad territorial tanto a los estados grandes como a los pequeños», y ninguna destrucción de Alemania, ni siquiera ninguna alteración de sus instituciones, excepto las necesarias para dejar claro cuándo sus portavoces hablan en nombre de la mayoría del Reichstag y cuándo «hablan en nombre del partido militar y de los hombres cuyo credo es la dominación imperial».

En una serie de notas entre Alemania y Estados Unidos, Wilson dejó claro que solo concedería un armisticio si Alemania se retiraba de todo el territorio ocupado, ponía fin a los ataques submarinos, aceptaba los Catorce Puntos, establecía un gobierno responsable y aceptaba unas condiciones que preservaran la superioridad militar de la Entente. Insistió mucho en el gobierno responsable, advirtiendo que si tenía que tratar con «autoridades militares o autócratas monárquicos» exigiría «no negociaciones, sino la rendición». La constitución alemana fue modificada para dar todos los poderes al Reichstag; Ludendorff fue despedido; la marina alemana en Kiel se amotinó, y el Káiser huyó de Berlín (28 de octubre). Mientras tanto, el consejo supremo de guerra de la Entente se negó a aceptar los Catorce Puntos como base para la paz hasta que el coronel House amenazó con que Estados Unidos haría una paz por separado con Alemania. Entonces exigieron y recibieron una definición del significado de cada término, establecieron reservas sobre «la libertad de los mares» y ampliaron el significado de «restauración del territorio invadido» para incluir la compensación a la población civil por sus pérdidas de guerra. Sobre esta base, una comisión para el armisticio se reunió con los negociadores alemanes el 7 de noviembre. La revolución alemana se extendía y el Káiser abdicó el 8 de noviembre. Los negociadores alemanes recibieron las condiciones militares de la Entente y pidieron el cese inmediato de las hostilidades y del bloqueo económico, así como una reducción de la demanda de ametralladoras de la entente de 30 000 a 25 000, alegando que la diferencia de 5000 era necesaria para reprimir la Revolución Alemana. El último punto fue concedido, pero los otros dos fueron rechazados. El armisticio se firmó el 11 de noviembre de 1918 a las 5:00 am para que entrara en vigor a las 11:00 am. Disponía que los alemanes debían evacuar todo el territorio ocupado (incluida Alsacia-Lorena) en un plazo de 14 días y la orilla izquierda del Rin, más tres cabezas de puente en la orilla derecha en un plazo de 31 días, que entregaran enormes cantidades especificadas de equipo de guerra, camiones, locomotoras, todos los submarinos, los principales buques de guerra, todos los prisioneros de guerra y los buques mercantes capturados, así como las fortalezas del Báltico, todos los objetos de valor y valores tomados en el territorio ocupado, incluidas las reservas de oro rusas y rumanas. También se exigió a los alemanes que renunciaran a los tratados de Brest-Litovsk y de Bucarest, que habían impuesto a Rusia y a Rumanía y que prometieran reparar los daños de los territorios ocupados. Este último punto era de gran importancia, ya que los alemanes habían saqueado o destruido sistemáticamente las zonas que evacuaron en los últimos meses de la guerra.

Las negociaciones con Wilson que condujeron al Armisticio de 1918 son de gran importancia, ya que constituyeron uno de los principales factores del posterior resentimiento alemán contra el Tratado de Versalles. En estas negociaciones Wilson había prometido claramente que el tratado de paz con Alemania sería negociado y se basaría en los Catorce Puntos; como veremos, el Tratado de Versalles fue impuesto sin negociación y los Catorce Puntos salieron muy mal parados en sus disposiciones. Un factor adicional relacionado con estos acontecimientos es la afirmación posterior de los militaristas alemanes de que el ejército alemán nunca fue derrotado, sino que fue «apuñalado por la espalda» por el frente interno mediante una combinación de católicos internacionales, judíos internacionales y socialistas internacionales. Estas afirmaciones no tenían ninguna base. El ejército alemán fue claramente derrotado en el campo de batalla; las negociaciones para un armisticio fueron iniciadas por el gobierno civil ante la insistencia del alto mando y el propio Tratado de Versalles fue posteriormente firmado, en lugar de rechazado, ante la insistencia del mismo alto mando para evitar una ocupación militar de Alemania. Gracias a estas tácticas, el ejército alemán pudo evitar la ocupación militar de Alemania que tanto temía. Aunque las últimas fuerzas enemigas no abandonaron el suelo alemán hasta 1931, no se ocupó ninguna parte de Alemania más allá de las indicadas en el propio armisticio (Renania y las tres cabezas de puente de la orilla derecha del Rin), salvo una breve ocupación del distrito del Ruhr en 1923.

El frente interno, 1914–1918

La Primera Guerra Mundial fue una catástrofe de tal magnitud que, incluso hoy, es difícil que nuestra imaginación pueda comprenderla. En el año 1916, en dos batallas (Verdún y el Somme) se produjo una cantidad superior al 1 700 000 de bajas en ambos bandos. En la descarga de artillería que abrió el ataque francés en Chemin des Dames en abril de 1917, se dispararon 11 000 000 de proyectiles en un frente de 48 km. en 10 días. Tres meses más tarde, en un frente de 17,7 km. en Passchendaele, los británicos dispararon 4 250 000 proyectiles que costaron 22 000 000 de libras esterlinas en un bombardeo preliminar y perdieron 400 000 hombres en el asalto de infantería posterior. En el ataque alemán de marzo de 1918, se lanzaron 62 divisiones con 4 500 cañones pesados y 1 000 aviones en un frente de solo 72,4 km. de ancho. En todos los frentes de la guerra, casi 13 000 000 de hombres de las distintas fuerzas armadas murieron por heridas y enfermedades. El Fondo Carnegie para la Paz Internacional ha calculado que la guerra destruyó más de 400 000 000 000 de dólares de propiedades en un momento en que el valor de cada objeto en Francia y Bélgica no valía más de 75 000 000 000 de dólares.

Evidentemente, el gasto de hombres y riquezas a semejante ritmo requirió una tremenda movilización de recursos en todo el mundo y resultaba imposible que no tuviera efectos de gran alcance en los patrones de pensamiento y modos de acción de los pueblos obligados a someterse a tal tensión. Algunos estados fueron destruidos o quedaron permanentemente perjudicados. Se produjeron profundas modificaciones en las finanzas, en la vida económica, en las relaciones sociales, en la perspectiva intelectual y en los patrones emocionales. Sin embargo, hay que reconocer dos hechos. La guerra no aportó nada realmente nuevo al mundo, sino que aceleró procesos de cambio que habían estado en marcha durante un período considerable y que habrían continuado de todos modos, con el resultado de que los cambios que habrían tenido lugar durante un período de 30 o incluso 50 años en tiempos de paz, se produjeron en cinco años durante la guerra. Además, los cambios fueron mucho mayores en los hechos objetivos y en la organización de la sociedad que en las ideas de los hombres sobre estos hechos o dicha organización. Era como si los cambios fueran demasiado rápidos para que las mentes de los hombres los aceptaran o, lo que es más probable, que los hombres, al ver los grandes cambios que se estaban produciendo en todas partes, los reconocieran, pero asumieran que eran meras aberraciones temporales de un tiempo de guerra y que, cuando llegara la paz, estos desaparecerían y todos podrían volver al lento y agradable mundo de 1913. Este punto de vista, que dominaba el pensamiento de los años 20, estaba muy extendido y era muy peligroso. En su empeño por volver a 1913, los hombres se negaban a reconocer que los cambios de la guerra eran más o menos permanentes y, en lugar de tratar de resolver los problemas derivados de estos cambios, construían una fachada de falsas apariencias, creada para parecerse al año 1913, a fin de encubrir los grandes cambios que se habían producido. Luego, al actuar como si esta fachada fuera la realidad, y al descuidar la realidad desajustada que se movía por debajo de ella, la población de los años 20 se quedó a la deriva en un mundo de agitación e irrealidad hasta que la depresión mundial del periodo entre 1929 y 1935 y las crisis internacionales que le siguieron, arrancaron la fachada y mostraron la horrible realidad, largamente descuidada, que había bajo la misma.

La magnitud de la guerra y el hecho de que podría durar más de seis meses fueron bastante inesperados para ambos bandos y solo se percibieron gradualmente. Primero se hizo evidente en lo que respecta al consumo de suministros, especialmente de municiones, y en el problema de cómo pagar estos suministros. En julio de 1914, los militares confiaban en que se tomaría una decisión en seis meses porque sus planes militares y los ejemplos de 1866 y 1870 evidenciaban una decisión inmediata. Esta creencia estaba respaldada por los expertos financieros que, aunque subestimaban enormemente el coste de la lucha, confiaban en que los recursos financieros de todos los estados se agotarían en seis meses. Por «recursos financieros» entendían las reservas de oro de las distintas naciones. Estas eran claramente limitadas; todas las grandes potencias seguían el patrón oro, según el cual los billetes y el papel moneda podían convertirse en oro a demanda. Sin embargo, cada país suspendió el patrón oro al estallar la guerra, lo que eliminó la limitación automática de la oferta de papel moneda. Entonces, cada país procedió a financiar la guerra pidiendo préstamos a los bancos. Los bancos crearon el dinero que prestaron simplemente dando al Gobierno un depósito de cierto tamaño contra el que este mismo podía girar cheques. Los bancos ya no estaban limitados en cuanto a la cantidad de crédito que podían crear porque ya no tenían que pagar oro por los cheques. Así, la creación de dinero en forma de crédito por parte de los bancos solo estaba limitada por las demandas de sus prestatarios. Naturalmente, a medida que los gobiernos se endeudaban para pagar sus necesidades, las empresas privadas se endeudaban para poder atender los pedidos del Gobierno. El oro que ya no podía ser solicitado, simplemente descansaba en las cajas fuertes, excepto cuando una parte se exportaba para pagar los suministros de los países neutrales o de los socios beligerantes. En consecuencia, el porcentaje de billetes de banco en circulación cubiertos por las reservas de oro se redujo constantemente y el porcentaje de crédito bancario cubierto por oro o por billetes de banco se redujo aún más.

Naturalmente, cuando la oferta de dinero aumentaba de manera más rápida que la oferta de bienes, los precios subían porque una mayor oferta de dinero competía por una menor oferta de bienes. Este efecto se vio agravado por el hecho de que la oferta de bienes tendía a reducirse por la destrucción en tiempos de guerra. La gente recibía dinero para fabricar bienes de capital, bienes de consumo y municiones, pero solo podía gastar su dinero para comprar bienes de consumo, ya que los bienes de capital y las municiones no se ponían a la venta. Como los gobiernos intentaron reducir la oferta de bienes de consumo mientras aumentaban la oferta de los otros dos productos, el problema de la subida de precios (inflación) se agudizó. Al mismo tiempo, el problema de la deuda pública se agravó porque dichos gobiernos financiaban gran parte de sus actividades con créditos bancarios. Estos dos problemas, la inflación y la deuda pública, siguieron creciendo, incluso después de que cesaran los combates, debido a la continua perturbación de la vida económica y a la necesidad de pagar las actividades pasadas. Únicamente en el período entre 1920 y 1925 dejaron de aumentar en la mayoría de los países y siguieron siendo un problema mucho tiempo después.

La inflación indica no solo un aumento de los precios de los bienes, sino también una disminución del valor del dinero (ya que se compran menos bienes). En consecuencia, en una inflación la gente busca conseguir bienes y deshacerse del dinero. Así, la inflación aumenta la producción y las compras para el consumo o el atesoramiento, pero reduce el ahorro o la creación de capital. Beneficia a los deudores (al hacer menos pesada una deuda de dinero fijo) pero perjudica a los acreedores (al reducir el valor de sus ahorros y créditos). Dado que las clases medias de la sociedad europea, con sus ahorros bancarios, depósitos en cuenta corriente, hipotecas, seguros y tenencias de bonos, eran la clase acreedora, estas se vieron perjudicadas e incluso arruinadas por la inflación de la guerra. En Alemania, Polonia, Hungría y Rusia, donde la inflación llegó a tal punto en que la unidad monetaria perdió completamente su valor en 1924, las clases medias fueron destruidas en gran medida y sus miembros fueron llevados a la desesperación o, al menos, a un odio casi psicopático hacia la forma de gobierno o la clase social que creían responsable de su situación. Como las últimas etapas de la inflación que asestaron el golpe fatal a las clases medias se produjeron después de la guerra y no durante la misma (en 1923 en Alemania), este odio se dirigió contra los gobiernos parlamentarios que funcionaron después de 1918 y no contra los gobiernos monárquicos que funcionaron entre 1914 y 1918. En Francia e Italia, donde la inflación llegó hasta el punto de que el franco o la lira se redujeron permanentemente a una quinta parte de su valor antes de la guerra, el odio de las clases medias perjudicadas se dirigió contra el régimen parlamentario que había funcionado tanto durante como después de la guerra y contra la clase obrera que, según ellos, se había beneficiado de sus desgracias. Esto no ocurrió en Gran Bretaña ni en Estados Unidos, donde la inflación fue controlada y la unidad monetaria recuperó la mayor parte de su valor anterior a la guerra. Incluso en estos países, los precios subieron entre un 200 % y un 300 %, mientras que las deudas públicas aumentaron alrededor del 1000 %.

Los efectos económicos de la guerra fueron más complicados. Los recursos de todo tipo, incluyendo la tierra, la mano de obra y las materias primas, tuvieron que ser desviados de los fines del periodo de paz a la producción en tiempos de guerra; o, en algunos casos, los recursos previamente no utilizados tuvieron que ser introducidos en el sistema productivo. Antes de la guerra, la asignación de recursos a la producción se realizaba mediante los procesos automáticos del sistema de precios; la mano de obra y las materias primas se destinaban, por ejemplo, a la fabricación de los bienes más rentables, en lugar de a los más útiles o socialmente beneficiosos, o los más apreciados. En tiempos de guerra, sin embargo, los gobiernos tenían que disponer de ciertos bienes específicos para fines militares, y trataron de conseguir que fueran más rentables que los bienes no militares utilizando los mismos recursos, aunque no siempre tuvieron éxito. El exceso de poder adquisitivo en manos de los consumidores provocó un gran aumento de la demanda de bienes de semilujo, como las camisas blancas de algodón para los trabajadores. Esto hizo que, con frecuencia, a los fabricantes les resultara más rentable utilizar el algodón para hacer camisas y venderlas a precios elevados que utilizarlo para fabricar explosivos.

Situaciones como estas hicieron necesario que los gobiernos intervinieran directamente en el proceso económico para asegurar aquellos resultados que no podían obtenerse mediante el sistema de precios libres o para reducir aquellos efectos perversos que surgían de la perturbación en tiempos de guerra. Apelaron al patriotismo de los fabricantes para que hicieran cosas necesarias en lugar de cosas rentables, o al patriotismo de los consumidores para que gastaran su dinero en bonos del Estado en lugar de en bienes escasos. Comenzaron a construir plantas propiedad del Gobierno para la producción de guerra, utilizándolas ellos mismos o alquilándolas a fabricantes privados en condiciones atractivas, a racionar los bienes de consumo que escaseaban, como los artículos de alimentación, y a monopolizar las materias primas esenciales asignándolas a los fabricantes que tenían contratos de guerra en lugar de permitir que fluyeran hacia donde los precios eran más altos. Las materias así tratadas eran generalmente combustibles, acero, caucho, cobre, lana, algodón, nitratos y otros, aunque variaban de un país a otro, dependiendo del suministro. Los gobiernos empezaron a regular las importaciones y exportaciones para garantizar que los materiales necesarios se quedaran en el país y, sobre todo, que no fueran a parar a los Estados enemigos. Esto llevó al bloqueo británico de Europa, al racionamiento de las exportaciones a los países neutrales y a complicadas negociaciones para que los bienes de dichos países no fueran reexportados a los países enemigos. El soborno, el regateo e incluso la fuerza entraron en estas negociaciones, como cuando los británicos establecieron cuotas a las importaciones de Holanda basadas en las cifras de los años anteriores a la guerra o redujeron los envíos necesarios de carbón británico a Suecia hasta obtener las concesiones que deseaban en cuanto a las ventas de productos suecos a Alemania. La mayoría de los países tuvo que asumir el transporte marítimo y ferroviario casi por completo, para garantizar que el insuficiente espacio para la carga y el transporte de mercancías se utilizara de la manera más eficaz posible, que la carga y la descarga se agilizaran y que las mercancías esenciales para el esfuerzo bélico se enviaran antes y más rápido que las mercancías menos esenciales. Había que regular la mano de obra y orientarla hacia las actividades esenciales.

El rápido incremento de los precios provocó la demanda de aumentos salariales, lo que condujo a un crecimiento y un fortalecimiento de los sindicatos, así como a un aumento de las amenazas de huelga. No había ninguna garantía de que los salarios de los trabajadores esenciales subieran más rápido que los de los trabajadores no esenciales. Ciertamente, los salarios de los soldados, que eran los más esenciales de todos, aumentaron muy poco. Por lo tanto, no había ninguna garantía de que la mano de obra, si se veía únicamente influida por los niveles salariales, como era habitual antes de 1914, fluyera hacia las ocupaciones en las que se necesitaba con mayor urgencia. En consecuencia, los gobiernos empezaron a intervenir en los problemas laborales, tratando de evitar las huelgas pero también de dirigir el flujo de mano de obra hacia actividades más esenciales. En la mayoría de los países hubo registros generales de población masculina, al principio como parte del reclutamiento de hombres para el servicio militar, pero más tarde para controlar los servicios en actividades esenciales. En general, se restringió el derecho a dejar un trabajo esencial y finalmente se dirigió a la gente hacia trabajos esenciales desde actividades no esenciales. Los elevados salarios y la escasez de mano de obra atrajeron al mercado laboral a muchas personas que no habrían estado en él en tiempos de paz, como ancianos, jóvenes, clérigos y, sobre todo, mujeres. Este flujo de mujeres desde los hogares hacia las fábricas u otros servicios tuvo efectos muy profundos en la vida social y en los modos de vida, revolucionando las relaciones entre ambos sexos, llevando a las mujeres a un nivel de igualdad social, legal y política más cercano al de los hombres, obteniendo para ellas el derecho al voto en algunos países, el derecho a poseer o disponer de propiedades en otros más atrasados, cambiando la apariencia y el vestuario de las mujeres mediante innovaciones tales como faldas más cortas, pelo más corto, menos adornos y, en general, una drástica reducción de la cantidad de ropa que llevaban.

Debido al gran número de empresas implicadas y al pequeño tamaño de muchas de ellas, la regulación directa por parte del Gobierno era menos probable en el ámbito de la agricultura. Aquí las condiciones eran generalmente más competitivas que en la industria, con el resultado de que los precios agrícolas habían mostrado una creciente tendencia a fluctuar más ampliamente que los precios industriales. Esto continuó durante la guerra, ya que la regulación agrícola estuvo más completamente influenciada por los cambios de precios que otros sectores de la economía. A medida que los precios agrícolas se disparaban, los agricultores se volvieron más prósperos de lo que lo habían sido en décadas y buscaron intensamente aumentar su participación en la «lluvia de dinero» dedicando cada vez mayores cantidades de tierra al cultivo. Esto no fue posible en Europa debido a la falta de hombres, equipos y fertilizantes; pero en Canadá, Estados Unidos, Australia y Sudamérica se labraron tierras que, debido a la falta de precipitaciones o a su inaccesibilidad a los mercados en tiempos de paz, nunca deberían habersecultivado. En Canadá, el aumento de la superficie de trigo pasó de 9,9 millones en los años entre 1909 y 1913 a 22,1 millones en los años entre 1921 y 25. En Estados Unidos, el aumento de la superficie de trigo fue de 47 millones a 58,1 millones en el mismo período. Canadá aumentó su cuota de la cosecha mundial de trigo del 14 % al 39 % en esta década. Los agricultores se endeudaron para obtener estas tierras y en 1920 estaban enterrados bajo una montaña de hipotecas que antes de 1914 se habrían considerado insoportables, pero que en el auge de la prosperidad de la guerra y los altos precios apenas se tuvieron en cuenta.

En Europa no fue posible tal expansión de la superficie, aunque se araron las praderas en Gran Bretaña y algunos otros países. En el conjunto de Europa, la superficie cultivada se redujo en un 15 % para los cereales entre 1913 y 1919. También se redujo el número de cabezas de ganado (el porcino un 22 % y el vacuno un 7 % entre 1913 y 1920). Se cortaron los bosques para obtener combustible cuando se interrumpió la importación de carbón desde Inglaterra, Alemania o Polonia. Como la mayor parte de Europa quedó aislada de Chile, que había sido la principal fuente de nitratos en la preguerra, o del norte de

África y Alemania, que habían producido gran parte del suministro de fosfatos en la preguerra, se redujo el uso de estos y otros fertilizantes. Esto provocó un agotamiento del suelo tan grande que en algunos países, como Alemania, en 1930 el suelo no había recuperado su fertilidad. Cuando el químico alemán Haber descubrió un método para extraer el nitrógeno del aire que permitió a su país sobrevivir al corte de los nitratos chilenos, el nuevo suministro se utilizó casi en su totalidad para producir explosivos, quedando poco para los fertilizantes. La disminución de la fertilidad del suelo y el hecho de que se pusieran en cultivo nuevas tierras de menor fertilidad natural provocaron un drástico descenso de la producción agrícola por hectárea (en los cereales alrededor del 15 % entre 1914 y 1919).

Estas influencias adversas fueron más evidentes en Alemania, donde el número de cerdos se redujo de 25,3 millones en 1914 a 5,7 millones en 1918; el peso medio del ganado sacrificado disminuyó de 250 kilos en 1913 a 130 en 1918; la superficie dedicada a la remolacha azucarera se redujo de 592 843 hectáreas en 1914 a 366 505 en 1919, mientras que el rendimiento de la remolacha azucarera por hectárea cayó de 31 800 kilos en 1914 a 16 350 kilos en 1920. Las importaciones alemanas de cereales de antes de la guerra, de unos 6 millones y medio de toneladas al año, cesaron y su producción interna cayó a 3 millones de toneladas al año. Sus importaciones anteriores a la guerra de más de 2 millones de toneladas de concentrados de aceite y otros alimentos para animales de granja, cesaron. Los resultados del bloqueo fueron devastadores. Continuado durante nueve meses después del armisticio, causó la muerte de 800 000 personas, según Max Sering. Además, las reparaciones de guerra se llevaron unos 108 000 caballos, 205 000 reses, 426 000 ovejas y 240 000 aves.

Más perjudicial que la reducción del número de animales de granja (que se recuperó en seis o siete años), o la merma de la fertilidad del suelo (que pudo recuperarse en 12 o 15 años), fue la ruptura de la integración de la producción agrícola europea (que nunca se recuperó). El bloqueo de las potencias centrales arrancó el corazón de la integración de la preguerra. Cuando la guerra terminó, resultó imposible reponer dicha integración porque había muchas fronteras políticas nuevas; estas fronteras estaban marcadas por restricciones arancelarias en constante aumento y el mundo no europeo había aumentado su producción agrícola e industrial hasta un punto en que dependía mucho menos de Europa.

Las fuertes bajas, la creciente escasez, la lenta disminución de la calidad de los productos y el aumento gradual del uso de sustitutos, así como la presión cada vez mayor de los gobiernos sobre las actividades de sus ciudadanos, todo ello supuso una gran tensión en la moral de los distintos pueblos europeos. La importancia de esta cuestión era tan grande en los países autocráticos y semi-democráticos como en los que tenían regímenes plenamente democráticos y parlamentarios. Estos últimos no permitían, por lo general, la celebración de elecciones generales durante la guerra, pero ambos tipos necesitaban el pleno apoyo de sus pueblos para mantener sus líneas de batalla y sus actividades económicas a pleno rendimiento. Al principio, la fiebre del patriotismo y el entusiasmo nacional era tan grande que esto no supuso ningún problema. Antiguos y mortales rivales políticos se dieron la mano, o incluso se sentaron en el mismo gabinete y prometieron un frente unido contra el enemigo de su patria. Pero la desilusión fue rápida y apareció ya en el invierno de 1914. Este cambio fue paralelo a la toma de conciencia de que la guerra iba a ser larga, no una sola campaña y una sola batalla como todos habían esperado. Las insuficiencias de los preparativos para hacer frente a las numerosas bajas o proporcionar municiones para las necesidades de la guerra moderna, así como la escasez o la interrupción del suministro de bienes civiles, provocaron la agitación pública. Se formaron comités, pero resultaron relativamente ineficaces y en la mayor parte de las actividades de de casi todos los países fueron sustituidos por organismos unipersonales dotados de amplios controles. El uso de métodos de control voluntarios o semivoluntarios desapareció generalmente con los comités y fue sustituido por lacoacción, aunque fuera encubierta. En los gobiernos en su conjunto se produjo un cambio de personal algo similar, hasta que cada gabinete llegó a estar dominado por un solo hombre, dotado de mayor energía o de una mayor disposición a tomar decisiones rápidas con escasa información que sus compañeros. De este modo, Lloyd George sustituyó a Asquith en Inglaterra; Clemenceau sustituyó a una serie de líderes menores en Francia; Wilson reforzó su control sobre su propio Gobierno en los Estados Unidos; y, de forma más clara en Alemania, Ludendorff llegó a dominar el gobierno de su país. Para levantar la moral de sus propios pueblos y bajar la de sus enemigos, los países se dedicaron a una serie de actividades destinadas a regular el flujo de información hacia esos pueblos. Esto implicaba la censura, la propaganda y el recorte de las libertades civiles. Estas medidas se establecieron en todos los países, sin problemas en las Potencias Centrales y en Rusia, donde existía una larga tradición de amplia autoridad policial, pero con no menos eficacia en Francia y Gran Bretaña. En Francia se proclamó el estado de sitio el 2 de agosto de 1914. Esto dio al Gobierno el derecho a gobernar por decreto, estableció la censura y puso a la policía bajo control militar. En general, la censura francesa no era tan severa como la alemana ni tan hábil como la británica, mientras que su propaganda era mucho mejor que la alemana pero no podía compararse con la británica. Las complejidades de la vida política francesa y la lentitud de su burocracia permitían todo tipo de retrasos y evasiones del control, especialmente por parte de personas influyentes. Cuando Clemenceau se opuso al Gobierno en los primeros días de la guerra, su periódico, *L'homme Libre,* fue suspendido; este siguió publicándolo impunemente bajo el nombre de

L'homme Enchaîné. La censura británica se estableció el 5 de agosto de 1914 y enseguida interceptó todos los cables y el correo privado a los que podía llegar, incluso el de los países neutrales. Esto se convirtió en una importante fuente de información militar y económica. Se aprobó una Ley de Defensa del Reino (conocida familiarmente como DORA) que otorgaba al Gobierno el poder de censurar toda la información. En 1914 se creó un comité de censura de la prensa, que fue sustituido por la oficina de prensa de Frederick E. Smith (más tarde lord Birkenhead) en 1916. Establecida en Crewe House, podía controlar todas las noticias impresas en la prensa, actuando como agente directo del Almirantazgo y de las oficinas de guerra. La censura de los libros impresos era bastante indulgente y lo era mucho más para los libros destinados a ser leídos en Inglaterra que para los libros de exportación, con el resultado de que los «*best sellers*» de Inglaterra eran desconocidos en América. Paralelamente a la censura también existía la Oficina de Propaganda de Guerra bajo el mando de sir Charles Masterman, que contaba con una oficina de información americana bajo el mando de sir Gilbert Parker en Wellington House. Esta última agencia era capaz de controlar casi toda la información que iba a la prensa americana y en 1916 actuaba como un servicio de noticias internacional en sí mismo, distribuyendo noticias europeas a unos 35 periódicos americanos que no tenían reporteros extranjeros propios.

La oficina de censura y la oficina de propaganda trabajaron juntas tanto en Gran Bretaña como en otros lugares. La primera ocultó todas las historias de violaciones de las leyes de la guerra o de las reglas de la humanidad por parte de la Entente, así como los informes sobre sus propios errores militares o sus propios planes de guerra y objetivos de guerra menos altruistas, mientras que la oficina de propaganda publicitó ampliamente las violaciones y las crudezas de las Potencias Centrales, sus planes de movilización antes de la guerra y sus acuerdos sobre los objetivos de guerra. La violación alemana de la neutralidad belga fue constantemente lamentada, mientras que no se dijo nada sobre la violación de la neutralidad griega por parte de la Entente. Se habló mucho del ultimátum austriaco a Serbia, mientras que apenas se mencionó la movilización rusa que había precipitado la guerra. En las potencias centrales se habló mucho del «cerco» de la Entente, mientras que no se dijo nada de las exigencias del Káiser de «un lugar bajo el sol» ni de la negativa del alto mando a renunciar a la anexión de cualquier parte de Bélgica. En general, la fabricación de información o las mentiras descaradas por parte de las agencias de propaganda fueron poco frecuentes y la imagen deseada del enemigo se construyó mediante un proceso de selección y distorsión de las pruebas hasta que, en 1918, muchas personas en Occidente consideraban a los alemanes como militaristas sanguinarios y sádicos, mientras que los alemanes consideraban a los rusos como «monstruos infrahumanos». La propaganda de las «atrocidades» se convirtió en algo muy importante, especialmente por parte de los británicos; las historias de mutilaciones alemanas de cuerpos, violaciones de mujeres, corte de manos de niños, profanación de iglesias y santuarios, y crucifixiones de belgas eran ampliamente creídas en Occidente en 1916. lord Bryce encabezó un comité que produjo un volumen de tales historias en 1915. Resulta bastante evidente que este hombre bien educado, «la mayor autoridad inglesa sobre los Estados Unidos», creía completamente sus propias historias. Aquí, de nuevo, se produjo ocasionalmente la fabricación directa de falsedades, aunque el general Henry Charteris creó una historia en 1917 de que los alemanes estaban cocinando cuerpos humanos para extraer glicerina y produjo fotos para probarlo. De nuevo, las fotografías de cuerpos mutilados en un atentado antisemita ruso en 1905 se difundieron como imágenes de belgas en 1915. Había varias razones para el uso de tales historias de atrocidades: (a) para fortalecer el espíritu de lucha del ejército de masas; (b) para endurecer la moral de los civiles; (c) para fomentar el alistamiento, especialmente en Inglaterra, donde se contó con voluntarios durante un año y medio; (d) para aumentar las suscripciones a los bonos de guerra; (e) para justificar las propias infracciones del derecho internacional o de las costumbres de la guerra; (f) para destruir las posibilidades de negociar la paz (como en diciembre de 1916) o para justificar una severa paz final (como hizo Alemania con respecto a Brest-Litovsk); y (g) para ganar el apoyo de los países neutrales. En general, la relativa inocencia y credulidad del ciudadano medio, que en 1914 aún no estaba inmunizado contra los ataques propagandísticos a través de los medios de comunicación de masas, hizo que el uso de esas historias fuera relativamente eficaz. Pero el descubrimiento, en el período posterior a 1919, de que habían sido engañados dio lugar a un escepticismo hacia todas las comunicaciones gubernamentales que fue especialmente notable en la Segunda Guerra Mundial.

VI

EL SISTEMA DE VERSALLES Y LA VUELTA A LA «NORMALIDAD», 1919-1929

Los acuerdos de paz, 1919-1923	294
Seguridad, 1919-1935	312
Desarme, 1919-1935	325
Reparaciones de guerra, 1919-1932	335

Los acuerdos de paz, 1919–1923

La Primera Guerra Mundial terminó con decenas de tratados firmados en el período entre 1919 y 1923. De ellos, los documentos más importantes fueron los cinco tratados de paz con las potencias derrotadas, llamados así por los lugares del barrio de París donde se firmaron. Estos fueron:

- Tratado de Versalles con Alemania, 28 de junio de 1919
- Tratado de Saint-Germain con Austria, 10 de septiembre de 1919
- Tratado de Neuilly con Bulgaria, 27 de noviembre de 1919
- Tratado de Trianon con Hungría, 4 de junio de 1920
- Tratado de Sèvres con Turquía, 20 de agosto de 1920

El último de ellos, el Tratado de Sèvres con Turquía, nunca fue ratificado y fue sustituido por un nuevo tratado, firmado en Lausana en 1923.

Los acuerdos de paz alcanzados en este período fueron objeto de vigorosas y detalladas críticas en las dos décadas de 1919 a 1939. Tanto los vencedores como los vencidos criticaron dichos acuerdos fervientemente. Aunque este ataque se dirigió en gran medida a los términos de los tratados, las verdaderas causas del ataque no residían en dichos términos. Estos, que no eran ni injustos ni despiadados, eran mucho más indulgentes que cualquier acuerdo que hubiera podido surgir de una victoria alemana y creaban una nueva Europa que era más justa que la de 1914, al menos políticamente. Las causas del descontento con los acuerdos del período entre 1919 y 1923 radican en los procedimientos utilizados para alcanzarlos, más que en los términos de los acuerdos en sí. El descontento se debe, sobre todo, al contraste entre los procedimientos utilizados y los que se pretendía utilizar, así como entre los principios elevados que se pretendía aplicar y los que realmente se aplicaron.

Los pueblos de las naciones vencedoras se habían tomado al pie de la letra su propaganda en tiempos de guerra sobre los derechos de las naciones pequeñas, haciendo del mundo un lugar seguro para la democracia y poniendo fin tanto a la política de poder como a la diplomacia secreta. Estos ideales se habían concretado en los Catorce Puntos de Wilson. Es discutible que las potencias derrotadas sintieran el mismo entusiasmo por estos elevados ideales, pero el 5 de noviembre de 1918, se les había prometido que los acuerdos de paz se negociarían y se basarían en los Catorce Puntos. Cuando quedó claro que los acuerdos iban a ser impuestos en lugar de negociados, que los Catorce Puntos se habían perdido en la confusión y que los términos de dichos acuerdos se habían alcanzado mediante un proceso de negociaciones secretas del que se había excluido a las naciones pequeñas y en el que la política de poder desempeñaba un papel mucho más importante que la seguridad de la democracia, surgieron sentimientos de repulsión contra los tratados.

En Gran Bretaña y en Alemania se desplegó una propaganda contra estos acuerdos hasta que, en 1929, la mayor parte del mundo occidental sentía culpa y vergüenza cada vez que pensaba en el Tratado de Versalles. Había una buena parte de sinceridad en estos sentimientos, especialmente por parte de Inglaterra y de Estados Unidos, pero también había una gran falta de sinceridad detrás de ellos por parte de todos los países. En Inglaterra, los mismos grupos, a menudo las mismas personas, que habían hecho la propaganda de la guerra y de los acuerdos de paz, se quejaban con más fuerza de que estos últimos habían quedado muy por debajo de los ideales de los primeros, mientras que sus verdaderos objetivos eran los de utilizar la política del poder en beneficio de Gran Bretaña. Ciertamente, había motivos para la crítica y, con la misma certeza, los términos de los acuerdos de paz distaban mucho de ser perfectos; pero la crítica debería haberse dirigido más bien a la hipocresía y la falta de realismo de los ideales de la propaganda de guerra, así como a la falta de honestidad de los principales negociadores al seguir fingiendo que estos ideales seguían vigentes mientras los inevitablemente los infringían a diario. Los acuerdos se hicieron claramente mediante negociaciones secretas, por parte exclusiva de las grandes potencias y por política de poder. Tenían que hacerse de esa forma. Jamás se podría haber llegado a un acuerdo sobre otras bases. El hecho de que los principales negociadores (al menos los angloamericanos) no admitieran esto es lamentable, pero detrás de su reticencia a admitirlo, se encuentra el hecho aún más lamentable de que la falta de experiencia y de educación políticas de los electorados estadounidenses e ingleses hizo que fuera peligroso para los negociadores admitir la realidad en las relaciones políticas internacionales.

Está claro que los acuerdos de paz se llevaron a cabomediante una organización caótica y un procedimiento fraudulento... La forma normal de hacer la paz después de una guerra en la que los vencedores forman una coalición sería que los vencedores organizasen una conferencia, acordasen las condiciones que esperan obtener de los vencidos y luego celebrasen un congreso con estos últimos para imponer estas condiciones, con o sin discusión yacuerdo. En octubre y noviembre de 1918 se asumió tácitamente que se iba a utilizar este método para terminar la guerra existente. Pero este método congresual no pudo ser utilizado en 1919 por varias razones. Los miembros de la coalición victoriosa eran tan numerosos (treinta y dos potencias aliadas y asociadas) que solo habrían podido ponerse de acuerdo sobre los términos lentamente y tras una considerable organización preliminar. Esta organización preliminar nunca se produjo, en gran medida porque el presidente Wilson estaba demasiado ocupado como para participar en el proceso, no estaba dispuesto a delegar ninguna autoridad real en otros y, con unas ideas relativamente escasas e intensamente arraigadas (como la Sociedad de Naciones, la democracia y la autodeterminación), no aprobaba los detalles de la organización. Wilson estaba convencido de que si conseguía que se aceptara la Sociedad de Naciones, cualquier detalle indeseable en los términos de los tratados podría remediarse posteriormente a través de la Liga. Lloyd George y Clemenceau se valieron de esta convicción para obtener numerosas disposiciones en los términos que ellos deseaban pero que eran indeseables para Wilson.

También faltaba el tiempo necesario para una conferencia preliminar o una planificación previa. Lloyd George quería llevar a cabo su promesa de realizar una campaña de desmovilización inmediata y Wilson quería volver a sus obligaciones como presidente de los Estados Unidos. Además, si los términos se hubieran redactado en una conferencia preliminar, estos habrían sido el resultado de compromisos entre las numerosas potencias implicadas y dichos compromisos se habrían roto en cuanto se hubiera intentado negociar posteriormente con los alemanes. Dado que se había prometido a los alemanes el derecho a negociar, quedó claro que los términos no podían ser objeto de un pacto público en una conferencia preliminar completa. Desgraciadamente, cuando las grandes potencias vencedoras se dieron cuenta de todo esto y decidieron establecer las condiciones mediante negociaciones secretas entre ellas, ya se habían enviado invitaciones a todas las potencias vencedoras para que acudieran a una conferencia interaliada con el fin de establecer las condiciones preliminares. Como solución a esta embarazosa situación, la paz se hizo en dos niveles. En el primer nivel, con una publicidad considerable, la conferencia interaliada se convirtió en la Conferencia Plenaria de Paz y, con gran presunción, no hizo nada. En el segundo nivel, las grandes potencias elaboraron sus condiciones de paz en secreto y una vez finalizadas, las impusieron simultáneamente a la conferencia y a los alemanes. Esto no estaba previsto. De hecho, a nadie le quedaba claro lo que se estaba haciendo. Hasta el 22 de febrero, Balfour, el secretario de Asuntos Exteriores británico, seguía creyendo que estaban trabajando en los «términos de paz preliminares», y los alemanes pensaban lo mismo el 15 de abril.

Mientras las grandes potencias negociaban en secreto, el pleno de la conferencia se reunió varias veces bajo rígidas reglas destinadas a impedir la acción. Estas sesiones estaban gobernadas por la mano de hierro de Clemenceau, que escuchaba las mociones que quería, bloqueaba las que deseaba, respondía a las protestas con amenazas directas de hacer la paz sin consultar en absoluto a las potencias menores y con oscuras referencias a los millones de hombres que las grandes potencias tenían prestos para el combate. El 14 de febrero se entregó a la conferencia el proyecto del Pacto de la Sociedad de Naciones y el

11 de abril el proyecto de la Oficina Internacional del Trabajo; ambos fueron aceptados el 28 de abril. El 6 de mayo llegó el texto del Tratado de Versalles, solo un día antes de que fuera entregado a los alemanes, y a finales de mayo llegó el proyecto del Tratado de Saint-Germain con Austria.

Mientras este fútil espectáculo se desarrollaba en público, las grandes potencias hacían la paz en secreto. Sus reuniones eran muy informales. Cuando los líderes militares estaban presentes, las reuniones se conocían como el Consejo Supremo de Guerra; cuando los líderes militares estaban ausentes (como solían estarlo después del 12 de enero), el grupo se conocía como el Consejo Supremo o el Consejo de los Diez. Estaba formado por el jefe de gobierno y el ministro de Asuntos Exteriores de cada una de las cinco grandes potencias (Gran Bretaña, Estados Unidos, Francia, Italia y Japón). Este grupo se reunió 46 veces desde el 12 de enero hasta el 24 de marzo de 1919, y funcionó de forma muy ineficaz. A mediados de marzo, debido a que una fuerte disputa sobre la frontera germano-polaca se filtró a la prensa, el Consejo de los Diez se redujo a un Consejo de los Cuatro (Lloyd George, Wilson, Clemenceau, Orlando). Estos cuatro, con la frecuente ausencia de Orlando, celebraron más de 200 reuniones en un período de 13 semanas (del 27 de marzo al 28 de junio). En tres semanas dieron forma al Tratado de Versalles y en ellas se realizaron los trabajos preliminares del tratado con Austria.

Cuando se firmó el tratado con Alemania, el 28 de junio de 1919, los jefes de gobierno abandonaron París y el Consejo de los Diez llegó a su fin. También lo hizo la conferencia plenaria. Los cinco ministros de Asuntos Exteriores (Balfour, Lansing, Pichon, Tittoni y Makino) se quedaron en París como el Consejo de los Jefes de las Delegaciones, con plenos poderes para completar los acuerdos de paz. Este grupo finalizó los tratados con Austria y Bulgaria e hizo que se firmaran. Se disolvió el 10 de enero de 1920, dejando un comité ejecutivo, la Conferencia de Embajadores. Esta estaba formada por los embajadores de las cuatro grandes potencias en París más un representante francés. Este grupo celebró 200 reuniones en los tres años siguientes y siguió reuniéndose hasta 1931. Supervisó la ejecución de los tres tratados de paz ya firmados, negoció el tratado de paz con Hungría y llevó a cabo numerosos actos puramente políticos que no tenían relación con ningún tratado, como el trazado de la frontera con Albania en noviembre de 1921. En general, en la década posterior a la Conferencia de Paz, la Conferencia de Embajadores fue la organización mediante la cual las grandes potencias gobernaron Europa. Esta actuaba con poder, rapidez y secretismo en todos los asuntos que se le delegaban. Cuando surgían cuestiones demasiado importantes que debían ser tratadas de este modo, el Consejo Supremo se reunía ocasionalmente. Esto se hizo unas 25 veces en los tres años entre 1920 y 1922, generalmente en relación con las reparaciones, la reconstrucción económica y los problemas políticos agudos.

Las reuniones más importantes del Consejo Supremo se celebraron en París, Londres, San Remo, Boulogne y Spa en 1920; en París y Londres en 1921; y en París, Génova, La Haya y Londres en 1922. Gran Bretaña puso fin a esta valiosa costumbre en 1923, en protesta por la determinación francesa de utilizar la fuerza para obligar a Alemania a cumplir las cláusulas de reparación del tratado de paz.

En todas estas reuniones, al igual que en la propia Conferencia de Paz, los dirigentes políticos fueron asistidos por grupos de expertos y personas interesadas, a veces autodesignadas. Muchos de estos «expertos» eran miembros o asociados de la fraternidad bancaria internacional. En la Conferencia de Paz de París, los expertos se contaban por miles y la mayoría de los países los organizaron en plantillas oficiales, incluso antes de que terminara la guerra. Estos expertos eran extremadamente importantes. En París, se constituyeron en comités y se les encomendó un problema tras otro, especialmente los relacionados con las fronteras, normalmente sin ninguna indicación sobre los principios que debían guiar sus decisiones. La importancia de estos comités de expertos puede verse en el hecho de que en todos los casos (excepto uno) en los que un comité de expertos presentó un informe unánime, el Consejo Supremo aceptó su recomendación y la incorporó al tratado. En los casos en los que el informe no era unánime, el problema se volvía a presentar a los expertos para que lo examinaran de nuevo. El único caso en el que no se aceptó un informe unánime fue el del Corredor Polaco, el mismo asunto que había obligado a transformar el Consejo Supremo en el Consejo de los Cuatro en 1919 y el que condujo a la Segunda Guerra Mundial 20 años después. En este caso, los expertos fueron mucho más duros con Alemania que lo que lo fue la decisión final de los políticos.

El tratado con Alemania fue redactado por el Consejo de los Cuatro, que reunió los informes de los distintos comités, encajando las partes y limando las distintas desavenencias. Los principales desacuerdos se referían a la cuantía y la naturaleza de las reparaciones alemanas, a la naturaleza del desarme alemán, a la naturaleza de la Sociedad de Naciones y a los acuerdos territoriales en seis áreas específicas: el corredor polaco, la Alta Silesia, el Sarre, Fiume, Renania y Shantung. Cuando la disputa sobre Fiume llegó a su punto álgido, Wilson apeló al pueblo italiano por encima de la delegación italiana en París, creyendo que el pueblo era menos nacionalista y más favorable a sus principios idealistas que su bastante dura delegación. Este llamamiento fue un fracaso, pero la delegación italiana abandonó la conferencia y regresó a Roma en protesta por la actuación de Wilson. Así pues, los italianos se ausentaron de París en el momento en que se repartieron los territorios coloniales alemanes y en consecuencia, no obtuvieron ninguna colonia. De este modo, Italia no consiguió obtener en África una compensación por las ganancias francesas y británicas de territorio en ese continente, como se le había prometido en el Tratado de Londres de 1915. Mussolini adujo esta decepción como una de las principales justificaciones para el ataque italiano a Etiopía en 1935.

El Tratado de Versalles fue presentado a la Conferencia Plenaria el 6 de mayo de 1919 y a la delegación alemana al día siguiente. La conferencia debía aceptarlo sin comentarios, pero el general Foch, comandante en jefe de los ejércitos franceses y de las fuerzas de la Entente en la guerra, atacó duramente el tratado en lo que respecta a sus cláusulas de ejecución. Estas disposiciones concedían poco más que la ocupación de Renania y de tres cabezas de puente en la orilla derecha del Rin, tal como ya existían bajo el Armisticio del 11 de noviembre de 1918. Según el tratado, estas zonas debían ser ocupadas de cinco a 15 años para hacer cumplir un tratado cuyas disposiciones sustantivas exigían que Alemania pagara reparaciones durante al menos una generación y permaneciera desarmada para siempre. Foch insistió en que necesitaba la orilla izquierda del Rin y las tres cabezas de puente de la orilla derecha durante al menos 30 años. Clemenceau, nada más terminar la reunión, reprendió a Foch por haber roto la armonía de la asamblea, pero Foch había tocado la parte más débil, aunque vital, del tratado.

La presentación del texto del tratado a los alemanes al día siguiente no fue mejor. Tras recibir el documento, el jefe de la delegación alemana, el conde Ulrich von Brockdorff-Rantzau, pronunció un largo discurso en el que protestó amargamente por el fracaso de las negociaciones y la violación de los compromisos previos al armisticio. Como insulto deliberado a sus oyentes, habló desde una posición sentada.

La delegación alemana envió a las potencias vencedoras breves notas de crítica detallada durante el mes de mayo y exhaustivas contrapropuestas el 28 del mismo mes. Con 443 páginas de texto alemán, estas contrapropuestas criticaban cláusula por cláusula el tratado, acusaban a los vencedores de tener mala fe al infringir los Catorce Puntos y ofrecían aceptar la Sociedad de Naciones, las secciones de desarme y las reparaciones de 100 000 millones de marcos si los aliados retiraban cualquier declaración que afirmara que Alemania había sido la única causante de la guerra y la readmitían en los mercados mundiales. La mayoría de los cambios territoriales fueron rechazados, excepto cuando se podía demostrar que estaban basados en la autodeterminación (adoptando así el punto de vista de Wilson).

Estas propuestas condujeron a una de las crisis más graves de la conferencia, ya que Lloyd George, que había sido reelegido en diciembre gracias a su promesa al pueblo británico de exprimir a Alemania y que había hecho su parte en este sentido desde diciembre hasta mayo, empezó a temer ahora que Alemania se negara a firmar y adoptara una resistencia pasiva que obligara a los aliados a utilizar la fuerza. Dado que los ejércitos británicos se estaban disolviendo, tal necesidad de fuerza recaería en gran medida sobre los franceses y sería muy bien recibida por gente como Foch, que estaba a favor de la coacción contra Alemania. Lloyd George temía que cualquier ocupación de Alemania por parte de los ejércitos franceses condujera a una completa hegemonía francesa en el continente europeo y que estas fuerzas de ocupación no se retiraran nunca, al haber conseguido, con la connivencia británica, lo que Gran Bretaña había luchado tan enérgicamente por evitar en la época de Luis XIV y Napoleón. En otras palabras, la reducción del poder de Alemania como consecuencia de su derrota estaba llevando a Gran Bretaña de vuelta a su antigua política de equilibrio de poder, según la cual Gran Bretaña se oponía a la potencia más fuerte del continente reforzando el poderío de la segunda más fuerte. Al mismo tiempo, Lloyd George estaba ansioso por continuar la desmovilización inglesapara satisfacer al pueblo británico y reducir la carga financiera de Gran Bretaña para que el país pudiera equilibrar su presupuesto, desinflarlo y volver al patrón oro. Por estas razones, Lloyd George sugirió que se debilitara el tratado reduciendo la ocupación de Renania de 15 a dos años, que se celebrara un plebiscito en la Alta Silesia (que había sido entregada a Polonia), que se admitiera a Alemania en la Sociedad de Naciones de inmediato y que se redujera la carga de las reparaciones. Solo obtuvo el plebiscito en la Alta Silesia y en algunas otras zonas en disputa; Wilson rechazó las otras sugerencias y reprendió al primer ministro por su repentino cambio de actitud.

En consecuencia, la respuesta de los Aliados a las contrapropuestas alemanas (redactada por Philip Kerr y posteriormente porlord Lothian) solo introdujo pequeñas modificaciones en los términos originales (principalmente la adición de cinco plebiscitos en Alta Silesia, Allenstein, Marienwerder, Schleswig del Norte y el Sarre, de los cuales el último debía celebrarse en 1935;los demás inmediatamente). También acusó a los alemanes de ser los únicos culpables de haber provocado la guerra y de llevar a cabo prácticas inhumanas durante la misma, les dio un ultimátum de cinco días para que firmaran el tratado tal y como estaba. La delegación alemana regresó inmediatamente a Alemania y le recomendó que se negara a firmar. El gabinete dimitió antes de firmar, pero se formó un nuevo gabinete con católicos y socialistas. Ambos grupos temían que una invasión de Alemania por parte de los Aliados condujera al caos y a la confusión, lo que fomentaría el bolchevismo en el este y el separatismo en el oeste; dichos grupos votaron a favor de la firma si se eliminaban del tratado los artículos sobre la culpabilidad de la guerra y los criminales de guerra. Cuando los aliados rechazaron estas concesiones, el Partido del Centro Católico votó por 64 contra14 a favor de no firmarlo. En ese momento crítico, cuando el rechazo parecía seguro, el alto mando del ejército alemán, a través del jefe de Estado Mayor Wilhelm Groener, ordenó al gabinete que firmara para evitar una ocupación militar de Alemania. El 28 de junio de 1919, exactamente cinco años después del asesinato de Sarajevo, en el salón de los espejos de Versalles, donde se había proclamado el Imperio Alemán en 1871, el Tratado de Versalles fue firmado por todas las delegaciones excepto la china. Estos últimos se negaron, protestando por la disposición de las concesiones alemanas de preguerra en Shantung.

El Tratado de Austria fue firmado por una delegación encabezada por Karl Renner, pero solo después de que los vencedores hubieran rechazado la pretensión de que Austria fuera un estado sucesor y no una potencia vencida y hubieran obligado al país a cambiar su nombre de la recién adoptada «Austria alemana» por el de «República de Austria». Al nuevo país se le prohibió realizar cualquier movimiento hacia la unión con Alemania sin la aprobación de la Sociedad de Naciones.

El Tratado de Neuilly fue firmado por un único delegado búlgaro, el líder del Partido Campesino Aleksandr Stamboliski. Mediante este acuerdo, Bulgaria perdió la Tracia occidental, su salida al Egeo, que había sido anexionada a Turquía en 1912, así como ciertos pasos de montaña en el oeste, que fueron cedidos por Bulgaria a Yugoslavia por razones estratégicas.

El Tratado de Trianon, firmado en 1920, fue el más severo de los tratados de paz y el que se aplicó con mayor rigidez. Por estas y otras razones, Hungría fue la fuerza política más activa a favor de la revisión de los tratados durante el período entre 1924 y 1934 y fue alentada en esta actitud por Italia desde 1927 hasta 1934, con la esperanza de obtener ventajas de la situación). Hungría tenía buenas razones para estar descontenta. La caída de la dinastía de los Habsburgo en 1918 y los levantamientos de los pueblos sometidos a Hungría, como los polacos, eslovacos, rumanos y croatas, llevaron al poder a un gobierno liberal bajo el conde Michael Karolyi en Budapest. Este Gobierno se vio inmediatamente amenazado por un levantamiento bolchevique bajo el mando de Bela Kun. Con el fin de protegerse, el gobierno de Karolyi solicitó una fuerza de ocupación aliada hasta después de las elecciones previstas para abril de 1919. Esta petición fue rechazada por el general Franchet d'Esperey, bajo la influencia de un político húngaro reaccionario, el conde Stephen Bethlen. El régimen de Karolyi cayó ante los ataques de Bela Kun y los rumanos, como consecuencia de la falta de apoyo de Occidente. Tras el reinado del terrorismo rojo de Bela Kun, que duró seis meses (marzo-agosto de 1920) y su huida ante una invasión rumana de Hungría, los reaccionarios llegaron al poder con el almirante Miklos Horthy como regente y jefe del Estado (1920–944) y el conde Bethlen como primer ministro (1921–1931). El conde Karolyi, que era proaliado, antialemán, pacifista, democrático y liberal, se dio cuenta de que no era posible ningún progreso en Hungría sin que se solucionara la cuestión agraria y el descontento campesino derivado de la monopolización de la tierra. Como los aliados se negaron a apoyar este programa, Hungría cayó en manos de Horthy y Bethlen, que eran antialiados, proalemanes, antidemocráticos, militaristas y poco progresistas. Se persuadió a este grupo de forma engañosa para que firmara el Tratado de Trianon y después lo repudió. Maurice Paleologue, secretario general del Ministerio de Asuntos Exteriores francés (pero actuando en nombre del mayor industrial de Francia, Eugene Schneider), hizo un trato con los húngaros según el cual, si firmaban el Tratado de Trianon tal como estaba y daban a Schneider el control de los ferrocarriles estatales húngaros, el puerto de Budapest y el Banco General de Crédito Húngaro (que tenía un control absoluto sobre la industria húngara), Francia acabaría convirtiendo a Hungría en uno de los principales pilares de su bloque antialemán en Europa del Este, firmaría un convenio militar con esta y, en su momento, obtendría una drástica revisión del Tratado de Trianon. La parte húngara de este complejo acuerdo se llevó a cabo en gran medida, pero las objeciones británicas e italianas a la ampliación del control económico francés en Europa central perturbaron las negociaciones e impidieron que Hungría obtuviera su recompensa. Paleologue, aunque fue obligado a dimitir y sustituido en el Quai d'Orsay por el antihúngaro y procheco Philippe Berthelot, recibió su recompensa de parte de Schneider y fue nombrado director del *holding* personal de este último para sus intereses centroeuropeos, la *Union Europeénne Industrielle et Financière*.

El Tratado de Sèvres con Turquía fue el último que se hizo y el único que nunca se ratificó. Hubo tres razones para su retraso: (1) la incertidumbre sobre el papel de Estados Unidos, que se esperaba que aceptara el control de los Estrechos y un mandato para Armenia, funcionando como amortiguador contra la Rusia soviética; (2) la inestabilidad del gobierno turco, que estaba amenazado por un levantamiento nacionalista dirigido por Mustafá Kemal; y (3) el escándalo causado por la publicación bolchevique de los tratados secretos relativos al Imperio Otomano, ya que estos tratados contrastaban tan marcadamente con los objetivos de guerra expresados por los Aliados. La noticia de que Estados Unidos se negaba a participar en el acuerdo sobre Oriente Próximo hizo posible la elaboración de un tratado, que fue iniciado por el Consejo Supremo en su conferencia de Londres de febrero de 1920 y continuado en San Remo en abril. El gobierno del sultán lo firmó el 20 de agosto de 1920, pero los nacionalistas de Mustafá Kemal se negaron a aceptarlo y establecieron un gobierno insurgente en Ankara. Los griegos y los italianos, con el apoyo de los aliados, invadieron Turquía e intentaron forzar la adopción del tratado de los nacionalistas, pero se vieron muy debilitados por las disensiones tras la fachada de solidaridad de la Entente. Los franceses creían que podían obtenerse mayores concesiones económicas del gobierno kemalista, mientras que los británicos consideraban que obtendrían mejores beneficios del sultán. En particular, los franceses estaban dispuestos a apoyar las demandas de la

Standard Oil con respecto a dichas concesiones, mientras que los británicos estaban dispuestos a apoyar a la Royal-Dutch Shell. Las fuerzas nacionalistas aprovecharon estas disensiones. Tras comprar a italianos y franceses con concesiones económicas, dichas fuerzas lanzaron una contraofensiva contra los griegos. Aunque Inglaterra acudió al rescate de los griegos, no recibió ningún apoyo de las demás potencias, mientras que los turcos contaron con el apoyo de la Rusia soviética. Los turcos destruyeron a los griegos, quemaron Esmirna y se enfrentaron a los británicos en Chanak. En ese momento crítico, los Dominios[1], en respuesta al llamamiento telegráfico de Curzon, se negaron a apoyar una guerra con Turquía. El Tratado de Sèvres, que ya estaba casi roto, tuvo que ser descartado. Una nueva conferencia en Lausana en noviembre de 1922 produjo un tratado moderado y negociado, que fue firmado por el gobierno kemalista el 24 de julio de 1923. Este acto puso fin, de manera formal, a la Primera Guerra Mundial. También supuso un paso vital hacia el establecimiento de una nueva Turquía que serviría como una poderosa fuerza para la paz y la estabilidad en Oriente Próximo. La decadencia de Turquía, que se había prolongado durante 400 años, llegó por fin a su término.

Por este Tratado de Lausana, Turquía renunció a todo el territorio no turco excepto el Kurdistán, perdiendo Arabia, Mesopotamia, el Levante, la Tracia occidental y algunas islas del Egeo. Las capitulaciones fueron abolidas a cambio de una promesa de reforma judicial. No hubo reparaciones ni desarme, excepto la desmilitarización del Estrecho que se abrió a todos los barcos, excepto a los de los países beligerantes, si Turquía estuviera en guerra. Esta aceptó un tratado de minorías y acordó así un intercambio obligatorio con Grecia de las minorías griegas y turcas juzgadas en función de la pertenencia a las religiones ortodoxa griega o musulmana. En virtud de esta última disposición, más de 1 250 000 griegos fueron expulsados de Turquía en 1930. Por desgracia, la mayoría de ellos habían sido comerciantes urbanos en Turquía y se instalaron como agricultores en el inhóspito suelo de Macedonia. Los campesinos búlgaros que habían vivido anteriormente en Macedonia fueron expulsados sin contemplaciones a Bulgaria, donde se convirtieron enel combustible de una sociedad secreta revolucionaria búlgara llamada Organización Revolucionaria Interna de Macedonia (EVIRO), cuyo principal método de acción política era el asesinato.

Como resultado de la creciente ola de agresiones de los años 30, la cláusula relativa a la desmilitarización del Estrecho fue revocada en la convención de Montreux de julio de 1936. Esto otorgó a Turquía la plena soberanía sobre los Estrechos, incluido el derecho a fortificarlos.

Todos los tratados de paz originales constaban de cinco partes principales: (a) el Pacto de la Sociedad de Naciones; (b) las disposiciones territoriales; (c)

---

1. Grupo de organizaciones políticas autónomas que estaban bajo el control del Imperio británico.

la disposición de desarme; (d) las disposiciones de reparación; y (e) las sanciones y garantías. La primera de ellas debe reservarse para más adelante, pero las otras deben mencionarse aquí.

En teoría, las disposiciones territoriales de los tratados se basaban en la «autodeterminación», pero en realidad solían basarse en otras consideraciones: estratégicas, económicas, punitivas, de poder legal o de compensación. Por «autodeterminación» los pacificadores solían entender «nacionalidad» y por «nacionalidad» solían entender «idioma», excepto en el Imperio Otomano, donde «nacionalidad» solía significar «religión». Los seis casos en los que se utilizó realmente la autodeterminación (es decir, los plebiscitos) demostraron que los pueblos de estas zonas no eran tan nacionalistas como creían los pacificadores. Como en Allenstein los polacohablantes constituían el 40 % de la población y solo el 2 % votó a favor de unirse a Polonia, la zona fue devuelta a Alemania; en la Alta Silesia, donde las cifras comparables eran del 65 % y el 40 %, la zona se dividió y la parte oriental, más industrial, pasó a manos de Polonia, mientras que la parte occidental, más rural, fue devuelta a Alemania; en Klagenfurt, los eslovenos constituían el 68 % de la población, solo el 40% quería unirse a Yugoslavia, por lo que la zona quedó en manos de Austria. En Marienwerder se produjeron resultados algo similares, pero no en el norte de Schleswig, que votó por unirse a Dinamarca. En cada caso, los votantes, probablemente por razones económicas, eligieron unirse al estado económicamente más próspero en lugar de al que compartía su mismo idioma.

Además de las zonas mencionadas, Alemania tuvo que devolver Alsacia y Lorena a Francia, ceder tres pequeños distritos a Bélgica y abandonar el límite norte de Prusia Oriental, alrededor de Memel, a las potencias aliadas. Esta última zona fue entregada al nuevo estado de Lituania en 1924 por la Conferencia de Embajadores.

Las principales disputas territoriales surgieron en torno al corredor polaco, Renania y el Sarre. Los Catorce Puntos habían prometido establecer una Polonia independiente con acceso al Mar Báltico. La política francesa había sido, desde aproximadamente el año 500, oponerse a cualquier estado fuerte en Europa central buscando aliados en Europa oriental. Con el colapso de Rusia en 1917, los franceses buscaron un aliado sustituto en Polonia. En consecuencia, Foch quería entregar toda Prusia Oriental a Polonia. En cambio, los expertos (que eran muy pro-polacos) dieron a Polonia acceso al mar separando Prusia Oriental del resto de Alemania mediante la creación de un corredor polaco en el valle del Vístula. La mayor parte de la zona era de habla polaca y el comercio alemán con Prusia Oriental se realizaba en gran parte por mar. Sin embargo, la ciudad de Danzig, en la desembocadura del Vístula, era claramente una ciudad alemana. Lloyd George se negó a entregarla a Polonia, y esta se convirtió en una ciudad libre bajo la protección de la Sociedad de Naciones.

Los franceses deseaban separar toda Alemania al oeste del Rin (la llamada Renania) para crear un estado separado y aumentar la seguridad francesa frente a Alemania. estos renunciaron a su agitación separatista a cambio de la promesa de dar una garantía conjunta angloamericana contra un ataque alemán hecha por Wilson el 14 de marzo de 1919. Esta promesa se firmó en forma de tratado el 28 de junio de 1919, pero quedó sin efecto cuando el Senado de los Estados Unidos no ratificó el acuerdo. Dado que Clemenceau había logrado convencer a Foch y Poincaré de que aceptaran el acuerdo sobre el Rin solo gracias a esta garantía, el hecho de que no se materializara acabó con su carrera política. El acuerdo sobre el Rin, tal y como estaba redactado, contenía dos disposiciones muy distintas. Por un lado, Renania y tres cabezas de puente en la orilla derecha del Rin debían ser ocupadas por las tropas aliadas durante un período de entre cinco y 15 años. Por otro lado, Renania y una zona de 50 km. de ancho a lo largo de la orilla derecha debían estar permanentemente desmilitarizados y cualquier violación de esto podía ser considerada como un acto hostil por los firmantes del tratado. Esto significaba que cualquier tropa o fortificación alemana quedaba excluida de esta zona para siempre. Esta fue la cláusula más importante del Tratado de Versalles. Mientras estuviera en vigor, la gran región industrial del Ruhr, en la orilla derecha del Rin, la columna vertebral económica de la capacidad bélica germánica, quedaba expuesta a un rápido empuje militar francés desde el oeste y Alemania no podría amenazar a Francia ni avanzar hacia el este contra Checoslovaquia o Polonia si esta se oponía.

De estas dos cláusulas, la ocupación militar de Renania y las cabezas de puente terminaron en 1930, cinco años antes de lo previsto. Esto hizo posible que Hitler ignorara la segunda disposición, la desmilitarización de Alemania occidental, al volver a militarizar la zona en marzo de 1936.

El último cambio territorial en disputa del Tratado de Versalles se refería a la cuenca del Sarre, rica en industria y carbón. Aunque su población era claramente alemana, los franceses reclamaron la mayor parte en 1919, alegando que dos tercios de ella habían estado dentro de las fronteras francesas de 1814 y que debían obtener las minas de carbón como compensación por las minas francesas destruidas por los alemanes en 1918. Consiguieron las minas, pero la zona fue separada políticamente de ambos países para ser gobernada por la Sociedad de Naciones durante 15 años y luego sometida a un plebiscito. Cuando se celebró el plebiscito en 1935, después de una admirable administración de la Liga, solo unos 2000 de aproximadamente 528 000 habitantes de la zona votaron a favor de unirse a Francia, mientras que cerca del 90 % deseaba unirse a Alemania, y el resto indicó su deseo de continuar bajo el gobierno de la Liga. Los alemanes, como resultado de esta votación, acordaron volver a comprar las minas de carbón a Francia por 900 millones de francos, pagaderos en carbón durante un período de cinco años.

Las disposiciones territoriales de los tratados de Saint-Germain y Trianon fueron tales que destruyeron por completo el Imperio Austrohúngaro. Austria se redujo de 185 km. cuadrados con 30 millones de habitantes a 51,4 km. cuadrados con 6,5 millones de habitantes. Bohemia, Moravia, partes de la Baja Austria y la Silesia austriaca pasaron a manos de Checoslovaquia, Bosnia, Herzegovina y Dalmacia a las de Yugoslavia, Bukovina pasó a formar parte de Rumanía y el Tirol del Sur, el Trentino, Istria y una extensa zona al norte del Adriático, incluida Trieste, pasaron a manos de Italia.

El Tratado de Trianon redujo el territorio húngaro de 201 km. cuadrados con 21 millones de habitantes a 56,3 km. cuadrados con 8 millones de habitantes. Eslovaquia y Rutenia pasaron a formar parte de Checoslovaquia; Transilvania, parte de la llanura húngara y la mayor parte del Banato quedaron en poder de Rumanía; el resto del Banato, Croacia-Eslavonia y algunos otros distritos pasaron a manos de Yugoslavia.

Los tratados de paz fijaron las fronteras de los estados derrotados, pero no las de los nuevos. Estos últimos fueron fijados por una serie de tratados realizados en los años posteriores a 1918. El proceso dio lugar a disputas e incluso a violentos choques de armas y algunas cuestiones siguen siendo objeto de discordia hasta la actualidad.

Las controversias más violentas surgieron en relación a las fronteras de Polonia. De estas, solo la de Alemania fue fijada por el Tratado de Versalles. Los polacos se negaron a aceptar las demás fronteras sugeridas por los aliados en París y, en 1920, estaban en guerra con Lituania por Vilna, con Rusia por la frontera oriental, con los ucranianos por Galitzia y con Checoslovaquia por Teschen. La lucha por Vilna comenzó en 1919, cuando los polacos arrebataron el distrito a los rusos, pero pronto lo volvieron a perder. Los rusos la cedieron a los lituanos en 1920, lo que fue aceptado por Polonia, pero en tres meses esta fue tomada por los saqueadores polacos. En enero de 1922 se celebró un plebiscito, ordenado por la Sociedad de Naciones, bajo control polaco, que resultó a favor de una mayoría polaca. Los lituanos se negaron a aceptar la validez de esta votación o cualquier decisión de la Conferencia de Embajadores de marzo de 1923, que otorgaba la zona a Polonia. En cambio, Lituania siguió considerando que estaba en guerra con Polonia hasta diciembre de 1927.

A Polonia no le fue tan bien en el otro extremo de su frontera. En enero de 1919 estallaron los combates entre las fuerzas checas y polacas por la región de Teschen. La Conferencia de Embajadores dividió la zona entre ambos países, pero entregó las valiosas minas de carbón a Checoslovaquia (julio).

La frontera oriental de Polonia se estableció únicamente tras una sangrienta guerra con la Unión Soviética. El Consejo Supremo de diciembre de 1919 había fijado la llamada «Línea Curzon» como límite oriental de la administración polaca, pero en seis meses los ejércitos polacos la habían cruzado y habían avanzado más allá de Kiev. Un contraataque ruso hizo retroceder a los polacos y el territorio polaco fue invadido a su vez. Los polacos recurrieron, presas del pánico, al Consejo Supremo, que se mostró reacio a intervenir. Los franceses, sin embargo, no dudaron y enviaron al general Weygand con suministros para defender Varsovia. La ofensiva rusa fue interrumpida en el Vístula y se iniciaron las negociaciones de paz. El acuerdo final, firmado en Riga en marzo de 1921, otorgó a Polonia una frontera 241,4 km. más al este que la Línea Curzon e introdujo en Polonia a muchos pueblos no polacos, entre ellos un millón de rusos blancos[1] y cuatro millones de ucranianos.

Rumanía también tuvo un litigio con Rusia derivado de la ocupación rumana de Besarabia en 1918. En octubre de 1920, la Conferencia de Embajadores reconoció a Besarabia como parte de Rumanía, Rusia protestó y Estados Unidos se negó a aceptar el traspaso. En vista de estos disturbios, Polonia y Rumanía firmaron una alianza defensiva contra Rusia en marzo de 1921.

La disputa más importante de este tipo surgió sobre la disposición de Fiume. Este problema era graveporque una de las grandes potencias estaba involucrada. Los italianos habían cedido Fiume a Yugoslavia en el Tratado de Londres de 1915 y habían prometido, en noviembre de 1918, trazar la frontera italo-yugoslava sobre líneas de nacionalidad. Por lo tanto, no podían reclamar Fiume. En París, sin embargo, insistieron en hacerlo por razones políticas y económicas. Habiendo excluido al Imperio de los Habsburgo del Mar Adriático y no deseando ver surgir ninguna nueva potencia en su lugar, los italianos hicieron todo lo posible por obstaculizar a Yugoslavia y restringir su acceso al Adriático. Además, la adquisición de Trieste por parte de los italianos les proporcionó un gran puerto marítimo sin futuro, ya que estaba separado del interior del país por una frontera política, que era de donde podía ejercer su actividad comercial. Para proteger Trieste, Italia quería controlar todos los posibles puertos competidores de la zona. La propia ciudad de Fiume era mayoritariamente italiana, pero los suburbios y el campo circundante eran mayoritariamente eslavos. Los expertos de París no querían dar a Italia ni Fiume ni Dalmacia, pero el coronel House trató de anular a los expertos para obtener a cambio el apoyo italiano a la Sociedad de Naciones. Wilson desautorizó a House y lanzó su famoso llamamiento al pueblo italiano, que tuvo como resultado la retirada temporal de la delegación italiana de París. Tras su regreso, la cuestión quedó sin resolver. En septiembre de 1919, un errático poeta italiano, Gabriele D'Annunzio, con una partida de bandidos, se apoderó de Fiume y estableció un gobierno independiente sobre las bases de una ópera cómica. La disputa entre Italia y Yugoslavia continuó con crecientes penalidades hasta noviembre de 1920, cuando firmaron un tratado en Rapallo que dividía la zona pero que-

---

1. Provenientes de Bielorrusia.

dejaba a Fiume como ciudad libre. Este acuerdo no fue satisfactorio. Un grupo de fascistas de Italia (donde este partido aún no estaba en el poder) se apoderó de la ciudad en marzo de 1922 y fue desalojado por el ejército italiano tres semanas después. El problema se resolvió finalmente con el Tratado de Roma de enero de 1924, por el que se concedía Fiume a Italia, pero el suburbio de Port Baros y un contrato de arrendamiento de 50 años sobre una de las tres cuencas portuarias pasaban a Yugoslavia.

Estas disputas territoriales son importantes porque siguieron minando las relaciones entre los estados vecinos hasta bien entrada la Segunda Guerra Mundial, e incluso después. Los nombres de Fiume, Tracia, Besarabia, Epiro, Transilvania, Memel, Vilna, Teschen, el Sarre, Danzig y Macedonia seguían resonando como gritos de guerra de nacionalistas exaltadosveinte años después de la Conferencia de Paz reunida en París. Los trabajos de esa conferencia habían reducido, sin duda, el número de poblacionesminoritarias, pero esto solo había servido para aumentar la intensidad de los sentimientos de las minorías restantes. El número de estas seguía siendo grande; había más de 1 000 000 de alemanes en Polonia, 550 000 en Hungría, 3 100 000 en Checoslovaquia, unos 700 000 en Rumanía, 500 000 en Yugoslavia y 250 000 en Italia. Había 450 000 magiares en Yugoslavia, 750 000 en Checoslovaquia y unos 1 500 000 en Rumanía. Había unos 5 000 000 de rusos blancos y ucranianos en Polonia y unos 1 100 000 de ellos en Rumanía. Para proteger a estas minorías, las potencias aliadas y asociadas obligaron a los nuevos Estados de Europa central y oriental a firmar tratados sobre minorías, por los que se les concedía un mínimo de derechos culturales y políticos. Estos tratados estaban garantizados por la Sociedad de Naciones, pero no sin poder para hacer cumplir sus términos. Lo máximo que se podía hacer era emitir una amonestación pública contra el gobierno infractor, como se hizo, más de una vez, por ejemplo, contra Polonia.

Las disposiciones de desarme de los tratados de paz fueron mucho más fáciles de redactar que de aplicar. Se entendía claramente que el desarme de las potencias derrotadas no era sino el primer paso hacia el desarme general de las naciones vencedoras también. En el caso de los alemanes, esta conexión se estableció explícitamente en el tratado, de modo que fue necesario, para mantener a Alemania legalmente desarmada, que los demás firmantes del tratado trabajaran constantemente para lograr el desarme general después de 1919, a fin de evitar que los alemanes alegaran que ya no estaban obligados a permanecer desarmados.

En todos los tratados se prohibieron ciertas armas como los tanques, el gas venenoso, los aviones, la artillería pesada y los buques de guerra de más de cierto tamaño, así como todo el comercio internacional de armas. A Alemania se le permitió una pequeña armada de buques fijada en número y tamaño, mientras que a Austria, Hungría y Bulgaria no se les permitió ninguna armada digna de ese nombre. Se restringió el tamaño de cada ejército: Alemania a 100 000 hombres, Austria a 30 000, Hungría a 35 000 y Bulgaria a 20 000. Además, estos hombres debían ser voluntarios con alistamientos de 12 años y se prohibió toda formación militar obligatoria, Estados Mayores o planes de movilización. Estas disposiciones de formación fueron un error, impuesto por los angloamericanos ante las enérgicas protestas de los franceses. Los angloamericanos consideraban que la formación militar obligatoria era «militarista»; los franceses la considerabannaturalmente concomitante al sufragio universal masculino y no tenían ninguna objeción a su uso en Alemania, ya que solo proporcionaría un gran número de hombres poco entrenados; sin embargo, se opusieron al alistamiento de 12 años favorecido por los británicos, ya que esto proporcionaría a Alemania un gran número de hombres altamente entrenados que podrían ser utilizados como oficiales en caso de resurgimiento de un ejército alemán. En esta cuestión, como en tantas otras en las que los franceses fueron desautorizados por los angloamericanos, el tiempo demostró que la posición francesa era la correcta.

Las disposiciones sobre reparaciones de los tratados provocaron algunas de las discusiones más violentas de la Conferencia de Paz y fueron una prolífica fuente de controversia durante más de una docena de años después de la finalización de la conferencia. Los esfuerzos de los estadounidenses por establecer alguna base racional para las reparaciones, ya sea mediante un estudio de ingeniería de los daños reales que debían repararse o un estudio económico de la capacidad de Alemania para pagar las reparaciones, fueron desechados, en gran parte debido a las objeciones francesas. Al mismo tiempo, los esfuerzos estadounidenses por limitar las reparaciones a los daños de guerra y no permitir que se ampliaran para cubrir el total de los costes de guerra, mucho más amplio, fueron bloqueados por los británicos, que habrían obtenido mucho menos por daños que por costes. Al demostrar a los franceses que la capacidad de pago alemana era, de hecho, limitada y que los franceses obtendrían una fracción mucho mayor de los pagos de Alemania en concepto de «daños» que en concepto de «costes», los estadounidenses pudieron reducir las exigencias británicas, aunque el delegado sudafricano, el general Smuts, consiguió que se incluyeran las pensiones militares como una de las categorías por las que Alemania debía pagar. Los franceses se debatían entre el deseo de obtener una fracción lo más grande posible de los pagos de Alemania y el deseo de hacer que Alemania acumularauna carga de endeudamiento tan aplastante que la arruinara más allá del punto en que pudiera amenazar de nuevo la seguridad francesa.

La delegación británica estaba muy dividida. Los principales delegados financieros británicos, los lores Cunliffe y Sumner, eran tan astronómicamente irreales en sus estimaciones de la capacidad de pago de Alemania que fueron llamados los «gemelos celestiales», mientras que muchos miembros más jóvenes de la delegación, encabezados por John Maynard (más tarde lord) Keynes, veían importantes límites económicos en la capacidad de pago de Alemania o consideraban que una política de compañerismo y fraternidad debía inclinar a Gran Bretaña hacia una estimación baja de las obligaciones de Alemania. Los sentimientos relacionados con esta cuestión eran tan intensos que resultó imposible establecer una cifra exacta para las reparaciones de Alemania en el propio tratado. En su lugar, se adoptó un compromiso, sugerido originalmente por el estadounidense John Foster Dulles. De este modo, Alemania se vio obligada a admitir una obligación de pago teórica e ilimitada, pero en realidad solo estaba obligada a pagar por una lista limitada de diez categorías de obligaciones. La primera admisión ha pasado a la historia como la «cláusula de culpabilidad de guerra» (artículo 231 del tratado). Con ella, Alemania aceptaba «la responsabilidad de Alemania y sus aliados por haber causado todas las pérdidas y daños a los que los gobiernos aliados y asociados y sus nacionales se han visto sometidos como consecuencia de la guerra que les ha impuesto la agresión de Alemania y sus aliados».

La siguiente cláusula, el artículo 232, se refería a la obligación de reparaciones, enumerando 10 categorías de daños, de las cuales la décima, relativa a las pensiones y añadidapor el general Smuts, representaba una obligación mayor que la suma de las nueve categorías anteriores. Dado que se necesitó un período considerable para que la Comisión de Reparaciones descubriera el valor de estas categorías, se exigió a los alemanes que iniciaran la entrega inmediata a los vencedores de grandes cantidades de bienes, principalmente carbón y madera. Hasta mayo de 1921 no se presentó a los alemanes la totalidad de las obligaciones de reparación. Esta factura, que ascendía a 132 mil millones de marcos de oro (unos 32 500 millones de dólares), fue aceptada por Alemania bajo la presión de un ultimátum de seis días, que amenazaba con ocupar la cuenca del Ruhr.

Las cláusulas de reparación de los demás tratados tenían poca importancia. Austria no pudo pagar ninguna reparación debido a la debilitada condición económica de esa sección del Imperio de los Habsburgo. Bulgaria y Hungría solo pagaron pequeñas fracciones de sus obligaciones antes de que todas las reparaciones fueran aniquiladas en la debacle financiera del periodo entre 1931 y 1932.

Los tratados celebrados en París no contenían disposiciones de aplicación dignas de ese nombre, salvo las muy inadecuadas cláusulas sobre Renania que ya hemos mencionado. Es evidente que solo se podía hacer que las potencias derrotadas cumplieran las disposiciones de estos tratados si la coalición que había ganado la guerra continuaba trabajandounida. Esto no ocurrió. Estados Unidos abandonó la coalición como resultado de la victoria republicana sobre

Wilson en las elecciones al Congreso de 1918 y en las presidenciales de 1920. Italia se alejó por el fracaso del tratado para satisfacer sus ambiciones en el Mediterráneo y África, pero estos eran solo detalles. Si se hubiera mantenido la «entente» anglo-francesa, los tratados podrían haberse aplicado sin Estados Unidos ni Italia. No se mantuvo. Gran Bretaña y Francia veían el mundo desde puntos de vista tan diferentes que era casi imposible creer que estuvieran mirando el mismo mundo. La razón era sencilla, aunque tenía muchas consecuencias e implicaciones complejas.

Gran Bretaña, después de 1918, se sentía segura, mientras que Francia se sentía completamente insegura frente a Alemania. Como consecuencia de la guerra, incluso antes de la firma del Tratado de Versalles, Gran Bretaña había conseguido todas sus principales ambiciones respecto a Alemania. La marina alemana estaba en el fondo de Scapa Flow, hundida por los propios alemanes; la flota mercante alemana estaba dispersa, capturada y destruida; la rivalidad colonial germana había terminado y sus áreas estaban ocupadas; la rivalidad comercial alemana estaba paralizada por la pérdida de sus patentes y técnicas industriales, así como porla destrucción de todas sus salidas comerciales y conexiones bancarias en todo el mundo y la pérdida de sus mercados en rápido crecimiento antes de la guerra. Gran Bretaña había conseguido estos objetivos en diciembre de 1918 y no necesitaba ningún tratado para conservarlos.

Francia, en cambio, no había conseguido lo único que quería: la seguridad. En población y fuerza industrial, Alemania era mucho más fuerte que Francia y su fuerza continuaba creciendo. Era evidente que Francia solo había podido derrotar a Alemania por un estrecho margen entre 1914 y 1918 y solo gracias a la ayuda de Gran Bretaña, Rusia, Italia, Bélgica y Estados Unidos. Francia no tenía ninguna garantía de que todos ellos, o incluso alguno de ellos, estuvieran a su lado en cualquier guerra futura con Alemania. De hecho, estaba bastante claro que Rusia e Italia no lo estarían. La negativa de Estados Unidos y Gran Bretaña a dar cualquier garantía a Francia contra la agresión alemana hacía dudar de que estuvieran dispuestos a ayudar; aunque sí lo estuvieran para acudir al rescate en última instancia, no había ninguna garantía de que Francia pudiera resistir el asalto inicial alemán en cualquier guerra futura como había resistido, por un estrecho margen, el asalto de 1914. Incluso si pudiera resistirse y si Gran Bretaña finalmente acudiera al rescate, Francia tendría que luchar, una vez más, como en el período entre 1914 y 1918, con la parte más rica de Francia bajo la ocupación militar del enemigo. En tales circunstancias, ¿qué garantía habría incluso de éxito final? Las dudas de este tipo provocaron en Francia un sentimiento de inseguridad que prácticamente se convirtió en una psicosis, sobre todo porque Francia se encontró con que cada uno de sus esfuerzos por aumentar su seguridad eran bloqueados por Gran Bretaña. A Francia le parecía que el Tratado de Versalles, que había dado a Gran Bretaña todo lo que deseabade Alemania, no daba a Francia lo único que quería. En consecuencia, resultó imposible obtener ninguna solución para los otros dos problemas principales de la política internacional en el período entre 1919 y 1929. A estos tres problemas de seguridad, desarme y reparaciones nos referiremos ahora.

Seguridad, 1919-1935

Francia buscó la seguridad después de 1918 mediante una serie de alternativas. Como primera opción, quería separar Renania de Alemania, lo que fue impedido por los angloamericanos. Como segunda opción, Francia quería una «Liga que enseñara los colmillos», es decir, una Liga de las Naciones con una fuerza policial internacional facultada para tomar medidas automáticas e inmediatas contra un agresor; esto fue bloqueado por los angloamericanos. Como compensación por la pérdida de estas dos primeras opciones, Francia aceptó, como tercera opción, un tratado de garantía angloamericano, pero éste se perdió en 1919 por la negativa del senado de Estados Unidos a ratificar el acuerdo y la negativa de Gran Bretaña a asumir la carga en solitario. En consecuencia, los franceses se vieron obligados a recurrir a una cuarta opción: los aliados al este de Alemania. Los principales pasos en este sentido fueron la creación de una «Pequeña Entente» para hacer cumplir el Tratado de Trianon contra Hungría entre 1920 y 1921 y la incorporación de Francia y Polonia a este sistema para convertirlo en una coalición de «potencias satisfechas». La Pequeña Entente estaba formada por una serie de alianzas bilaterales entre Rumanía, Checoslovaquia y Yugoslavia. Se amplió con un tratado franco-polaco (febrero de 1921) y un tratado franco-checoslovaco (enero de 1924). Este sistema contribuyó relativamente poco a la seguridad francesa debido a la debilidad de estos aliados (excepto Checoslovaquia) y a la oposición de Gran Bretaña a cualquier presión francesa contra Alemania a lo largo del Rin, la única forma en que Francia podía ofrecer garantías a Polonia o Checoslovaquia contra Alemania. En consecuencia, Francia continuó su campaña para obtener una garantía británica y para lograr que la Sociedad de Naciones «enseñara los colmillos».

Así, Francia quería seguridad, mientras que Gran Bretaña tenía seguridad. Francia necesitaba a Gran Bretaña, mientras que Gran Bretaña consideraba a Francia como un rival fuera de Europa (especialmente en Oriente Próximo) y el principal desafío a la habitual política británica de equilibrio de poderes en

Europa. Después de 1919 los británicos, e incluso algunos estadounidenses, hablaban de la «hegemonía francesa» en el continente europeo. La primera regla de la política exterior británica durante cuatro siglos había sido oponerse a cualquier hegemonía en el continente y hacerlo buscando el fortalecimiento de la segunda potencia más fuerte frente a la más potente; después de 1919 Gran Bretaña consideraba a Alemania como la segunda potencia más fuerte y a Francia como la máspotente, una visión bastante equivocada a la luz de la población, la productividad industrial y las organizaciones generales de los dos países.

Como Francia carecía de seguridad, su principal preocupación en todos los asuntos era la política; como Gran Bretaña tenía seguridad, su principal preocupación era la económica. Los deseos políticos de Francia exigían que se debilitara a Alemania; los deseos económicos de Gran Bretaña exigían que se fortaleciera a Alemania para aumentar la prosperidad de toda Europa. Mientras que la principal amenaza política para Francia era Alemania, la principal amenaza económica y social para Gran Bretaña era el bolchevismo. En cualquier lucha con la Rusia bolchevique, Gran Bretaña tendía a considerar a Alemania como un aliado potencial, especialmente si era próspera y poderosa. Esta era la principal preocupación de lord D'Abernon, embajador británico en Berlín en los críticos años entre 1920 y1926. Por otra parte, aunque Francia se oponía completamente al sistema económico y social de la Unión Soviética y no podía olvidar fácilmente las inmensas inversiones francesas que se habían perdido en ese país, seguía tendiendo a considerar a los rusos como aliados potenciales contra cualquier resurgimiento de Alemania (aunque Francia no se alió con la Unión Soviética hasta 1935).

Debido a su inseguridad, Francia tendía a considerar el Tratado de Versalles como un acuerdo permanente, mientras que Gran Bretaña lo consideraba un acuerdo temporal sujeto a modificaciones. Aunque insatisfecha con el tratado, Francia consideraba que era lo mejor que podía esperar obtener, especialmente teniendo en cuenta el estrecho margen por el que Alemania había decidido firmarlo, e incluso cuando se enfrentaba a una coalición mundial. Gran Bretaña, que había obtenido todos sus deseos antes de que se firmara el tratado, no tuvo reparos en modificarlo, aunque solo en 1935 (con el acuerdo naval anglo-alemán) intentó modificar las cláusulas coloniales, navales o de marina mercante de las que se había beneficiado, pero en 1935 llevaba más de 15 años intentando modificar las cláusulas de las que se había beneficiado Francia.

Los franceses creían que la paz en Europa era indivisible, mientras que los británicos creían que era divisible. Eso significa que los franceses creían que la paz de Europa oriental era una preocupación primordial de los Estados de Europa occidental, y que estos últimos no podían consentir que Alemania avanzara hacia el este porque eso le permitiría ganar fuerza para contraatacar hacia el oeste. Los británicos creían que la paz de Europa oriental y la de

Europa occidental eran cosas muy distintas y que su preocupación era mantener la paz en el oeste, pero que cualquier esfuerzo por extenderla al este de Europa no haría más que implicar a Occidente en «cada pequeña disputa» de estos pueblos «atrasados» en continua desavenencia y podría, como ocurrió en 1914, convertir una reyerta local en una guerra mundial. Los Pactos de Locarno de 1925 fueron el primer logro concreto de este punto de vista británico, como veremos. Al argumento francés de que Alemania se haría más fuerte y, por tanto, más capaz de golpear hacia el oeste si se le permitía crecer hacia el este, los británicos solían responder que los alemanes tenían la misma probabilidad de sentirse satisfechos que la de empantanarse en los grandes espacios abiertos del este.

Francia creía que se podía hacer que Alemania mantuviera la paz mediante la coacción, mientras que Gran Bretaña creía que se podía persuadir a Alemania para que mantuviera la paz mediante concesiones. Los franceses, especialmente la derecha política de Francia, que no veían ninguna diferencia entre los alemanes del imperio y los alemanes de la República de Weimar decían: «Rasca a un alemán y encontrarás a un huno» (durante la Primera Guerra Mundial «huno» era un epíteto usado para definir a los alemanes). Los británicos, especialmente la izquierda política, consideraban a los alemanes de la República de Weimar como totalmente diferentes de los alemanes del imperio, purificados por el sufrimiento y liberados de la tiranía de la autocracia imperial; estaban dispuestos a estrechar a estos nuevos alemanes contra su corazón y a hacer cualquier concesión para animarles a seguir el camino de la democracia y el liberalismo. Cuando los británicos empezaron a hablar de esta manera, apelando a altos principios de cooperación y conciliación internacional, los franceses tendieron a considerarlos hipócritas, señalando que la apelación británica a los principios no aparecía hasta que los intereses británicos habían sido satisfechos y hasta que estos principios podían ser utilizados como obstáculos para la satisfacción de los intereses franceses. Los británicos solían responder a las observaciones francesas sobre los peligros de la hipocresía inglesa con algunas observaciones propias sobre los peligros del militarismo francés. De esta triste manera, el núcleo de la coalición que había vencido a Alemania se disolvió en una confusión de malentendidos y recriminaciones.

Este contraste entre las actitudes francesa y británica en materia de política exterior es una simplificación excesiva de ambas. Hacia 1935 se produjo un cambio considerable en ambos países y, mucho antes de esa fecha, existían diferencias entre los distintos grupos de cada país.

Tanto en Gran Bretaña como en Francia (antes de 1935) había una diferencia de opiniones en política internacional que seguía bastante de cerca las perspectivas políticas generales (e incluso las líneas de clase). En Gran Bretaña, las personas de izquierda tendían a creer en la revisión del Tratado de Versalles en favor de Alemania, la seguridad colectiva, el desarme general y la amistad con la Unión Soviética. En el mismo período, la derecha se impacientaba con las políticas basadas en el humanitarismo, el idealismo o la amistad con la Unión Soviética y quería seguir una política de «interés nacional», con lo que se refería al énfasis en el fortalecimiento del imperio, la realización de una política comercial agresiva contra los extranjeros y la adopción de un relativo aislacionismo en la política general, sin compromisos políticos europeos excepto al oeste del Rin (donde los intereses de Gran Bretaña eran inmediatos). Los grupos de izquierda solo estuvieron en el poder en Gran Bretaña durante unos dos años en los 20 años que van de 1919 a 1939 y solo como gobierno minoritario (1924, 1929–1931); los grupos de derecha estuvieron en el poder durante 18 de esos 20 años, normalmente con mayoría absoluta. Sin embargo, durante estos 20 años el pueblo británico simpatizó en general con el punto de vista de la izquierda en política exterior, aunque generalmente votó en las elecciones en función de la política interior más que de la exterior, esto significa que el pueblo estaba a favor de la revisión del Tratado de Versalles, de la seguridad colectiva, de la cooperación internacional y del desarme.

Sabiendo esto, los gobiernos británicos de la derecha comenzaron a seguir una doble política: una política pública en la que hablaban en voz alta en apoyo de lo que hemos llamado la política exterior de la izquierda y una política secreta en la que actuaban en apoyo de lo que hemos llamado la política exterior de la derecha. Así, la política declarada del gobierno y la política del pueblo británico se basaban en el apoyo a la Sociedad de Naciones, a la cooperación internacional y al desarme. Sin embargo, la política real era muy diferente. Lord Curzon, que fue secretario de Asuntos Exteriores durante cuatro años (1919–1923) calificó la Sociedad de Naciones de «buen chiste»; Gran Bretaña rechazó todos los esfuerzos de Francia y Checoslovaquia para reforzar el sistema de seguridad colectiva. Mientras apoyaba abiertamente la Conferencia de Desarme Naval de Ginebra (1927) y la Conferencia Mundial de Desarme (1926–1935), Gran Bretaña firmó un acuerdo secreto con Francia que bloqueaba el desarme tanto en tierra como en el mar (julio de 1928) y firmó un acuerdo con Alemania que la liberaba de su desarme naval (1935). Después de 1935, el contraste entre la política pública y la política secreta se hizo tan agudo que el biógrafo autorizado de lord Halifax (secretario de Asuntos Exteriores entre 1938 y 1940) acuñó el nombre de «diarquía» para ello. Además, después de 1935, las políticas tanto de la derecha como de la izquierda cambiaron, la izquierda se volvió antirrevisionista ya en 1934, siguió apoyando el desarme en algunos casos hasta 1939 y reforzó su insistencia en la seguridad colectiva, mientras que la derecha se volvió más persistente en el revisionismo (por aquel entonces llamado «apaciguamiento») y en la oposición a la Unión Soviética.

En Francia, los contrastes entre la derecha y la izquierda eran menos agudos que en Gran Bretaña y las excepciones más numerosas, no solo por la complejidad comparativa de los partidos políticos franceses y de la ideología política, sino también porque la política exterior en Francia no era una cuestión académica o secundaria, sino que era una preocupación inmediata y temida para cada francés. En consecuencia, las diferencias de opinión, por muy ruidosas e intensas que fueran, eran realmente escasas. Una cosa en la que todos los franceses estaban de acuerdo: «No debe volver a ocurrir». Nunca más debe permitirse que los «hunos» sean lo suficientemente fuertes como para asaltar Francia como en 1870 y en 1914. Para evitarlo, la derecha y la izquierda estaban de acuerdo, había dos métodos: mediante la acción colectiva de todas las naciones y mediante el propio poder militar de Francia. Los dos bandos diferían en el orden en el que debían utilizarse estos dos métodos: la izquierda quería utilizar primero la acción colectiva y el poderío propio de Francia como complemento o sustituto, la derecha quería utilizar primero el poderío propio de Francia, con el apoyo de la Liga o de otros aliados como complemento. Además, la izquierda trató de distinguir entre la vieja Alemania imperial y la nueva Alemania republicana, esperando aplacar a esta última y alejarla del revisionismo mediante la amistad cooperativa y la acción colectiva. La derecha, en cambio, consideró imposible distinguir una Alemania de otra o incluso un alemán de otro, creyendo que todos eran igualmente incapaces de entender otra política que no fuera la de la fuerza. En consecuencia, la derecha quería utilizar la fuerza para obligar a Alemania a cumplir el Tratado de Versalles, aunque Francia tuviera que actuar sola.

La política de la derecha era la de Poincaré y Barthou; la de la izquierda, la de Briand. La primera se utilizó entre 1918 y 1924 y, brevemente, entre 1934 y 1935; la segunda, entre 1924 y 1929. La política de la derecha fracasó en 1924 cuando se puso fin a la ocupación del Ruhr por parte de Poincaré a fin de obligar a Alemania a pagar las reparaciones. Esto demostró que Francia no podía actuar sola ni siquiera contra una Alemania débil debido a la oposición de Gran Bretaña y al peligro de alienar a la opinión mundial. En consecuencia, Francia se volcó en una política de izquierdas (1924–1929). En este período, conocido como el «Período del Cumplimiento», Briand, como ministro de asuntos exteriores de Francia, y Stresemann, como ministro de Asuntos Exteriores de Alemania, cooperaron en términos amistosos. Este período terminó en 1929, no porque Stresemann muriera y Briand dejara su cargo, como se suele decir, sino por la creciente conciencia de que toda la Política de Cumplimiento (1924–1929) se había basado en un malentendido. Briand siguió una política de conciliación hacia Alemania con el fin de evitar en este país cualquier deseo de revisar el Tratado de Versalles; Stresemann siguió su Política de Cumplimiento hacia Francia con el fin de obtener de dicho país una revisión del tratado. Era una relación de propósitos cruzados porque en la cuestión crucial (la revisión del Tratado de Versalles) Briand se mantenía inflexible, como la mayoría de los franceses y Stresemann se mostraba irreconciliable, como la mayoría de los alemanes.

En Francia, como resultado del fracaso de la política de la derecha en 1924 y de la política de la izquierda en 1929, quedó claro que esta nación no podía actuar sola frente a Alemania. Asimismo, quedó claro que Francia no tenía libertad de acción en los asuntos exteriores y que dependía de Gran Bretaña para su seguridad. Para ganar este apoyo, que Gran Bretaña siempre tuvo como cebo pero que no concedió hasta 1939, esta obligó a Francia a adoptar la política de apaciguamiento de la derecha británica a partir de 1935. Esta política obligó a Francia a ceder todas las ventajas que tenía sobre Alemania: se permitió a Alemania rearmarse (1935) y remilitarizar Renania (1936); se alienó a Italia (1935); Francia perdió su última frontera terrestre segura (España, 1936–1939) así como a todos sus aliados al este de Alemania, incluido su único aliado fuerte (Checoslovaquia, 1938–1939); Francia tuvo que aceptar la unión de Austria con Alemania que había vetado en 1931 (marzo de 1938); el poder y el prestigio de la Sociedad de Naciones se rompió y se abandonó todo el sistema de seguridad colectiva (1931–1939); la Unión Soviética, que se había aliado con Francia y Checoslovaquia contra Alemania en 1935, fue tratada como un paria entre las naciones y perdió ante la coalición antialemana (1937–1939). Y por último, cuando todo esto se había perdido, la opinión pública inglesa obligó al gobierno británico a abandonar la política de apaciguamiento de la derecha y a adoptar la vieja política francesa de resistencia. Este cambio se hizo en un asunto menor (Polonia, 1939) después de que la posibilidad de utilizar la política de resistencia había sido destruida por Gran Bretaña y después de que la propia Francia casi la había abandonado.

En Francia, al igual que en Gran Bretaña, se produjeron cambios en la política exterior de la derecha y la izquierda tras la llegada de Hitler al poder en Alemania (1933). La izquierda se volvió más antialemana y abandonó la política de conciliación de Briand, mientras que la derecha, en algunos sectores, trató de hacer de la necesidad virtud y empezó a jugar con la idea de que, si Alemania iba a hacerse fuerte de todos modos, se podría encontrar una solución al problema francés de seguridad poniendo al país germánico en contra de la Unión Soviética. Esta idea, que ya contaba con adeptos en la derecha británica, era más aceptable para la derecha que para la izquierda en Francia, porque, si bien la derecha era consciente de la amenaza política de Alemania, era igualmente consciente de la amenaza social y económica del bolchevismo. Algunos miembros de la derecha francesa llegaron incluso a considerar a Francia como un aliado de Alemania en el asalto a la Unión Soviética. Por otra parte, muchas personas de la derecha francesa siguieron insistiendo en que la principal, o incluso la única, amenaza para Francia era el peligro de la agresión alemana.

En Francia, al igual que en Gran Bretaña, apareció una doble política, pero solo después de 1935, e incluso entonces fue más un intento de fingir que Francia seguía una política propia en lugar de una política hecha en Gran Bretaña que un intento de fingir que seguía una política de lealtad a la seguridad colectiva y a los aliados franceses en lugar de una política de apaciguamiento. Aunque Francia siguió hablando de sus obligaciones internacionales, de la seguridad colectiva y de la inviolabilidad de los tratados (especialmente el de Versalles), esto era en gran medida para consumo público, pues de hecho desde el otoño de 1935 hasta la primavera de 1940, Francia no tuvo ninguna política en Europa independiente de la política de apaciguamiento británica.

Así, la política exterior francesa en todo el período entre 1919 y 1939 estuvo dominada por el problema de la seguridad. Estos 20 años pueden dividirse en cinco subperíodos, como sigue:

1. 1919–1924, política de la derecha
2. 1924–1929, política de la izquierda
3. 1929–1934, confusión y transición
4. 1934–1935, política de la derecha
5. 1935–1939, doble política de apaciguamiento

El sentimiento francés de falta de seguridad era tan poderoso en 1919 que estaban muy dispuestos a sacrificar la soberanía del estado francés y su libertad de acción para conseguir una Sociedad de Naciones con los poderes de un gobierno mundial. En consecuencia, en la primera reunión del Comité de la Sociedad de Naciones, en la Conferencia de Paz de París de 1919, los franceses intentaron establecer una sociedad con su propio ejército, su propio Estado Mayor y sus propios poderes de acción policial contra los agresores sin el permiso de los Estados miembros. Los angloamericanos se horrorizaron ante lo que consideraron un ejemplo inexcusable de «política de poder y militarismo». Pasaron por encima de los franceses y redactaron su propio proyecto de pacto en el que no se sacrificaba la soberanía de los estados y en el que la nueva organización mundial no tenía poderes propios ni derecho a actuar sin el consentimiento de las partes interesadas. La guerra no quedaba proscrita, sino que simplemente se sometía a ciertos retrasos en el procedimiento para hacerla y tampoco se hacían obligatorios los procedimientos pacíficos para resolver las disputas internacionales, sino que simplemente se preveían para aquellos que quisieran utilizarlos. Por último, no se establecieron verdaderas sanciones políticas para obligar a las naciones a utilizar procedimientos pacíficos o incluso a utilizar los procedimientos dilatorios del propio pacto. Se preveía que las naciones miembro utilizaran sanciones económicas contra los

Estados agresores que violaran los procedimientos dilatorios del pacto, pero no se podían utilizar sanciones militares, salvo las aportadas por cada Estado. Así pues, la Liga estaba lejos de ser un gobierno mundial, aunque tanto sus amigos como sus enemigos, por razones opuestas, intentaron aparentar que era más poderosa, y más importante, de lo que realmente era. El pacto, especialmente los críticos artículos 10 a 16, había sido redactado por un hábil abogado británico, Cecil Hurst, que lo llenó de lagunas legales hábilmente ocultas bajo una masa de impresionante verborrea, de modo que la libertad de acción de ningún Estado quedaba vitalmente restringida por el documento. Los políticos lo sabían, aunque no se dio mucha publicidad a dichos artículos y, desde el principio, los Estados que querían una verdadera organización internacional empezaron a tratar de enmendar el pacto, para «ocultar las lagunas» del mismo. Cualquier organización política internacional real necesitaba tres cosas: (1) procedimientos pacíficos para resolver todas las disputas, (2) proscripción de los procedimientos no pacíficos para este fin, y (3) sanciones militares efectivas para obligar a utilizar los procedimientos pacíficos e impedir el uso de procedimientos bélicos.

La Sociedad de Naciones constaba de tres partes: (1) la Asamblea de todos los miembros de la sociedad, que se reunía generalmente en septiembre de cada año; (2) el Consejo, formado por las grandes potencias con puestos permanentes y un número de potencias menores con puestos electivos por períodos de tres años; y (3) el Secretariado, que consistía en una burocracia internacional dedicada a todo tipo de cooperación internacional y que tenía su sede en Ginebra. La Asamblea, a pesar de su gran número y de la poca frecuencia de sus reuniones, demostró ser una institución viva y valiosa, repleta de miembros trabajadores e ingeniosos, especialmente los de las potencias secundarias, como España, Grecia y Checoslovaquia. El Consejo era menos eficaz, estaba dominado por las grandes potencias y pasaba gran parte de su tiempo tratando de impedir la acción sin que resultara demasiado obvio. Originalmente, estaba formado por cuatro miembros permanentes y cuatro no permanentes, los primeros incluían a Gran Bretaña, Francia, Italia y Japón. Alemania se añadió en 1926; Japón y Alemania se retiraron en 1933; la Unión Soviética fue admitida en 1934 y expulsada en 1939 tras su ataque a Finlandia. Como el número de miembros no permanentes aumentó durante este período, el consejo terminó en 1940 con dos miembros permanentes y once no permanentes.

El Secretariado se fue construyendo poco a poco y, en 1938, estaba formado por más de 800 personas de 52 países. La mayoría de ellas, que eran idealistas y devotas de los principios de la cooperación internacional, demostraron una considerable capacidad y una asombrosa lealtad durante la breve existencia de la Liga. Se ocuparon de todo tipo de actividades internacionales, como el desarme, el bienestar de los niños, la educación, el tráfico de drogas, la esclavitud, los refugiados, las minorías, la codificación del derecho internacional, la protección de la vida silvestre y los recursos naturales, la cooperación cultural y muchas otras.

A la Liga se le sumaron una serie de organizaciones dependientes. Dos de ellas, la Corte Permanente de Justicia Internacional y la Oficina Internacional del Trabajo, eran semiautónomas. Otras eran la Organización Económica y Financiera, la Organización de Comunicaciones y Tránsito, la Organización Internacional de la Salud, con oficinas en París y la Organización de Cooperación Intelectual, con sucursales en París, Ginebra y Roma.

Se hicieron muchos esfuerzos, principalmente por parte de Francia y Checoslovaquia, para «cubrir las lagunas del pacto». Los principales fueron el Proyecto de Tratado de Asistencia Mutua (1923), el Protocolo de Ginebra (1924) y los Pactos de Locarno (1925). El Proyecto de Tratado obligaba a sus firmantes a renunciar a la guerra de agresión calificándola de crimen internacional y a prestar asistencia militar a cualquier firmante que el Consejo de la Liga designara como víctima de una agresión. Este proyecto fue anulado en 1924 por el veto del gobierno laborista británico, alegando que el acuerdo aumentaría la carga del Imperio británico sin aumentar su seguridad. La Asamblea formuló de inmediato un acuerdo mejor, conocido como el Protocolo de Ginebra. Este pretendía resolver todas las lagunas del pacto, obligaba a sus firmantes a solucionar las disputas internacionales por los métodos previstos en el tratado, definía como agresor a cualquier estado que se negara a utilizar estos procedimientos pacíficos, obligaba a sus miembros a utilizar sanciones militares contra dichos agresores y ponía fin al poder de «veto» en el Consejo, al disponer que la unanimidad necesaria para las decisiones del Consejo podría lograrse sin contar con los votos de las partes en disputa. Este acuerdo fue rechazado por las objeciones de un gobierno conservador recién instalado en Londres. La principal oposición británica al Protocolo procedía de los Dominios, especialmente de Canadá, que temía que el acuerdo pudiera obligarles, en algún momento, a aplicar sanciones contra Estados Unidos. Se trataba de una posibilidad muy remota teniendo en cuenta que la mancomunidad británica tenía generalmente dos puestos en el Consejo y uno de ellos, al menos, podía utilizar su voto para impedir la acción, incluso si el voto del otro quedaba anulado por ser parte de la disputa.

El hecho de que tanto el Proyecto de Tratado como el Protocolo de Ginebra fueran desestimados por Gran Bretaña provocó una opinión pública adversa en todo el mundo. Para contrarrestarlo, los británicos idearon una complicada alternativa conocida como los Pactos de Locarno. Concebidos en los mismos círculos londinenses que habían estado oponiéndose a Francia, apoyando a Alemania y saboteando la Liga, los Pactos de Locarno fueron el resultado de una compleja intriga internacional en la que el general Smuts desempeñó un papel principal. A primera vista, estos acuerdos parecían garantizar las fronteras del Rin, establecer procedimientos pacíficos para todas las disputas entre Alemania y sus vecinos, y admitir a Alemania en la Sociedad de Naciones sobre una base de igualdad con las grandes potencias. Los Pactos constaban de nueve documentos, de los cuales cuatro eran tratados de arbitraje entre Alemania y sus vecinos (Bélgica, Francia, Polonia y Checoslovaquia); dos eran tratados entre Francia y sus aliados orientales (Polonia y Checoslovaquia); el séptimo era una nota que eximía a Alemania de la necesidad de aplicar la cláusula de sanciones del pacto contra cualquier nación agresora, basándose en que, al estar desarmada por el Tratado de Versalles, no se podía esperar que Alemania asumiera las mismas obligaciones que otros miembros de la Liga; el octavo documento era una introducción general a los Pactos; y el noveno documento era el «Pacto del Rin», la parte más importante del acuerdo. Este «Pacto del Rin» garantizaba la frontera entre Alemania y Bélgica-Francia contra los ataques de cualquiera de las partes. La garantía fue firmada por Gran Bretaña e Italia, así como por los tres Estados directamente implicados y cubría la condición desmilitarizada de Renania tal y como se estableció en 1919. Esto significaba que si alguna de las tres potencias fronterizas violaba la frontera o la zona desmilitarizada, esta violación llevaría a las otras cuatro potencias a actuar contra el infractor.

Los Pactos de Locarno fueron concebidos por Gran Bretaña para dar a Francia la seguridad contra Alemania en el Rin que este país deseaba con tanta urgencia y, al mismo tiempo (ya que la garantía funcionaba en ambos sentidos), para impedir que estallegara a ocupar el Ruhr o cualquier otra parte de Alemania, como se había hecho con las violentas objeciones de Gran Bretaña entre 1923 y 1924. Además, al negarse a garantizar la frontera oriental de Alemania con Polonia y Checoslovaquia, Gran Bretaña estableció por ley la distinción entre la paz en el este y la paz en el oeste, en la que había estado insistiendo desde 1919. Además, debilitó en gran medida las alianzas francesas con Polonia y Checoslovaquia al hacer casi imposible que Francia respetara sus pactos con estos dos países o presionara a Alemania en el oeste si esta empezaba a coaccionar a los aliados franceses en el este, a menos que Gran Bretaña diera su consentimiento. Así pues, los Pactos de Locarno, que se presentaron en su momento en todo el mundo anglosajón como una sensacional contribución a la paz y la estabilidad de Europa, constituyeron realmente el telón de fondo de los acontecimientos de 1938, cuando Checoslovaquia fue excluida en Múnich. La única razón por la que Francia aceptó los Pactos de Locarno fue porque estos garantizaban explícitamente la condición desmilitarizada de Renania. Mientras esta condición se mantuviera, Francia tenía un veto total sobre cualquier movimiento de Alemania hacia el este o el oeste porque los principales distritos industriales de Alemania en el Ruhr estaban desprotegidos. Desgraciadamente, como hemos indicado, cuando la garantía de Locarno venció en marzo de 1936, Gran Bretaña deshizo su acuerdo, el Rin fue remilitarizado y se abrió el camino para que Alemania se moviera hacia el este.

Los Pactos de Locarno provocaron una gran alarma en Europa del Este, especialmente en Polonia y Rusia. Polonia protestó violentamente, emitió una larga justificación legal de sus propias fronteras, envió a su ministro de Asuntos Exteriores a residir en París y firmó tres acuerdos con Checoslovaquia (que ponían fin a la disputa sobre Teschen, así como un tratado comercial y un convenio de arbitraje). Polonia estaba alarmada por la negativa a garantizar sus fronteras, el debilitamiento de su alianza con Francia y el estatus especial otorgado a Alemania dentro de la Sociedad de Naciones y en el Consejo de la Sociedad (donde Alemania podía impedir las sanciones contra Rusia, si esta atacaba alguna vez a Polonia). Para calmar esta alarma se llegó a un acuerdo con Polonia por el que este país también recibió un puesto en el Consejo de la Liga durante los 12 años siguientes (1926–1938).

Los Pactos de Locarno y la admisión de Alemania en la Liga también alarmaron a la Unión Soviética. Este país tenía desde 1917 un sentimiento de inseguridad y aislamiento que a veces adquiría dimensiones obsesivas. Existía cierta justificación para ello. Sometida a los ataques de la propaganda, la diplomacia, la economía e incluso la acción militar, la Unión Soviética había luchado por su supervivencia durante años. A finales de 1921, la mayoría de los ejércitos invasores se habían retirado (excepto los japoneses), pero Rusia seguía aislada y temiendo una alianza mundial antibolchevique. Alemania, por su parte, se encontraba en un aislamiento similar. Las dos potencias marginadas se unieron y sellaron su amistad mediante un tratado firmado en Rapallo en abril de 1922. Este acuerdo provocó una gran alarma en Europa occidental, ya que la unión de la tecnología y la capacidad organizativa alemanas con la mano de obra y las materias primas soviéticas haría imposible el cumplimiento del Tratado de Versalles y podría exponer a gran parte de Europa, o incluso del mundo, al triunfo del bolchevismo. Tal unión de Alemania y la Rusia soviética siguió siendo la principal pesadilla de gran parte de Europa occidental desde 1919 hasta 1939. En esta última fecha se hizo realidad gracias a las acciones de estas mismas potencias occidentales.

Para calmar la alarma de Rusia en Locarno, Stresemann firmó un tratado comercial con este país. Asimismo, prometió obtener una posición especial para Alemania dentro de la Liga a fin de que esta pudiera bloquear cualquier paso de tropas fruto de posibles sanciones de la Liga contra Rusia y firmó un pacto de no agresión con la Unión Soviética (abril de 1926). A su vez, como resultado de los pactos de Locarno, este país firmó un tratado de amistad y neutralidad con Turquía, en el que este último país quedaba prácticamente excluido del ingreso en la Liga.

El «espíritu de Locarno», como llegó a llamarse, dio lugar a un sentimiento de optimismo, al menos en los países occidentales. En esta atmósfera favorable, en el décimo aniversario de la entrada de Estados Unidos en la Guerra Mundial, Briand, el ministro de Asuntos Exteriores de Francia, sugirió que Estados Unidos y Francia renunciaran al uso de la guerra entre ambos países. Esta propuesta fue ampliada por Frank B. Kellogg, el secretario de Estado estadounidense, en un acuerdo multilateral por el que todos los países podrían «renunciar al uso de la guerra como instrumento de política nacional». Francia aceptó esta ampliación solo tras una reserva de que no se debilitaran los derechos de autodefensa y de obligaciones previas. El gobierno británico se reservó ciertas áreas, especialmente en Oriente Medio, en las que deseaba poder librar guerras que no pudieran calificarse de autodefensa en sentido estricto. Estados Unidos también formuló una reserva que preservaba su derecho a hacer la guerra en virtud de la Doctrina Monroe.

Ninguna de estas reservas se incluyó en el texto del propio Pacto Kellogg-Briand y la reserva británica fue rechazada por Canadá, Irlanda, Rusia, Egipto y Persia. El resultado neto fue que solo se renunció a la guerra de agresión.

El Pacto Kellogg-Briand (1928) fue un documento débil, bastante hipócrita y avanzó aún más hacia la destrucción del derecho internacional tal como había existido en 1900. Hemos visto que la Primera Guerra Mundial hizo mucho por destruir las distinciones legales entre beligerantes y neutrales y entre combatientes y no combatientes. El Pacto Kellogg-Briand dio uno de los primeros pasos hacia la destrucción de la distinción legal entre guerra y paz, ya que las potencias, habiendo renunciado al uso de la guerra, empezaron a librar guerras sin declararlas, como hizo Japón en China en 1937, Italia en España entre 1936 y 1939 y todos en Corea en 1950.

El Pacto Kellogg-Briand fue firmado por 15 naciones que fueron invitadas a hacerlo, mientras que 48 naciones fueron invitadas a adherirse a sus términos. Finalmente, 64 naciones (todas las invitadas excepto Argentina y Brasil) firmaron el pacto. La Unión Soviética no fue invitada a firmar, sino solo a adherirse. Sin embargo, estaba tan entusiasmada con el pacto que fue el primer país de ambos grupos en ratificarlo y, cuando pasaron varios meses sin que los firmantes originales lo ratificaran, intentó poner en práctica los términos del pacto en Europa oriental mediante un acuerdo separado. Conocido como el Protocolo Litvinoff en honor al ministro de Asuntos Exteriores soviético, este acuerdo fue firmado por nueve países (Rusia, Polonia, Letonia, Estonia, Rumanía, Lituania, Turquía, Danzig y Persia, pero no por Finlandia, que se negó), aunque Polonia no tenía relaciones diplomáticas con Lituania y la Unión Soviética no las tenía con Rumanía.

El Protocolo Litvinoff fue una de las primeras evidencias concretas de un cambio en la política exterior soviética que se produjo alrededor de 1927–1928 Anteriormente, Rusia se había negado a cooperar con cualquier sistema de seguridad colectiva o desarme, con el argumento de que eran solo «trucos capitalistas». Había considerado las relaciones exteriores como una especie de competencia en la jungla y había dirigido su propia política exterior hacia los esfuerzos por fomentar los disturbios internos y la revolución en otros países del mundo. Esto se basaba en la creencia de que estas otras potencias conspiraban constantemente entre ellas para atacar a la Unión Soviética. Para los rusos, la revolución interna en estos países parecía una especie de autodefensa, mientras que la animosidad de estos países les parecía una defensa contra los planes soviéticos de revolución mundial. En 1927 se produjo un cambio en la política soviética: la «revolución mundial» fue sustituida por una política de «comunismo en un solo país» y un creciente apoyo a la seguridad colectiva. Esta nueva política se mantuvo durante más de una década y se basaba en la creencia de que el comunismo en un solo país podía asegurarse mejor dentro de un sistema de seguridad colectiva. El énfasis en este último punto aumentó tras la llegada de Hitler al poder en Alemania en 1933 y alcanzó su punto álgido en el llamado movimiento del «Frente Popular» del periodo entre 1935 y 1937.

El Pacto Kellogg dio lugar a una proliferación de esfuerzos para establecer métodos pacíficos de resolución de disputas internacionales. Veintrés Estados aceptaron un «Acta General para el Arreglo Pacífico de Disputas Internacionales», que entró en vigor en agosto de 1929. En el quinquenio entre 1924 y 1929 se firmaron un centenar de acuerdos bilaterales con el mismo fin, frente a una docena en el quinquenio entre 1919 y 1924. En 1927 se inició una codificación del derecho internacional, que continuó durante varios años, pero ninguna de sus partes llegó a entrar en vigor por falta de ratificaciones.

La proscripción de la guerra y el establecimiento de procedimientos pacíficos para resolver las disputas carecían relativamente de sentido a menos que se pudieran establecer algunas sanciones para obligar al uso de métodos pacíficos. Los esfuerzos en esta dirección se vieron anulados por la reticencia de Gran Bretaña a comprometerse con el uso de la fuerza contra algún país no especificado en una fecha indefinida o a permitir el establecimiento de una fuerza policial internacional con este fin. Incluso un modesto paso en esta dirección en forma de un acuerdo internacional que proporcionara ayuda financiera a cualquier Estado que fuera víctima de una agresión, una sugerencia hecha por primera vez por Finlandia, fue invalidado por una enmienda británica que establecía que no entraría en vigor hasta la consecución de un acuerdo de desarme general. Esta reticencia a utilizar las sanciones contra la agresión pasó a primer plano en el otoño de 1931, con motivo del ataque japonés a

Manchuria. Como resultado, la «estructura de paz» basada en el Tratado de Versalles, que había sido ampliada por tantos esfuerzos bien intencionados, aunque generalmente mal dirigidos, durante 12 años, comenzó un proceso de desintegración que la destruyó por completo en ocho años (1931–1939).

Desarme, 1919–1935

El fracaso en la obtención de un sistema viable de seguridad colectiva en el período entre 1919 y 1931 impidió lograr cualquier tipo de sistema de desarme general en el mismo período. Obviamente, los países que se sienten inseguros no van a desarmarse. Este punto, por muy obvio que sea, se les escapó a los países de habla inglesa y, los esfuerzos por llegar al desarme en todo el período entre 1919 y 1935, se vieron debilitados por la incapacidad de estos países para darse cuenta de este punto y por su insistencia en que el desarme debía preceder a la seguridad y no al contrario. Así, los esfuerzos por llegar al desarme, aunque continuaron en este período (de acuerdo con la promesa hecha a los alemanes en 1919), se vieron estancados por los desacuerdos entre los «pacifistas» y los «realistas» sobre cuestiones de procedimiento. Los «pacifistas», entre los que se encontraban los países anglosajones, sostenían que los armamentos provocaban guerras e inseguridad y que la forma adecuada de desarmarse era simplemente haciéndolo. Abogaban por un enfoque «directo» o «técnico» del problema y creían que los armamentos podían medirse y reducirse mediante un acuerdo internacional directo. Los «realistas», en cambio, entre los que se encontraban la mayoría de los países de Europa, encabezados por Francia y la pequeña Entente, sostenían que los armamentos eran producto de la guerra y el miedo a esta y que la forma adecuada de desarmarse era dar seguridad a las naciones. Abogaban por un enfoque «indirecto» o «político» del problema y creían que, una vez alcanzada la seguridad, el desarme no presentaría ningún problema.

Las razones de esta discrepancia de opiniones se encuentran en el hecho de que las naciones que defendían el método directo, como Gran Bretaña, Estados Unidos y Japón, ya contaban con una seguridad y podían proceder directamente a la cuestión del desarme, mientras que las naciones que se sentían inseguras estaban obligadas a buscar seguridad antes de comprometerse a reducir el armamento que tenían. Dado que las naciones que gozaban de seguridad eran todas ellas potencias navales, el uso del método directo demostró ser bastante eficaz en lo que respecta al desarme naval, mientras que la imposibilidad de obtener seguridad para los que carecían de ella hizo que la mayoría de los esfuerzos internacionales para el desarme, terrestre y aéreo, fueran parcialmente inútiles.

La historia del desarme naval está marcada por cuatro episodios en el período de entreguerras: (1) la Conferencia de Washington de 1922; (2) la frustrada Conferencia de Ginebra de 1927; (3) la Conferencia de Londres de 1930; y (4) la Conferencia de Londres de 1936.

La Conferencia de Washington fue la conferencia de desarme más exitosa del período de entreguerras porque en ese momento confluyeron una variedad tal de cuestiones, que fue posible negociar con éxito. Gran Bretaña deseaba (1) evitar una competencia naval con Estados Unidos debido a la carga financiera, (2) deshacerse de la alianza anglo-japonesa de 1902, que ya no era necesaria en vista del colapso tanto de Alemania como de Rusia, y (3) reducir la amenaza naval japonesa en el suroeste del Pacífico. Estados Unidos deseaba (1) expulsar a Japón de Asia Oriental y restablecer una «puerta abierta» en China, (2) impedir que los japoneses fortificaran las islas con mandato alemán que se extendían a través de las comunicaciones estadounidenses desde Hawai hasta Filipinas, y (3) reducir la amenaza naval japonesa en Filipinas. Japón quería (1) salir de Siberia oriental sin parecer que se retiraba, (2) impedir que Estados Unidos fortificara la isla de Wake y Guam, sus dos bases en la ruta de Pearl Harbor a Manila, y (3) reducir el poder naval estadounidense en el extremo occidental del Pacífico. Al negociar unas cosas por otras, las tres potencias pudieron obtener sus deseos, aunque esto solo fue posible gracias a la buena relación entre Gran Bretaña y Estados Unidos y, sobre todo, porque en aquella época, antes del uso de los buques cisterna y de las técnicas actuales de abastecimiento de una flota en el mar, el alcance de cualquier flota de combate estaba limitado por la posición de sus bases (a las que tenía que regresar para abastecerse a intervalos relativamente cortos).

Probablemente, la clave de todo el acuerdo residía en las posiciones relativas de las armadas británica y estadounidense. A finales de 1918, Estados Unidos tenía en su línea de combate 16 buques capitales con 168 cañones de 30 a 35 cm y Gran Bretaña tenía 42 buques capitales con 376 cañones de 30 a 38 cm, pero los programas de construcción de las dos potencias habrían prácticamente igualado la cifra en 1926. Para evitar una competencia naval que hubiera imposibilitado a Gran Bretaña equilibrar su presupuesto o volver al patrón oro de la preguerra, este país dio a Estados Unidos la igualdad en buques capitales (con 15 cada uno), mientras que a Japón se le dio un 60 % más (o 9 buques capitales). Esta pequeña flota japonesa, sin embargo, proporcionó a los japoneses la supremacía naval en sus aguas interiores, debido al acuerdo de no construir nuevas fortificaciones o bases navales a una distancia de ataque de Japón. La misma proporción de 10–10–6 de buques capitales se aplicó también a los portaaviones. Francia e Italia se incorporaron a los acuerdos concediéndoles un tercio del tonelaje de las dos mayores potencias navales en estas dos categorías de buques. Las dos categorías en sí estaban estrictamente definidas y, por tanto, limitadas. Los buques capitales eran buques de combate de 10 000 a 35 000 toneladas de desplazamiento con cañones de no más de 40 cm. mientras que los portaaviones debían limitarse a 27 000 toneladas cada uno con cañones de no más de 15 cm. Las cinco grandes potencias navales debían tener buques capitales y portaaviones de la siguiente manera:

País	Proporción	Toneladas de barcos de capital	Número de buques de capital	Toneladas de portadores
Estados Unidos	5	525 000	15	135 000
Gran Bretaña	5	525 000	15	135 000
Japón	3	315 000	9	81 000
Francia	1,67	175 000	sin definir	60 000
Italia	1,67	175 000	sin definir	60 000

Estos límites debían alcanzarse antes de 1931, lo que requería que 76 buques capitales, construidos o proyectados, fueran desechados para esa fecha. De ellos, Estados Unidos desestimó 15 construidos y 13 en construcción, es decir, 28; el Imperio Británico desechó 20 construidos y 4 en construcción, es decir, 24; y Japón rechazó 10 construidos y 14 en construcción, es decir, 24. Las zonas en las que se prohibieron las nuevas fortificaciones en el Pacífico incluían (a) todas las posesiones de Estados Unidos al oeste de Hawai, (b) todas las posesiones británicas al este de los 110° de longitud este, excepto Canadá, Nueva Zelanda y Australia con sus territorios, y (c) todas las posesiones japonesas excepto las «islas interiores» de Japón.

Entre los seis tratados y las 13 resoluciones que se adoptaron en Washington durante las seis semanas que duró la conferencia (de noviembre de 1921 a febrero de 1922), figuraban un tratado de las nueve potencias para mantener la integridad de China, un acuerdo entre China y Japón sobre Shantung, otro entre Estados Unidos y Japón sobre el mandato de las islas del Pacífico y un acuerdo sobre las aduanas chinas. Como consecuencia de estos, se puso fin al Tratado anglo-japonés de 1902 y Japón evacuó el este de Siberia.

Los esfuerzos por limitar otras categorías de buques en Washington fracasaron por culpa de Francia. Este país había aceptado la igualdad con Italia en materia de buques capitales solocuando comprendió que no se limitaría su posesión de buques menores. Francia argumentó que necesitaba una armada más grande que la italiana porque tenía un imperio mundial (mientras que Italia no) y requería la protección de sus costas interiores tanto en el Atlántico como en el Mediterráneo (mientras que Italia podía concentrar su armada en el Mediterráneo). Las mismas objeciones llevaron a estas dos potencias a rechazar la invitación estadounidense a la Conferencia de Desarme de Ginebra de 1927.

La Conferencia de Ginebra de 1927 trató de limitar otras categorías de buques más allá de los buques capitales y los portaaviones. Esta fracasó debido a una violenta disputa entre Gran Bretaña y Estados Unidos sobre los cruceros. Estados Unidos, con pocas bases en alta mar y una armada de «alta mar», quería cruceros «pesados» de unas 10 000 toneladas cada uno, con cañones de 20 cm. Los británicos, con muchas bases navales dispersas, querían muchos cruceros «ligeros» de 7500 toneladas cada uno con cañones de 15 cm. y estaban ansiosos por limitar los cruceros «pesados» para aumentar la importancia naval de su millón de toneladas de buques mercantes rápidos (que podían ser armados con cañones de 15 cm. en caso de emergencia). Estados Unidos aceptó la división británica de los cruceros en dos clases, pero pidió la limitación de ambos de acuerdo con las proporciones de Washington y con el menor tonelaje máximo posible. Gran Bretaña quería limitar solo los cruceros «pesados» y fijó sus propias necesidades «absolutas» de cruceros en 70 buques con un total de 562 000 toneladas, es decir, el doble del total sugerido por los estadounidenses. Los británicos argumentaron que sus necesidades de cruceros no tenían nada que ver con el tamaño relativo de la flota de cruceros estadounidense, sino que dependían de valores «absolutos» como el tamaño de la tierra y las millas de rutas marítimas que debían patrullarse. En este punto, Winston Churchill se mostró inflexible y consiguió obligar a dimitir del gabinete al principal delegado británico en la Conferencia de Ginebra (lord Robert Cecil, que quería llegar a un acuerdo).

La conferencia se disolvió en un ambiente recriminatorio, para gran alegría de los grupos de presión de las empresas de construcción naval y las sociedades «patrióticas». Estos habían acosado a los delegados durante toda la conferencia. Tres empresas americanas de construcción naval se arriesgaban a perder contratos por valor de casi 54 millones de dólares si la conferencia hubiera sido un éxito y no dudaron en gastar parte de esa suma para asegurarse de que no lo fuera. Más tarde fueron demandados por más dinero por el principal activista en la conferencia, el Sr. William B. Shearer. Como consecuencia de la conferencia, Gran Bretaña firmó un acuerdo secreto con Francia por el cual Francia se comprometía a apoyar a Gran Bretaña contra los Estados Unidos en el tema de los cruceros y otras cuestiones, y Gran Bretaña se comprometía a apoyar a Francia para evitar la limitación de las reservas de infantería entrenada en la próxima Conferencia Mundial de Desarme. Este acuerdo, firmado en julio de 1928, fue revelado por empleados pro-estadounidenses del ministerio de Asuntos Exteriores francés a William Randolph Hearst y publicado en sus periódicos a los dos meses de su firma. Francia deportó de inmediato al reportero de Hearst en París, expulsó al propio Hearst en su siguiente visita a Francia en 1930 y publicó el texto del acuerdo con Gran Bretaña (octubre de 1928).

La Conferencia Naval de Londres de 1930 consiguió alcanzar el acuerdo que no se había logrado en Ginebra. La publicidad de las actividades de Shearer y del acuerdo anglo-francés, así como la llegada de la depresión mundial y el advenimiento de un gobierno laborista más pacifista en Londres, contribuyeron a este éxito. Se definieron y limitaron los cruceros, destructores y submarinos, para las tres mayores potencias navales y se establecieron ciertas limitaciones adicionales en las categorías acordadas en Washington. Los acuerdos fueron los siguientes (en toneladas):

Tipos	Estados Unidos	Gran Bretaña	Japón
Cruceros pesados con cañones de más de 15,4 cm	180 000	146 800	108 400
Cruceros ligeros con cañones de menos de 15,4 cm	143 500	192 200	100 450
Destructores	150 000	150 000	105 500
Submarinos	52 700	52 700	52 700

Esto permitía que Estados Unidos tuviera 18 cruceros pesados, Gran Bretaña 15 y Japón 12, mientras que en cruceros ligeros las tres cifras eran de unos 25, 35 y 18. Los destructores estaban limitados a 1850 toneladas cada uno con cañones de 13 cm. y los submarinos a 2000 toneladas cada uno, con cañones de 13 cm. Este acuerdo mantuvo estables las cifras de la flota japonesa, obligó a Gran Bretaña a reducirlas y permitió a Estados Unidos construir (excepto en lo que respecta a los submarinos). Probablemente, este resultado solo podría haber sido posible en un momento en el que Japón se encontraba en una situación financiera difícil y Gran Bretaña estaba bajo un gobierno laborista.

Este tratado dejó sin resolver la rivalidad en el Mediterráneo entre Italia y Francia. Mussolini exigía que Italia tuviera igualdad naval con Francia, aunque sus apuros financieros hacían necesario limitar la armada italiana. La pretensión de igualdad sobre una base tan pequeña no podía ser aceptada por Francia, ya que tenía dos costas marítimas, un imperio mundial y los nuevos «acorazados de bolsillo» alemanes de 10 000 toneladas. Las demandas italianas eran puramente teóricas, ya que ambas potencias, por motivos económicos, se hallaban bajo los límites del tratado y no hacían ningún esfuerzo por ponerse al día. Francia estaba dispuesta a conceder la igualdad italiana en el Mediterráneo solo si conseguía algún tipo de apoyo británico contra la marina alemana en el Mar del Norte o si conseguía un acuerdo general de no agresión en el Mediterráneo;ambas condiciones fueron rechazadas por Gran Bretaña. Sin embargo, Gran Bretaña consiguió un acuerdo naval franco-italiano como complemento del acuerdo de Londres (en marzo de 1931). Por este acuerdo, Italia aceptó una fuerza total de 428 000 toneladas, mientras que Francia tenía una fuerza de 585 000 toneladas, siendo la flota francesa menos moderna que la italiana. Este acuerdo se rompió en el último momento, debido a la unión aduanera austro-alemana y a la adquisiciónde Alemania de un segundo acorazado de bolsillo (marzo de 1931). La ruptura no tuvo efectos negativos, ya que ambas partes continuaron actuando como si dicho acuerdo estuviera en vigor.

La Conferencia Naval de Londres de 1936 no tuvo ninguna importancia. En 1931, la invasión japonesa de Manchuria violó el Tratado de las Nueve Potencias del Pacífico de 1922. En 1933 Estados Unidos, que había quedado muy por debajo del nivel previsto en el acuerdo de Washington de 1922, autorizó la construcción de 132 buques para que su armada alcanzara el nivel del tratado en 1942. En 1934, Mussolini decidió abandonar la política financiera ortodoxa y anunció un programa de construcción para que la flota italiana alcanzara el nivel del tratado en 1939. Esta decisión se justificó por la reciente decisión francesa de construir dos cruceros de batalla para hacer frente a los tres acorazados de bolsillo alemanes.

Todas estas acciones estaban dentro de las limitaciones de los tratados, sin embargo, en diciembre de 1934, Japón anunció su negativa a renovar los tratados existentes cuando expiraran en 1936. La Conferencia Naval convocada para esa fecha se reunió en un ambiente muy desfavorable. El 18 de junio de 1935, Gran Bretaña había firmado un acuerdo bilateral con Hitler que permitía a Alemania formar una armada de hasta el 35 % de la fuerza naval británica en cada clase y hasta el 100 % en submarinos. Esto supuso un terrible golpe para Francia, que se vio limitada al 33 % de la armada británica en buques capitales y portaaviones y tuvo que distribuir esta flota menor en dos costas (para hacer frente tanto a Italia como a Alemania) así como en todo el mundo (para proteger el imperio colonial francés). Este golpe a Francia fue probablemente la respuesta británica a la alianza francesa con la Unión Soviética (2 de mayo de 1935), ya que el aumento de la amenaza alemana en la costa noroeste francesa pretendía disuadir a Francia de cumplir la alianza con la Unión Soviética, si Alemania atacaba hacia el este. De este modo, Francia volvió a depender de Gran Bretaña. Alemania aprovechó esta situación para botar 21 submarinos en octubre de 1935 y dos acorazados en 1936.

En estas condiciones, la Conferencia Naval de Londres de 1936 no consiguió nada importante, Japón e Italia se negaron a firmar. Como resultado, los tres firmantes pronto se vieron obligados a utilizar las diversas cláusulas de escape diseñadas para hacer frente a cualquier construcción extensiva por parte de las potencias no firmantes. El tamaño máximo de los buques capitales se elevó a 45 000 toneladas en 1938 y se renunció a todo el tratado en 1939.

El éxito obtenido en el desarme naval, por muy limitado que fuera, fue mucho mayor que el obtenido respecto a otros tipos de armamento, ya que estos requerían que se incluyera en las negociaciones a naciones que se sentían políticamente inseguras. Ya hemos indicado la controversia entre los partidarios del «método directo» y los del «método indirecto» en el desarme. Esta distinción era tan importante que la historia del desarme de las fuerzas terrestres y aéreas puede dividirse en cuatro períodos: (a) un período de acción directa, (1919–1922); (b) un período de acción indirecta, (1922–1926); (c) un nuevo período de acción directa, (1926–1934); y (d) un período de rearme, (1934–1939).

El primer período de acción directa se basó en la creencia de que las victorias de 1918 y los consiguientes tratados de paz proporcionaban seguridad a las potencias vencedoras. En consecuencia, la tarea de alcanzar un acuerdo de desarme se encomendó a un grupo puramente técnico, la Comisión Consultiva Permanente de Desarme de la Sociedad de Naciones. Este grupo, formado exclusivamente por oficiales de los distintos servicios armados, no pudo llegar a un acuerdo sobre ninguna cuestión importante: no pudo encontrar ningún método para medir los armamentos, ni siquiera para definirlos; no pudo distinguir los armamentos reales de los potenciales ni los defensivos de los ofensivos. Dio respuestas a algunas de estas cuestiones, pero no obtuvieron el asentimiento general. Por ejemplo, decidió que los fusiles en posesión de las tropas eran material de guerra y también la madera o el acero susceptibles de ser utilizados para fabricar dichos fusiles, pero los fusiles ya fabricados y almacenados no eran material de guerra sino «objetos inofensivos de paz».

Como consecuencia del fracaso de la Comisión Consultiva Permanente, la asamblea de la Liga creó una Comisión Mixta Temporal en la que solo seis de los 28 miembros eran oficiales de los servicios armados. Este órgano atacó el problema del desarme por el método indirecto, tratando de lograr la seguridad antes de pedir a nadie que se desarmara. De esta comisión surgieron el Proyecto de Tratado de Garantía Mutua (1922) y el Protocolo de Ginebra (1924). Ambos fueron, como hemos dicho, vetados por Gran Bretaña, por lo que nunca se llegó a las partes de las negociaciones relativas al desarme. Sin embargo, la consecución de los Pactos de Locarno proporcionó, en opinión de muchos, la seguridad necesaria para permitir la vuelta al método directo. En consecuencia, en 1926 se creó una Comisión Preparatoria de la Conferencia

Mundial de Desarme para elaborar un proyecto de acuerdo que debía completarse en una Conferencia Mundial de Desarme celebrada en Ginebra en 1932.

La Comisión Preparatoria contaba con delegados de todos los países importantes del mundo, incluidas las potencias derrotadas y los principales países no miembros de la Liga. Celebró seis sesiones a lo largo de tres años y elaboró tres proyectos. En general, se encontró con las mismas dificultades que la Comisión Consultiva Permanente. Este último grupo, que actuaba como subcomité de la Comisión Preparatoria, consumió 3 750 000 hojas de papel en menos de seis meses, pero no pudo encontrar respuestas a las mismas cuestiones que le habían desconcertado anteriormente. Los principales problemas surgieron de las disputas políticas, principalmente entre Gran Bretaña y Francia. Estos dos países elaboraron proyectos separados que divergían en casi todos los puntos.

Los franceses querían que se contara el potencial bélico, pero deseaban que se excluyeran de la limitación las reservas de hombres entrenados; los británicos querían que se excluyera el potencial bélico, pero pedían que se contaran las reservas entrenadas; los franceses querían que una comisión permanente supervisara el cumplimiento de cualquier acuerdo, mientras que los angloamericanos rechazaban toda supervisión. Finalmente, se preparó un borrador incluyendo todas las divergencias en columnas paralelas.

La Comisión Preparatoria perdió más de una sesión completa en denunciar las sugerencias para el desarme de Litvinoff, el representante soviético. Su primer proyecto, que preveía el desarme inmediato y completo de todos los países, fue censurado por todos. Un proyecto sustitutivo, que establecía que los estados más armados se desarmarían en un 50 %, los menos armados en un 33 %, los ligeramente armados en un 25 % y los «desarmados» en un 0 %, con todos los tanques, aviones, gas y artillería pesada completamente prohibidos, fue también rechazado sin discusión, y el presidente de la comisión suplicó a Litvinoff que mostrara un «espíritu más constructivo» en el futuro. Tras un impresionante despliegue de dicho espíritu constructivo por parte de otros países, se redactó un proyecto de Convención que fue aceptado por una votación en la que solo Alemania y la Unión Soviética se pronunciaron en contra (diciembre de 1930).

La Conferencia Mundial de Desarme, que examinó este proyecto, estuvo en preparación durante seis años (1926–1932) y se reunió durante tres (de febrero de 1932 a abril de 1935), pero no consiguió nada notable en materia de desarme. Esta contó con el apoyo de una tremenda ola de opinión pública, pero la actitud de los distintos gobiernos era cada vez menos favorable. Los japoneses ya estaban atacando China; los franceses y los alemanes estaban sumidos en una violenta controversia, los primeros insistiendo en la seguridad y los segundos en la igualdad de armas; y la depresión mundial se agravaba cada vez más y varios gobiernos llegaron a creer que solo una política de gasto público (incluido el gasto en armas) podría proporcionar el poder adquisitivo necesario para la reactivación económica. Una vez más, el deseo francés de crear una fuerza policial internacional fue rechazado, aunque apoyado por 17 estados, y el deseo británico de prohibir ciertos armamentos «agresivos» (como el gas, los submarinos y los aviones de bombardeo) fue rechazado por los franceses, aunque aceptado por 30 estados (incluidos la Unión Soviética e Italia). La discusión de estos temas se hizo cada vez más difícil por las crecientes exigencias de los alemanes. Cuando Hitler llegó al poder en enero de 1933, exigió la igualdad inmediata con Francia, al menos en materia de armas «defensivas». Esto fue rechazado y Alemania abandonó la conferencia.

Aunque Gran Bretaña intentó, durante un tiempo, actuar como intermediario entre Alemania y la Conferencia de Desarme, no se consiguió nada y la conferencia acabó dispersándose. Francia no haría ninguna concesión en materia de armamento a menos que obtuviera una mayor seguridad, y esto resultó imposible cuando Gran Bretaña, el 3 de febrero de 1933 (solo cuatro días después de la llegada de Hitler al poder), se negó públicamente a asumir ningún compromiso con Francia más allá de la pertenencia a la Liga y a los Pactos de Locarno. En vista de las ambigüedades verbales o de las de estos documentos, y del hecho de que Alemania se retiró tanto de la Liga como de la Conferencia de Desarme en octubre de 1933, estos ofrecían poca seguridad a Francia. El presupuesto alemán, dado a conocer en marzo de 1934, mostraba una asignación de 210 millones de marcos para la fuerza aérea (que estaba totalmente prohibida por Versalles) y un aumento de 345 a 574 millones de marcos en la asignación para el ejército. La mayoría de los delegados quiso desviar la atención de la Conferencia de Desarme de las cuestiones de desarme a las de seguridad, pero esto fue bloqueado por un grupo de siete estados liderados por Gran Bretaña. El desarme dejó de ser una cuestión práctica después de 1934, y la atención debería haberse trasladado a las cuestiones de seguridad. Por desgracia, la opinión pública, especialmente en los países democráticos, siguió siendo favorable al desarme e incluso al pacifismo, al menos en Gran Bretaña hasta 1938 y en Estados Unidos hasta 1940. Esto dio a los países agresores, como Japón, Italia y Alemania, una ventaja desproporcionada con respecto a su fuerza real. Los esfuerzos de rearme de Italia y Alemania no fueron grandes en absoluto, las agresiones exitosas de estos países después de 1934 fueron resultado de la falta de voluntad más que de la falta de fuerza de los estados democráticos.

El fracaso total de los esfuerzos de desarme entre 1919 y 1935 y el sentimiento angloamericano de que estos esfuerzos les perjudicaron más tarde en sus conflictos con Hitler y Japón, se combinaron para que la mayoría de la gente se impacientara con la historia del desarme. Parece un tema lejano y equivocado. Puede que lo sea; sin embargo, tiene profundas lecciones hoy en día, especialmente sobre las relaciones entre los aspectos militares, económicos, políticos y psicológicos de nuestras vidas. Actualmente, está perfectamente claro que los franceses y sus aliados (especialmente Checoslovaquia) tenían razón al insistir en que la seguridad debía preceder al desarme y que los acuerdos de desarme debían cumplirse mediante inspecciones y no desde la «buena fe». Que Francia tuviera razón en estas cuestiones, así como en su insistencia en que las fuerzas de agresión seguían vivas en Alemania, aunque disminuidas, es algo que ahora todos admiten y que está respaldado por todas las pruebas. Además, los angloamericanos adoptaron el énfasis francés en la prioridad de la seguridad y la necesidad de la inspección en sus propias discusiones sobre el desarme con la Unión Soviética, a principios de la década de 1960. La idea francesa de que las cuestiones políticas (incluidas las militares) son más fundamentales que las consideraciones económicas también se acepta ahora, incluso en Estados Unidos, que se opuso a ella con más fuerza en los años 20 y principios de los 30. El hecho de que los estados seguros hayan podido cometer errores como estos en ese período anterior, revela mucho sobre la naturaleza del razonamiento humano, especialmente su tendencia a considerar que las necesidades no son importantes cuando están satisfechas (como el oxígeno, los alimentos o la seguridad), pero a pensar únicamente en ellas cuando no lo están.

Otro ejemplo de la ceguera de los expertos (incluso en sus propias áreas) estrechamente relacionado con todo lo anterior, sería la desastrosa influencia que las consideraciones económicas, especialmente financieras, jugaron en la seguridad, sobre todo en el rearme, en el gran armisticio entre 1919 y 1939. Esto tenía un doble aspecto: por un lado, se dio prioridad a los presupuestos equilibrados sobre el armamento; por otro, una vez que se reconoció que la seguridad estaba en grave peligro, las consideraciones financieras se subordinaron inexorablemente al rearme, dando lugar a un auge económico que demostró claramente lo que se podría haber conseguido antes si las consideraciones financieras se hubieran previamente subordinado a las necesidades económicas y sociales del mundo; esta acción habría proporcionado prosperidad y un aumento del nivel de vida que podría haber hecho innecesario el rearme.

Reparaciones de guerra, 1919–1932

Ningún tema ocupó tanto la atención de los estadistas como lo hicieron las reparaciones durante la década posterior a la guerra. Por esta razón, y por el impacto que dichas reparaciones tuvieron en otras cuestiones (como la recuperación financiera o económica y la amistad internacional), la historia de las mismas exige una parte de nuestra atención. Esta historia puede dividirse en seis etapas:

1. Los pagos preliminares, 1919–1921
2. El Programa de Londres, de mayo de 1921 a septiembre de 1924
3. El Plan Dawes, septiembre de 1924-enero de 1930
4. El Plan Young, enero de 1930-junio de 1931
5. La Moratoria Hoover, junio de 1931-julio de 1932
6. La Convención de Lausana, julio de 1932

Los pagos preliminares debían ascender a un total de 20 000 millones de marcos en mayo de 1921. Aunque las potencias de la Entente sostenían que solo se habían pagado unos 8000 millones y enviaron a Alemania numerosas demandas y ultimátums en relación con estos pagos, llegando incluso a amenazar con ocupar el Ruhr en marzo de 1921 en un intento de imponer el pago, todo el asunto se abandonó en mayo, cuando se presentó a los alemanes la factura total de reparaciones de 132 000 millones de marcos. Bajo la presión de otro ultimátum, Alemania aceptó esta factura y entregó a los vencedores bonos de deuda por esta cantidad. De ellos, 82 mil millones fueron descartados y olvidados. Alemania debía pagar los otros 50 mil millones a razón de 2,5 mil millones al año en intereses y 0,5 mil millones al año para reducir la deuda total.

Alemania solo podría pagar estas obligaciones si se dieran dos condiciones: (a) si tuviera un superávit presupuestario y (b) si vendiera en el extranjero más de lo que comprara (es decir, si tuviera una balanza comercial favorable). En la primera condición, el gobierno alemán acumularía una cantidad de moneda alemana superior a la necesaria para los gastos corrientes. Bajo la segunda condición, Alemania recibiría del extranjero un exceso de divisas (ya sea oro o dinero extranjero) como pago por el exceso de sus exportaciones sobre sus importaciones. Cambiando su excedente presupuestario en marcos por el excedente de divisas de sus ciudadanos, el gobierno alemán podría adquirir estas divisas y entregarlas a sus acreedores como reparación. Como ninguna de estas condiciones se dio en general durante el período entre 1921 y 1931, Alemania no pudo pagar las reparaciones.

El fracaso en la obtención de un superávit presupuestario fue responsabilidad exclusiva del gobierno alemán, que se negó a reducir sus propios gastos o el nivel de vida de su propia población o a gravarla con unas tasas lo suficientemente importantes como para obtener dicho superávit. El fracaso en la obtención de una balanza comercial favorable fue responsabilidad tanto de los alemanes como de sus acreedores, ya que aquellos apenas hicieron esfuerzos para disminuir sus compras en el extranjero (y, por tanto, para reducir su propio nivel de vida), mientras que los acreedores extranjeros se negaron a permitir el libre flujo de mercancías alemanas hacia sus propios países, con el argumento de que esto destruiría sus mercados nacionales de bienes producidos localmente. Así pues, puede decirse que los alemanes no estaban dispuestos a pagar las reparaciones y los acreedores no estaban dispuestos a aceptar el pago de la única forma en que estos podían realizarse honestamente, es decir, aceptando los bienes y servicios alemanes.

En estas condiciones, no es de extrañar que el Programa de Londres de pagos de las reparaciones nunca se cumpliera. Este fracaso fue considerado por Gran Bretaña como una prueba de la incapacidad de Alemania para pagar, peropor Francia lo tomó como una prueba de la falta de voluntad de Alemania para hacerlo. Ambos tenían razón, pero los angloamericanos, que se negaron a permitir que Francia coaccionara a Alemania a fin de que esta superara su falta de voluntadpara pagar, también se negaron a aceptar la cantidad necesaria de bienes alemanes para subsanar la incapacidad de retribución alemana. Ya en 1921, Gran Bretaña, por ejemplo, impuso un impuesto del 26 % a todas las importaciones procedentes de Alemania. El hecho de que la renta per cápita real del pueblo alemán era aproximadamente una sexta parte superior a mediados de la década de 1920 de lo que había sido en el muy próspero año de 1913, demuestra que Alemania podría haber pagado en bienes y servicios reales si los acreedores hubieran estado dispuestos a aceptar dichos bienes y servicios.

En lugar de gravar y recortar, el gobierno alemán permitió que se mantuviera un presupuesto desequilibrado año tras año, compensando los déficits con préstamos del Reichsbank. El resultado fue una aguda inflación. Esta inflación no fue impuesta a los alemanes por la necesidad de pagar las reparaciones (como afirmaron en su momento), sino por el método que adoptaron para abonarlas(o, más exactamente, para evitar dicho pago). La inflación no perjudicó a los grupos influyentes de la sociedad alemana, aunque sí fue, en general, ruinosa para las clases medias, lo que alentó a los elementos extremistas. Los grupos cuya propiedad era una riqueza real, ya fuera en tierras o en instalaciones industriales, se vieron beneficiados por la inflación, que aumentó el valor de sus propiedades y borró sus deudas (principalmente hipotecas y bonos industriales). El marco alemán, cuyo valor equivalía a unos 20 marcos por libra, pasó de valer 305 por libra en agosto de 1921 a 1020 en noviembre de 1921. A partir de ahí, bajó a 80 000 por libra en enero de 1923, a 20 millones por libra en agosto de 1923 y a 20 mil millones por libra en diciembre de 1923.

En julio de 1922, Alemania exigió una moratoria de todos los pagos en efectivo de las reparaciones durante los 30 meses siguientes. Aunque los británicos estaban dispuestos a ceder al menos una parte, los franceses, bajo el mando de Poincaré, señalaron que los alemanes no habían hecho todavía ningún esfuerzo real para pagar y que la moratoria solo sería aceptable para Francia si iba acompañada de «garantías productivas». Esto significaba que los acreedores debían tomar posesión de varios bosques, minas y fábricas de Alemania occidental, así como de sus aduanas, para obtener ingresos que pudieran aplicarse a las reparaciones. El 9 de enero de 1923, la Comisión de Reparaciones votó 3 a 1 (con la oposición de Gran Bretaña, Francia, Bélgica e Italia) que Alemania no estaba cumpliendo con sus pagos. Dos días después, las Fuerzas Armadas de las tres naciones comenzaron a ocupar el Ruhr. Gran Bretaña denunció este acto como ilegal, aunque en 1921 había amenazado con hacer lo mismo por motivos menos válidos. Alemania declaró una huelga general en la zona, suspendió todos los pagos de las reparaciones y adoptó un programa de resistencia pasiva; el Gobierno apoyó a los huelguistas imprimiendo más billetes.

El área ocupada no tenía más de 96,5 km. de largo por 4,8 de ancho, pero contenía el 10 % de la población alemana y producía el 80 % del carbón, el hierro y el acero del país y el 70 % de su tráfico de mercancías. Su sistema ferroviario, operado por 170 000 personas, era el más complejo del mundo. Las fuerzas de ocupación intentaron gestionar este sistema con solo 12 500 soldados y 1380 alemanes cooperantes; los alemanes no cooperantes trataron de impedirlo, no dudando en utilizar el asesinato para ello. En estas condiciones, era un milagro que la producción de la zona llegara a un tercio de su capacidad a finales de 1923. Las represalias alemanas y las contramedidas aliadas provocaron unos 400 muertos y más de 2100 heridos, la mayoría de los cuales (300 y 2000 respectivamente) fueron infligidos por alemanes a alemanes. Además, casi 150 000 alemanes fueron deportados de la zona.

La resistencia alemana en el Ruhr supuso una gran presión para Alemania, tanto económica como financiera, y una gran presión psicológica para los franceses y los belgas. Al mismo tiempo que se arruinaba el marco alemán, los países ocupantes no obtenían las reparaciones que deseaban. En consecuencia, se llegó a un compromiso por el que Alemania aceptó el Plan Dawes de reparaciones y se evacuó el Ruhr. Los únicos vencedores del episodio fueron los británicos, que habían demostrado que los franceses no podían utilizar la fuerza con éxito sin la aprobación británica.

El Plan Dawes, que fue en gran medida una producción de J. P. Morgan, fue elaborado por un comité internacional de expertos financieros presidido por el banquero estadounidense Charles G. Dawes. Solo se preocupaba por la capacidad de pago de Alemania y decidió que esta alcanzaría los 2,5 mil millones de marcos anuales tras cuatro años de reconstrucción. Durante los primeros cuatro años, Alemania recibiría un préstamo de 800 millones de dólares y pagaría un total de tan solo 5,17 mil millones de marcos en reparaciones. Este plan no sustituyó la obligación alemana de pagar reparaciones establecida en 1921, y la diferencia entre los pagos de Dawes y los de la Lista de Londres se añadió a la deuda total de reparaciones. Así pues, Alemania abonó reparaciones durante cinco años en el marco del Plan Dawes (1924–1929) y al final debía más que al principio.

El Plan Dawes también establecía garantías para los pagos de las reparaciones, reservando varias fuentes de ingresos dentro de Alemania para proporcionar fondos y trasladando, del gobierno alemán a un agente general de pagos de reparaciones como receptor de marcos en el país, la responsabilidad de cambiar estos fondos de marcos a divisas extranjeras. Estos marcos se convertían en divisas solo cuando había una oferta abundante de las mismas en el mercado alemán de divisas. Esto significaba que el valor del marco alemán en el mercado de divisas estaba protegido artificialmente, casi como si Alemania tuviera el control de cambios, ya que cada vez que el valor del marco tendía a bajar, el agente general dejaba de venderlos. Esto permitió a Alemania iniciar una carrera de salvaje incongruencia financiera sin sufrir las consecuencias que se habrían derivado de un sistema de libre cambio internacional. En concreto, Alemania pudo pedir préstamos en el extranjero por encima de su capacidad de pago, sin que se produjera la caída normal del valor del marco que habría frenado la adquisición de tales préstamos en circunstancias normales. Cabe señalar que este sistema fue creado por los banqueros internacionales a los cuales el posterior préstamo de dinero ajeno a Alemania les resultó muy rentable.

Gracias a estos préstamos estadounidenses, la industria alemana se reequipó en gran medida con las instalaciones técnicas más avanzadas, y casi todos los municipios alemanes recibieron una oficina de correos, una piscina pública, instalaciones deportivas u otros equipamientos no productivos. Con estos préstamos estadounidenses, Alemania pudo reconstruir su sistema industrial hasta convertirlo en el segundo mejor del mundo con un amplio margen, mantener su prosperidad y su nivel de vida a pesar de la derrota y de las reparaciones, y pagarlas sin disponer de un presupuesto equilibrado ni de una balanza comercial favorable. Gracias a estos préstamos, los acreedores alemanes pudieron pagar sus deudas de guerra a Inglaterra y a Estados Unidos sin enviar bienes ni servicios. Las divisas llegaban a Alemania en forma de préstamos, regresaban a Italia, Bélgica, Francia y Gran Bretaña en forma de reparaciones y, finalmente, volvían a Estados Unidos en forma de pagos por las deudas de guerra. Los únicos puntos negativos del sistema eran: (a) que se derrumbaría tan pronto como Estados Unidos dejara de conceder préstamos, y (b) que mientras tanto las deudas no hacían más que trasladarse de una cuenta a otra y nadie se acercaba realmente a la solvencia. En el período entre 1924 y 1931, Alemania pagó 10,5 mil millones de marcos en concepto de reparaciones, pero tomó prestados del extranjero un total de 18,6 mil millones de marcos. Nada se solucionó con todo esto, pero los banqueros internacionales se sentían en la gloria, bajo una lluvia de honorarios y comisiones.

El Plan Dawes fue sustituido por el Plan Young a principios de 1930 por diversas razones. Se reconoció que el Plan Dawes era solo un recurso temporal, que la obligación total de reparaciones de Alemania aumentaba incluso mientras esta abonaba miles de millones de marcos porque los pagos del Plan Dawes eran inferiores a los exigidos por el Programa de Londres. También se reconoció que el mercado alemán de divisas tenía que liberarse para que el país pudiera afrontar las consecuencias de su ola de préstamos y que Alemania «no podía afrontar» el pago estándar del Plan Dawes, de 2,5 mil millones de marcos al año, que se exigía a partir del quinto año y los siguientes. Además, Francia, que se había visto obligada a financiar la reconstrucción de sus zonas devastadas en el período entre 1919 y 1926, no podía permitirse esperar una generación o más hasta que Alemania devolviera el coste de esta reconstrucción mediante el pago de reparaciones. Francia esperaba obtener un mayor ingreso inmediato «comercializando» algunas de las obligaciones de reparación de Alemania. Hasta ese momento, todas las obligaciones de reparación se debían a los gobiernos. Vendiendo bonos (respaldados por la promesa alemana de pagar las reparaciones) a cambio de dinero a inversores privados, Francia podía reducir las deudas que había contraído para la reconstrucción y evitar que Gran Bretaña y Alemania hicieran nuevas reducciones de las obligaciones de reparación (ya que las deudas con particulares tendrían menos posibilidades de ser repudiadas que las obligaciones entre gobiernos).

Gran Bretaña, que había financiado sus deudas de guerra con Estados Unidos en 4,6 mil millones de dólares en 1923, estaba bastante dispuesta a reducir las reparaciones alemanas hasta la cantidad necesaria para hacer frente a los pagos de esta deuda. Francia, que tenía deudas de guerra por valor de 4 mil millones de dólares, además de los gastos de reconstrucción, esperaba comercializar los costes de esta última para obtener el apoyo británico al negarse a reducir las reparaciones por debajo del total de ambas partidas. El problema era cómo obtener el permiso alemán y británico para «mercantilizar» parte de las reparaciones. Para obtener este permiso, Francia cometió un grave error de táctica: prometió evacuar toda Renania en 1930, cinco años antes de la fecha fijada en el Tratado de Versalles, a cambio del permiso para comercializar parte de las reparaciones.

Este acuerdo se plasmó en el Plan Young, llamado así por el estadounidense Owen D. Young (un agente de Morgan), que presidió el comité que elaboró los nuevos acuerdos (de febrero a junio de 1929). Veinte gobiernos firmaron estos acuerdos en enero de 1930. El acuerdo con Alemania preveía el pago de reparaciones durante 59 años, a un ritmo que pasó de 1,7 mil millones de marcos en 1931, a un máximo de 2,4 mil millones de marcos en 1966, para luego descender a menos de mil millones de marcos en 1988. Se suprimieron las fuentes de fondos asignadas en Alemania, a excepción de 660 millones de marcos anuales que podían ser «comercializados», y se puso fin a la debilitada protección de la posición de cambio alemana, haciendo recaer en este país la responsabilidad de transferir las reparaciones de marcos a monedas extranjeras. Para ayudar en esta tarea se creó en Suiza, en Basilea, un nuevo banco privado llamado Banco de Pagos Internacionales. Propiedad de los principales bancos centrales del mundo y con cuentas para cada uno de ellos, el Banco de Pagos Internacionales debía servir como «banco de los banqueros centrales» y permitir que los pagos internacionales se hicieran simplemente trasladando los créditos de la cuenta de un país a otra en los libros de cuentas del banco.

El Plan Young, que debía ser la solución definitiva a la cuestión de las reparaciones, duró menos de 18 meses. La caída de la bolsa de Nueva York en octubre de 1929 marcó el final de la década de la reconstrucción e inauguró la década de la destrucción entre las dos guerras. Este «crack» puso fin a los préstamos estadounidenses a Alemania y cortó así el flujo de divisas que permitía a este país aparentar que estaba abonando las reparaciones. En siete años, de 1924 a 1931, la deuda del gobierno federal alemán aumentó en 6,6 mil millones de marcos, mientras que las deudas de los gobiernos locales alemanes subieron a 11,6 mil millones de marcos. La deuda externa neta de Alemania, tanto pública como privada, aumentó en el mismo período en 18,6 mil millones de marcos, sin contar las reparaciones. Alemania únicamente podía pagar las reparaciones mientras sus deudas siguieran creciendo porque solo aumentando dichas deudas se podían obtener las divisas necesarias. Estos préstamos extranjeros casi cesaron en 1930 y, en 1931, los alemanes y otros iniciaron una «huida del marco», vendiendo esta moneda por otras en las que confiaban más. Esto creó una gran fuga en la reserva de oro alemana. A medida que la reserva de oro disminuía, el volumen de dinero y de crédito erigido sobre esa reserva tuvo que reducirse aumentando el tipo de interés. Los precios cayeron a causa de la reducción de la oferta de dinero y de la reducción de la demanda, de modo que a los bancos les resultó casi imposible vender garantías y otras propiedades para obtener fondos a fin desatisfacer la creciente demanda de dinero.

En ese momento, en abril de 1931, Alemania anunció una unión aduanera con Austria. Francia protestó porque dicha unión era ilegal en virtud del Tratado de Saint-Germain, por el que Austria había prometido mantener su independencia de Alemania. La disputa se remitió al Tribunal Mundial, pero mientras tanto los franceses, para desalentar tales intentos de unión, retiraron los fondos franceses tanto de Austria como de Alemania. Ambos países eran vulnerables. El 8 de mayo de 1931, el mayor banco austriaco, el Credit-Anstalt (una institución de Rothschild), con amplios intereses y con casi el control del 70 % de la industria de Austria, anunció que había perdido 140 millones de chelines (unos 520 millones). La verdadera pérdida era de más de mil millones de chelines y, en realidad, el banco estaba en quiebra desde hacía años. Los Rothschild y el gobierno austriaco dieron al Credit-Anstalt 160 millones para cubrir las pérdidas, pero la confianza del público había desaparecido. Se llevó a cabo una operación en el banco. Para hacer frente a esta operación, los bancos austriacos recurrieron a todos los fondos que tenían en los bancos alemanes. Los bancos alemanes comenzaron a colapsar y a solicitar todos sus fondos en Londres. Los bancos londinenses empezaron a caer y el oro fluyó hacia el exterior. El 21 de septiembre, Inglaterra se vio obligada a abandonar el patrón oro. Durante esta crisis, el Reichsbank perdió 200 millones de marcos de su reserva de oro y divisas en la primera semana de junio y unos 1000 millones en la segunda semana de junio. El tipo de descuento se elevó paso a paso hasta el 15 % sin detener la pérdida de reservas, pero destruyendo las actividades del sistema industrial alemán casi por completo.

Alemania suplicó que se aliviaran los pagos de reparaciones, pero sus acreedores se mostraron reacios a actuar a menos que obtuvieran un alivio similar en sus pagos de deuda de guerra a Estados Unidos. Estados Unidos era comprensiblemente reticente a convertirse en el final de una cadena de repudio e insistió en que no había conexión entre las deudas de guerra y las reparaciones (lo cual era cierto), y en que los países europeos deberían poder pagar las deudas de guerra si podían encontrar el dinero para adquirir armamento (lo cual no era cierto). Cuando el secretario del Tesoro Mellon, que se encontraba en Europa, informó al presidente Hoover que, a menos que se aliviara inmediatamente a Alemania de sus obligaciones públicas, todo el sistema financiero del país se derrumbaría con grandes pérdidas para los titulares de créditos privados contra Alemania, dicho presidente sugirió una moratoria de las deudas intergubernamentales durante un año. Específicamente, Estados Unidos ofreció posponer todos los pagos que se le debían durante el año siguiente al 1 de julio de 1931, si sus deudores extendían el mismo privilegio a los suyos.

La aceptación de este plan por parte de las numerosas naciones implicadas se retrasó hasta mediados de julio, debido a los esfuerzos de Francia por proteger los pagos de las reparaciones comercializadas y por conseguir concesiones políticas a cambio de aceptar la moratoria. Se buscaba una renuncia a la unión aduanera austro-alemana, la suspensión de la construcción del segundo acorazado de bolsillo, la aceptación por parte de Alemania de sus fronteras orientales y la restricción del entrenamiento de organizaciones militares «privadas» en Alemania. Estas demandas fueron rechazadas por Estados Unidos, Gran Bretaña y Alemania, pero durante el retraso, la crisis alemana se agudizó. El Reichsbank vivió su peor momento el 7 de julio; al día siguiente, la Compañía de Lana de Alemania del Norte quebró con una pérdida de 200 millones de marcos; esto hizo caer al Banco Schroder (con una pérdida de 24 millones de marcos para la ciudad de Bremen donde estaba su oficina) y al Banco Darmstadter (uno de los «Cuatro Grandes Bancos» de Alemania) que perdió 20 millones en la Compañía de Lana. Alemania no obtuvo gran ayuda, a excepción de un crédito de 400 millones de marcos del Banco de Pagos Internacionales y de un «acuerdo de statu quo» para renovar todas las deudas a corto plazo a su vencimiento. Varios comités de banqueros internacionales debatieron el problema, pero la crisis se agravó y se extendió a Londres.

En noviembre de 1931, todas las potencias europeas, excepto Francia y sus partidarios, estaban decididas a poner fin a las reparaciones. En la Conferencia de Lausana de junio de 1932, las reparaciones alemanas se redujeron a un total de 3 mil millones de marcos, pero el acuerdo nunca se ratificó debido a la negativa del Congreso de Estados Unidos a recortar también las deudas de guerra de forma drástica. Técnicamente, esto significaba que el Plan Young seguía en vigor, pero no se hizo ningún esfuerzo real para restaurarlo y, en 1933, Hitler rechazó todas las reparaciones. En esa fecha, las reparaciones, que habían envenenado las relaciones internacionales durante tantos años, estaban siendo engullidas por otros problemas más graves.

Antes de pasar a los antecedentes de estos otros problemas, debemos decir unas palabras sobre la cuestión de cuánto se pagó en reparaciones o si se llegó a retribuir alguna. La cuestión surgió debido a una disputa sobre el valor de las reparaciones abonadas antes del Plan Dawes de 1924. De 1924 a 1931, los alemanes pagaron unos 10,5 mil millones de marcos. Para el período anterior a 1924, la estimación alemana de las reparaciones pagadas es de 56 577 mil millones de marcos, mientras que la estimación aliada es de 10 426 mil millones. La estimación alemana no es aceptable dado que abarca todo lo que se podía añadir, incluido el valor de los buques de guerra que ellos mismos hundieron en 1918. Una estimación justa sería la de unos 30 mil millones de marcos para el período anterior a 1924 o de unos 40 mil millones de marcos para las reparaciones en su conjunto.

A veces se argumenta que, en realidad, los alemanes no abonaron nada por las reparaciones, ya que pidieron préstamos en el extranjero por la misma cantidad que pagaron por dichas reparaciones y que estos préstamos nunca se pagaron. Esto no es del todo cierto, ya que el total de los préstamos en el extranjero fue inferior a 19 mil millones de marcos, mientras que la propia estimación de los aliados sobre el total de las reparaciones pagadas fue de más de 21 mil millones de marcos. Sin embargo, es bastante cierto que después de 1924, Alemania pidió prestado más de lo que abonó en concepto de reparaciones, por lo que todos los pagos reales de estas obligaciones se hicieron antes de 1924. Además, los préstamos extranjeros que Alemania tomó prestados nunca habrían podido realizarse de no ser por la existencia del sistema de reparaciones. Dado que, al reconstruir su planta industrial, estos préstamos reforzaron en gran medida a Alemania, la carga de las reparaciones en su conjunto sobre el sistema económico alemán fue muy leve.

VII

FINANZAS, POLÍTICA COMERCIAL Y ACTIVIDAD EMPRESARIAL

Reflación e inflación, 1897–1925	346
El período de estabilización, 1922–1930	351
El período de deflación, 1927–1936	371
La caída de 1929	374
La crisis de 1931	377
La crisis en Estados Unidos, 1933	382
La Conferencia Económica Mundial, 1933	384
La crisis del bloque del oro, 1934–1936	387
Reflación e inflación, 1933–1947	393
El período de inflación, 1938–1945	403

Reflación e inflación, 1897–1925

Ya hemos visto que en el período entre 1919 y 1929 se hicieron osados esfuerzos para construir un orden político internacional muy diferente del que había existido en el siglo XIX. Sobre las bases del antiguo orden de la soberanía y del derecho internacional, los hombres intentaron, sin plena convicción, construir un nuevo orden internacional de seguridad colectiva. Hemos visto que este esfuerzo fue un fracaso. Las causas de este fracaso se encuentran, en cierta medida, en el hecho de que estos estadistas habían construido el nuevo orden de manera imperfecta, con una comprensión y unos planes inadecuados, con materiales deficientes y herramientas defectuosas. Pero el fracaso puede atribuirse en mayor medida al hecho de que la estructura política resultante estaba expuesta a la tensión de una tormenta económica que pocos habían previsto. La seguridad colectiva fue destruida por la depresión económica mundial más que por cualquier otra causa. La depresión económica hizo posible el ascenso de Hitler al poder y esto dio lugar a los ataques de Italia y Japón e hizo que Gran Bretaña adoptara la política de apaciguamiento. Por estas razones, es imprescindible comprender realmente la historia económica de la Europa del siglo XX para entender los acontecimientos de ese período. Esta comprensión requiere un estudio de la historia de las finanzas, el comercio y la actividad empresarial, de la organización industrial y de la agricultura. En este capítulo se estudiarán los tres primeros aspectos, desde principios del siglo XX hasta el establecimiento de la economía pluralista hacia 1947.

El conjunto de este medio siglo puede dividirse en seis subdivisiones:

- Reflación, 1897–1914
- Inflación, 1914–1925
- Estabilización, 1922–1930
- Deflación, 1927–1936
- Reflación, 1933–1939
- Inflación, 1939–1947

Estos períodos tienen fechas diferentes en los distintos países, por lo que se solapan si tomamos los períodos más amplios para incluir a los más importantes. Pero a pesar de la diferencia de fechas, estos períodos se dieron en casi todos los países y en el mismo orden. También hay que señalar que estos fueron interrumpidos por movimientos secundarios fortuitos. De estos movimientos secundarios, los principales fueron la depresión del período entre 1921 y 1922 y la recesión entre 1937 y 1938, ambos períodos de deflación y descenso de la actividad económica.

Los precios habían estado aumentando lentamente desde aproximadamente 1897 debido al aumento de la producción de oro de Sudáfrica y Alaska, aliviando así las condiciones de depresión y la angustia agrícola que habían prevalecido desde 1873, para mayor beneficio de los capitalistas financieros. El estallido de la guerra en 1914 mostró perspectivas limitadas, ignorantes y egoístas a estos capitalistas financieros en su peor momento, mientras estos proclamaban, como siempre, su total devoción al bien social. En general, estos estaban de acuerdo en que la guerra no podía durar más de seis o 10 meses debido a los «recursos financieros limitados» de los beligerantes (haciendo referencia a las reservas de oro). Esta idea revela la incomprensión fundamental de la naturaleza y del papel del dinero por parte de las mismas personas que se consideraban expertas en la materia. Las guerras, como los acontecimientos han demostrado desde entonces, no se libran con oro, ni siquiera con dinero, sino mediante la adecuada organización de los recursos reales.

Las actitudes de los banqueros se revelaron de forma más clara en Inglaterra, donde cada movimiento estaba dictado por los esfuerzos para proteger su propia posición y beneficiarse de ella, más que por consideraciones relativas a la movilización económica para la guerra o al bienestar del pueblo británico. En el estallido de la guerra, el 4 de agosto de 1914, el sistema bancario británico estaba en quiebra en el sentido de que sus fondos, creados por el sistema bancario con fines de lucro y prestados con intereses al sistema económico para permitirle operar, no podían ser cubiertos por el volumen existente de reservas de oro ni por garantías que pudieran ser liquidadas rápidamente. En consecuencia, los banqueros idearon secretamente un plan por el cual sus obligaciones podían ser cubiertas por dinero fiduciario (los llamados bonos de la tesorería), pero, tan pronto como esa crisis terminó, insistieron en que el Gobierno debía pagar la guerra sin recurrir al dinero fiduciario (que siempre fue condenado por los banqueros como algo inmoral), sino por medio de impuestos y de préstamos bancarios a altas tasas de interés. La decisión de utilizar bonos de la tesorería para cumplir con las obligaciones de los banqueros fue tomada el sábado 25 de julio de 1914 por sir John Bradbury (más tarde lord Bradbury) y sir Frederick Atterbury en la casa de este último. Los primeros bonos de la tesorería salieron de las imprentas de *Waterlow and Sons* el martes siguiente, 28 de julio, en un momento en que la mayoría de los políticos creían que Gran Bretaña se mantendría fuera de la guerra. El habitual día festivo de principios de agosto se amplió a tres días, durante los cuales se anunció que los bonos de la tesorería, en lugar del oro, se utilizarían para los pagos bancarios. El tipo de descuento en el Banco de Inglaterra se elevó del 3 % al 10 % para evitar la inflación, cifra que se tomó simplemente porque la regla tradicional del banco establecía que un tipo de interés bancario del 10 % podría hasta extraer el oro de la propia tierra y los pagos en oro solo debían suspenderse cuando un tipo del 10% fallara.

Al estallar la guerra, la mayoría de los países beligerantes suspendieron los pagos en oro y, en mayor o menor medida, aceptaron el consejo de sus banqueros de que la forma adecuada de retribuirla guerra era mediante una combinación de préstamos bancarios con impuestos sobre el consumo. El período en el que, según los expertos, la guerra debía cesar debido a la limitación de los recursos financieros acabó pasando y la lucha continuó con más vigor que nunca. Los gobiernos abonaron los gastos de guerra de varias maneras: con impuestos, con dinero fiduciario, con préstamos de los bancos (que crearon crédito para ello) y con préstamos del pueblo vendiéndole bonos de guerra. Cada uno de estos métodos de recaudación de dinero tuvo un efecto diferente sobre las dos principales consecuencias financieras de la guerra: la inflación y la deuda pública. Los efectos de las cuatro formas de recaudación de dinero sobre estas dos consecuencias pueden verse de la siguiente manera:

- Los impuestos no producen inflación ni deuda.
- El dinero fiduciario origina inflación y no deuda.
- El crédito bancario causa inflación y deuda.
- Las ventas de bonos no ocasionan inflación, pero sí deuda.

Aquí podemos ver que la mejor manera de pagar la guerra sería mediante impuestos y la peor mediante créditos bancarios. Sin embargo, los impuestos suficientes para financiar una guerra importante tendrían un efecto deflacionario tan severo sobre los precios que la producción económica no aumentaría lo suficiente o lo suficientemente rápido. Cualquier aumento rápido de la producción se ve arruinado por un pequeño nivel de inflación que proporciona el impulso de unos beneficios inusuales al sistema económico. El aumento de la deuda pública, por otra parte, aporta poco valor al esfuerzo de movilización económica.

Desde este punto de vista, no es fácil decir qué método de financiación de una guerra es el mejor. Probablemente lo mejor sea una combinación de los cuatro métodos mezclados de tal manera que al final haya un mínimo de deuda y no más inflación de la necesaria para obtener una movilización económica completa y rápida. Esto implicaría probablemente una combinación de dinero fiduciario e impuestos con considerables ventas de bonos a particulares, variando la combinación en las diferentes etapas del esfuerzo de movilización.

En el período entre 1914 y 1918, los diversos beligerantes utilizaron una mezcla de estos cuatro métodos, pero fue una mezcla dictada por la conveniencia y las falsas teorías, de modo que al final de la guerra, todos los países se encontraron con deudas públicas e inflación en cantidades que no se justificaban en absoluto por el grado de movilización económica que se había logrado. La situación se agravó por el hecho de que en todos los países los precios siguieron subiendo y en la mayoría de ellos la deuda pública continuó aumentando mucho después del armisticio de 1918.

Las causas de la inflación en tiempos de guerra se encuentran tanto en el factor financiero como en el económico. En el factor financiero, el gasto público añadía enormes cantidades de dinero a la comunidad financiera, en gran parte para producir bienes que nunca se pondrían a la venta. En el factor económico, la situación era diferente en los países que estaban más movilizados que en los que solo lo estaban parcialmente. En los primeros, la riqueza real se redujo por el desvío de recursos económicos de la fabricación de dicha riqueza a la fabricación de bienes para su destrucción. En los otros, la cantidad total de riqueza real puede no haberse reducido seriamente (ya que gran parte de los recursos utilizados en la fabricación de bienes para la destrucción procedían de recursos previamente no utilizados, como minas y fábricas insignificantes, hombres ociosos, etc.), pero el aumento de la oferta monetaria que competía por las cantidades limitadas de riqueza real dio lugar a drásticas subidas de precios.

Mientras los precios en la mayoría de los países subían entre un 200 % y un 300 % y las deudas públicas aumentaban en un 1000 %, los dirigentes financieros trataban de mantener la pretensión de que el dinero de cada país era tan valioso como lo había sido siempre y que en cuanto terminara la guerra se restablecería la situación existente en 1914. Por esta razón, no abandonaron abiertamente el patrón oro. En cambio, suspendieron ciertos atributos del patrón oro y enfatizaron otros que intentaron mantener. En la mayoría de los países se suspendieron los pagos en oro y la exportación del mismo, pero se hizo todo lo posible por mantener las reservas de oro hasta un porcentaje considerable de billetes y se controlaron los intercambios para mantenerlos lo más cerca posible de la paridad. Estos atributos se lograron en algunos casos con métodos fraudulentos. En Gran Bretaña, por ejemplo, la reserva de oro frente a la de billetes descendió del 52 % al 18 % en el mes de julio-agosto de 1914; entonces se disimuló la situación, en parte trasladando los activos de los bancos locales al Banco de Inglaterra y utilizándolos como reservas de ambos, en parte emitiendo un nuevo tipo de billetes (llamados *Currency Notes*) que no tenían ninguna reserva real y poco respaldo en oro. En Estados Unidos, el porcentaje de reservas exigido por la ley en los bancos comerciales se redujo en 1914 y los requisitos de reserva, tanto para los billetes como para los depósitos, se redujeron en junio de 1917. Se estableció un nuevo sistema de «bancos depositarios» que no exigía reservas contra los depósitos del Gobierno creados en dichos bancos a cambio de bonos de dicho Gobierno. En todos los países se hicieron estos esfuerzos, pero en todas partes la relación entre las reservas de oro y los billetes se redujo drásticamente durante la guerra: en Francia, del 60 % al 11 %; en Alemania, del 59 % al 10 %; en Rusia, del 98 % al 2 %; en Italia, del 60 % al 13 %; en Gran Bretaña, del 53 % al 32 %.

La inflación y el aumento de la deuda pública continuaron después de la guerra, las causas eran complicadas y variaban de un país a otro. En general, (1) las regulaciones de fijación de precios y de racionamiento se terminaron demasiado pronto, antes de que la producción de bienes en tiempos de paz se hubiera elevado a un nivel lo suficientemente alto como para absorber el poder adquisitivo acumulado en las manos de los consumidores, por sus esfuerzos en la producción de guerra; así, la lentitud de la reconversión de la producción de guerra a la producción de paz causó una escasez de oferta en un momento de alta demanda; (2) los intercambios entre los aliados, que habían sido controlados durante la guerra, se desvincularon en marzo de 1919 y de inmediato cayeron a niveles que revelaban el gran desequilibrio de precios entre los países; (3) el poder adquisitivo retenido durante la guerra entró repentinamente en el mercado; (4) se produjo una expansión del crédito bancario debido al optimismo de la posguerra; (5) los presupuestos quedaran desequilibrados debido a las necesidades de reconstrucción (como en Francia o Bélgica), las reparaciones (como en Alemania) y los gastos de desmovilización (como en Estados Unidos, Italia, etc.); y (6) la producción de bienes en tiempos de paz se vio interrumpida por revoluciones (como en Hungría, Rusia, etc.) o por huelgas (como en Estados Unidos, Italia, Francia, etc.).

Desgraciadamente, esta inflación de posguerra, que podría haber sido muy beneficiosa (al aumentar la producción de riqueza real), se desperdició (al aumentar los precios de los bienes existentes) y tuvo resultados perversos (al destruir las acumulaciones de capital y los ahorros, y alterar los márgenes de la clase económica). Este fracaso fue causado por el hecho de que la inflación, aunque no deseada en todas partes, no fue controlada porque pocas personas en posiciones de poder tuvieron el valor de tomar las medidas necesarias para frenarla. En los países derrotados y revolucionarios (Rusia, Polonia, Hungría, Austria y Alemania), la inflación llegó tan lejos que las antiguas unidades monetarias perdieron su valor y dejaron de existir. En un segundo grupo de países (como Francia, Bélgica e Italia), el valor de la unidad monetaria se redujo tanto que se convirtió en algo diferente, aunque se siguió utilizando el mismo nombre. En un tercer grupo de países (Gran Bretaña, Estados Unidos y Japón), la situación se mantuvo bajo control.

En lo que respecta a Europa, la intensidad de la inflación aumentó a medida que esta avanzaba geográficamente de oeste a este. De los tres grupos de países mencionados, el segundo (inflación moderada) fue el más afortunado. En el primer grupo (inflación extrema), la inflación acabó con todas las deudas públicas, todos los ahorros y todos los créditos sobre la riqueza, ya que la unidad monetaria perdió su valor. En el grupo de inflación moderada, la carga de la deuda pública se redujo, y las deudas y los ahorros privados disminuyeronen la misma proporción. En Estados Unidos y Gran Bretaña, el esfuerzo por luchar contra la inflación adoptó la forma de un movimiento deliberado hacia la deflación, cosa que preservó el ahorro pero aumentó la carga de la deuda pública y provocó una depresión económica.

El período de estabilización, 1922-1930

Tan pronto como terminó la guerra, los gobiernos empezaron a centrar su atención en el problema de restaurar el sistema financiero que existía antes de la misma. Como se creía que el elemento esencial de ese sistema era el patrón oro con sus intercambios estables, este movimiento se llamó «estabilización». Debido a su afán por restaurar la situación financiera de la preguerra, los «expertos» hicieron la vista gorda ante los tremendos cambios que había provocado la guerra. Estos cambios eran tan grandes en la producción, en el comercio y en los hábitos financieros que cualquier esfuerzo por restaurar las condiciones de la preguerra, o incluso por estabilizarse en el patrón oro era imposible y desaconsejable. En lugar de buscar un sistema financiero adaptado al nuevo mundo económico y comercial que había surgido de la guerra, los expertos trataron de ignorar este mundo y establecieron un sistema financiero que superficialmente se parecía lo máximo posible al sistema de preguerra. Sin embargo, este sistema no era el de antes de la guerra ni tampoco estaba adaptado a las nuevas condiciones económicas. Cuando los expertos empezaron a darse cuenta de este último hecho, no comenzaron a modificar sus objetivos, sino que insistieron en mantenerlos, lanzaron conjuros y arremetieron contra las condiciones existentes que hacían imposible la obtención de sus objetivos.

Estos cambios en las condiciones económicas no podían controlarse ni exorcizarse con conjuros. Básicamente no eran en absoluto el resultado de la guerra, sino el resultado normal del desarrollo económico del mundo en el siglo XIX. Lo único que la guerra había hecho era acelerar el ritmo de este desarrollo. Los cambios económicos que en 1925 dificultaron el restablecimiento del sistema financiero de 1914 eran ya perceptibles en 1890 y claramente evidentes en 1910.

El elemento principal de estos cambios fue el declive de Gran Bretaña. Lo que ocurrió fue que la Revolución Industrial se extendió más allá de Gran Bretaña a Europa y Estados Unidos y, en 1910, a Sudamérica y Asia. Como resultado, estas zonas se volvieron menos dependientes de Gran Bretaña con respecto a los productos manufacturados y menos deseosas de venderle sus materias primas y productos alimenticios. Se convirtieron en sus competidores tanto en la venta como en la compra en aquellas zonas coloniales en las que el industrialismo aún no se había extendido. En 1914, la supremacía de Gran Bretaña como centro financiero, como mercado comercial, como acreedor y como buque insignia mercantil estaba siendo amenazada. Una amenaza menos obvia surgió de los cambios a largo plazo en la demanda: cambios de los productos de la industria pesada a los productos de ramas de producción más especializadas (como los productos químicos), de los cereales a las frutas y los productos lácteos, del algodón y la lana a la seda y el rayón, del cuero al caucho, etc. Estos cambios plantearon a Gran Bretaña una elección fundamental: ceder su supremacía en el mundo o reformar su sistema industrial y comercial para hacer frente a las nuevas condiciones. Esto último era difícil porque Gran Bretaña había permitido que su sistema industrial se volviera inconstante bajo la influencia del libre comercio y la división internacional del trabajo. Más de la mitad de las personas empleadas en Gran Bretaña se dedicaban a la fabricación de textiles y metales ferrosos. Los textiles representaban más de un tercio de sus exportaciones, y dichos textiles, junto con el hierro y el acero, más de la mitad. Al mismo tiempo, las nuevas naciones industriales (Alemania, Estados Unidos y Japón) crecían rápidamente con sistemas industriales mejor adaptados a las tendencias de la época; y estas también estaban recortando profundamente la supremacía de Gran Bretaña en la marina mercante.

En esta etapa crítica del desarrollo de Gran Bretaña, se produjo la Guerra Mundial. Esto tuvo un doble resultado en lo que respecta a este tema. Obligó a Gran Bretaña a posponer indefinidamente cualquier reforma de su sistema industrial para ajustarlo a las tendencias más modernas; y aceleró el desarrollo de estas tendencias de modo que, lo que podría haber ocurrido en 20 años, se hizo en cinco. En el período entre 1910 y 1920, la flota mercante británica disminuyó un 6% en el número de buques, mientras que la de Estados Unidos aumentó un 57%, la de Japón un 130% y la de los Países Bajos un 58%. Su posición como mayor acreedor del mundo se perdió en favor de los Estados Unidos y una gran cantidad de buenos créditos extranjeros fue sustituida por una cantidad inferior con menores riesgoss. Además, se convirtió en deudora de Estados Unidos por un importe de más de 4000 millones de dólares. El cambio en las posiciones de los dos países puede resumirse brevemente. La guerra cambió la posición de Estados Unidos con respecto al resto del mundo, pasando de ser un deudor que debía unos 3000 millones de dólares a ser un acreedor que al que debían 4000 millones. Esta cifra no incluye las deudas intergubernamentales de unos 10 000 millones de dólares que se debían a Estados Unidos como resultado de la guerra. Al mismo tiempo, la posición de Gran Bretaña pasó de ser un acreedor al que debían unos 18 000 millones de dólares a un acreedor que al que debían unos 13 500 millones. Además, Gran Bretaña se le debían unos

8000 millones de dólares en concepto de deudas de guerra de sus aliados y una suma desconocida en concepto de reparaciones de Alemania y debía a Estados Unidos deudas de guerra por valor de más de 54 000 millones. La mayoría de estas deudas de guerra y reparaciones se redujeron drásticamente después de 1920, pero el resultado neto para Gran Bretaña fue un cambio drástico en su posición con respecto a Estados Unidos.

La organización económica básica del mundo se modificó de otras maneras. Como resultado de la guerra, la antigua organización del comercio relativamente libre entre países especializados en diferentes tipos de producción fue sustituida por una situación en la que un mayor número de países buscaba la autosuficiencia económica imponiendo restricciones al comercio. Además, la capacidad productiva, tanto en la agricultura como en la industria, se había incrementado por la falsa demanda del período de guerra hasta un grado muy superior al volumen de la demanda interna normal para comprar los productos de dicha capacidad productiva. Y, por último, las zonas más atrasadas de Europa y del mundo se habían industrializado en gran medida y no estaban dispuestas a retroceder a una posición en la que obtuvieran productos industriales de Gran Bretaña, Alemania o Estados Unidos a cambio de sus materias primas y alimentos. Esta negativa se hizo más dolorosa para ambas partes por el hecho de que estas zonas atrasadas habían aumentado tanto su producción de materias primas y alimentos que el total difícilmente podría haberse vendido, incluso si hubieran estado dispuestas a comprar todos sus productos industriales a sus fuentes de preguerra. Estas fuentes de preguerra, a su vez, habían aumentado tanto su capacidad industrial, que el producto apenas podría haberse vendido si hubieran podido recuperar por completo todos sus mercados de preguerra. El resultado fue una situación en la que todos los países estaban ansiosos por vender y eran reacios a comprar. Estos trataron de alcanzar dichos fines mutuamente irreconciliables estableciendo subsidios y recompensas a las exportaciones, aranceles y restricciones a las importaciones, con resultados desastrosos para el comercio mundial. La única solución sensata a este problema de exceso de capacidad productiva habría sido un aumento sustancial del nivel de vida interno pero, para ello, habría sido necesario un reajuste fundamental de la renta nacional, de modo que los derechos sobre el producto del exceso de capacidad fueran a parar a las masas deseosas de consumir, en lugar de seguir recayendo en la minoría deseosa de ahorrar. Tal reforma fue rechazada por los grupos gobernantes, tanto en los países «avanzados» como en los «atrasados», de modo que esta solución solo se alcanzó en un grado relativamente pequeño en unos pocos países (principalmente Estados Unidos y Alemania en el período entre 1925 y 1929).

Los cambios en la organización productiva y comercial básica del mundo en el período entre 1914 y 1919 se vieron dificultados por otros cambios menos tangibles en las prácticas financieras y la psicología empresarial. Las espectaculares inflaciones de la posguerra en Europa del Este habían intensificado el tradicional temor a la inflación entre los banqueros. En un esfuerzo por frenar las subidas de precios que pudieran ser inflacionistas, los banqueros, a partir de 1919, intentaron cada vez más «esterilizar» el oro cuando entraba en su país, es decir, trataron de apartarlo para que no formara parte del sistema monetario. Como resultado, el desequilibrio del comercio que había iniciado el flujo de oro no fue contrarrestado por los cambios de precios. El comercio y los precios siguieron desequilibrados y el oro siguió fluyendo. De forma parecida, se extendió el temor a la disminución de las reservas de oro, de modo que cuando el oro empezó a salir de un país como resultado de una balanza de pagos internacional desfavorable, los banqueros trataron cada vez más de obstaculizar el flujo mediante restricciones a las exportaciones de oro. Con tales acciones, la balanza comercial desfavorable continuaba y otros países se sentíaninspirados para tomar medidas de represalia. La situación también se vio perturbada por los temores políticos y por las ambiciones militares de algunos países, ya que estos a menudo se tradujeron en un deseo de autosuficiencia (autarquía) que solo podía obtenerse mediante el uso de aranceles, subsidios, cuotas y controles comerciales. Algo relacionado con esto fue el aumento generalizado de la sensación de inseguridad económica, política y social. Esto dio lugar a la «fuga de capitales», es decir, a la transferencia de posesiones en busca de un lugar seguro, independientemente del rendimiento económico. Además, la situación se vio alterada por la llegada al mercado de divisas de un gran número de especuladores relativamente ignorantes. En el período anterior a 1914 los especuladores en divisas habían sido un pequeño grupo de hombres cuyas actividades se basaban en una larga experiencia en el mercado y tenían un efecto estabilizador en el mismo. Después de 1919, un gran número de personas sin conocimientos ni experiencia comenzaron a especular con las divisas. Sometidas a la influencia de los rumores, las habladurías y el pánico de la multitud, sus actividades tuvieron un efecto muy perturbador en los mercados. Por último, dentro de cada país, la disminución de la competencia derivada del crecimiento de los sindicatos, los cárteles, los monopolios, etc., hizo que los precios fueran menos sensibles a los flujos de oro o de divisas en los mercados internacionales y, como resultado, dichos flujos no pusieron en marcha las fuerzas que igualarían los precios entre países, reducirían los flujos de oro y equilibrarían los flujos de mercancías.

Como resultado de todos estos factores, el sistema de pagos internacionales, que había funcionado tan bien antes de 1914, solo lo hizo de manera dudosa después de esa fecha y prácticamente dejó de surtir efecto después de 1930. La causa principal de estos factores era que ni las mercancías ni el dinero obedecían a fuerzas puramente económicas y no se desplazaban como antes a las zonas en las que eran más valiosos. El resultado principal fue una distribución completamente nocivadel oro, una condición que se agudizó después de 1928 y que en 1933 había obligado a la mayoría de los países a abandonar el patrón oro.

Las modificaciones de la organización productiva y comercial y de las prácticas financieras hicieron casi imposible, después de 1919, restaurar el sistema financiero de 1914. Sin embargo, esto es lo que se intentó. En lugar de intentar establecer una nueva organización financiera adaptada a la organización económica modificada, los banqueros y los políticos insistieron en que había que restaurar el viejo sistema de antes de la guerra. Estos esfuerzos se concentraron en la determinación de restaurar el patrón oro tal y como había existido en 1914.

Además de estos objetivos pragmáticos, los poderes del capitalismo financiero tenían otro objetivo a largo plazo, nada menos que crear un sistema mundial de control financiero privado capaz de dominar el sistema político de cada país y la economía del mundo en su conjunto. Este sistema debía ser controlado de forma feudal por los bancos centrales del mundo actuando de forma concertada, mediante acuerdos secretos alcanzados en frecuentes reuniones y conferencias privadas. La cúspide del sistema iba a ser el Banco de Pagos Internacionales en Basilea, Suiza, un banco privado bajo la propiedad y el control de los bancos centrales del mundo, que a su vez eran corporaciones privadas. Cada banco central, en manos de hombres como Montagu Norman, del Banco de Inglaterra, Benjamin Strong, del Banco de la Reserva Federal de Nueva York, Charles Rist, del Banco de Francia y Hjalmar Schacht, del Reichsbank, pretendía dominar a su gobierno por su capacidad de controlar los préstamos de la tesorería, de manipular los intercambios extranjeros, de influir en el nivel de actividad económica del país y de influir en los políticos cooperantes con las consiguientes recompensas económicas en el mundo empresarial.

En cada país, el poder del banco central dependía principalmente de su control del crédito y de la oferta monetaria. En el mundo en su conjunto, el poder de los banqueros centrales dependía principalmente de su control de los préstamos y de los flujos de oro. En los últimos días del sistema, estos banqueros centrales pudieron movilizar recursos para ayudarse mutuamente a través del BIS (Banco de Pagos Internacionales), donde los pagos entre bancos centrales podían realizarse mediante ajustes contables entre las cuentas que dichos bancos mantenían allí. El BIS, como institución privada, era propiedad de los siete principales bancos centrales y era gestionado por los directores de estos, que formaban conjuntamente su consejo de administración. Cada uno de ellos mantenía un importante depósito en el BIS, y periódicamente liquidaba los pagos entre ellos (y, por tanto, entre los principales países del mundo) por medio de la contabilidad para evitar los envíos de oro. Llegaron a acuerdos sobre todos los grandes problemas financieros del mundo, así como sobre muchos de los problemas económicos y políticos, especialmente en referencia a los préstamos, los pagos y el futuro económico de las principales zonas del globo.

El BIS se considera generalmente como la cúspide de la estructura del capitalismo financiero cuyos orígenes remotos se remontan a la creación del Banco de Inglaterra en 1694 y del Banco de Francia en 1803. De hecho, su creación en 1929 fue más bien una indicación de que el sistema financiero mundial centralizado de 1914 estaba en declive. Se creó más bien para remediar el declive de Londres como centro financiero mundial, proporcionando un mecanismo por el que un mundo con tres centros financieros principales en Londres, Nueva York y París, pudiera seguir funcionando como uno solo. El BIS, que fue un esfuerzo vano para hacer frente a los problemas derivados del crecimiento de varios centros, pretendía ser el cártel mundial de los poderes financieros nacionales en constante crecimiento, reuniendo a los jefes nominales de estos centros financieros nacionales.

El comandante en jefe del sistema mundial de control bancario era Montagu Norman, regulador del Banco de Inglaterra, que fue erigidopor los banqueros privados a una posición en la que era considerado como un oráculo en todos los asuntos de gobierno y de negocios. En el Gobierno, el poder del Banco de Inglaterra era una restricción considerable para la acción política ya en 1819, pero un esfuerzo por romper este poder a través de una modificación de la carta del banco en 1844 fracasó. En 1852, Gladstone, entonces ministrode Hacienda y más tarde primer ministro, declaró: «Toda la situación gira entorno al hecho de que el propio Gobierno no debe ser un poder realen materia de finanzas, sino que debe dejar que el poder monetario sea el poder supremo e incuestionable».

Este poder del Banco de Inglaterra y de su regulador fue admitido por la mayoría de los observadores cualificados. En enero de 1924, Reginald McKenna, que había sido ministrode Hacienda entre 1915 y 1916, como presidente del consejo de administración del Midland Bank dijo a sus accionistas: «Me temo que al ciudadano común no le gustará que le digan que los bancos pueden crear, y crean, dinero… Y que quienes controlan el crédito de la nación dirigen la política de los gobiernos y tienen entre sus manos el destino del pueblo». En ese mismo año, Sir Drummond Fraser, vicepresidente del Instituto de Banqueros, declaró: «El regulador del Banco de Inglaterra debe ser el autócrata que dicta los términos en los que solo el Gobierno puede obtener dinero prestado». El 26 de septiembre de 1921, *The Financial Times* escribió: «Media docena de hombres en posiciones importantes de los cinco grandes bancos podrían alterar todo el entramado de las finanzas del Gobierno al abstenerse de renovar los bonos de la tesorería». Vincent Vickers, que había sido director del banco durante nueve años, dijo: «Desde 1919, la política monetaria del gobierno ha sido la política del Banco de Inglaterra y la política del Banco de Inglaterra ha sido la política de Mr. Montagu Norman». El 2 de noviembre de 1927, el *Wall Street Journal* calificó a Mr. Norman como «el dictador monetario de Europa». Este hecho fue admitido por el propio Mr. Norman ante el tribunal del banco el 21 de marzo de 1930 y ante el Comité Macmillan cinco días después.

La posición de Montagu Norman puede deducirse del hecho de que sus predecesores en la gobernación, casi un centenar de ellos, habían desempeñado mandatos de dos años, aumentados en raras ocasiones, en tiempos de crisis, a tres o incluso cuatro años. Pero Norman ocupó el cargo durante 24 años (1920–1944), a lo largo de los cuales se convirtió en el principal artífice de la liquidación de la preeminencia mundial de Gran Bretaña.

Norman era un hombre extraño cuya actitud mental era propia de la histeria o incluso de la paranoia reprimida con éxito. No le gustaban los gobiernos y temía la democracia, ambos le parecían amenazas a la banca privada y, por tanto, a todo lo que era propio y valiosoen la vida humana. De carácter fuerte, incansable y despiadado, consideraba su vida como una especie de lucha a capa y espada contra las fuerzas del dinero insano que estaban aliadas con la anarquía y el comunismo. Cuando reconstruyó el Banco de Inglaterra, lo hizo como una fortaleza preparada para defenderse de cualquier revuelta popular, con las sagradas reservas de oro escondidas en profundos sótanospor debajo del nivel de las aguas subterráneas que podían ser liberadas para cubrirlas pulsando un botón en el escritorio del regulador. Durante gran parte de su vida, Norman recorrió el mundo en rápidos barcos de vapor, cubriendo decenas de miles de km. cada año, a menudo viajando de incógnito, oculto por un chambergo negro y una larga capa negra, bajo el supuesto nombre de «Profesor Skinner». Sus embarques y desembarques en los transatlánticos más rápidos de la época, a veces a través de la escotilla de carga, pasaban tan desapercibidos, como los intentos de pasar desapercibida de Greta Garbo[1] en los mismos años y se llevaban a cabo con un esfuerzo igualmente «sincero» de autodisimulación.

Norman tuvo un colega devoto en Benjamin Strong, el primer gobernador del Banco de la Reserva Federal de Nueva York. Strong debió su carrera al favor del Banco Morgan, especialmente de Henry P. Davison, que le nombró secretario del *Bankers Trust Company* de Nueva York (en sucesión de Thomas W. Lamont) en 1904, le utilizó como agente de Morgan en los reajustes bancarios que siguieron al crack de 1907 y le nombró vicepresidente del *Bankers Trust* (también en sucesión de Lamont) en 1909. Se convirtió en gobernador del Banco de la Reserva Federal de Nueva York como candidato conjunto de Morgan y de *Kuhn, Loeb, and Company* en 1914. Dos años más tarde, Strong conoció a Norman por primera vez y enseguida llegaron a un acuerdo para tra-

---

1. Actriz sueca que declaró: «Mi vida ha sido una travesía de escondites, puertas secretas y ascensores secretos [...] para no ser molestada por nadie»

bajar en cooperación a favor de las prácticas financieras que ambos veneraban.

Estas prácticas financieras fueron explicitadas muchas veces en la voluminosa correspondencia entre estos dos hombres y en numerosasconversaciones que mantuvieron, tanto en su trabajo como en su tiempo libre (a menudo pasaban juntos las vacaciones durante semanas, normalmente en el sur de Francia).

En la década de 1920, estaban decididos a utilizar el poder financiero de Gran Bretaña y de Estados Unidos para obligar a todos los principales países del mundo a adoptar el patrón oro y a utilizarlo a través de bancos centrales libres de todo control político y a que todas las cuestiones de las finanzas internacionales se resolvieran mediante acuerdos de dichos bancos centrales sin interferencia de los gobiernos.

No hay que pensar que estos jefes de los principales bancos centrales del mundo eran ellos mismos poderes sustancialesen las finanzas mundiales. No lo eran, más bien eran los técnicos y agentes de inversión de los banqueros dominantes de sus propios países, quienes habían elevado a dichos jefes y eran perfectamente capaces de derribarlos. Los poderes financieros realesdel mundo estaban en manos de estos banqueros de inversión (también llamados banqueros «internacionales» o «mercantiles») que permanecían en gran medida entre bastidores en sus propios bancos privados no corporativos. Estos formaban un sistema de cooperación internacional y de dominio nacional más privado, más poderoso y más secreto que el de sus agentes en los bancos centrales. Este dominio de los banqueros de inversión se basaba en su control sobre los flujos de crédito y de fondos de inversión en sus propios países y en todo el mundo. Podían dominar los sistemas financieros e industriales de sus propios países por su influencia sobre el flujo de fondos corrientes a través de los préstamos bancarios, el tipo de descuento y el redescuento de las deudas comerciales; podían dominar a los gobiernos por su control sobre los préstamos corrientes del Gobierno y el rol de las bolsas internacionales. Casi todo este poder se ejercía gracias a la influencia personal y al prestigio de hombres que habían demostrado su capacidad en el pasado para dar golpes financieros exitosos, para mantener su palabra, para permanecer fríos en una crisis y para compartir con sus asociados sus oportunidades de ganar. En este sistema, los Rothschild habían sido preeminentes durante gran parte del siglo XIX. Pero, a finales de ese siglo, estaban siendo reemplazados por J. P. Morgan, cuya oficina central estaba en Nueva York, aunque siempre operaba como si estuviera en Londres (donde, de hecho, se había originado como *George Peabody and Company* en 1838). El viejo J. P. Morgan murió en 1913, pero le sucedió su hijo del mismo nombre (que se había formado en la sucursal londinense hasta 1901), mientras que las principales decisiones de la empresa las tomaba cada vez más Thomas W. Lamont después de 1924. Pero estas relaciones pueden describirse mejor a nivel nacional más adelante. En la etapa actual debemos seguir los esfuerzos de los banqueros centrales para obligar al mundo a volver al patrón oro de 1914 en las condiciones de posguerra posteriores a 1918.

El punto de vista de los banqueros se expresó claramente en una serie de informes gubernamentales y conferencias internacionales desde 1918 hasta 1933. Entre ellos se encuentran los informes del Comité Cunliffe de Gran Bretaña (agosto de 1918), el de la Conferencia de Expertos de Bruselas (septiembre de 1920), el de la Conferencia del Consejo Supremo de Génova (enero de 1922), la Primera Conferencia Económica Mundial (en Ginebra, mayo de 1927), el informe del Comité Macmillan de Finanzas e Industria (de 1931) y las diversas declaraciones emitidas por la Conferencia Económica Mundial (en Londres en 1933). Estas y muchas otras declaraciones e informes pedían en vano un patrón oro internacional libre, presupuestos equilibrados, la restauración de los tipos de cambio y los coeficientes de reserva habituales antes de 1914, la reducción de los impuestos y del gasto público y el cese de toda injerencia gubernamental en la actividad económica, tanto nacional como internacional. Pero ninguno de estos estudios se esforzó por evaluar los cambios fundamentales en la vida económica, comercial y política desde 1914. Y ninguno dio ninguna indicación de que el sistema financiero debía adaptarse a esos cambios. Por el contrario, todos dieron a entender que si los hombres abandonaran sus malas costumbres e impusieran el sistema financiero de 1914 en el mundo, los cambios se verían obligados a invertir su dirección y volver a las condiciones de dicho año.

En consecuencia, los esfuerzos financieros del período posterior a 1918 se concentraron en un objetivo muy simple (y superficial): volver al patrón oro, no «un» patrón oro, sino «el» patrón oro, entendiendo por tal las idénticas relaciones de cambio y contenidos de oro que tenían las unidades monetarias en 1914.

El restablecimiento del patrón oro no era algo que pudiera hacerse mediante un simple acto de gobierno. Incluso los defensores más acérrimos del patrón oro admitían que era necesario ajustar ciertas relaciones financieras antes de poder restablecer dicho patrón oro. Había tres relaciones principales en juego, estas eran (1) el problema de la inflación, o la relación entre el dinero y los bienes; (2) el problema de la deuda pública, o la relación entre los ingresos y los gastos del gobierno; y (3) el problema de las paridades de precios, o la relación entre los niveles de precios de los diferentes países. La existencia de estos tres problemas era la prueba de un desequilibrio fundamental entre la riqueza real y los créditos sobre la riqueza, causado por una disminución relativa de la primera y un aumento de los segundos.

El problema de la deuda pública surgió del hecho de que, a medida que se creaba dinero (crédito) durante el período de guerra, se hacía generalmente de tal manera que no estaba bajo el control del estado o de la comunidad, sino que estaba bajo el de las instituciones financieras privadas, que exigían riqueza real en alguna fecha futura para la creación de derechos sobre la riqueza en el presente. El problema de la deuda pública podría haberse resuelto de una o varias maneras: (a) aumentando la cantidad de riqueza real en la comunidad para que su precio cayera y el valor del dinero aumentara. Esto restablecería el antiguo equilibrio (y el nivel de precios) entre la riqueza real y los créditos sobre la riqueza y, al mismo tiempo, permitiría el pago de la deuda pública sin aumentar los tipos impositivos; (b) mediante la devaluación, es decir, reduciendo el contenido de oro de la unidad monetaria, de modo que las tenencias de oro del gobierno valdrían un número mucho mayor de unidades monetarias. Esto último podría aplicarse a la deuda pública; (c) mediante el repudio, es decir, la simple cancelación de la deuda pública a través de la negativa a pagarla; (d) mediante impuestos, es decir, aumentando el tipo impositivo a un nivel lo suficientemente alto como para obtener ingresos suficientes para pagar la deuda pública; (e) emitiendo dinero fiduciario y pagando la deuda con dicho dinero.

Estos métodos no se excluyen mutuamente y en algunos casos se superponen, por ejemplo, podría argumentarse que la devaluación o el uso de dinero fiduciario eran formas de repudio parcial. Tampoco todos estos métodos eran igualmente prácticos. Por ejemplo, el primero (aumentar la riqueza real) era, con mucho, el método más sólido para lograr una reestabilización, pero nadie vio cómo lograrlo. El cuarto (impuestos) habría supuesto una carga para el sistema económico tan grande que sería contraproducente. En Gran Bretaña, la deuda pública solo podría haberse pagado con un impuesto del 25 % durante unos 300 años. Unos impuestos tan elevados podrían haber tenido un efecto tan depresivo sobre la producción de riqueza real que la renta nacional disminuiría más rápido que el aumento de los tipos impositivos, haciendo imposible el pago mediante impuestos. Tampoco ninguno de estos métodos alternativos de pago de la deuda pública eran igual de prácticos en cuanto a sus efectos sobre los otros dos problemas financieros que ocupaban las mentes de los expertos y los estadistas. Estos otros dos problemas eran la inflación y la paridad de precios. Estos problemas eran tan urgentes como el de la deuda pública, y los efectos sobre ellos de los diferentes métodos de pago de dicha deuda podrían haber sido completamente diferentes. Los esfuerzos por pagar la deuda pública mediante dinero fiduciario habrían agravado el problema de la inflación y quizás el de la paridad de precios, los impuestos y el aumento de la riqueza real. En cambio, habrían reducido el problema de la inflación al mismo tiempo que la deuda pública, ya que ambos habrían aumentado el valor del dinero (es decir, eran deflacionistas). Sus efectos sobre el problema de la paridad de precios serían diferentes en cada caso.

Por último, estos métodos de pago de la deuda pública no tenían el mismo valor en teoría. La teoría ortodoxa rechazaba el repudio, la devaluación y el dinero fiduciario como soluciones al problema y, como no mostraba ninguna forma de aumentar la producción de riqueza real, solo quedaba la fiscalidad como método posible para pagar la deuda pública. Pero los teóricos, como hemos demostrado, solo podían considerar los impuestos como una forma posible si descuidaban las consecuencias económicas. Estas consecuencias, en la mayoría de los países, fueron tan desastrosas que los impuestos, si se intentaban, pronto tuvieron que ser complementados con otros métodos poco ortodoxos. Gran Bretaña y Estados Unidos fueron las únicas grandes potencias que siguieron utilizando los impuestos como principal método de pago de la deuda pública.

El segundo problema que había que afrontar antes de que fuera posible la estabilización era el de la inflación. Esta se debía al gran aumento de las demandas de riqueza (dinero) y se manifestaba en un aumento drástico de los precios. Había tres soluciones posibles: (a) aumentar la producción de riqueza real; (b) disminuir la cantidad de dinero; o (c) devaluar, o hacer que cada unidad de dinero equivaliera a una cantidad menor de riqueza (concretamente de oro). Los dos primeros métodos habrían obligado a los precios a volver al nivel inferior de la preguerra, pero lo habrían hecho de formas totalmente diferentes: uno de ellos habría dado lugar a la prosperidad y a un gran aumento del nivel de vida, y el segundo a la depresión y a una gran caída del nivel de vida. El tercer método (devaluación) era esencialmente un reconocimiento y aceptación de la situación existente y habría dejado los precios en el nivel más alto de la posguerra de forma permanente. Esto habría implicado una reducción permanente del valor del dinero y también habría dado lugar a diferentes paridades en los intercambios extranjeros (a menos que hubiera un acuerdo internacional para que los países devaluaran en la misma proporción). Pero habría hecho posible la prosperidad y el aumento del nivel de vida, y habría aceptado como permanente la redistribución de la riqueza ocasionada por la inflación de la guerra, de los acreedores a los deudores.

Como el tercer método (devaluación) fue rechazado por los teóricos ortodoxos y nadie pudo ver cómo conseguir el primero (aumento de la riqueza real), solo quedó el segundo (deflación) como método posible para tratar el problema de la inflación. A mucha gente le parecía axiomático que la cura para la inflación fuera la deflación, sobre todo porque los banqueros consideraban la deflación como algo bueno en sí mismo. Además, la deflación como método para tratar el problema de la inflación iba de la mano de los impuestos como sistema para tratar el problema de las deudas públicas. Los teóricos no se pararon a pensar cuáles serían los efectos de ambos en la producción de riqueza real y en la prosperidad del mundo.

El tercer problema financiero que había que resolver antes de que la estabilización fuera efectiva era el de las paridades de precios. Este se diferenciaba por ser una cuestión fundamentalmente internacional, mientras que los otros dos problemas eran fundamentalmente internos. Al suspender el patrón oro y establecer un control artificial de las divisas con el estallido de la guerra, los países beligerantes hicieron posible que los precios subieran a ritmos diferentes en los distintos países. Esto puede verse en el hecho de que los precios en Gran Bretaña subieron un 200 % en siete años (1913–1920), mientras que en Estados Unidos solo subieron un 100 %. El desequilibrio resultante tuvo que ser rectificado antes de que los dos países volvieran al antiguo patrón oro, puesto que de otro modo, el valor de la moneda se fijaría en una proporción muy diferente a su valor en bienes. Al volver al oro en las antiguas proporciones, una onza de oro fino sería, por ley, igual a 20,67 dólares en los Estados Unidos y a unos 84 chelines y 11 peniques y medio. en Gran Bretaña. Por los 20,67 dólares en Estados Unidos se podría obtener en 1920 aproximadamente la mitad de lo que se podía comprar con ellos en 1913; por los 84 chelines y 11 peniques y medio en Gran Bretaña, se podía conseguir en 1920 solo un tercio de lo que se podía comprar en 1913. La onza de oro en los Estados Unidos sería mucho más valiosa que en Gran Bretaña, de modo que los extranjeros (y los británicos) preferirían comprar en Estados Unidos antes que en Gran Bretaña y el oro tendería a fluir hacia los Estados Unidos desde Gran Bretaña con las mercancías fluyendo en la dirección opuesta. En tales condiciones se diría que la libra estaba sobrevalorada y el dólar infravalorado. La sobrevaloración traería la depresión a Gran Bretaña, mientras que Estados Unidos tendería a ser próspero. Este desequilibrio de las paridades de precios podría ajustarse mediante una caída de los precios en el país cuya moneda estuviera sobrevalorada o mediante una subida de los precios en el país cuya moneda estuviera infravalorada (o mediante ambas cosas). Este ajuste sería en gran medida automático, pero a costa de un considerable flujo de oro desde el país cuya moneda estaba sobrevalorada.

Dado que el problema de las paridades de precios se ajustaría por sí mismo o requeriría un acuerdo internacional para su ajuste, no se le prestó verdadera atención cuando los gobiernos se dedicaron a la estabilización. En cambio, se concentraron en los otros dos problemas y, sobre todo, dedicaron atención a la tarea de acumular suficientes reservas de oro que les permitieran llevar a cabo los métodos elegidos con respecto a estos dos problemas.

La mayoría de los países tenía prisa por estabilizar sus monedas cuando se firmó la paz en 1919. Las dificultades de los tres problemas que hemos mencionado obligaron a posponer el paso durante años. El proceso de estabilización se prolongó durante más de una década, de 1919 a 1931. Solo Estados Unidos pudo volver al patrón oro de inmediato y ello fue el resultado de una peculiar combinación de circunstancias que se dieron únicamente en ese país. Estados Unidos disponía de una abundante oferta de oro; demás, contaba con una estructura tecnológica muy diferente a la de cualquier otro país, excepto quizás Japón. La tecnología estadounidense avanzaba tan rápidamente en el período

El período de estabilización, 1922-1930

1922-1928 que incluso con la caída de los precios había prosperidad, ya que los costes de producción bajaban aún más rápido. A esta situación contribuyó el hecho de que los precios de las materias primas y de los alimentos bajaron más rápido que los de los productos industriales, de modo que la producción de estos últimos fue muy rentable. Como resultado, Estados Unidos logró en mayor medida que ningún otro país una solución contra la inflación y la deuda pública que todos los teóricos habían reconocido como posible, pero que ninguno había sabido cómo obtener: la solución se encontraba en un gran aumento de la riqueza real. Este aumento permitió simultáneamente el pago de la deuda pública y la reducción de los impuestos; también hizo posible la deflación sin depresión. Difícilmente podría haberse encontrado una mejor solución a los problemas de la posguerra, al menos durante un tiempo. A largo plazo, la situación tenía sus inconvenientes, ya que el hecho de que los costes cayeran más rápido que los precios y que los precios de los productos agrícolas y de las materias primas cayeran más rápido que los precios de los productos industriales, significaba que a largo plazo la comunidad no tendría suficiente poder adquisitivo para comprar los productos del sector industrial. Este problema fue aplazado durante un período considerable por la aplicación del crédito fácil y la venta a plazos al mercado interno y por la extensión a los países extranjeros de enormes préstamos que hicieron posible que estos países compraran los productos de la industria americana sin enviar a cambio sus propias mercancías al mercado americano. Así, a partir de un grupo de circunstancias muy inusuales, Estados Unidos obtuvo un inhabitualauge de prosperidad. Sin embargo, estas circunstancias fueron en muchos sentidos un aplazamiento de las dificultades más que una solución de las mismas, ya que aún faltaba la comprensión teórica de lo que estaba ocurriendo.

En otros países el período de estabilización no fue tan bueno. En Gran Bretaña, la estabilización se alcanzó por caminos ortodoxos, es decir, la fiscalidad como remediode las deudas públicas y la deflación como aliviode la inflación. Estas medidasse creían necesarias para volver a la antigua paridad del oro. Dado que Gran Bretaña no disponía de una oferta adecuada de oro, la política de deflación tuvo que ser impulsada sin miramientos para reducir el volumen de dinero en circulación hasta una cantidad lo suficientemente reducidacomo para superponerse a la pequeña base de oro disponible en las antiguas proporciones. Al mismo tiempo, la política pretendía hacer descender los precios británicos hasta el nivel de los precios mundiales. Se retiraron los billetes que se habían utilizado para complementar los billetes de banco y se restringió el crédito elevando la tasa de descuento hasta el nivel de pánico. Los resultados fueron horribles. La actividad empresarial se redujo drásticamente y el desempleo se elevó a más de un millón y medio de personas. La drástica caída de los precios (de 307 en 1920 hasta 197 en 1921) hizo que la producción no fuera rentable a menos que los costes se redujeran aún más rápido; esto no pudo lograrse porque los sindicatos estaban decididos a que la carga de la política deflacionaria no recayera sobre ellos forzando los salarios a la baja. El resultado fue una gran oleada de huelgas y disturbios en el ámbito industrial.

El gobierno británico solo podía medir el éxito de su deflación comparando su nivel de precios con los niveles de precios mundiales. Esto se hacía mediante la relación de cambio entre la libra y el dólar; en aquella época el dólar era la única moneda importante por encima del oro. Se esperaba que el forzamiento a la baja de los precios en Gran Bretaña se reflejara en un aumento del valor de la libra en términos de dólares en el mercado de divisas. Así, a medida que la libra subiera gradualmente hacia el tipo de cambio de 4,86 dólares de antes de la guerra, esta subida mediría la caída de los precios británicos hacia el nivel de precios americano (o mundial). En términos generales, esto era cierto, pero no tenía en cuenta a los especuladores que, sabiendo que el valor de la libra estaba subiendo, vendían dólares para comprar libras, empujando así el dólar hacia abajo y la libra hacia arriba más rápido de lo que estaba justificado en términos de los cambios en los niveles de precios de los dos países. Así, la libra subió a 4,86 dólares, mientras que el nivel de precios británico aún no había caído al nivel de precios estadounidense, pero el ministro de Hacienda, Winston Churchill, juzgando el nivel de precios por el tipo de cambio, creyó que lo había hecho y volvió al patrón oro en ese momento. Como resultado, la libra esterlina se sobrevaloró y Gran Bretaña se encontró económicamente aislada en una meseta de precios por encima del mercado mundial del que dependía económicamente. Estos precios británicos más altos sirvieron para aumentar las importaciones, disminuir las exportaciones y fomentar una salida de oro que hizo que las reservas de dicho metal fueran peligrosamente bajas. Para mantener la reserva de oro, era necesario mantener el tipo de descuento a un nivel tan alto (4,5 % o más) que desalentaba la actividad comercial. La única solución que el gobierno británico podía ver para esta situación era la deflación continua. Este esfuerzo por hacer bajar los precios fracasó porque los sindicatos pudieron impedir el drástico recorte de costes (principalmente los salarios) necesario para permitir una producción rentable en un mercado tan deflacionario. Tampoco se pudo imponer en el grado necesario el método alternativo de deflación mediante fuertes impuestos a las clases altas que controlaban el Gobierno. El momento decisivo de la política deflacionaria se produjo en la huelga general de 1926. Los sindicatos perdieron la huelga (es decir, no pudieron impedir la política de deflación), pero hicieron imposible que el Gobierno continuara la reducción de costes en la medida necesaria para restablecer los beneficios empresariales y el comercio de exportación.

Como resultado de esta política financiera, Gran Bretaña se enfrentó a la deflación y a la depresión durante todo el período entre 1920 y 1933. Estos efectos fueron drásticos entre 1920 y 1922, moderados entre 1922 y 1929 y drásticos de nuevo entre 1929 y 1933. El índice de precios al por mayor (1913=100) bajó de 307 en 1920 hasta 197 en 1921, y luego descendió lentamente hasta 137 en 1928. A continuación, cayó rápidamente hasta 120 en 1929 y hasta 90 en 1933. El número de desempleados alcanzó una media de 1 millón 750 000 en cada uno de los 13 años entre 1921 y 1932 y llegó a 3 millones en 1931. Al mismo tiempo, la insuficiencia de la reserva de oro británica durante la mayor parte del período colocó a Gran Bretaña en unión financiera conFrancia (que tenía un abundante suministro de oro debido a su diferente política financiera). Esta unión sirvió para equilibrar la sujeción política de Francia a Gran Bretaña derivada de la inseguridad francesa y solo terminó con el abandono del patrón oro por parte de Gran Bretaña en 1931.

Gran Bretaña fue el único país europeo importante que alcanzó la estabilización mediante la deflación. Al este del Reino Unido, un segundo grupo de países, entre ellos Bélgica, Francia e Italia, alcanzó la estabilización mediante la devaluación. Este era un método mucho mejor. Sin embargo, se adoptó no por una inteligencia superior, sino por una debilidad financiera. En estos países, la carga de la reconstrucción de los daños de la guerra hacía imposible el equilibrio presupuestario, lo que dificultaba la deflación. Estos países aceptaron las ideas financieras ortodoxas y trataron de deflactar entre 1920 y 1921, pero, tras la depresión resultante, abandonaron la tarea. Bélgica se estabilizó una vez en 107 francos por libra esterlina, pero no pudo mantener este nivel y tuvo que devaluar aún más hasta 175 por libra (octubre de 1926). Francia se estabilizó en 124,21 francos por libra a finales de 1926, aunque la estabilización no se hizo *de iure*[1] hasta junio de 1928. Italia se estabilizó en 92,46 liras por libra esterlina en diciembre de 1927.

El grupo de países que alcanzó la estabilización a través de la devaluación prosperó en contraste con los que la alcanzaron a través de la deflación. La prosperidad fue aproximadamente igual al grado de devaluación. De los tres países de lenguas romances (Bélgica, Francia e Italia), Bélgica fue el que más devaluó y el más próspero. Su estabilización se produjo a un nivel de precios inferior al mundial, de modo que la moneda belga se infravaloró en aproximadamente una quinta parte. Esto sirvió para fomentar las exportaciones. Para un país industrial como Bélgica, esto le permitió beneficiarse de las desgracias de Gran Bretaña. Francia se encontraba en una posición algo similar. Italia, por el contrario, se estabilizó en una cifra que hacía que la lira estuviera considerablemente sobrevalorada. Esto se hizo con fines de prestigio, ya que Mussolini estaba decidido a estabilizar la lira a un valor superior al del franco francés. Los efectos de esta sobrevaloración de la lira en la economía italiana fueron extremadamente adversos. Italia nunca fue tan próspera después de la estabilización

1. Con reconocimiento jurídico, legalmente.

como lo había sido inmediatamente antes.

Los países que infravaloraron su dinero no solo prosperaron, sino que disminuyeron el desequilibrio entre riqueza y dinero, pudieron utilizar la inflación para aumentar la producción, se libraron de los altos impuestos, moderaron o escaparon de la crisis de estabilización y de la depresión deflacionaria, mejoraron sus posiciones en el mercado mundial respecto a los países con costes elevados, como Gran Bretaña, y repusieron sus reservas de oro.

Un tercer grupo de nacionesalcanzó la estabilización mediante la reconstrucción. Se trata de los países en los que la antigua unidad monetaria había desaparecido y debía ser sustituida por una nueva unidad monetaria. Entre ellos estaban Austria, Hungría, Alemania y Rusia. Los dos primeros fueron estabilizados mediante un programa de ayuda internacional elaborado a través de la Sociedad de Naciones. La última se vio obligada a elaborar un sistema financiero por sí misma. Alemania tuvo que reorganizar su sistema como consecuencia del Plan Dawes. El Plan Dawes, como hemos visto al hablar de las reparaciones, proporcionó las reservas de oro necesarias para una nueva moneda y proporcionó un control de las divisas que sirvió para proteger a Alemania de los principios aceptados por las finanzas ortodoxas. Estos controles se mantuvieron hasta 1930 y permitieron a Alemania tomar prestados de fuentes extranjeras, especialmente de Estados Unidos, los fondos necesarios para mantener su sistema económico en funcionamiento con un presupuesto desequilibrado y una balanza comercial desfavorable. En el período entre 1924 y 1929, mediante estos fondos, se reconstruyó en gran medida la estructura industrial de Alemania, de modo que, cuando llegó la depresión, Alemania tenía la máquina industrial más eficiente de Europa y probablemente la segunda más eficiente del mundo (después de Estados Unidos). El sistema financiero alemán tenía controles inadecuados sobre la inflación y casi ninguno sobre la deflación, debido a las restricciones del Plan Dawes sobre las operaciones de mercado abierto del Reichsbank y a la respuesta generalmente lenta de la economía alemana a los cambios en el tipo de descuento. Afortunadamente, estos controles apenas fueron necesarios. El nivel de precios estaba en 137 en 1924 y en la misma cifra en 1929 (1913=100). En ese período de seis años había alcanzado hasta 142 (en 1925) y bajado hasta 134 (en 1926). Esta estabilidad de los precios fue acompañada por la estabilidad de las condiciones económicas. Aunque estas condiciones no eran en absoluto boyantes, solo hubo un mal año antes de 1930. Fue 1926, el año en que los precios cayeron a 134 desde el nivel de 142 de 1925. En este año el desempleo fue de 2 millones de media. El mejor año fue 1925, en el que el desempleo alcanzó una media de 636 000 personas. Esta caída en la prosperidad de 1925 a 1926 fue causada por la falta de crédito como resultado de los suministros inadecuados de crédito interno y una disminución temporal de los suministros de crédito extranjero. Fue esta breve caída de la actividad económica la que llevó a Alemania a seguir el camino de la reorganización tecnológica. Esto permitió a Alemania aumentar la producción con una disminución del empleo. El aumento medio anual de la productividad del trabajo en el período entre 1924 y 1932 en Alemania fue de alrededor del 5%. La producción por hora de trabajo en la industria pasó de 87,8 en 1925 a 115,6 en 1930 y 125 en 1932 (1928=100). Este aumento de la producción sirvió para intensificar el impacto de la depresión en Alemania, de modo que el desempleo, que era de unos tres millones en el año 1930, alcanzó más de seis millones a finales de 1932. Las implicaciones de esto se examinarán en detalle en nuestro estudio del ascenso al poder de Hitler.

El período de estabilización no terminó hasta aproximadamente 1931, aunque solo las potencias menores seguían estabilizándose entorno al último año. La última gran potencia que se estabilizó *de iure* fue Francia en junio de 1928 y se había consolidadode facto mucho antes. En todo el período, unos cincuenta países equipararonsus monedas con el patrón oro. Pero, debido a la cantidad de oro necesaria para mantener los coeficientes de reservas habituales (es decir, los coeficientes anteriores a 1914) a los precios más altos, que generalmente prevalecían durante el período de estabilización, ningún país importante pudo volver al patrón oro tal como se entendía el término en 1914. El principal cambio fue el uso del «patrón de cambio de oro» o el «patrón de lingotes de oro» en lugar del antiguo patrón de oro. Bajo el patrón de cambio de oro, las divisas de los países con patrón de oro podían utilizarse como reservas contra billetes o depósitos en lugar de las reservas en oro. De este modo, las limitadas reservas de oro del mundo podían utilizarse para respaldar un volumen mucho mayor de riqueza ficticia en el mundo en su conjunto, ya que la misma cantidad de oro podía actuar como reserva de lingotes para un país y como reserva de divisas en oro para otro. Incluso los países que se estabilizaron con un patrón oro directo lo hicieron de forma muy diferente a la situación de 1914. En pocos países existía una convertibilidad libre y gratuita entre billetes, monedas y lingotes. En Gran Bretaña, por ejemplo, por la Ley del Patrón de Oro de mayo de 1925, los billetes solo podían cambiarse por oro en forma de lingotes y solo en cantidades de al menos 400 onzas finas (es decir, no menos de 8268 dólares cada vez). Los lingotes solo podían ser presentados a la ceca para su acuñación por el Banco de Inglaterra, aunque este estaba obligado a comprar todo el oro ofrecido a 77 chelines y 10 peniques y medio por onza estándar. Los billetes solo podían ser convertidos en moneda a opción del banco, así pues, el patrón oro de 1925 era muy diferente al de 1914.

Esto indicaría que, incluso en sus aspectos más superficiales, el patrón oro internacional de 1914 no se había restablecido en 1930. Las disposiciones legales eran diferentes; las necesidades y las prácticas financieras también lo eran; las condiciones económicas y comerciales subyacentes eran totalmente distintasy cada vez más. Sin embargo, los agentes económicos, los empresarios y los políticos trataron de fingir ante sí mismos y ante el público que habían restaurado el sistema financiero de 1914. Habían creado una fachada falsa que tenía un vago parecido con el antiguo sistema, y esperaban que, si fingían con suficiente vigor, podrían convertir esta fachada en la realidad perdida que anhelaban. Al mismo tiempo, mientras aplicaban políticas (como aranceles, control de precios, control de la producción, etc.) que alejaban cada vez más esta realidad subyacente de la que había existido en 1914, pedían a otros gobiernos que hicieran lo contrario. Una situación así, con la pretensión tratada como si fuera la realidad y la realidad tratada como si fuera un mal sueño, solo podía conducir al desastre. Esto es lo que ocurrió. El período de estabilización se convirtió rápidamente en un período de deflación y depresión.

Como hemos dicho, la etapa del capitalismo financiero no hizo hincapié en el intercambio de bienes o en la producción de bienes como lo habían hecho las etapas anteriores del capitalismo comercial y del capitalismo industrial. De hecho, el capitalismo financiero tenía poco interés en las mercancías, sino que más bien se preocupaba totalmente por los derechos sobre la riqueza: acciones, bonos, hipotecas, seguros, depósitos, tasas de interés, etc.

Invirtió capital, no porque deseara aumentar la producción de bienes o servicios, sino porque deseaba sacar a flote emisiones (a menudo excesivas) de valores sobre esta base productiva. Construyó ferrocarriles para vender valores, no para transportar mercancías; construyó grandes empresas siderúrgicas para vender valores, no para fabricar acero, etc. Pero, de paso, aumentó enormemente el transporte de mercancías, la producción de acero y la producción de otros bienes. Sin embargo, a mediados de la etapa del capitalismo financiero, la organización de este tipo de capitalismo había evolucionado hasta un nivel altamente sofisticado de promoción de valores y especulación que no requería ninguna inversión productiva como base. Las compañías se construyeron sobre corporacionesen forma de propiedades, de modo que los valores se emitieron en cantidades enormes, aportando honorarios y comisiones rentables a los capitalistas financieros sin ningún aumento de la producción económica. De hecho, estos capitalistas financieros descubrieron que no solo podían una provocar una hecatombe con la emisión de tales valores, sino que también lo podían hacer mediante la quiebra de tales corporaciones, a través de los honorarios y comisiones de la reorganización. Un ciclo muy agradable de salida a la bolsa, quiebra, salida a la bolsa, quiebra, comenzó a ser practicado por estos capitalistas financieros. Cuanto más excesiva es la flotación, mayores son los beneficios y más inminente es la quiebra. Cuanto más frecuente es la quiebra, mayores son los beneficios de la reorganización y más rápida es la oportunidad de otra flotación excesiva con los beneficios que la acompañan. Esta etapa excesiva alcanzó su pico más alto solo en Estados Unidos. En Europa solo se alcanzó en casos aislados.

El crecimiento del capitalismo financiero hizo posible una centralización del control económico mundial y un uso de este poder en beneficio directo de los financieros y en perjuicio indirecto de todos los demás grupos económicos. Esta concentración de poder, sin embargo, solo pudo lograrse utilizando métodos que aseguraron el capitalismo monopolista. El control financiero solo podía ejercerse de forma imperfecta mediante el control del crédito y los consejos de admnistración interconectados. Para reforzar dicho control, era necesario que hubiera alguna medida de propiedad de acciones, pero la propiedad de acciones era peligrosa para los bancos porque sus fondos consistían más en depósitos (es decir, obligaciones a corto plazo) que en capital (u obligaciones a largo plazo). Esto significaba que los bancos que buscaban el control económico a través de la propiedad de acciones estaban poniendo obligaciones a corto plazo en participaciones a largo plazo. Esto solo era seguro mientras estas últimas pudieran liquidarse rápidamente a un precio lo suficientemente alto como para pagar las obligaciones a corto plazo a medida que se presentaban, pero estas tenencias de valores estaban destinadas a congelarse porque tanto el sistema económico como el financiero eran deflacionarios. El sistema económico era deflacionista porque la producción de energía y la tecnología moderna proporcionaban un gran aumento de la oferta de riqueza real. Esto significaba que a largo plazo el control de los bancos estaba condenado por el progreso de la tecnología. El sistema financiero también era deflacionario debido a la insistencia de los banqueros en el patrón oro, con todo lo que ello implica.

Para escapar de este dilema, los capitalistas financieros actuaron en dos frentes. Por el lado empresarial, trataron de separar el control de la propiedad de los valores, creyendo que podían mantener lo primero y renunciar a lo segundo. En el lado industrial, trataron de avanzar en el monopolio y restringir la producción, manteniendo así los precios altos y la liquidez de sus tenencias de valores.

Los esfuerzos de los financieros por separar la propiedad del control se vieron favorecidos por la gran demanda de capital de la industria moderna. Estas demandas de capital hicieron necesaria la forma de organización empresarial de las sociedades anónimas. Esta organización reúne inevitablemente el capital de un gran número de personas para crear una empresa controlada por un pequeño número de personas. Los financieros hicieron todo lo posible para que el primer número fuera lo más grande posible y el segundo lo más pequeño posible. Lo primero se consiguió mediante el fraccionamiento de las acciones, la emisión de títulos financieros de bajo valor nominal y la venta de títulos a alta presión. Lo segundo se consiguió mediante acciones con voto plural, acciones sin voto, pirámides de sociedades de cartera, elección de directores por cooptación y técnicas similares. El resultado fue que agregados de riqueza cada vez más grandes cayeron en el control de grupos de hombres cada vez más pequeños.

Mientras el capitalismo financiero tejía así el intrincado patrón de la ley y la práctica moderna de las corporaciones, por un lado, establecía monopolios y cárteles por el otro. Ambos contribuyeron a cavar la tumba del capitalismo financiero y a pasar las riendas del control económico al más reciente capitalismo monopolista. Por un lado, los agentes financieros liberaron a los directores de las empresas de los propietarios de las mismas, pero, por otro lado, esta concentración dio lugar a condiciones de monopolio que liberaron a los directores de los bancos.

La fecha en la que un país pasó al capitalismo financiero y posteriormente al capitalismo monopolista dependió de la oferta de capital disponible para las empresas. Estas fechas podíanser aceleradas o retrasadas por la acción del Gobierno. En Estados Unidos el inicio del capitalismo monopolista se retrasó por la legislación antimonopolio del Gobierno, mientras que en Alemania se aceleró por las leyes de cárteles. La verdadera clave del cambio residió en el control de los flujos de dinero, especialmente de los fondos de inversión. Estos controles, que en 1900 estaban en manos de los banqueros de inversión, fueron eclipsados por otras fuentes de fondos y capitales, como los seguros, los fondos de jubilación y de inversión y, sobre todo, por los flujos derivados de las políticas fiscales de los gobiernos. Los esfuerzos de los antiguos banqueros de inversión privados por controlar estos nuevos canales de fondos tuvieron diversos grados de éxito, pero, en general, el capitalismo financiero fue destruido por dos acontecimientos: (1) la capacidad de la industria para financiar sus propias necesidades de capital debido al aumento de los beneficios derivados de la menor competencia establecida por el capitalismo financiero y (2) la crisis económica engendrada por las políticas deflacionistas resultantes de la obsesión del capitalismo financiero con el patrón oro.

El período de deflación, 1927-1936

El período de estabilización no puede distinguirse claramente del período de deflación. En la mayoría de los países, el período de deflación comenzó en 1921 y, después de unos cuatro o cinco años, se hizo más rápido en su desarrollo, alcanzando después de 1929 un grado que podría llamarse agudo. En la primera parte de este período (1921–1925), las peligrosas implicaciones económicas de la deflación fueron ocultadas por una estructura de autoengaño que pretendía que se inauguraría un gran período de progreso económico tan pronto como se hubiera cumplido la tarea de estabilización. Este optimismo psicológico era completamente injustificado ante los hechos económicos, incluso en Estados Unidos, donde estos hechos eran (al menos a corto plazo) más prometedores que en cualquier otro lugar. Después de 1925, cuando la deflación se arraigó más y las condiciones económicas empeoraron, el peligro de estas condiciones fue ocultado por una continuación del injustificado optimismo. El principal síntoma de la falta de solidez de la realidad económica subyacente (la caída constante de los precios) se ocultó en el último período (1925–1929) por un aumento constante de los precios de los valores (que se consideró erróneamente como una buena señal) y por los excesivos préstamos en el extranjero de Estados Unidos (que ascendieron a casi 10 mil millones de dólares en el período entre 1920 y 1931, lo que elevó la inversión total en el extranjero a casi 27 mil millones de dólares a finales de 1930).

Este préstamo exterior de Estados Unidos fue la principal razón por la que las condiciones económicas desiguales pudieron mantenerse ocultas durante tantos años. Antes de la guerra mundial, Estados Unidos había sido una nación deudora y, para pagar esas deudas, había desarrollado una economía exportadora. La combinación de deudor y exportador resultaba factible. La guerra convirtió a Estados Unidos en una nación acreedora y también la convirtió en un mayor exportador que nunca al aumentar su superficie de algodón y trigo y su capacidad de producir barcos, acero, textiles, etc. La combinación resultante de acreedor y exportador no era viable.

Estados Unidos se negó a aceptar ninguna de las dos alternativas necesarias: reducir las deudas que tenía o aumentar sus importaciones. En su lugar, elevó los aranceles contra las importaciones y cubrió temporalmente el déficit con enormes préstamos extranjeros, pero esto era inútil como solución permanente. Como solución temporal, permitió a Estados Unidos ser a la vez acreedor y exportador; favoreció que Alemania pagara las reparaciones sin un superávit presupuestario ni una balanza comercial favorable; hizo posible que docenas de países menores adoptaran un patrón oro que no podían mantener; dio la ocasión a Francia, Gran Bretaña, Italia y otros países de pagar las deudas de guerra a Estados Unidos sin enviar mercancías. En una palabra, permitió que el mundo viviera en un país de cuento de hadas y autoengaño alejado de las realidades económicas.

Estas realidades se caracterizaron por (a) desajustes fundamentales, tanto económicos como financieros, que hicieron imposible que el sistema financiero funcionara como en 1914, y (b) la deflación constante.

Los desajustes fundamentales eran tanto económicos como financieros. Los desajustes económicos fueron los que ya hemos indicado: la industrialización de las zonas coloniales, la sobreproducción de materias primas y alimentos como resultado de los altos precios de la guerra, la sobreexpansión de la industria pesada derivada de las necesidades de la guerra, la obsolescencia de gran parte de la industria pesada en Europa y en Gran Bretaña, que hizo imposible competir con equipos más nuevos o hacer frente a los cambios en la demanda de los consumidores y, por último, la desventaja cada vez mayor de los productores de materias primas y alimentos en contraste con los productores de bienes industriales. A estos viejos factores se añadieron otros nuevos, como el gran aumento de la eficiencia productiva en Alemania y Estados Unidos, el regreso de Rusia y Alemania a la economía europea hacia 1924 y el retorno de Europa a la economía mundial en el período entre 1925 y 1927. Muchos países trataron de resistir estos factores, tanto los antiguos como los nuevos, adoptando injerencias políticas en la vida económica en forma de aranceles, cuotas de importación, subvenciones a la exportación, etc.

Los desajustes financieros sirvieron para crear una insuficiencia de oro y una mala distribución del mismo. La insuficiencia de la oferta de oro se debió a varias causas; se ha calculado que el stock mundial de oro monetario debía aumentar un 3,1 % al año en la década de 1920 para apoyar el desarrollo económico mundial con precios estables en el patrón oro. La producción de oro nuevo después de 1920 fue inferior a esta tasa.

Además, como resultado de las actividades de la Sociedad de Naciones y de asesores financieros como el profesor E. W. Kemmerer, de la Universidad de Princeton, se animó a todos los países a entrar en el patrón oro. Esto condujo a una «fiebre del oro», ya que cada país trató de obtener un suministro de oro lo suficientemente grande como para proporcionar reservas adecuadas. Dado que en 1928 había más países con reservas de oro que en 1914 y que los precios en general eran más altos, se necesitaba más oro en dichas reservas.

Los esfuerzos por sortear esto utilizando un patrón de cambio oro en lugar de un patrón oro fueron útiles para tratar el problema de la insuficiencia de suministros de oro, pero aumentaron la dificultad del problema de la mala distribución del oro, ya que el patrón de cambio oro no respondía al flujo de oro tan fácilmente y, por lo tanto, no servía tan bien para frenar dichos flujos de oro. La necesidad de oro se hizo mayor por la existencia de grandes saldos flotantes de fondos políticos o de pánico, que bien podrían moverse de un mercado a otro independientemente de las condiciones económicas. La necesidad aumentaba por el hecho de que en 1920 había tres grandes centros financieros que tenían que hacer pagos mediante envíos de oro, en contraste con el único centro financiero de 1914, donde los pagos podían hacerse mediante transacciones contables. Para corregir este problema en cierta medida, se creó el Banco de Pagos Internacionales en 1929... Por último, la necesidad de oro se vio incrementada por el enorme crecimiento del endeudamiento exterior, en gran parte de carácter político, como las deudas de guerra y las reparaciones.

A esta insuficiencia de oro se superpuso una drástica mala distribución del mismo. Esto fue una prueba concluyente de que el sistema financiero de 1914 se había roto, ya que el antiguo sistema habría funcionado automáticamente para distribuir el oro de manera uniforme. Esta mala distribución se debió a que, cuando el oro fluyó hacia ciertos países, los resultados automáticos de dicho flujo (como el aumento de los precios o la caída de los tipos de interés), que habrían restablecido el equilibrio en 1914, no pudieron actuar en 1928. En este período, cerca de cuatro quintas partes de la oferta mundial de oro estaban en cinco países y más de la mitad en dos, Estados Unidos y Francia. El oro se había llevado a estos dos países por razones muy diferentes: a Estados Unidos porque era el mayor acreedor del mundo y a Francia por su devaluación del franco. Gran Bretaña, en cambio, tenía saldos flotantes de unos 800 millones de libras, y manejaba cada año 20 000 millones de libras en transacciones con una reserva de oro de solo 150 millones. Esta situación permitió a Francia utilizar el oro como arma política contra Gran Bretaña.

Como resultado de estas condiciones y de las condiciones económicas deflacionistas descritas en el capítulo 11, los precios empezaron a caer, primero lentamente y luego con creciente rapidez. El punto de inflexión en la mayoría de los países fue entre 1925 y 1926, siendo Gran Bretaña uno de los primeros (enero de 1925). En el primer semestre de 1929, esta lenta deriva descendente comenzó a cambiar a una rápida caída. El siguiente cuadro muestra la evolución de los precios al por mayor en cinco países principales:

ÍNDICES DE PRECIOS AL POR MAYOR (1913 = 100)					
	ESTADOS UNIDOS	GRAN BRETAÑA	FRANCIA	ITALIA	ALEMANIA
1924	141	166	489	554	137

1925	148	159	550	646	142
1926	143	148	695	654	134
1927	137	142	642	527	138
1928	139	137	645	491	140
1929	137	120	627	481	137
1930	124	104	554	430	125
1931	105	102	520	376	111
1932	93	90	427	351	97
1933	95	90	398	320	93
1934	108	92	376	313	98
1935	115	93	339	344	102
1936	116	99	411	385	104
1937	124	114	581	449	106

Los efectos económicos de estos precios en caída después de 1925 fueron adversos, pero se disimularon durante un período considerable debido a diversas influencias, especialmente las políticas de crédito liberales de Estados Unidos (tanto extranjeras como nacionales) y el optimismo engendrado por el auge bursátil. La fachada de prosperidad sobre condiciones económicas poco sólidas fue prácticamente mundial. Solo en Francia y Estados Unidos se produjo un auge de la riqueza real, pero en este último país no fue en absoluto tan grande como podría pensarse viendo los precios de las acciones. En Gran Bretaña, el apogeo apareció en forma de la salida a bolsa de nuevas acciones de empresas poco sólidas, fraudulentas y de un auge bursátil menor (aproximadamente un tercio de la velocidad de subida de los precios de los valores de Estados Unidos). En Alemania y en gran parte de América Latina, el auge se basó en los préstamos extranjeros (principalmente de Estados Unidos), cuyos ingresos se destinaron en gran medida a la construcción no productiva. En Italia, frenada por la sobrevaloración de la lira en 1927, el apogeo fue de corta duración.

LA CAÍDA DE 1929

La historia de la caída comienza hacia 1927, cuando Francia estabilizó de facto el franco en un nivel en el que se devaluaba y se infravaloraba; esto provocó una gran demanda de francos. El Banco de Francia vendía francos a cambio de divisas. Los francos se crearon como crédito en Francia, con lo que se produjo un efecto inflacionista que puede verse en el comportamiento de los precios franceses entre 1926 y 1928. Las divisas que Francia recibía por sus francos se quedaban en gran parte en esa moneda, sin convertirse en oro. En 1928, el Banco de Francia se encontró con que tenía divisas por valor de 32 000 millones de francos (unos 1200 millones de dólares). En ese momento, el Banco de Francia comenzó a transferir sus existencias de divisas en oro, comprando el metal principalmente en Londres y Nueva York. Debido a la insuficiencia de las reservas de oro en Londres, una reunión de banqueros centrales en Nueva York decidió que las compras de oro de Francia y Alemania debían desviarse de Londres a Nueva York en el futuro (julio de 1927). Para evitar que la salida de oro resultante tuviera un efecto deflacionista que pudiera perjudicar a las empresas, el Banco de la Reserva Federal de Nueva York bajó su tipo de descuento del 4% al 3,5%. Cuando las compras francesas de oro se hicieron notar en 1928, el Banco de la Reserva Federal adoptó operaciones de mercado abierto para contrarrestarlas, comprando valores por un valor igual al de las compras francesas de oro.

En consecuencia, no se redujo el dinero en Estados Unidos. Este dinero, sin embargo, se destinaba cada vez más a la especulación bursátil que a la producción de riqueza real. Esto puede verse en la siguiente tabla de índices de precios medios de las acciones tanto en Inglaterra como en Estados Unidos en los años indicados:

PRECIOS DE LAS ACCIONES INDUSTRIALES (1924=100)		
AÑO	REINO UNIDO	ESTADOS UNIDOS
1924	100	100
1925	109	126
1926	115	143
1927	124	169
1928	139	220
1929	139	270
1930	112	200
1931	87	124
1932	84	66
1933	103	95
1934	125	116

El auge bursátil en Estados Unidos fue realmente mucho más drástico de lo que indican estos índices, ya que se trata de promedios anuales e incluyen tanto los valores inactivos como los valores líderes del mercado. El apogeo comenzó ya en 1924, como puede verse, y alcanzó su máximo en el otoño de 1929. En la primavera de 1929 se había convertido en un frenesí y estaba teniendo profundos efectos en la actividad empresarial, en las finanzas nacionales e internacionales, en los asuntos internos de los países extranjeros y en la psicología y los modos de vida de los estadounidenses.

Entre los resultados financieros del auge bursátil se encuentran los siguientes: en Estados Unidos el crédito se desvió de la producción a la especulación y cantidades cada vez mayores de fondos se drenaban del sistema económico hacia el mercado de valores, donde circulaban de un lado a otro, aumentando los precios de los títulos financieros. En Alemania se hizo cada vez más difícil pedir préstamos a Estados Unidos, y los préstamos extranjeros, que mantenían en funcionamiento el sistema financiero alemán y todo el sistema de reparaciones y deudas de guerra, pasaron de ser préstamos a largo plazo a créditos precarios a corto plazo. Los resultados de esta situación se han examinado en el capítulo sobre las reparaciones. En otros países, los fondos tendieron a fluir hacia Estados Unidos, donde podían esperar obtener ganancias extraordinarias en plusvalías en un plazo relativamente corto. Esto fue especialmente cierto en el caso de los fondos procedentes de Gran Bretaña, donde el auge bursátil cesó a finales de 1928. Para entonces, las condiciones económicas fundamentalmente inseguras empezaban a traspasar la fachada.

El descenso de los préstamos extranjeros, tanto en Londres como en Nueva York, comenzó a hacerse notar en el último semestre de 1928 y puso de manifiesto que el principal soporte de la fachada se estaba desvaneciendo. Pero la continua subida de los precios de los títulos financieros en Nueva York siguió atrayendo dinero del resto del mundo y de los sistemas productivos y de consumo de los propios Estados Unidos.

A principios de 1929, la junta de gobernadores del Sistema de la Reserva Federal se alarmó ante la especulación bursátil, especialmente por el drenaje de crédito de la producción industrial. Para reducirla, en abril de 1929, las autoridades de la Reserva Federal pidieron a los bancos miembros que redujeran sus préstamos con garantía bursátil. Al mismo tiempo, realizó operaciones de mercado abierto que disminuyeron sus tenencias de aceptaciones bancarias de unos 300 a unos 150 millones de dólares. La esterilización del oro se hizo más drástica. Se esperaba así reducir la cantidad de crédito disponible para la especulación. En cambio, el crédito disponible se destinó cada vez más a la especulación y cada vez menos a los negocios productivos. Los tipos de interés del dinero a la vista en Nueva York, que habían alcanzado el 7% a finales de 1928, estaban en el 13% en junio de 1929. En ese mes, la elección de un gobierno laborista en Inglaterra alarmó tanto al capital británico que grandes cantidades fluyeron hacia Estados Unidos y contribuyeron al frenesí especulativo. En agosto, el tipo de descuento de la Reserva Federal se elevó al 6%. En ese momento se hizo evidente que los precios de las acciones estaban muy por encima de cualquier valor basado en la capacidad de ganancia y que esta capacidad de ganancia estaba empezando a disminuir debido al debilitamiento de la actividad industrial. En este momento crítico, el 26 de septiembre de 1929, un pequeño pánico financiero en Londres (el caso Hatry) hizo que el Banco de Inglaterra subiera su tipo de interés bancario del 4,5% al 6,5%. Esto fue suficiente. Los fondos británicos empezaron a abandonar Wall Street y el mercado hiperinflacionariocomenzó a caer. A mediados de octubre, la caída se había convertido en pánico. En la semana del 21 de octubre en la primera Bolsa de Valores (New York Stock Exchange) y en la segunda Bolsa de Valores (Curb Exchange o AMEX) de Nueva York, el total de acciones vendidas superó los 9 millones al día y el jueves 24 de octubre, casi 19 250 mil millones de acciones cambiaron de dueño. La contracción de los valores se midió en varios miles de millones de dólares al día. Algunas acciones cayeron 100 o incluso 140 puntos en un día. Auburn cayó 210 puntos, General Electric 76 puntos y U.S. Steel 26 puntos en 4,5 días. El 6 de noviembre estas tres acciones habían caído respectivamente 55, 78 y 28 puntos más. Fue un desastre financiero de una magnitud sin precedentes.

El desplome de la bolsa redujo el volumen de los préstamos extranjeros de Estados Unidos a Europa y estos dos sucesos, en su conjunto, desgarraron la fachada que hasta entonces había ocultado los desajustes fundamentales entre la producción y el consumo, entre las deudas y la capacidad de pago, entre los acreedores y la disposición a recibir bienes, entre las teorías de 1914 y las prácticas de 1928. Estos desajustes no solo se pusieron de manifiesto, sino que comenzaron a reajustarse, en un grado y velocidad severos, agravándose por el retraso de dichos ajustes. La producción comenzó a caer al nivel del consumo, creando hombres ociosos, fábricas, dinero y recursos insignificantes. Los deudores fueron llamados a rendir cuentas y fueron declarados deficientes. Los acreedores, que se habían negado a pagar, ahora lo reclamaban, pero en vano. Todos los valores de la riqueza real se redujeron drásticamente.

LA CRISIS DE 1931

Fue esta contracción de los valores la que llevó la crisis económica a la fase de crisis financiera y bancaria y, más allá, a la fase de crisis política. A medida que los valores disminuían, la producción caía rápidamente; los bancos encontraban cada vez más dificultades para satisfacer las demandas de sus reservas. Estas demandas aumentaban con la disminución de la confianza; los gobiernos encontraban que sus ingresos fiscales caían tan rápidamente que los presupuestos se desequilibraban a pesar de todos los esfuerzos por evitarlo.

La crisis financiera y bancaria comenzó en Europa central a principios de 1931, llegó a Londres a finales de ese año, se extendió a Estados Unidos y Francia en 1932, y llevó a Estados Unidos a la fase aguda en 1933, y a Francia en 1934.

La fase aguda comenzó a principios de 1931 en Europa central, donde la crisis deflacionaria estaba produciendo resultados drásticos. Incapaz de equilibrar su presupuesto u obtener préstamos extranjeros adecuados, Alemania no pudo cumplir sus obligaciones de reparación. En este momento crítico, como hemos visto, el mayor banco de Austria se hundió por su incapacidad de liquidar sus activos a precios suficientemente altos y con la suficiente rapidez para hacer frente a las reclamaciones que se le presentaban. El desastre austriaco pronto extendió el pánico bancario a Alemania. La moratoria de Hoover sobre las reparaciones alivió la presión sobre Alemania a mediados de 1931, pero no lo suficiente como para permitir una verdadera recuperación financiera. Millones de créditos a corto plazo prestados desde Londres estaban inmovilizados en cuentas congeladas en Alemania. Como resultado, en el verano de 1931, el malestar se extendió a Londres.

La libra esterlina era muy vulnerable. Había cinco razones principales: (1) la libra estaba sobrevalorada; (2) los costes de producción en Gran Bretaña eran mucho más rígidos que los precios; (3) las reservas de oro eran precarias; (4) la carga de la deuda pública era demasiado grande en un ambiente deflacionista; (5) había más pasivos que activos en las tenencias internacionales a corto plazo en Londres (unos 407 millones de libras frente a 153 millones). Este último hecho fue revelado por la publicación del Informe Macmillan en junio de 1931, justo en medio de la crisis en Europa central, donde la mayoría de los activos a corto plazo estaban congelados. El tipo de interés bancario se elevó del 2,5% al 4,5% para animar a los capitales a permanecer en Gran Bretaña. En julio y agosto se obtuvieron créditos por valor de 130 millones de libras de Francia y Estados Unidos para combatir la depreciación de la libra lanzando más dólares y francos al mercado. Para restablecer la confianza de los ricos (que eran los causantes del pánico) se hizo un esfuerzo por equilibrar el presupuesto recortando drásticamente el gasto público. Esto, al reducir el poder adquisitivo, tuvo efectos perjudiciales en la actividad comercial y aumentó el malestar entre las masas populares. En la flota británica estalló un motín en protesta por los recortes salariales. Se impusieron diversas restricciones físicas y extralegales a la exportación de oro (como la emisión de lingotes de oro de baja pureza inaceptables para el Banco de Francia). No se pudo detener la salida de oro, que ascendió a 200 millones de libras en dos meses. El 18 de septiembre, Nueva York y París se negaron a conceder más créditos a la tesorería británica y tres días después se suspendió el patrón oro. El tipo de interés bancario seguía siendo del 4,5%. Para muchos expertos, el aspecto más significativo del acontecimiento no fue que Gran Bretaña abandonara el oro, sino que lo hiciera con el tipo de interés bancario al 4,5%. En Gran Bretaña siempre se había dicho que un tipo de interés bancario del 10% sacaría el oro de la tierra. En 1931, las autoridades británicas vieron claramente la inutilidad de intentar mantener el oro subiendo el tipo de interés bancario. Esto indica cómo habían cambiado las condiciones. Se comprendió que el movimiento del oro estaba más sujeto a factores que las autoridades no podían controlar que bajo la influencia de factores que sí podían controlar. También muestra (un signo esperanzador) que las autoridades, después de 12 años, empezaban a percibir que las condiciones habían cambiado. Por primera vez, la gente empezó a darse cuenta de que los dos problemas (la prosperidad interna y los intercambios estables) eran problemas bastante separados y que había que poner fin a la vieja práctica ortodoxa de sacrificar la primera a los segundos. A partir de ese momento, un país tras otro empezó a buscar la prosperidad interna mediante la gestión de los precios y la estabilidad de los intercambios mediante el control de cambios. Es decir, se rompió el vínculo entre ambos (el patrón oro) y lo que era un problema se convirtió en dos.

La suspensión británica del oro fue por necesidad, no por elección. Se consideró un mal, pero en realidad fue una bendición. Como resultado de este error, muchos de los beneficios que podrían haberse derivado de aquella se perdieron al intentar contrarrestar los resultados inflacionistas de dicha suspensión con otras acciones deflacionistas. El tipo de descuento se elevó al 6%; se continuaron los valientes esfuerzos por equilibrar el presupuesto; se estableció un arancel protector y se instauró un programa de impuestos bastante rígidos. Como resultado, los precios no subieron lo suficiente como para dar el impulso necesario a la producción para aumentar la prosperidad y reducir el desempleo. No se estableció ningún sistema de control de cambios. En consecuencia, no se pudo evitar la depreciación de la libra esterlina con respecto a las monedas de referencia del oro, que ascendió al 30% en diciembre de 1931. Esta depreciación fue considerada por las autoridades como una calamidad, principalmente debido a las teorías económicas ortodoxas que consideraban la paridad de los intercambios como un fin en sí mismo y, en parte, por la necesidad de pagar los 130 millones de libras esterlinas en créditos franco-americanos, una carga que aumentaba a medida que la libra esterlina se depreciaba con respecto a los dólares y los francos.

Como resultado del abandono británico del patrón oro, el núcleo central del sistema financiero mundial se vio perturbado. Este núcleo, que en 1914 estaba exclusivamente en Londres, en 1931 estaba dividido entre Londres, Nueva York y París. La parte de Londres dependía de la habilidad financiera y de los viejos hábitos; la parte de Nueva York dependía de su posición como gran acreedor del mundo; la parte de París dependía de la combinación de una posición acreedora con una moneda infravalorada que atraía al oro. De 1927 a 1931, estos tres países controlaban el sistema financiero mundial, con entradas de pagos, salidas de créditos e intercambios estables entre ellos. Los acontecimientos de septiembre de 1931 rompieron este triángulo. Los intercambios estables continuaron para el dólar-franco, dejando que el dólar-libra y la libra-franco fluctuaran; esto no permitió un ajuste de los tipos de cambio desequilibrados-

del periodo entre 1928 y 1931. Concretamente, la infravaloración del franco en 1928 y la sobrevaloración de la libra en 1925 no pudieron ser remediadas por los acontecimientos de 1931. Un tipo de cambio libra-franco que hubiera eliminado la infravaloración del franco habría dado lugar a un tipo de cambio libra-dólar que hubiera corregido en exceso la sobrevaloración de la libra. Por otra parte, la depreciación de la libra ejerció una gran presión sobre el dólar y el franco. Al mismo tiempo, Gran Bretaña trató de explotar al máximo sus relaciones económicas con su mercado interior, con el Imperio y con el grupo de otros países conocido como el «bloque de la libra esterlina». El mercado interior fue apartado mediante el establecimiento de derechos de aduana sobre las importaciones en el Reino Unido (derechos de aduana especiales en noviembre de 1931 y un arancel general en febrero de 1932). El Imperio estrechó sus lazos económicos mediante un grupo de 11 tratados de «Preferencia Imperial» celebrados en Ottawa en agosto de 1932. El bloque de la libra esterlina se reforzó y amplió mediante una serie de acuerdos comerciales bilaterales con diversos países, empezando por Noruega, Suecia, Dinamarca y Argentina.

Así, el mundo tendió a dividirse en dos grupos financieros: el bloque de la libra esterlina, organizado en torno a Gran Bretaña, y el bloque del oro, organizado en torno a Estados Unidos, Francia, Bélgica, Países Bajos y Suiza. La depreciación de la libra esterlina en relación con el oro hizo que las monedas del bloque del oro estuvieran sobrevaloradas y liberó a Gran Bretaña de esa carga por primera vez desde 1925. Como resultado, a Gran Bretaña le resultó más fácil exportar y más difícil importar, y obtuvo una balanza comercial favorable por primera vez en casi siete años. Por otro lado, los países del oro vieron intensificadas sus depresiones.

Como tercer resultado del abandono británico del patrón oro, Gran Bretaña se liberó de su sujeción financiera a Francia. Esta unión había sido el resultado de la posición vulnerable de las reservas de oro británicas en contraste con las grandes reservas francesas. Después de 1931 las posiciones financieras de los dos países se invirtieron. Cuando Gran Bretaña pudo añadir una superioridad financiera después de 1931 a la superioridad política que poseía desde 1924, le fue posible obligar a Francia a aceptar la política de apaciguamiento. Además, la crisis financiera de 1931 iba a llevar al poder en Gran Bretaña al gobierno nacional que llevaría a cabo la política de apaciguamiento.

Como cuarto resultado, los países que aún seguían utilizando el oro empezaron a adoptar nuevas barreras comerciales, como aranceles y cuotas, para impedir que Gran Bretaña utilizara la ventaja de la depreciación de la moneda para aumentar sus exportaciones alos mismos. Los países que ya estaban fuera del oro empezaron a ver el valor de la depreciación de la moneda y la posibilidad de competir en la depreciación empezó a formarse en la mente de algunos.

Como quinto resultado del abandono del oro, se hizo posible el rearme sin que el desequilibrio presupuestario resultante condujera a un peligro financiero como en el caso del patrón oro. Esto se aprovechó poco, porque el pacifismo de la izquierda y el apaciguamiento de la derecha se consideraron sustitutos de las armas.

Debido a la política deflacionista que acompañó al abandono del oro en Gran Bretaña, la recuperación de la depresión no se produjo más que en un grado muy ligero. Ni los precios ni el empleo aumentaron hasta 1933 y, a partir de ese año, la mejora fue lenta. La depreciación de la libra esterlina dio lugar a una mejora de la balanza comercial exterior, ya que las exportaciones aumentaron muy ligeramente y las importaciones disminuyeron un 12 % en 1932 en comparación con 1931. Esto condujo a un resurgimiento de la confianza en la libra esterlina y a un descenso simultáneo de la confianza en las monedas de referencia del oro. Los fondos extranjeros comenzaron a fluir hacia Londres.

El flujo de capitales hacia Gran Bretaña a principios de 1932 dio lugar a una apreciación de la libra esterlina con respecto a las monedas cuya referencia era el oro. Esto no fue bien recibido por el gobierno británico, ya que destruiría su recién adquirida ventaja comercial. Desde el 1 de diciembre de 1931 al 31 de marzo de 1932, la libra esterlina se apreció de 3,27 a 3,80 por dólar. Para controlar esto, el Gobierno, en mayo de 1932, creó la Cuenta de Igualación de Cambios con un capital de 175 millones de libras. Este fondo debía utilizarse para estabilizar los tipos de cambio comprando y vendiendo divisas en contra de la tendencia del mercado. De este modo, se rompía la antigua regulación automática por parte del mercado de la estructura crediticia interna a través del flujo internacional de fondos. El control de la estructura crediticia quedó en manos del Banco de Inglaterra, mientras que el control de los intercambios pasó a manos del Fondo de Igualación de Cambios. Esto hizo posible que Gran Bretaña adoptara una política de crédito fácil y abundante dentro del país, sin ser disuadida por una fuga de capitales del país. Dado que el Fondo de Igualación de Cambios no era un sistema de control de cambios, sino una mera gestión gubernamental del mercado de cambios regular, no estaba en condiciones de gestionar una emigración de capitales muy considerable. Por lo tanto, la política de crédito fácil de Gran Bretaña (diseñada para fomentar la actividad empresarial) tuvo que combinarse con precios deflacionarios (diseñados para evitar cualquier fuga potente de capital). El tipo de interés bancario se redujo al 2 % en julio de 1932 y se impuso un embargo sobre las nuevas emisiones de capital extranjero para mantener este dinero fácil en casa. Las principales excepciones a este embargo surgieron de los préstamos que debían utilizarse en la política general de vinculación del bloque de la libra esterlina a Gran Bretaña y el producto de los mismos debía utilizarse en Gran Bretaña.

Sobre esta base, aunque la libra esterlina cayó a 3,14 a finales de noviembre de 1932, se produjo una leve reactivación económica. El crédito barato permitió un desplazamiento de la actividad económica desde las viejas líneas (como el carbón, el acero, los textiles) a las nuevas líneas (como los productos químicos, los motores, los productos eléctricos). Los aranceles permitieron un rápido crecimiento de los cárteles y monopolios cuyo proceso de creación proporcionó al menos una reactivación temporal de la actividad económica. El mantenimiento de los bajos precios de los alimentos permitió que los ingresos de este aumento de la actividad se desviaran a necesidades de otro tipo, especialmente a la construcción de viviendas. El presupuesto se equilibró y a principios de 1934 arrojó un superávit de 30 millones de libras.

La mejora en Gran Bretaña no fue compartida por los países que seguían dependiendo del oro. Como resultado de la competencia de la depreciación de la libra esterlina, sus balanzas comerciales fueron empujadas hacia el lado desfavorable y su deflación en los precios aumentó. Hubo que aumentar los aranceles y establecer cuotas y controles de cambio. Estados Unidos apenas pudo hacer lo primero (su arancel de 1930 era ya el más alto de la historia) y rechazó en principio las otras dos operaciones.

La crisis en Estados Unidos, 1933

Como consecuencia de la crisis británica, los países europeos que utilizaban el oro intentaron modificar su base financiera del patrón de intercambio de oro al patrón de lingotes de oro. Cuando Gran Bretaña abandonó el patrón oro en septiembre de 1931, Francia se encontró con más de 60 millones de libras esterlinas de cambio. Esto equivalía casi al 30 % de sus tenencias de divisas (7775 millones de francos de 25 194 millones). La pérdida superó el total del capital y del superávit del Banco de Francia. Para evitar una experiencia similar en el futuro, Francia comenzó a transferir sus tenencias de divisas en oro, gran parte de ellas provenientes de Estados Unidos. A medida que aumentaba la confianza en la libra esterlina, caía la del dólar. Fue necesario elevar el tipo de descuento de Nueva York del 1,5 % al 3,5 % (octubre de 1932) y realizar amplias compras de valores en el mercado abierto para contrarrestar los efectos deflacionistas de esta medida. Sin embargo, las exportaciones de oro y el acaparamiento de oro continuaron, agravado por el hecho de que Estados Unidos era el único país con patrón oro en el que aún circulaban monedas de oro.

Como resultado del declive de la confianza y la demanda de liquidez, el sistema bancario estadounidense comenzó a colapsar. La *Reconstruction Finance Corporation* se creó a principios de 1932 con 3500 millones de dólares de dinero público para adelantar a los bancos y otras grandes empresas. A finales de año había prestado más de 1 millón 500 mil dólares. Cuando se publicaron los detalles de estos préstamos (en enero de 1933), se intensificaron los pánicos bancarios. Se declaró un día inhábil en Nevada en octubre de 1932, en Iowa en enero de 1933, en seis estados durante febrero y en 16 estados en los primeros tres días de marzo. Entre el 1 de febrero y el 4 de marzo, el Banco de la Reserva Federal de Nueva York perdió 756 millones de dólares en oro; pidió 709 millones de dólares a los demás bancos de la Reserva Federal, que también fueron objeto de pánico.

Todos los bancos de Estados Unidos fueron cerrados por orden ejecutiva el 4 de marzo para ser reabiertos después del 12 de marzo si su condición era satisfactoria. La exportación de oro se sometió a una licencia, se puso fin a la convertibilidad de los billetes en oro y se ilegalizó la tenencia privada de oro. Estas órdenes, completadas el 20 de abril de 1933, sacaron a Estados Unidos del patrón oro. Esto se hizo para que el Gobierno pudiera seguir una política de inflación de precios en su programa interno. No fue necesario por la posición financiera internacional de los Estados Unidos, ya que esta seguía siendo muy favorable. Esto era muy diferente de la situación de Gran Bretaña en 1931. Londres había abandonado el oro a regañadientes y había seguido un programa financiero ortodoxo después; Washington abandonó el oro en 1933 voluntariamente para seguir un programa financiero no ortodoxo de inflación.

Como consecuencia del abandono del patrón oro por parte de Estados Unidos, el triángulo cambiario central entre Londres, París y Nueva York se vio aún más alterado. Los tres tipos de cambio pudieron fluctuar, aunque la Cuenta de Compensación de Cambios mantuvo dos de ellos relativamente estables. Al problema mundial de las dificultades económicas se añadió ahora el de la estabilización de los cambios. Se produjo una disputa entre Gran Bretaña, Francia y Estados Unidos sobre cuál de estos dos problemas debía tener prioridad. Francia insistió en que no era posible la recuperación económica hasta que se estabilizaran los intercambios. Sin duda, mientras el franco mantuviera el mismo valor sobre el oro, Francia sufriría la depreciación de la libra y del dólar. Estados Unidos insistió en que la recuperación económica debía tener prioridad sobre la estabilización, ya que esta última obstaculizaría el proceso de reflación de los precios que la Administración consideraba esencial para la recuperación.

Gran Bretaña, que había apoyado la prioridad de la recuperación sobre la estabilización mientras la libra era la única de las tres monedas que se devaluaba, insistió en la importancia de la estabilización en cuanto las ventajas de la devaluación comenzaron a ser compartidas por el dólar. Esta devaluación, tanto del dólar como de la libra, supuso una gran presión para el franco. Para evitar que Francia se viera obligada a abandonar el patrón oro, Gran Bretaña, el 28 de abril de 1933, le prestó 30 millones de libras esterlinas a devolver con el valor de cambio de la libra esterlina en el que Francia había quedado atrapada en septiembre de 1931. Hasta mediados de 1933, Gran Bretaña utilizó la Cuenta de Igualación de Cambios para impedir cualquier apreciación de la libra. Esto fue contrarrestado en Estados Unidos por la inflacionaria Enmienda Thomas a la Ley de Ajuste Agrícola (12 de mayo de 1933). Esta enmienda otorgaba al presidente el poder de devaluar el dólar hasta un 50%, de emitir hasta 3000 millones de dólares en dinero fiduciario y de emprender un amplio programa de gasto público.

LA CONFERENCIA ECONÓMICA MUNDIAL, 1933

Esta disputa sobre la prioridad de la estabilización o la recuperación alcanzó su punto máximo en la Conferencia Monetaria y Económica Mundial celebrada en Londres del 12 de junio al 27 de julio de 1933. Una comisión preparatoria de expertos elaboró una serie de acuerdos preliminares para los países con o sin oro, con control de cambios o sin el, pero no se pudo obtener ningún acuerdo en la propia conferencia. Gran Bretaña y Francia intentaron que el dólar se uniera a ellos en una estabilización temporal de facto como preparación para un acuerdo real. El franco y la libra ya se habían vinculado entre sí a 84 francos por libra, lo que daba un precio del oro en Londres de 122 chelines. Estados Unidos se negó a participar en cualquier estabilización temporal debido al éxito del programa de recuperación interna de la Administración. El índice general de precios en Estados Unidos subió un 8,7% de febrero a junio de 1933 y los productos agrícolas subieron un 30,1%. La mera insinuación de un acuerdo de estabilización fue suficiente para provocar una brusca ruptura en el aumento de los precios de los valores y de los productos básicos (14 de junio de 1933), por lo que Roosevelt rompió todas las negociaciones relativas a la estabilización (3 de julio de 1933).

La Conferencia Económica Mundial, como escribió el profesor William Adams Brown, concluyócon cuatro grandes negativas: los países que habían adoptado restricciones comerciales se negaron a abandonarlas sin estabilizar la moneda; los países del patrón oro se negaron a aceptar el aumento de los precios como vía para la recuperación por miedo a la inflación; Gran Bretaña quería el aumento de los precios pero se negó a permitir un presupuesto desequilibrado o un programa de obras públicas; y Estados Unidos, que buscaba la recuperación mediante la inflación y las obras públicas, se negó a obstaculizar el programa mediante la estabilización de la moneda.

Como resultado del fracaso de la Conferencia Económica, los países del mundo tendieron a dividirse en tres grupos: el bloque de las libras esterlinas, el bloque del oro y el bloque de los dólares. Los bloques del oro y de las libras esterlinas se organizaron formalmente, el primero el 3 de julio y el segundo el 8 de julio. Se produjo una lucha entre estos tres bloques en un esfuerzo por trasladar las cargas económicas de los errores del pasado de unos a otros.

Desde 1933 se ha escrito mucho tratando de repartir la culpa del fracaso de la Conferencia Económica Mundial, pero ha sido inútil. Desde el punto de vista del estrecho interés propio a corto plazo, todos los países actuaron correctamente, desde el punto de vista más amplio del mundo en su conjunto o de los resultados a largo plazo, todos los países fueronculpables. En 1933, habían pasado los días en que cualquier país podía seguir una política de interés propio a corto plazo y permanecer en el capitalismo liberal. Por razones tecnológicas e institucionales, las economías de los diferentes países estaban tan entrelazadas entre sí que cualquier política de interés propio por parte de uno de ellos seguramente perjudicaría a otros a corto plazo y al propio país a largo plazo. En resumen, los sistemas económicos internacionales y nacionales se habían desarrollado hasta un punto en el que los métodos habituales de pensamiento y procedimiento con respecto a ellos fueron considerados obsoletos (por el poder del dinero).

La razón por la que una política de interés propio a corto plazo por parte de un país entraba en conflicto tan agudo con cualquier política similar llevada a cabo por otro país, no se basa en el hecho de que los intereses de un país fueran opuestos a los de otro. Ese habría sido un problema que se hubiera tratado con un simple compromiso. Los conflictos entre los nacionalismos económicos se basaron en el hecho de que, visto superficialmente, la crisis adoptó formas totalmente diferentes en los principales países del mundo. En Estados Unidos, la manifestación más evidente de la crisis fue la de los precios bajos, que en 1933 hicieron insolvente a todo el sistema bancario, y los precios altos que se convirtieron en el principal objetivo de deudores y acreedores por igual. En Gran Bretaña, la manifestación más evidente de la crisis fue la salida de oro que puso en peligro el patrón oro. La rectificación de la balanza de pagos internacional, más que la subida de los precios, se convirtió en el principal objetivo inmediato de la política británica. En Francia, la crisis se manifestó principalmente como un presupuesto interno desequilibrado, la oferta de oro francesa era más que suficiente y los precios, como resultado de la importante devaluación de 1928, se consideraban extremadamente altos. Pero el desequilibrio presupuestario creaba un gran problema, si el déficit se cubría con préstamos, el resultado sería inflacionario y perjudicial para las clases acreedoras que tanto habían sufrido en los años 20. Si el déficit se cubría con impuestos, se produciría una deflación (con el consiguiente descenso de la actividad empresarial) y una fuga de capitales del país. Para el gobierno francés, la única salida a este dilema se encontraba en un aumento de la actividad empresarial, que incrementaría la recaudación fiscal sin necesidad de elevarlas tasas. No le importaba la preocupación estadounidense por el aumento de los precios ni la preocupación británica por las balanzas comerciales como objetivos a corto plazo.

Este contraste entre los distintos tipos de impacto que la crisis económica y financiera tuvo en los diferentes países podría extenderse a países menores. En Suiza (donde las reservas de oro superaban ampliamente el 100%) el principal problema era el «capital especulativo». En Alemania, el principal problema era la deuda externa, pero pronto se convirtió en una combinación de todos los males que afligían a otros países (precios bajos, balanza comercial desfavorable, presupuesto desequilibrado, préstamos a corto plazo, etc.). En Países Bajos y en los países del este de Europa, el principal problema era la «segmentación de los precios» (es decir, que los precios de los alimentos y las materias primas que vendían caían más rápido que los de los productos manufacturados que compraban).

Como resultado de la crisis, independientemente de la naturaleza de su impacto principal, todos los países comenzaron a aplicar políticas de nacionalismo económico. Estas adoptaron la forma de aumentos de aranceles, concesión de licencias de importación, cuotas de importación, leyes suntuarias que restringían las importaciones, leyes que imponían restricciones de origen nacional, marcas comerciales, control sanitario o cuarentena a las importaciones, controles de cambio de divisas, devaluación competitiva de las monedas, subvenciones a la exportación, *dumping*[1] de las exportaciones, etc. Estas leyes se establecieron por primera vez a gran escala y se extendieron rápidamente como efectode la imitación y las represalias.

Como resultado de este nacionalismo económico, pronto se vio que a la desaparición del antiguo sistema multilateral de finanzas mundiales centrado en Londres, le seguiría la ruptura del sistema multilateral de comercio mundial (también centrado en Gran Bretaña) en una serie de mercados parcialmente segregados que operaban de forma bilateral. El comercio internacional se redujo en gran medida, como indican las siguientes cifras:

VALOR DEL COMERCIO EN MILLONES DE DÓLARES				
	1928	1932	1935	1933
El comercio de Europa	58,082	24,426	20,762	24,065
Comercio mundial	114,429	45,469	40,302	46,865

---

1. Práctica comercial que consiste en vener un producto por debajo de su precio normal con el objetivo de eliminar a las empresas competidoras y apoderarse del mercado.

LA CRISIS DEL BLOQUE DEL ORO, 1934-1936

Tras la ruptura de la Conferencia Económica Mundial, Estados Unidos continuó con su política de inflación interna. A medida que el dólar se devaluaba, aumentaba la presión sobre el franco, mientras que la libra, mediante el uso de la Cuenta de Igualación de Cambios, intentaba seguir un camino intermedio en una relación devaluada, pero estable, con el franco. De este modo, por medios forzados, la libra se mantuvo en torno a los 85 francos. A finales del verano de 1933 (8 de septiembre) la tesorería de Estados Unidos comenzó a devaluar el dólar comprando oro a precios en constante aumento (unos 30 dólares la onza, frente al antiguo tipo de estabilización de 20,67 dólares). Esto ejerció presión tanto sobre el franco como sobre la libra. La deflación se hizo cada vez más grave en Francia y en octubre de 1933 un déficit presupuestario de más de 40 000 millones de francos dio lugar a una crisis en el Gobierno. A finales de 1933, el precio del oro en Nueva York alcanzó los 34 dólares y el dólar, que en agosto estaba a 4,40 en relación con la libra, bajó a 5,50. El 1 de febrero de 1934, Estados Unidos volvió al patrón oro con una devaluación considerablemente por debajo del antiguo precio. El contenido de oro se redujo al 59,06 % de la cantidad de 1932. Al mismo tiempo, la Tesorería estableció una oferta permanente de compra de oro a 35 dólares la onza; esto sirvió para eliminar gran parte de la incertidumbre sobre el dólar, pero lo estabilizó con respecto al franco a un nivel que ejerció una gran presión sobre este. A este precio del oro, el metal fluyó hacia los Estados Unidos y Francia perdió unos 3000 millones de francos en febrero de 1934.

Así, la depresión mundial y la crisis financiera de las que Francia había escapado durante más de tres años alcanzaron a este país. Francia había podido escapar gracias a su drástica devaluación en los años 20, a su economía bien equilibrada y a su capacidad de mantener bajo el desempleo poniendo restricciones a la entrada de mano de obra estacional procedente de España, Italia y Polonia. La crisis de la libra en septiembre de 1931 había empezado a extender la crisis a Francia y la crisis del dólar en 1933 había empeorado la situación. Las medidas estadounidenses de 1934, que dieron al mundo un dólar a 59 centavos y el oro a 35 dólares, hicieron insostenible la posición del bloque del oro, que tenía que sufrir una grave deflación, dejar el patrón oro o devaluar. La mayoría de dichos países permitió la deflación, con todo su sufrimiento, porque temía la inflación y porque tenía deudas externas que aumentarían si su moneda se depreciaba. Italia incluso ordenó la deflación por decreto en abril de 1934, con el fin de mantener la actividad empresarial forzando a la baja tanto los costes como los precios. Finalmente, todos los miembros del bloque del oro tuvieron que abandonarlo en cierta medida debido a la presión del dólar.

Bélgica fue el primer miembro de este bloque en ceder, estableciendo controles de cambio el 18 de marzo de 1935 y devaluando el franco belga a cerca del 72 % de su antiguo contenido en oro el 30 de marzo. El golpe final que forzó el cambio fue el arancel británico sobre el hierro y el acero establecido el 26 de marzo de 1935. Como resultado de esta rápida y decisiva devaluación, Bélgica experimentó una considerable recuperación económica. Casi de inmediato, la producción y los precios aumentaron, mientras que el desempleo disminuyó.

Los demás miembros del bloque del oro no se beneficiaron del ejemplo de Bélgica, sino que decidieron defender al máximo el contenido en oro de sus monedas. Francia fue el líder de este movimiento y con su política pudo influir en los demás miembros del bloque para que resistieran con el mismo vigor. Esta determinación de Francia de defender el franco se explica por el hecho de que la gran masa de franceses eran acreedores de una u otra manera y, habiendo perdido cuatro quintos de sus ahorros en la inflación de 1914 a 1926, no veían con agrado otra cucharada de su propia medicina. En este esfuerzo por defender el franco, Francia obtuvo mucha ayuda por parte de la Cuenta de Igualación de Cambios británica, que compraba francos en enormes cantidades cada vez que la moneda se debilitaba mucho. En 1935, los recursos de la Cuenta que podían dedicarse a este fin se habían agotado en gran medida y el franco cayó por debajo del punto de exportación del oro durante largos períodos.

El Banco de Francia subió su tipo de descuento del 2,5 % al 6 % (del 23 al 28 de mayo de 1935) con resultados económicos deprimentes. En julio, Laval obtuvo poderes de emergencia de la Asamblea y adoptó una política de deflación por decreto, recortando los gastos públicos ordinarios para el año de 40 000 a 11 000 millones de francos, reduciendo todos los salarios públicos en un 10 % así como también todos los alquileres, el coste de los servicios públicos y el precio del pan.

De este modo, la presión sobre las reservas de oro (que se redujeron a 16 000 millones de francos durante 1935) se alivió a costa de una mayor depresión. En septiembre, el franco seguía sobrevalorado (en lo que respecta al coste de la vida) en un 34 % aproximadamente con respecto a la libra y en un 54 % aproximadamente con respecto al dólar. La deflación necesaria para equiparar los precios franceses a los de los países con moneda devaluada no se pudo conseguir. A finales de 1935, el Gobierno se había dado por vencido y al pedir préstamos para cubrir los déficits presupuestarios, hizo que Francia se inclinara hacia la inflación. El oro comenzó a salir de nuevo del país y esta salida se convirtió en una avalancha tras la llegada al poder de un gobierno de izquierdas dirigido por Blum en junio de 1936.

El gobierno del «Frente Popular» de Blum intentó seguir un programa imposible: «inflación sobre el oro». Buscaba la inflación para aliviar la depresión y el desempleo y pretendía mantenerse en el oro porque así lo insistían tanto los comunistas como los burgueses que apoyaban al Gobierno. Para restablecer la confianza y frenar la «fuga del franco», fue necesario que Blum renegara formalmente de cualquier intención de implantar un programa socialista. La derecha descubrió así que podía vetar cualquier acción del gobierno de izquierdas simplemente exportando capitales de Francia. La fuga de estos capitales continuó durante el verano de 1936 mientras Blum negociaba con Gran Bretaña y Estados Unidos la devaluación del franco. El 24 de septiembre de 1936, el tipo de interés bancario se elevó del 3 % al 5 % y al día siguiente, una declaración monetaria de las tres potencias anunció que el franco sería «ajustado», se mantendría la estabilidad cambiaria a partir de entonces (a través de los fondos de estabilización) y se relajarían las restricciones comerciales.

La devaluación francesa (ley del 2 de octubre de 1936) dispuso que el contenido en oro del franco se redujera a una cantidad de entre el 25,2 % y el 34,4 % de la antigua cifra de 65,5 miligramos. Con los beneficios obtenidos por la revalorización de las reservas de oro francesas, se creó un fondo de estabilización cambiaria de 10 000 millones de francos.

Aunque la devaluación francesa de septiembre de 1936 hizo añicos el bloque del oro y obligó a los demás miembros del bloque a seguir su ejemplo, no puso fin al período de deflación. Las razones de esto se encuentran principalmente en la completa mala gestión de la devaluación francesa. Este acontecimiento decisivo se retrasó demasiado, al menos un año después de lo que debería haberse hecho, año durante el cual el oro salió constantemente de Francia. Además, cuando se produjo la devaluación, fue insuficiente y dejó al franco todavía sobrevalorado en relación con los niveles de precios de las otras grandes potencias. Asimismo, la devaluación estuvo rodeada de incertidumbre, ya que la ley permitía al Gobierno devaluar a cualquier contenido de oro entre 43 y 49 miligramos. Al estabilizarse en unos 46 miligramos, el Gobierno impidió cualquier resurgimiento de la confianza debido al peligro de una nueva devaluación a 43 miligramos. Cuando estese dio cuenta de que era necesaria una nueva devaluación, la situación se había deteriorado tanto que una depreciacióna 43 miligramos no tenía ningún valor.

Por último, mediante la Ley de Devaluación, el Gobierno tomó medidas punitivas contra los acaparadores de oro y los especuladores, tratando de impedir que obtuvieran los beneficios que conseguiríanal convertir su oro de nuevo en francos al nuevo valor. Como resultado, el oro exportado y atesorado no regresó, sino que permaneció en la clandestinidad. Así, las dificultades financieras, presupuestarias y económicas de Francia continuaron. A mediados de 1937, se habían agravado tanto que las únicas soluciones posibles eran el control de cambios o una drástica devaluación. La primera fue rechazada por la presión de Gran Bretaña y Estados Unidos, basada en el Acuerdo Tripartito de 1936 y en el apoyo que sus fondos de estabilización prestaban al franco; la segunda fue rechazada por todos los políticos con posibilidades de obtener el poder en Francia. Como resultado, el franco pasó por una serie de depreciaciones y devaluaciones parciales que no beneficiaron a nadie, excepto a los especuladores, y dejaron a Francia durante años desgarrada por el malestar industrial y las luchas de clases. Incapaz de armarse o de prestar a los asuntos exteriores la atención que necesitaban, el Gobierno se vio sometido a un chantaje sistemático por parte de las clases acomodadas del país, debido a la capacidad de estas personas para impedir, mediante la venta de francos, la reforma social, el gasto público, el rearmeo cualquier decisión política. Solo en mayo de 1938 se dio un paso decisivo. En ese momento el franco se devaluó drásticamente hasta 179 por libra y se fijó en esa cifra. Su contenido en oro (por una ley del 12 de noviembre de 1938) se fijó en unos 27,5 miligramos, con un 90 % de oro fino. Para entonces, Francia había sufrido años de caos económico y debilidad gubernamental; estas condiciones habían fomentado la agresión alemana y cuando en 1938 se llevó a cabo una acción financiera decisiva, fue debido a la creciente crisis internacional, demasiado tarde para obtener beneficios económicos importantes.

Hemos dicho que el bloque del oro fue destruido por la devaluación francesa de septiembre de 1936, cosa que se logró casi inmediatamente. Suiza, los Países Bajos y Checoslovaquia devaluaron sus monedas en un 30 % aproximadamente e Italia en un 40 % antes de finales de octubre. En todos los casos, como en Bélgica en lugar de Francia, la devaluación fue lo suficientemente grande en cantidad y lo suficientemente brusca en el tiempo como para contribuir a una reflación notable y a una mejora de la actividad empresarial. Cada país del antiguo bloque del oro creó un fondo de estabilización para controlar los tipos de cambio y se adhirió al acuerdo monetario tripartito de septiembre de 1936.

La importancia histórica de la crisis deflacionaria de 1927 a 1940 provocada por los banqueros es difícil de sobreestimar. Supuso un golpe a la democracia y al sistema parlamentario cuyos triunfos posteriores a la Segunda Guerra Mundial y a la posguerra no pudieron reparar del todo. Dio un impulso a la agresión por parte de aquellas naciones en las que el gobierno parlamentario se derrumbó, convirtiéndose así en una de las principales causas de la Segunda Guerra Mundial. Puso tantas trabas a las potencias que seguían siendo democráticas con sus teorías económicas ortodoxas que estas no pudieron rearmarse para defenderse, con la consecuencia de que la Segunda Guerra Mundial se prolongó indebidamente por las primeras derrotas de los estados democráticos. Provocó un conflicto entre los teóricos de los métodos financieros ortodoxos y no ortodoxos, y finalmente impulsó todo el desarrollo económico de Occidente por el pasodel capitalismo financiero al capitalismo monopolista y poco después a la economía plural.

La controversia entre los banqueros y los teóricos de las finanzas no ortodoxas surgió sobre la forma adecuada de tratar una depresión económica. Analizaremos este problema más adelante, pero aquí debemos decir que la fórmula de los banqueros para tratar una depresión era aferrarse al patrón oro, subiendo los tipos de interés y buscando la deflación, e insistiendo en una reducción del gasto público, un superávit fiscal o al menos un presupuesto equilibrado.

Estas ideas fueron rechazadas totalmente, punto por punto, por los economistas no ortodoxos (denominados de forma un tanto errónea «keynesianos[1]»). La fórmula de los banqueros pretendía fomentar la recuperación económica «restaurando la confianza en el valor del dinero», es decir, su propia confianza en lo que era la principal preocupación de los banqueros. Esta fórmula solo había funcionado en el pasado cuando, más o menos casualmente, había reducido los costes (especialmente los salarios) más rápido que los precios al por mayor, de modo que los empresarios recuperaron la confianza, no en el valor del dinero, sino en la posibilidad de obtener beneficios. Los teóricos no ortodoxos pretendían conseguir esto último de forma más rápida y directa restableciendo el poder adquisitivo, y por tanto los precios, al aumentar en lugar de reducir la oferta monetaria y poniéndola en manos de los consumidores potenciales en vez de en las de los bancos o las de los inversores.

El fin del capitalismo financiero bien puede fecharse en el colapso del patrón oro en Gran Bretaña en septiembre de 1931, pero en lo personal, podría fecharse en el suicidio de su personaje más ostentoso, el «rey de los fósforos», Ivar Kreuger, en París en abril de 1932.

Ivar Kreuger (1880–1932), tras varios años de experiencia como ingeniero en América y Sudáfrica, fundó en Estocolmo en 1911 la empresa contratista *Kreuger & Toll*. En 1918 esta empresa era una compañía financiera con un capital de 12 millones de coronas y estaba interesada principalmente en la *Swedish Match Company*, una sociedad de cartera organizada por Kreuger. En una década, Kreuger tenía el control de más de 150 empresas de cerillas en 43 países. Los valores de estas empresas se controlaban a través de una sociedad de Delaware (llamada *International Match Company*). Esta sociedad vendía millones de dólares en títulos sin derecho a voto, mientras que el control se ejercía a través de un pequeño bloque de acciones con derecho a voto en poder de *Kreuger & Toll*. Mediante la concesión de préstamos a los gobiernos de varios países, Kreuger obtuvo monopolios de fósforos que le reportaron importantes sumas. En total, se prestaron 330 millones de libras esterlinas a los gobiernos de esta manera, incluyendo 75 millones a Francia y 125 millones a Alemania. A cambio, Kreuger obtuvo el control del 80 % de la industria mundial de fósforos, la mayor parte de la producción europea de papel y pulpa de madera, 14 compañías telefónicas y telegráficas en seis países, una parte considerable de

---

1. El keynesianismo es una teoría económica que consiste en aumentar el gasto público para estimular la demanda agregada y así aumentar la producción, la inversión y el empleo.

los sistemas de hipotecas agrícolas de Suecia, Francia y Alemania, ocho minas de hierro y numerosas otras empresas, incluyendo un grupo considerable de bancos y periódicos en varios países. Todo el sistema fue financiado de manera ostentosamediante la venta de valores sin valor y fraudulentos a los inversores a través de los más prominentes banqueros de inversión del mundo. En total, se vendieron unos 750 millones de dólares en este tipo de valores, aproximadamente un tercio en Estados Unidos. La respetada *Lee, Higginson, and Company* de Boston vendió 150 millones de dólares de estos valores a 600 bancos y brókers[1] sin hacer ninguna investigación sobre su valor u honestidad y recibió unos 6 millones de dólares en honorarios por hacerlo. El dinero así recaudado por Kreuger se utilizó para adelantar préstamos a varios países, para pagar intereses y dividendos de los valores emitidos anteriormente y para financiar otras hazañas del Sr. Kreuger. Como ejemplos de estas hazañas, podemos mencionar que *Kreuger & Toll* pagó dividendos del 25 % de 1919 a 1928 y del 30 % después de 1929, en su mayoría procedentes del capital; la *Swedish Match Company* solía pagar dividendos del 15 %. Esto se hizo con el fin de persuadir al público inversor para que comprara más títulos de Kreuger y así mantener el sistema. Para animar a este público, se falsificaron los prospectos, las cartas y se manipuló el mercado de valores con un alto coste, se emitieron bonos con el mismo valor varias veces. Lo más descarado de todo es que se emitieron bonos contra los recibos de los monopolios de las cerillas de Italia y España. Aunque Kreuger no poseía ninguno de ellos, los llevaba en sus libros por 80 millones de dólares y tenía bonos falsificados por él mismo para justificar la afirmación. La prolongada depresión de 1929 a 1933 hizo imposible mantener el sistema a flote, aunque Kreuger no evitó ningún grado de corrupción y engaño en sus esfuerzos por hacerlo. En marzo de 1932 venció un pagaré de 11 millones de dólares de *International Telephone and Telegraph* y Kreuger, incapaz de pagarlo, se suicidó. Dejó reclamaciones contra su patrimonio por valor de 700 millones de dólares, mientras que sus deudas personales ascendían a 179 millones de dólares con un patrimonio de 18 millones de dólares.

La muerte de Kreuger no es más que un símbolo del fin del capitalismo financiero europeo. Durante unos 50 años antes de este acontecimiento, el control centralizado que posibilitaba el sistema financiero se había utilizado para desarrollar tendencias monopolísticas en la industria. Estas se habían visto favorecidas por el crecimiento de las grandes concentraciones empresariales, por la formación de cárteles y asociaciones comerciales entre unidades de empresa y por el aumento de esas restricciones menos tangibles a la competencia conocidas como competencia imperfecta y monopolística. Como resultado, la competencia fue disminuyendo, el control del mercado fue aumentando y la

---

1. Personas que actúan como intermediarias en operaciones de compra y venta de valores financieros.

autofinanciación de las unidades industriales fue creciendo. Este último desarrollo hizo posible que la industria volviera a liberarse del control financiero, como había ocurrido en el período de gestión por parte de los propietarios que precedió al capitalismo financiero. Pero, a diferencia de esta etapa anterior, el control no volvió a pasar de los financieros a los propietarios de las empresas, sino que tendió a pasar a manos de una nueva clase de gestores burocráticos cuyos poderes de control no guardaban ninguna relación con el grado de propiedad de las empresas en cuestión. En Francia, los banqueros, aunque en retirada cuando llegó la guerra en 1939, se habían fortalecido tanto con las políticas financieras poco ortodoxas de los años 20, que pudieron impedir cualquier victoria importante del capitalismo monopolista en los años 30, con el resultado de que el cambio del capitalismo financiero al monopolista no apareció en Francia hasta los años 40.

La transición tampoco se había completado en Estados Unidos cuando llegó la guerra en 1939, con el resultado de que Estados Unidos, como Francia, no se había sacudido la depresión mundial ni siquiera en 1940, a diferencia de cualquier otro país importante.

Reflación e inflación, 1933–1947

El período de reflación comenzó en algunos países (como Gran Bretaña y Estados Unidos) mucho antes de que terminara el período de deflación en otros (como en Francia). En la mayoría de los países, la recuperación estuvo asociada al aumento de los precios al por mayor, al abandono del patrón oro o al menos a la devaluación y al crédito fácil. En todas partes se tradujo en un aumento de la demanda, un incremento de la producción y una disminución del desempleo. A mediados de 1932, la recuperación era perceptible entre los miembros del bloque de la libra esterlina; a mediados de 1933 era general, excepto para los miembros del bloque del oro. Esta recuperación fue inconstante e incierta. En la medida en que fue causada por las acciones del Gobierno, estas acciones estaban dirigidas a tratar los síntomas más que las causas de la depresión y, al ir en contra de las ideas económicas ortodoxas, sirvieron para frenar la recuperación al reducir la confianza. En la medida en que la recuperación fue causada por el funcionamiento normal del ciclo económico, la recuperación se vio ralentizada por la continuación de las medidas de emergencia (como los controles sobre el comercio y las finanzas) y por el hecho de que los desequilibrios económicos que la depresión había provocado, se intensificaron a menudo con los primeros movimientos débiles hacia la recuperación. Por último, esta se vio frenada por el drástico aumento de la inseguridad política como consecuencia de los ataques de Japón, Italia y Alemania.

Salvo en el caso de Alemania y Rusia (que habían aislado sus economías de las fluctuaciones mundiales), la recuperación no duró más de tres o cuatro años. En la mayoría de los países, la segunda mitad de 1937 y la primera parte de 1938 experimentaron una fuerte «recesión». Al comienzo de la recesión, en ningún país importante los precios habían alcanzado el nivel de 1929 (aunque a menos de un 10% del mismo), ni el porcentaje de personas desempleadas había descendido a dicho nivel. En muchos países (menos en Estados Unidos ni en el bloque del oro), la producción industrial había alcanzado los niveles de 1929.

La recesión se caracterizó por una ruptura de los precios al por mayor, un descenso de la actividad empresarial y un aumento del desempleo. En la mayoría de los países comenzó en la primavera de 1937 y duró unos 10 meses o un año. Fue causada por varios factores: (1) gran parte de la subida de precios anterior a 1937 había sido causada por las compras especulativas y por los esfuerzos del «dinero del pánico» por refugiarse en las materias primas, más que por la demanda de los consumidores o de los inversores; (2) varios cárteles internacionales de materias primas creados en el período de la depresión y del inicio de la recuperación se rompieron, con la consiguiente caída de los precios; (3) se produjo un recorte del gasto público deficitario en varios países, especialmente en Estados Unidos y Francia; (4) la sustitución de los bienes de capital agotados en el período de 1929 a 1934 había provocado gran parte de la reactivación de 1933 a 1937 y comenzó a disminuir en 1937; (5) el aumento de la tensión política en el Mediterráneo y en Extremo Oriente como consecuencia de la Guerra Civil en España y del ataque japonés al norte de China tuvo un efecto adverso; y (6) se produjo un «sobresalto del oro». Este último, produjo una caída repentina de la demanda de oro causada por el gran aumento de la producción de oro resultante del precio de la tesorería de Estados Unidos, de 35 dólares la onza, que dio lugar a rumores de que dicha Tesorería pronto reduciría este precio.

Como resultado de la recesión de 1937, las políticas gubernamentales de 1933 a 1935, que habían dado lugar a la primera recuperación, se intensificaron y dieron lugar a una segunda. Los tipos de interés bancarios se redujeron (en algunos casos hasta el 1%); se reanudó o aumentó el gasto deficitario; se pospuso indefinidamente todo esfuerzo por volver al patrón oro; en Estados Unidos se puso fin a la esterilización del oro y se abandonó toda idea de reducir su precio de compra. El principal factor nuevo después de la recesión fue uno de menor importancia, pero que creció rápidamente. El gasto deficitario que se había utilizado para pagar proyectos de obras públicas antes de 1937 se dedicó cada vez más al rearme después de esa fecha; por ejemplo Gran Bretaña gastó 186 millones de libras en armamento en el año fiscal de 1936 a 1937 y 262 millones de 1937 a 1938. No es posible decir hasta qué punto este aumento del armamento fue causado por la necesidad de gastar en déficit y hasta qué punto fue el resultado de las crecientes tensiones políticas. Del mismo modo, no es posible decir cuál es la causa y cuál el efecto entre las tensiones políticas y el rearme. De hecho, las relaciones entre estos tres factores son reacciones mutuas de causa y efecto. En cualquier caso, tras la recesión de 1937, el armamento, las tensiones políticas y la prosperidad aumentaron conjuntamente. En la mayoría de los países, las tensiones políticas condujeron al uso de las armas en un conflicto abierto mucho antes de que se alcanzara la plena prosperidad, la producción industrial superó el nivel de 1929 a finales de 1937, pero debido al aumento de la población, la eficiencia y el capital, esto se logró sin la plena utilización de los recursos. En Estados Unidos (en conjunto con Canadá) y en Francia (en conjunto con Bélgica) la producción continuó siendo baja a lo largo de la década de 1930, alcanzando el nivel de 1929 en los dos primeros paísessolo a finales del verano de 1939 y sin llegar nunca al nivel de 1929 en los segundos. Como consecuencia del fracaso de la mayoría de los países (excepto Alemania y la Unión Soviética) en lograr la plena utilización de los recursos, fue posible dedicar porcentajes crecientes de estos recursos al armamento sin sufrir ningún descenso en el nivel de vida. De hecho, para sorpresa de muchos, el resultado fue exactamente el contrario: a medida que el armamento crecía, el nivel de vida mejoraba porque el principal obstáculo en el camino de la mejora del nivel de vida (es decir, la falta de poder adquisitivo de los consumidores) se subsanaba con el hecho de que la fabricación de armamento suministraba dicho poder adquisitivo en el mercado sin introducir en este ningún equivalente en bienes que mermaran el poder adquisitivo.

La recuperación de la depresión después de 1933 no dio lugar a ninguna reducción marcada de las restricciones y los controles que dicha depresión había traído a la actividad comercial y financiera. Dado que estos controles se habían establecido a causa de esta depresión, cabría esperar que se hubieran relajado a medida que esta se disipaba. En cambio, se mantuvieron y hasta se ampliaron en algunos casos. Las razones de ello son varias: en primer lugar, a medida que la crisis política se hacía más intensa, se comprendió el valor de estos controles para la defensa y la guerra. En segundo lugar, habían surgido intereses burocráticos poderosos para hacer cumplir estos controles. En tercer lugar, estas restricciones, que se habían establecido principalmente para controlar el comercio exterior, resultaron muy eficaces para hacerlo con la actividad económica interna. En cuarto lugar, bajo la protección de estos controles, la diferencia en los niveles de precios entre algunos países había crecido tanto que el fin de los mismos habría destrozado sus estructuras económicas. En quinto lugar, la demanda de protección frente a la competencia extranjera seguía siendo tan grande que estos controles no podían eliminarse. En sexto lugar, las relaciones entre los países deudores y acreedores seguían siendo válidas aunque desequilibradas y habrían requerido nuevos controles tan pronto como se hubieran levantado los antiguos para evitar el desequilibrio de los pagos y la presión deflacionaria. En séptimo lugar, la existencia de «capital cautivo» dentro de los sistemas económicos nacionales hacía imposible el levantamiento de los controles, ya que la fuga de dicho capital habría perturbado el sistema económico. El principal ejemplo de ese tipo de capital era la propiedad de los judíos en Alemania, que ascendía a más de 10 000 millones de marcos.

Por estas y otras razones continuaron los aranceles, las cuotas, las subvenciones, los controles de cambio y las manipulaciones gubernamentales del mercado. El momento en que estos controles podrían haberse retirado de manera más fácil era a principios de 1937 porque para entonces la recuperación estaba bien desarrollada y los desequilibrios internacionales eran menos agudos debido a la ruptura del bloque del oro a finales de 1936. El momento pasó sin que se lograran grandes resultados y, a finales de 1937, la recesión y la creciente crisis política hacían utópicas todas las esperanzas de relajar los controles.

Sin embargo, tales esperanzas estuvieron presentes tanto antes como después de 1937. Estas se reflejaron en los Acuerdos de Oslo de 1930 y 1937, el Convenio de Ouchy de 1932, el Programa de Comercio Recíproco de Hull de 1934 y posteriores, la Misión Van Zeeland de 1937 y el trabajo constante de la Sociedad de Naciones. De todos ellos, solo el Programa Hull logró algo concreto y la importancia de su realización es objeto de disputa.

El Programa de Comercio Recíproco de Hull tiene más importancia desde el punto de vista político que económico, su objetivo era abiertamente un comercio más libre y multilateral. La ley, aprobada en 1934 y renovada a intervalos regulares desde entonces, facultaba al poder ejecutivo a negociar con otros países acuerdos comerciales en los que Estados Unidos podía reducir los aranceles en cualquier cantidad hasta el 50 %. A cambio de reducir nuestros aranceles de este modo, esperábamos obtener concesiones comerciales de la otra parte del acuerdo. Aunque estos acuerdos eran bilaterales en su forma, eran multilaterales en su efecto porque cada acuerdo contenía una cláusula incondicional de nación más favorecida por la que cada parte se comprometía a otorgar a la otra concesiones al menos tan grandes como las que adjudicabaa la nación más favorecida con la que comerciaba. Como resultado de estas cláusulas, cualquier concesión hecha por una de las partes tendía a generalizarse a otros países. El interés de Estados Unidos en eliminar las restricciones al comercio mundial se encontraba en el hecho de que tenía una capacidad productiva superior a la necesaria para satisfacer la demanda interna articulada en casi todos los campos de la actividad económica, por lo que tenía que exportar o enfrentarse a un excedente de mercancías. Su interés en el comercio multilateral, más que en el bilateral, radicaba en el hecho de que sus excedentes existían en todo tipo de bienes (alimentos, materias primas y productos industriales) y de que los mercados para EE. UU. debían buscarse en todo tipo de economías extranjeras, no en una sola. Estados Unidos tenía excedentes de alimentos como el trigo, el cerdo y el maíz; de materias primas como el petróleo, el algodón y el hierro; de productos industriales especializados como radios, automóviles y locomotoras. No era posible vender todo eso a un país productor de alimentos como Dinamarca o a uno de materias primas como Canadá o los Estados Malayos o a otro país industrial como Alemania o Gran Bretaña. En consecuencia, Estados Unidos se convirtió en el principal defensor mundial de un comercio más libre y multilateral. Su principal argumento se basaba en que ese comercio contribuiría a elevar el nivel de vida de todas las partes. Para este país, cuya seguridad política era tan sólida que rara vez requería un momento de reflexión, un mayor nivel de vida era el principal objetivo de su existencia. Por lo tanto, a Estados Unidos le resultaba difícil comprender el punto de vista de un estado que, al carecer de seguridad política, colocaba un alto nivel de vida en una posición secundaria a dicha seguridad.

En marcado contraste con la postura de Estados Unidos hacia el problema del comercio internacional estaba la de la Alemania nazi. Este y otros países buscaban la «independencia» (es decir, objetivos políticos en la esfera económica) y rechazaban la «dependencia» aunque incluyera un mayor nivel de vida. A menudo rechazaban el argumento de que la autarquía era necesariamente perjudicial para el nivel de vida o para el comercio internacional porque por «autarquía» no entendían la autosuficiencia en todas las cosas, sino la autosuficiencia en las necesidades. Una vez conseguido esto, se declararon dispuestos a ampliar el comercio mundial de productos no esenciales hasta el gradoque requiriera cualquier nivel de vida.

La clave básica del nuevo énfasis en la autarquía se encontraba en el hecho de que los defensores de ese comportamiento económico tenían una nueva concepción del significado de la soberanía. Para ellos, la soberanía no solo tenía todas las connotaciones jurídicas y políticas que siempre había tenido, sino que además debía incluir la independencia económica. Como esa independencia económica solo podía ser obtenida, según la teoría, por las grandes potencias, los Estados menores debían ser privados de la soberanía en su sentido más amplio y quedar reducidos a una especie de condición de vasallo o cliente respecto a las grandes potencias. La teoría era que cada gran potencia, para gozar de plena soberanía, debía adoptar una política de autarquía. Dado que ninguna potencia, por grande que sea, podía ser autosuficiente dentro de sus propias fronteras nacionales, debía extender esta esfera de autarquía para incluir a sus vecinos más débiles, lo cual tendría implicaciones políticas y económicas, ya que era impensable que cualquier gran potencia permitiera que sus vecinos menores la pusieran en peligro cortando repentinamente sus suministros o mercados.

La teoría condujo así a la creación de «bloques continentales» formados por agregados de Estados menores en torno a las pocas grandes potencias. Esta teoría estaba totalmente de acuerdo con el desarrollo político de finales del siglo XIX y principios del XX. Este desarrollo había visto una creciente disparidad en los poderes de los Estados, con un número decreciente de grandes potencias. La disminución del número de grandes potencias se produjo debido al avance de la tecnología, que había progresado hasta un punto en el que solo unos pocos Estados podían seguirla. La teoría de los bloques continentales también concordaba con el crecimiento de las comunicaciones, el transporte, las armas y las técnicas administrativas. Esto hacía casi imperativo que el mundo se integrara en unidades políticas cada vez más grandes. La inevitabilidad de este desarrollo puede verse en el hecho de que las guerras de 1914 a 1945, libradas para la preservación de los pequeños Estados (como Polonia, Checoslovaquia, Holanda y Bélgica), lograron reducir el número de grandes potencias de siete a dos.

Como hemos visto, esta integración de Estados en bloques continentales u otros grandes bloques era una ambición bastante legítima y alcanzable, pero fue buscada por los Estados agresores (como Alemania, Japón e Italia) con métodos bastante ilegítimos. Un mejor método para lograr dicha integración habría sido el basado en el consentimiento y el entendimientomutuos, pero este método federalista de integración solo habría podido tener éxito si se hubiera ofrecido honestamente como alternativa a la solución autoritaria de los Estados agresores, cosa que no se hizo. Por el contrario, los Estados «liberales» se negaron a reconocer la inevitabilidad de la integración y al tiempo que se resistían a la solución autoritaria, trataron de resistirse también a todo el proceso de integración. Intentaron preservar la estructura mundial atomista de Estados soberanos, tan poco acorde con los desarrollos tecnológicos tanto en lo político (nuevas armas, transporte rápido y comunicaciones más rápidas) como en lo económico (producción en masa y creciente necesidad de materiales exóticos como el estaño, el caucho o el uranio que se encuentran en cantidades pequeñas y dispersas). En consecuencia, las potencias liberales se resistieron a los esfuerzos alemanes para hacer frente a los desarrollos del mundo real sin ofrecerningún programa sustitutivo realista o progresista en su lugar.

La política de negativismo por parte de las potencias liberales se vio agravada por el hecho de que estas habían puesto a Alemania y a otras potencias, en una posición (como deudores) en la que se vieron empujadas hacia una mayor integración del mundo sobre una base voluntaria. Esto se manifestó en el hecho de que estas potencias tuvieron que adoptar un comercio más libre y creciente para poder pagar sus deudas. Habiendo puesto a la mayoría de los países del mundo en esta posición de necesitar una mayor integración para poder pagar sus deudas, las naciones liberales hicieron imposible obtener dicha integración sobre una base federalista adoptando políticas de nacionalismo económico aislacionista para ellas mismas (mediante aranceles elevados, terminando con los préstamos a largo plazo, etc.). Esta política codiciosa en materia económica fue bastante similar enmateria política, en la que, tras crear una organización para lograr la paz, no se permitió que Alemania formara parte de ella. Más tarde, cuando esta últimapasó a formar parte de la misma, no se aceptó utilizarla para objetivos pacíficos, sino que se trató de usarla para hacer cumplir el Tratado de Versalles o para establecer un equilibrio de poder contra la Unión Soviética.

Este fracaso de los Estados liberales en la década de 1920 se hace más evidente cuando examinamos el gran aumento de las políticas económicas y financieras restrictivas en la década de 1930. Se suele decir que los excesos en estas fueron causados por el gran aumento del nacionalismo resultante de la depresión. Esto no es cierto y el aumento de tales restricciones no puede citarse como prueba del aumento del nacionalismo. Ningún país adoptó estas políticas por razones nacionalistas, es decir, para integrar más estrechamente a su propio pueblo o para distinguirlo más claramente de otros pueblos, ni para engrandecer al propio sobre otro. El aumento del nacionalismo económico se basaba en una causa mucho más práctica que esa: el hecho de que la nación era la única unidad social capaz de actuar ante la emergencia resultante de la depresión. Los hombres exigían acción y, para ello, el único organismo disponible era el Estado nacional. Si hubiera habido un organismo más amplio, se habría utilizado, como no lo había, hubo que recurrir al Estado, pero no con el propósito de perjudicar a los vecinos, sino únicamente con el de beneficiarse a sí mismo. El hecho de que los vecinos se vieran perjudicados era un resultado más o menos accidental, lamentable, pero inevitable mientras la mayor unidad de organización política (es decir, la mayor unidad capaz de actuar por completo) fuera el Estadonación. Cuando un teatro se incendia y las personas chocan entre ellas en el pánico resultante, no es porque alguien lo haya deseado, sino simplemente porque cada individuo trató de escapar del edificio lo antes posible. El resultado es un desastre porque el individuo es la única unidad disponible capaz de actuar, así como también es una unidad de acción demasiado pequeña para salvar a muchos individuos de la tragedia. Si existe una unidad de organización más grande (por ejemplo, si las personas en el teatro son una infantería con sus oficiales) o si alguna persona muy objetiva puede organizar el grupo en una unidad de acción más grande que el individuo, todos podrían escapar a salvo, pero las posibilidades de formar una organización una vez iniciado el pánico son casi nulas. Entre 1929 y 1934, el pánico comenzó antes de que existiera una unidad de acción mayor que el Estadonación. Como resultado, todos sufrieron y los insignificantes esfuerzos para formar una organización después de que comenzara el pánico fueron vanos. Esta es la verdadera tragedia de los años 20. Debido al conservadurismo, la timidez y la hipocresía de quienes intentaban construir una organización internacional en el período de 1919 a 1929, esta organización era tan inadecuada en 1929, cuando comenzó la emergencia, que la organización que se había creado fue destruida en lugar de resultar fortalecida. Si los instrumentos de la cooperación internacional hubieran estado más avanzados en 1929, la demanda de acción habría hecho uso de estos instrumentos y se habría iniciado una nueva era de progreso político. En cambio, la insuficiencia de dichosinstrumentos obligó a los hombres a recurrir al instrumento más amplio de que se disponía: el Estado-nación; y ahí comenzó un movimiento regresivo capaz de destruir toda la civilización occidental.

El nacionalismo económico que surgió de la necesidad de actuar en una crisis (y de actuar unilateralmente debido a la falta de un órgano capaz de actuar multilateralmente, es decir internacionalmente) se intensificó tras el colapso de las finanzas y de la economía del periodo entre 1931 y 1933 por varios acontecimientos. En primer lugar, se incrementó por el descubrimiento, por parte de Alemania en 1932, de Italia en 1934, de Japón en 1936 y de Estados Unidos en 1938, de que la deflación podía evitarse mediante el rearme. En segundo lugar, se incrementó por la comprensión de que la actividad política era más poderosa y más fundamental que la actividad económica, una comprensión que se hizo evidente cuando se descubrió que cada paso hacia una solución económica unilateral daba lugar a represalias de otras naciones que anulaban ese paso y hacían necesario otro que a su vez, provocaba nuevas represalias; esto pronto demostró que, excepto en una nación capaz de autoabastecerse, tales acciones en la esfera económica podían lograr poco y que la acción unilateral, si se tomaba, debía ir acompañada de medidas políticas (que no permitieran represalias). En tercer lugar, el nacionalismo económico se vio incrementado y el internacionalismo se vio reducido por el gran aumento de la inseguridad política, ya que la preservación de una organización económica internacional implicaba confiar el propio destino económico, en cierta medida, en manos de otro. En lugar de esto, el nacionalismo económico se incrementó en nombre de la autarquía, la seguridad, la movilización económica, etc. La autosuficiencia, aunque implicara un nivel de vida inferior, se consideraba preferible a la división internacional del trabajo, con el argumento de que la seguridad política era más importante que un nivel de vida elevado e inseguro.

Como consecuencia de estas tres causas, el comercio internacional comenzó a sufrir un nuevo perjuicio. La antigua transferencia de mercancías del siglo XIX entre las zonas industriales y las coloniales (productoras de alimentos y materias primas) había comenzado a declinar por una evolución puramente natural como resultado de la industrialización de las zonas coloniales. Pero ahora, como consecuencia del aumento del nacionalismo económico, se interrumpió otro tipo de transferencia. Se trataba de la transferencia entre naciones industriales, resultante de una división internacional del trabajo, y de una distribución desigual de las materias primas. Un ejemplo de ello puede verse en la industria siderúrgica de Europa occidental. Allí, el carbón británico y alemán, los minerales de hierro de baja calidad franceses y belgas, y los minerales de hierro de alta calidad suecos se mezclaron y combinaron para permitir la producción de aceros quirúrgicos de alta calidad en Suecia, de aceros de construcción de baja calidad en Bélgica, de productos de maquinaria pesada en Alemania y de productos de acero ligero en Francia. Esta transferencia de mercancías comenzó a interrumpirse con la arremetida del nacionalismo económico a partir de 1929. Como resultado, la historia dio un giro hacia atrás y el antiguo intercambio de productos coloniales por industriales aumentó su importancia relativa.

El nacionalismo económico también aumentó la tendencia al bilateralismo. Este recibió su principal y más temprano impulso de Alemania, pero pronto fue seguido por otros países hasta que en 1939, Estados Unidos era el único partidario importante del comercio multilateral. La mayoría de los países justificaron su aceptación del bilateralismo alegando que se vieron obligados a aceptarlo debido a la presión económica de Alemania; en muchos casos esto no era cierto. Algunos países, como Austria o Rumanía, se vieron obligados a aceptar el bilateralismo porque era la única forma de comerciar con Alemania, pero otros más importantes, entre ellos Gran Bretaña, no tenían esta excusa para sus acciones, aunque la utilizaron como tal. Las verdaderas razones por las que Gran Bretaña adoptó el bilateralismo y la protección se encuentran en la estructura de la economía interna británica, especialmente en la creciente rigidez de esa economía a través del gran y rápido aumento de los monopolios y los cárteles.

La nueva política comercial de Gran Bretaña después de 1931 era la antítesis completa de la aplicada por Estados Unidos, aunque los métodos más extremos y espectaculares de Alemania ocultaron este hecho a muchas personas hasta 1945. Estados Unidos buscaba el multilateralismo y la expansión del comercio mundial, mientras que Gran Bretaña buscaba el cobro de la deuda y el aumento de las exportaciones mediante el bilateralismo. Sin igualdad de trato, sus acuerdos comerciales buscaban primero reducir las deudas y después aumentar las exportaciones, si esto último era compatible con la reducción de dichasdeudas. En algunos casos, para reducir las deudas pendientes, se llegó a acuerdos para restringir las exportaciones desde Gran Bretaña o para reducir las cuotas de dichas mercancías (acuerdos anglo-italianos de abril de 1936, de noviembre de 1936 y de marzo de 1938, modificados en marzo de 1939). Se establecieron acuerdos de pago y liquidaciones con los países deudores. El comercio en ese momentoestaba subordinado a la liquidación de las deudas pasadas; esto era lo opuesto a la teoría estadounidense, que tendía a descuidar las deudas pasadas para aumentar el comercio actual con la esperanza de que, con el tiempo, las deudas pasadas pudieran liquidarse gracias al aumento del volumen comercial. Los británicos preferían un menor volumen de comercio con pagos rápidos a un mayor volumen con pagos retrasados.

Estas tácticas no funcionaron muy bien. Incluso con las compensaciones y la restricción de las exportaciones, Gran Bretaña tuvo grandes dificultades para ser competitiva con una balanza comercial desfavorable con respecto a los países deudores. Las balanzas de dichos países se mantuvieron generalmente favorables, con exportaciones superiores a las importaciones, por lo que los pagos siguieron retrasándose (dos años y medio en el caso de Turquía) y fue necesario reescribir los acuerdos comerciales que encarnaban el nuevo bilateralismo (en el caso de Italia, cuatro acuerdos en tres años). En algunos casos (como el de Turquía en mayo de 1938) se crearon organizaciones comerciales conjuntas especiales para vender los productos del país libre de gravámenes en los mercados de libre cambio, de modo que pudieran pagarse las deudas de dicho país con Gran Bretaña. Sin embargo, esto significaba que los países del libre cambio tenían que obtener los productos turcos de Gran Bretaña y no podían vender ninguno de sus propios productos en Turquía por falta de intercambio.

Debido a que los acuerdos bilaterales de Gran Bretaña no consiguieron lo que se esperaba, esta se vio obligada a sustituirlos por otros, siempre buscando un mayor control. Los acuerdos de compensación, que en un principio eran voluntarios, se convirtieron más tarde en obligatorios; los que antes eran de un solo uso se hicieron después de doble uso. Gran Bretaña realizó acuerdos de trueque con varios países, incluyendo un intercambio directo de caucho por trigo con Estados Unidos. En 1939, la Federación de Industrias Británicas llegó a buscar un acuerdo con Alemania para dividir los mercados y fijar los precios de la mayoría de las actividades económicas.

Como resultado de todo esto, los mercados internacionales de productos básicos en los que se podía comprar o vender cualquier cosa (si el precio era correcto) se vieron alterados. El centro de aquellos (principalmente en Gran Bretaña) comenzó a desaparecer, exactamente como lo estaba haciendo el mercado internacional de capitales (también centrado en Gran Bretaña). Ambos mercados se dividieron en mercados parciales y segregados. De hecho, uno de los principales acontecimientos de la época fue la desaparición del Mercado. Es un hecho interesante que la historia de la Europa moderna sea exactamente paralela en el tiempo a la existencia del mercado (desde el siglo XII hasta el siglo XX).

EL PERÍODO DE INFLACIÓN, 1938-1945

El período de reflación, que comenzó en la mayoría de los países en la primera mitad de 1933, se juntó con el siguiente período de inflación sin que hubiera una línea delimitante clara entre ambos. El aumento de los precios, de la prosperidad, del empleo y de la actividad empresarial después de 1933 se debió en general al aumento del gasto público. A medida que la crisis política se agravaba con los ataques a Etiopía, España, China, Austria y Checoslovaquia, este gasto público adoptó cada vez más la forma de gasto en armamento. Durante varios años fue posible en la mayoría de los países aumentar la producción de armamento sin reducir la producción de bienes de consumo o de capital, simplemente poniendo a trabajar los recursos, hombres, fábricas y capital que habían sido insifnificantes en la depresión. Solo cuando ya no existía ese tipo de recursos y había que aumentar el armamento desviando medios de la producción de bienes de consumo o de capital hacia este fin, comenzó el período de inflación. En ese momento se inicióuna competencia entre los productores de armamento y los productores de riqueza por la limitada oferta de recursos. Dicha competencia se volvió una competencia de precios, en la que cada parte ofrecía salarios más altos para la mano de obra y precios más altos para las materias primas. El resultado fue la inflación. El dinero que la comunidad obtenía, tanto para la producción de riqueza como para la producción de armas, estaba disponible para comprar solo la primera (ya que las armas no suelen ponerse a la venta al público). Esto intensificó enormemente la inflación. En la mayoría de los países, la transición de la reflación a la inflación no se produjo hasta después de haber entrado en la guerra. Alemania fue la principal excepción, posiblemente también Italia y Rusia, ya que todos ellos estaban utilizando sus recursos de forma bastante completa en 1938. En Gran Bretaña, esa plena utilización no se consiguió hasta 1940 o 1941 y en Estados Unidos hasta 1942 o incluso 1943. En Francia y en los demás países del continente invadidos por Alemania en 1940 y 1941, esa plena utilización de los recursos no se consiguió antes de ser derrotados.

El período de inflación entre 1938 y 1947 fue muy similar al que hubo entre 1914 y 1920. La destrucción de propiedades y bienes fue mucho mayor; la movilización de recursos para dicha destrucción también lo fue. En consecuencia, la oferta de riqueza real, tanto de los productores como de los consumidores, se redujo mucho más. Por otra parte, debido al aumento de los conocimientos y la experiencia, la producción de dinero y su gestión se manejaron con mucha más habilidad. La combinación de ambos factores dio lugar a un grado de inflación algo menos intenso en la Segunda Guerra Mundial que en la Primera. Los controles de precios y el racionamiento se aplicaron mejor y de forma más estricta, los excedentes de dinero se aprovecharon mediante nuevas técnicas de ahorro obligatorio o voluntario, la financiación de la guerra fue más hábil, de modo que se obtuvo un aumento mucho mayor de la producción a partir de un grado similar de inflación.

Gran parte de la mejora en la financiación de la Segunda Guerra Mundial en comparación con la Primera Guerra Mundial se debió a que la atención se concentró en los recursos reales y no en el dinero. Esto se reflejó tanto en la forma en que cada país gestionó su economía interna como en las relaciones entre países. Esto último puede verse en el uso de la ley de Préstamo y Arriendo en lugar del intercambio comercial, como en la Primera Guerra Mundial, para proporcionar a los aliados de Estados Unidos suministros de combate. El uso del intercambio comercial y de la financiación ortodoxa en la Primera Guerra Mundial había dejado una terrible carga de deudas intergubernamentales y de malestar en la posguerra. En la Segunda Guerra Mundial, Estados Unidos proporcionó a Gran Bretaña, en el marco de la ley de Préstamo y Arriendo, 27 000 millones de dólares en suministros, recibió 6000 millones de dólares a cambio y canceló la cuenta con un pago de unos 800 millones de dólares en el acuerdo de posguerra.

En las economías nacionales se desarrollaron técnicas aún más revolucionarias bajo la categoría general de planificación centralizada. En Gran Bretaña se llegó mucho más lejos que en Estados Unidos o Alemania y destacó principalmente por el hecho de que se aplicaba a los recursos reales y no a los flujos de dinero. Los principales controles eran sobre la mano de obra y los materiales, ambos se asignaban donde parecían ser necesarios y no se permitía, como en la Primera Guerra Mundial, que se extrajeran aquí y allá en respuesta al aumento de los salarios o de los precios. Las subidas de precios se controlaron absorbiendo el exceso de poder adquisitivo mediante el ahorro obligatorio o semiobligatorio y el racionamiento de los productos de primera necesidad específicos. Sobre todo, las subidas de precios de dichos productos se evitaron mediante subvenciones a los productores, que les daban más retribuciones por la producción sin que aumentara el precio de venta final. Como resultado, en Gran Bretaña el coste de vida aumentó de 100 a 126 entre 1939 y 1941, pero solo subió a 129 al final de la guerra, en 1945. En Estados Unidos, los precios al por mayor de todos los productos básicos aumentaron solo un 26 % de 1940 a 1945, pero en 1947 eran el doble que en 1940. La mayor parte de este aumento en Estados Unidos se produjo después del final de la guerra y puede atribuirse a la negativa del Congreso, controlado por los republicanos y dirigido por el senador Taft, a beneficiarse de los errores de 1918 a 1920. Como resultado, se repitieron la mayoría de los errores de ese período anterior, como el fin de los controles de precios, el racionamiento y los retrasos en la reconversión a la producción en tiempos de paz, pero solo después de haber ganado la guerra.

Fuera de los Estados Unidos, muchos de los mecanismos de control de la guerra continuaron en el período de posguerra y contribuyeron sustancialmente a la creación de un nuevo tipo de sistema económico que podríamos denominar «economía plural» porque funciona a partir de los alineamientos cambiantes de una serie de bloques de intereses organizados, como los trabajadores, los agricultores, la industria pesada, los consumidores, los grupos financieros y principalmente, el Gobierno; esto se analizará más adelante. Llegados a este punto, solo tenemos que decir que la economía de la posguerra tenía un carácter totalmente distinto al de los años 20 que siguieron a la Primera Guerra Mundial. La mayor diferencia se dio al eclipsar a los banqueros, que fueronreducidos en gran medida del estatus de amos al de sirvientes del sistema económico. Esto se produjodebido a la nueva preocupación por los factores económicos reales en lugar delos registros financieros, como antes. Como parte de este proceso, se produjo una gran reducción del papel económico del oro. De ello se derivaron dos problemas persistentes de la posguerra que se habrían evitado con el patrón oro. Se trata de (1) la lenta inflación mundial que surgió de las demandas contrapuestas de recursos económicos por parte de los consumidores, de los inversores, de las necesidades de defensa y del Gobierno; y (2) la constante recurrencia de agudas dificultades de cambio, como la «escasez de dólares» en el comercio mundial, que derivaron de la incapacidad de los envíos de oro o de la demanda extranjera para influir suficientemente en los precios internose invertir estos movimientos extranjeros. Pero estos inconvenientes, asociados a la ausencia de un patrón oro y a las insuficiencias de los acuerdos financieros que lo sustituían, se consideraban generalmente como un pequeño precio a pagar por el pleno empleo y el aumento del nivel de vida que los países industriales avanzados pudieron obtener bajo la planificación en el periodo de la posguerra.

VIII

EL SOCIALISMO INTERNACIONAL Y EL DESAFÍO SOVIÉTICO

El Movimiento Socialista Internacional	408
La revolución bolchevique hasta 1924	418
El estalinismo, 1924–1939	426

El Movimiento Socialista Internacional

El movimiento socialista internacional fue tanto un producto del siglo XIX como una revuelta contra él. Estaba arraigado en algunas de las características del siglo, como su industrialismo, su optimismo, su creencia en el progreso, su humanitarismo, su materialismo científico y su democracia, pero se rebelaba contra su *laissez faire*, su dominio de la clase media, su nacionalismo, sus barrios marginales urbanos y su énfasis en el sistema precio-beneficio como factor dominante de todos los valores humanos. Esto no significa que todos los socialistas tuvieran las mismas creencias o que estas no cambiaran con el paso de los años. Por el contrario, había casi tantos tipos diferentes de socialismo como de socialistas y las creencias clasificadas bajo este término cambiaban cada año en cada país.

El industrialismo, sobre todo en sus primeros años, trajo consigo unas condiciones sociales y económicas ciertamente horribles. Las personas se instalaron alrededor de las fábricas para formar grandes ciudades nuevas, sórdidas e insalubres. En muchos casos, estas personas fueron reducidas a condiciones inimaginables más propias de los animales. Amontonados entre la miseria y las enfermedades, sin ocio ni seguridad, completamente dependientes de un salario semanal que no alcanzaba para nada, trabajaban de 12 a 15 horas seis días a la semana entre máquinas polvorientas y peligrosas, sin ninguna protección contra los inevitables accidentes, la enfermedad o la vejez y regresaban por la noche a habitaciones abarrotadas sin comida adecuada, sin luz, aire fresco, calefacción, sin agua limpia o saneamiento.

Estas condiciones nos han sido descritas en los textosde novelistas como Dickens en Inglaterra, Hugo o Zola en Francia, en los informes de comisiones parlamentarias como la Comisión Sadler de 1832 o la Comisión de lord Ashley en 1842 y en numerosos estudios privados como *En la Inglaterra más oscura* del general William Booth del Ejército de Salvación. Justo a finales de siglo comenzaron a aparecer en Inglaterra estudios científicos privados sobre estas condiciones, encabezados por *La vida y el trabajo de la gente en Londres* de Charles Booth o *La pobreza, un estudio de la vida urbana* de B. Seebohm Rowntree.

El movimiento socialista fue una reacción contra estas condiciones deplorables de las masas trabajadoras. En el año 1848, había lacostumbre de dividir este movimiento en dos partes: la primera parte se llama «el período de los socialistas utópicos» mientras que la última parte se ha llamado «el período del socialismo científico». La línea divisoria entre las dos partes está marcada por la publicación en 1848 de *El Manifiesto Comunista* de Karl Marx y Friedrich Engels. Esta obra, que comenzaba con la ominosa frase «Un espectro recorre Europa, el espectro del comunismo», y terminaba con el grito de guerra «¡Proletarios del mundo, uníos!», se considera generalmente como la base a partir de la cual se desarrollaron durante el siglo XX, el bolchevismo ruso y el estalinismo. Sin duda, esta visión es una simplificación excesiva, ya que el desarrollo de la ideología socialista está lleno de vicisitudes, y bien podría haber crecido por caminos muy diferentes si la historia del propio movimiento hubiera sido distinta.

La historia del movimiento socialista puede dividirse en tres períodos asociados a las tres Internacionales Socialistas. La Primera Internacional duró de 1864 a 1876 y fue tanto anarquista como socialista. Fue finalmente desbaratada por las controversias entre estos dos grupos. La Segunda Internacional fue la Internacional Socialista, fundada en 1889. Esta se volvió cada vez más conservadora y fue desbaratada por los comunistas durante la Primera Guerra Mundial. La Tercera Internacional o Internacional Comunista, fue organizada en 1919 por elementos disidentes de la Segunda Internacional. Como resultado de las pugnas de estos tres movimientos, toda la ideología anticapitalista, que comenzó como una confusa revuelta contra las condiciones económicas y sociales del industrialismo en 1848, se dividió en cuatro escuelas principales. Estas se volvieron cada vez más doctrinarias y con relaciones más desagradables.

La división básica dentro del movimiento socialista después de 1848 era entre los que deseaban abolir o reducir las funciones del Estado y los que deseaban aumentar estas funciones dando actividades económicas al mismo. La primera división llegó a incluir con el tiempo a los anarquistas y a los sindicalistas, mientras que la segunda división llegó a incluir a los socialistas y a los comunistas. En general, la primera división creía que el hombre era innatamente bueno y que todo poder coercitivo era malo, siendo la autoridad pública la peor forma de dicho poder. Según los anarquistas, todo el mal del mundo surgía porque la bondad innata del hombre estaba corrompida y distorsionada por el poder coercitivo. Según ellos, el remedio era destruir al Estado, esto llevaría a la desaparición de todas las demás formas de poder coercitivo y a la liberación de la bondad innata del hombre. La forma más sencilla de destruirlo sería asesinando al jefe del mismo; esto actuaría como una chispa para encender un levantamiento generalizado de la humanidad oprimida contra todas las formas de poder coercitivo. Estos puntos de vista condujeron a numerosos asesinatos de varios líderes políticos, incluyendo un rey de Italia y un presidente de los Estados Unidos, en el período de 1895 a 1905.

El sindicalismo posterior al anarquismo que fue una versión algo más realista, estaba igualmente decidido a abolir toda autoridad pública, pero no confiaba en la bondad innata de los individuos para la continuidad de la vida social. Más bien pretendía sustituir el poder público por asociaciones voluntarias de individuos que proporcionaran la camaradería y la gestión de la vida social que, según estos pensadores, el Estado había fracasado de forma tan evidente en proporcionar. Por encima de esas asociaciones voluntarias que sustituirían al Estado estarían los sindicatos. Según los sindicalistas, el Estado debía ser destruido, no mediante el asesinato de sus jefes, sino por una huelga general de los trabajadores organizados en sindicatos. Esta huelga daría a los trabajadores un poderoso *espíritu de equipo* basado en el sentido de su poder y solidaridad. Al hacer imposible toda forma de coacción, la huelga general destruiría al Estado y lo sustituiría por una federación flexible de asociaciones libres de trabajadores (sindicatos).

El defensor más vigoroso del anarquismo fue el exiliado ruso Miguel Bakunin (1814–1876). Sus doctrinas tuvieron un considerable atractivo en la propia Rusia, pero en Europa occidental solo fueron ampliamente aceptadas en España, especialmente en Barcelona, y en algunas partes de Italia, donde las condiciones económicas y psicológicas eran algo similares a las de Rusia. El sindicalismo floreció posteriormente en las mismas zonas, aunque sus principales teóricos eran franceses, encabezados por Georges Sorel (1847–1922).

El segundo grupo de teóricos sociales radicales se oponía fundamentalmente a los anarcosindicalistas, aunque este hecho solo se reconoció gradualmente. Este segundo grupo deseaba ampliar el poder y el alcance de los gobiernos otorgándoles un papel dominante en la vida económica. Con el tiempo, las confusiones en el seno de este segundo grupo empezaron aevidenciarse, y el grupo se dividió en dos escuelas principales: los socialistas y los comunistas. Estas dos escuelas estaban más separadas en su organización y en sus actividades que en sus teorías, porque los socialistas se volvieron cada vez más moderados e incluso conservadores en sus actividades, mientras que seguían siendo relativamente revolucionarios en sus teorías. Sin embargo, como sus teorías siguieron gradualmente a sus actividades en la dirección de la moderación, en el período de la Segunda Internacional (1889–1919), surgieron controversias violentas entre los que pretendían permanecer fieles a las ideas revolucionarias de Karl Marx y los que deseaban revisar estas ideas en una dirección más moderada para adaptarlas a lo que consideraban que eran las condiciones sociales y económicas cambiantes. Los seguidores más rigurosos de Karl Marx pasaron a ser conocidos como los comunistas, mientras que el grupo revisionista más moderado pasó a ser conocido como los socialistas. Las rivalidades de los dos grupos acabaron por desbaratar la Segunda Internacional, así como el movimiento obrero en su conjunto, de modo que los regímenes antiobreros pudieron llegar al poder en gran parte de Europa en el período de 1918 a 1939. Este trastorno y fracaso del movimiento obrero es uno de los principales factores de la historia europea del siglo XX por lo que requiere al menos un breve repaso de su naturaleza y sus antecedentes.

Las ideas de Karl Marx (1818–1883) y de su socio Friedrich Engels (1820–1895) se publicaron en el *Manifiesto Comunista* de 1848 y en su obra en tres volúmenes, *El Capital* (1867–1894). Aunque fueron suscitadas por las deplorables condiciones de las clases trabajadoras europeas bajo el industrialismo, las fuentes principales de las ideas mismas se encontraban en el idealismo de Hegel, el materialismo de los antiguos atomistas griegos (especialmente Demócrito) y las teorías de los economistas clásicos ingleses (especialmente David Ricardo). La conocida «dialéctica histórica» de Marx, derivó de la filosofía de Hegel. Esta teoría sostenía que todos los acontecimientos históricos eran el resultado de una lucha entre fuerzas opuestas que, en última instancia, se fusionaban para crear una situación diferente a cualquiera de ellas. Toda organización existente tanto a nivel social como ideológico (tesis) suscita, con el tiempo, una oposición (antítesis). Estas dos luchan entre sí y dan lugar a los acontecimientos de la historia, hasta que finalmente las dos se unen en una nueva organización (síntesis). A su vez, esta síntesis se establece como una nueva tesis frente a una nueva oposición o antítesis y la lucha sigue, ya que la historia continúa.

Un elemento principal de la teoría marxista era la interpretación económica de la historia. Según este punto de vista, la organización económica de cualquier sociedad era el aspecto básico de la misma, ya que todos los demás aspectos, como el político, el social, el intelectual o el religioso, reflejaban la organización y los poderes del nivel económico.

De Ricardo, Marx derivó la teoría de que el valor de los bienes económicos se basaba en la cantidad de trabajo invertido en ellos. Aplicando esta idea a la sociedad industrial, en la que el trabajo obtenía salarios que reflejaban solo una parte del valor del producto que fabricaban, Marx decidió que el trabajo estaba siendo explotado. Esta explotación era posible, según él, porque las clases trabajadoras no eran propietarias de los «instrumentos de producción» (es decir, las fábricas, la tierra y las herramientas), sino que habían permitido que estos, mediante artimañas legales, cayeran en manos de las clases poseedoras. De este modo, el sistema de producción capitalista había dividido a la sociedad en dos clases antitéticas: la burguesía, que poseía los instrumentos de producción y el proletariado, que vivía de la venta de su trabajo. El proletariado, sin embargo, era despojado de una parte de su producto por el hecho de que su salario representaba solo una parte del valor de su trabajo; la «plusvalía» de la que se le privaba iba a parar a la burguesía en forma de beneficios. La burguesía pudo mantener este sistema de explotación porque los sectores económico, social, intelectual y religioso de la sociedad reflejaban la naturaleza explotadora del sistema económico. El dinero que la burguesía tomaba del proletariado en el sistema económico les permitía dominar el sistema político (incluyendo la policía y el ejército), el sistema social (incluyendo la vida familiar y la educación), así como el sistema religioso y los aspectos intelectuales de la sociedad (incluyendo las artes, la literatura, la filosofía y todas las vías de publicidad de estas).

A partir de estos tres conceptos de la «dialéctica histórica», el determinismo económico y el conceptolaboral del valor, Marx construyó una complicada teoría de la historia pasada y futura. Creía que «toda la historia es la historia de las luchas de clases». Así como en la Antigüedad la historia se ocupaba de las luchas de los hombres libres y los esclavos o de los plebeyos y los patricios, en la Edad Media se ocupaba de las luchas de los siervos y los señores y, en los tiempos modernos, de las luchas del proletariado y la burguesía. Cada grupo privilegiado surge de la oposición a un grupo privilegiado anterior, desempeña su papel necesario en el progreso histórico y, con el tiempo, es desafiado con éxito por aquellos a los que ha estado explotando. Así, la burguesía surgió de los siervos explotados por desafiar con éxito al antiguo grupo privilegiado de los señores feudales y pasó a un período de supremacía burguesa en el que una sociedad industrial plenamente capitalizada contribuyó a la historia, pero fue desafiada, a su vez, por el creciente poder de las masas trabajadoras.

Para Marx, la revolución del proletariado no solo era ineludible, sino que inevitablemente tendría éxito y daría lugar a una sociedad completamente nueva con un sistema proletario de gobierno, vida social, patrones intelectuales y organización religiosa. La «revolución insoslayable» debía conducir a una «victoria inevitable del proletariado» porque la posición privilegiada de la burguesía le permitía practicar una explotación despiadada del proletariado, presionando a estas masas trabajadoras hacia abajo hasta un nivel de mera subsistencia porque el trabajo, habiéndose convertido solo en una mercancía para vender a cambio de un salario en el mercado competitivo, naturalmente caería al nivel que solo permitiría la oferta necesaria de trabajo para sobrevivir. A partir de esta explotación, la burguesía se haría cada vez más rica, menos numerosa y adquiriría la propiedad de todos los bienes de la sociedad, mientras que el proletariado se haría cada vez más pobre, más numeroso y sería impulsado a la desesperación. Finalmente, la burguesía sería tan escasa y el proletariado tan numeroso que este último podría sublevarse con ira y apoderarse de los instrumentos de producción y, por tanto, del control de toda la sociedad.

Según esta teoría, la «revolución inevitable» se produciría en el país industrial más avanzado porque solo después de un largo período de industrialismo se agudizaría la situación revolucionaria y la propia sociedad estaría dotada de fábricas capaces de soportar un sistema socialista. Una vez que la revolución hubiera tenido lugar, se establecería una «dictadura del proletariado» durante la cual los aspectos políticos, sociales, militares, intelectuales y religiosos de la sociedad se transformarían en una estructura socialista. Al final de este período, se establecería el socialismo pleno, desaparecería el Estado y surgiría una «sociedad sin clases». En ese momento la historia terminaría. Esta conclusión bastante sorprendente del proceso histórico se produciría porque Marx había definido la historia como el proceso de la lucha de clases y había definido al Estado como el instrumento de la explotación de clase. Dado que en el Estado socialista no habría explotación, es decir no habrían clases, tampoco existirían las luchas de clases y no sería necesario el Estado.

En 1889, después de que la Primera Internacional se viera perturbada por las controversias entre anarquistas y socialistas, los socialistas formaron una Segunda Internacional. Este grupo mantuvo su fidelidad a la teoría marxista durante un período considerable, pero incluso desde el principio las acciones socialistas no siguieron la teoría marxista. Esta divergencia surgió del hecho de que la teoría marxista no proporcionaba una imagen realista o viable de la evolución social y económica, no preveía realmente la existencia de sindicatos, partidos políticos obreros, reformistas burgueses, aumento del nivel de vida o nacionalismo; sin embargo, tras la muerte de Marx, estos se convirtieron en las preocupaciones dominantes de la clase obrera. En consecuencia, los sindicatos y los partidos políticos socialdemócratas que dominaban se convirtieron en grupos reformistas más que revolucionarios. Fueron apoyados por grupos de clase alta con motivaciones humanitarias o religiosas, con el resultado de que las condiciones de vida y de trabajo entre las clases trabajadoras se elevaron a un nivel superior, al principio lentamente y a regañadientes, pero, con el tiempo, con creciente rapidez. Mientras la propia industria seguía siendo competitiva, la lucha entre los industriales y los trabajadores seguía siendo intensa porque cualquier éxito que los trabajadores de una fábrica pudieran lograr en la mejora de sus niveles salariales o de sus condiciones de trabajo, elevaría los costes de su empleador y perjudicaría su posición competitiva con respecto a otros patronos. Pero a medida que los industriales se aliarondespués de 1890 para reducir la competencia entre ellos regulando sus precios y su producción, y a medida que los sindicatos se unieronen asociaciones que abarcaban muchas fábricas e incluso industrias enteras, la lucha entre el capital y el trabajo se hizo menos intensa porque cualquier concesión hecha al trabajo afectaría a todos los capitalistas de la misma actividad por igual y podría cubrirse simplemente aumentando el precio del producto de todas las fábricas a los consumidores finales.

De hecho, la imagen que Marx había creado de un número cada vez mayor de trabajadores reducidos a niveles de vida cada vez más bajos por una cantidad progresivamente menor de capitalistas explotadores, resultó ser completamente errónea en los países industriales más avanzados del siglo XX. Por el contrario, lo que ocurrió podría describirsecomo un esfuerzo cooperativo por parte de los trabajadores sindicalizados y la industria monopolizada para explotar a los consumidores no organizados aumentando los precios cada vez más a fin de proporcionar tanto salarios más altos como mayoresbeneficios. Todo este proceso fue impulsado por las acciones de los gobiernos que impusieron reformas tales como las jornadas de ocho horas, las leyes de salario mínimo o el seguro obligatorio de accidentes, vejez y jubilación en industrias enteras a la vez. Como consecuencia, los trabajadores no empeoraron, sino que mejoraron mucho con el avance del industrialismo en el siglo XX.

Esta tendencia al aumento del nivel de vida también reveló otro error marxista. Marx había pasado por alto la verdadera esencia de la Revolución Industrial. Tendía a encontrarla en la completa separación del trabajo de la propiedad de las herramientas y la reducción del trabajo a únicamente una mercancía en el mercado. La verdadera esencia del industrialismo se encontraba en la aplicación de la energía no humana, como la del carbón, el petróleo o la energía hidráulica, a la producción. Este proceso aumentó la capacidad del hombre para fabricar bienes, y lo hizo en un grado sorprendente, pero la producción en masa solo podía existir si iba seguida de un consumo masivo y de un aumento del nivel de vida. Además, debía llegar a largo plazo, a una demanda menor de mano de obra y a una demanda mayor de técnicos altamente capacitados que fuerangerentes en lugar de obreros. A largo plazo, este proceso daría lugar a un sistema productivo de tan alto nivel de complejidad técnica, que ya no podría ser dirigido por los propietarios, sino que tendría que ser dirigido por gestores con formación técnica. Asimismo, el uso de la forma corporativa de organización industrial como medio para llevar los ahorros de muchos al control de unos pocos, mediante la venta de valores a grupos de inversores cada vez más amplios (incluyendo tanto a los grupos de directivos como a los de trabajadores), conduciría a una separación de la gestión de la propiedad y a un gran aumento del número de propietarios.

Todos estos desarrollos fueron bastante contrarios a las expectativas de Karl Marx, donde él había esperado el empobrecimiento de las masas y la concentración de la propiedad, con un gran aumento del número de trabajadores, una gran disminución del número de propietarios y con una eliminación gradual de la clase media, se produjo en cambio (en los países altamente industrializados) el aumento del nivel de vida, la dispersión de la propiedad, una disminución relativa del número de trabajadores y un gran aumento de las clases medias. A largo plazo, bajo el impacto de los impuestos graduales sobre la renta y los impuestos sobre la herencia, los ricos se volvieron cada vez más pobres, relativamente hablando, y el gran problema de las sociedades industriales avanzadas se convirtió, no en la explotación de los trabajadores por parte de los capitalistas, sino en la explotación de los consumidores no organizados (de los niveles profesionales y de la clase media baja) por parte de los trabajadores sindicalizados y los gerentes monopolizados que actuaban de forma concertada. La influencia de estos dos últimos grupos sobre el Estado en un país industrial avanzado también sirvió para aumentar su capacidad de obtener lo que deseaban de la sociedad en su conjunto.

Como consecuencia de todas estas influencias, el espíritu revolucionario no siguió progresando con el avance del industrialismo como había esperado Marx, sino que empezó a disminuir con el resultado de que los países industriales más avanzados se volvieron cada vez menos revolucionarios. Además, el espíritu revolucionario que existía en los países industriales avanzados no se encontraba, como había esperado Marx, entre la población trabajadora, sino entre la clase media baja (la llamada «pequeña burguesía»). El empleado de banca, el delineante de arquitectura o el maestro de escuela promedio no estaban organizados, se encontraban oprimidos por el trabajo organizado, la industria monopolizada y el progresivo aumento del poder del Estado. Se encontraban atrapados en la creciente espiral de costes, resultado de los esfuerzos de los mencionados tres factores opresores por cargar sobre el consumidor no organizado dichos costes del bienestar social y la obtención de beneficios constantes. El pequeño burgués se dio cuenta de que contaba con un trabajo de oficina, tenía una mejor educación, se esperaba que mantuviera unos estándares de apariencia personal y condiciones de vida de un mayor valor económico, pero recibía unos ingresos inferiores a los del trabajo sindicalizado. Como consecuencia de todo esto, el sentimiento revolucionario existente en los países industriales avanzados apareció entre la pequeña burguesía y no entre el proletariado. Estuvo acompañado de matices demencialesderivados de los resentimientos reprimidos y las inseguridades sociales de este grupo. Pero estos sentimientos peligrosos e incluso explosivos entre la pequeña burguesía adoptaron una forma antirrevolucionaria en lugar de revolucionaria y aparecieron como movimientos nacionalistas, antisemitas, antidemocráticos y antisindicales, en lugar de como movimientos antiburgueses o anticapitalistas, como había esperado Marx.

Desgraciadamente, a medida que los desarrollos económicos y sociales en los países industriales avanzados se movían en las direcciones no marxistasque hemos mencionado, los trabajadores sindicalizados y sus partidos políticos socialdemócratas siguieron aceptando dicha ideologíao al menos, lanzando los viejos gritos de guerra marxistas de «¡Abajo los capitalistas!» o «¡Viva la revolución!» o «¡Proletarios del mundo, uníos!». Dado que la ideologíay los gritos de guerra marxistas eran más fáciles de percibirque las realidades sociales que intentaban ocultar, especialmente cuando los líderes sindicales buscaban publicidad para lo que decían pero mantenían en profundo secreto lo que hacían, muchos capitalistas, algunos trabajadores y casi todos los marginados, pasaron por alto completamente los nuevos acontecimientos y siguieron creyendo que una revolución obrera estaba a la vuelta de la esquina. Todo esto sirvió para distorsionar, confundir las mentes y las acciones de la gente en gran parte del siglo XX. Las áreas en las que tales confusiones adquirieron gran importancia fueron las relativas a la lucha de clases y al nacionalismo.

Hemos señalado que las luchas de clase entre los capitalistas y las masas trabajadoras fueron de gran importancia en las primeras etapas del industrialismo. En estas primeras etapas el proceso productivo dependía más de la mano de obra y menos de los equipamientos complejosde lo que dependió después. Además, en estas primeras etapas, la mano de obra no estaba organizada (y por tanto era competitiva), mientras que los capitalistas no estaban monopolizados (y por tanto eran competitivos). Sin embargo, a medida que el proceso de industrialización avanzaba, los salarios se convirtieron en una parte cada vez menor de los costes productivos y otros costes. Cada vez se hicieron más importantes, especialmente los costes del equipamiento para la producción en masa, para la gestión técnica requerida por dicho equipamiento, para los costes de publicidad y comercialización necesarios para el consumo de masas. Todo ello hizo que la planificación tuviera una importancia cada vez mayor en el proceso productivo. Dicha planificación obligaba a reducir al mínimo el número de factores incontrolados en dicho proceso productivo, al tiempo que se intentaba controlar el mayor número posible de estos factores. Una industria que disponía de cientos de millones de dólares (o incluso miles de millones) en equipos e instalaciones, como era el caso de la industria siderúrgica, la automovilística, la química o la eléctrica, debía ser capaz de planificar por adelantado el ritmo y la cantidad de uso que recibirían esos equipos. Esta necesidad condujo al monopolio que era, esencialmente, un esfuerzo por controlar tanto los precios como las ventas eliminando la competencia del mercado. Una vez eliminada dicha competencia del mercado, o reducida sustancialmente, se hizo posible y útil la sindicalización de la mano de obra.

La mano de obra sindicalizada ayudó a la planificación al proporcionar salarios fijos durante un período determinado en el futuro y al proporcionar una mano de obra mejor formada y más disciplinada. Además, la mano de obra sindicalizada ayudó a la planificación al establecer los mismos salarios, condiciones y horarios (asimismo los costes) en toda la industria. De este modo, los trabajadores sindicalizados y la industria monopolizada dejaron de ser enemigos y se convirtieron en socios en un proyecto de planificación centrado en una industria tecnológica muy cara y compleja. La lucha de clases en términos marxistas desapareció en gran medida, la única excepción era que, en una industria planificada, el personal directivo podía comparar los costes salariales con los costes de capital fijo y podía decidir, para resentimiento de los trabajadores, sustituir una determinada cantidad de mano de obra por una determinada cantidad de maquinaria nueva. Los trabajadores tendían a resentirse y a oponerse a ello si no se les consultaba el problema. El resultado neto fue que la racionalización de la producción continuó y los países industrializados avanzados siguieron creciendo a pesar de la influencia contraria de la monopolización de la industria que hizo posible, hasta cierto punto, que las fábricas obsoletas sobrevivieran debido a la menor competencia del mercado.

Los efectos del nacionalismo en el movimiento socialista fueron aún más importantes. De hecho, fueron tan importante que desbarataron la Segunda Internacional entre 1914 y 1919. Marx había insistido en que todo el proletariado tenía intereses comunes, debía formar un frente común y no ser víctima del nacionalismo, que tendía a considerar como propaganda capitalista, que como la religión, buscaba desviar a los trabajadores de sus objetivos legítimos de oposición al capitalismo. El movimiento socialista aceptó en general el análisis de Marx sobre esta situación durante mucho tiempo, argumentando que los trabajadores de todos los países eran hermanos y debían unirse en oposición a la clase capitalista y al Estado capitalista. Las consignas marxistas que llamaban a los trabajadores del mundo a formar un frente común siguieron gritándose incluso cuando el nacionalismo moderno había hecho profundas incursiones en la perspectiva de todos los trabajadores. La difusión de la educación universal en los países industriales avanzados tendió a extender el punto de vista nacionalista entre las clases trabajadoras y los movimientos socialistas internacionales no pudieron hacer mucho para revertir o dificultar esta evolución. Dichos movimientos siguieron propagando la ideología internacionalista del socialismo internacional, pero cada vez más alejada de la vida del trabajador medio. Los partidos socialdemócratas de la mayoría de los países siguieron adoptando el punto de vista internacional e insistiendo en que los trabajadores se opondrían a cualquier guerra entre Estados capitalistas negándose a pagar impuestos para apoyar dichas guerras o a empuñar ellos mismos las armas contra sus «hermanos trabajadores» en países extranjeros.

Que este discurso era irreal quedó bastante claro en 1914, cuando los trabajadores de todos los países, con unas pocas excepciones, apoyaron a sus propios gobiernos en la Primera Guerra Mundial. En la mayoría de los países, solo una pequeña minoría de socialistas siguió resistiéndose a la guerra, negándose a pagar impuestos o a servir en las fuerzas armadas, o siguió agitando por la revolución social en lugar de por la victoria. Esta minoría, principalmente entre los alemanes y los rusos, se convirtió en el núcleo de la Tercera Internacional o Internacional Comunista, que se formó bajo la dirección rusa en 1919. La minoría de izquierdas que se convirtió en comunista se negó a apoyar los esfuerzos bélicos de sus distintos países, no porque fueran pacifistas como los socialistas, sino porque eran antinacionalistas. No querían detener la guerra como los socialistas, sino que deseaban que continuara con la esperanza de que destruyera la vida económica, social y política existente y proporcionara una oportunidad para el surgimiento de regímenes revolucionarios. Además, no les importaba quién ganara la guerra, como a los socialistas, sino que estaban dispuestos a ver derrotados a sus propios países si tal derrota servía para llevar al poder a un régimen comunista. El líder de este grupo radical de socialistas disidentes violentos era un conspirador ruso, Vladimir Ilich Ulyanov, más conocido como Lenin (1870–1924). Aunque expresó su punto de vista con frecuencia y en voz alta durante la guerra, hay que admitir que su apoyo, incluso entre los socialistas extremadamente violentos, eraínfimo. Sin embargo, el infortunio de la guerra sirvió para que este hombre llegara al poder en Rusia en noviembre de 1917 como líder de un régimen comunista.

La revolución bolchevique hasta 1924

La corrupción, la incompetencia y la opresión del régimen zarista quedaron en el olvido al estallar la guerra en 1914, ya que la mayoría de los rusos, incluso los que fueron enviados a la batalla con formación y armas inadecuadas, se unieron a la causa de la Santa Madre Rusia en un arrebato de patriotismo. Esta lealtad sobrevivió a los primeros desastres de 1914 y 1915 y fue capaz de aumentar lo suficiente para apoyar la gran ofensiva de Brusilov contra Austria en 1916, pero las tremendas pérdidas de hombres y suministros en esta guerra interminable, el creciente reconocimiento de la completa incompetencia y corrupción del gobierno y los crecientes rumores de la perniciosa influencia de la zarina y de Rasputín sobre el zar, sirvieron para destruir cualquier gusto que las masas rusas pudieran haber tenido por la guerra. Este debilitamiento de la moral se vio acelerado por el severo invierno y la semihambruna de 1916 a 1917. El descontento público se manifestó en marzo de 1917, cuando comenzaron las huelgas y los disturbios en Petrogrado. Las tropas de la capital se negaron a reprimir estas agitaciones y el Gobierno pronto se vio impotente. Cuando intentó disolver la Duma, este órgano se negó a ser intimidado y formó un Gobierno provisional bajo el príncipe Lvov. En este nuevo régimen solo había un socialista, el ministro de justicia Alexander Kerensky.

Aunque el nuevo Gobierno forzó la abdicación del zar, reconoció la independencia de Finlandia y Polonia, estableció un sistema completo de libertades civiles, pospuso cualquier cambio social y económico fundamental hasta el establecimiento de una futura asamblea constituyente e hizo todo lo posible por continuar la guerra. De este modo, no logró satisfacer los deseos de tierras, comida y paz de un gran número de rusos. El poderoso sentimiento público contra los esfuerzos por continuar la guerra forzó la dimisión de varios de los miembros más moderados del Gobierno, incluido el príncipe Lvov, que fue sustituido por Kerensky. Los socialistas más radicales habían sido liberados de la cárcel o habían regresado del exilio (en algunos casos, como el de Lenin, gracias a la ayuda alemana); sus agitaciones a favor de la paz y de la tierra ganaron adeptos entre un grupo mucho más amplio que sus propios partidarios, especialmente entre el campesinado, muy alejado de las simpatías o ideas socialistas, pero que insistía en el fin de la guerra y en un sistema más equitativo de propiedad de la tierra.

En San Petersburgo, Moscú y en algunas otras ciudades, los socialistas más radicales formaron asambleas de obreros, soldados y campesinos llamadas *Sóviets*, en oposición al Gobierno provisional. El grupo bolchevique, bajo la dirección de Lenin, llevó a cabo una poderosa campaña de propaganda para sustituir a dicho Gobierno por un sistema nacional de *Sóviets* y adoptar un programa inmediato de paz y distribución de tierras. No puede decirse que el grupo bolchevique ganara muchos adeptos o que aumentara rápidamente su tamaño, pero su constante agitación sirvió para neutralizar o alejar el apoyo al Gobierno provisional, especialmente entre los soldados de las dos principales ciudades. El 7 de noviembre de 1917, el grupo bolchevique se apoderó de los centros de gobierno en San Petersburgo y pudo mantenerlos gracias a la negativa de los contingentes militares locales a apoyar al Gobierno provisional. En 24 horas, este grupo revolucionario promulgó una serie de decretos que abolían el citado Gobierno provisional, ordenaban la transferencia de toda la autoridad pública en Rusia a los *Sóviets* de obreros, soldados y campesinos, creaban un ejecutivo central de los líderes bolcheviques llamado «Consejo de Comisarios del Pueblo» y ordenaban el fin de la guerra con Alemania y la distribución de grandes extensiones de tierra a los campesinos.

Los bolcheviques no se hacían ilusiones sobre su posición en Rusia a finales de 1917, sabían que eran un grupo muy pequeño en ese vasto país y que habían podido tomar el poder porque eran una minoría decisiva e implacable entre una gran masa de personas que habían sido neutralizadas por la propaganda. Se dudaba mucho de cuánto tiempo continuaría esta condición de neutralización, además los bolcheviques estaban convencidos, obedeciendo a la teoría marxista, de que no podía establecerse ningún sistema socialista real en un país tan atrasado industrialmente como Rusia. Y por último, había serias dudas de que las potencias occidentales se quedaran de brazos cruzados y permitieran a los bolcheviques sacar a Rusia de la guerra o intentar establecer un sistema económico socialista. Para los bolcheviques parecía bastante claro que debían limitarse a intentar sobrevivir en el día a día, esperar mantener neutralizada a la gran masa de rusos por medio de la consecución de la paz, el pan y la tierra, y confiar en que el rápido advenimiento de una revolución socialista en la industrialmente avanzada Alemania proporcionaría a Rusia un aliado económico y político que podría remediar las debilidades y el atraso de la propia Rusia.

De 1917 a 1921, Rusia atravesó un casi inverosímil período de caos político y económico. Con la aparición de movimientos contrarrevolucionarios y fuerzas intervencionistas extranjeras por todos lados, el área bajo control bolchevique se redujo en un momento dado a poco más que las porciones centrales de la Rusia europea. Dentro del país se produjo un colapso económico y social extremo, la producción industrial estaba desorganizada por la interrupción de los transportes, el inadecuado suministro de materias primas y de crédito, y las confusiones derivadas de la guerra, de modo que había una carencia casi total de productos como ropa, zapatos o herramientas agrícolas. En 1920, la producción industrial en general era aproximadamente el 13 % de la cifra de 1913. Al mismo tiempo, los billetes se imprimían tan libremente para pagar los gastos de la guerra, la guerra civil y el funcionamiento del Gobierno, que los precios subían rápidamente y el rublo casi no tenía valor. El índice general de precios era solo tres veces el nivel de 1913 en 1917, pero subió a más de 16 000 veces ese nivel a finales de 1920. Al no poder obtener ni productos industriales ni dinero por sus productos, los campesinos sembraban solo para sus propias necesidades o acumulaban lo que sobraba. La superficie cultivada se redujo en al menos un tercio entre 1916 y 1920, mientras que los rendimientos cayeron aún más rápido, pasando de 74 millones de toneladas de grano en 1916 a 30 millones en 1919 y a menos de 20 millones en 1920. La disminución en 1920 se debió a la sequía; esta se agravó tanto en 1921 que las cosechas fracasaron por completo. La pérdida de vidas en estos dos años de hambruna alcanzó los cinco millones, aunque la *American Relief Administration* llegó al país y alimentó hasta 10 millones de personas al día (en agosto de 1922).

En el transcurso de este caos y de esta tragedia, el régimen bolchevique pudo sobrevivir, abatir los movimientos contrarrevolucionarios y eliminar a los intervencionistas extranjeros. Pudo hacerlo porque sus oponentes estaban divididos, indecisos o neutralizados, mientras que ellos eran vigorosos, decididos y completamente despiadados. Las principales fuentes de fuerza bolchevique se encontraban en el Ejército Rojo y la policía secreta, la neutralidad de los campesinos y el apoyo de los trabajadores del proletariado en la industria y el transporte. La policía secreta (*Ckeka*) estaba formada por comunistas fanáticos y despiadados que asesinaban sistemáticamente a todos los opositores reales o potenciales. El Ejército Rojo fue reclutado en el antiguo ejército zarista, pero fue recompensado con altos salarios y raciones de comida favorables. Aunque el sistema económico se derrumbó casi por completo y los campesinos se negaron a suministrar o incluso a producir alimentos para la población de la ciudad, los bolcheviques establecieron un sistema de requisición de alimentos a los campesinos y distribuyeron estos alimentos mediante un sistema de racionamiento que recompensaba a sus partidarios. El asesinato de la familia imperial por parte de los bolcheviques en julio de 1918 eliminó este posible núcleo de las fuerzas contrarrevolucionarias, mientras que el rechazo general de estas fuerzas a aceptar el reparto revolucionario de las tierras agrícolas mantuvo a los campesinos neutrales a pesar de que los bolcheviques confiscaban el grano. Además, los campesinos estaban divididos entre sí porque los bolcheviques así lo querían, de modo que los campesinos más pobres se unieron para desviar gran parte de la carga de las requisiciones de grano hacia sus vecinos más acomodados.

El problema más grave al que se enfrentaba el régimen revolucionario a finales de 1917 era la guerra con Alemania. Al principio los bolcheviques intentaron poner fin a la lucha sin una paz formal, pero los alemanes siguieron avanzando y los bolcheviques se vieron obligados a firmar el Tratado de Brest-Litovsk (marzo de 1918). Por este tratado, Rusia perdió todas las fronteras occidentales, incluyendo Polonia, Ucrania y las zonas del Báltico. Las fuerzas alemanas intentaron con poco éxito obtener recursos económicos de Ucrania y pronto avanzaron mucho más allá de las fronteras establecidas en Brest-Litovsk para ocupar el valle del Don, Crimea y el Cáucaso.

En varias partes de Rusia, especialmente en el sur y el este, los ejércitos contrarrevolucionarios llamados «blancos» tomaron el campo de batalla para derrocar a los bolcheviques. Los cosacos del Don, bajo el mando de L. G. Kornilov, Anton Denikin y Petr Wrangel, ocuparon el Cáucaso, Crimea y Ucrania después de que los alemanes se retiraran de estas zonas. En Siberia se estableció en Omsk un gobierno conservador bajo el mando del almirante Aleksandr Kolchak, que anunció su intención de apoderarse de toda Rusia (a finales de 1918). Un grupo de 40 000 checoslovacos armados que habían desertado de los ejércitos de los Habsburgo para luchar por Rusia se volvieron contra los bolcheviques y mientras eran evacuados hacia el este a lo largo del ferrocarril transiberiano, tomaron el control de esa ruta desde el Volga hasta Vladivostok (verano de 1918).

Varias potencias externas también intervinieron en el caos ruso. Una fuerza expedicionaria aliada invadió el norte de Rusia desde Murmansk y Arkhangelsk, mientras que una fuerza de japoneses y otra de estadounidenses desembarcaron en Vladivostok y avanzaron hacia el oeste cientos de kilómetros. Los británicos se apoderaron de los campos petrolíferos de la región del Caspio (a finales de 1918), mientras que los franceses ocuparon partes de Ucrania en torno a Odesa (marzo de 1919).

Contra estas diversas fuerzas los bolcheviques lucharon con creciente éxito, utilizando el nuevo Ejército Rojo y la *Cheka*, apoyados por los sistemas industrial y agrario nacionalizados. Mientras estos luchaban por preservar el régimen revolucionario dentro de Rusia, se organizaron diferentes simpatizantes fuera del país. La Tercera Internacional se organizó bajo el mando de Grigori Zinóviev para fomentar los movimientos revolucionarios en otros países; su único éxito notable fue en Hungría, donde un régimen bolchevique bajo el mando de Bela Kun pudo mantenerse durante unos meses (de marzo a agosto de 1919).

En 1920, Rusia estaba sumida en la confusión, en ese momento el nuevo gobierno polaco la invadió, ocupando gran parte de Ucrania. Un contraataque bolchevique hizo retroceder a los polacos hasta Varsovia, donde pidieron ayuda a las potencias de la Entente. El general Weygand fue enviado con una misión militar y suministros. Con este apoyo, Polonia pudo volver a invadir Rusia e imponer el Tratado de Riga (marzo de 1921). Este tratado estableció una frontera polaco-rusa a 241,4 km al este de la provisional «Línea Curzon» que había sido trazada a lo largo de la frontera etnográfica por las potencias occidentales en 1919. Mediante este acto, Polonia acogió dentro de sus fronteras a varios millones de ucranianos y rusos blancos, asegurando así un alto nivel de enemistad soviético-polaca durante los siguientes 20 años.

Gran parte de la carga de esta agitación y conflicto fue impuesta al campesinado ruso por las requisas agrícolas y todo el sistema del llamado «Comunismo de Guerra». Como parte de este sistema, no solo se consideró que todas las cosechas agrícolas eran propiedad del Gobierno, sino que también se prohibió todo el comercio privado; los bancos, así como también todas las plantas industriales de más de cinco trabajadores y todas las empresas artesanales de más de 10 trabajadores fueron nacionalizadas (1920). Este sistema de comunismo extremo estaba lejos de ser un éxito y la oposición de los campesinos aumentaba constantemente a pesar de los severos castigos infligidos por las violaciones de las normas. A medida que se suprimían los movimientos contrarrevolucionarios y se retiraban gradualmente los intervencionistas extranjeros, aumentaba la oposición al sistema de opresión política y al «comunismo de guerra». Esto culminó en levantamientos campesinos, disturbios urbanos y una revuelta de los marineros en Kronstadt (marzo de 1921). En una semana se produjo un punto de inflexión: se abandonó todo el sistema de «comunismo de guerra» y de requisas a los campesinos en favor de una «nueva política económica» de libre actividad comercial en la agricultura y otros productos básicos, con el restablecimiento del afán de lucro y de la propiedad privada en las pequeñas industrias y propiedades de tierras. La requisición fue sustituida por un sistema de impuestos moderados y se relajaron las presiones de la policía secreta, de la censura y del Gobierno en general. Como resultado de estas tácticas, se produjo un espectacular aumento de la prosperidad económica y de la estabilidad política. Esta mejora continuó durante dos años, hasta que, a finales de 1923, los disturbios políticos y los problemas económicos volvieron a agudizarse. Al mismo tiempo, la proximidad de la muerte de Lenin complicó estos problemas con una lucha por el poder entre los sucesores de Lenin.

Debido a que la organización política del régimen bolchevique en sus primeros años se hizo por ensayo y error, sus esquemas principales no se establecieron hasta aproximadamente 1923. Estos esquemas tenían dos aspectos muy diferentes, el constitucional y el político. Constitucionalmente, el país se organizó (en 1922) en una Unión de Repúblicas Socialistas Soviéticas (URSS). El número de estas repúblicas ha cambiado mucho, pasando de cuatro en 1924 y 11 en el período de 1936 a 1940 a 15 en la década de 1960. De ellas, la más grande e importante era la República Socialista Federativa Soviética de Rusia (RSFSR), que abarcaba unas tres cuartas partes de la superficie de toda la Unión con unos cinco octavos de la población total. La constitución de esta RSFSR, redactada en 1918, se convirtió en el modelo de los sistemas de gobierno de otras repúblicas a medida que se creaban y se unían a la RSFSR para formar la URSS. En esta organización, los *Sóviets* locales, en ciudades y pueblos organizados sobre una base ocupacional, elegían representantes para los Congresos de *Sóviets* de distrito, de condado, regionales y provinciales. Como veremos más adelante, estos numerosos niveles de representación indirecta sirvieron para debilitar cualquier influencia popular en la cúspide y para permitir que los distintos eslabones de la cadena fueran controlados por el partido político comunista. Los *Sóviets* de las ciudades y los Congresos provinciales de dichos *Sóviets* enviaban representantes a un Congreso de los *Sóviets* de toda Rusia que poseía, en teoría, plenos poderes constitucionales. Como este Congreso de *Sóviets*, que contaba con 1000 miembros, no se reunía más que una vez al año, delegaba su autoridad en un Comité Ejecutivo Central de toda Rusia, compuesto por 300 miembros. Este Comité Ejecutivo, que solo se reunía tres veces al año, confiaba la administración diaria a un Consejo de Comisarios del Pueblo o Gabinete, compuesto por 17 personas. Cuando se formó la Unión de Repúblicas Socialistas Soviéticas en 1923, añadiendo otras repúblicas a la RSFSR, las nuevas repúblicas obtuvieron una organización constitucional algo similar y se creó un sistema parecido para toda la Unión. Esta contaba con un Congreso de los Sóviets de la Unión, grande y difícil de manejar, que se reunía con poca frecuencia y que era elegido por los *Sóviets* de las ciudades y provincias. Este Congreso de la Unión elegía un Comité Ejecutivo Central de toda la Unión, igualmente difícil de manejar, compuesto por dos cámaras. Una de estas cámaras, el Consejo de la Unión, representaba a la población; la otra cámara, el Consejo de las Nacionalidades, representaba a las repúblicas y regiones autónomas constituyentes de la Unión Soviética.

El Consejo de Comisarios del Pueblo de la RSFSR se transformó, con ligeros cambios, en un Consejo de Comisarios de la Unión para toda la Unión. Este ministerio contaba con comisarios para cinco ámbitos (Asuntos Exteriores, Defensa, Comunicaciones de Comercio Exterior y Correos y Telégrafos) de los que estaban excluidas las repúblicas constituyentes, así como con numerosos comisarios para actividades compartidas con las repúblicas.

Este sistema tenía ciertas características notables: no había separación de poderes, por lo que los distintos órganos de gobierno podían realizar actividades legislativas, ejecutivas administrativas y si era necesario, judiciales. En segundo lugar, no existía una constitución o derecho constitucional en el sentido de un cuerpo de normas por encima o fuera del Gobierno, ya que las leyes constitucionales se elaboraban por el mismo proceso y tenían el mismo peso que las demás leyes. En tercer lugar, no había derechos o libertades garantizados para los individuos, ya que la teoría aceptada era que los derechos y las obligaciones surgen de y en el Estado, no fuera o separados del mismo. Por último, no había elementos democráticos ni parlamentarios debido al monopolio del poder político por parte del Partido Comunista.

El Partido Comunista estaba organizado en un sistema similar y paralelo al del Estado, salvo que solo incluía a una pequeña parte de la población. En la base, en cada tienda o barrio, había uniones de miembros del partido llamadas «células». Por encima de estas, subiendo de nivel en nivel, había organizaciones superiores que consistían, en cada nivel, en un congreso del partido y un comité ejecutivo elegido por el congreso del mismo nivel. Estas se encontraban en los distritos, en los condados, en las provincias, en las regiones y en las repúblicas constituyentes. En la cúspide estaba el Congreso Central del Partido y el Comité Ejecutivo Central elegido por él. Con el paso de los años, el Congreso Central del Partido se reunía cada vez menos, se limitaba a aprobar las actividades y resoluciones del Comité Ejecutivo Central. Este comité y su institución paralela en el Estado (Consejo de Comisarios del Pueblo) estuvieron dominados hasta 1922 por Lenin. Su elocuencia, su agilidad intelectual y su capacidad de decisión implacable y de improvisación práctica le otorgaron la posición suprema tanto en el partido como en el Estado. En mayo de 1922, Lenin sufrió un derrame cerebral y tras una serie de ellos, murió en enero de 1924. Esta larga enfermedad dio lugar a una lucha por el control del partido y del aparato estatal dentro del propio partido. Al principio, esta lucha tomó la forma de una unión de los líderes menores contra Trotsky (el segundo líder más importante, después de Lenin). Pero finalmente se convirtió en una lucha de Stalin contra Trotsky y al final, de Stalin contra el resto. En 1927, Stalin había obtenido una victoria decisiva sobre Trotsky y toda la oposición.

La victoria de Stalin se debió en gran medida a su capacidad para controlar la maquinaria administrativa del partido entre bastidores y a la reticencia de sus oponentes, especialmente de Trotsky, a entablar una lucha de confrontación con Stalin, para que esto no condujera a una guerra civil, a una intervención extranjera y a la destrucción de los logros revolucionarios. Así, aunque Trotsky tenía el apoyo del Ejército Rojo y de la masa de miembros del partido, ambos fueron neutralizados por su negativa a utilizarlos contra el control de Stalin sobre la maquinaria del partido.

Como hemos dicho, el partido seguía siendo minoritario en cuanto a población, bajo la teoría de que la calidad era más importante que la cantidad. En marzo de 1917 había 23 000 afiliados y en octubre de 1921 había 650 000; en esta última fecha se inició una depuración que redujo los puestos del partido en un 24 %. Posteriormente, se reabrieron y la afiliación aumentó a 3,4 millones en 1940. El poder de admitir o depurar, en manos del Comité Ejecutivo Central, centralizaba por completo el control del propio partido; el hecho de que solo hubiera un partido legal y de que las elecciones a los cargos del Estado se hicieran con papeletas que solo contenían un partido e incluso un nombre para cada cargo, daba al partido el control total del Estado. Este control no se debilitó ni se vio amenazado por una nueva constitución, de apariencia y forma democrática, que entró en vigor en 1936.

En 1919, el Comité Ejecutivo Central de los 19 nombró dos subcomités de cinco miembros cada uno y un secretariado de tres. Uno de los subcomités, el Politburó, se ocupaba de cuestiones políticas, mientras que el otro, el Orgburó, se ocupaba de cuestiones de organización del partido. Solo un hombre (Stalin) era miembro de ambos. En abril de 1922 se nombró un nuevo secretariado de tres (Stalin, Vyacheslav Molotov, Valerian Kuibyshev) con Stalin como secretario general. Desde esta posición central pudo construir una burocracia del partido leal a él, purgar a los que se oponían más a sus planes o enviar a puestos remotos a los miembros del partido de cuya lealtad dudaba. A la muerte de Lenin, en enero de 1924, Stalin era el miembro más influyente del partido, pero seguía acechando en un segundo plano. Al principio gobernaba como uno de los miembros del triunvirato formado por Stalin, Grigori Zinóviev y Lev Kámenev, todos unidos en la oposición a Trotsky. Este último fue destituido de su cargo de comisario de guerra en enero de 1925 y del Politburó en octubre de 1926. En 1927, a instancias de Stalin, Trotsky y Zinóviev fueron expulsados del partido. Más tarde, Zinóviev volvió a ser miembro, pero en 1929 Trotsky fue deportado al exilio en Turquía; para entonces, Stalin tenía las riendas del Gobierno en sus manos.

El estalinismo, 1924-1939

A medida que Stalin reforzaba gradualmente su control interno de la Unión Soviética tras la muerte de Lenin en 1924, le fue posible dedicarse, con creciente energía, a otros asuntos. La Nueva Política Económica que Lenin había adoptado en 1921, funcionó con tanto éxito que la Unión Soviética experimentó una fenomenal recuperación desde las profundidades a las que el «comunismo de guerra» la había arrastrado de 1918 a 1921.

Desgraciadamente para los teóricos de la economía de la Unión Soviética, la NEP no era realmente una «política» en absoluto y ciertamente no era comunismo. Al restablecer un nuevo sistema monetario basado en el oro, en el que uno de los nuevos rublos de oro equivalía a 50 000 de los antiguos billetes inflacionarios, se proporcionó una base financiera firme para la recuperación. Salvo la continuación de la regulación gubernamental en el comercio internacional y en la industria pesada a gran escala, se permitió un régimen de libertad. La producción agrícola aumentó, las actividades comerciales florecieron y las actividades industriales más ligeras dedicadas a los bienes de consumo comenzaron a recuperarse. Reaparecieron las distinciones de riqueza entre los campesinos, siendo los más ricos (llamados «*kulaks*») mirados con recelo por el régimen y con envidia por sus vecinos menos afortunados. Al mismo tiempo, los que hacían fortuna en el comercio (llamados «*nepmen*») eran perseguidos esporádicamente por el régimen como enemigos del socialismo. No obstante, el sistema económico floreció, la superficie cultivada pasó de unas 59 900 hectáreas en 1921 a unas 89 900 en 1927; las cosechas de grano, una vez pasada la hambruna de 1922, se duplicaron aproximadamente entre 1923 y 1927; la producción de carbón se duplicó en tres años, mientras que la producción de textiles de algodón se cuadruplicó. Como consecuencia de esta recuperación, en 1927 el sistema económico ruso volvía a su nivel de 1913, aunque como la población había aumentado a 10 millones de personas, la renta per cápita era menor.

A pesar de la recuperación económica de la NEP, esta dio lugar a importantes problemas. Así como la economía agrícola libre produjo *kulaks* y el sistema comercial libre produjo *nepmen*, el sistema industrial mixto tuvo consecuencias indeseables. Bajo este sistema mixto, las industrias relacionadas con la defensa nacional estaban bajo el control directo del Estado; la industria pesada estaba controlada por fideicomisos monopolísticos que eran propiedad del Estado, pero funcionaban con presupuestos separados y se esperaba que fueran rentables; la pequeña industria era libre. Una de las consecuencias negativas de todo esto fue que la pequeña industria se vio presionada en sus esfuerzos por obtener mano de obra, materiales o crédito y su producción era escasa y a precios elevados. Otro resultado fue que los precios agrícolas, al ser libres y competitivos, bajaban cada vez más a medida que se recuperaba la producción agrícola, pero los precios industriales siendo monopolísticos o escasos, se mantenían altos. El resultado fue una «crisis de las tijeras», como se llama en Europa (o «precios de paridad», como se llama en América). Esto significaba que los bienes que los agricultores vendían estaban a precios bajos, mientras que los bienes que compraban estaban a precios altos y eran escasos. Así, en 1923, los precios agrícolas estaban al 58% del nivel de 1913, mientras que los precios industriales estaban al 187% de su nivel de 1913, de modo que los campesinos solo podían obtener, por sus cosechas, un tercio de los productos manufacturados que habían podido conseguiren 1913. Al retener el crédito a la industria, el Gobierno pudo obligar a las fábricas a liquidar sus existencias de bienes bajando los precios. Como consecuencia, en 1924 los precios industriales cayeron al 141% de los de 1913, mientras que los precios agrícolas subieron al 77% de los de 1913. El campesino mejoró su posición de 1913 pasando de un tercio a la mitad, pero en ningún momento recuperó su nivel de paridad de 1913. Esto dio lugar a un gran descontento agrario y a numerosos disturbios campesinos durante la última parte de la NEP.

Lenin había insistido en que la debilidad del proletariado en Rusia hacía necesario mantener una alianza con el campesinado. Esto se había hecho durante el período del capitalismo de Estado (noviembre de 1917 a junio de 1918), pero la alianza se había destruido en gran medida en el período del «comunismo de guerra» (de junio de 1918 a abril de 1921). Bajo la NEP se restableció esta alianza, pero la «crisis de las tijeras» volvió a destruirla, luego se restableció solo parcialmente. La victoria de Stalin sobre Trotsky y su inclinación personal por los métodos terroristas de gobierno condujeron a decisiones que marcaron el fin de estos ciclos de descontento campesino. La decisión de construir el socialismo en un solo país hizo que se considerara necesario acentuar el predominio de la industria pesada para obtener, lo más rápidamente posible, la base para la fabricación de armamento (principalmente hierro, acero, carbón y proyectos de energía eléctrica). Tales proyectos requerirían concentrar grandes masas de mano de obra y alimentarlas. Tanto la mano de obra como los alimentos tendrían que ser obtenidos del campesinado, pero el énfasis en la producción industrial pesada en lugar de la industria ligera significaba que habría pocos bienes de consumo para dar al campesinado a cambio de los alimentos que se lesustraían. Además, la fuga de mano de obra del campesinado para formar mano de obra urbana, significaría que los que siguieran siendo campesinos deberían mejorar mucho sus métodos de producción agrícola para poder suministrar, con una proporción menor de campesinos, alimentos para ellos mismos, para los nuevos trabajadores urbanos, para la creciente burocracia del partido y para el creciente Ejército Rojo que se consideraba esencial en la defensa del «socialismo en un solo país».

Según Stalin, el problema de obtener cada vez más alimentos de menos campesinos sin ofrecerles a cambio bienes industriales de consumo no podía resolverse en un régimen campesino basado en la libertad de comercio, como el de la NEP de 1921 a 1927, ni en uno basado en los agricultores individuales, como el del «comunismo de guerra» de 1918 a 1921; el primero de ellos exigía dar a los campesinos bienes a cambio, mientras que el segundo podía fracasar por la negativa de los mismos a producir más alimentos de los que requerirían sus propias necesidades. La NEP no pudo encontrar una solución a este problema. A pesar del fin de la «crisis de las tijeras» entre 1923 y 1927, los precios industriales seguían siendo más altos que los precios agrícolas, los campesinos se mostraban reacios a suministrar alimentos a las ciudades ya que no podían obtener a cambio los productos de las urbesque deseaban y la cantidad de grano de los campesinos que se vendía seguía siendo aproximadamente el 13 % del grano cultivado en 1927 frente al 26 % en 1913. Tal sistema podría proporcionar un alto nivel de vida a los campesinos, pero nunca podría proporcionar la base altamente industrializada necesaria para apoyar el «socialismo en un solo país».

La nueva dirección que tomó el desarrollo de Rusia después de 1927 y que llamamos «estalinismo» es consecuencia de numerosos factores. Tres de estos factores fueron (1) las ambiciones sanguinarias y paranoicas de Stalin y sus asociados, (2) un retorno de Rusia a sus antiguas tradiciones, pero en un nuevo nivel y con una nueva intensidad y (3) una teoría de la evolución social, política y económica incluida en la frase «Socialismo en un solo país». Esta teoría fue adoptada con un fanatismo tan insano por los gobernantes de la nueva Rusia y proporcionó motivaciones tan poderosas para la política exterior e interior soviética, que debe ser analizada con cierta extensión.

La rivalidad entre Stalin y Trotsky a mediados de la década de 1920 se libró tanto con consignas como con armas más violentas. Trotsky pedía la «revolución mundial», mientras que Stalin quería el «comunismo en un solo país». Según Trotsky, Rusia era económicamente demasiado débil y demasiado atrasada para poder establecer un sistema comunista en solitario. Como coincidían todos, tal sistema no podía existir sino en un país totalmente industrializado. Rusia, que estaba tan lejos de estar industrializada, solo podía obtener el capital necesario pidiéndolo prestado en el extranjero o acumulándolo de su propio pueblo. En cualquiera de los dos casos, dicho capital sería arrebatado a la larga a los campesinos de Rusia mediante coacción política, y en un caso sería exportado para pagar los préstamos extranjeros y en el otro, entregado en forma de alimentos y materias primas a los trabajadores industriales de la ciudad. Ambos casos estarían llenos de peligros; los países extranjeros, debido a que sus propios sistemas económicos eran capitalistas, no se quedarían de brazos cruzados y permitirían que un sistema socialista rival alcanzara el éxito en Rusia; además, en cualquiera de los dos casos, habría un nivel de descontento campesino peligrosamente alto, ya que los alimentos y las materias primas necesarias tendrían que ser tomados del campesinado de Rusia mediante coacción política, sin retorno económico. Esto se desprende de la teoría soviética de que la enemistad de los países capitalistas extranjeros exigiría que la nueva industria rusa hiciera hincapié en los productos industriales pesados capaces de apoyar la fabricación de armamento, en lugar de los productos industriales ligeros capaces de proporcionar bienes de consumo que pudieran entregarse a los campesinos a cambio de su producción.

Los bolcheviques asumieron como cierto que los países capitalistas no permitirían a la Unión Soviética construir un sistema socialista exitoso que hiciera obsoleto todo el capitalismo. Esta idea fue reforzada por una teoría, a la que Lenin hizo una contribución principal, de que «el imperialismo es la última etapa del capitalismo». Según esta teoría, un país capitalista plenamente industrializado entra en un período de depresión económica que le lleva a adoptar un programa de agresión bélica. La teoría insistía en que la distribución de la renta en una sociedad capitalista se volvería tan desigual que las masas populares no obtendrían ingresos suficientes para comprar los bienes producidos por las plantas industriales. A medida que estos bienes no vendidos se acumularan con la consiguiente disminución de los beneficios y la profundización de la depresión, se produciría un cambio hacia la producción de armamento a fin de obtener beneficios y producir bienes que pudieran venderse y habría una política exterior cada vez más agresiva con el fin de obtener mercados para los bienes no vendidos en los países atrasados o subdesarrollados. Según los pensadores soviéticos, este imperialismo agresivo convertiría inevitablemente a Rusia en un objetivo de agresión para evitar que un sistema comunista exitoso se convirtiera en un modelo atractivo para el proletariado descontento de los países capitalistas. Según Trotsky, todas estas verdades hacían evidente que el «socialismo en un solo país» era una idea imposible, especialmente si ese único país era tan pobre y atrasado como Rusia. Para Trotsky y sus amigos parecía bastante claro que la salvación del sistema soviético debía buscarse en una revolución mundial que atrajera a otros países al lado de Rusia como aliados, especialmente a un país industrialmente avanzado como Alemania.

Mientras la lucha interna entre Trotsky y Stalin recorría su fatigoso camino de 1923 a 1927, quedó bastante claro no solo que la revolución mundial era imposible y que Alemania no iba ni a una revolución comunista ni a una alianza con los soviéticos, sino que también quedó igualmente claro que zonas «coloniales oprimidas» como China no iban a aliarse con la Unión Soviética. El «comunismo en un solo país» tuvo que ser adoptado como política de Rusia simplemente porque no había otra alternativa.

Según los pensadores bolcheviques, solo el comunismo en Rusia requería que el país se industrializara a una velocidad vertiginosa, sin importar el coste excesivo y las dificultades, haciendo énfasis en la industria pesada y el armamento en lugar de en el aumento del nivel de vida. Esto significaba que los bienes producidos por los campesinos debían serles arrebatados, por coacción política, sin ningún retorno económico y que debía utilizarse el máximo terror autoritario para impedir que los campesinos redujeran su nivel de producción a sus propias necesidades de consumo, como habían hecho en el período del «comunismo de guerra» entre 1918 y 1921. Esto significaba que el primer paso hacia la industrialización de Rusia requería que el campesinado fuera quebrantado mediante el terror y reorganizado desde una base capitalista de granjas privadas a un sistema socialista de granjas colectivas. Además, para evitar que los países capitalistas imperialistas se aprovecharan del inevitable malestar que este programa crearía en Rusia, era necesario poner fin a todo tipo de espionaje extranjero, de resistencia al Estado bolchevique, de pensamiento independiente o de descontento público. Estos debían ser abatidos por medio del terror para que toda Rusia pudiera formar una estructura monolítica de proletariado disciplinado y tan incuestionablemente obediente a sus líderes que infundiera terror a todo agresor potencial.

Los pasos de esta teoría se sucedían como los pasos de una proposición geométrica: el fracaso de la revolución en la industrialmente avanzada Alemania requería que el comunismo se estableciera en la atrasada Rusia; esto exigía una rápida industrialización con énfasis en la industria pesada, lo cual significaba que los campesinos no podían obtener bienes de consumo para sus alimentos y materias primas; es decir, que los campesinos debían ser reducidos mediante coacción terrorista a granjas colectivas donde no pudieran resistir ni reducir sus niveles de producción: esto requería que todo descontento e independencia fuera abatido bajo un estado policial despótico para evitar que los imperialistas capitalistas extranjeros explotaran el descontento o el malestar social en Rusia. Para los gobernantes del Kremlin la prueba final de la verdad de esta proposición apareció cuando Alemania, que no se había vuelto comunista sino que había seguido siendo capitalista, atacó a Rusia en 1941.

Un historiador, que pudiera cuestionar los supuestos o las etapas de esta teoría, vería también que esta hizo posible que la Rusia bolchevique abandonara la mayor parte de las influencias de la ideología occidental en el marxismo (como su humanitarismo, su igualdad o su sesgo antimilitarista y antiestatal) y le permitiera recaer en la tradición rusa de un estado policial despótico que se apoyaba en el espionaje y el terror, en el que existía un profundo abismo en cuanto a la ideología y la forma de vida entre los gobernantes y los gobernados. También debería ser evidente que un nuevo régimen, como lo fue el bolchevismo en Rusia, no tendría métodos tradicionales de reclutamiento social ni de circulación de las élites; estos se basarían en la intriga y la violencia e inevitablemente llevarían a la cima a los más decididos, más despiadados, más inescrupulosos y más violentos de sus miembros. Este grupo formado en torno a Stalin, comenzó el proceso de establecimiento del «comunismo en un solo país» de 1927 a 1929 y lo continuó hasta que fue interrumpido por la llegada de la guerra en 1941. Este programa de industrialización pesada se organizó en una serie de «Planes Quinquenales», de los cuales el primero abarcó los años de 1928 a 1932.

Los principales elementos del primer Plan Quinquenal fueron la colectivización de la agricultura y la creación de un sistema básico de industria pesada. Para aumentar el suministro de alimentos y mano de obra industrial en las ciudades, Stalin obligó a los campesinos a abandonar sus propias tierras (trabajadas por sus propios animales y sus propias herramientas) para trasladarse a grandes granjas comunales, trabajadas en cooperación con tierras, herramientas y animales de propiedad común o a enormes granjas estatales, gestionadas como empresas nacionalespor empleados asalariados que utilizaban tierras, herramientas y animales de propiedad del Gobierno. En las granjas comunales, las cosechas eran propiedad conjunta de los miembros y se repartían, después de haber reservado ciertas cantidades para impuestos, compras y otros pagos que enviaban los alimentos a las ciudades. En las granjas estatales, las cosechas eran propiedad absoluta del Estado una vez pagados los costes necesarios. Con el tiempo, la experiencia demostró que los costes de las granjas estatales eran tan elevados y su funcionamiento tan ineficiente que apenas merecían la pena, aunque se siguieron creando.

El cambio al nuevo sistema se produjo lentamente entre 1927 y 1929, luego se puso en marcha a la fuerzaen 1930. En el espacio de seis semanas (de febrero a marzo de 1930) las granjas colectivas pasaron de 59 400 con 4 400 000 familias a 110 200 granjas, con 14 300 000 familias. Todos los campesinos que se resistieron fueron tratados con violencia; sus propiedades fueron confiscadas, fueron golpeados o enviados al exilio a zonas remotas; muchos fueron asesinados. Este proceso conocido como «la liquidación de los *kulaks*» (ya que el campesinado más rico se resistió con más fuerza), afectó a cinco millones de familias *kulak*. En lugar de entregar sus animales a las granjas colectivas, muchos campesinos los mataron. Como resultado, el número de reses se redujo de 30,7 millones en 1928 a 19,6 millones en 1933, mientras que en los mismos cinco años, el número de ovejas y cabras cayó de 146,7 a 50,2 millones, el de cerdos de 26 a 12,1 millones y el de caballos de 33,5 a 16,6 millones. Además, la temporada de siembra de 1930 se vio totalmente interrumpida y las actividades agrícolas de los años posteriores siguieron perturbadas, por lo que la producción de alimentos disminuyó drásticamente. Como el Gobierno insistió en llevarse los alimentos necesarios para mantener a la población urbana, las zonas rurales se quedaron sin alimentos suficientes y al menos tres millones de campesinos murieron de hambre entre 1931 y 1933. Doce años después, en 1945, Stalin le dijo a Winston Churchill que 12 millones de campesinos murieron en esta reorganización de la agricultura.

Para compensar estos desastres, se pusieron en cultivo como granjas estatales grandes extensiones de tierras hasta entonces no cultivadas, muchas de ellas semiáridas, sobre todo en Siberia. Se llevaron a cabo numerosas investigaciones sobre nuevas variedades de cultivos para aumentar el rendimiento y aprovechar las tierras más secas del sur y la temporada de cultivo más corta del norte. Como consecuencia, la superficie cultivada aumentó un 21% entre 1927 y 1938. Sin embargo, el hecho de que la población soviética aumentara en los mismos 11 años de 150 a 170 millones de personas, significó que la superficie cultivada per cápita solo aumentó de 0,70 ha a 0,80 ha. El aprovechamiento de las tierras semiáridas exigió una considerable ampliación del riego; así, en el decenio de 1928 a 1938 se produjo un aumento de aproximadamente el 50% de la superficie regada (de 4,30 millones de ha a 6,15 millones de ha). Algunos de estos proyectos de regadío combinaron el riego con la generación de electricidad por medio de la energía hidráulica y proporcionaron instalaciones mejoradas de transporte de agua, como en nuestra Autoridad del Valle de Tennessee; esto fue lo que ocurrió con el famoso proyecto de Dnepropetrovsk en el bajo río Dniéper, que tenía una capacidad de medio millón de kilovatios (1935).

La reducción de los animales de granja, que no se recuperó hasta 1941, combinada con los esfuerzos por desarrollar la industria pesada, dio lugar a un mayor uso de tractores y otros equipos mecanizados en la agricultura. El número de tractores pasó de 26,7 mil en 1928 a 483,5 mil en 1938, mientras que en la misma década el porcentaje de arado realizado por tractores aumentó del 1% al 72%. La cosecha se realizaba cada vez más con cosechadoras, cuyo número pasó de casi ninguna en 1928 a 182 000 en 1940. Esta complicada maquinaria no era propiedad de las explotaciones colectivas, sino de estaciones independientes de máquinas y tractores repartidas por todo el país; había que contratar la maquinaria en ellas a medida que se necesitaba. La introducción de este tipo de agricultura mecanizada no fue un éxito rotundo, ya que muchas máquinas se estropearon por culpa de la ayuda inexperta y los costes de mantenimiento y combustible fueron muy elevados. No obstante, la tendencia a la mecanización continuó, en parte por el deseo de copiar a Estados Unidos y en parte por un entusiasmo bastante infantil por la tecnología moderna. Estos dos impulsos se combinaron, a veces para producir una «gigantomanía» o entusiasmo por el gran tamaño más que por la eficiencia o una forma de vida satisfactoria. En la agricultura, esto dio lugar a muchas explotaciones estatales enormes de cientos de miles de hectáreas que eran notoriamente ineficientes.

Además, el cambio a esta agricultura mecanizada a gran escala, en contraste con la antigua agricultura zarista, organizada en parcelas campesinas dispersas cultivadas en un sistema de rotación de barbecho de tres años, aumentó en gran medida debido a problemas como la sequía generalizada, las pérdidas por plagas de insectos y la disminución de la fertilidad del suelo, que requería el uso de fertilizantes artificiales. A pesar de todos estos problemas, la agricultura soviética sin llegar nunca a ser exitosa o incluso adecuada, proporcionó una base en constante expansión para el crecimiento de la industria soviética, hasta que ambas se vieron interrumpidas por la invasión de las hordas de Hitler en el verano de 1941.

La parte industrial del primer Plan Quinquenal se llevó a cabo con el mismo impulso despiadado que la colectivización de la agricultura y tuvo resultados espectaculares similares: impresionantes logros físicos, desperdicio a gran escala, falta de integración, desprecio inhumano del confort personal y del nivel de vida, constantes purgas de elementos de la oposición, de chivos expiatorios y de incompetentes, todo ello acompañado de ráfagas de propaganda que engrandecían los logros reales del plan hasta dimensiones inverosímiles, atacando a los grupos de la oposición (a veces reales y con frecuencia imaginarios) dentro de la Unión Soviética o mezclando el desprecio con el miedo en los ataques verbales a los países «imperialistas capitalistas» extranjeros y a sus «saboteadores» secretos dentro de Rusia.

Al primer Plan Quinquenal de 1928 a 1932 le siguieron un segundo Plan de 1933 a 1937 y un tercer Plan de 1938 a 1942. El último de ellos fue completamente interrumpido por la invasión alemana de junio de 1941 y desde el principio sufrió modificaciones periódicas que cambiaron sus objetivos en la dirección de un mayor énfasis en los armamentos debido a las crecientes tensiones internacionales. Debido a las insuficiencias de las estadísticas soviéticas disponibles, no es fácil hacer afirmaciones definitivas sobre el éxito de estos planes. No cabe duda de que se produjo un gran aumento de la producción física de bienes industriales y de que esta producción fue en gran medida de bienes de equipo y no de bienes de consumo. También está claro que gran parte de este avance fue descoordinado e irregular y que, mientras la renta nacional soviética aumentaba, el nivel de vida de los pueblos rusos disminuía respecto a su nivel de 1928.

Las siguientes estimaciones, realizadas por Alexander Baykov, darán una idea de la magnitud de los logros del sistema económico soviético en el período de 1928 a 1940:

	1928	1940
Carbón (millones de toneladas)	35,0	166,0
Petróleo (millones de toneladas)	11,5	31,1
Arrabio (millones de toneladas)	3,3	15,0

Acero (millones de toneladas)	4,3	18,3
Cemento (millones de toneladas)	1,8	5,8
Energía eléctrica (mil millones de kw.)	5,0	48,3
Textiles de algodón (millones de metros)	2742,0	3700,0
Textiles de lana (millones de metros)	93,2	120,0
Zapatos de cuero (millones de pares)	29,6	220,0
Carga ferroviaria (mil millones de toneladas-kilómetro)	93,4	415,0
Población total (millones)	150,0	173,0
Población urbana (porcentaje estimado)	18,0%	33,0%
Empleados (millones)	11,2	31,2
Pagos salariales totales (millones de rublos)	8,2	162,0
Cultivos de cereales (millones de hectolitros)	92,2	111,2

No cabe duda de que este tremendo logro de la industrialización hizo posible que el sistema soviético resistiera el asalto alemán en 1941. Al mismo tiempo, la magnitud del éxitoprodujo grandes distorsiones y tensiones en la vida soviética. Millones de personas se trasladaron de las aldeas a las ciudades (algunas de ellas completamente nuevas) para encontrar viviendas inadecuadas, alimentos insuficientes y violentas tensiones psicológicas. Por otro lado, el mismo traslado les abrió amplias oportunidades de educación gratuita para ellos y para sus hijos, así como oportunidades de ascender en las estructuras sociales, económicas y del partido. Como consecuencia de tales oportunidades, en la Unión Soviética reaparecieron las distinciones de clase, los líderes privilegiados de la policía secreta y el Ejército Rojo, así como los dirigentes del partido y ciertos escritores, músicos, bailarines de ballet y actores favorecidos, obtenían ingresos tan superiores a los del ruso común que vivían en un mundo muy diferente. El ruso ordinario tenía una alimentación y una vivienda inadecuadas, estaba sometido a un extenso racionamiento, tenía que hacer cola para conseguir artículos de consumo escasos o incluso prescindir de ellos durante largos períodos y se veía reducido a vivir con su familia en una sola habitación o incluso, en muchos casos, a un rincón de una habitación individual compartida con otras familias. Los gobernantes privilegiados y sus favoritos tenían lo mejor de lo mejor, incluyendo comidas y vinos, el uso de villas de vacaciones en el campo o en Crimea, el uso de coches oficiales en la ciudad, el derecho a vivir en antiguos palacios y mansiones zaristas, y el derecho a obtener entradas para los mejores asientos en las representaciones musicales o teatrales. Sin embargo, estos privilegios del grupo dirigente se obtenían a un precio terrible: a costa de una inseguridad total, ya que incluso los más altos funcionarios del partido estaban bajo la vigilancia constante de la policía secreta e inevitablemente serían purgados, tarde o temprano, hasta el exilio o la muerte.

El crecimiento de la desigualdad fue cada vez más rápido bajo los Planes Quinquenales y se plasmó en la ley. Se eliminaron todas las restricciones a los salarios máximos; las variaciones salariales se ampliaron constantemente y se hicieron mayores por los privilegios no monetarios concedidos a los rangos superiores más favorecidos. Se crearon almacenes especiales donde estos privilegiados podían obtener bienes escasos a precios bajos; se establecieron dos o incluso tres restaurantes, con menús totalmente diferentes, en las plantas industriales para los distintos niveles de empleados; la discriminación en la vivienda se hizo cada vez más amplia; todos los salarios se fijaron a destajo, incluso cuando esto era bastante impracticable; las cuotas de trabajo y los mínimos de trabajo se elevaron constantemente. Gran parte de esta diferenciación salarial se justificó con un sistema de propaganda fraudulento conocido como estajanovismo.

En septiembre de 1935, un minero llamado Stakhanov extrajo 102 toneladas de carbón en un día, 14 veces la producción habitual. Se organizaron hazañas similares en otras actividades con fines propagandísticos y se utilizaron para justificar la aceleración, el aumento de las cuotas de producción y las diferencias salariales. Al mismo tiempo, el nivel de vida del trabajador ordinario se redujo constantemente no solo por el aumento de las cuotas sino también por una política sistemática de inflación segmentada. Los alimentos se compraban en las granjas colectivas a precios bajos y luego se vendían al público a precios elevados. La brecha entre ambos se ampliaba constantemente año tras año. Al mismo tiempo, la cantidad de productos que se les quitaba a los campesinos se incrementaba gradualmente mediante una u otra técnica. Cuando las explotaciones colectivas tuvieron que pasar a utilizar tractores y cosechadoras, estos fueron sacados de las propias explotaciones y centralizados en estaciones de máquinas y tractores controladas por el Gobierno. Se alquilaban a precios que se acercaban a la quinta parte de la producción total de la explotación colectiva. Una de las principales fuentes de ingresos del Gobierno era el impuesto sobre el volumen de negocio en torno a los bienes de los consumidores (impuesto sobre las ventas); este variaba de un artículo a otro, pero generalmente era de un 60% o más. No se imponía a los bienes de los productores, los cuales por el contrario, eran subvencionados hasta la mitad de los gastos del Gobierno. La segmentación de los precios fue tan grande que en el período de 1927 a 1948 los precios de los consumidores se multiplicaron por 30, los salarios se multiplicaron por 11, mientras que los precios de los bienes de los productores y del armamento se multiplicaron por menos de tres. Esto sirvió para reducir el consumo y falsificar el concepto estadístico del ingreso nacional, del nivel de vida y del desglose entre bienes de consumo, bienes de capital y armamento.

A medida que el descontento público y las tensiones sociales crecían en el período de los Planes Quinquenales y la colectivización de la agricultura, el uso del espionaje, las purgas, la tortura y el asesinato aumentaron de forma desmesurada. Cada ola de descontento, cada descubrimiento de ineficacia, cada reconocimiento de algún error pasado de las autoridades, daba lugar a nuevas oleadas de actividad policial. Cuando los suministros de carne de las ciudades casi desaparecieron, tras la colectivización de la agricultura a principios de los años 30, más de una docena de altos funcionarios encargados del suministro de carne en Moscú fueron arrestados y fusilados, aunque no eran en absoluto responsables de la escasez. A mediados de los años 30, la búsqueda de «saboteadores» y «enemigos del Estado» se convirtió en una manía envolvente que no dejó a casi ninguna familia sin afectar. Cientos de miles de personas fueron asesinadas, a menudo bajo acusaciones completamente falsas, mientras que millones fueron arrestadas y exiliadas a Siberia o confinadas en enormes campos de trabajo esclavo. En estos campos, en condiciones de semi-inanición y de increíble crueldad, millones de personas trabajaron en las minas, en los campos de tala de árboles en el Ártico o en la construcción de nuevos ferrocarriles, nuevos canales o nuevas ciudades. Las estimaciones sobre el número de personas que se encontraban en estos campos de trabajo en condiciones de esclavitud en el período anterior al ataque de Hitler en 1941 varían desde dos millones hasta 20 millones. La mayoría de estos prisioneros no habían hecho nada contra el Estado soviético o el sistema comunista, sino que eran familiares, socios y amigos de personas que habían sido arrestadas por cargos más graves. Muchos de estos cargos eran completamente falsos, habiendo sido inventados para proporcionar mano de obra en zonas remotas, chivos expiatorios para los fallos administrativos y para eliminar posibles rivales en el control del sistema soviético, o simplemente debido a la creciente sospecha paranoica masiva que rodeaba a los niveles superiores del régimen. En muchos casos, los sucesos fortuitos condujeron a represalias a gran escala por rencores personales que iban más allá de cualquier alcance justificado por el propio suceso. En la mayoría de los casos, estas «aniquilaciones» tuvieron lugar en los calabozos de la policía secreta, en plena noche, sin anuncios públicos. Pero, en unos pocos casos, se escenificaron espectaculares juicios públicos en los que los acusados, por lo general famosos líderes soviéticos, fueron reprendidos y denigrados, confesaron volublemente sus propias actividades ruines y tras la condena, fueron sacados y fusilados.

Estas purgas y juicios mantuvieron a la Unión Soviética en un estado de conmoción y al resto del mundo en un estado de asombro continuo durante todo el período de los Planes Quinquenales. En 1929 fue purgado un amplio grupo de dirigentes del partido que se oponían a la despiadada explotación del campesinado (la llamada «oposición derechista»), dirigido por el teórico más experimentado de la ideología marxista del partido, Nikolai Bujarin. En 1933, cerca de un tercio de los miembros del partido (al menos un millón personas) fueron expulsados del mismo. En 1935, tras el asesinato de un partidario estalinista por la policía secreta, Serge Kirov, muchos de los «viejos bolcheviques», incluidos Zinóviev y Kámenev, fueron juzgados por traición. Al año siguiente, justo cuando comenzaba la Guerra Civil española, el mismo grupo fue juzgado una vez más como «trotskista» y fue fusilado. Unos meses más tarde, otro gran grupo de «viejos bolcheviques», incluidos Karl Radek y Grigori Pyatakov, fueron juzgados por traición y ejecutados. Más tarde, en ese mismo año (1937), la policía secreta alemana envió a Stalin, a través de Benes, el presidente de Checoslovaquia, pruebas de que los líderes del ejército soviético habían estado en comunicación con el Alto Mando alemán. Estas comunicaciones habían tenido lugar desde antes de 1920, eran un secreto a voces para los estudiosos de asuntos europeos y habían sido aprobadas por ambos gobiernos como parte de un frente común contra las potencias democráticas occidentales; sin embargo, esta información se utilizó como excusa para purgar al Ejército Rojo de la mayoría de sus antiguos líderes, mientras que ocho de los más altos generales encabezados por el mariscal Mijail Tukhachevski, fueron ejecutados. Menos de un año después, en marzo de 1938, los pocos viejos bolcheviques que quedaban fueron juzgados, condenados y ejecutados. Entre ellos estaban Bujarin, Aleksei Rykov (que había sucedido a Lenin como presidente de la Unión Soviética) y G. Yagoda (que había sido jefe de la policía secreta).

Por cada líder que fue eliminado públicamente en estos «juicios por traición a Moscú», miles fueron eliminados en secreto. En 1939 todos los líderes más antiguos del bolchevismo habían sido expulsados de la vida pública y la mayoría habían muerto de forma violenta, quedando solo Stalin y sus colaboradores más jóvenes como Molotov y Voroshilov. Toda oposición a este grupo, en acción, palabra o pensamiento, se consideraba equivalente al sabotaje contrarrevolucionario y al espionaje capitalista agresivo.

Bajo el estalinismo toda Rusia estuvo dominada por tres enormes burocracias: la del Gobierno, la del Partido y la de la policía secreta. De ellas, la policía secreta era más poderosa que el Partido y el partido más poderoso que el Gobierno. Cada oficina, fábrica, universidad, granja colectiva, laboratorio de investigación o museo tenía las tres estructuras. Cuando la dirección de una fábrica intentaba producir bienes, era constantemente interferida por el comité del Partido (célula) o por el Departamento Especial (la unidad de la policía secreta) dentro de la fábrica. Había dos redes de espías de la policía secreta, desconocidas entre sí, una al servicio del departamento especial de la fábrica, mientras que la otra informaba a un alto nivel de la policía secreta en el exterior. La mayoría de estos espías no eran remunerados y servían bajo amenazas de chantaje o liquidación. Estas «liquidaciones» podían ir desde reducciones salariales (que iban a parar a la policía secreta), pasando por palizas o torturas, hasta el exilio, el encarcelamiento, la expulsión del Partido (si se era miembro) o el asesinato. La policía secreta disponía de enormes fondos, ya que recaudaba las retenciones salariales de un gran número de personas y tenía millones de trabajadores esclavos en sus campamentos para ser alquilados como animales domesticados para proyectos de construcción del Estado. Cada vez que la policía secreta necesitaba más dinero, podía incluir a un gran número de personas, sin previo aviso, en su sistema de retenciones salariales o enviarlos a sus campos de trabajo para ser alquilados. Parecería que la policía secreta, operando de esta manera, era la verdadera gobernante de Rusia. Esto era cierto excepto en la cúspide, donde Stalin siempre podía liquidar al jefe de la policía secreta haciendo que lo arrestara su segundo al mando a cambio de la promesa de Stalin de ascender al arrestador al puesto más alto. De este modo, los jefes de la policía secreta fueron eliminados sucesivamente; V. Menzhinsky fue sustituido por Yagoda en 1934, Yagoda por Nikolai Yezhov en 1936, y Yezhov por Lavrenti Beria en 1938. Estos rápidos cambios buscaban encubrir las falsificaciones de pruebas que estos hombres habían preparado para las grandes purgas del período, cerrando la boca de cada uno de ellos con la muerte, al concluir su parte en la eliminación de los rivales de Stalin. Para mantener la organización subordinada al Partido, ninguno de los líderes de la policía secreta fue miembro del Politburó antes de Beria y él sirvió completamente a Stalin hasta que perecieron juntos en 1953.

Sería un grave error creer que el sistema de gobierno soviético, con su peculiar amalgama de censura, propaganda masiva y terror despiadado, fue una invención de Stalin y sus amigos; sería igualmente erróneo creer que este sistema fue una creación del bolchevismo. La verdad es que forma parte del modo de vida ruso y tiene una tradición que se remonta a través del zarismo al bizantinismo y al cesarismo. En la propia Rusia tiene precedentes típicos en Iván el Terrible, Pedro el Grande, Pablo I o Alejandro III. Los principales cambios fueron que el sistema, a través del avance de la tecnología, de las armas, de las comunicaciones y del transporte, se hizo másdominante, más constante, más violento y más irracional. Como ejemplo de su irracionalidad, podemos señalar que la política estaba sujeta a cambios repentinos, que no solo se llevaban a cabo con una severidad despiadada, sino que tan pronto como se cambiaba la política, aquellos que habían sido más activos en la política oficial anterior eran liquidados como saboteadores o enemigos del Estado por sus actividades anteriores. A finales de la década de 1920, los funcionarios de Ucrania tenían que hablar ucraniano; en pocos años, los que lo hacían eran perseguidos por intentar perturbar la Unión Soviética. Tan pronto como cambiaban los líderes, cada uno exigía el 100 % de lealtad, lo que se convertía en una excusa para que cada líder fuera aniquilado por su sucesor. Los cambios en la política hacia los campesinos crearon muchas víctimas, al igual que los violentos cambios en la política exterior. Las relaciones soviético-alemanas pasaron de una base de amistad entre 1922 y 1927 a una de violentísimo rencor entre 1933 y 1939; cambiaron de nuevo a una amistad y cooperación patentes de 1939 a 1941, para ser seguidas otra vez por un violento rencor en 1941. Estos cambios de política eran difíciles de seguir para el pueblo ruso, fuertemente censurado. Eran casi imposibles de seguir para los simpatizantes soviéticos o los miembros de los partidos comunistas en países extranjeros, y eran muy peligrosos para los líderes del sistema soviético, que podrían encontrarse hoy bajo arresto por haber seguido una política diferente (pero oficial) un año antes.

Sin embargo, a pesar de todas estas dificultades, la Unión Soviética siguió creciendo en fuerza industrial y militar en la década anterior a 1941. A pesar del bajo nivel de vida, de las tensiones internas, de las purgas devastadoras, de los trastornos económicos y del coste excesivo y la ineficacia a gran escala, la base industrial del poder soviético continuó expandiéndose. Los alemanes nazis y el mundo exterior en general, eran más conscientes de las tensiones, las purgas, las dislocaciones y la ineficiencia que de su creciente potencia, con el resultado de que todos se asombraron de la capacidad de la Unión Soviética para resistir el asalto alemán que comenzó el 22 de junio de 1941.

IX

ALEMANIA DEL KÁISER A HITLER
1913–1945

Introducción	442
La República de Weimar, 1918–1933	452
El régimen nazi	468
Llegada al poder, 1933–1934	468
Los gobernantes y los gobernados, 1934–1945	478

Introducción

El destino de Alemania es uno de los más trágicos de toda la historia de la humanidad, ya que pocas veces un pueblo con tanto talento y tantos logros ha provocado tales desastres a sí mismo y a los demás. La explicación de cómo Alemania llegó a tales conflictosno puede encontrarse examinando únicamente la historia del siglo XX. Alemania llegó al desastre de 1945 por un camino cuyos inicios se encuentran en el pasado, en todo el patrón de la historia alemana desde los días de las tribus germánicas hasta el presente. El hecho de que Alemania tuviera un origen tribal, que estuviera fuera de los límites del Imperio romano y de la lengua latina fueron dos de los factores que llevaron a Alemania en última instancia a 1945. La tribu germánica daba seguridad y sentido a la vida de cada individuo hasta tal punto que casi lo absorbía en el grupo, como suelen hacer las tribus. Daba seguridad porque protegía al individuo en un estatus de relaciones sociales conocidas y relativamente estables con sus congéneres; daba sentido porque lo absorbía todo (era totalitario, si se le quiere llamar así), ya que satisfacía casi todas las necesidades del individuo en un único sistema.

La ruptura de la tribu germánica en el período de las migraciones, hace mil quinientos años, y la exposición de sus miembros a una estructura social superior, pero igualmente total y satisfactoria, el sistema imperial romanoasí como la casi inmediatamente posterior ruptura de ese sistema romano causaron un doble trauma del que los alemanes no se han recuperado ni siquiera hoy en día. La ruptura de la tribu dejó al individuo alemán, como una experiencia similar ha dejado hoy a muchos africanos, en un caos de experiencias desconocidas en las que no había ni seguridad ni sentido. Cuando se destruyeron todas las demás relaciones, al individuo germánicosolo le quedó una relación humana en la que enfocó toda su energía: la lealtad a los suyos. Pero esto no podía constituir el pilar de su vida ni satisfacer todas las necesidades de la misma (ninguna relación humana puede hacerlo) y el esfuerzo por lograrlosolo puede convertirse en una aberración. Sin embargo, el hombre de la tribu germanadel siglo VI, cuando todo lo demás estaba destrozado, hizo ese esfuerzo y trató de obtener toda la seguridad y todo el sentido en la lealtad personal. Cualquier tipo de violencia, cualquier acto criminal, cualquier barbaridad se justificaba en aras de la lealtad personal. El resultado puede verse en la primera obra de la literatura germánica, el *Niebelungenlied*[1], un escenario de locura dominado

---

1. El Cantar de los Nibelungos.

por este único sentido de lealtad, en una situación no totalmente distinta a la de la Alemania de 1945.

Dentro de la locura de la obsesióncreada por la ruptura de las tribus germánicas llegó el repentino reconocimiento de un sistema mejor, que pensaron podía ser igualmente seguro, igualmente significativo, es decir totalitario. Esto estuvo simbolizado por la palabra *Roma*. Es casi imposible para nosotros, los occidentales de hoy en día, imbuidos como estamos de perspectiva histórica e individualismo, ver cómo era la cultura clásica y por qué atraía a losgermanos. Ambas cosas pueden resumirse en la palabra «total». La *polis* griega, como el *imperium* romano, eran totales. Nosotros en Occidente, hemos resistido ante la fascinación del totalitarismo porque tenemos otros elementos en nuestra tradición: el rechazo de los hebreos a confundir a Dios con el mundo o a la religión con el Estado, y la comprensión de que Dios es trascendental, por lo que todas las demás cosas deben ser en cierto grado, incompletas e imperfectas. También tenemos en nuestra tradición a Cristo, que se apartó del Estado y dijo a sus seguidores: «Dad al César lo que es del César». Y tenemos en nuestra tradición a la Iglesia de las catacumbas, donde claramente los valores humanos no eran unánimes ni totales y se oponían al Estado. Los alemanes, como más tarde los rusos, escaparon a la plena influencia de estos elementos en la tradición de Occidente. Los alemanes y los rusos solo conocieron Roma en su fase postconstantina, cuando los emperadores cristianos pretendían conservar el sistema totalitario de Diocleciano, pero en un totalitarismo cristiano en vez de pagano. Este fue el sistema que los germánicosdestribalizados vislumbraron justo antes de que también se hiciera añicos; lo veían como una entidad mayor, más grande y poderosa que la tribu, pero con los mismos elementos que querían conservar de su pasado. Anhelaban formar parte de ese totalitarismo imperial, y todavía lo anhelan. Teodorico, el ostrogodo (emperador romano, 489–526), se veía a sí mismo como un Constantino germánico. Los germanos siguieron negándose a aceptar esta segunda pérdida, como sí estaban dispuestos a hacer los latinos y los celtas, durante los siguientes mil años. Los germánicosse esforzaron por reconstruir el Imperio cristiano, tanto bajo la ideología de Teodorico como más tarde la de Carlos V (emperador del Sacro Imperio Romano Germánico, 1519–1555). El alemán seguía soñando con aquella visión que había tenido del sistema imperial antes de que se hundiera: único, universal, total, santo, eterno, imperial, romano. Se negaba a aceptar que había desaparecido, odiando al pequeño grupo que se oponía a su resurgimiento y despreciando a la gran masa a la que no le importaba, mientras se consideraba a sí mismo como el único defensor de los valores y de la rectitud que estaba dispuesto a sacrificar cualquier cosa para restaurar ese sueño de nuevo en la tierra. Solo Carlomagno (muerto en el año 814) se acercó a hacer verdadero el sueño, siendo Barbarroja, Carlos V, Guillermo II o incluso Hitler, solo insignificantes imitaciones. Después de Carlomagno, el Estado y la autoridad pública desaparecieron en la Edad Media, mientras que la sociedad y la Iglesia sobrevivieron. Cuando el Estado comenzó a revivir a finales del siglo X, era obviamente una entidad separada de la Iglesia o de la sociedad. El imperio totalitario se había dividido definitivamente en dos en Occidente y más tarde en muchas alianzas. Durante la escisión en la Edad Media de la entidad única que era simultáneamente Sacro, Romano, Católico, Universal e Imperial, los adjetivos se desplazaron de los sustantivos para dejar una Iglesia Católica Universal y un Sacro Imperio Romano. La primera aún sobrevive, pero el segundo fue concluido por Napoleón en 1806, mil años después de Carlomagno.

Durante esos mil años, Occidente desarrolló un sistema pluralista en el que el individuo era el bien supremo (y la última realidad filosófica), ante la necesidad de elegir entre muchas lealtades conflictivas. Alemania se vio arrastrada por el mismo proceso, pero sin quererlo y siguió anhelando una lealtad única que fuera totalmente absorbente. Este deseo se manifestó en muchos rasgos germánicos, uno de los cuales fue una continua devoción hacia Grecia y Roma. Incluso hoy en día un erudito clásico lee más en alemán que en cualquier otra lengua, aunque rara vez reconoce que lo hace porque el atractivo de la cultura clásica para los alemanes descansa en su naturaleza totalitaria, reconocida por los mismospero generalmente ignorada por los occidentales.

Todas las experiencias posteriores del pueblo alemán, desde el fracaso de Otón el Grande en el siglo X hasta el fracaso de Hitler en el siglo XX, han servido para perpetuar y quizá intensificar la sed alemana de la comodidad de un modo de vida totalitario. Esta es la clave del carácter nacional alemán: a pesar de toda su palabrería sobre el comportamiento heroico, lo que realmente han querido ha sido la comodidad, verse libres de la necesidad de tomar decisiones que posee un individuo independiente y autosuficiente constantemente expuesto a la posibilidad de numerosas alternativas. El dramaturgo austriaco Franz Grillparzer habló como un verdadero alemán cuando hace un siglo dijo: «Lo más difícil del mundo es decidirse». La decisión, que requiere la evaluación de alternativas, impulsa al hombre al individualismo, la autosuficiencia y el racionalismo, todas ellas cualidades detestables para el germanismo.

A pesar de estos deseos de los alemanes por la comodidad de la unidad totalitaria, se han visto obligados a vivir de otra manera como parte de Occidente, aunque relativamente periférica. Mirando hacia atrás, a Wagner le parecía que Alemania se acercaba más a sus deseos en la vida dominada por los gremios del Augsburgo bajomedieval; por eso se situaba en ese escenario feliz, pero si Wagner estaba en lo cierto, la situación se logró solo brevemente.

El desplazamiento del comercio mundial del Mediterráneo y el Báltico al Atlántico destruyó la base comercial transgermánica de la vida gremial municipal alemana, hecho que Thomas Mann aún lamenta en nuestros días. Casi de inmediato, la unión espiritual de los alemanes se rompió con la Reforma Protestante. Cuando quedó claro que ningún grado de violencia podría restaurar la antigua unidad religiosa, los alemanes, en el acuerdo de Augsburgo (1555), idearon una solución típicamente germánica: los individuos se salvarían de la dolorosa necesidad de tomar una decisión en materia de creencias religiosas dejando la elección en manos del príncipe de cada principado. Esta solución y la recepción casi contemporánea del Derecho Romano fueron indicios significativos del proceso por el que el municipalismo alemán de finales de la Edad Media fue sustituido por la Alemania de los principados (*Lander*) de los tiempos modernos.

Como resultado de la pérdida de la unidad religiosa, Alemania se dividió en un noreste protestante, cada vez más dominado por los Hohenzollern de Brandeburgo-Prusia y un suroeste católico, dominado por los Habsburgo de Austria. Significativamente, ambos comenzaron su ascenso dinástico como «marcas», es decir, puestos militares fronterizos del germanismo cristiano contra el eslavismo pagano del Este. Incluso cuando el Oriente eslavo se cristianizó y, copiando a Bizancio, obtuvo una sociedad más cercana al deseo germánico que Occidente, los alemanes no pudieron imitar ni unirse a los eslavos porque estos, como extranjeros a la tribu, eran inferiores y apenas considerados seres humanos. Incluso los polacos, que pertenecían más a Occidente que los alemanes, eran considerados por estos como parte de la sombra del eslavismo y por tanto, una amenaza para el todavía inexistente imperio tribal germánico.

Las desgracias de Alemania culminaron en los desastres del siglo XVII, cuando Richelieu en nombre de Francia, utilizó los problemas internos de Alemania en la guerra de los Treinta Años (de 1618 a 1648) para enfrentar a un grupo contra el otro, asegurándose de que los Habsburgo nunca unificaran Alemania y condenando a ambas partes a otros 200 años de separación. Hitler, Bismarck e incluso el káiser Guillermo II podrían considerarse como la venganza de Alemania contra la Francia de Richelieu, Luis XIV y Napoleón. En una posición expuesta en el centro de Europa, Alemania se encontró atrapada entre Francia, Rusia y los dominios de los Habsburgo y fue incapaz de resolver sus problemas a su manera y por sus propios medios. En consecuencia, Alemania obtuvo la unidad nacional tardíamente y «a sangre y fuego»; nunca consiguió la democracia. Cabe añadir que tampoco consiguió el *laissez faire* o el liberalismo por las mismas razones. En la mayoría de los países la democracia fue alcanzada por las clases medias, apoyadas por los campesinos y los trabajadores en un ataque a la monarquía apoyada por la burocracia y la aristocracia terrateniente. En Alemania, esta combinación nunca llegó a suceder porque estos diversos grupos eran reacios a enfrentarse entre sí ante la amenaza de sus vecinos. Por el contrario, las expuestas fronteras de Alemania hicieron necesario que los diversos grupos subordinaran sus antagonismos mutuos y obtuvieran la unificación al precio de un sacrificio de la democracia, el *laissez faire*, el liberalismo y los valores no materiales. La unificación de Alemania se logró en el siglo XIX, no aceptando sino repudiando los valores típicos de dicho siglo. Comenzando como una reacción contra el asalto de Napoleón en 1806 y rechazando el racionalismo, el cosmopolitismo y el humanitarismo de la Ilustración, Alemania logró unirse solo mediante los siguientes procesos:

- Fortaleciendo la monarquía y su burocracia;
- Reforzando el ejército permanente y profesional;
- Preservando la clase terrateniente (los Junkers) como fuente de profesionalespara la burocracia y el ejército;
- Fortaleciendo a la clase industrial mediante subvenciones estatales directas e indirectas, pero sin darle nunca una voz vital en la política estatal;
- Apaciguando a los campesinos y a los trabajadores mediante subvenciones económicas y sociales paternalistas, en lugar de ampliar los derechos políticos que permitirían a estos grupos ayudarse a sí mismos.

La larga sucesión de fracasos de los alemanes en la obtención de la sociedad que deseaban solo sirvió para intensificar su deseo de conseguirla; querían una sociedad acogedora con seguridad y significado, una estructura totalitaria que fuera al mismo tiempo universal y absoluta, que absorbiera de tal manera al individuo en su estructura que este nunca necesitara tomar decisiones importantes por sí mismo. En un marco de relaciones personales conocidas y satisfactorias, ese individuo estaría seguro porque estaría rodeado de compañeros igualmente satisfechos con sus propias posiciones y cada uno se sentiría importante por su pertenencia al gran conjunto.

Aunque esta estructura social nunca se logró en Alemania, y nunca pudo lograrse, en vista de la naturaleza dinámica de la civilización occidental de la que los alemanes formaban parte, cada alemán a lo largo de los siglos ha intentado crear una situación así para sí mismo en su entorno inmediato (como mínimo en su familia o en su cervecería) o en su defecto, ha creado la literatura, la música, el teatro y el arte alemán como medio de protesta ante esta carencia. Este deseo se ha manifestado en la sed de este pueblopor el estatus (que establece su relación con el todo) y por lo absoluto (que da un sentido inmutable al todo).

La sed de estatus de los alemanes es totalmente diferente del deseo de estatus de los estadounidenses. Al estadounidense le impulsa el deseo de salir adelante, es decir, de cambiar su estatus; quiere que este y los símbolos de estatus existan como prueba clara o incluso como medida de la velocidad con la que está cambiando dicho estatus. El alemán quiere el estatus como un nexo de relaciones obvias a su alrededor para que nunca haya dudas en la mente de nadie sobre su posición inamoviblee en el sistema. Quiere obtenerlo porque no le gustan los cambios, porque aborrece la necesidad de tomar decisiones. Al estadounidense le encantan los cambios, las novedades y las decisiones. Curiosamente, ambos reaccionan de esta manera opuesta por razones algo similares basadas en la inadecuada maduración e integración de la personalidad del individuo. El estadounidense busca el cambio, al igual que el alemán busca relaciones fijas externas, para alejarse de la falta de integración, de autosuficiencia y de recursos internos del propio individuo.

El alemán quiere que el estatus se refleje en símbolos externos obvios para que el vínculo en sus relaciones personales le quede claro a todos y para que se le trate de acuerdo a este y casi automáticamente (sin necesidad de tomar decisiones dolorosas). Quiere títulos, uniformes, placas de identificación, banderas, insignias, cualquier cosa que deje clara su posición para todos. En todas las organizaciones alemanas, ya sean empresas, escuelas, ejércitos, iglesias, clubes sociales o familias, hay rangos, gradaciones y títulos. Ningún alemán puede conformarse con su nombre en una tarjeta de visita o en la placa de su puerta, y su tarjeta de visita debe incluir también su dirección, sus títulos y sus logros educativos. El gran antropólogo Robert H. Lowie habla de hombres con dos títulos de doctorado en cuyas placas de identificación figura «Profesor Dr. Dr. Fulano de tal», para que todo el mundo vea su doble condición académica. Enfatizar con títulos las gradaciones menores de rango y clase es un reflejo del particularismo germánico, así como la insistencia verbal en lo absoluto es un reflejo del universalismo alemán que debe dar sentido al sistema en su conjunto.

En este sistema, el alemán siente la necesidad de proclamar su posición mediante un discurso que puede parecer jactancioso a los extranjeros, al igual que su comportamiento hacia sus superiores e inferiores en sus relaciones personales, lo cual a un inglés le puede parecer adulador o intimidante. Las tres cosas son aceptables para sus compatriotas alemanes, que están tan deseosos de ver estas indicaciones de su estatus como de mostrarlas. Todas estas reacciones, criticadas por pensadores alemanes, Kant entre otros, como ansias de supremacía y satirizadas en la literatura alemana durante los dos últimos siglos, han sido la base fundamental de las relaciones personales que conforman la vida alemana. Se dice que la inscripción correcta en un sobre sería «*Herrn Hofrat Professor Dr. Siegfried Harnischfeger*[1]». Estas exageraciones se utilizan tanto en el habla como en la escritura y se aplican tanto a la esposa del individuo como a él mismo.

Este énfasis en la posición, la preeminencia, los títulos, las gradaciones y las relaciones fijas, especialmente hacia arriba y hacia abajo, son tan típicamente alemanas que el alemán se siente más a gusto en situaciones jerárquicas como una organización militar, eclesiástica o educativa y a menudo se siente mal en los negocios o la política, donde el estatus es menos fácil de establecer y de hacer evidente.

---

1. Señor concejal, profesor y doctor Siegfried Harnischfeger.

Con este tipo de naturaleza y tales sistemas neurológicos, los alemanes se sienten mal con la igualdad, la democracia, el individualismo, la libertad y otras características de la vida moderna. Sus sistemas neurológicos son consecuencia del confort de la infancia alemana que, en contra de la impresión popular, no era una condición de miseria y crueldad personal (como suele ser en Inglaterra), sino una situación cálida, afectuosa y externamente disciplinada de relaciones seguras. Al fin y al cabo, Santa Claus y la Navidad centrada en los niños son tradiciones germánicas. Esta es la situación que el alemán adulto, frente a lo que parece un mundo ajeno, busca constantemente recuperar. Para el alemán es *Gemutlichkeit* (acogedor), pero para los extranjeros puede ser asfixiante. En cualquier caso, da lugar entre los alemanes adultos a dos rasgos adicionales del carácter germánico: la necesidad de disciplina externa y la cualidad de egocentrismo.

El inglés está disciplinado desde dentro, de modo que lleva consigo su autodisciplina incrustada en el sistema neurológico a donde quiera que vaya, incluso en situaciones que carecen de todas las formas externas de disciplina. En consecuencia, el inglés es el más socializado de los europeos, como el francés es el más civilizado, el italiano el más gregario o el español el más individualista. Pero el alemán, al buscar la disciplina externa, muestra su deseo inconsciente de recuperar el mundo externamente disciplinado de su infancia; con esa disciplina puede ser el mejor de los ciudadanos, pero sin ella puede ser una bestia.

Una segunda consecuencia notable de la infancia en la vida adulta alemana es el egocentrismo. A cualquier niño le parece que el mundo entero gira a su alrededor y la mayoría de las sociedades han previsto formas de desengañar al adolescente de este error. El alemán abandona la infancia tan bruscamente que rara vez aprende este hechouniversal y pasa el resto de su vida creando una red de relaciones centradas en sí mismo. Como este es su objetivo en la vida, no ve la necesidad de esforzarse para ver las cosas desde otro punto de vista que no sea el suyo; la consecuencia es una incapacidad muy perjudicial para hacerlo. Cada clase o grupo es totalmente indiferente a cualquier punto de vista excepto el egocéntrico del propio espectador. Su sindicato, su empresa, su compositor, su poeta, su partido, su barrio, son los mejores, casi los únicos ejemplos aceptables de la clase y todos los demás deben ser denigrados. Como parte de este proceso, un alemán suele elegir para sí mismo su flor favorita, su composición musical, su cerveza, su club, su pintura o su ópera y ve poco valor o mérito en cualquier otro, pero al mismo tiempo insiste en que su visión poco amplia del universo debe ser universalizada porque no hay personas más insistentes en el rol de lo absoluto o lo universal como las que tienen su propia egolatría como estructura central. Una consecuencia deplorable de ello ha sido la proliferación de las animosidades sociales en una Alemania que ha proclamado con orgullo su rígida solidaridad.

Con una estructura de personalidad individual como esta, el alemán se sentía extremadamente incómodo en el mundo totalmente diferente del individualismo, el liberalismo, el atomismo competitivo, la igualdad democrática y el dinamismo autosuficiente del siglo XIX, que para él era totalmente hostil. Se sentía doblemente incómodo y amargado en 1860 al ver el poder, la riqueza y la unidad nacional que estos rasgos decimonónicos habían aportado a Gran Bretaña y Francia. La llegada tardía de estos logros a Alemania, especialmente la unidad nacional y el industrialismo, dejó al alemán promedio con un sentimiento de inferioridad respecto a Inglaterra. Pocos alemanes estaban dispuestos a competir como individuos con los empresarios británicos, en consecuencia, se esperaba que el gobierno alemán recién unificado ayudara a los industriales alemanes con aranceles, créditos, controles de precios y de producción, costes laborales más baratos, etc. Por consiguiente, Alemania nunca tuvo una economía claramente competitiva y liberal como la de las potencias occidentales.

El fracaso de la democracia se reflejó en el derecho público, el Parlamento alemán era más un órgano consultivo que legislativo; el poder judicial no estaba bajo control popular; y el ejecutivo (el canciller y el Gabinete) era responsable ante el emperador y no ante el Parlamento. Además, la constitución, debido a un peculiar sistema de sufragio, estaba contrabalanceada para dar una importancia indebida a Prusia (que era la fortaleza del ejército, los terratenientes, la burocracia y los industriales). Dentro de Prusia, las elecciones se ponderaron para dar una influencia indebida a estos mismos grupos. Sobre todo, el ejército no estaba sometido a ningún control democrático, ni siquiera gubernamental, sino que estaba dominado por el Cuerpo de Oficiales prusiano, cuyos miembros eran reclutados por elección del regimiento. Este Cuerpo de Oficiales llegó a parecerse más a una fraternidad que a una organización administrativa o profesional.

En 1890 cuando se retiró del cargo, Bismarck había creado un equilibrio de fuerzas inestable en Alemania, similar al que se había establecido en toda Europa. Su visión cínica y materialista de las motivaciones humanas había expulsado a todas las fuerzas idealistas y humanitarias de la escena política alemana y había remodelado los partidos políticos casi por completo para convertirlos en grupos de presión económica y social que él enfrentaba, unos contra otros. Las principales fuerzas eran los terratenientes (Partido Conservador), los industriales (Partido Nacional Liberal), los católicos (Partido del Centro) y los obreros (Partido Socialdemócrata). Además, se esperaba que el ejército y la burocracia fueran políticamente neutrales, pero no dudaron en ejercer presiones sobre el Gobierno sin la intermediación de ningún partido político. Así, existía un precario y peligroso equilibrio de fuerzas que solo un genio podía manipular, pero a Bismarck no le siguió ningún genio. El Káiser, Guillermo

II (1888-1918), era un neurótico incapaz y el sistema de reclutamiento para el servicio gubernamental era tal que excluía a todos los que no fueran mediocres. El resultado fue que la precaria estructura dejada por Bismarck no se tuvo en cuenta, sino que se ocultó a la vista del público mediante una fachada de propaganda nacionalista, antiextranjera, antisemita, imperialista y chovinista de la que el emperador era el centro.

La dicotomía en Alemania entre la apariencia y la realidad, entre la propaganda y la estructura, entre la prosperidad económica y la debilidad política y social fue puesta a prueba en la Primera Guerra Mundial fracasando por completo. Los acontecimientos entre 1914 y 1919 revelaron que Alemania no era una democracia en la que todos fueran legalmente iguales. Al contrario, los grupos gobernantes formaban un tipo de animal extraño que dominaba a una multitud de animales inferiores. En esta extraña criatura, la monarquía representaba el cuerpo que se apoyaba en cuatro patas: el ejército, los terratenientes, la burocracia y los industriales.

Este atisbo de realidad no fue bien recibido por ningún grupo importante de Alemania, con el resultado de que fue cubierto casi inmediatamente por otra fachada engañosa: la «revolución» de 1918 no fue realmente una revolución porque no cambió radicalmente la situación; eliminó la monarquía, pero dejó el cuarteto de patas.

Este Cuarteto no fue una creación momentánea, sino el resultado de un largo proceso de desarrollo cuyas últimas etapas se alcanzaron solo en el siglo XX. En estas últimas etapas los industriales fueron adoptados en la camarilla gobernante mediante actos conscientes de acuerdo. Estos actos se culminaron entre 1898 y 1905 en un pacto por el que los *Junkers* aceptaron el programa de construcción de la marina de guerra de los industriales (que detestaban) a cambio de que estos aceptaran sus elevados aranceles sobre el grano. Los *Junkers* eran diferentes a la marina porque, con su escaso número y su estrecha alianza con el ejército, se oponían a cualquier aventura en el campo del colonialismo o el imperialismo de ultramar y estaban decididos a no poner en peligro la posición continental de Alemania alienando a Inglaterra. De hecho, su política no era solo continental; en el continente era *klein-deutsch*. Esta expresión significaba que no estaban ansiosos por incluir a los alemanes de Austria dentro de Alemania porque tal incremento de alemanes diluiría el poder del pequeño grupo de *Junkers* dentro del país. En cambio, ellos habrían preferido anexionar las zonas no alemanas del este para obtener más tierras y un suministro barato de mano de obra agrícola eslava. Los *Junkers* querían aranceles agrícolas para aumentar los precios de sus cultivos, especialmente del centeno y posteriormente, la remolacha azucarera. Los industriales rechazaban los aranceles sobre los alimentos porque los precios altos de alimentos hacían necesarios unos salarios altos, a los que se oponían. Por otro lado, los indus-

Introducción

triales querían precios industriales altos y un mercado para los productos de la industria pesada. Lo primero lo obtuvieron mediante la creación de cárteles después de 1888; lo segundo, mediante el programa de construcción naval y la expansión del armamento después de 1898. Los *Junkers* solo accedieron a estos a cambio de un arancel sobre los alimentos que finalmente, a través de los «certificados de importación», se convirtió en una subvención para el cultivo del centeno. Esta alianza, de la que Bülow fue el creador, se acordó en mayo de 1900 y se consumó en diciembre de 1902. El arancel de 1902, que dio a Alemania una de las agriculturas más protegidas del mundo, fue el precio pagado por la industria a cambio del proyecto de ley de la Marina de 1900, y simbólicamente, solo pudo ser aprobado por el *Reichstag* (parlamento) después de que se violaran las normas de procedimiento para silenciar a la oposición.

El Cuarteto no era conservador sino, al menos potencialmente, reaccionario y revolucionario. Esto es cierto al menos para los terratenientes y los industriales, pero no para la burocracia y el ejército. Los terratenientes eran revolucionarios porque se vieron empujados a la desesperación por la persistente crisis agrícola que hacía difícil que una zona de altos costes como el este de Alemania pudiera competir con una zona de bajos costes como Ucrania o con zonas de alta productividad como Canadá, Argentina o Estados Unidos. Incluso en la Alemania aislada tenían dificultades para mantener bajos los salarios de la mano de obra agrícola alemana o para obtener créditos agrícolas. El primer problema surgió de la necesidad de competir con los salarios industriales de Alemania Occidental. El problema del crédito surgió por la falta endémica de capital en Alemania, la necesidad de competir con la industria por la oferta de capital disponible y la imposibilidad de obtener capital mediante hipotecas cuando se trataba de fincas. Como resultado de estas influencias, los terratenientes, sobrecargados de deudas, en gran peligro por cualquier descenso de los precios, e importadores de mano de obra eslava no organizada, soñaban con la conquista de tierras y de mano de obra en Europa oriental. Los industriales se encontraban en una situación similar, atrapados entre los altos sueldos de la mano de obra alemana sindicalizada y el limitado mercado de productos industriales. Para aumentar la oferta de mano de obra y de mercados, esperaban una política exterior activa que reuniera en una sola unidad un bloque panalemán, o bien una *Mitteleuropa* (Europa central). La burocracia, por razones ideológicas, especialmente nacionalistas, compartía este anhelo de conquista. Solo el ejército se mantuvo al margen bajo la influencia de los *Junkers*, que veían lo fácil que era para ellos como poder político y social limitado, sentirse abrumados en una *Mitteleuropa* o incluso en una Pan-Alemania. En consecuencia, el Cuerpo de Oficiales prusiano tenía poco interés en estos anhelos germánicos y veía con buenos ojos la conquista de las zonas eslavas solo si esta podía llevarse a cabo sin una expansión indebida del propio ejército.

La República de Weimar, 1918-1933

La esencia de la historia alemana de 1918 a 1933 se encuentra en la afirmación *no hubo revolución en 1918*. Para que hubiera habido una revolución habría sido necesario eliminar al Cuarteto o al menos, someterlo a un control democrático. Este representaba el verdadero poder en la sociedad alemana porque personificabalas fuerzas del orden público (ejército y burocracia) y de la producción económica (terratenientes e industriales). Incluso sin la eliminación del mismo, habría sido posible que la democracia funcionara en los intersticios entre unos y otros si se hubieran peleado entre ellos. No se pelearon porque tenían un *esprit de corps*[1] forjado por años de servicio a un sistema común (la monarquía) y porque en muchos casos, los mismos individuos se encontraban en dos o incluso más de los cuatro grupos. Franz von Papen, por ejemplo, era un noble de Westfalia, coronel del ejército, embajador y hombre con amplias propiedades industriales en el Sarre, que provenían de su esposa.

Aunque no hubo ninguna revolución (es decir, ningún cambio real en el control del poder en Alemania en 1919) sí hubo un cambio legal. Legalmente se estableció un sistema democrático. Como resultado, a finales de los años 20 apareció una evidente discrepancia entre la ley y los hechos: según la ley, el régimen estaba controlado por el pueblo, mientras que en realidad lo estaba por el Cuarteto. Las razones de esta situación son importantes.

El Cuarteto, junto con la monarquía, iniciaron la guerra de 1914 a 1918 y fueron incapaces de ganarla. Como resultado, fueron completamente desacreditados y abandonados por los soldados y los trabajadores. Así, las masas populares renunciaron completamente al viejo sistema en noviembre de 1918. Sin embargo, el Cuarteto no fue eliminado por varias razones:

1. Pudieron culpar a la monarquía del desastre y se deshicieron de ella para salvarse;

2. La mayoría de los alemanes lo aceptaron como una revolución adecuada;

3. Los alemanes dudaron en hacer una verdadera revolución por temor a que provocara una invasión de Alemania por parte de los franceses, los polacos u otros;

4. Muchos alemanes se conformaron con la creación de un gobierno democrático en la forma y se esforzaron poco en examinar la realidad subyacente;

---

1. Espíritu de equipo.

5. El único partido político capaz de dirigir una verdadera revolución era el socialdemócrata, que se había opuesto al sistema del Cuarteto y a la propia guerra, al menos en teoría; pero este partido fue incapaz de hacer algo en la crisis de 1918 porque estaba irremediablemente dividido en camarillas doctrinarias, se horrorizaba ante el peligro del bolchevismo soviético y se conformaba con que el orden, el sindicalismo y un régimen «democrático» fueran más importantes que el socialismo, el bienestar humanitario o la coherencia entre la teoría y la acción.

Antes de 1914 había dos partidos que se situaban fuera del sistema del Cuarteto: los socialdemócratas y el Partido de Centro (católico). El primero era doctrinario en su postura, siendo anticapitalista, comprometido con la hermandad internacional del trabajo, pacifista, democrático y marxista en un sentido evolutivo, pero no revolucionario. El Partido de Centro, al igual que los católicos que lo componían, procedía de todos los niveles de la sociedad y de todos los matices ideológicos, pero en la práctica se oponía con frecuencia al Cuarteto en cuestiones concretas.

Estos dos partidos de la oposición sufrieron un cambio considerable durante la guerra. Teóricamente, los socialdemócratas siempre se opusieron a la guerra, pero la apoyaron por motivos patrióticos votando a favor de los créditos para financiar la guerra. Su minúscula izquierda se negó a apoyar la guerra, incluso de esta manera ya en 1914. Este grupo extremista, bajo el mando de Karl Liebknecht y Rosa Luxemburg, pasó a llamarse Liga Espartaquista y, después de 1919, Partido Comunista de Alemania (KPD). Dichos extremistas querían una revolución socialista inmediata y completa con una forma de gobierno soviética. Más moderado que los espartaquistas era otro grupo que se autodenominaba Socialistas Independientes; estos votaron a favor de la guerra hasta 1917, cuando se negaron a seguir haciéndolo y se separaron del Partido Socialdemócrata. El resto de los socialdemócratas apoyaron la guerra y el antiguo sistema monárquico hasta noviembre de 1918, pero en teoría adoptaron un tipo extremo de socialismo evolutivo.

El Partido del Centro fue agresivo y nacionalista hasta 1917, cuando se volvió pacifista. Bajo el mandato de Matthias Erzberger se alió con los socialdemócratas para impulsar la Resolución de Paz del *Reichstag* de julio de 1917. La posición de estos diversos grupos sobre la cuestión del nacionalismo agresivo se reveló claramente en la votación para ratificar el Tratado de Brest-Litovsk impuesto por los militaristas, los *Junkers* y los industriales, a una Rusia postrada. El Partido del Centro votó a favor de la ratificación; los socialdemócratas se abstuvieron de votar; los independientes votaron en contra.

La «revolución» de noviembre de 1918 habría sido una verdadera revolución de no ser por la oposición de los socialdemócratas y del Partido de Centro, ya que el Cuarteto, en los días cruciales de noviembre y diciembre de 1918, estaba desanimado, desacreditado y era impotente. Fuera del propio Cuarteto solo había, en ese momento e incluso después, dos pequeños grupos que podrían haber sido utilizados por él como puntos de encuentro en torno a los cuales se podría haber formado algún apoyo de masas para el Cuarteto. Estos dos pequeños grupos eran los «nacionalistas exaltados» y los «mercenarios». Los nacionalistas exaltadoseran aquellos hombres, como Hitler, que no eran capaces de distinguir entre la nación alemana y el antiguo sistema monárquico. Estas personas, debido a su lealtad a la nación, estaban ansiosas por unirse al apoyo del Cuarteto, al que consideraban idéntico a la nación. Los mercenarios eran un grupo más numeroso que no tenía lealtad particular a nadie ni a ninguna ideología, sino que estaba dispuesto a servir a cualquier grupo que pudiera pagar por ese servicio. Los únicos que podían pagar eran dos grupos del Cuarteto (el Cuerpo de Oficiales y los industriales) que organizaron a muchos mercenarios en bandas armadas reaccionarias o «Cuerpos Libres» entre 1918 y 1923.

En lugar de trabajar por una revolución de 1918 a 1919, los dos partidos que dominaban la situación (los socialdemócratas y los centristas) hicieron todo lo posible para impedir una revolución. No solo dejaron al Cuarteto en sus puestos de responsabilidad y poder (los terratenientes en sus fincas, los oficiales en sus mandos, los industriales en el control de sus fábricas y la burocracia en el control de la policía, los tribunales y la administración), sino que aumentaron la influencia de estos grupos porque las acciones de dicho Cuarteto no estaban limitadas bajo la República por el sentido del honor o la lealtad al sistema que había restringido el uso de su poder bajo la monarquía.

Ya el 10 de noviembre de 1918, Friedrich Ebert, principal figura del Partido Socialdemócrata, llegó a un acuerdo con el Cuerpo de Oficiales en el que prometía no utilizar el poder del nuevo gobierno para democratizar el ejército si los oficiales lo apoyaban contra la amenaza de los Independientes y los Espartaquistas de establecer un sistema soviético. Como consecuencia de este acuerdo, Ebert mantuvo una línea telefónica privada desde su despacho en la cancillería hasta el despacho del general Wilhelm Groener en el cuartel general del ejército y consultó con él muchas cuestiones políticas críticas. Como otra consecuencia, Ebert y su Ministro de Guerra Gustav Noske, también socialdemócrata, utilizaron al ejército al mando de susantiguos oficiales monárquicos para reprimir los trabajadores y a los radicales que pretendían desafiar la situación existente. Esto tuvo lugar en Berlín en diciembre de 1918, en enero de 1919 y de nuevo en marzo de 1919 y en otras ciudades en otros momentos. En estos asaltos el ejército disfrutó matando a varios miles de los odiados radicales.

El 11 de noviembre de 1918, la industria pesada y los sindicatos socialistas llegaron a un acuerdo antirrevolucionario algo similar. Ese día Hugo Stinnes, Albert Vogler y Alfred Hugenberg, en representación de la industria y Carl

Legien, Otto Hue y Hermann Müller en representación de los sindicatos, firmaron un acuerdo para apoyarse mutuamente con el fin de mantener las fábricas en funcionamiento. Aunque este acuerdo se justificó por motivos oportunistas, demostró claramente que los llamados socialistas no estaban interesados en la reforma económica o social, sino que se limitaban a los estrechos objetivos sindicales de los salarios, los horarios y las condiciones de trabajo. Este estrecho rango de intereses fue lo que acabó por destruir la fe del alemán promedio en los socialistas o en sus sindicatos.

La historia del período comprendido entre 1918 y 1933 no puede entenderse sin un cierto conocimiento de los principales partidos políticos. Hubo casi 40 partidos, pero solo siete u ocho fueron importantes. Estos fueron, desde la extrema izquierda a la extrema derecha, los siguientes:

1. Liga Espartaquista (o Partido Comunista de Alemania, KPD)

2. Partido Socialista Independiente (USPD)

3. Socialdemócratas (SPD)

4. Partido Democrático

5. Partido del Centro (incluido el Partido Popular de Baviera)

6. Partido Popular

7. Nacionalistas

8. «Racistas» (incluidos los nazis)

De estos partidos, solo los demócratas tenían una creencia sincera y coherente en la República democrática. Por otro lado, los comunistas, los independientes y muchos socialdemócratas de la izquierda, así como los «racistas», los nacionalistas y muchos del Partido Popular de la derecha, eran contrarios a la República o en el mejor de los casos, ambivalentes. El Partido Católico de Centro, al estar formado sobre una base religiosa más que social, contaba con miembros de todas las áreas del espectro político y social.

La historia política de Alemania desde el armisticio de 1918 hasta la llegada de Hitler a la cancillería en enero de 1933 puede dividirse en tres períodos:

1. Período de agitación de 1918 a 1924

2. Período de cumplimiento de 1924 a 1930

3. Período de desintegración de 1930 a 1933

Durante este período de más de 14 años, hubo ocho elecciones, en ninguna de las cuales un solo partido obtuvo la mayoría de los escaños del *Reichstag*. En consecuencia, todos los gabinetes alemanes del período fueron una coalición. La siguiente tabla muestra los resultados de estas ocho elecciones:

Fiesta	ENE 1919	JUN 1920	MAY 1924	DIC 1924	MAY 1928	JUL 1930	SEP 1932	NOV 1932	MAR 1933

Comunista	0	4	62	45	54	77	89	100	81
Socialista Independiente	22	84							
Socialdemócratas	163	102	100	131	153	143	133	121	120
Demócratas	75	39	28	32	25	20	4	2	5
Centro	91	64	65	69	62	68	75	70	74
Partido Popular de Baviera		21	16	19	16	19	22	20	18
Partido Económico	4	4	10	17	25	2	2	0	0
Partido Popular Alemán	19	65	45	51	45	30	7	11	2
Nacionalistas	44	71	95	103	73	41	37	52	52
Nazis	0	0	32	14	12	107	230	196	288

Sobre la base de estas elecciones, Alemania tuvo 20 grandes cambios de gabinete desde 1919 hasta 1933. Por lo general, estos gabinetes se construyeron en torno a los Partidos de Centro y Democrático con la adición de representantes de los socialdemócratas o del Partido Popular. Solo en dos ocasiones (Gustav Stresemann en 1923 y Hermann Müller entre 1928 y 1930) fue posible obtener un gabinete lo suficientemente amplio como para incluir a los cuatro partidos. Además, el segundo de estos gabinetes de frente amplio fue el único después de 1923 que incluyó a los socialistas y el único después de 1925 que no incluyó a los nacionalistas. Esto indica claramente la deriva hacia la derecha del gobierno alemán tras la dimisión de Joseph Wirth en noviembre de 1922. Como veremos, esta fue retrasada por solo dos influencias: la necesidad de préstamos extranjeros y de concesiones políticas por parte de las potencias occidentales y el reconocimiento de que ambas cosas podían ser obtenidas mejor por un gobierno que parecía ser de inclinación republicana y democrática que por un gobierno que estaba obviamente en manos del Cuarteto.

Al final de la guerra, en 1918, los socialistas tenían el control, no porque los alemanes fueran socialistas (pues el partido no era realmente socialista), sino porque este era el único partido que tradicionalmente se había opuesto al sistema imperial. Se creó un comité de seis hombres: tres de los socialdemócratas (Ebert, Philip Scheidemann y Otto Landsberg) y tres de los socialistas independientes (Hugo Haase, Wilhelm Dittman y Emil Barth). Este grupo gobernaba como una especie de emperador y canciller combinados, tenía como subordinados a los secretarios de Estado habituales. Estos hombres no hicieron nada para consolidar la república o la democracia y se opusieron a cualquier esfuerzo por dar algún paso hacia el socialismo, e incluso se negaron a nacionalizar la industria del carbón, algo que, en general, se esperaba. En cambio, desperdiciaron la oportunidad ocupándose de los típicos problemas sindicales, como la jornada de ocho horas (12 de noviembre de 1918) y los métodos de negociación colectiva (23 de diciembre de 1918).

El problema crítico era la forma de gobierno, con la elección entre los consejos de trabajadores y campesinos (*Sóviets*) ya ampliamente establecidos y una asamblea nacional para instaurarun sistema parlamentario ordinario. El grupo socialista prefería esta última opción y estaba dispuesto a utilizar al ejército regular para imponerla. Sobre esta base se llegó a un acuerdo contrarrevolucionario entre Ebert y el Estado Mayor. Como consecuencia de este acuerdo, el ejército atacó un desfile espartaquista en Berlín el 6 de diciembre de 1918 y eliminó a la rebelde División Naval del Pueblo el 24 de diciembre de 1918. En protesta por esta violencia, los tres miembros independientes del gobierno dimitieron, y su ejemplo fue seguido por otros independientes en toda Alemania, con la excepción de Kurt Eisner en Múnich. Al día siguiente, los espartaquistas formaron el Partido Comunista Alemán con un programa no revolucionario. Su declaración decía, en parte: «La Liga Espartaquista nunca asumirá el poder gubernamental sino en respuesta al deseo claro e inequívoco de la gran mayoría de las masas proletarias de Alemania; y solo como resultado de un acuerdo definitivo de estas masas con los objetivos y métodos de la Liga Espartaquista».

Sin embargo, esta piadosa expresión era el programa de los dirigentes; las masas del nuevo partido y, posiblemente también los miembros del grupo socialista independiente, se enfurecieron ante el conservadurismo de los socialdemócratas y empezaron a descontrolarse. El problema se unió a la cuestión de los consejos frente a la Asamblea Nacional. El Gobierno, bajo la dirección de Noske, utilizó las tropas regulares en una sangrienta represión de la izquierda (del 5 al 15 de enero) que terminó con el asesinato de Rosa Luxemburg y Karl Liebknecht, los líderes comunistas. El resultado fue exactamente el deseado por el Cuarteto: los comunistas y muchos trabajadores no comunistas se alejaron definitivamente de los socialistas y de la república parlamentaria. El Partido Comunista, privado de dirigentes propios, se convirtió en un instrumento del comunismo ruso. Como resultado de esta represión, el ejército pudo desarmar a los trabajadores en el mismo momento en que empezaba a armar a las bandas privadas reaccionarias (Cuerpos Libres) de la derecha. Ambos desarrollos fueron alentados por Ebert y Noske.

Solo en Baviera no se llevó a cabo ni el alejamiento de comunistas y socialistas ni el desarme de los primeros; En Múnich, Kurt Eisner, el ministro-presidente socialista independiente lo impidió. En consecuencia, Eisner fue asesinado por el conde Anton von Arco-Valley el 21 de febrero de 1919. Cuando los trabajadores de Múnich se rebelaron, fueron aplastados por una combinación de ejército regular y Cuerpos Libres en medio de escenas de horrible violencia por parte de ambos bandos. Eisner fue sustituido como primer ministro por un socialdemócrata, Adolph Hoffman, quien en la noche del 13 de marzo de 1920, fue expulsado por un golpe militar que le sustituyó por un gobierno de derecha bajo el mando de Gustav von Kahr.

Mientras tanto, la Asamblea Nacional elegida el 19 de junio de 1919 redactó una constitución parlamentaria bajo la dirección del profesor Hugo Preuss. Esta constitución preveía un presidente elegido por siete años para ser jefe del Estado, una legislatura bicameral y un gabinete responsable ante la Cámara Baja de la legislatura. La Cámara Alta o *Reichsrat*, estaba formada por representantes de 18 Estados alemanes y tenía, en materia legislativa, un veto suspensivo que podía ser superado por dos tercios de los votos de la Cámara Baja. Esta Cámara Baja o *Reichstag*, contaba con 608 miembros, elegidos por un sistema de representación proporcional en función de los partidos. El jefe del Gobierno, al que el presidente daba un mandato para formar un gabinete, se llamaba canciller. Los principales puntos débiles de la constitución eran las disposiciones de representación proporcional y otras disposiciones, mediante los artículos 25 y 48, que permitían al presidente suspender las garantías constitucionales y gobernar por decreto, en períodos de «emergencia nacional». Ya en 1925 los partidos de la derecha planeaban destruir la República mediante el uso de estos poderes.

Un desafío directo a la República por parte de la derecha se produjo en marzo de 1920, cuando la brigada de los Cuerpos Libres del capitán Ehrhardt marchó sobre Berlín, obligó al Gobierno a huir a Dresde y estableció un Gobierno bajo el mando de Wolfgang Kapp, un ultranacionalista. Kapp contó con el apoyo del comandante del ejército en la zona de Berlín, el barón Walther von Lüttwitz, que se convirtió en ministro del *Reichswehr* (defensa imperial) en el gobierno de Kapp. Como el general Hans von Seeckt, jefe del Estado Mayor, se negó a apoyar al Gobierno legal, este no pudo hacer nada y solo se salvó gracias a una huelga general de los trabajadores en Berlín y a un gran levantamiento proletario en las regiones industriales de Alemania occidental. El gobierno de Kapp no pudo funcionar y se hundió, mientras el ejército procedía a violar las cláusulas de desarme territorial del Tratado de Versalles invadiendo el Ruhr para aplastar el levantamiento obrero en esa zona. Seeckt fue recompensado por su falta de cooperación al ser nombrado comandante en jefe en mayo de 1920.

Como consecuencia de estos disturbios, las elecciones generales de julio de 1920 fueron contrarias a la «Coalición de Weimar». Llegó un nuevo gobierno completamente de clase media, ya que los socialistas de la Coalición de Weimar fueron sustituidos por el partido del gran capital, el Partido Popular Alemán. Noske fue sustituido como ministro del *Reichswehr* por Otto Gessler, un instrumento bajo la voluntad del Cuerpo de Oficiales. Gessler, que ocupó este crítico cargo desde marzo de 1920 hasta enero de 1928, no hizo ningún esfuerzo por someter al ejército a un control democrático o incluso civil, sino que cooperó en todo momento con los esfuerzos secretos de Seeckt para eludir las disposiciones de desarme de los tratados de paz. Las fábricas de armamento alemanas se trasladaron a Turquía, Rusia, Suecia, los Países Bajos y Suiza. Los oficiales alemanes fueron instruidos en armas prohibidas en Rusia y China. Dentro de Alemania se preparó armamento secreto a escala considerable y se organizaron tropas que superaban los límites del tratado en un «*Reichswehr* clandestino» que se sostenía con fondos secretos del *Reichswehr*oficial; el *Reichstag* no tenía control sobre ninguna de las dos organizaciones. Cuando las potencias occidentales exigieron en 1920 la disolución de los Cuerpos Libres, estos grupos pasaron a la clandestinidad y formaron una organización paralela al *Reichswehr* negro, recibiendo protección, fondos, información y armas del *Reichswehr* y los conservadores. A cambio, los Cuerpos Libres se dedicaron a conspirar y asesinar a gran escala en nombre de los conservadores. Según el londinense *The Times*, los Cuerpos Libres asesinaron a 400 víctimas de la izquierda y del centro en un año.

El gabinete de clase media de Konstantin Fehrenbach dimitió el 4 de mayo de 1921 y permitió que la Coalición de Weimar de socialistas, demócratas y de centro asumiera el cargo para recibir el ultimátum de reparaciones de los gobiernos aliados el 5 de mayo. Así, el régimen democrático quedó aún más desacreditado a los ojos de los alemanes como un instrumento de debilidad, penuria y vergüenza. Tan pronto como se hizo el trabajo, los socialistas fueron sustituidos por el Partido Popular y el gabinete de Wirth fue sucedido por un Gobierno puramente de clase media bajo el mando de Wilhelm Cuno, director general de la *Hamburg-American Steamship Line*[1]. Este Gobierno fue el que «gestionó» la hiperinflación de 1923 y la resistencia pasiva contra las fuerzas francesas en el Ruhr. La inflación, que supuso un gran beneficio para el Cuarteto, destruyó la posición económica de las clases medias y medias bajas alejándolas definitivamente de la República.

El gobierno de Cuno terminó con un acuerdo entre Stresemann y los socialistas. El primero, en nombre del Partido Popular, que hasta entonces había sido decididamente antirrepublicano, aceptó la República; los socialistas aceptaron apoyar un gabinete de Stresemann y se formó una amplia coalición para una política de cumplimiento del Tratado de Versalles. Esto puso fin al período de agitación (agosto de 1923).

El período de plenitud (de 1923 a 1930) está asociado al nombre de Gustav Stresemann, que estuvo en todos los gabinetes hasta su muerte en octubre de 1929. Reaccionario panalemán e imperialista económico en el período anterior a 1919, Stresemann fue siempre partidario del Cuarteto y el principal creador del Partido Popular Alemán, el partido de la industria pesada. En 1923, sin dejar de mantener sus convicciones anteriores, decidió que sería una buena política invertirlas públicamente y adoptar un programa de apoyo a la República y de cumplimiento de las obligaciones de los tratados. Lo hizo por-

---

1. Empresa de transporte transatlántico Alemania-Estados Unidos.

que se dio cuenta de que Alemania era demasiado débil para hacer otra cosa y que solo podría fortalecerse obteniendo la liberación de las restricciones más estrictas de los tratados, mediante préstamos extranjeros de financieros británicos y estadounidenses simpatizantes y mediante la consolidación secreta del Cuarteto. Todas estas cosas podían conseguirse más fácilmente con una política de cumplimiento que con una política de resistencia como la de Cuno.

El gobierno bávaro de la derecha, que se había instalado bajo el mando de Gustav von Kahr en 1921, se negó a aceptar la decisión de Stresemann de readmitir a los socialistas en el gobierno del *Reich* en Berlín. En su lugar, Kahr asumió poderes dictatoriales con el título de comisario del Estado de Baviera. En respuesta, el gabinete de Stresemann invirtió el poder ejecutivo del *Reich* en el ministro del *Reichswehr*, un acto que tuvo el efecto de convertir a Von Seeckt en el gobernante de Alemania. Ante el terror de un golpe de Estado derechista, la Internacional Comunista decidió permitir que el Partido Comunista Alemán cooperara con los socialistas en un frente antiderechista dentro del régimen parlamentario; esto se hizo de inmediato en los estados de Sajonia y Turingia. En ese momento, el comandante del *Reichswehr* en Baviera, el general Otto von Lossow, cambió su lealtad de Seeckt a Kahr. La unión Stresemann-Seeckt en Berlín se enfrentó a la de Kahr-Lossow en Múnich, con los gobiernos «rojos» de Sajonia y Turingia en medio. El *Reichswehr* obedecía principalmente a Berlín, mientras que el *Reichswehr* en la sombra y los Cuerpos Libres clandestinos (especialmente los de Ehrhardt y Rossbach) obedecían a Múnich. La unión Kahr-Lossow, con el apoyo de Hitler y Ludendorff, planearon invadir Sajonia y Turingia, derrocar a los gobiernos rojos con el pretexto de suprimir el bolchevismo y luego continuar hacia el norte para derrocar al gobierno central en Berlín. El gobierno del *Reich* encabezó este complot con un acto ilegal: Las fuerzas del *Reichswehr* de Seeckt derrocaron los gobiernos rojos constitucionales de Sajonia y Turingia para anticiparse a Baviera. Como resultado, Lossow y Kahr renunciaron a los planes de revuelta, mientras que Hitler y Ludendorff se negaron a hacerlo. Con el golpe de estado «*Beer-Hall*»[1] del 8 de noviembre de 1923, Hitler y Ludendorff intentaron secuestrar a Kahr y Lossow para obligarles a continuar con la revuelta. Fueron vencidos en un tiroteo. Kahr, Lossow y Ludendorff nunca fueron castigados; Hermann Goring huyó del país; Hitler y Rudolf Hess fueron encerrados en una fortaleza durante un año. El primero aprovechó la ocasión para escribir el famoso volumen *Mein Kampf*.[2]

Para hacer frente a la crisis económica y a la inflación, el gobierno de Stresemann recibió poderes dictatoriales que anulaban todas las garantías constitucionales, salvo que los socialistas consiguieron la promesa de no tocar la jornada de ocho horas ni el sistema de seguridad social. De este modo se frenó la

---

1. También conocido como el Putsch de la Cervecería.
2. Mi lucha.

inflación y se estableció un nuevo sistema monetario; por cierto, la jornada de ocho horas fue abolida por decreto (1923). Se llegó a un acuerdo de reparaciones (el Plan Dawes) con los gobiernos aliados y se logró evacuar el Ruhr. En el curso de estos acontecimientos, los socialdemócratas abandonaron el gobierno de Stresemann en protesta por su supresión ilegal del gobierno rojo de Sajonia, pero el programa de Stresemann continuó con el apoyo de los partidos de centro y derecha, incluyendo por primera vez, el apoyo de los nacionalistas antirrepublicanos. De hecho, los nacionalistas, con tres o cuatro escaños en el Gabinete entre 1926 y 1928, fueron la fuerza dominante en el Gobierno, aunque siguieron protestando en público contra la política de cumplimiento y Stresemann siguió fingiendo que su administración de esa política le exponía a un peligro inminente de asesinato a manos de los extremistas de derecha.

Los Gabinetes alemanes de 1923 a 1930, bajo Wilhelm Marx, Hans Luther, Marx de nuevo y finalmente, Hermann Müller, se ocuparon principalmente de cuestiones de política exterior, como las reparaciones, la evacuación de las zonas ocupadas, la agitación por el desarme, Locarno y la Sociedad de las Naciones. En el frente interno, se produjeron acontecimientos igual de importantes, pero con mucho menos alboroto. Gran parte del sistema industrial, así como muchos edificios públicos, fueron reconstruidos mediante préstamos extranjeros. El Cuarteto se fortaleció y consolidó en secreto mediante la reorganización de la estructura fiscal, la utilización de subvenciones gubernamentales y la formación y reorganización del personal. Alfred Hugenberg, el miembro más violento e irreconciliable del Partido Nacionalista, construyó un sistema de propaganda a través de la propiedad de decenas de periódicos y de una participación mayoritaria en UFA, la gran empresa cinematográfica. A través de estas vías, se puso en marcha una omnipresente campaña de propaganda basada en los prejuicios e intolerancias existentes en Alemania, para preparar el camino de la contrarrevolución del Cuarteto. Esta campaña pretendía demostrar que todos los problemas y desgracias de Alemania eran causados por los grupos democráticos y obreros, por los internacionalistas y por los judíos.

El Centro y la Izquierda compartían este veneno nacionalista lo suficiente como para abstenerse de cualquier esfuerzo por dar al pueblo alemán la verdadera historia de la responsabilidad de Alemania en la guerra y en sus propias dificultades. Así, la derecha pudo difundir su propia historia de la guerra, según la cual Alemania había sido vencida a causa de «una puñalada por la espalda» de «las tres Internacionales»: la Internacional «Dorada» de los judíos, la Internacional «Roja» de los socialistas y la Internacional «Negra» de los católicos, una triple alianza impía que estaba simbolizada en la bandera dorada, roja y negra de la República de Weimar. De esta manera se hizo todo lo posible y con bastante éxito, para desviar la animosidad popular por la derrota de 1918 y el acuerdo de Versalles, de los verdaderos responsables a los grupos democráticos y republicanos. Al mismo tiempo, la animosidad alemana hacia la explotación económica fue desviada de los terratenientes e industriales mediante doctrinas racistas que culpaban de todos esos problemas a los malos banqueros internacionales y a las grandes redes comerciales judías.

El nacionalismo general del pueblo alemán y su disposición a aceptar la propaganda de la derecha, consiguieron que el mariscal de campo Paul von Hindenburg fuera presidente de la República en 1925. En la primera votación, ninguno de los siete candidatos obtuvo la mayoría del total de votos, por lo que la cuestión se sometió de nuevo a las urnas. En la segunda votación, Hindenburg obtuvo 14 655 766 votos, Marx (del Partido del Centro) recibió 13 751 615, mientras que el comunista Ernst Thalmann obtuvo 1 931 151.

La victoria de Hindenburg fue un golpe fatal para la República. El nuevo presidente, un líder militar mediocre y ya al borde de la senilidad, era un convencido antidemócrata y antirrepublicano. Para atar más estrechamente su lealtad al Cuarteto, los terratenientes e industriales aprovecharon su octogésimo cumpleaños en 1927 para regalarle Neudeck, una finca de la nobleza terrateniente llamada *Junker*, en Prusia Oriental. Para evitar el impuesto de sucesiones, la escritura de esta finca se hizo a nombre del hijo del presidente, el coronel Oskar von Hindenburg. Con el tiempo, esta finca pasó a ser conocida como el «campo de concentración más pequeño» de Alemania, ya que el presidente pasó allí sus últimos años aislado del mundo exterior a causa de su vejez y acompañado de una camarilla de intrigantes. Estos intrigantes, que podían influir en la anciana mente presidencial en la dirección que quisieran, estaban formados por el coronel Oskar, el general Kurt von Schleicher, el doctor Otto Meissner, que siguió siendo jefe de la oficina presidencial bajo Ebert, Hindenburg y Hitler, y Elard von Oldenburg-Januschau, que era el propietario de la finca junto a Neudeck. Esta camarilla pudo hacer y deshacer gabinetes de 1930 a 1934 y controló el uso del poder presidencial para gobernar por decreto en ese período crítico.

Tan pronto como Hindenburg se convirtió en propietario, en octubre de 1927, comenzó a movilizar la ayuda gubernamental para los terratenientes. Esta ayuda, conocida como *Osthilfe* (ayuda al Este), fue organizada por una sesión conjunta de los gobiernos del *Reich* y de Prusia presidida por Hindenburg el 21 de diciembre de 1927. El objetivo declarado de esta ayuda era aumentar la prosperidad económica de las regiones al este del río Elba para detener la migración de los alemanes de esa zona a Alemania occidental y su sustitución por trabajadores agrícolas polacos. Esta ayuda pronto se convirtió en un sumidero de corrupción, ya que el dinero se desviaba de un modo u otro, legal o ilegalmente, para subvencionar los grandes latifundios en quiebra y las extravagancias de los terratenientes *Junker*. La amenaza de revelación pública de este escándalo fue la causa inmediata de la muerte de la República de Weimar de la mano de Hindenburg en 1932.

La combinación de todos estos acontecimientos (el poder real del Cuarteto, el oportunismo ciego y sin principios de los socialdemócratas y del Partido de Centro, la camarilla en torno a Hindenburg y el escándalo de *Osthilfe*) hizo posible la desintegración de la República de Weimar entre 1930 y 1933. La decisión del Cuarteto de intentar establecer un gobierno satisfactorio para ellos mismos se tomó en 1929. Las causas principales de la decisión fueron (1) la constatación de que las instalaciones industriales habían sido reconstruidas en gran parte gracias a los préstamos extranjeros; (2) el conocimiento de que estos préstamos extranjeros se estaban agotando y que, sin ellos, no se podría hacer frente ni a las reparaciones ni a las deudas internas, salvo a un precio que el Cuarteto no estaba dispuesto a pagar; (3) el conocimiento de que la política de cumplimiento había logrado todo lo que podía esperarse de ella, habiendo terminado las misiones de control aliadas, habiendo progresado el rearme tanto como era posible según el Tratado de Versalles, habiéndose asegurado la frontera occidental y habiéndose abierto la frontera oriental a la invasión alemana.

La decisión del Cuarteto no fue consecuencia de la crisis económica de 1929, sino que se tomó a principios de año. Esto puede verse en la alianza de Hugenberg y Hitler para forzar un referéndum sobre el Plan Young. En 1924, el Cuarteto había aceptado el Plan Dawes, mucho más severo, porque entonces no estaban dispuestos a destruir el régimen de Weimar. La impugnación del Plan Young no solo indicaba que estaban preparados, sino que también se convirtió en una muestra de su fuerza. Esta prueba fue una decepción, ya que solo obtuvieron cinco millones de votos adversos al plan de un electorado de 40 millones. Como resultado, los nazis iniciaron por primera vez un esfuerzo por conseguir un seguimiento masivo. Había llegado el momento para el que se habían mantenido vivos gracias a las contribuciones financieras del Cuarteto. Sin embargo, el esfuerzo nunca habría tenido éxito si no fuera por la crisis económica. La intensidad de esta crisis puede medirse por el número de escaños del *Reichstag* que ocupan los nazis:

Abril 1924	Diciembre 1920	1928	1930	Julio 1932	Diciembre 1932	Marzo 1933
7	14	12	107	230	196	288

Los nazis fueron financiados por el *Reichswehr* en la sombra de 1919 a 1923; luego este apoyo cesó debido al disgusto del ejército por el fiasco del Putsch de Múnich. Esta falta de entusiasmo del ejército por los nazis continuó durante años, y estaba inspirada en el esnobismo social y en el temor a las Tropas de Asalto (SA) nazis como posibles rivales suyos. Esta desconfianza del ejército se vio compensada por el apoyo de los industriales, que financiaron a los nazis desde la salida de Hitler de la cárcel en 1924 hasta finales de 1932.

La destrucción de la República de Weimar tiene cinco etapas:

1. Bruning: 27 de marzo de 1930 – 30 de mayo de 1932
2. Von Papen: 31 de mayo de 1932 – 17 de noviembre de 1932
3. Schleicher: 2 de diciembre de 1932 – 28 de enero de 1933
4. Hitler: 30 de enero de 1933 – 5 de marzo de 1933
5. Gleichschaltung: 6 de marzo de 1933 – 2 de agosto de 1934

Cuando comenzó la crisis económica en 1929, Alemania tenía un gobierno democrático de los partidos de centro y socialdemócrata. La crisis provocó una disminución de los ingresos fiscales y un aumento paralelo de las demandas de servicios sociales al Gobierno. Esto llevó a un punto crítico la disputa latente sobre la financiación ortodoxa y no ortodoxa de una depresión económica. Las grandes empresas y las grandes finanzas estaban decididas a hacer recaer la carga de la depresión sobre las clases trabajadoras obligando al Gobierno a adoptar una política de deflación, es decir, mediante reducciones salariales y recortes del gasto público. Los socialdemócratas vacilaron en su actitud, pero en general se opusieron a esta política. Schacht, como presidente del *Reichsbank*, pudo obligar al socialista Rudolf Hilferding a dejar el cargo de ministro de finanzas negando el crédito bancario al Gobierno hasta que no lo hiciera. En marzo de 1930, el Centro rompió la coalición por la cuestión de la reducción de los subsidios de desempleo, los socialistas fueron expulsados del Gobierno y Heinrich Bruning, líder del Partido del Centro, entró como canciller. Como no tenía mayoría en el *Reichstag*, tuvo que poner en marcha la política deflacionista mediante un decreto presidencial en virtud del artículo 48. Esto marcó el fin de la República de Weimar, ya que nunca se había previsto que esta «cláusula de emergencia» se utilizara en el proceso ordinario de gobierno, aunque había sido utilizada por Ebert en 1923 para abolir la jornada de ocho horas. Cuando el 18 de julio de 1930 el *Reichstag* rechazóel método de Bruning por 236 votos contra 221, el canciller lo disolvió y convocó nuevas elecciones. Los resultados de estas fueron contrarios a lo que se esperaba, ya que perdió escaños tanto por la derecha como por la izquierda. A su derecha quedaron 148 (107 nazis y 41 nacionalistas); a su izquierda, 220 (77 comunistas y 143 socialistas). Los socialistas permitieron que Bruning siguiera en el cargo al negarse a votar por una moción de censura. Manteniéndose en el cargo, Bruning continuó la política deflacionaria mediante decretos que Hindenburg firmó. De hecho, Hindenburg era el gobernante de Alemania, ya que podía destituir o nombrar a cualquier canciller o permitir que uno gobernara por su propio poder de decretar.

La política de deflación de Bruning fue un desastre, el sufrimiento del pueblo fue terrible, con casi ocho millones de desempleados de 25 millones de personas. Para compensar esta impopular política interior, Bruning adoptó una política exterior más agresiva en cuestiones como las reparaciones, la unión con Austria o la Conferencia Mundial de Desarme.

En la crisis de 1929 a 1933, los partidos burgueses tendieron a disolverse en beneficio de la extrema izquierda y la extrema derecha. Esto benefició más al Partido Nazi que a los comunistas por varias razones: (1) tenía el apoyo financiero de los industriales y los terratenientes; (2) no era internacionalista, sino nacionalista, como tenía que ser cualquier partido alemán; (3) nunca se había comprometido aceptando la República, ni siquiera temporalmente, una ventaja cuando la mayoría de los alemanes tendían a culpar a estade sus problemas; (4) estaba preparado para usar la violencia, mientras que los partidos de izquierda, incluso los comunistas, eran legalistas y relativamente pacíficos porque la policía y los jueces eran de derecha. Las razones por las que los nazis, en lugar de los nacionalistas, se beneficiaron del giro de la moderación podrían explicarse por el hecho de que: (1) los nacionalistas se habían comprometido y habían vacilado en todas las cuestiones desde 1924 hasta 1929, y (2) los nazis tenían la ventaja de no ser claramente un partido de derechas, sino que eran ambiguos; de hecho, un gran grupo de alemanes consideraba a los nazis un partido de izquierda revolucionaria que solo se diferenciaba de los comunistas por ser patriótico.

En esta polarización del espectro político fueron las clases medias las que se desestabilizaron, impulsadas por la desesperación y el pánico. Los socialdemócratas estaban suficientemente fortificados por el sindicalismo y los miembros del Partido de Centro por la religión, para resistir la deriva hacia el extremismo. Desgraciadamente, estos dos grupos relativamente estables carecían de un liderazgo inteligente y estaban demasiado apegados a ideas viejas y a intereses estrechos como para encontrar un estímulo suficientemente amplio para un gran número de votantes alemanes.

Todo el año de 1932 estuvo lleno de una serie de intrigas y alianzas desconfiadas y cambiantes entre los diversos grupos que pretendían estar en condiciones de utilizar el poder presidencial de decretar. El 11 de octubre de 1931 se produjo una gran alianza reaccionaria entre los nazis, los nacionalistas, el *Stahlhelm* (una organización militarista de veteranos) y la *Junker Landbund*. Este llamado «Frente de Harzburgo» pretendía ser una oposición unificada al comunismo, pero en realidad representaba parte de la intriga de estos diversos grupos para llegar al poder. De los verdaderos gobernantes de Alemania, solo los industriales de Westfalia y el ejército estaban ausentes. Los industriales fueron llevados a su terreno por Hitler durante un discurso de tres horas que pronunció en el Club Industrial de Düsseldorf por invitación de Fritz Thyssen (27 de enero de 1932). El ejército no podía alinearse, ya que estaba controlado por la camarilla presidencial, especialmente por Schleicher y el propio

Hindenburg. Schleicher tenía sus propias ambiciones políticas y el ejército tradicionalmente no se comprometía de manera abierta o formal.

En medio de esta crisis llegaron las elecciones presidenciales de marzo-abril de 1932. Ofreció el fantástico espectáculo de una república nominalmente democrática obligada a elegir a su presidente entre cuatro figuras antidemocráticas y antirrepublicanas, de las cuales una (Hitler) se había convertido en ciudadano alemán solo un mes antes mediante un truco legal. Como Hindenburg parecía el menos imposible de los cuatro, fue reelegido en la segunda votación:

	Primera votación	Segunda votación
Hindenburg	18 661 736	19 359 533
Hitler	11 338 571	13 418 051
Thälmann, comunista	4 982 079	3 706 655
Düsterberg, Stahlhelm	2 557 876	

Hindenburg siguió apoyando a Bruning hasta finales de mayo de 1932, cuando lo destituyó y puso a Von Papen. Esto se hizo a instancias de Von Schleicher, que esperaba construir algún tipo de coalición de frente amplio de nacionalistas y trabajadores como fachada para el *Reichswehr*. En este plan, Schleicher consiguió que Hindenburg abandonara a Bruning convenciéndole de que el canciller planeaba desmantelar algunos de los latifundios en quiebra al este del Elba y que incluso podría investigar los escándalos de *Osthilfe*. Schleicher puso a Von Papen como canciller en la creencia de que este tenía tan poco apoyo en el país que dependería completamente de la capacidad de Schleicher para controlar a Hindenburg. En cambio, el presidente se encariñó tanto con Von Papen que el nuevo canciller fue capaz de utilizar el poder de Hindenburg directamente e incluso empezó a socavar la influencia de Schleicher en el entorno del presidente.

El «Gabinete de los barones» de Von Papen era abiertamente un gobierno del Cuarteto, no tenía casi ningún apoyo en el Reichstag y muy poco en el país. Von Papen y Schleicher se dieron cuenta de que no podía durar mucho tiempo, y cada uno comenzó a formar un complot para consolidarse y detener la división de la opinión política en Alemania. El complot de Von Papen consistía en cortar las contribuciones financieras de la industria a Hitler y acabar con la independencia del Partido Nazi mediante una serie de costosas elecciones. El canciller estaba seguro de que Hitler estaría dispuesto a entrar en un gabinete del que Von Papen fuera jefe para recuperar las contribuciones financieras de la industria y evitar la ruptura de su partido. Schleicher, por otro lado, esperaba unir la izquierda del Partido Nazi bajo Otto Strasser con los sindicatos cristianos y socialistas para apoyar al *Reichwehr* en un programa de nacionalismo y finanzas poco ortodoxas. Ambos complots dependían de conservar el favor de Hindenburg para mantener el control del ejército y del poder presidencial para emitir decretos. En esto Von Papen tuvo más éxito que Schleicher, ya que al presidente anterior no le gustaban los planes económicos poco ortodoxos.

El complot de Von Papen se desarrolló más rápido que el de Schleicher y parecía más prometedor debido a su mayor capacidad para controlar al presidente. Tras convencer a sus amigos cercanos, los industriales, de que dejaran de contribuir con los nazis, Von Papen convocó unas nuevas elecciones para noviembre de 1932. En la votación, los nazis pasaron de 230 a 196 escaños, mientras que los comunistas aumentaron de 89 a 100. La situación había cambiado y esto produjo tres resultados: (1) Hitler decidió unirse a un gobierno de coalición, a lo que se había negado anteriormente; (2) el Cuarteto decidió derrocar a la República para detener el giro hacia los comunistas; y (3) los miembros de este, especialmente los industriales, decidieron que Hitler había aprendido la lección y que se le podía confiar el cargo de cabeza de un gobierno de derechas porque se estaba debilitando. Todo el acuerdo fue organizado por Von Papen, él mismo coronel e industrial, además de aristócrata de Westfalia, y se selló en un acuerdo establecidoen casa del banquero de Colonia, el barón Kurt von Schroder, el 4 de enero de 1933.

Este acuerdo entró en vigor gracias a la capacidad de Von Papen para dirigir a Hindenburg. El 28 de enero de 1933, el presidente forzó la dimisión de Schleicher al negarse a concederle poderes para decretar. Dos días después, Hitler asumió el cargo de canciller en un gabinete en el que solo había otros dos nazis, que eran el ministro del Aire, Goring y Frick, en el vital Ministerio del Interior. Dos de los otros ocho puestos, los Ministerios de Economía y Agricultura, fueron para Hugenburg; el Ministerio de Trabajo fue para Franz Seldte del Stahlhelm, el Ministerio de Asuntos Exteriores y el Ministerio del *Reichswehr* fueron para expertos sin partido y la mayoría de los puestos restantes fueron para amigos de Von Papen. No parecía posible que Hitler, así rodeado, obtuviera nunca el control de Alemania. Sin embargo, en un año y medio se convirtió en dictador del país.

El régimen nazi

LLEGADA AL PODER, 1933-1934

Cuando Adolf Hitler se convirtió en canciller del *Reich* alemán el 30 de enero de 1933, aún no tenía 44 años. Desde su nacimiento en Austria en 1889 hasta el estallido de la guerra en 1914, su vida había sido una sucesión de fracasos, habiendo pasado los siete años de 1907 a 1914 como vagabundo en Viena y Múnich. Allí se había convertido en un fanático antisemita panalemán, atribuyendo sus propios fracasos a las «intrigas de la judería internacional».

El estallido de la guerra en agosto de 1914 dio a Hitler la primera motivación real de su vida, ya que se convirtió en un superpatriota, se alistó en la Decimosexta Infantería Voluntaria de Baviera y sirvió en el frente durante cuatro años. A su manera fue un excelente soldado. Adscrito al personal del regimiento como mensajero de la Primera Compañía, era completamente feliz, siempre se ofrecía para las tareas más peligrosas. Aunque sus relaciones con sus superiores eran excelentes y fue condecorado con la Cruz de Hierro de segunda clase en 1914 y con la Cruz de Hierro de primera clase en 1918, nunca fue ascendido más allá de soldado de primera clase porque era incapaz de tener verdaderas relaciones con sus compañeros o de tomar el mando de algún grupo de ellos. Permaneció en servicio activo en el frente durante cuatro años. Durante ese período, su regimiento de 3500 soldados sufrió 3260 muertes en acción y el propio Hitler fue herido dos veces; estas fueron las dos únicas ocasiones en las que abandonó el frente. En octubre de 1918 quedó ciego por el gas mostaza y fue enviado a un hospital en Pasewalk, cerca de Berlín. Cuando salió un mes después se encontró con que la guerra había terminado, que Alemania había sido derrotada y que la monarquía había sido derrocada y se negó a perdonar esta situación. Incapaz de aceptar la derrota o la república, recordando la guerra como el segundo gran amor de su vida (el primero fue su madre), permaneció en el ejército y finalmente se convirtió en espía político del *Reichswehr*, destinado cerca de Múnich. En el curso del espionaje de los numerosos grupos políticos de Múnich, Hitler quedó fascinado por los desplantes de Gottfried Feder contra la «esclavitud de intereses de los judíos». En algunas reuniones, el propio Hitler se convirtió en participante, atacando al «complot judío para dominar el mundo» o criticando la necesidad de la unidad pangermánica. Como resultado, se le pidió que se uniera al Partido Obrero Alemán y así lo hizo, convirtiéndose en uno de los 60 miembros regulares y en el séptimo miembro de su comité ejecutivo.

El Partido Obrero Alemán había sido fundado por un cerrajero de Múnich, Anton Drexler, el 5 de enero de 1919, como grupo obrero nacionalista y pangermánico. En pocos meses, el capitán Ernst Rohm, del cuerpo del *Reichswehr* en la sombra de Franz von Epp, se unió al movimiento y se convirtió en el conducto por el que los fondos secretos del *Reichswehr*, que llegaban a través de Epp, se transmitían al partido. También comenzó a organizar una milicia represiva dentro del grupo (las Tropas de Asalto, o SA). Cuando Hitler se incorporó en septiembre de 1919, se le encargó la publicidad del partido. Como este era el principal gasto y como Hitler también se convirtió en el principal orador del partido, la opinión pública pronto llegó a considerar que todo el movimiento era de Hitler y Rohm le pagó directamente a él los fondos del *Reichswehr*.

Durante 1920, el partido pasó de 54 a 3000 miembros; cambió su nombre por el de Partido Nacionalsocialista Obrero Alemán, compró el Volkischer Beobachter con 60 000 marcos del dinero del general Von Epp y elaboró su «Programa de veinticinco puntos».

El programa del partido de 1920 se imprimió en los escritos del partido durante 25 años, pero sus disposiciones se fueron alejando de su cumplimiento a medida que pasaban los años. Incluso en 1920, muchas de sus cláusulas se incluyeron para ganar el apoyo de las clases bajas y no porque fueran sinceramente deseadas por los líderes del partido, las cuales incluían (1) el pangermanismo; (2) la igualdad internacional de Alemania, incluida la derogación del Tratado de Versalles; (3) espacio vital para los alemanes, incluidas las zonas coloniales; (4) la ciudadanía alemana se basaría únicamente en la sangre, sin naturalización, sin inmigración para los no alemanes y con la eliminación de todos los judíos u «otros extranjeros»; (5) abolición de todos los ingresos no ganados, control por parte del Estado de todos los monopolios, imposición de un impuesto sobre los beneficios excesivos a las corporaciones, «comunalización» de los grandes almacenes, fomento de la pequeña empresa en la adjudicación de contratos gubernamentales, toma de tierras agrícolas para fines públicos sin compensación y provisión de pensiones de vejez; (6) castigo con la muerte a todos los especuladores de la guerra y a los usureros; y (7) garantía de que la prensa, la educación, la cultura y la religión se ajustaran a «la moral y el sentido religioso de la raza alemana».

A medida que el partido crecía, sumando miembros y extendiéndose para vincularse con movimientos similares en otras partes de Alemania, Hitler reforzaba su control del grupo. Podía hacerlo porque tenía el control del periódico del partido, de la principal fuente de dinero y era su principal figura pública. En julio de 1921, hizo cambiar los estatutos del partido para dar al presidente un poder absoluto. Fue elegido presidente, Drexler fue nombrado presidente honorario y Max Amann, sargento de Hitler en la guerra, fue nombrado gerente. Como consecuencia de este acontecimiento, las SA[1] se reorganizaron bajo el mando de Rohm, la palabra «socialismo» en el nombre del partido se interpretó como nacionalismo (o una sociedad sin conflictos de clase), la igualdad en el partido y el Estado se sustituyó por el «principio de liderazgo» y la doctrina de la élite. En los dos años siguientes, el partido atravesó una serie de crisis, la principal de las cuales fue el intento de *Putsch* del 9 de noviembre de 1923. Durante este período, las autoridades de Baviera y Múnich toleraron todo tipo de violencia e ilegalidad, incluso el asesinato. Como resultado de los fracasos de este período, especialmente el del *Putsch*, Hitler se convenció de que debía llegar al poder por métodos legales y no por la fuerza; cortó lazos con Ludendorff y dejó de contar con el apoyo del *Reichswehr*; comenzó a recibir su principal apoyo financiero de los industriales; hizo una alianza tácita con el Partido Popular de Baviera por la que el primer ministro de Baviera, Heinrich Held, levantó la prohibición del Partido Nazi a cambio de que Hitler repudiara las enseñanzas anticristianas de Ludendorff; y Hitler formó una nueva milicia represiva (las SS[2]) para protegerse del control de Rohm sobre la antigua (las SA).

En el período de 1924 a 1930 el partido continuó, sin ningún crecimiento real, como una «facción extremista», subvencionada por los industriales. Entre los principales contribuyentes al partido en este período se encontraban Carl Bechstein (fabricante berlinés de pianos), August Borsig (fabricante berlinés de locomotoras), Emil Kirdorf (director general del Sindicato del Carbón de Renania-Westfalia), Fritz Thyssen (propietario de *United Steel Works* y presidente del Consejo Industrial Alemán) y Albert Vogler (director general de la Compañía Siderúrgica de Gelsenkirchen y antiguo director general de *United Steel Works*). Durante este tiempo, ni Hitler ni sus partidarios pretendían crear un movimiento de masas; eso no sucedió hasta 1930. Pero durante este período anterior, el propio partido se centralizó de forma constante y los elementos izquierdistas (como los hermanos Strasser) fueron debilitados o eliminados. En abril de 1927, Hitler habló ante 400 industriales en Essen; en abril de 1928, se dirigió a un grupo similar de terratenientes del este del Elba; en enero de 1932 llegó uno de sus mayores triunfos cuando habló durante 3 horas ante el Club Industrial de Düsseldorf consiguiendo el apoyo y las contribuciones financieras de ese poderoso grupo. En esa fecha pretendía convertir su movimiento en un partido político de masas capaz de llevarle a la presidencia. Este proyecto fracasó. Como hemos indicado, a finales de 1932, Von Papen había cortado gran parte del apoyo financiero de la industria y la afiliación al partido estaba disminuyendo, principalmente por parte de los comunistas. Para

1. *Sturmabteilung*. Tropas de asalto del partido nazi.
2. *Schutzstaffel*. Escuadrones de protección nazi.

detener este declive, Hitler aceptó ser canciller en un gabinete en el que solo habría tres nazis entre 11 miembros.

Von Papen esperaba así controlar a los nazis y obtener de ellos el apoyo popular que tanto le faltó en su propia cancillería en 1932, pero sobrestimó a su favor sus esperanzas. Él, Hugenberg, Hindenburg y el resto de los intrigantes habían subestimado a Hitler. Quien, a cambio de que Hugenberg aceptara la celebración de nuevas elecciones el 5 de marzo de 1933, prometió que no habría cambios en el Gabinete, fuera cual fuera el resultado de las votaciones. A pesar de que los nazis solo obtuvieron el 44 % de las papeletas en las nuevas elecciones, Hitler se convirtió en dictador de Alemania en 18 meses.

Una de las principales razones de este éxito reside en la posición de Prusia dentro de Alemania. Prusia era el mayor de los 14 estados de Alemania. Abarcando casi dos tercios del país, incluía tanto las grandes zonas rurales del Este como las grandes zonas industriales del Oeste. Por lo tanto, incluía tanto las partes más conservadoras como las más progresistas de Alemania. Aunque su influencia era casi tan grande bajo la república como lo había sido bajo el imperio, esta influencia tenía un carácter bastante diferente, ya que había pasado de ser el principal baluarte del conservadurismo en el período anterior a ser la zona más importante del progresismo en el período posterior. Este cambio fue posible gracias a la gran cantidad de grupos ilustrados en las zonas renanas de Prusia, pero sobre todo al hecho de que la llamada Coalición de Weimar, formada por los socialdemócratas, el Partido de Centro y los demócratas liberales, se mantuvo intacta en Prusia desde 1918 hasta 1932. Como consecuencia de esta alianza, un socialdemócrata, Otto Braun, ocupó el cargo de primer ministro de Prusia durante casi todo el período de 1920 a 1932 y este estado fue el principal obstáculo en el camino de los nazis y de la reacción en los días críticos posteriores a 1930. Como parte de este movimiento, en 1930 el Gabinete prusiano se negó a permitir que comunistas o nazis ocuparan cargos municipales en Prusia, prohibió a los funcionarios prusianos ser miembros de cualquiera de estos dos partidos e impidió el uso del uniforme nazi.

Este obstáculo al extremismo fue eliminado el 20 de julio de 1932, cuando Hindenburg, mediante un decreto presidencial basado en el artículo 48, nombró a Von Papen comisario de Prusia. Von Papen destituyó inmediatamente a los ocho miembros del gabinete parlamentario prusiano y otorgó sus funciones gubernamentales a hombres nombrados por él mismo. Los ministros destituidos fueron retirados de sus cargos por el poder del ejército, pero enseguida impugnaron la legalidad de esta acción ante el Tribunal Supremo alemán en Leipzig. En su veredicto del 25 de octubre de 1932, el tribunal decidió a favor de los funcionarios destituidos. A pesar de esta decisión, Hitler, después de solo una semana en la cancillería, fue capaz de obtener de Hindenburg un nuevo decreto que destituyó a los ministros prusianos y confirió sus poderes al vicecanciller federal, Von Papen. El control de la administración policial fue conferido a Hermann Göring. Los nazis ya tenían, a través de Wilhelm Frick, el control del Ministerio del Interior del *Reich* y por tanto, los poderes de la policía nacional. Así, el 7 de febrero, Hitler obtenía el control de los poderes policiales tanto del *Reich* como de Prusia.

Aprovechando esta ventaja, los nazis iniciaron un doble asalto a la oposición. Göring y Frick trabajaron bajo un manto de legalidad desde arriba, mientras que el capitán Rohm, al mando de las tropas de asalto del Partido Nazi, trabajó sin pretensiones de legalidad desde abajo. Todos los oficiales de policía que no cooperaban eran retirados, destituidos o se les daban vacaciones y eran sustituidos por nazis, normalmente líderes de las tropas de asalto. El 4 de febrero de 1933, Hindenburg firmó un decreto de emergencia que otorgaba al Gobierno el derecho de prohibir o controlar cualquier reunión, uniforme o periódico. De este modo, se impidió que la mayoría de las reuniones y periódicos de la oposición llegaran al público.

Este ataque a la oposición desde arriba fue acompañado por un violento asalto desde abajo, llevado a cabo por las SA. Ante ataques desesperados en los que murieron 18 nazis y 51 opositores, se interrumpieron todas las reuniones comunistas, la mayoría de las socialistas y muchas del Partido del Centro. A pesar de todo esto, una semana antes de las elecciones era evidente que el pueblo alemán no estaba convencido. En consecuencia, en circunstancias aún misteriosas, se elaboró un complot para quemar el edificio del *Reichstag* y culpar a los comunistas. La mayoría de los conspiradores eran homosexuales y lograron convencer a un imbécil degenerado de Holanda llamado Van der Lubbe para que los acompañara. Después de incendiar el edificio, Van der Lubbe se quedó deambulando por él y fue detenido por la policía. El Gobierno detuvo inmediatamente a cuatro comunistas, entre ellos el líder del partido en el *Reichstag* (Ernst Torgler).

Al día siguiente del incendio (28 de febrero de 1933), Hindenburg firmó un decreto por el que se suspendían todas las libertades civiles y se otorgaba al Gobierno el poder de invadir cualquier intimidad personal, incluido el derecho a registrar domicilios privados o confiscar propiedades. Inmediatamente, todos los miembros comunistas del *Reichstag*, así como miles de otras personas, fueron arrestados y todos los periódicos comunistas y socialdemócratas fueron suspendidos durante dos semanas.

La verdadera historia del incendio del *Reichstag* se mantuvo en secreto a duras penas. Varias personas que conocían la verdad, entre ellas un miembro nacionalista del *Reichstag*, el Dr. Oberfohren, fueron asesinadas en marzo y abril para evitar que difundieran la verdadera historia. La mayoría de los nazis que estaban en el complot fueron asesinados por Göring durante la purga conocida como «La noche de los cuchillos largos» del 30 de junio de 1934. Los cuatro comunistas acusados directamente del crimen fueron absueltos por los tribunales alemanes ordinarios, aunque Van der Lubbe fue condenado.

A pesar de estas drásticas medidas, las elecciones del 5 de marzo de 1933 fueron un fracaso desde el punto de vista nazi. El partido de Hitler solo obtuvo 288 de los 647 escaños, es decir, el 43,9 % del total de los votos. Los nacionalistas solo obtuvieron el 8 %. Los comunistas obtuvieron 81 escaños, con un descenso de 19, pero los socialistas obtuvieron 125, con un aumento de 4. El Partido de Centro bajó de 89 a 74 y el Partido Popular de 11 a 2. Los nacionalistas se quedaron en 52 escaños. En las elecciones simultáneas a la Dieta prusiana, los nazis obtuvieron 211 y los nacionalistas 43 de los 474 escaños.

El período que va desde las elecciones del 5 de marzo de 1933 hasta la muerte de Hindenburg, el 2 de agosto de 1934, se denomina generalmente período de coordinación (*Gleichschaltung*). El proceso se llevó a cabo, al igual que la campaña electoral que acababa de terminar, mediante acciones ilegales desde abajo y acciones legalistas desde arriba. Desde abajo, el 7 de marzo en toda Alemania, las SA barrieron con violencia a gran parte de la oposición, llevándola a la clandestinidad, marcharon hacia la mayoría de las oficinas de los sindicatos, las publicaciones periódicas y los gobiernos locales, destrozándolas, expulsando a sus ocupantes e izando la bandera con la esvástica. El ministro del Interior, Wilhelm Frick, condonó estas acciones nombrando a nazis como presidentes de la policía en varios estados alemanes (Baden, Sajonia, Wurttemburg, Baviera), incluido el general Von Epp en Baviera. Estos hombres procedieron a utilizar sus poderes policiales para hacerse con el control del aparato de gobierno estatal.

El nuevo *Reichstag* se reunió el 23 de marzo en la Ópera Kroll. Para asegurarse la mayoría, los nazis excluyeron de la sesión a todos los miembros comunistas y a los 30 socialistas, unos 109 en total. Al resto se les pidió que aprobaran una «ley de habilitación» que daría al Gobierno, durante cuatro años, el derecho a legislar por decreto, sin necesidad de la firma presidencial, como en el artículo 48 y sin restricciones constitucionales salvo en lo que respecta a los poderes del *Reichstag*, el *Reichsrat* y la presidencia.

Como esta ley requería una mayoría de dos tercios, podría haber sido derrotada si solo un pequeño grupo del Partido de Centro hubiera votado en contra. Sin duda, Hitler dejó muy claro que estaba preparado para usar la violencia contra todos los que se negaran a cooperar con él, pero su poder para hacerlo en una cuestión constitucional clara, en marzo de 1933, era mucho menor que el que tuvo después, ya que la violencia por su parte en una cuestión así podría haber puesto al presidente y al *Reichswehr* en su contra.

A pesar del discurso intimidatorio de Hitler, Otto Wels, de los socialdemócratas, se levantó para explicar por qué su partido se negaba a apoyar el proyecto de ley. Le siguió monseñor Kaas, del Partido del Centro, que explicó que su Grupo Católico lo apoyaría. La votación a favor del proyecto de ley fue más que suficiente, siendo 441 contra 94, con los socialdemócratas formando la sólida minoría. Así, este grupo débil, tímido, doctrinario e ignorante se redimió por su valentía en el último momento.

En virtud de esta «Ley de habilitación», el Gobierno emitió una serie de decretos revolucionarios en los meses siguientes. Las Dietas de todos los estados alemanes, excepto Prusia (que había tenido sus propias elecciones el 5 de marzo) se reconstituyeron en las proporciones de votos de las elecciones nacionales del 5 de marzo, excepto con respecto a los comunistas, que fueron expulsados. Cada partido recibió su cuota de miembros y se le permitió nombrar a los miembros individuales sobre una base puramente partidista. Un procedimiento similar se aplicó a los gobiernos locales y así los nazis obtuvieron la mayoría en cada organismo.

Un decreto del 7 de abril otorgó al gobierno del *Reich* el derecho a nombrar un gobernador de cada estado alemán. Se trataba de un nuevo funcionario facultado para aplicar las políticas del *Reich*, incluso hasta el punto de destituir a los gobiernos estatales, incluidos los primeros ministros, las Dietas y los jueces, hasta entonces inamovibles. Este derecho se utilizó en cada estado para obtener un gobernador y un primer ministro nazis. En Baviera, por ejemplo, los dos eran Von Epp y Rohm, mientras que en Prusia los dos eran Hitler y Göring. En muchos estados el gobernador era el líder del distrito del Partido Nazi, y donde no lo era, estaba sujeto a las órdenes de ese líder. Por una ley posterior del 30 de enero de 1934, las Dietas de los estados fueron abolidas; los poderes soberanos de estos fueron transferidos al*Reich*; y los gobernadores fueron convertidos en subordinados del Ministerio del Interior del*Reich*.

Todos los partidos políticos, excepto los nazis, fueron abolidos en mayo, junio y julio de 1933. Los comunistas habían sido ilegalizados el 28 de febrero, los socialdemócratas fueron expulsados de todas las actividades el 22 de junio y el 7 de julio fueron destituidos de varios órganos de gobierno. El Partido del Estado Alemán (Partido Democrático) y el Partido Popular Alemán fueron disueltos el 28 de junio y el 4 de julio. El Partido Popular de Baviera fue aplastado por las tropas de asalto el 22 de junio y se disolvió el 4 de julio. El Partido del Centro hizo lo mismo al día siguiente. Una serie de batallas campales entre las SA y el *Stahlhelm*[1] en abril-junio de 1933 terminó con la absorción de este último en el Partido Nazi. Los nacionalistas fueron aplastados por la violencia el 21 de junio; Hugenberg no pudo penetrar en la guardia de las SA alrededor de Hindenburg para protestar; y el 28 de junio su partido fue disuelto. Finalmente, el 14 de julio de 1933, el Partido Nazi fue declarado el único partido reconocido en Alemania.

---

1. Casco de acero usado por el Ejército Imperial Alemán.

Las clases medias estaban coordinadas aunque decepcionadas. Las asociaciones de comercio mayorista y minorista se consolidaron en una Corporación del Reich del Comercio Alemán bajo el nazi Dr. Von Renteln. El 22 de julio el mismo hombre se convirtió en presidente del Comité Industrial y Comercial Alemán, que era una unión de todas las cámaras de comercio. En Alemania estas últimas habían sido corporaciones legales semipúblicas.

La disolución del comercio mayorista, que había sido una de las promesas nazis a la pequeña burguesía desde el Programa de 25 puntos de Gottfried Feder de 1920, fue abandonada, según el anuncio de Hess del 7 de julio. Además, la eliminación de las sociedades cooperativas, que también había sido una promesa desde hacía largo tiempo, fue abandonada mediante un anuncio del 19 de julio. Este último cambio se debió a que la mayoría de las cooperativas habían quedado bajo control nazi al ser tomadas por el Frente del Trabajo el 16 de mayo de 1933.

El trabajo se coordinó sin resistencia, excepto la de los comunistas. El Gobierno declaró el 1 de mayo como día de fiesta nacional y lo celebró con un discurso de Hitler sobre la dignidad del trabajo ante un millón de personas en Tempelhof. Al día siguiente, las SA tomaron todos los edificios y oficinas de los sindicatos, arrestaron a todos los dirigentes sindicales y enviaron a la mayoría de ellos a campos de concentración. Los propios sindicatos fueron incorporados a un Frente Obrero Alemán Nazi bajo el mando de Robert Ley. El nuevo líder, en un artículo publicado en el *Volkischer Beobachter*, prometió a los empresarios que en adelante podrían ser los amos en sus propias casas siempre que sirvieran a la nación (es decir, al Partido Nazi). Se proporcionó trabajo a la mano de obra mediante la reducción de la semana laboral a 40 horas (con el correspondiente recorte salarial), la prohibición de que los extranjeros trabajaran, el «servicio laboral» forzoso para el Gobierno, la concesión de préstamos a personas casadas, la reducción de impuestos a las personas que gastaran dinero en reparaciones, la construcción de carreteras militares para automóviles, etc.

La coordinación de la agricultura no se produjo hasta que Hugenberg abandonó el gobierno el 29 de junio y fue sustituido por Richard Darre como ministro de Alimentación del *Reich* y ministro de Agricultura de Prusia. Las distintas asociaciones de tierras y campesinos se fusionaron en una única asociación de la que Darre era presidente, mientras que las distintas asociaciones de terratenientes se unieron en la Junta Alemana de Agricultura de la que Darre también era presidente.

La religión se coordinó de varias maneras. La Iglesia Evangélica fue reorganizada. Cuando un no nazi, Friedrich von Bodelschwing, fue elegido obispo del *Reich* en mayo de 1933, fue destituido por la fuerza y el Sínodo nacional se vio obligado a elegir a un nazi, Ludwig Müller, en su lugar (27 de septiembre).

En las elecciones para las asambleas eclesiásticas de julio de 1933, la presión del Gobierno fue tan grande que se eligió una mayoría de nazis en cada una de ellas. En 1935 se creó un Ministerio de Asuntos Eclesiásticos bajo el mando de Hans Kerrl, con poder para emitir ordenanzas eclesiásticas con fuerza de ley y con un control total sobre los bienes y fondos de la Iglesia. Destacados líderes protestantes, como Martin Niemöller, que se opusieron a estas medidas, fueron arrestados y enviados a campos de concentración.

La Iglesia Católica hizo todo lo posible por cooperar con los nazis, pero pronto se dio cuenta de que era imposible. Retiró su condena del nazismo el 28 de marzo de 1933 y firmó un Concordato con Von Papen el 20 de julio. Mediante este acuerdo, el Estado reconocía la libertad de creencia religiosa y de culto, la exención del clero de ciertos deberes cívicos y el derecho de la Iglesia a gestionar sus propios asuntos y a establecer escuelas confesionales. Los gobernadores de los estados alemanes tenían derecho a oponerse a los nombramientos para los más altos cargos clericales; los obispos debían hacer un juramento de lealtad y la educación debía seguir funcionando como hasta entonces.

Este acuerdo con la Iglesia comenzó a romperse casi de inmediato. A los diez días de la firma del Concordato, los nazis comenzaron a atacar a la Liga de la Juventud Católica y a la prensa católica, las escuelas de la Iglesia fueron restringidas y los miembros del clero fueron arrestados y juzgados bajo la acusación de inmoralidad y la de evasión de las regulaciones monetarias de cambio de divisas. La Iglesia condenó los esfuerzos de nazis como Rosenberg por sustituir el cristianismo por un paganismo alemán revivido y leyes como la que permitía la esterilización de personas socialmente inaceptables. El libro de Rosenberg, *El mito del siglo XX*, fue incluido en el índice; los eruditos católicos expusieron sus errores en una serie de estudios en 1934; y finalmente, el 14 de marzo de 1937, el Papa Pío XI condenó muchos de los principios del nazismo en su encíclica *Mit brennender Sorge*.

Los intentos de controlar la administración pública comenzaron con la ley del 7 de abril de 1933 y continuaron hasta el final del régimen, sin llegar a tener un éxito completo debido a la falta de personal capaz que fuera leal a los nazis. Los «no arios» (judíos) o las personas casadas con «no arios», las personas políticamente poco fiables y los «marxistas» fueron despedidos, y la lealtad al nazismo se exigía para el nombramiento y la promoción en la administración pública.

De los principales elementos de la sociedad alemana, solo la presidencia, el ejército, la Iglesia católica y la industria no estaban bien dominados en 1934. Además, la burocracia solo estaba parcialmente controlada. El primero de ellos, la presidencia, fue asumido completamente en 1934 como resultado de un acuerdo con el ejército.

En la primavera de 1934 el problema de las SA se había agudizado, ya que esta organización estaba desafiando directamente a dos miembros del Cuarteto, el ejército y la industria. La industria estaba siendo desafiada por la demanda de las SA de la «segunda revolución», es decir, de las reformas económicas que justificarían el uso de la palabra «socialismo» en el nombre «nacionalsocialismo». El ejército estaba siendo desafiado por la demanda del capitán Rohm de que sus SA fueran incorporadas al *Reichswehr*, y que cada oficial tuviera el mismo rango en este último que ya tenía en el primero. Dado que este solo contaba con 300 000 hombres, mientras que las SA tenían tres millones, esto habría desbordado al Cuerpo de Oficiales. Hitler había denunciado este proyecto el 1 de julio de 1933 y Frick lo repitió 10 días después. Sin embargo, Rohm rehizo su demanda el 18 de abril de 1934, y Edmund Heines y Karl Ernst la difundieron. En plena reunión del Gabinete, el Ministro de Guerra, el general von Blomberg, se negó.

Se creó una situación tensa, si Hindenburg moría, el *Reichswehr* podría eliminar a los nazis y restaurar la monarquía. El 21 de junio, Hindenburg ordenó a Blomberg que utilizara el ejército, si era necesario, para restablecer el orden en el país, cosa que se consideró una amenaza para las SA. En consecuencia, Hitler hizo un trato para destruirlas a cambio de tener vía libre para ocuparse de la presidencia cuando esta quedara vacante. Así se hizo. Hitler convocó una reunión de los líderes de las SA para el 30 de junio de 1934 en Bad Wiessee, Baviera. Las SS, bajo el mando personal de Hitler, arrestaron a los líderes de las SA en medio de la noche y fusilaron a la mayoría de ellos de inmediato. En Berlín, Göring hizo lo mismo con los líderes de las SA. Tanto Hitler como Göring mataron también a la mayoría de sus enemigos personales: los incendiarios del *Reichstag*, Gregor Strasser, el general y la señora Von Schleicher, todos los colaboradores cercanos de Von Papen, Gustav von Kahr, todos los que habían conocido a Hitler en los primeros días de su fracaso y muchos otros. Von Papen escapó solo por poco. En total, varios miles fueron eliminados en este «baño de sangre».

Se dieron dos excusas para esta acción violenta: que los hombres asesinados eran homosexuales (algo que se sabía desde hacía años) y que eran miembros de una conspiración para asesinar a Hitler. Que estaban en una conspiración era muy cierto, pero no estaba en absoluto concretada en junio de 1934 y estaba dirigida al ejército y a la industria pesada, no a Hitler. De hecho, Hitler había estado dudando hasta el último momento de si se uniría a la «segunda revolución» o al Cuarteto. Su decisión de unirse a este último y exterminar al primero fue un acontecimiento de gran importancia, y convirtió irremediablemente al movimiento nazi en una contrarrevolución de la derecha, utilizando la organización del partido como instrumento para proteger el *statu quo* económico.

Los partidarios de la «segunda revolución» se vieron abocados a la clandestinidad, formando un «Frente en la sombra» bajo el liderazgo de Otto Strasser. Este movimiento fue tan ineficaz que la única opción a la que se enfrentaba el alemán promedio era la de elegir entre el modo de vida reaccionario construido en torno a los miembros supervivientes del Cuarteto (ejército e industria) y el nihilismo completamente irracional de la camarilla interna del Partido Nazi.

Solo cuando el régimen se acercaba a su fin apareció una tercera vía posible: un humanismo cristiano progresista y cooperativo que surgió de la reacción engendrada dentro del Cuarteto al darse cuenta de que el nihilismo nazi no era más que el resultado lógico de los métodos habituales del Cuarteto para perseguir sus usuales objetivos. Muchas de las personas asociadas a esta nueva tercera vía fueron eliminadas por los nazis en la destrucción sistemática que siguió al intento de asesinar a Hitler el 20 de junio de 1944.

A cambio del paso decisivo de Hitler (la destrucción de las SA el 30 de junio de 1934), el ejército le permitió convertirse en presidente tras la muerte de Hindenburg en agosto. Al combinar los cargos de presidente y canciller, Hitler obtuvo el derecho legal del presidente a gobernar por decreto y obtuvo también el mando supremo del ejército, una posición que consolidó exigiendo un juramento personal de obediencia incondicional a cada soldado (Ley del 20 de agosto de 1934). A partir de ese momento, para el *Reichswehr* y la burocracia, era legal y moralmente imposible resistirse a las órdenes de Hitler.

LOS GOBERNANTES Y LOS GOBERNADOS, 1934-1945

Así, en agosto de 1934, el movimiento nazi había alcanzado su objetivo: el establecimiento de un estado autoritario en Alemania. La palabra utilizada aquí es «autoritario», ya que, a diferencia del régimen fascista de Italia, el régimen nazi no era totalitario. No era totalitario porque dos miembros del Cuarteto no estaban subordinados, un tercer miembro lo estaba de forma incompleta y, a diferencia de Italia o de la Rusia soviética, el sistema económico no estaba gobernado por el Estado, sino que estaba sujeto al «autogobierno». Todo esto no concuerda con la opinión popular sobre la naturaleza del sistema nazi, ni en la época en que se creó ni después. Los periodistas aplicaron el término «totalitario» al sistema nazi y el nombre se ha mantenido sin ningún análisis real de los hechos tal y como existieron. De hecho, este no era totalitario ni en la teoría ni en la práctica.

El movimiento nazi, en su análisis más simple, era un conjunto de gángsters, neuróticos, mercenarios, psicópatas y simplemente insatisfechos, con una pequeña mezcla de idealistas. Este movimiento fue construido por el Cuarteto como una fuerza contrarrevolucionaria, en primer lugar, en oposición a la

República de Weimar, el internacionalismo y la democracia, y en segundo lugar, contra los peligros de la revolución social, especialmente el comunismo, engendrados por la depresión económica mundial. Una vez llegado al poder a instancias del Cuarteto, este movimiento cobró vida y objetivos propios muy diferentes que, de hecho, eran en gran medida contrarios a la vida y los objetivos del Cuarteto. Nunca se produjo un enfrentamiento o un conflicto abierto entre el movimiento y dicho Cuarteto; al contrario, se elaboró un *modus vivendi* mediante el cual los dos principales miembros del mismo, la industria y el ejército, consiguieron sus deseos, mientras que los nazis obtuvieron el poder y los privilegios que anhelaban.

Las raíces del conflicto siguieron existiendo e incluso creciendo entre el movimiento y sus creadores, especialmente por el hecho de que el movimiento trabajó continuamente para crear un sistema industrial y un ejército sustitutivos, paralelos al antiguo sistema industrial y a la antigua *Reichswehr*. En este caso el conflicto amenazante tampoco llegó a estallar porque la Segunda Guerra Mundial tuvo el doble resultado de demostrar la necesidad de la solidaridad frente al enemigo y de aportar un gran botín y beneficios a ambos bandos: a los industriales y al *Reichswehr* por un lado y al partido por otro.

Excepto por el ascenso del partido, los beneficios, el poder y el prestigio que obtuvieron los líderes (pero no los miembros ordinarios) del mismo, la estructura de la sociedad alemana no cambió drásticamente después de 1933. Seguía dividida en dos partes: los gobernantes y los gobernados. Los tres cambios principales fueron: (1) los métodos y técnicas mediante los cuales los gobernantes controlaban a los gobernados se modificaron e intensificaron, de modo que la ley y los procedimientos legales prácticamente desaparecieron y el poder (ejercido a través de la fuerza, las presiones económicas y la propaganda) se hizo mucho más riguroso y directo en su aplicación; (2) el Cuarteto que había tenido el poder real de 1919 a 1933 se reorganizó y aumentó hasta convertirse en un Quinteto, como el que existía antes de 1914; y (3) la línea entre gobernantes y gobernados se hizo más nítida, con menos personas en una posición ambigua que antes en la historia alemana; esto se hizo más aceptable para los gobernados creando un nuevo tercer grupo de no ciudadanos (judíos y extranjeros) que podían ser explotados y oprimidos incluso por el segundo grupo de los gobernados.

La siguiente tabla muestra las relaciones aproximadas de los grupos dirigentes en los tres períodos de la historia alemana del siglo XX:

El Imperio	La República de Weimar	El Tercer Reich
Emperador	Partido Nazi	(solo líderes)
Ejército	Ejército	Industria
Propietarios	Burocracia	Ejército
Burocracia	Industria	Burocracia
Industria	Propietarios	Propietarios

Los grupos gobernados por debajo de estos gobernantes han permanecido más o menos igual. En el Tercer *Reich* incluían: (1) los campesinos; (2) los obreros; (3) la pequeña burguesía de oficinistas, comerciantes, artesanos, pequeña industria, etc.; (4) los grupos profesionales, como médicos, farmacéuticos, profesores, ingenieros, dentistas, etc. Por debajo de estos estaba el grupo de los «no arios» y los habitantes de las zonas ocupadas.

El examen de las posiciones de los grupos dirigentes arroja una luz reveladora sobre la sociedad nazi. Examinaremos cada uno de ellos en orden inverso.

La influencia del grupo de terratenientes en el período anterior se basaba en la tradición más que en el poder. Se apoyaba en una serie de factores: (1) las estrechas relaciones personales de los terratenientes con el emperador, el ejército y la burocracia; (2) las peculiares reglas de votación en Alemania, que daban a los terratenientes una influencia indebida en Prusia y al Estado de Prusia una influencia indebida en Alemania; (3) el poder económico y social de los terratenientes, especialmente al este del Elba, un poder basado en su capacidad para ejercer presión sobre los arrendatarios y los trabajadores agrícolas de esa zona.

Todas estas fuentes de poder se estaban debilitando, incluso bajo el imperio. La República y el Tercer Reich no hicieron sino prolongar un proceso ya muy avanzado. El poder económico de los terratenientes se vio amenazado por la crisis agrícola a partir de 1880 y quedó patente en su demanda de protección arancelaria después de 1895. La quiebra de los latifundios *Junker* estaba destinada a socavar su influencia política, incluso si el Estado estaba dispuesto a apoyarlos con subvenciones y *Osthilfe* indefinidamente. La salida del emperador y el cambio de posición del ejército y la burocracia bajo la República debilitaron estas vías de influencia indirecta de los terratenientes. El cambio en las normas de votación después de 1918 y el fin del voto después de 1933, junto con la creciente absorción de Prusia y los demás *Länder* (países) en un Estado alemán unificado, redujeron el poder político del grupo de terratenientes. Por último, su influencia social se vio debilitada por la migración de los trabajadores agrícolas alemanes del este al centro y al oeste de Alemania y su sustitución por mano de obra agrícola eslava.

Esta disminución del poder del grupo de terratenientes continuó bajo el Tercer *Reich* y se intensificó por el hecho de que este grupo era el único segmento del Cuarteto que estaba tan organizado. Los terratenientes perdieron la mayor parte de su poder económico porque el control de su vida económica no se dejó en sus manos como sí se hizo con la industria. En ambos casos la vida económica estuvo dominada, principalmente por cárteles y asociaciones, pero en la industria estos fueron controlados por los industriales, mientras que en la agricultura fueron controlados por el Estado en estrecha colaboración con el partido.

Los precios, la producción, las condiciones de venta y de hecho, todos los detalles de la agricultura estaban bajo el control de una corporación gubernamental llamada *Reichsnährstand*, que consistía en un complejo de grupos, asociaciones y juntas. El líder de este complejo era el ministro de Alimentación y Agricultura, nombrado por Hitler. Dicho líder nombraba a los líderes subordinados de todas las organizaciones miembros del *Reichsnahrstand*, quienes a su vez, nombraban a sus subordinados. Este proceso continuaba hasta el individuo en la posición más baja; cada líder nombraba a sus subordinados directos según el «principio de liderazgo». Todas las personas que se dedicaban a cualquier actividad relacionada con la agricultura, la alimentación o la producción de materias primas, incluidas la madera, la pesca, los lácteos y el pastoreo, pertenecían a una o varias asociaciones del *Reichsnahrstand*. Las asociaciones se organizaban tanto a nivel territorial como funcional. Sobre una base funcional, se organizaban en asociaciones verticales y horizontales. Sobre una base territorial había 20 «asociaciones campesinas» regionales (*Landesbauernschaften*) subdivididas en 515 «asociaciones campesinas» locales (*Kreisbauernschaften*). En una base horizontal se encontraban las asociaciones de personas que ejercían la misma actividad como moler harina, batir mantequilla, cultivar cereales, etc. En el plano vertical, las asociaciones de todas las personas relacionadas con la producción y la transformación de un solo producto, como el grano o la leche. Estas organizaciones, formadas según el «principio de liderazgo», se ocupaban principalmente de los precios y las cuotas de producción. Ambos eran controlados por el Estado, pero los precios se fijaban a un nivel suficiente para que la mayoría de los participantes obtuvieran beneficios y las cuotas se basaban en las evaluaciones estimadas por los propios agricultores.

Mientras los terratenientes perdían así el poder, recibían ventajas económicas como correspondía a un movimiento contrarrevolucionario, y los nazis aumentaron la riqueza y los privilegios de los terratenientes. El informe sobre el escándalo de *Osthilfe*, que se había hecho para Schleicher en 1932, fue suprimido definitivamente. El programa de autarquía les dio un mercado estable para sus productos, protegiéndolos de las vicisitudes que habían sufrido bajo el liberalismo con sus mercados inestables y sus precios fluctuantes. Los precios fijados bajo el nazismo no eran altos, pero sí adecuados, sobre todo en combinación con otras ventajas. En 1937, los precios pagados a los agricultores eran un 23 % más que en 1933, aunque todavía un 28 % por debajo de los de 1925. Las explotaciones más grandes que utilizaban mano de obra contratada se vieron favorecidas por la previsión de los sindicatos, las huelgas y el aumento de los salarios. Las fuerzas de trabajo se incrementaron utilizando los servicios laborales de los chicos y chicas del Movimiento Juvenil Nazi y del Servicio de Trabajo. Se redujeron los pagos de intereses e impuestos, los primeros de 950 millones de marcos entre 1929 y 1930 a 630 millones de marcos entre 1935 y 1936, y los segundos de 740 a 460 millones de marcos en los mismos seis años. Los campesinos fueron eximidos completamente de las contribuciones al seguro de desempleo, que ascendieron a 19 millones de marcos entre 1932 y 1933. Se eliminó la constante amenaza de desmantelamiento de los grandes latifundios en quiebra, tanto si procedía del Estado como de los acreedores privados. Todas las fincas de tamaño superior al familiar se aseguraron en posesión de su familia, sin posibilidad de enajenación, mediante el aumento del uso de la servidumbre en las grandes propiedades y mediante la Ley de Fincas Hereditarias para las unidades menores.

Estos beneficios fueron mayores para las unidades más grandes que para las más pequeñas y asimismo mayores para las grandes fincas. Mientras que las pequeñas explotaciones (de 5 a 50 hectáreas), según Max Sering, obtuvieron un rendimiento neto de 9 marcos por hectárea en 1925, las grandes (más de 100 hectáreas) perdieron 18 marcos por hectárea. En 1934, las cifras correspondientes fueron de 28 y 53 marcos, lo que supone una ganancia de 19 marcos por hectárea para las unidades pequeñas y de 71 marcos por hectárea para las grandes. Como consecuencia de este aumento de la rentabilidad de las grandes unidades, se incrementó la concentración de la propiedad de la tierra en Alemania, invirtiendo así una tendencia. Tanto el número como el tamaño medio de las grandes unidades aumentaron.

Así, los terratenientes obtuvieron grandes privilegios y recompensas en el Tercer *Reich*, pero a costa de una drástica reducción de su poder. Fueron organizados, como el resto de la sociedad, fuera de los grupos dirigentes, con el resultado de que se convirtieron en el menos importante de estos grupos.

La burocracia no fue controladapor completo, pero vio reducido su poder en gran medida. La administración pública no fue, como hemos indicado, purgada de no nazis, aunque los judíos y los antinazis declarados fueron generalmente retirados. Solo en el Ministerio de Economía, tal vez debido a la completa reorganización del mismo, hubo al principio un amplio cambio, pero este cambio no trajo miembros del partido, sino hombres de la empresa privada. Fuera del Ministerio de Economía los principales cambios fueron los propios ministros y sus secretarios de Estado. Por supuesto que los ministerios recién creados contaban con nuevos hombres, pero, a excepción de los niveles más bajos, estos no fueron elegidos por ser miembros del partido. Se mantuvo la antigua división de la burocracia en dos clases (académica y no académica), en la que la superior estaba abierta únicamente a los que aprobaban un examen académico. Solo en los rangos más bajos y no cualificados los miembros del partido copaban el servicio.

En 1939, de 1,5 millones de funcionarios, el 28,2 % eran miembros del partido, el 7,2 % pertenecían a las SA y el 1,1 % a las SS. La ley de 1933, que expulsó a los que no eran del partido y a los no fiables políticamente, solo afectó al 1,1 % (o a 25 de 2339) de los funcionarios de mayor rango. Pero los nuevos reclutados eran en su inmensa mayoría miembros del partido, por lo que, con el tiempo, la burocracia se había convertido en casi totalmente nazi. La Ley de la Función Pública de 1937 no exigía la afiliación al partido, pero el candidato debía ser leal al ideario nazi. En la práctica, el 99 % de los nombrados entre 1933 y 1936 para el grado de asesor (el rango académico más bajo) eran miembros del partido. Sin embargo, una ley del 28 de diciembre de 1939 establecía, lo que siempre se había entendido, que en su trabajo de funcionario un miembro del partido no estaba sujeto a las órdenes del partido, sino solo a las del superior del funcionario. Sin embargo, en este caso, los rangos inferiores estaban más sujetos al control del partido mediante la oficina «célula del partido» que permitía a los miembros del mismologar sus fines infundiendo miedo. Esto abre un aspecto importante, aunque no oficial, sobre este tema.

Uno de los principales cambios fue que, mientras que antes la burocracia se gobernaba con reglas racionales y conocidas, bajo los nazis se gobernaba cada vez más con reglas irracionales e incluso desconocidas. Ni antes ni después estas reglas fueron elaboradas por la propia burocracia y hasta cierto punto las reglas posteriores, debido a las conocidas inclinaciones antidemocráticas de dicha burocracia, pueden haber sido más aceptables para esta. Más importante fue la influencia del terrorismo del partido, a través de las SA, las SS y la policía secreta (Gestapo). Aún más importante fue el crecimiento, fuera de la burocracia, de una organización del partido que contrarrestaba y evadía las decisiones y acciones de la burocracia común. La policía oficialfue eludida por la policía del partido; las vías regulares de la justicia fueron eludidas por los tribunales del partido; las prisiones comunesfueron eclipsadas por los campos de concentración del partido. Como resultado, Torgler, absuelto por los tribunales ordinarios de la acusación de conspirar para quemar el *Reichstag*, fue inmediatamente enviado a un campo de concentración por la policía secreta; y Niemöller, tras cumplir una breve condena por violación del reglamento religioso, fue llevado de una prisión ordinaria a un campo de concentración.

El Cuerpo de Oficiales del *Reichswehr* actuaba de forma bastante autónoma, pero se encontraba más sometido a los nazis que a la República de Weimar. La República nunca habría podido asesinar a los generales como lo hizo Hitler en 1934. Sin embargo, este debilitamiento del poder del ejército no se produjo tanto en relación con el partido como con el Estado. Antes, el ejército controlaba en gran medida al Estado; bajo el Tercer *Reich*, el Estado controlaba al ejército; pero el partido no controlaba al ejército y por no hacerlo, creó su propio ejército (SS). Existía una disposición legal que ilegalizaba que los miembros de las fuerzas armadas fueran simultáneamente miembros del partido; dicha incompatibilidad fue revocada en el otoño de 1944. Sin embargo, el ejército estaba completamente sometido a Hitler como jefe del Estado aunque no como *Führer* del Partido Nazi. El ejército siempre había estado subordinado al jefe del Estado. Cuando Hitler obtuvo este cargo (con el consentimiento del ejército) a la muerte de Hindenburg el 2 de agosto de 1934, reforzó su posición exigiendo a los oficiales del ejército que le prestaran su juramento de lealtad personalmente y no solo a la patria alemana como se había hecho anteriormente. Todo esto fue posible porque el ejército, aunque no estaba totalmente subordinado, aprobaba en general lo que hacían los nazis y en los casos en que no estaban de acuerdo, lo hacían solo por razones tácticas. Las relaciones entre ambos fueron bien expuestas por el mariscal de campo Werner von Blomberg, ministro de guerra del *Reich* y comandante en jefe de las fuerzas armadas hasta febrero de 1939:

«Antes de 1938 a 1939, los generales alemanes no se oponían a Hitler. No había ninguna razón para oponerse a Hitler ya que producía los resultados que ellos deseaban. Después de este tiempo, algunos generales comenzaron a condenar sus métodos y perdieron la confianza en el poder de su juicio. Sin embargo, no lograron como grupo adoptar ninguna postura definitiva contra él, aunque algunos de ellos lo intentaron y como resultado, tuvieron que pagar por ello con sus vidas o sus puestos». A esta afirmación solo hay que añadir que el Cuerpo de Oficiales alemán mantuvo su condición autónoma y su control del ejército mediante la destrucción de su principal rival, las SA, el 30 de junio de 1934, pagando por ello el 2 de agosto de 1934. Después de eso, era demasiado tarde para oponerse al movimiento, incluso si hubiera querido hacerlo.

La posición de los industriales en la sociedad nazi era compleja y muy importante. En general, la empresa tenía una posición extraordinaria. En primer lugar, fue el único del Cuarteto que mejoró drásticamente su posición en el Tercer *Reich*. En segundo lugar, también fue el único que no se subordinó de forma significativa y en el que no se aplicó el «principio de liderazgo». En cambio, la industria quedó libre del control del Gobierno y del partido, excepto en los términos más amplios y salvo ante las exigencias de la guerra, se sometió en cambio a un modelo de autorregulación construido no sobre el «principio de liderazgo», sino sobre un sistema en el que el poder era proporcional al tamaño de la empresa.

En estas extrañas excepciones podemos encontrar uno de los principios centrales del sistema nazi, uno que a menudo se pasa por alto. Se nos ha dicho que Alemania tenía un Estado corporativo o uno totalitario. Ninguna de las dos cosas era cierta, no había una verdadera organización corporativa (ni siquiera fraudulenta, como en Italia y Austria) y tal organización, muy discutida antes y después de 1933, fue rápidamente abandonada en 1935. El término «totalitario» no puede aplicarse al sistema alemán de autorregulación, aunque podría aplicarse al sistema soviético.

El sistema nazi era un capitalismo dictatorial, es decir, una sociedad organizada de manera que todo estaba sujeto al beneficio del capitalismo y era compatible con dos factores limitantes: (a) que el Partido Nazi, que no era capitalista, tuviera el control del Estado, y (b) que la guerra, que tampoco lo era, pudiera obligar a reducir los beneficios capitalistas (al menos a corto plazo). En este juicio debemos definir nuestros términos con precisión. Definimos el capitalismo como «un sistema de economía en el que la producción se basa en el beneficio para los que controlan el capital». En esta definición hay que señalar un punto: la expresión «para los que controlan el capital» no hace referencia necesariamente a los propietarios. En las condiciones económicas modernas, las empresas a gran escala con una amplia dispersión de la propiedad de las acciones han hecho que la gestión sea más importante que la propiedad. En consecuencia, los beneficios no son lo mismo que los dividendos y de hecho, los dividendos se vuelven problemáticos para la dirección, ya que esta pierde el control de los beneficios.

El sistema capitalista tradicional era un sistema de beneficios. En su búsqueda de dichos beneficios no se preocupaba principalmente por la producción, el consumo, la prosperidad, el alto nivel de empleo, el bienestar nacional ni ninguna otra cosa. Por consiguiente, su concentración en los beneficios acabó por perjudicarlos.

Este desarrollo sumió a toda la sociedad en tal confusión que los enemigos del sistema de lucro comenzaron a surgir por todos lados. El fascismo fue el contraataque de este sistema contra sus enemigos; dicho contraataque se llevó a cabo de forma tan violenta que toda la apariencia de la sociedad cambió, aunque a corto plazo, porque la estructura real no se modificó mucho. A largo plazo, el fascismo amenazó incluso el sistema de beneficios porque los defensores del mismo, los empresarios y no los políticos, entregaron el control del Estado a un partido de gángsters y lunáticos que a la larga, podrían atacar a los propios empresarios.

A corto plazo, el movimiento nazi logró el objetivo de sus creadores. Con el fin de asegurar los beneficios, trató de evitar seis posibles peligros para el sistema de lucro. Estos peligros procedían (1) del propio Estado, (2) del trabajo organizado; (3) de la competencia; (4) de la depresión; (5) de las pérdidas empresariales; y (6) de las formas alternativas de producción económica organizadas sobre bases no lucrativas. Estos seis elementos se fusionaron en un gran peligro, el peligro de cualquier sistema social en el que la producción se organizara sobre cualquier base que no fuera el beneficio. El miedo que los propietarios y gestores del sistema de lucro sentían hacia cualquier sistema organizado sobre otros fundamentos llegó a ser casi psicopático.

El peligro procedente del Estado para el sistema de beneficios siempre ha existido porque el Estado no está organizado esencialmente sobre la base del beneficio. En Alemania, este peligro se evitó cuando los industriales se hicieron cargo del Estado, no directamente, sino a través de un agente, el Partido Nazi. Hitler indicó su voluntad de actuar como tal agente de varias maneras: mediante garantías, como su discurso de Düsseldorf de 1932; aceptando, como líder del partido y su principal asesor económico, a un representante de la industria pesada (Walter Funk) el mismo día (31 de diciembre de 1931) en que ese representante se unió al partido a instancias de los industriales; mediante la purga de aquellos que querían la «segunda revolución» o un estado corporativo o totalitario (30 de junio de 1934).

Pronto se demostró que la fe de los industriales en Hitler no estaba equivocada. Como Gustav Krupp, el fabricante de armamento, escribió a Hitler como representante oficial de la Asociación de la Industria Alemana del *Reich*, el 25 de abril de 1933: «El giro de los acontecimientos políticos va de acuerdo con los deseos que yo mismo y la Junta Directiva hemos admirado durante mucho tiempo». Esto era cierto. La «segunda revolución» fue rechazada públicamente por Hitler ya en julio de 1933 y muchos de sus partidarios fueron enviados a campos de concentración, un desarrollo que alcanzó su clímax en el «baño de sangre» un año después. El radical Otto Wagener fue sustituido como principal asesor económico del Partido Nazi por un empresario, Wilhelm Keppler. Los esfuerzos de autosuficiencia de la industria se interrumpieron sumariamente. Muchas de las actividades económicas que habían quedado bajo control del Estado fueron «reprivatizadas». La *United Steel Works*, que el Gobierno había comprado a Ferdinand Flick en 1932, así como tres de los mayores bancos de Alemania, que habían sido adquiridos durante la crisis de 1931, fueron devueltos a la propiedad privada con pérdidas para el Gobierno. *Reinmetal-Borsig*, una de las mayores empresas de la industria pesada, fue vendida a la empresa *Hermann Göring*. Muchas otras compañías importantes fueron vendidas a inversores privados. Al mismo tiempo, la propiedad de las empresas industriales que seguía en manos del Estado, pasó del control público al control conjunto público-privado, sometiéndose a un consejo de administración mixto. Por último, se redujo la empresa municipal; sus beneficios fueron gravados por primera vez en 1935 y la ley que permitía las centrales eléctricas municipales fue revocada ese mismo año.

El peligro del trabajo no era tan grande como podría parecer a primera vista. No era el trabajo en sí mismo el que era peligroso porque el este no entraba directa e inmediatamente en conflicto con el sistema de beneficios; más bien era el hecho de que el trabajo recibiera las ideas equivocadas, especialmente las ideas marxistas que sí buscaban poner al trabajador directamente en conflicto con el sistema de beneficios y con la propiedad privada. En consecuencia, el sistema nazi trató de controlar las ideas y la organización del trabajo. Estaba tan ansioso por controlar su tiempo libre y sus actividades de ocio como por controlar sus modalidades de trabajo. Por esta razón, no era suficiente con aplastar las organizaciones laborales existentes, esto habría dejado a la mano de obra libre e incontrolada, capaz de adoptar cualquier tipo de ideas. El nazismo, por tanto, no trató de destruir estas organizaciones, sino de apoderarse de ellas. Todos los antiguos sindicatos se disolvieron en el Frente Obrero Alemán, lo que dio lugar a un cuerpo amorfo de 25 millones de personas en el que se perdió el individuo. Este Frente del Trabajo era una organización del partido y sus finanzas estaban bajo el control del tesorero del mismo, Franz X. Schwarz.

El Frente Obrero pronto perdió todas sus actividades económicas, principalmente a manos del Ministerio de Economía. En torno al Frente del Trabajo se construyó una elaborada fachada de organizaciones fraudulentas que, o bien nunca existieron, o bien nunca funcionaron. Incluían Cámaras de Trabajo nacionales y regionales y un Consejo Federal de Trabajo y Economía. En realidad, el Frente Obrero no tenía funciones económicas o políticas y no tenía nada que ver con los salarios o las condiciones laborales. Sus principales funciones eran (1) hacer propaganda; (2) absorber el tiempo libre de los trabajadores, especialmente mediante la organización «Fuerza a través de la alegría», (3) cobrar impuestos a los trabajadores para el beneficio del partido; (4) proporcionar puestos de trabajo a los miembros de confianza del partido dentro del propio Frente del Trabajo; (5) desbaratar la solidaridad de la clase obrera.

Esta fachada estaba pintada con una elaborada ideología basada en la idea de que la fábrica o empresa era una comunidad en la que cooperaban líder y seguidores. La Carta del Trabajo del 20 de enero de 1934, que así lo establecía, decía: «El líder de la planta decide ante a los trabajadores en todos los asuntos relativos a la planta en la medida en que estén regulados por la ley». Se pretendía que esta normativa se limitara a aplicar el «principio de liderazgo» a la empresa. No era así. Bajo dicho principio el líder era nombrado desde arriba. En la vida empresarial, el propietario o gerente existente se convertía, *ipso facto*, en líder. Bajo este sistema no existían los convenios colectivos, no había forma de que ningún grupo defendiera al trabajador frente al gran poder del empresario. Uno de los principales instrumentos de coacción era el «cuaderno de trabajo» que llevaba el trabajador y que debía ser firmado por el empleador al entrar o salir de cualquier trabajo. Si este se negaba a firmar, el trabajador no podía conseguir otro trabajo.

Las escalas salariales y las condiciones de trabajo, previamente establecidas por los convenios colectivos, fueron realizadas por un funcionario del Estado, el administrador laboral, creado el 19 de mayo de 1933. Bajo este control se produjo una reducción constante de las condiciones de trabajo, siendo el principal cambio el paso de un salario por períodos a un pago a destajo. Se suprimieron todas las tasas por horas extras, días festivos, noches y domingos. En junio de 1938 se ordenó al administrador laboral que fijara las tarifas salariales máximas y en octubre de 1939 se fijó dicho tope.

A cambio de esta explotación del trabajo, impuesta por la actividad intimidatoria de la «célula del partido» en cada planta, el trabajador recibía ciertas compensaciones de las cuales la principal era el hecho de que ya no estaba amenazado por el peligro del desempleo masivo. Las cifras de empleo en Alemania eran de 17,8 millones de personas en 1929, solo 12,7 millones en 1932 y 20 millones en 1939. Este aumento de la actividad económica se destinó a los bienes de no consumo, más que a los de consumo, como se desprende de los siguientes índices de producción:

	1928	1929	1932	1938
Producción	100	100,9	58,7	124,7
a. Bienes de capital	100	103,2	45,7	135,9
b. Bienes de consumo	100	98,5	78,1	107,8

Las empresas odian la competencia, dicha competencia puede aparecer de varias formas: (a) por los precios; (b) por las materias primas; (c) por los mercados; (d) por la competencia potencial (creación de nuevas empresas en la misma actividad); (c) por la mano de obra. Todo ello dificulta la planificación y pone en peligro los beneficios. Los empresarios prefieren juntarse con los competidores para poder cooperar en la explotación de los consumidores en beneficio del lucro, en lugar de competir entre ellos en perjuicio del mismo. En Alemania esto se hizo mediante tres tipos de acuerdos: (1) cárteles (*Kartelle*), (2) asociaciones comerciales (*Fackverbande*) y (3) asociaciones de empresarios (*Spitzen-verbande*). Los cárteles regulaban los precios, la producción y los mercados, las asociaciones comerciales eran grupos políticos organizados como cámaras de comercio o agricultura y las asociaciones patronales pretendían controlar la mano de obra.

Todo esto existía mucho antes de que Hitler llegara al poder, un acontecimiento que tuvo relativamente poca influencia en los cárteles, pero una influencia considerable en los otros dos. El poder económico de los cárteles, que quedó en manos de los empresarios, se amplió enormemente; las asociaciones patronales se coordinaron, se sometieron al control del partido mediante el establecimiento del «principio de liderazgo» y se fusionaron en el Frente Obrero, pero tuvieron poco que hacer, ya que todas las relaciones con los trabajadores (salarios, horarios, condiciones de trabajo) estaban controladas por el Estado (a través del Ministerio de Economía y el síndico del trabajo) y aplicadas por el partido. Las asociaciones comerciales también estaban coordinadas y sujetas al mismo principio, estando organizadas en una elaborada jerarquía de cámaras de economía, comercio e industria, cuyos líderes eran nombrados en última instancia por el Ministerio de Economía.

Todo esto fue del gusto de los empresarios, aunque en teoría, perdieron el control de los tres tipos de organizaciones y de hecho consiguieron lo que querían en las tres. Hemos demostrado que las asociaciones patronales estaban coordinadas. Sin embargo, los empresarios consiguieron las condiciones laborales, salariales y de trabajo que querían, abolieron los sindicatos y la negociación colectiva, que habían sido su principal ambición en este campo. En el segundo campo (asociaciones comerciales) las actividades se redujeron en gran medida a acciones sociales y de propaganda, pero los líderes, incluso bajo el «principio de liderazgo», siguieron siendo empresarios destacados. De 173 dirigentes en toda Alemania, 9 eran funcionarios, solo 21 eran miembros del partido, 108 eran empresarios y se desconoce la situación del resto. De los 17 dirigentes de las cámaras económicas provinciales, todos eran empresarios, de los cuales 14 eran miembros del partido. En el tercer campo, las actividades de los cárteles se extendieron tanto que se acabó con casi todas las formas de competencia en el mercado y estas actividades fueron controladas por las empresas más grandes. Los nazis permitieron que los cárteles destruyeran toda la competencia obligando a todas las empresas a formar cárteles y entregándolas al control de los mayores empresarios. Al mismo tiempo, hizo todo lo posible para beneficiar a las grandes empresas, para forzar las fusiones y para destruir las empresas más pequeñas. Bastarán algunos ejemplos de este proceso.

Una ley del 15 de julio de 1933 otorgaba al ministro de Economía el derecho de hacer obligatorios ciertos cárteles, regular la capacidad de las empresas y prohibir la nueva creación de estas. Se dictaron cientos de decretos en virtud de esta ley. El mismo día, el estatuto de los cárteles de 1923, que les impedía utilizar el sabotaje contra los no miembros, se modificó para permitir esta práctica. Como resultado, los cárteles pudieron prohibir la apertura de nuevos puntos de venta y, frecuentemente se negaron a suministrar a los mayoristas o minoristas a menos que hubieran realizado más de un volumen mínimo de negocios o tuvieran más de un importe mínimo de capital. Estas medidas fueron adoptadas, por ejemplo, por los cárteles de la radio y de los cigarrillos.

Los cárteles estaban controlados por las grandes empresas, ya que el poder de voto dentro del mismo se basaba en la producción o en el número de empleados. La concentración de empresas se incrementó mediante diversos expedientes, como la concesión de contratos públicos solo a las grandes empresas o la «arianización» (que obligaba a los judíos a vender a las empresas establecidas). Como resultado, el 7 de mayo de 1938, el Ministerio de Economía informó de que 90 448 de las 600 000 empresas unipersonales habían cerrado en dos años. La Ley de Sociedades Anónimas de 1937 facilitaba las fusiones, no permitía la creación de nuevas sociedades anónimas con un capital inferior a 500 000 marcos, ordenaba que todas las nuevas acciones se emitieran con un valor nominal de al menos 1000 marcos y ordenaba la disolución de todas las sociedades anónimas con un capital inferior a 100 000 marcos. Mediante esta última disposición se condenó al 20 % de todas las sociedades con el 0,3 %

de todo el capital social. Al mismo tiempo, los accionistas perdieron la mayoría de sus derechos contra el consejo de administración, y en este se amplió considerablemente el poder del presidente. Como ejemplo de un cambio, el consejo podía negar la información a los accionistas con excusas endebles.

El control de las materias primas, del que carecía la República de Weimar, se confió a las asociaciones comerciales funcionales. Después del 18 de agosto de 1939, los números de prioridad, basados en las decisiones de las asociaciones comerciales, fueron emitidos por las *Reichstellen* (oficinas subordinadas del Ministerio de Economía). En algunos casos críticos se crearon oficinas subordinadas a los *Reichstellen* como oficinas públicas para asignar las materias primas, pero en cada caso se trataba solo de organizaciones comerciales existentes con un nuevo nombre. En algunos casos, como el del carbón y el papel, no eran más que los cárteles existentes.

De este modo se eliminó en gran medida la antigua competencia, no por el Estado sino por la autorregulación industrial y no a expensas del lucro, sino a favor del mismo, especialmente de aquellas empresas que habían apoyado a los nazis (grandes unidades de la industria pesada).

La amenaza de la depresión para la industria fue eliminada. Esto puede verse en las siguientes cifras:

		1929	1932	1938
Renta nacional, entre 1925 y 1934 precios de miles de millones	RM	70,0	52,0	84,0
Renta per cápita, precios entre 1925 y 1934	RM	1089,0	998,0	1226,0
Porcentaje de los ingresos nacionales:				
a la industria		21,0%	17,4%	26,6%
a los trabajadores		68,8%	77,6%	63,1%
a otros		10,2%	5,0%	10,3%
Número de quiebras de empresas		116	134	7
Ratios de beneficios de las empresas (industria pesada)		4,06%	-6,94%	6,44%

En el período posterior a 1933, la amenaza para la industria de las formas de producción basadas en una organización empresarial sin ánimo de lucro desapareció en gran medida. Tales amenazas podían provenir de la propiedad gubernamental, de las cooperativas o del sindicalismo. Este último fue eliminado por la destrucción de los sindicatos, las cooperativas fueron coordinadas al ser sometidas «irrevocable e incondicionalmente a la autoridad de mando y administrativa del líder del Frente Obrero Alemán, el Dr. Robert Ley», el 13 de mayo de 1933. La amenaza de la propiedad pública fue eliminada bajo Hitler, como hemos indicado.

De estos hechos se desprende que la industria estaba en la cresta de la ola bajo el nazismo. Esto es muy cierto, pero la industria tuvo que compartir esta cresta con el partido y el ejército. De estos tres, ocupaba al menos el segundo lugar, un rango superior al que había alcanzado en cualquier período anterior de la historia alemana. La participación del partido en las actividades empresariales no era lo que a primera vista podría parecer una amenaza para la industria. Estas participaciones eran los esfuerzos del partido para asegurar una base económica independiente y se desarrollaron en gran parte a base de actividades no rentables, no arias, no alemanas, o sindicales, y no a expensas de la industria alemana «legítima». La fábrica de Hermann Göring surgió de los esfuerzos del Gobierno por utilizar el mineral de hierro de baja calidad en Brunswick. A esto se añadieron otras empresas: las que ya estaban bajo el control del Gobierno (que pasaron así de ser socializadas a tener fines de lucro), las tomadas de las zonas recién anexionadas y las confiscadas a Thyssen cuando se convirtió en traidor. Las empresas de Gustloff, en completo control del partido, se componían de propiedades no arias. El Frente Laboral, con 65 corporaciones en 1938, supuso una mejora respecto a la situación anterior, ya que todas, excepto la empresa *Volkswagen*, fueron tomadas de los sindicatos. Otras actividades del partido se desarrollaron en el ámbito de la edición, anteriormente en gran parte no ario, un campo de escaso interés para la gran industria.

La llegada de la guerra fue contraria a los deseos y probablemente a los intereses de la industria. La industria quería prepararse para la guerra, ya que era rentable, pero al mismo tiempo no le gustaba porque los beneficios, en tiempos de guerra, ocupaban un lugar secundario respecto a los de la victoria. La llegada de la guerra fue el resultado de que la industria no gobernaba directamente Alemania, sino que lo hacía a través de un agente. No era un gobierno de, por y para la industria, sino uno de y por el partido y para la industria. Los intereses y deseos de ambos no eran similares; el partido era en gran medida paranoico, racista, violentamente nacionalista y realmente creía en su propia propaganda sobre la misión imperial de Alemania a través de «sangre y tierra». La industria quería el rearme y una política exterior agresiva para apoyarlo, no para llevar a cabo una política paranoica, sino porque era el único tipo de programa que podían ver que combinara el pleno empleo de la mano de obra y el equipamiento con los beneficios. En el período de 1936 a 1939 las políticas de «rearme para la guerra» y «rearme para los beneficios» siguieron cursos paralelos. A partir de 1939 fueron paralelas solo porque los dos grupos compartían el botín de las zonas conquistadas y eran divergentes ante el peligro de la derrota. Este peligro se consideraba un riesgo necesario en la búsqueda de la conquista mundial por parte del partido y un riesgo innecesario en la búsqueda de beneficios por parte de la industria.

Esto nos lleva al nuevo grupo gobernante, el partido. El partido era un grupo gobernante solo si restringimos el significado del término «partido» al grupo relativamente pequeño (unos pocos miles) de líderes del mismo. Los cuatro millones de miembros del partido no formaban parte del grupo dirigente, sino que eran simplemente una masa reunida para que los dirigentes tuvieran el control del Estado, pero molesta e incluso peligrosa una vez logrado esto. En consecuencia, el período posterior a 1933 fue testigo de una doble acción, un crecimiento constante del poder y la influencia del *Reichsleiter* (director) sobre los grupos gobernados, el Cuarteto y los miembros ordinarios del propio partido, y combinado con esto, una disminución constante de la influencia del partido en su conjunto con respecto al Estado. En otras palabras, los dirigentes controlaban el Estado y el Estado controlaba el partido.

A la cabeza del partido estaba el *Führer* (jefe); luego venían unos veinte *Reichsleiter*; por debajo de ellos estaba la jerarquía del partido, organizada dividiendo Alemania en 4 distritos (*Gaue*) cada uno bajo un *Gauleiter* (líder de distrito); cada distrito estaba subdividido en círculos (*Kreise*) de los cuales había 808, cada uno bajo un *Kreisleiter* (líder de condado); cada *Kreis* estaba dividido en capítulos (*Ortsgruppen*), cada uno bajo un *Ortsgruppenleiter* (líder del pueblo o la ciudad); estos capítulos estaban divididos en células (*Zellen*) y subdivididos en bloques bajo el mando del *Zellenleiter* (líder de célula) y del *Blockleiter* (líder de bloque). El *Blockleiter* tenía que supervisar y espiar de 40 a 60 familias; el *Zellenleiter* tenía que supervisar de 4 a 8 bloques (de 200 a 400 familias); y el *Ortsgruppenleiter* tenía que supervisar una ciudad o distrito de hasta 1500 familias a través de sus 4 a 6 *Zellenleiter*.

Esta organización del partido se convirtió con el tiempo en una amenaza permanente para la posición de los industriales; dicha amenaza se hizo más directa tras el estallido de la guerra en 1939, y aunque, como hemos indicado, la cuestión se suspendió en aras del reparto del botín y de la solidaridad frente al enemigo. Los tres grupos dirigentes, partido, ejército e industriales, se mantuvieron en precario equilibrio aunque luchando secretamente por la supremacía en todo el período de 1934 a 1945. En general, se produjo una lenta extensión de la superioridad del partido, aunque nunca pudo liberarse de la dependencia del ejército y de los empresarios debido a su competencia técnica.

El ejército quedó parcialmente bajo el control del partido en 1934, cuando Hitler se convirtió en presidente y obtuvo el juramento de fidelidad; este control se amplió en 1938, cuando Hitler se convirtió en comandante en jefe. Esto dio lugar a la creación de núcleosde intriga dentro del Cuerpo de Oficiales, pero esta intriga, aunque penetró hasta el más alto nivel militar, solo logró herir a Hitler una vez entre una docena de intentos de asesinarlo. El poder del ejército fue sometido constantemente a Hitler. Los antiguos oficiales fueron apartados del control de las tropas de combate tras su fracaso en Rusia en diciembre de 1941 y en 1945 el Cuerpo de Oficiales había sido tan dañado desde dentro que el ejército estaba siendo guiado a una derrota tras otra por algo tanpoco tangiblecomo la «intuición» de Hitler, a pesar de que la mayoría de los oficiales del ejército se oponían a someterse a sí mismos y a Alemania a los peligros de una autoridad tan impredecible e improductiva.

Los empresarios se encontraban en una posición algo similar pero menos extrema. Al principio, la perspectiva parecía asegurada, en gran medida porque la mente de Hitler era capaz de adoptar las características de la mente de un industrial cada vez que daba un discurso ante los empresarios. En 1937 los empresarios estaban convencidos de que el armamento era productivo, y en 1939 los elementos más inestables habían decidido incluso que la guerra sería rentable. Pero una vez iniciada la guerra, la urgente necesidad de la victoria sometió a la industria a controles difícilmente compatibles con la visión de autogobierno industrial que Hitler había adoptado de los empresarios. El Plan Cuatrienal, creado ya en 1936, se convirtió en la cuña de entrada del control exterior. Una vez iniciada la guerra, el nuevo Ministerio de Armamento y Municiones, bajo el control de Fritz Todt y Albert Speer (que eran nazis, pero no empresarios), comenzó a dominar la vida económica.

Fuera de su ámbito más bien especializado, la organización del Plan Cuatrienal, casi completamente nazi, se transformó en 1939 en un Consejo Económico General y toda la gama de la vida económica quedó sometida a cuatro nazis que formaban el Consejo de Defensa Interior en 1943. La industria aceptó esta situación porque los beneficios seguían estando protegidos, las promesas de ventajas materiales seguían siendo brillantes durante años y no se perdía la esperanza de que estos controles solo fueran medidas temporales de guerra.

Así, el precario equilibrio de poder entre el partido, el ejército y la industria, secundado por el papel secundario de la burocracia y los terratenientes, se llevaron a sí mismos y al pueblo alemán a una catástrofe tan gigantesca que amenazó durante un tiempo con destruir por completo todas las instituciones y relaciones establecidas en la sociedad alemana.

X

GRAN BRETAÑA:
LOS ANTECEDENTES DEL APACIGUAMIENTO
1900–1939

Antecedentes sociales y constitucionales	496
Historia política hasta 1939	521

Antecedentes sociales y constitucionales

En el transcurso del siglo XX, Gran Bretaña experimentó una revolución tan intensa y considerablemente más constructiva que las de Rusia o Alemania. La magnitud de esta revolución no puede ser juzgada por el americano medio porque Gran Bretaña ha sido, para la mayoría de los estadounidenses, uno de los países menos conocidos de Europa. Esta condición no se basa ni en la ignorancia ni en conceptos erróneos; dichos conceptos parecen surgir de la creencia de que los ingleses, al hablar un idioma similar, deben tener ideas parecidas. Estos conceptos son tan frecuentes entre las clases mejor educadas de los estadounidenses como en los círculos menos informados, resultando en una propagación de falsas ideas y la ignorancia sobre Gran Bretaña incluso en los mejores libros sobre el tema. En esta sección, haremos hincapié en las diferencias entre Gran Bretaña y Estados Unidos, especialmente en su constitución y estructura social.

Desde este punto de vista político, la mayor diferencia entre Gran Bretaña y Estados Unidos radica en que la primera no tiene constitución, hecho que no se reconoce generalmente. En cambio, se suele afirmar que Gran Bretaña tiene una constitución no escrita basada en costumbres y convenciones. Esta afirmación tergiversa gravemente los hechos. El término «constitución» se refiere a un cuerpo de reglas relativas a la estructura y el funcionamiento de un gobierno e implica claramente que este conjunto de reglas es superior en su fuerza y está formado por un proceso diferente al de la ley ordinaria. En Gran Bretaña esto no es así, el llamado «derecho constitucional» de Inglaterra consiste, o bien en estatutos que no difieren en nada (ni en el método de creación ni en la fuerza) de los estatutos ordinarios, o bien en costumbres y convenciones que son inferiores en fuerza a los estatutos y que deben ceder ante cualquiera de estos.

Las principales prácticas de la «constitución» de Gran Bretaña se basan en la convención y no en la ley. La distinción entre ambas revela de inmediato la inferioridad de la primera con respecto a la segunda. Las «leyes» (basadas en estatutos y decisiones judiciales) son ejecutables en los tribunales, mientras que las «convenciones» (basadas en prácticas pasadas consideradas adecuadas) no son ejecutables de ninguna manera legal. Los precedentes del sistema de gobierno británico tienen, en general, el carácter de convenciones que abarcan las partes más importantes del sistema: el Gabinete y los partidos políticos, la monarquía, las dos Cámaras del Parlamento, las relaciones entre estas y la disciplina interna y la conducta de estos cinco organismos.

Las convenciones del sistema han sido muy elogiadas y descritas como vinculantes para los ciudadanos. En gran medida son loables, pero su carácter obligatorio está muy sobrevalorado. Ciertamente, no son lo suficientemente vinculantes como para merecer el nombre de constitución. Esto no quiere decir que una constitución no pueda ser escrita, es perfectamente posible tener una no escrita, pero no existe ninguna constitución a menos que sus prácticas no escritas estén previstas con bastante claridad y sean más imperativas que el derecho común. En Gran Bretaña no se cumple ninguna de las dos cosas, no hay acuerdo ni siquiera en cuestiones bastante claras. Por ejemplo, todos los libros de texto afirman que la monarquía ya no tiene el poder de vetar la legislación porque ese poder no se ha utilizado desde el reinado de la reina Ana. Sin embargo, tres de las cuatro grandes autoridades en derecho constitucional del siglo XX (sir William Anson, A. V. Dicey y Arthur Berriedale Keith) se inclinaban por creer que el veto real seguía existiendo.

Es cierto que las costumbres constitucionales son menos vinculantes que la ley; no son ejecutables en los tribunales; no se encuentran establecidas claramente en ninguna parte, por lo tanto, su naturaleza, imperativa o no, se deja en gran medida a la interpretación de aquellos a quienes afecta. Dado que muchas de las relaciones cubiertas por las convenciones se basan en precedentes que son secretos (como las relaciones entre la monarquía y el Gabinete, entre el Gabinete y los partidos políticos, la Administración pública y todas las relaciones dentro del mismo) y dado que en muchos casos el secreto de estos precedentes está protegido por la Ley de Secretos Oficiales, el carácter vinculante de las convenciones se ha ido debilitando. Además, muchas de las llamadas convenciones que han sido señaladas por los escritores sobre el tema nunca fueron ciertas, sino que fueron invenciones de los propios escritores. Entre ellas, la convención de que el monarca era imparcial, la cual no concuerda en absoluto con la conducta de la reina Victoria, en cuyo reinado el control fue explícitamente declarado por Walter Bagehot.

Otra convención que apareció en los libros de texto durante años fue la de que los Gabinetes son derrocados por votos en contraen el Parlamento. De hecho, en las dos últimas generaciones ha habido decenas de casos en los que los deseos del Gabinete se han encontrado con un voto contrario, pero ninguno ha dimitido como resultado de una votación de este tipo en más de 60 años. Ya en 1853 el gobierno de coalición fue derrotado en la Cámara de los Comunes tres veces en una semana, mientras que en 1924 el gobierno laborista fue derrotado 10 veces en siete meses. En muchos libros se afirma seriamente que el Gabinete es responsable ante la Cámara de los Comunes y está controlado por ella. Se supone que este control se ejerce mediante el voto de los miembros del Parlamento, entendiendo que el Gobierno dimitirá en caso de voto contrario y puede ser obligado a hacerlo por el control de la Cámara de los Comunes sobre los presupuestos. Toda esta interpretación del sistema de gobierno británico tenía poca relación con la realidad en el siglo XIX y casi ninguna en el siglo XX. En realidad, el Gabinete no está controlado por los Comunes, sino al revés.

Como menciona W. I. Jennings más de una vez en su libro Cabinet Government, «es el Gobierno el que controla la Cámara de los Comunes». Este control se ejerce a través del poder del Gabinete sobre la organización de los partidos políticos. Este dominio se realiza mediante el control de los fondos, sobre todo mediante el de las candidaturas a las circunscripciones. El hecho de que no haya elecciones primarias en Gran Bretaña y que los candidatos de los partidos sean nombrados por la camarilla interna del partido es de tremenda importancia y es la clave del control que la camarilla interna ejerce sobre la Cámara de los Comunes. Sin embargo, rara vez se menciona en los libros sobre el sistema político inglés.

En Estados Unidos los partidos políticos están muy descentralizados y todo el poder fluye desde los distritos locales hacia el comité central. Cualquier hombre que gane la nominación del partido en unas elecciones primarias locales y en las votaciones puede convertirse en líder del partido, pero en Gran Bretaña la situación es totalmente diferente. El control del partido está casi completamente centralizado en manos de una camarilla interna que se autoperpetúa en gran medida y que, debido a la falta de elecciones primarias, tiene poder de aprobación sobre todos los candidatos y puede controlar la disciplina del partido por su capacidad de dar las mejores circunscripciones a los miembros más dóciles del mismo. La afirmación de que los Comunes controlan al Gabinete a través de su control sobre los presupuestos no es válida porque el Gabinete, si tiene mayoría en el Parlamento, puede obligar a esa mayoría, utilizando la disciplina del partido, a aprobar un proyecto de ley presupuestaria exactamente igual que obliga a aprobar otros proyectos de ley. Esta afirmación de que el control del presupuesto proporciona el control del Gobierno nunca se utilizó para justificar el control de la Cámara de los Lores sobre el Gabinete, aunque los Lores podían rechazar el presupuesto al igual que los Comunes hasta 1911.

Otra convención, generalmente enunciada en los términos más enfáticos, se refiere a la imparcialidad del presidente de la Cámara de los Comunes. La validez de esta convención puede juzgarse leyendo el Hansard[1] de 1939 y observando la forma en que el presidente protegía a los miembros del Gobierno de las preguntas de la oposición. Esta interpelación de los miembros del Gobierno por parte de la oposición en el Parlamento ha sido señalada con frecuencia como una de las garantías del gobierno libre en Gran Bretaña. En la práctica, se ha convertido en una garantía de escaso valor. El Gobierno puede negarse a contestar cualquier pregunta alegando «interés público». Contra esta decisión no cabe recurso alguno, además, cuando las preguntas no se rechazan, a menudo

---

1. Transcripción literal del debate parlamentario de 1939.

se responden de forma evasiva, lo que no aporta ninguna aclaración. Este fue el procedimiento habitual para responder a las preguntas sobre política exterior en el período de 1935 a 1940. En ese período, se llegó a responder las preguntas con falsedades absolutas sin que los interpelantes tuvieran posibilidad alguna de rectificar.

La violación y la distorsión de las «convenciones de la constitución» han aumentado constantemente en el siglo XX. En 1921, una convención de más de 500 años de duración y otra de más de 100 años fueron anuladas sin previo aviso. La primera disponía que las convocatorias de la Iglesia de Inglaterra fueran simultáneas a las sesiones del Parlamento, la segunda establecía que el discurso real fuera aprobado en el Consejo. Aún más graves fueron las distorsiones de las convenciones. En 1931 se modificó seriamente la convención en la que se pedía al líder de la oposición que formara un gobierno cuando el Gabinete dimitiera. En 1935, la regla relativa a la solidaridad del Gabinete quedó sin sentido. En 1937, el gobierno conservador llegó a violar impunemente una convención constitucional al hacer que Jorge VI prestara el juramento de coronación de forma distinta a la prevista por la ley.

Este proceso de debilitamiento y disolución de la llamada «constitución» llegó tan lejos en el siglo XX que, en 1932, sir Austen Chamberlain y Stanley (lord) Baldwin estaban de acuerdo en que «inconstitucional» es un término que se aplica en política a alguien que hace algo que no te gusta. Esta afirmación es demasiado amplia. Una estimación más precisa de la situación sería, tal vez, redactada así: "«Inconstitucional» es cualquier acción que pueda provocar desórdenes públicos en el futuro inmediato o que pueda afectar negativamente las posibilidades del Gobierno en las urnas de cualquier elección futura".

El tipo de acto que podría llevar a ese resultado sería, en primer lugar, cualquier acto abierto de represión. Más importante aún, en segundo lugar, cualquier acto claro de «injusticia». Esta idea de «injusticia» o en su lado positivo de «juego justo», es un concepto que es en gran medida anglosajón y que se basa mayormente en la estructura de clases de Inglaterra tal y como existía hasta principios del siglo XX. Esta estructura de clases se hallaba claramente en la imaginación de los ingleses y estaba tan completamente aceptada que se asumía sin necesidad de declararla explícitamente. En esta estructura, se consideraba que Gran Bretaña estaba dividida en dos grupos, las «clases» y las «masas». Las «clases» eran las que disfrutaban del ocio y esto significaba que tenían propiedades e ingresos. Sobre esta base, no necesitaban trabajar para vivir; obtenían una educación en un sistema separado y costoso; se casaban dentro de su propia clase; tenían un acento distintivo; y, sobre todo, tenían una actitud diferenciada. Esta actitud se basaba en la formación impartida en el sistema educativo especial de las «clases». Podría resumirse en la afirmación de que «los métodos son más importantes que los objetivos», salvo que este grupo consideraba los métodos y las maneras de actuar como objetivos o estrechamente relacionados con los mismos.

Este sistema educativo se basaba en tres grandes puntos negativos que los estadounidenses no entendían fácilmente. Estos eran (a) la educación no debe ser vocacional (es decir, debe estar dirigida a ayudar a ganarse la vida); (b) la educación no está dirigida directamente a crear o entrenar la inteligencia; y (c) no está dirigida a encontrar la «verdad». En su lado positivo, el sistema de educación de las «clases» mostraba su verdadera naturaleza en el nivel escolar y no en el universitario. Apuntaba a desarrollar una perspectiva moral, un respeto por las tradiciones, cualidades de liderazgo y cooperación, sobre todo, quizás, una capacidad de cooperación en la competencia resumida en la ideología inglesa de «ser buena persona» y «jugar limpio». Debido al número restringido de la clase alta en Gran Bretaña, estas actitudes se aplicaban principalmente a los demás, no necesariamente a los extranjeros o incluso a las masas. Se aplicaban a las personas que «pertenecían» a dicha clase y no a todos los seres humanos.

El funcionamiento del sistema parlamentario británico dependía en gran medida de que los miembros del Parlamento tuvieran esta postura. Hasta finales del siglo XIX, la mayoría de los miembros de este, procedentes de la misma clase social, la tenían. Desde entonces, se ha perdido en gran medida, en el Partido Conservador por la influencia creciente de los hombres de negocios y la disminución de la influencia de la vieja aristocracia y en el Partido Laborista por el hecho de que la mayoría de sus miembros nunca fueron sometidos a las influencias formativas, especialmente educativas, que crearon esta postura. Sin embargo, la pérdida de esta no ha sido tan rápida como cabría esperar porque, en primer lugar, la plutocracia en Inglaterra siempre ha estado más cerca de la aristocracia que en otros países, no existiendo divisiones tajantes entre ambas, con el resultado de que la aristocracia de hoy no es más que la plutocracia de ayer, siendo la inclusión de este último grupo en el primero generalmente realizada en una generación, a través de la capacidad generadora de riqueza de la primera para enviar a sus hijos a las escuelas selectas de los aristócratas. Este proceso es tan general que el número de aristócratas reales en Gran Bretaña es muy pequeño, aunque el número de aristócratas nominales es bastante grande. Esto puede observarse en el hecho de que en 1938 más de la mitad de la nobleza había sido creada desde 1906, la inmensa mayoría sin otra razón que el reconocimiento de su capacidad para adquirir una fortuna. Estos nuevos miembros de la nobleza han imitado a los viejos aristócratas; esto ha tenido el efecto de mantener vivas las actitudes que permiten el funcionamiento de la Constitución, aunque hay que confesar que los nuevos empresarios líderes del Partido Conservador (como Baldwin o Chamberlain) mostraron un dominio más completo de las estructuras que de la esencia de la antigua postura aristocrática.

Dentro del Partido Laborista, la mayoría de los miembros no han tenido la oportunidad de adquirir la actitud necesaria para permitir el buen funcionamiento del sistema constitucional. Este problema se ha reducido en gran medida por el hecho de que los miembros de ese partido, que son de clase obrera, han influenciado ampliamente al pequeño grupo de los que eran de clase alta. Los miembros de la clase obrera del Partido Laborista han demostrado ser muy susceptibles a lo que se llama el «abrazo aristocrático». Es decir, han mostrado respeto hacia los puntos de vista, sobre todo hacia los modales y la posición de las clases altas, y lo han hecho en un grado que sería imposible encontrar en cualquier país donde las diferencias de clase no estuvieran tan rígidamente trazadas como en Inglaterra. Cuando los miembros de la clase obrera del Partido Laborista entraron en el Parlamento, no rechazaron los viejos métodos de acción de la clase alta, sino todo lo contrario, trataron de ganarse la aprobación de dicha clase alta y de conservar el apoyo de la clase baja demostrando que podían dirigir el Gobierno tan bien como lo había hecho siempre la clase alta. Así, los líderes de la clase empresarial del Partido Conservador y los líderes de la clase obrera del Partido Laborista trataron conscientemente de imitar la antigua actitud aristocrática que había dado lugar a las convenciones del gobierno parlamentario. Ambos fracasaron en esencia más que en apariencia por la falta de sentimiento real hacia el modelo de pensamiento aristocrático más que por el deseo de cambiar las convenciones.

El elemento principal de la antigua actitud que ambos grupos no captaron fue el que hemos intentado describir poniendo énfasis en los métodos más que en los objetivos. En el gobierno, como en el tenis o el críquet, la antigua actitud deseaba ganar, pero deseaba hacerlo dentro de las reglas y este último sentimiento era tan fuerte que llevaba a un observador casual a creer que carecían de deseo de ganar. En la vida parlamentaria, esto se manifestaba como una desconfianza hacia la posesión de un alto cargo o hacia la consecución de algún elemento legislativo concreto. Si estos no podían obtenerse dentro de las reglas existentes, se abandonaban elegantemente.

Esta actitud se basaba en gran medida en el hecho de que los miembros, tanto del Gobierno como de la oposición, pertenecían, en la época de la reina Victoria, a la misma pequeña clase, sometida a las mismas influencias formativas y con los mismos o similares intereses económicos. Cuarenta de los 69 ministros del Gabinete eran hijos de miembros de la nobleza entre 1885 y 1905, mientras que entre 1906 y 1916 la cifra era de 25 sobre 51. Dimitir de su cargo o retirar algún punto de la legislación proyectada no representaba, en aquel momento, ninguna rendición ante un grupoopositor. Esta no era una actitud que pudieran aceptar ni los nuevos dirigentes empresariales del Partido Conservador ni los dirigentes obreros del Partido Laborista. Sus objetivos tenían para ellos un valor concreto tan inmediato para sus propios intereses que no podían considerar con ecuanimidad la pérdida del cargo o la derrota de su programa legislativo. Fue esta nueva actitud la que hizo posible, al mismo tiempo, el gran aumento de la disciplina de partido y la voluntad de recortar en lo posible la interpretación de las convenciones constitucionales.

La costumbre de la constitución se apoya, pues, únicamente en la opinión pública como sanción, y cualquier gobierno británico puede hacer lo que quiera mientras no enfurezca a la opinión pública. Esta sanción no es tan eficaz como podría parecer a primera vista, debido a la dificultad que tiene la opinión pública en Inglaterra para obtener información y también porque esta en Inglaterra solo puede expresarse a través de las urnas y el pueblo no puede conseguir unas elecciones a menos que el Gobierno quiera convocarlas. Lo único que tiene que hacer el Gobierno es impedir unas elecciones hasta que la opinión pública se calme. Esto lo puede hacer el Partido Conservador mucho más fácilmente que el Partido Laborista porque los conservadores han tenido un mayor control sobre las vías de publicidad a través de las cuales se despierta la opinión pública y porque las acciones de un gobierno conservador pueden mantenerse en secreto más fácilmente, ya que los conservadores siempre han controlado a los otros sectores principales del Gobierno que podrían cuestionar las acciones del mismo. El primer punto se tratará más adelante. El segundo punto puede ampliarse aquí.

Los Comunes y el Gabinete suelen estar controlados por el mismo partido; el segundo controla a los primeros a través de la organización del partido. Este grupo puede hacer lo que desea con un mínimo de publicidad o protesta pública solo si las otras tres partes del gobierno cooperan. Estas tres partes son la monarquía, la Cámara de los Lores y la administración pública. Dado que los tres han sido tradicionalmente conservadores, un gobierno conservador puede contar generalmente con su cooperación. Esto significaba que un gobierno conservador, al llegar al poder, tenía el control de las cinco partes del Gobierno, mientras que un gobierno laborista solo tenía el control de dos. Esto no quiere decir necesariamente que los conservadores utilizaran su control de la monarquía, los Lores o la Administración pública para obstruir a unos Comunes controlados por los laboristas, ya que los conservadores han estado generalmente convencidos del valor a largo plazo que se deriva de la reticencia a enemistarse con la opinión pública. En 1931 abandonaron el patrón oro, sin ningún esfuerzo real por defenderlo, como resultado del motín en la flota británica; en 1935 utilizaron su control sobre la British Broadcasting Corporation de forma relativamente justa como resultado de las protestas públicas por la forma tan injusta en que lo habían utilizado en 1931.

Sin embargo, el control conservador de estas otras partes del Gobierno en un momento en que no lo controlan les ha sido muy útil. Por ejemplo, en 1914 el ejército se negó a aplicar el proyecto de ley de autonomía irlandesa, que había sido aprobado tras dos elecciones generales y tres veces por los Comunes. El ejército, casi completamente conservador, no solo se negó a aplicar este proyecto de ley, sino que dejó claro que, en cualquier enfrentamiento sobre el tema, estarían del lado de los oponentes del proyecto de ley. Esta negativa a obedecer al gobierno liberal de la época se justificó con el argumento de que el juramento de lealtad del ejército era al rey y no al Gobierno. Esto bien podría ser un precedente para una norma según la cual una minoría conservadora podría negarse a obedecer la ley y no podría ser obligada por el ejército, un privilegio que no comparte una minoría liberal o laborista.

De nuevo en 1931, Jorge V, ante la dimisión de MacDonald, no llamó al líder de la oposición para formar gobierno, sino que alentó una intriga que intentó dividir al Partido Laborista y que consiguió separar a 15 de los 289 diputados laboristas. MacDonald, que entonces no representaba a ningún partido, se convirtió en primer ministro con una mayoría de otro partido, propiciada por el rey. Es muy dudoso que el rey hubiera cooperado en semejante intriga a favor del Partido Laborista. La única satisfacción que tuvieron los laboristas fue la de derrotar a los secesionistas en las elecciones de 1935, pero esto sirvió de poco para superar el daño infligido en 1931.

O también, de 1929 a 1931, bajo el segundo gobierno laborista, la Cámara de los Lores conservadora impidió la promulgación de toda la legislación importante, incluyendo una Ley de Conflictos Comerciales, la tan necesaria democratización de la educación y la reforma electoral. Para que cualquier ley sea aprobada por encima de la oposición de los Lores, debe, desde el 1 de enero de 1911, ser votada en los Comunes tres veces de forma idéntica en no menos de dos años. Esto significa que los conservadores tienen un veto suspensivo sobre la legislación de los gobiernos de la oposición. La importancia de este poder puede verse en el hecho de que muy pocos proyectos de ley se convirtieron en ley sin el consentimiento de los Lores.

A diferencia del gobierno de los Estados Unidos, el de Inglaterra no presenta elementos de federalismo o separación de poderes. El gobierno central puede gobernar con respecto a cualquier tema por muy local o detallado que sea, aunque en la práctica deja una considerable autonomía a los condados, distritos y otras unidades locales. Esta autonomía es más evidente en lo que respecta a la administración o a la ejecución de las leyes que en lo que respecta a la legislación, ya que el gobierno central suele bloquear sus deseos en la legislación general, dejando que las autoridades locales rellenen las lagunas con reglamentos administrativos y que ejecuten el conjunto bajo la supervisión de las autoridades centrales. Sin embargo, las necesidades del gobierno local, así como la ampliación del alcance de la regulación gubernamental general, han hecho que la congestión de la legislación en el Parlamento sea tan grande que no se puede esperar que ningún miembro sepa mucho sobre la mayoría de los proyectos de ley. Afortunadamente, esto no se espera. Las votaciones en el Parlamento se ajustan estrictamente a las líneas de los partidos y se espera que los miembros voten como les digan sus jefes de partido, no se espera que entiendan el contenido de los proyectos de ley por los que votan.

Tampoco hay separación de poderes. El Gabinete es el gobierno y «se espera que gobierne no solo dentro de la ley, sino, si es necesario, sin ley o incluso contra la ley». No hay límite a la legislación retroactiva, y ningún Gabinete o Parlamento puede obligar a sus sucesores. El Gabinete puede entrar en guerra sin el permiso o la aprobación del Parlamento, puede gastar dinero como se hizo en 1847 para ayudar a Irlanda, o entre 1783 y 1883 con respecto al servicio secreto, puede autorizar violaciones de la ley, como se hizo con los pagos del Banco de Inglaterra en 1847, en 1857 o en 1931, también puede celebrar tratados u otros acuerdos internacionales vinculantes como se hizo en 1900, 1902 y 1912.

La idea, muy extendida en Estados Unidos, de que los Comunes son un órgano legislativo y el Gabinete un órgano ejecutivo, no es cierta. En lo que respecta a la legislación, Gran Bretaña tiene un sistema de varias cámaras en el que el Gabinete es la segunda cámara, los Comunes la tercera y los Lores la cuarta. De estas tres, los conservadores siempre tienen el control de los Lores y el mismo partido suele tener el control de las otras dos. La legislación se origina en las reuniones de la camarilla interna del partido, que actúa como primera cámara. Si es aceptada por el Gabinete, pasa a los Comunes casi automáticamente. Los Comunes, más que un órgano legislativo, son el foro público en el que el partido anuncia las decisiones que ha tomado en sus reuniones secretas y en las del Gabinete y permite a la oposición criticar para comprobar las reacciones del público. Así, todos los proyectos de ley proceden del Gabinete y el rechazo en los Comunes es casi impensable, a menos que el Gabinete conceda libertad de acción a los miembros del partido en los Comunes. Incluso en ese caso, esta libertad suele limitarse al derecho de abstención, no permite al diputado votar en contra de un proyecto de ley. Aunque existe un mecanismo para la presentación de proyectos de ley de miembros privados similar al de Estados Unidos, estos proyectos rara vez se convierten en ley. La única importante de los últimos años fue una de un miembro inusual de una circunscripción electoral inhabitual. Se trataba de la ley de divorcio de A. P. Herbert, famoso humorista y diputado por Oxford.

Esta situación se llama a veces «dictadura del Gabinete». Más bien podría llamarse «dictadura del partido». Tanto el Gabinete como los Comunes están controlados por el partido o, mejor dicho, por la camarilla interna del partido. Esta camarilla interna puede ocupar puestos en el Gabinete, pero ambas cosas no son lo mismo, ya que los miembros de una pueden no ser miembros de la otra y las gradaciones de poder no son en absoluto las mismas en una que en otra. La camarilla interna del Partido Conservador se reúne a veces en el Carlton Club, mientras que la camarilla interna del Partido Laborista se reúne en un cónclave sindical, a menudo en Transport House.

La implicación aquí de que el Gabinete controla a los Comunes, que los Comunes nunca derrocarán al Gabinete y que no rechazarán la legislación aceptable para el Gabinete, se basa en el supuesto de que el partido tiene mayoría en los Comunes. Un gobierno minoritario, (normalmente un gobierno de coalición) no tiene ese control sobre los Comunes porque sus poderes de disciplina de partido son muy débiles sobre cualquier partido que no sea el suyo. Con otros partidos que no sean el suyo, un Gobierno tiene pocos poderes más allá de la advertencia de disolución, que, aunque amenaza a los miembros de todos los partidos con los gastos de unas elecciones y la posibilidad de perder sus escaños, es un arma de doble filo que puede cortar en ambos sentidos. Sobre sus propios miembros, el Consejo de ministros tiene los poderes adicionales que se derivan del control de las candidaturas en las circunscripciones, los fondos del partido y el nombramiento para los cargos del Gobierno.

No se reconoce generalmente que en Gran Bretaña ha habido muchas restricciones a la democracia, la mayoría de ellas en ámbitos no políticos de la vida, pero que, sin embargo, cercenan efectivamente el ejercicio de la democracia en la esfera política. Estas restricciones fueron considerablemente peores que en Estados Unidos porque en este último país se han hecho por diversos motivos (raciales, religiosos, nacionales, etc.) y porque se reconocen como injustas, son motivo de sentimientos de culpa por parte de aquellos a los que benefician y de fuertes protestas por parte de los demás. En Gran Bretaña las restricciones se basaban casi todas en un criterio, la posesión de riqueza, y han sido ocasión de objeciones relativamente leves porque en Gran Bretaña la idea de que la riqueza daba derecho a su poseedor a privilegios especiales y a deberes especiales era generalmente aceptada, incluso por las masas no poseedoras. Fue esta falta de objeciones tanto de las clases como de las masas lo que ocultó el hecho de que Gran Bretaña, hasta 1945, era la mayor plutocracia del mundo.

La plutocracia restringió la democracia en Gran Bretaña en un grado notable pero decreciente en el período anterior a 1945. Esto era más evidente en la vida social o económica que en la política, y en la política era más evidente en los asuntos locales que en los nacionales. En la vida política, el gobierno local contaba con un sufragio restringido (los jefes de familia y sus esposas; en algunas localidades solo la mitad que en el sufragio nacional). Este sufragio restringido elegía a los miembros de las juntas o consejos locales, cuyas actividades no eran remuneradas, reduciendo así estos cargos a los que disfrutaban de ocio (es decir, de riqueza). En el gobierno local aún existía la vieja tradición inglesa de que el mejor gobierno es el de los aficionados (lo que equivale a decir que el mejor gobierno es el de los acomodados). Estos principiantes contaban con la ayuda de secretarios y asistentes pagados que tenían los conocimientos técnicos necesarios para manejar los problemas que se presentaban. Estos técnicos también pertenecían a las clases medias o altas, debido a lo costoso del sistema educativo, que excluía a los pobres de los niveles inferiores de escolarización. El experto remunerado que asesoraba a los miembros no remunerados de los consejos municipales era el secretario municipal y el que asesoraba a los jueces de paz no remunerados en la administración de la justicia local era el secretario de los tribunales locales convocados cuatro veces al año.

En la política nacional el sufragio era amplio y prácticamente ilimitado, pero las clases altas poseían un derecho de voto doble porque se les permitía votar en su lugar de trabajo o en su universidad, así como en su residencia. Durante años, los gastos del cargo y el hecho de que los diputados no recibieran remuneración alguna, restringían el acceso a los diputados a las clases acomodadas. La remuneración de los diputados se adoptó por primera vez en 1911 y se fijó en 400 libras al año. En 1936 se elevó a 500 libras, con 100 libras adicionales para gastos, pero los gastos de los diputados en los Comunes eran tan grandes que un diputado conservador necesitaría al menos 1000 libras anuales de ingresos adicionales y un diputado laborista necesitaría unas 350 libras anuales adicionales. Además, cada candidato al Parlamento debía hacer un depósito de 150 libras, que se perdía si no recibía más de un octavo del total de los votos. Este depósito ascendía a más del total de los ingresos anuales de unas tres cuartas partes de todas las familias inglesas en 1938 y suponía otra barrera para la gran mayoría si aspiraban a presentarse al Parlamento. Como resultado de estas barreras monetarias, la abrumadora masa de ingleses no podía participar activamente en la política a menos que pudiera encontrar una fuente externa de fondos. Al encontrar esta fuente en los sindicatos en el período posterior a 1890, crearon un nuevo partido político organizado sobre una base de clases y forzaron la fusión de los dos partidos existentes en un único grupo también organizado sobre la misma base.

Desde este punto de vista, la historia de los partidos políticos ingleses podría dividirse en tres períodos entre los años 1915 y 1924. Antes de 1915, los dos partidos principales eran los liberales y los unionistas (conservadores); después de 1924, los dos partidos principales eran los conservadores y los laboristas; la década de 1915 a 1924 representó un período en el que el Partido Liberal se vio perturbado y debilitado.

Hasta 1915 los dos partidos representaban a la misma clase social, el pequeño grupo conocido como «sociedad». De hecho, ambos partidos (conservadores y liberales) estaban controlados, desde al menos 1866, por la misma pequeña camarilla de la «sociedad». Esta camarilla estaba formada por no más de media docena de familias principales, sus parientes y aliados, reforzados ocasionalmente por algún reclutado externo. Estos reclutados procedían generalmente del selecto sistema educativo de la «sociedad» y se encontraban en el Balliol o New College de Oxford o en el Trinity College de Cambridge, donde primero llamaban la atención, ya fuera por su erudición o en los debates de la Oxford o Cambridge Union. Una vez atraída la atención de esta manera, los nuevos incorporados tenían la oportunidad de demostrar su valor a la camarilla interna de cada partido y generalmente terminaban casándose con una de las familias que dominaban estas camarillas.

A principios del siglo XX, la camarilla interna del Partido Conservador estaba formada casi por completo por la familia Cecil y sus parientes; esto era el resultado de la tremenda influencia de lord Salisbury. Los únicos poderes autónomos importantes en el Partido Conservador en 1900 eran los líderes del Partido Liberal que se habían pasado a los conservadores como resultado de su oposición al proyecto de Gladstone de Home Rule en Irlanda. El ejemplo más importante fue el de la familia Cavendish (duques de Devonshire y marqueses de Hartington). Como resultado de esta escisión en el Partido Liberal, este se vio sometido a un control menos centralizado y acogió en su camarilla interna a muchos nuevos industriales que tenían dinero para apoyarlo.

Desde 1915, el Partido Liberal casi ha desaparecido y su lugar lo ha ocupado el Partido Laborista, cuya disciplina y control centralizado son comparables a los del Partido Conservador. Las principales diferencias entre los dos partidos existentes se encuentran en los métodos de reclutamiento. La camarilla interna del Partido Conservador se construye sobre la base de las conexiones familiares, sociales y educativas, mientras que la del Partido Laborista se deriva de la dura escuela de política sindical más algunos renegados de clase alta. En cualquier caso, al votante ordinario de Gran Bretaña, tanto en 1960 como en 1900, se le ofrecía la posibilidad de elegir entre partidos cuyos programas y candidatos eran en gran medida creaciones de dos pequeños grupos que se autoperpetúan y sobre los que él (el votante ordinario) no tenía ningún control real. El principal cambio de 1900 a 1960 se encuentra en el hecho de que en 1900 los dos partidos representaban a una pequeña y exclusiva clase social alejada de la experiencia de los votantes, mientras que en 1960 los dos partidos representaban a dos clases sociales antitéticas y alejadas del votante promedio.

Así, la falta de elecciones primarias y la insuficiente remuneración de los diputados se han combinado para dar a Gran Bretaña dos partidos políticos, organizados sobre una base de clases, ninguno de los cuales representa a las clases medias. Esto es muy diferente de lo que ocurre en Estados Unidos, donde los dos principales partidos son de clase media y donde las influencias geográficas, religiosas y tradicionales son más importantes que las de clase a la hora de determinar la afiliación a los partidos. En Estados Unidos, la ideología de clase media predominante en el pueblo puede dominar fácilmente a los partidos porque ambos están descentralizados y son indisciplinados. En Gran Bretaña, donde ambos partidos están centralizados, disciplinados y son controlados por extremos sociales opuestos, el votante de clase media no encuentra ningún partido que pueda considerar que le representa o que responda a sus opiniones. Como resultado, en la década de 1930 la masa de las clases medias estaba dividida: algunos daban un apoyo continuo al Partido Liberal, aunque se sabía que era relativamente inútil; otros votaban por los conservadores como la única forma de evitar el socialismo, aunque objetaban el protofascismo de muchos conservadores; otros se dirigían al Partido Laborista con la esperanza de ampliarlo y convertirlo en un verdadero partido progresista.

Un estudio de los dos partidos resulta revelador. El Partido Conservador representaba a una pequeña camarilla de personas muy ricas, el cincuenta por ciento que tenía ingresos superiores a 2000 libras al año. Estos se conocían bien, estaban emparentados por matrimonio, iban a los mismos colegios caros, pertenecían a los mismos clubes exclusivos, controlaban la administración pública, el imperio, las profesiones, el ejército y los grandes negocios. Aunque solo un tercio del 1 % de los ingleses fue a Eton o Harrow, el 43 % de los miembros conservadores del Parlamento en 1909 había ido a estas escuelas y en 1938 la cifra seguía siendo de alrededor del 32 %. En este último año (1938) había 415 diputados conservadores, de ellos, 236 tenían títulos y 145 tenían parientes en la Cámara de los Lores. En el Gabinete que hizo el Acuerdo de Múnich había un marqués, tres condes, dos vizcondes, un barón y un baronet. De los 415 diputados conservadores de aquella época, solo uno había tenido padres pobres y solo otros cuatro procedían de las clases bajas. Como dijo Duff Cooper (vizconde de Norwich) en marzo de 1939, «Es tan difícil para un hombre pobre, si es conservador, entrar a la Cámara de los Comunes como encontrar una aguja en un pajar». Esto se debe a los grandes gastos que supone ocupar el puesto de diputado conservador. Los candidatos de ese partido debían hacer importantes contribuciones al mismo. El coste de una campaña electoral era de 400 a 1200 libras. Los candidatos que pagaban todo el gasto y además contribuían con un importe de entre 500 y 1000 libras al año al fondo del partido eran los que obtenían los escaños más seguros. Los que pagaban aproximadamente la mitad de estas sumas tenían derecho a «presentarse» en circunscripciones menos deseables.

Una vez elegido, un diputado conservador debía ser miembro de uno de los exclusivos clubes londinenses donde se tomaban muchas decisiones importantes del partido. De estos clubes, el Carlton, que contaba con más de la mitad de los diputados conservadores como miembros en 1938, costaba 40 libras de entrada y 17 guineas de cuota anual. El City of London Club, con un grupo considerable de conservadores en sus listas, tenía una cuota de entrada de 100 guineas y cuotas anuales de 15 guineas. De los 33 diputados conservadores que murieron dejando testamentos registrados en el período anterior a 1938, todos dejaron al menos 1000 libras, mientras que el patrimonio bruto del grupo era de 7 199 151 libras. Esto dio un patrimonio medio de 218 156 libras. De estos 33 diputados, 14 dejaron más de 10 000 libras cada uno; otros 14 dejaron entre 20 000 y 100 000 libras; y solo 5 dejaron entre 10 000 y 20 000 libras.

De los 415 diputados del bando conservador en 1938, el 44 % (o 181) eran directores de empresas y ocupaban 775 puestos de dirección; como resultado, casi todas las empresas importantes tenían un director que era un diputado conservador. Estos diputados no dudaron en recompensarse a sí mismos, a sus empresas y a sus asociados con favores políticos. En ocho años (de 1931 a 1939) 13 directores de los «cinco grandes bancos» y dos directores del Banco de Inglaterra fueron elevados al rango de nobleza por el gobierno conservador. De los 90 elevados en siete años (entre 1931 y 1938), 35 eran directores de compañías de seguros. En 1935, Walter Runciman, como presidente de la Junta de Comercio, presentó un proyecto de ley para conceder una subvención de 2 millones de libras a los buques de carga. Administró este fondo y en dos años dio 92 567 libras a la compañía de su padre (Moor Line, Ltd.) en la que él mismo poseía 21 000 acciones. Cuando su padre murió en 1937, dejó una fortuna de 2 388 453 libras. En Inglaterra hay relativamente pocas objeciones a este tipo de actividades. Una vez aceptado el hecho de que los políticos son los representantes directos de los intereses económicos, no tendría mucho sentido objetar cuando los políticos actúan de acuerdo con sus intereses económicos. En 1926, el primer ministro Baldwin tenía un interés personal directo en el resultado de la huelga del carbón y de la huelga general, ya que poseía 194 526 acciones ordinarias y 37 591 acciones preferentes de Baldwin's, Ltd., que era propietaria de grandes minas de carbón.

La situación en 1938 no era muy diferente de la situación de 40 años antes, en 1898, excepto que, en la fecha anterior, el Partido Conservador estaba sujeto a un control aún más centralizado y la influencia de la riqueza industrial estaba subordinada a la de la riqueza terrateniente. En 1898, el Partido Conservador era poco más que un instrumento de la familia Cecil. El primer ministro y líder del partido era Robert Arthur Talbot Gascoyne-Cecil (lord Salisbury), que había sido primer ministro en tres ocasiones durante 14 años cuando se retiró en 1902. Al retirarse, cedió el liderazgo del partido y el puesto de primer ministro a su sobrino, protegido y sucesor elegido, Arthur James Balfour. En los 10 años de gobierno Salisbury-Balfour, entre 1895 y 1905, el Gabinete estuvo repleto de parientes y allegados de la familia Cecil. El propio Salisbury fue primer ministro y secretario de Asuntos Exteriores (de 1895 a 1902); su sobrino, Arthur Balfour, fue primer lord del Tesoro y líder de los Comunes (de 1895 a 1902) antes de convertirse en primer ministro (de 1902 a 1905); otro sobrino, Gerald Balfour (hermano de Arthur), fue secretario jefe de Irlanda (de 1895 a 1900) y presidente de la Junta de Comercio (de 1900 a 1905); El hijo y heredero de lord Salisbury, el vizconde Cranborne, fue subsecretario de asuntos exteriores (de 1900 a 1903) y lord del Sello Privado (de 1903 a 1905); el yerno de Salisbury, lord Selborne, fue subsecretario de las colonias (de 1895 a 1900) y primer lord del Almirantazgo (de 1900 a 1905); Walter Long, protegido de Salisbury, fue presidente de la Junta de Agricultura (de 1895 a 1900), presidente de la Junta de Gobierno Local (de 1900 a 1905) y secretario jefe para Irlanda (de 1905 a 1906); George Curzon, otro protegido de Salisbury, fue subsecretario de Asuntos Exteriores (de 1895 a 1898) y virrey de la India (de 1899 a 1905); Alfred Lyttelton, el amigo más íntimo de Arthur Balfour y el hombre que habría sido su cuñado de no ser por la muerte prematura de su hermana en 1875 (un acontecimiento que mantuvo a Balfour soltero durante el resto de su vida), fue secretario de Estado para las colonias; Neville Lyttelton, hermano de Alfred Lyttelton, fue comandante en jefe en Sudáfrica y jefe del Estado Mayor (de 1902 a 1908). Además, una docena de parientes cercanos de Salisbury, entre ellos tres hijos y varios sobrinos, yernos y nietos y una veintena o más de protegidos y agentes ocuparon el Parlamento o diversos cargos administrativos, tanto entonces como posteriormente.

El Partido Liberal no estaba tan estrechamente controlado como el Partido Conservador, pero sus principales líderes mantenían relaciones íntimas de amistad y cooperación con la gente de Cecil. Esto fue especialmente cierto en el caso de lord Rosebery, que fue primer ministro de 1894 a 1895 y de H. H. Asquith, que fue primer ministro de 1905 a 1915. Asquith se casó con Margot Tennant, cuñada de Alfred Lyttelton, en 1894 y tuvo a Balfour como testigo principal en la ceremonia. Lyttelton era sobrino de Gladstone y Balfour era sobrino de Salisbury. En años posteriores, Balfour fue el amigo más cercano de los Asquith, incluso cuando eran líderes de dos partidos opuestos. Balfour bromeaba a menudo con el hecho de que cenaba, con champán, en casa de Asquith antes de ir a la Cámara de los Comunes para atacar la política de su anfitrión. Los jueves por la noche, cuando Asquith cenaba en su club, Balfour cenaba con la señora Asquith y el primer ministro pasaba a recogerla de camino a casa. Fue en una velada de este tipo cuando Balfour y la señora Asquith se pusieron de acuerdo para convencer a Asquith de que escribiera sus memorias. Asquith había sido casi igual de amigo de otro poderoso líder del Partido Conservador, lord Milner. Estos dos comieron juntos durante cuatro años en la mesa de los becarios en Balliol en la década de 1870 y cenaban juntos los domingos por la noche en la década de 1880. La Sra. Asquith tuvo un interludio romántico con Milner en Egipto en 1892, cuando aún era Margot Tennant y más tarde afirmó que le consiguió su nombramiento como presidente de la Junta de Hacienda escribiendo a Balfour desde Egipto para pedirle este favor. En 1908, según W. T. Stead, la señora Asquith tenía tres retratos sobre su cama: los de Rosebery, Balfour y Milner.

Tras la desintegración del Partido Liberal y el inicio del ascenso del Partido Laborista, muchos miembros del Partido Liberal se pasaron a los conservadores. Las relaciones entre los dos partidos se volvieron algo menos estrechas y el control del Partido Liberal se volvió considerablemente menos centralizado.

El Partido Laborista surgió porque las masas populares descubrieron que su voto no les servía de mucho mientras la única elección de candidatos fuera, como dijo Bagehot, «¿A cuál de los dos ricos elegirás?» La cuestión llegó a un punto crítico debido a una decisión judicial. En el caso Taff Vale (1901) los tribunales decidieron que los sindicatos eran responsables de los daños económicos resultantes de sus acciones reivindicativas. Para superar esta decisión que habría paralizado a los sindicatos al hacerles responsables económicamente de los daños derivados de las huelgas, las clases trabajadoras recurrieron a la acción política creando sus propios candidatos en su propio partido. Los fondos necesarios fueron aportados por los sindicatos, con el resultado de que el Partido Laborista se convirtió, a efectos prácticos, en el Partido Sindical.

El Partido Laborista es en teoría un poco más democrático que los conservadores, ya que su conferencia anual del partido es la autoridad final sobre las políticas y los candidatos. Pero, como los sindicatos proporcionan la mayor parte de los miembros y los fondos del partido, son los que dominan el mismo. En 1936, cuando los miembros del partido eran 2 444 357, casi 2 millones de ellos eran miembros indirectos a través de los 73 sindicatos que pertenecían al partido. Entre las conferencias del partido, la administración del trabajo del mismo estaba en manos del Comité Ejecutivo Nacional, 17 de cuyos 25 miembros podían ser elegidos por los sindicatos.

Debido a su base obrera, el Partido Laborista solía carecer de fondos. En la década de 1930 gastó una media de 300 000 libras al año, frente a las 600 000 de los conservadores y las 400 000 de los liberales. En las elecciones de 1931, el Partido Laborista gastó 81 629 libras en la campaña, frente a las 472 476 libras gastadas por los candidatos no laboristas. En las elecciones de 1935 las dos cifras fueron de 196 819 libras y 526 274 libras respectivamente.

Esta escasez de dinero por parte del Partido Laborista se vio agravada por el hecho de que el mismo partido, especialmente cuando no estaba en el poder, tenía dificultades para hacer llegar su versión de la historia al pueblo británico. En 1936, el Partido Laborista contaba con el apoyo de un periódico matutino con una difusión de dos millones de ejemplares, mientras que los conservadores tenían el apoyo de seis periódicos matutinos y cuya tirada era de más de seis millones de ejemplares. De tres periódicos vespertinos, dos apoyaban a los conservadores y uno a los liberales. De los dominicales, con una circulación total de 13 130 000 ejemplares, siete de ellos, con una tirada de 6 330 000, apoyaban a los conservadores, y uno, con una tirada de 400 000, a los laboristas. Los dos rotativos más grandes, con una tirada de 6 300 000 de ejemplares, eran independientes.

La radio, que era el segundo instrumento de publicidad más importante, era un monopolio gubernamental, creado por los conservadores en 1926. En teoría, estaba controlada por un consejo imparcial, pero este consejo que fue creado por los conservadores, estaba generalmente dirigido por simpatizantes de este partido y permitía al gobierno tomar ciertas decisiones administrativas. A veces se gestionaba de forma justa; otras de forma muy injusta. En las elecciones de 1931, el Gobierno permitió 15 franjas temporales en la BBC para hacer campaña política; cedió 11 franjas horarias para los conservadores, dio tres a los laboristas y una a los liberales. En 1935, de forma algo más justa, permitió 12 espacios temporales, concediendo cinco a los conservadores, cuatro a los laboristas y tres a los liberales.

Dado que los dos principales partidos de Inglaterra no representaban al británico ordinario, sino que representaban directamente a los intereses económicos arraigados, hubo relativamente poca «incidencia» o intento de influir en los legisladores mediante presión política o económica. Esto es muy diferente de lo que ocurre en Estados Unidos, donde los grupos de presión parecen ser a veces los únicos objetos visibles para un congresista. En Inglaterra, donde los intereses económicos están directamente representados en el Parlamento, los grupos de presión proceden principalmente de sectores influenciados por cuestiones no económicas como el divorcio, el sufragio femenino, la anti-vivisección, etc.

En general, si nos fijamos en la política, Gran Bretaña parece al menos tan democrática como Estados Unidos. Solo cuando miramos fuera del ámbito político, a las esferas sociales o económicas, vemos que la antigua división en dos clases se mantuvo con relativa rigidez hasta 1939. En general, las clases privilegiadas pudieron mantener su dominio sobre las profesiones, el sistema educativo, el ejército, la administración pública, etc., incluso cuando perdían su control sobre el sistema político. Esto fue posible porque la formación en el costoso sistema educativo de las clases altas siguió siendo el principal requisito para acceder a estas actividades no políticas. El sistema educativo, como hemos dicho, se dividía aproximadamente en dos partes: (a) una parte para las clases dirigentes consistía en las escuelas preparatorias, las llamadas «escuelas públicas» y las antiguas universidades; y (b) la otra para las masas del pueblo consistía en las escuelas primarias públicas, las escuelas secundarias y las universidades más nuevas. Esta división no fue absolutamente rígida, especialmente en el nivel universitario, pero era bastante rígida en el nivel inferior.

Como dijo sir Cyril Norwood, director de la escuela de Harrow, «Un chico con capacidad proveniente de un hogar pobre puede llegar a Oxford, es posible, aunque no es fácil, pero no tiene ninguna posibilidad de entrar en Eton». Una escuela privada (llamada «escuela pública») costaba unas 300 libras al año en 1938, una suma que superaba los ingresos anuales de más del 80 % de las familias inglesas. Las masas populares no obtuvieron escuelas primarias gratuitas hasta después de 1870 y escuelas secundarias en 1902 y 1918. Sin embargo, estas últimas no eran gratuitas, aunque había muchas plazas de pago parcial y menos del 10 % de los niños entraban en una escuela secundaria en 1938. En el nivel más alto de la educación, las 12 universidades de Inglaterra y Gales solo tenían 40 000 estudiantes en 1938. En los Estados Unidos, en el mismo período, el número de estudiantes en el nivel universitario era de 1 350 000, una diferencia que solo se compensaba parcialmente por el hecho de que la población de los Estados Unidos era cuatro veces más numerosa que la de Gran Bretaña.

El sistema educativo de Gran Bretaña ha sido el principal obstáculo por el que las masas del pueblo están excluidas de los puestos de poder y responsabilidad. Actúa como una restricción porque el tipo de educación que conduce a tales posiciones es demasiado caro para que cualquier persona, salvo una fracción insignificante de ingleses, pueda permitírselo. Así, aunque Gran Bretaña tuvo democracia política en un período bastante temprano, fue el último país civilizado en obtener un sistema moderno de educación. De hecho, todavía está en proceso de obtener dicho sistema. Esto contrasta fuertemente con la situación en Francia, donde la cantidad de educación que puede obtener un estudiante está limitada solo por su capacidad y voluntad de trabajo; los puestos de importancia en la administración pública, las profesiones e incluso los negocios están disponibles para aquellos que mejor se desempeñan en el sistema educativo. En Gran Bretaña, la capacidad ordena en gran medida los puestos para los que pasan por el sistema educativo, pero el derecho a hacerlo se basa en gran medida en la capacidad de pago.

La administración pública de Gran Bretaña en 1939 era uniforme en todos los departamentos regulares del Gobierno y estaba dividida en tres niveles. De abajo hacia arriba, estos se conocían como «oficinista», «ejecutivo» y «administrativo». Los ascensos de un nivel a otro no eran imposibles, pero sí eran tan raros que la gran mayoría permanecía en el nivel al que accedía por primera vez. El nivel más importante (el administrativo) estaba reservado a las clases acomodadas por su método de contratación. En teoría, estaba abierto a todo el mundo mediante un concurso. Sin embargo, este solo podía ser realizado por aquellos que tenían 22 o 24 años; otorgaba 300 de los 1300 puntos a la parte oral; y la parte escrita se basaba en las materias que se enseñaban en las «escuelas públicas» y en las universidades. Todo esto servía para reservar la admisión al nivel administrativo de la administración pública a los jóvenes cuyas familias podían permitirse educarlos de forma adecuada. En 1930, de los 56 funcionarios que ocupaban puestos con sueldos superiores a 2000 libras cada uno, solo nueve no tenían la formación de clase alta de Oxford, Cambridge o una «escuela pública». Esta política de restricción fue más evidente en el Ministerio de Asuntos Exteriores, donde desde 1851 hasta 1919 todas las personas de nivel administrativo procedían de Oxford o Cambridge, un tercio era de Eton y un tercio tenía títulos. El uso de las restricciones educativas como método para reservar los rangos superiores de la administración pública a las personas acomodadas fue claramente deliberado y, en general, tuvo éxito en la consecución del propósito previsto. Por ende, como escribió H. R. G. Greaves, «Las personas que se encontraban en los principales puestos de la administración pública en 1850, 1900 o 1930 no diferían notablemente en cuanto a su tipo».

Una situación similar se daba en otros lugares. En el ejército, en tiempos de paz, los oficiales pertenecían casi exclusivamente a la clase alta. Obtenían los nombramientos mediante un examen, en gran parte oral, basado en el estudio en las universidades o en las dos escuelas militares (Sandhurst y Woolwich), cuya asistencia costaba 300 libras al año. La paga era escasa, con fuertes deducciones por gastos de manutención, por lo que un oficial necesitaba un ingreso privado. La marina era algo más democrática, aunque la proporción de oficiales ascendidos de las filas disminuyó del 10,9 % en 1931 al 3,3 % en 1936. La escuela naval (Dartmouth) era muy cara, pues costaba 788 libras al año.

El clero de la Iglesia oficial representaba la misma clase social, ya que, hasta bien entrado el siglo XX, los rangos superiores del clero eran nombrados por el Gobierno y los inferiores adquirían sus nombramientos mediante compra. En consecuencia, en la década de 1920, 71 de los 80 obispos procedían de colegios «públicos» caros.

Los distintos miembros de la profesión jurídica eran también muy probablemente de clase alta porque la formación jurídica era larga y costosa. Esta formación comenzaba generalmente en una de las universidades más antiguas. Para ser admitido en la abogacía, había que ser miembro de uno de los cuatro Inns of Court[1] (Inner Temple, Middle Temple, Lincoln's Inn, Gray's Inn). Se trata de clubes privados en los que la admisión se realizaba mediante designación de los miembros y el pago de cuantiosas cuotas de admisión que oscilaban entre las 58 y las 208 libras. Un miembro debía cenar en su colegio profesional 24 noches al año durante tres años antes de ser llamado a la abogacía. A continuación, debía comenzar a ejercer como «aprendiz» (secretario) de un abogado durante un par de años. Durante estos años, el «aprendiz», incluso en 1950, pagaba 100 guineas al abogado, 130 libras esterlinas al año por su parte del alquiler, 50 guineas al año al secretario, 30 guineas por su peluca y toga y numerosos gastos «incidentales». En consecuencia, no es sorprendente encontrar que los hijos de los asalariados formaban menos del 1 % de las admisiones a Lincoln's Inn de 1886 a 1923 y solo eran el 1,8 % en el período de 1923 a 1927. En efecto, un miembro del colegio de abogados bien podría pasar cinco

---

1. Son asociaciones de los *barristers* (profesionales con el nivel académico más alto en derecho).

años después de recibir el título de licenciado antes de alcanzar un puesto en el que pudiera empezar a ganarse la vida.

Como resultado, los miembros del colegio de abogados han sido, hasta hace muy poco, casi exclusivamente de las clases acomodadas. Dado que los jueces se nombran exclusivamente entre abogados con entre siete y 15 años de experiencia, el sistema judicial también ha sido monopolizado por las clases altas. En 1926, 139 de los 181 jueces eran graduados de costosas escuelas «públicas». Las mismas condiciones se daban también en los niveles inferiores de la justicia, donde el juez de paz, un funcionario no remunerado para el que no se requiere formación jurídica, era la figura principal. Estos jueces de paz siempre han sido vástagos de las «familias aristocráticas rurales» acomodadas.

Con un sistema de administración de justicia como este, el proceso de obtención de justicia ha sido complejo, lento y, sobre todo, caro. Como resultado, solo los más acomodados podían defender sus derechos en un juicio civil y si, los menos acomodados acuden a los tribunales, se encontraban en un ambiente completamente dominado por los miembros de las clases altas. En consecuencia, el británico ordinario (más del 90 % del total) evitaba todo litigio incluso cuando tenía la razón de su lado.

Como resultado de las condiciones que acabamos de describir, la historia política de Gran Bretaña en el siglo XX ha sido una larga lucha por la igualdad. Esta lucha ha aparecido de diversas formas: como un esfuerzo por ampliar las oportunidades educativas, por extender la salud y la seguridad económica a las clases más desfavorecidas, por abrir los rangos superiores de los servicios civiles y las fuerzas de defensa, así como la propia Cámara de los Comunes, a aquellas clases que carecían de las ventajas en ocio y formación que proporciona la riqueza.

En esta lucha por la igualdad, se ha buscado nivelar las clases altas hacia abajo, así como nivelar las clases bajas hacia arriba. Los privilegios de las primeras se han reducido, especialmente mediante impuestos y métodos más impersonales de contratación para los cargos, al mismo tiempo que se han ampliado las oportunidades de las segundas mediante la ampliación de las ventajas educativas y la práctica de conceder un pago por los servicios prestados. En esta lucha, los partidos Liberal y Conservador, así como el Partido Laborista, han introducido cambios revolucionarios, esperando cada uno de ellos ser recompensado por la gratitud de las masas populares en las urnas.

Hasta 1915 el movimiento hacia la igualdad fue generalmente apoyado por los liberales y resistido por los conservadores, aunque esta alineación era variable. Desde 1923, el movimiento hacia la igualdad ha sido generalmente apoyado por los laboristas y resistido por los conservadores. El alineamiento tampoco ha sido invariable en este caso. Tanto antes como después de la Primera Guerra

Mundial ha habido conservadores muy progresistas y liberales o laboristas muy reaccionarios. Además, desde 1924, los dos partidos principales han llegado a representar, como ya se ha dicho, dos intereses económicos opuestos establecidos: los intereses de la riqueza acumulada y del sindicalismo atrincherado. Esto ha dado lugar a que las posiciones de los dos partidos sean considerablemente más antitéticas de lo que eran en el período anterior a 1915, cuando ambos partidos principales representaban al mismo segmento de la sociedad. Además, desde 1923, a medida que el distanciamiento de los dos partidos en la escena política se ha ido ampliando, ha surgido una tendencia a que cada uno de ellos adopte la forma de un grupo de oportunistas con respecto a la gran clase media de consumidores y trabajadores no organizados.

En las dos décadas, de 1925 a 1945, parecía que los esfuerzos de hombres como lord Melchett y otros crearían una situación en la que la industria monopolizada y el trabajo sindicalizado cooperarían en un programa de producción restringida, salarios altos, precios altos y protección social tanto de los beneficios como del empleo, en detrimento de todo el progreso económico y en perjuicio de las clases medias y profesionales que no eran miembros de las filas de la industria cartelizada y el trabajo sindicalizado. Aunque este programa tuvo éxito hasta el punto de que gran parte de la planta industrial británica era obsoleta, ineficiente e inadecuada, esta tendencia terminó en parte por la influencia de la guerra, pero sobre todo por la victoria del Partido Laborista en las elecciones de 1945.

Como resultado de esta victoria, el Partido Laborista inició un ataque a ciertos segmentos de la industria pesada para nacionalizarlos así como un programa de servicios públicos socializados (como la medicina pública, los precios bajos subvencionados de los alimentos, etc.) que rompió el entendimiento tácito con la industria monopolizada y comenzó a distribuir los beneficios de la economía socializada fuera de las filas de los miembros de los sindicatos a otros miembros de las clases medias bajas y bajas. El resultado fue la creación de una nueva sociedad de privilegio que, desde algunos puntos de vista, parecía una inversión de la sociedad de privilegio de 1900. Los nuevos privilegiados eran la élite sindical de las clases trabajadoras y los antiguos privilegiados de las clases altas, mientras que los explotados eran la clase media, oficinistas y profesionales que no tenían la fuerza sindical de los primeros ni la riqueza invertida por los segundos.

Historia política hasta 1939

La historia política interna de Gran Bretaña en el siglo XX bien podría dividirse en tres partes, debido a las dos grandes guerras, cada una con su experiencia de gobierno de coalición o «nacional».

En el primer período, 10 años de gobierno conservador (en el que Salisbury fue sucedido por Balfour) fueron seguidos por 10 años de gobierno liberal (en el que Campbell-Bannerman fue sucedido por Asquith). Las fechas de estos cuatro gobiernos son las siguientes:

A. Conservador
   1. 1. Lord Salisbury, de 1895 a 1902
   2. 2. Arthur J. Balfour, de 1902 a 1905
B. Liberal
   1. Henry Campbell-Bannerman, de 1905 a 1908
   2. Herbert Henry Asquith, de 1908 a 1915

El gobierno de Balfour no era en realidad más que una continuación del gobierno de Salisbury, aunque era una pobre imitación. Balfour estaba lejos de ser la fuerte personalidad que fue su tío y tuvo que afrontar las consecuencias de los errores del gobierno de Salisbury. Además, tuvo que enfrentarse a los inicios de todos aquellos problemas del siglo XX que no habían sido imaginados durante los grandes días de victoria: problemas de agresiones imperialistas, de agitación laboral, de enemistad entre clases, y de descontento económico.

El lamentable historial de la administración de guerra británica durante la guerra de los Bóeres llevó a la creación de un Comité Parlamentario de Investigación bajo el mando de lord Esher. El informe de este grupo dio lugar a toda una serie de reformas que dejaron a Gran Bretaña mucho mejor equipada para soportar las crisis de 1914 a 1918 de lo que habría estado de otra manera. Una de las consecuencias más importantes del Comité de Investigación fue la creación del Comité de Defensa Imperial en 1904. En este último comité, Esher fue durante un cuarto de siglo, la figura principal y como resultado de su influencia, surgieron del anonimato de su personal de secretaría dos hábiles servidores públicos: (sir) Ernest Swinton, más tarde inventor del tanque y Maurice (lord) Hankey, más tarde secretario de la Conferencia de Paz de 1919 y durante 20 años secretario del Gabinete.

El gobierno de Balfour se vio debilitado por otras acciones. La decisión de importar peones chinos para trabajar en las minas del Transvaal en 1903 dio lugar a acusaciones generalizadas de revivir la esclavitud. La Ley de Educación de 1902, que pretendía ampliar la disponibilidad de la educación secundaria trasladando su control de las juntas escolares a las unidades de gobierno local y estableciendo impuestos locales (tasas) para apoyar a las escuelas privadas controladas por la iglesia, fue denunciada por los inconformistas como un plan para obligarles a contribuir a apoyar la educación anglicana. Los esfuerzos de Joseph Chamberlain, secretario de Estado para las colonias de Balfour, por abandonar la política tradicional de «libre comercio» a favor de un programa de reforma arancelaria basado en la preferencia imperial, solo consiguieron dividir al Gabinete, ya que Chamberlain dimitió en 1903 para hacer campaña por su objetivo, mientras que el duque de Devonshire y otros tres ministros dimitieron en protesta porque Balfour no había rechazado completamente las propuestas de Chamberlain.

Además de estas dificultades, Balfour se enfrentó a una gran oleada de descontento laboral por el hecho de que el segmento asalariado de la población experimentó un descenso del nivel de vida en el período de 1898 a 1906, debido a la incapacidad de los salarios para seguir el ritmo del aumento de los precios. Esta incapacidad se debió en gran medida a la decisión de la Cámara de los Lores actuando como Tribunal Supremo, en el caso Taff Vale de 1902, de que los sindicatos podían ser demandados por los daños derivados de las acciones de sus miembros en las huelgas. Privados de esta manera de su principal arma reivindicativa, los trabajadores recurrieron a su principal arma política, el voto, con el resultado de que los miembros laboristas de la Cámara de los Comunes aumentaron de tres a 43 escaños en las elecciones de 1906.

Las elecciones de 1906 fueron un triunfo de los liberales, que obtuvieron una mayoría relativa de 220 sobre los conservadores y una de 84 sobre todos los demás partidos. Pero el triunfo fue relativamente efímero para los líderes de clase alta de ese partido, como Asquith, Haldane y Edward Grey. Estos líderes, que estaban más cerca de los dirigentes conservadores, tanto social como ideológicamente, que de sus propios seguidores, por razones partidistas tuvieron que dar rienda suelta a los miembros más radicales de su propio partido, como Lloyd George, y después de 1910 no pudieron gobernar en absoluto sin el apoyo de los miembros del Partido Laborista y de los nacionalistas irlandeses.

El nuevo Gobierno se puso en marcha a toda velocidad. La Ley de Conflictos Comerciales de 1906 anuló la decisión de Taff Vale y devolvió la huelga como arma al arsenal de los trabajadores. Ese mismo año se promulgó la Ley de Indemnización a los Trabajadores y en 1909 llegó el sistema de pensiones de jubilación. Mientras tanto, la Cámara de los Lores, el bastión del conservadurismo, intentó detener la marea liberal vetando un proyecto de ley de educación, un proyecto de ley de licencias que habría reducido el número de «establecimientos de bebidas alcohólicas», un proyecto de ley que restringía el voto plural y como golpe de gracia, el presupuesto de Lloyd George de 1909. Este presupuesto se dirigía directamente a los partidarios de los conservadores por su imposición de los ingresos no generados por el trabajo, especialmente los procedentes de la propiedad inmobiliaria. Su rechazo por parte de los Lores fue denunciado por Asquith como una violación de la Constitución que, según su creencia, otorgaba el control de los proyectos de ley monetarios a la Cámara Baja.

De esta disputa surgió una crisis constitucional que sacudió a la sociedad inglesa hasta sus cimientos. Incluso después de que dos elecciones generales, en enero y en diciembre de 1910, hubieran devuelto al poder a los liberales, aunque con una mayoría reducida, los Lores se negaron a ceder hasta que Asquith amenazó con incorporar suficientes nuevos miembros de la nobleza para sacar adelante su proyecto de ley en el Parlamento. Este proyecto, que se convirtió en ley en agosto de 1911, establecía que los Lores no podían vetar un proyecto de ley sobre el dinero y no podían impedir que cualquier otro proyecto se convirtiera en ley si se aprobaba en tres sesiones de los Comunes durante un período de al menos dos años.

Las elecciones de 1910 habían reducido tanto la mayoría relativa de Asquith que pasó a depender del apoyo irlandés y laborista; además, durante los cuatro años siguientes se vio obligado a otorgar ambas concesiones que personalmente le gustaban poco. En 1909, los Lores, de nuevo como Tribunal Supremo, declararon ilegal el uso de fondos sindicales en las campañas políticas, destruyendo así el arma política a la que los laboristas se habían visto abocados por la decisión de Taff Vale de 1902. Asquith no estaba dispuesto a derribar esta llamada «Sentencia Osborne», al menos durante un tiempo, ya que mientras las actividades políticas de los sindicatos fueran ilegales, los miembros laboristas de los Comunes tenían que apoyar a Asquith para evitar unas elecciones generales que ya no podían financiar. Para permitir a los laboristas existentes vivir sin fondos sindicales, el gobierno de Asquith estableció por primera vez en 1911, la remuneración a los miembros del Parlamento. Los laboristas también fueron recompensados por su apoyo al gobierno de Asquith con la creación del Seguro de Salud y Desempleo en 1911, con una Ley de Salario Mínimo en 1912 y con una Ley de Sindicatos en 1913. Esta última legalizó que las organizaciones sindicales financiaran actividades políticas tras la aprobación de la mayoría de sus miembros y ello con un fondo especial que se recaudaría entre los miembros del sindicato que no pidieran estar exentos.

Agredido por los partidarios del sufragio femenino, dependiente de los votos de los laboristas y de los nacionalistas irlandeses, bajo la constante presión de los liberales no conformistas, el gobierno de Asquith tuvo un período desagradable entre 1912 y 1915. El malestar culminó en las violentas controversias sobre la autonomía irlandesa y la desestructuración galesa. Ambos proyectos de ley fueron finalmente aprobados sin la aceptación de los Lores en septiembre de 1914, en ambos casos con disposiciones que suspendían su aplicación hasta el final de la guerra con Alemania. Así, la debilidad y las divisiones del gobierno de Asquith y las alarmantes divisiones en la propia Gran Bretaña fueron absorbidas por los problemas mayores de librar una guerra moderna de recursos ilimitados.

El problema de llevar a cabo esta guerra pasó finalmente a los gobiernos de coalición, primero (de 1915 a 1916) bajo Asquith y después (de 1916 a 1922) bajo la dirección más vigorosa de David Lloyd George. Esta última coalición fue devuelta al poder en las «Elecciones Caqui» de diciembre de 1918, con un programa que prometía el castigo de los «criminales de guerra» alemanes, el pago íntegro de los costes de la guerra por parte de las potencias derrotadas y «hogares dignos de héroes». Aunque el gobierno de coalición estaba formado por conservadores, liberales y laboristas, con un ex-liberal como primer ministro, los conservadores tenían mayoría de escaños en el Parlamento y estaban en estrecho contacto con Lloyd George, de modo que el gobierno de coalición era, excepto en el nombre, un gobierno conservador.

La historia política de Gran Bretaña en los años comprendidos entre 1918 y 1945 es deprimente, principalmente por los errores de los conservadores en la política económica interna y en la política exterior. En este período hubo siete elecciones generales (en 1918, 1922, 1923, 1924, 1929, 1931, 1935). Solo en una (1931) un partido obtuvo la mayoría del voto popular, pero en cuatro los conservadores obtuvieron la mayoría de los escaños en la Cámara de los Comunes. Sobre la base de estas elecciones, Gran Bretaña tuvo 10 gobiernos en el período de 1918 a 1945. De ellos, tres fueron coaliciones dominadas por los conservadores (1918, 1931, 1940), dos fueron laboristas apoyados por los votos liberales (1924, 1929) y cinco fueron conservadores (1922, 1923, 1924, 1935, 1937), en el siguiente orden:

Lloyd George	Dic. 1918 a octubre 1922
Ley Bonar	Octubre de 1922 a mayo de 1923
Stanley Baldwin	Mayo de 1923 a enero de 1924
Ramsey MacDonald	Enero de 1924 a noviembre de 1924
Segundo Baldwin	Noviembre de 1924 a junio de 1929
Segundo MacDonald	Junio de 1929 a agosto de 1931
Gobierno nacional	
(MacDonald)	Agosto de 1931 a junio de 1935
Tercer Baldwin	Junio de 1935 a mayo de 1937

Neville Chamberlain	Mayo de 1937 a mayo de 1940
Segundo Gobierno Nacional (Churchill)	Mayo de 1940 a julio de 1945

La coalición de Lloyd George era casi un gobierno personal, ya que Lloyd George tenía sus propios partidarios, fondos y enemistades políticas. Aunque técnicamente era liberal, Lloyd George había dividido su propio partido, de modo que Asquith estaba en la oposición junto con el partido laborista y un número similar de conservadores. Como los 80 nacionalistas irlandeses y los republicanos irlandeses no ocuparon sus escaños, los 334 conservadores de la coalición tenían la mayoría de los Comunes, pero permitieron que Lloyd George asumiera la responsabilidad de gestionar los problemas de la posguerra. Esperaron cuatro años antes de expulsarlo. Durante este tiempo, los asuntos internos eran un caos y los exteriores no estaban mucho mejor. En los primeros, el esfuerzo por desinflar los precios para volver al patrón oro con la paridad de preguerra fue fatal para la prosperidad y el orden interno. El desempleo y las huelgas aumentaron, especialmente en las minas de carbón.

Los conservadores impidieron cualquier abordaje realista de estos problemas y aprobaron la Ley de Poderes de Emergencia de 1920, que, por primera vez en la historia de Inglaterra, otorgaba a un Gobierno en tiempos de paz el derecho a proclamar el estado de sitio (como se hizo en 1920, 1921 y 1926). El desempleo se trató con el establecimiento de un «subsidio», es decir, un pago de 20 chelines a la semana a los que no podían encontrar trabajo. La oleada de huelgas se trató con concesiones menores, promesas vagas, investigaciones dilatorias y enfrentando a un grupo con otro. La revuelta en Irlanda fue contrarrestadacon un programa de estricta represión a manos de una nueva policía militarizada conocida como «Black and Tans». En 1922 se puso fin al protectorado sobre Egipto y fue necesario reexaminar las relaciones imperiales por la negativa de los Dominios a apoyar al Reino Unido en la crisis de Oriente Próximo surgida de la oposición de Lloyd George a Kemal Ataturk.

El 23 de octubre de 1923, los conservadores derrocaron a Lloyd George y establecieron su propio gobierno bajo la dirección de Bonar Law. En las siguientes elecciones generales obtuvieron 344 de los 615 escaños y pudieron continuar en el cargo; este gobierno conservador duró solo 15 meses bajo Bonar Law y Stanley Baldwin. En los asuntos internos, sus principales actividades fueron la adopción de medidas parciales contra el desempleo y las conversaciones sobre un arancel protector. Por esta última cuestión, Baldwin convocó elecciones generales en diciembre de 1923 y perdió la mayoría, aunque siguió teniendo el mayor bloque en los Comunes, 258 escaños frente a los 191 de los laboristas y los 159 de los liberales. Asquith, que mantenía el equilibrio de poder, podría haber dado su apoyo a cualquiera de los dos partidos y decidió dárselo a los laboristas, con la esperanza de darles una «oportunidad justa». Así llegó al «poder» el primer gobierno laborista de la historia.

Con una Cámara de los Lores poco amistosa, un Gabinete casi completamente inexperto, un Gobierno en minoría, una gran mayoría de sus miembros en los Comunes sindicalistas sin experiencia parlamentaria y un veto liberal a cualquier esfuerzo por llevar a cabo un programa socialista o incluso laborista, poco se podía esperar del primer gobierno de MacDonald. Se consiguió poco, al menos nada de importancia permanente y en tres meses el primer ministro estaba buscando una excusa para dimitir. Su gobierno continuó con la práctica de soluciones parciales para el desempleo, comenzó a conceder subvenciones públicas para la vivienda, redujo los impuestos sobre los productos de primera necesidad (azúcar, té, café, cacao), suprimió el impuesto de sociedades y un 33,33 % de las obligaciones de guerra sobre los automóviles, los relojes, los instrumentos musicales, los sombreros y la placa de vidrio, así como las tasasde 1921 sobre las «industrias clave» (vidrio óptico, productos químicos, aparatos eléctricos).

Sin embargo, el principal problema político de la época era el comunismo; este tema alcanzó su punto crucial cuando MacDonald reconoció a la Rusia soviética y trató de hacer un tratado comercial con dichopaís. Él cooperó con los liberales de mala gana y dimitió cuando el Parlamento decidió investigar la anulación del procesamiento, en virtud de la Ley de Incitación al Motín, del director de un semanario comunista. En las elecciones generales resultantes, los conservadores aprovecharon el «temor rojo[1]». Recibieron una gran ayuda cuando los funcionarios permanentes del Ministerio de Asuntos Exteriores publicaron, cuatro días antes de las elecciones, la llamada «Carta de Zinoviev». Este documento falsificado llamaba a los súbditos británicos a apoyar una revolución violenta en nombre de la Tercera Internacional. Sin duda, desempeñó algún papel en la obtención por parte de los conservadores de su gran mayoría en muchos años, 412 de 615 escaños.

Así comenzó un gobierno conservador que estuvo en el poder bajo Baldwin durante cinco años. Winston Churchill, como ministro de Hacienda, llevó a cabo la política de estabilización que puso a Inglaterra en el patrón oro, con la libra esterlina al tipo de paridad de antes de la guerra. Como hemos indicado en el capítulo 7, esta política de deflación condujo a Gran Bretaña a una depresión económica y a un período de conflicto laboral; la política cometió tantos errores de ejecución que Gran Bretaña estuvo condenada a una semidepresión durante casi una década, sometida financieramente a Francia hasta septiembre de 1931 y se vio más cerca de la rebelión interna de lo que había estado en ningún momento desde el movimiento cartista de 1848. Se derogó el reconocimiento de Rusia y el acuerdo comercial con este país; se restablecieron

---

[1]. Miedo generalizado ante un posible ascenso del comunismo.

los derechos de importación y se redujo el impuesto sobre la renta (aunque se aumentó el impuesto de sucesiones). Los déficits aumentaron, pero se compensaron con una serie de incursiones en los fondos especiales disponibles. El principal acontecimiento interno del período fue la huelga general del 3 al 12 de mayo de 1926.

La Huelga General se desarrolló a partir de una huelga en las minas de carbón y de la determinación de ambos bandos de llevar la lucha de clases a un enfrentamiento. Las minas británicas estaban en malas condiciones debido a la naturaleza de los yacimientos de carbón y a una mala gestión que las dejaba con un equipamiento tecnológico inadecuado y obsoleto. La mayoría de ellas eran productoras de alto coste en comparación con las minas del norte de Francia y del oeste de Alemania. La deflación resultante del esfuerzo por estabilizar la libra esterlina afectó especialmente a las minas, ya que los precios solo podían bajarse si se reducían primero los costes, acción que significaba, para las minas sobre todo, el recorte de los salarios. La pérdida del comercio de exportación, resultante de los esfuerzos de Alemania por pagar las reparaciones de guerra en carbón y, especialmente, el retorno de las minas del Ruhr a la plena producción tras la evacuación francesa de esa zona en 1924, convirtieron a las minas en el centro de los problemas laborales en Inglaterra.

Las minas habían estado bajo control del Gobierno durante la guerra; una vez finalizado el conflicto, muchos liberales, laboristas y los propios mineros querían la nacionalización. Esta actitud se reflejó en el informe de una comisión real bajo el mando de lord Sankey, que recomendó la nacionalización y el aumento de los salarios. El Gobierno concedió lo segundo pero rechazó lo primero (1919). En 1921, cuando terminó el control gubernamental, los propietarios exigieron más horas y reducción de salarios, los mineros se negaron, se declararon en huelga durante tres meses (de marzo a junio de 1921) y consiguieron la promesa de un subsidio del Gobierno para aumentar los salarios en los distritos peor pagados. En 1925, como resultado de la estabilización, los propietarios anunciaron nuevos recortes salariales. Como los mineros se opusieron, el Gobierno nombró una nueva comisión real bajo el mando de sir Herbert Samuel. Este grupo condenó el subsidio y recomendó el cierre de las minas de alto coste, la venta colectiva de la producción y el recorte de los salarios dejando las horas de trabajo igual. Como los propietarios, el Gobierno y los trabajadores estaban dispuestos a forzar un enfrentamiento, el asunto entró en crisis cuando el Gobierno invocó la Ley de Poderes de Emergencia de 1920 y el Congreso de Sindicatos respondió con una orden de huelga general.

En la huelga general, toda la mano de obra sindical se puso en marcha, los voluntarios de la clase alta y media trataron de mantener en funcionamiento los servicios públicos y otras actividades económicas esenciales. El Gobierno emitió su propio boletín de noticias (The British Gazette, bajo el mando de

Churchill), utilizó la British Broadcasting Corporation para atacar a los sindicatos y contó con el apoyo del único periódico disponible, el Daily Mail, (en oposición a los sindicatos) que se imprimía en París y se transportaba en avión.

El Congreso de Sindicatos no se interesó por la huelga y pronto le puso fin, dejando que los mineros en huelga se dispersaran. Los mineros permanecieron en huelga durante seis meses y luego comenzaron a regresar al trabajo para no sufrir de inanición. Resultaron duramente afectados, y como consecuencia muchos abandonaron Inglaterra. La población de la zona más perjudicada, el sur de Gales, se redujo a 250 000 personas en tres años.

Entre los resultados del fracaso de la huelga general, cabe mencionar dos acontecimientos. La Ley de conflictos laborales de 1927 prohibió las huelgas de solidaridad, restringió las manifestaciones, impidió que los empleados estatales se afiliaran con otros trabajadores, restableció la decisión de Taff Vale y cambió la base de la recaudación de los fondos políticos de los sindicatos, pasando de los que no se negaban a contribuir a los que aceptaban específicamente hacerlo. El Congreso de Sindicatos, desilusionado con las armas reivindicativas del conflicto de clase, descartó la huelga de su arsenal y concentró su atención en las armas políticas. En el campo económico se volvió cada vez más conservador y comenzó a negociar con los líderes de la industria, como lord Melchett de Imperial Chemical Industries, sobre los métodos por los que el capital y el trabajo podrían cooperar para aliviar a los consumidores. Se creó un Consejo Industrial Nacional, formado por el Trades Union Congress, la Federación de Industrias Británicas y la Conferencia Nacional de Empresarios, como instrumento de esta cooperación.

Los tres últimos años del gobierno conservador se caracterizaron por la creación de un sistema nacional de distribución de energía eléctrica y de un monopolio gubernamental sobre la radio (1926), la ampliación del derecho electoral a las mujeres de entre 21 y 30 años (1928), la Ley de Transporte por Carretera y la Ley de Administración Local (1929). En estos últimos años, el Gobierno se hizo cada vez menos popular debido a una serie de actos arbitrarios de la policía. Como resultado, las elecciones generales de 1929 fueron casi una repetición de las de 1923: los conservadores cayeron a 260 escaños; los laboristas, con 288 escaños, fueron el partido más grande pero no tuvieron mayoría; y los liberales, con 59 escaños, mantuvieron el equilibrio de poder. Al igual que en 1923, los liberales dieron su apoyo a los laboristas, lo que llevó al segundo gobierno de MacDonald al poder.

El gobierno de MacDonald de 1929 a 1931 fue aún menos radical que el de 1924. Los miembros laboristas eran poco amistosos con sus partidarios liberales y estaban divididos entre ellos, de modo que había pequeñas disputas incluso dentro del Gabinete. Los miembros liberales eran más progresistas que los laboristas y se impacientaron con las políticas conservadoras de los estos últimos. Snowden, como ministro de Hacienda, mantuvo los derechos de importación y aumentó otros impuestos, incluido el impuesto sobre la renta. Como esto no era suficiente para equilibrar el presupuesto, pidió préstamos de varios fondos separados y adelantó la fecha de vencimiento del impuesto sobre la renta.

El lord Privy Seal, J. H. Thomas, un líder sindical de los ferrocarriles, fue nombrado jefe de un grupo que buscaba una solución al problema del desempleo. Al cabo de unos meses se abandonó la tarea y se le nombró secretario de Estado para los Dominios. Este fracaso se vio agravado porque tanto los liberales como sir Oswald Mosley (entonces del Partido Laborista) habían elaborado planes detallados basados en proyectos de obras públicas. Se aumentaron las prestaciones por desempleo, con lo que el Fondo de Seguros tuvo que ser repuesto mediante préstamos. La Ley de Minas de Carbón (1930) creó una agencia de venta conjunta, estableció un subsidio para las exportaciones de carbón y una junta salarial nacional para las minas, pero dejó el número de horas de trabajo en siete y media al día en lugar de las antiguas siete.

La Cámara de los Lores rechazó un proyecto de ley de reforma electoral, uno de utilización de tierras agrícolas y otro de educación porpuestos por sir Charles Trevelyan. Este último preveía la gratuidad de la enseñanza secundaria y elevaba la edad de escolarización a los 15 años; pero el gobierno laborista no insistió en estos proyectos y Trevelyan dimitió en protesta por su postura dilatoria. Se aprobó un proyecto de ley de comercialización de productos agrícolas, que beneficiaba al grupo de terratenientes de la Cámara de los Lores y elevaba los precios de los alimentos para el consumidor. A lo largo de estos esfuerzos legislativos quedó claro que el Partido Laborista tenía dificultades para controlar a sus propios miembros, y el voto de protesta laborista en la mayoría de las divisiones en los Comunes era bastante amplio.

El problema del creciente déficit presupuestario se complicó en 1931 con la exportación de oro. La Confederación Nacional de Empresarios y la Federación de Industrias Británicas coincidieron en prescribir recortes salariales por valor de un tercio. El 9 de febrero, un comité bajo el mando de sir George May, creado a raíz de una moción liberal, presentó su informe. Este recomendaba recortes en los gastos del Gobierno por valor de 96 millones de libras, dos tercios procedentes de las prestaciones de desempleo y un tercio de los salarios de los empleados, cosa que fue rechazada por el Congreso de Sindicatos y por la mayoría del Gabinete.

En junio, el Comité Macmillan, después de dos años de estudio, informó de que toda la estructura financiera de Inglaterra era poco sólida y debía ser remediada mediante una moneda gestionada, controlada por el Banco de Inglaterra. En lugar de hacer esfuerzos en una dirección consistente, MacDonald, ignorado por los miembros de su gabinete, excepto Snowden y Thomas, dimitió pero acordó secretamente continuar como primer ministro apoyado por los conservadores, los miembros laboristas y liberales que pudiera conseguir. A lo largo de la crisis, MacDonald consultó con los líderes de los otros dos partidos, pero no con los suyos, y anunció la formación del gobierno nacional en la misma reunión del Gabinete en la que comunicó a los ministros su dimisión.

El gobierno nacional tenía un gabinete de diez miembros, de los cuales cuatro eran laboristas, cuatro conservadores y dos liberales. Los ministros que no formaban parte del Gabinete eran conservadores o liberales. Este contaba con el apoyo de 243 conservadores, 52 liberales, 12 laboristas y tenía en la oposición a 242 laboristas y 9 independientes. Solo 13 diputados laboristas siguieron a MacDonald y pronto fueron expulsados del partido.

Esta crisis fue de gran importancia porque reveló la incapacidad del Partido Laborista y el poder de los banqueros. El Partido Laborista estuvo en todo momento sumido en disputas personales. Sus principales miembros no entendían de economía. Snowden, el «experto en economía» del Gabinete, tenía puntos de vista financieros similares a los de Montagu Norman, del Banco de Inglaterra. No había ningún programa de partido acordado, excepto el remoto e irreal de la «nacionalización de la industria» y este programa estaba destinado a ser visto con un entusiasmo desigual por un partido cuya propia estructura se basaba en el sindicalismo.

En cuanto a los banqueros, tuvieron el control durante toda la crisis; mientras que públicamente insistían en un presupuesto equilibrado, en privado se negaban a aceptar el equilibrio mediante impuestos e insistían en mantenerlo mediante recortes en las ayudas. Trabajando en estrecha colaboración con los banqueros estadounidenses y los líderes conservadores, estaban en condiciones de derrocar a cualquier gobierno que no estuviera dispuesto a aplastar a los laboristas por completo. Aunque rechazaron la cooperación con el Gobierno laborista el 23 de agosto, pudieron obtener un préstamo de 80 millones de libras provenientes de Estados Unidos y de Francia para el gobierno nacional cuando este solo llevaba cuatro días en el poder. Aunque no permitieron que el gobierno laborista manipulara el patrón oro en agosto, permitieron que el gobierno nacional lo abandonara en septiembre con los tipos bancarios al 4,5 %.

El gobierno nacional atacó de inmediato la crisis financiera con un arma típica de los banqueros: la deflación. Ofreció un presupuesto que incluía impuestos más altos y recortes drásticos en las prestaciones de desempleo y los salarios públicos. Los resultados fueron disturbios, protestas y un motín en la marina. Estos obligaron a Gran Bretaña a abandonar el patrón oro el 21 de septiembre. Se convocaron elecciones generales para el 27 de octubre siendo muy reñidas, con MacDonald y Snowden atacando a los laboristas, mientras los conservadores y los liberales luchaban por la cuestión de los aranceles. Snowden llamó al Partido Laborista «bolchevismo enloquecido». Más tarde fue recompensado con un título de nobleza. El Gobierno utilizó todos los poderosos métodos de publicidad que controlaba, incluida la BBC, de una manera bastante menos justa, mientras que los laboristas tenían pocas vías de publicidad y estaban financieramente débiles por la depresión y la Ley de Conflictos Laborales de 1927. El resultado fue una victoria abrumadora del Gobierno, con 458 miembros que lo apoyaron y solo 56 en la oposición.

El gobierno nacional duró cuatro años; su principal logro interno fue el fin del libre comercio y la construcción de una economía cartelizada tras las nuevas barreras comerciales. La construcción de cárteles, la reactivación del comercio de exportación y el mantenimiento de los precios bajos en los alimentos provocaron un leve auge económico, especialmente en el sector de la vivienda. El fin del libre comercio dividió al Partido Liberal en un grupo de gobierno (bajo sir John Simon) y un grupo de oposición (bajo sir Herbert Samuel y sir Archibald Sinclair). Esto dio lugar a tres escisiones liberales, ya que Lloyd George nunca había apoyado al Gobierno.

El programa interno del gobierno nacional era tal que fomentaba un sistema económico cartelizado y limitaba la libertad personal de los individuos. Sobre esto, no hubo ninguna protesta real, ya que la oposición laborista tenía un programa que, de hecho, si no también en teoría, tendía hacia la misma dirección.

En 1933 se creó un sistema nacional de seguro de desempleo. Exigía que el fondo del seguro se mantuviera solvente mediante la variación de las cotizaciones en función de las necesidades. Con él se estableció un programa de ayuda, que incluía una prueba de recursos y se aplicaba a quienes no tenían derecho al seguro de desempleo. Hacía recaer la mayor parte de la carga en los gobiernos locales, pero ponía todo el control en una Junta de Asistencia al Desempleo centralizada. Los jóvenes desempleados fueron enviados a centros de formación. Se restringió toda la reforma educativa y se abandonó el proyecto de elevar la edad de escolarización de los 15 a los 16 años.

La Ley de Transporte de Pasajeros de Londres de 1933, al igual que la Ley de creación de la BBC siete años antes, demostró que los conservadores no ponían ninguna objeción real a la nacionalización de los servicios públicos. Todo el sistema de transporte del área de Londres, excepto los ferrocarriles, se consolidó bajo el control de una corporación pública. Los propietarios privados fueron comprados mediante un generoso intercambio de valores y se creó un consejo de administración que representaba diversos intereses.

La Ley de Comercialización Agrícola de 1931, modificada en 1933, establecía un control centralizado de la distribución de determinados productos cultivados con precios mínimos y subvenciones gubernamentales.

La policía de Londres, con jurisdicción sobre una sexta parte de la población de Inglaterra, fue reorganizada en 1933 para destruir su evidente simpatía por las clases trabajadoras. Esto se hizo restringiendo todos los rangos por encima de inspector a personas con una educación de clase alta, formándolos en una escuela de policía recién creada y prohibiéndoles unirse a la Federación de Policía (una especie de sindicato). Los resultados de esto fueron inmediatamente evidentes en el contraste entre la indulgencia de la actitud de la policía hacia la Unión Británica de Fascistas de sir Oswald Mosley (que golpeaba a los súbditos británicos con relativa impunidad) y la violencia de la acción policial hacia las actividades antifascistas incluso pacíficas. Esta actitud tolerante hacia el fascismo se reflejó tanto en la radio como en el cine.

Una severa Ley de Incitación a la Desafección de 1934 amenazó con destruir muchas de las garantías personales construidas a lo largo de los siglos, al hacer menos restringido el registro policial de los domicilios y al convertir en delito la simple posesión de material susceptible de desafiar a las fuerzas armadas. Se aprobó tras severas críticas y un debate de los Lores que se prolongó hasta las 4 de la madrugada. Por primera vez en tres generaciones, la libertad personal y los derechos civiles se vieron restringidos en tiempos de paz. Esto se llevó a cabo mediante nuevas leyes, mediante el uso de viejas leyes como la Ley de Secretos Oficiales y mediante innovaciones tan ominosas como la censura «voluntaria» de la prensa y la ampliación judicial del alcance de las leyes de difamación. Esta evolución alcanzó su fase más peligrosa con la Ley de Prevención de la Violencia de 1939, que facultaba a un secretario de Estado a detener sin orden judicial y a deportar sin juicio a cualquier persona, incluso a un súbdito británico, que no hubiera residido habitualmente en Inglaterra, si creyera que dicha persona estaba implicada en la preparación o instigación de actos de violencia o albergaba a personas implicadas en ellos. Afortunadamente, estas nuevas restricciones fueron administradas con cierta antigua tolerancia inglesa residual y, por razones políticas, raramente fueron aplicadas a personas con fuerte apoyo sindical.

Las tendencias reaccionarias del gobierno nacional eran más evidentes en sus políticas fiscales, de las cuales Neville Chamberlain fue el principal responsable. Por primera vez en casi un siglo, se produjo un aumento de la proporción del total de impuestos pagados por las clases trabajadoras. Por primera vez, desde la derogación de las leyes del maíz en 1846, hubo un impuesto sobre los alimentos, y asimismo por primera vez en dos generaciones, se invirtió la tendencia hacia una mayor educación del pueblo. El presupuesto se mantuvo equilibrado, pero a un precio considerable en sufrimiento humano y en el desaprovechamiento de los insustituibles recursos humanos de Gran Bretaña. En 1939, en las llamadas «zonas deprimidas» de Escocia, del sur de Gales y de la costa noreste, cientos de miles de personas llevaban años en el paro y como señaló el

Fondo Peregrino, tenían la fuerza moral completamente destruida por años de vivir con un subsidio inadecuado. Los capitalistas de estas zonas se apoyaban en las subvenciones del Gobierno (como la familia Runciman, que se llenaba los bolsillos con las subvenciones al transporte marítimo) o eran comprados por los cárteles y las asociaciones comerciales con los fondos asignados a los miembros más activos de la industria (como se hacía en la minería del carbón, el acero, el cemento, la construcción naval, etc.).

La Ley de Derivación de 1929 de Neville Chamberlain eximió a la industria del pago de tres cuartas partes de sus impuestos bajo ciertas condiciones. En el período de 1930 a 1937 esto ahorró a la industria 170 millones de libras esterlinas, mientras que se permitió que muchos desempleados murieran de hambre. Esta ley supuso unas 200 000 libras al año para Imperial Chemical Industries. Por otra parte, Chamberlain, como canciller de Hacienda, insistió en las asignaciones para la fuerza aérea que finalmente hicieron posible que la RAF[1] superara el ataque de Göring en la Batalla de Inglaterra de 1940.

Las elecciones generales de 1935, que dieron a los conservadores 10 años más de gobierno, fueron las más vergonzosas de los tiempos modernos, y quedó perfectamente claro que el pueblo inglés estaba totalmente a favor de la seguridad colectiva. En el período comprendido entre noviembre de 1934 y junio de 1935, la Unión de la Liga de las Naciones cooperó con otras organizaciones para celebrar una «votación por la paz». Se hicieron cinco preguntas, de las cuales las más importantes fueron la primera (¿Debe Gran Bretaña permanecer en la Liga?) y la quinta (¿Debe Gran Bretaña utilizar sanciones económicas o militares contra los agresores?). En la primera pregunta las respuestas dieron 11 090 387 votos afirmativos y 355 883 negativos. Sobre el uso de sanciones económicas, el voto fue de 10 027 608 afirmativos y 635 074 negativos. En cuanto al uso de sanciones militares, los votos fueron 6 784 368 afirmativos y 2 351 981 negativos.

Además, en unas elecciones parciales en East Fulham en la primavera de 1935, un laborista partidario de la seguridad colectiva derrotó a un conservador. Los conservadores decidieron celebrar unas elecciones generales en apoyo de la seguridad colectiva. Baldwin sustituyó a MacDonald como primer ministro y Samuel Hoare sustituyó al liberal sir John Simon en el Ministerio de Asuntos Exteriores, para hacer creer que se invertiría el programa de apaciguamiento del pasado. En septiembre, Hoare pronunció un enérgico discurso en Ginebra en el que prometió el apoyo de Gran Bretaña a la seguridad colectiva para detener la agresión italiana contra Etiopía. El público no sabía que, de camino a Ginebra, había hecho una parada en París para concertar un acuerdo secreto por el que Italia recibiría dos tercios de Etiopía.

---

1. Real Fuerza Aérea de las fuerzas armadas británicas.

El Jubileo real se utilizó durante la primavera de 1935 para aumentar el entusiasmo popular por la causa conservadora. A finales de octubre, una semana antes de las elecciones locales en las que los laboristas ya habían gastado la mayor parte de sus fondos disponibles, los conservadores anunciaron unas elecciones generales para el 14 de noviembre y pidieron un mandato popular para apoyar la seguridad colectiva y el rearme. El Partido Laborista se quedó sin tema ni fondos para apoyarlo, además estaba dividido en la cuestión del pacifismo, ya que los líderes del partido, tanto en los Lores como en los Comunes, se negaban a seguir el camino del resto del mismo en la cuestión del rearme como apoyo a la seguridad colectiva.

El Gobierno perdió 83 escaños en las elecciones, pero los conservadores siguieron teniendo mayoría, con 387 frente a los 154 de los laboristas. El Partido Liberal se redujo de 34 a 21. Este nuevo Gobierno estuvo en el poder durante 10 años y dedicó su atención, casi exclusivamente, a los asuntos exteriores. En estos, hasta 1940 como veremos, mostró la misma incapacidad y el mismo sesgo que había revelado en su programa interno.

XI

CAMBIOS EN LOS PATRONES ECONÓMICOS

Introducción	534
Gran Bretaña	536
Alemania	544
Francia	553
Estados Unidos de América	568
Los factores económicos	575
Los resultados de la depresión económica	586
La economía pluralista y los bloques mundiales	590

Introducción

Un sistema económico no tiene por qué ser expansivo, es decir, aumentar constantemente su producción de riqueza; bien podría ser posible que la gente fuera completamente feliz en un sistema económico no expansivo si se acostumbrara a él. Sin embargo, en el siglo XX, la gente de nuestra cultura ha estado viviendo en condiciones expansivas durante generaciones. Sus mentes están psicológicamente ajustadas a la expansión y se siente profundamente frustrada a menos que cada año les vaya mejor que el anterior. El propio sistema económico se ha organizado para la expansión y si no se expande tiende a colapsar.

La razón básica de este desajuste era que la inversión se había convertido en una parte esencial del sistema, y si esta caía, los consumidores no tenían ingresos suficientes para comprar los bienes de consumo que se estaban produciendo en otra parte del sistema, porque parte del flujo del poder adquisitivo creado por la producción de bienes se desvió de la compra de los mismos hacia el ahorro, y todos estos bienes no se podían vender hasta que ese ahorro volviera al mercado para ser invertido. En el conjunto del sistema, cada uno buscaba mejorar su propia posición a corto plazo, pero esto ponía en peligro el funcionamiento del sistema a largo plazo. El contraste aquí no es solo entre el individuo y el sistema, sino también entre el beneficio a corto y largo plazo.

En el siglo XIX, se había aceptado como una de sus creencias básicas la teoría de la «armonía de intereses». Esta sostenía que lo que era bueno para el individuo era bueno para la sociedad en conjunto y que el avance general de la sociedad podía lograrse mejor si se le permitía a las personas la libertad de buscar sus propias ventajas individuales. Se suponía que esta armonía existía entre un individuo y otro, entre el individuo y el grupo, y entre el beneficio a corto y largo plazo. Esta teoría era perfectamente defendible en el siglo XIX, pero en el siglo XX solo podía aceptarse con importantes modificaciones. Como resultado de la búsqueda de ventajas individuales por parte de las personas, la organización económica de la sociedad se modificó de tal manera que los actos de una de estas personas eran muy susceptibles de perjudicar a sus compañeros, a la sociedad y resultarle desventajosos a largo plazo. Esta situación condujo a un conflicto tal entre la teoría y la práctica, entre los objetivos y los logros, entre los individuos y los grupos, que se hizo necesario regresar a los fundamentos de la economía. Desgraciadamente, ese retorno se hizo difícil por el conflicto entre intereses y principios y por la dificultad de encontrar estos últimos en la extraordinaria complejidad de la vida económica del siglo XX.

Los factores necesarios para lograr el progreso económico son complementarios a los que se necesitan para la producción. La producción requiere la organización del conocimiento, el tiempo, la energía, los materiales, la tierra, el trabajo, etc. El progreso económico requiere tres factores adicionales. Estos son: la innovación, el ahorro y la inversión. Una sociedad no se expandirá económicamente, a menos que se organice para proporcionar estos tres factores. La «innovación» significa idear nuevas y mejores formas de realizar las tareas de producción; el «ahorro» significa abstenerse de consumir los recursos para que puedan ser movilizados con diferentes fines; y la «inversión» significa la movilización de recursos hacia las nuevas y mejores formas de producción.

La ausencia del tercer factor (la inversión) es la causa más frecuente del fracaso del progreso económico. Puede estar ausente incluso cuando los otros dos factores funcionan bien. En tal caso, el ahorro acumulado no se aplica a los desarrollos, sino que se gasta en el consumo, en el prestigio social ostentoso, en la guerra, en la religión, en otros fines no productivos, o incluso se deja sin gastar.

El progreso económico siempre ha implicado el cambio de los recursos productivos de los métodos antiguos a los nuevos. Estos cambios, por muy beneficiosos que sean para ciertos grupos y por muy bienvenidos que sean para el conjunto de la población, generan resistencia y enojo en otros grupos que tienen intereses particulares en las antiguas formas de hacer las cosas y de utilizar los recursos. En un período progresista, estos intereses no pueden ser defendidos hasta el punto de impedir el progreso; pero, obviamente, si los grupos de una sociedad que controlan los ahorros necesarios para el progreso son los que tienen los mismos intereses establecidos que se benefician de la forma existente de hacer las cosas, dichos grupos están en condiciones de defender estos intereses y de obstruir el progreso, simplemente impidiendo el uso de los excedentes para financiar nuevos desarrollos. Esta situación está destinada a provocar una crisis económica. Desde un punto de vista estrecho, la crisis económica del siglo XX fue una situación de este tipo. Para entender cómo pudo surgir una situación así, debemos examinar la evolución en los principales países capitalistas y descubrir las causas de la crisis.

Gran Bretaña

En Gran Bretaña, a lo largo del siglo XIX, la oferta de capital proveniente del ahorro privado fue tan abundante que la industria pudo financiarse sin apenas recurrir al sistema bancario. La forma corporativa se adoptó con relativa lentitud; esto debido a los beneficios que se derivaban de la responsabilidad limitada, y no tanto porque permitiera recurrir a un amplio público en busca de capital social. El ahorro era tan abundante que había que exportar el excedente y los tipos de interés bajaban constantemente. Los promotores y los banqueros de inversión no estaban muy interesados en los valores industriales nacionales (excepto los ferrocarriles). Durante la mayor parte del siglo centraron su atención en los bonos del Estado (tanto extranjeros como nacionales) y en las empresas económicas extranjeras. El capitalismo financiero apareció por primera vez en los valores extranjeros y encontró un beneficioso campo de operaciones. La Ley de Sociedades (codificada en 1862) era muy permisiva. Había pocas restricciones a la formación de empresas y ninguna a las propuestas o informes financieros falsos. Las sociedades de cartera no fueron reconocidas legalmente hasta 1928 y entonces no se exigía ningún balance consolidado. En 1933, de los 111 fondos de inversión británicos solo 52 publicaban un registro de sus participaciones.

Este elemento de discreción es una de las características más destacadas de la vida empresarial y financiera inglesa. El «derecho» más débil que tiene un inglés es el «derecho a saber», que es tan estrecho como en las operaciones nucleares estadounidenses. La mayoría de los deberes, poderes y acciones en los negocios están controlados por los procedimientos y convenciones habituales, no por normas y reglamentos explícitos. Además, a menudo se llevan a cabo mediante comentarios casuales entre viejos amigos. No hay registros que perpetúen tales comentarios, generalmente se consideran asuntos privados que no conciernen a otros, incluso cuando implican millones de libras del fondo público. Aunque esta situación está cambiando lentamente, el círculo íntimo de la vida financiera inglesa sigue siendo una cuestión de «a quién se conoce», más que de «lo que uno sabe». Los puestos de trabajo se siguen obteniendo por conexiones familiares, matrimoniales o escolares; el carácter se considera mucho más importante que el conocimiento o la habilidad; y los puestos importantes, sobre esta base, se otorgan a hombres que no tienen formación, experiencia o conocimientos que los cualifiquen.

Como parte de este sistema y en el centro de la vida financiera inglesa han estado 17 firmas privadas de «banqueros mercantiles» que encuentran dinero para empresas establecidas y ricas, ya sea a largo plazo (inversión) o a corto plazo («cartas de aceptación»). Estos banqueros mercantiles, con un total de menos de 100 socios activos, incluyen las compañías Baring Brothers, N. M. Rothschild, J. Henry Schroder, Morgan Grenfell, Hambros y Lazard Brothers. Estos banqueros mercantiles en el período del capitalismo financiero tenían una posición dominante con el Banco de Inglaterra y, curiosamente, todavía conservan parte de ella, a pesar de la nacionalización del banco por el gobierno laborista en 1946. Todavía en 1961 uno de los hermanos Baring (lord Cromer) fue nombrado director del banco y su consejo de administración, llamado la «Corte», incluía representantes de Lazard, de Hambros y de Morgan Grenfell, así como de una empresa industrial (English Electric) controlada por estos.

El apogeo del capitalismo financiero inglés se asocia con el gobierno de Montagu Norman de 1920 a 1944, pero comenzó aproximadamente un siglo después de la llegada del capitalismo industrial, con la promoción de Guinness, S.L., por Barings en 1886, y continuó con la creación de Allsopps, S.L., por el Westminster Bank en 1887. En este último año, solo existían 10 000 empresas, aunque la creación de empresas había sido de unas 1000 al año en la década de 1870 y de unas 2000 al año en la de 1880. De las empresas registradas, alrededor de un tercio quebró en su primer año. Se trata de una fracción muy grande si tenemos en cuenta que aproximadamente la mitad de las empresas creadas eran compañías privadas que no ofrecían valores al público y que, presumiblemente, ya se dedicaban a un negocio próspero. El capitalismo financiero no se estableció en Gran Bretaña hasta la década de los 80. En dos años (de 1894 a 1896), E. T. Hooley promovió 26 sociedades anónimas con varios lores nobles como directores de cada una. El capital total de este grupo fue de 18,6 millones de *libras*, de los cuales Hooley se quedó con 5 millones.

A partir de esta fecha, el capitalismo financiero creció rápidamente en Gran Bretaña, sin estar nunca a la altura de Estados Unidos o Alemania. Las empresas nacionales siguieron siendo pequeñas, gestionadas por sus propietarios y relativamente poco progresivas (especialmente en los sectores más antiguos como el textil, el hierro, el carbón y la construcción naval). Uno de los principales campos de explotación del capitalismo financiero británico siguió siendo el extranjero hasta la crisis de 1931. Solo después de 1920 se extendió tentativamente a campos más nuevos como la maquinaria, los productos eléctricos y los productos químicos; en ellos fue sustituido casi de inmediato por el capitalismo monopolista. Como resultado, el período del capitalismo financiero fue relativamente débil en Gran Bretaña. Además, su Gobierno fue parcialmente honesto (en contraste con Estados Unidos, pero similar a Alemania). Hizo poco uso de las sociedades de cartera, ejerciendo su influencia mediante la red de consejerías y controles financieros directos. Llegó a su fin con relativa facilidad, cediendo el control del sistema económico a las nuevas organizaciones del capitalismo monopolista construidas por hombres como William H. Lever, vizconde Leverhulme (1851–1925) o Alfred M. Mond, lord Melchett (1868–1930). El primero creó un gran monopolio internacional de aceites vegetales centrado en Unilever, mientras que el segundo creó el monopolio químico británico conocido como Imperial Chemical Industries.

El capitalismo financiero en Gran Bretaña, como en otros lugares, se caracterizó no solo por un creciente control financiero de la industria, sino también por un aumento de la concentración del mismo y por un ascendente control bancario del Gobierno. Como hemos visto, esta influencia del Banco de Inglaterra sobre el Gobierno fue un desastre casi absoluto para Gran Bretaña. El poder del banco en los círculos empresariales nunca fue tan pleno como en el Gobierno porque las empresas británicas siguieron autofinanciándose en mayor medida que las de otros países. Este poder de autofinanciación en Gran Bretaña dependía de la ventaja que tenía debido a la adelantada llegada del industrialismo a Inglaterra. A medida que otros países se industrializaban, reduciendo la ventaja de Gran Bretaña y sus extraordinarios beneficios, las empresas británicas se vieron obligadas a buscar ayuda financiera externa o a reducir su creación de grandes instalaciones. Se utilizaron ambos métodos, con el resultado de que el capitalismo financiero creció al mismo tiempo que considerables secciones de las grandes plantas británicas quedaron obsoletas.

El control del Banco de Inglaterra sobre las empresas se ejercía indirectamente a través de los bancos mediante acciones compartidas. Estos bancos se concentraron cada vez más y se hicieron más poderosos en el siglo XX. El número de estos se redujo mediante la fusión de entidades, pasando de 109 en 1866 a 35 en 1919 y a 33 en 1933. Este crecimiento de un «fideicomiso de dinero» en Gran Bretaña llevó a una investigación por parte de un Comité de Tesorería sobre Fusiones Bancarias. En su informe (Informe Colwyn, 1919) este comité admitió el peligro y pidió que el Gobierno tomara medidas. Se elaboró un proyecto de ley para evitar una mayor concentración, pero se retiró cuando los banqueros hicieron un «pacto de caballeros» para pedir permiso a la Tesorería para futuras fusiones. El resultado neto fue proteger la influencia del Banco de Inglaterra, ya que esta podría haberse visto reducida por la completa monopolización de las acciones bancarias y el banco estaba siempre en posición de influir en la postura de la Tesorería en todas las cuestiones. De los 33 bancos con acciones compartidas y administraciones separadasen 1933, 9 estaban en Irlanda y 8 en Escocia, quedando solo 16 en Inglaterra y Gales. Los 33 tenían en conjunto más de 2500 millones de *libras* en depósitos en abril de 1933, de los cuales 1773 millones se hallaban en los llamados «Cinco Grandes» (Midland, Lloyds, Barclays, Westminster y National Provincial). Los Cinco

Grandes controlaban al menos 7 de los otros 28 (en un caso por la propiedad del 98 % de las acciones). Aunque la competencia entre los Cinco Grandes era generalmente intensa, todos estaban sujetos a la poderosa influencia del Banco de Inglaterra, que se ejercía a través del tipo de descuento, de los consejos de administración y, sobre todo, de las influencias intangibles de la tradición, la ambición y el prestigio.

En Gran Bretaña, como en otras partes, la influencia del capitalismo financiero sirvió para crear las condiciones del capitalismo monopolista, no solo estableciendo condiciones de monopolio (que permitieron a la industria liberarse de la dependencia financiera de los bancos) sino también insistiendo en esas políticas financieras deflacionarias y ortodoxas que acabaron por alejar a los industriales de los financieros. Aunque el capitalismo monopolista comenzó a crecer en Gran Bretaña ya en la Unión Británica de la Sal de 1888 (que controlaba el 91 % del suministro británico), la victoria del capitalismo monopolista sobre el capitalismo financiero no llegó hasta 1931. Para ese año la estructura del capitalismo monopolista estaba bien organizada. La Junta de Comercio informó en 1918 que Gran Bretaña tenía 500 asociaciones comerciales restrictivas. En ese mismo año la Federación de Industrias Británicas (FBI, por sus siglas en inglés) tenía como miembros 129 asociaciones comerciales y 704 empresas. Anunció que sus objetivos serían la regulación de los precios, la reducción de la competencia y el fomento de la cooperación en cuestiones técnicas, políticas y publicitarias. En 1935 había ampliado este ámbito para incluir (a) *la* eliminación del exceso de capacidad productiva, (b) *las* restricciones a la entrada de nuevas empresas en un campo, y (c) *el* aumento de la presión sobre los miembros y los extranjeros para obedecer las regulaciones de precios mínimos y las cuotas de producción. Esta última capacidad se reforzó constantemente en el período de 1931 a 1940. Probablemente el mayor logro en esta dirección fue una decisión de la Cámara de los Lores, que actuó como un Tribunal Supremo, permitiendo el uso de la coacción contra los extranjeros para hacer cumplir los acuerdos económicos restrictivos (el caso de Thorne *contra* la Asociación de Comercio de Automóviles, decidido el 4 de junio de 1937).

El año de 1931 representó para Gran Bretaña el punto de inflexión del capitalismo financiero al monopolista. En ese año el capitalismo financiero, que había mantenido la economía británica en semidepresión durante una década, logró su última gran victoria cuando los financieros dirigidos por Montagu Norman y J. P. Morgan forzaron la dimisión del gobierno laborista británico. Pero algo malo estaba por venir. El monopolio ya había crecido hasta tal punto que aspiraba a convertir al sistema bancario en su siervo en lugar de su amo. La política financiera deflacionaria de los banqueros había alienado a los políticos, a los industriales y había llevado a los sindicatos monopolistas a formar un frente unido contra los banqueros.

Esto se puso claramente de manifiesto en la Conferencia sobre Reorganización y Relaciones Industriales en abril de 1928. Esta reunión contaba con representantes del Congreso de Sindicatos y de la Federación de Empresarios y emitió un *memorándum* para el canciller de Hacienda firmado por sir Alfred Mond de Imperial Chemicals y Ben Turner de los sindicatos. Otros grupos monopolistas emitieron declaraciones similares, pero la división de los capitalistas monopolistas y de los capitalistas financieros no pudo hacerse patente hasta que estos últimos pudieron deshacerse del gobierno laborista. Una vez conseguido esto, el trabajo y la industria se unieron en oposición a la continuidad de la política económica de los banqueros con sus precios bajos y su alto desempleo. El acontecimiento decisivo que provocó el fin del capitalismo financiero en Gran Bretaña fue la revuelta de la flota británica en Invergordon el 15 de septiembre de 1931, no el abandono del patrón oro seis días después. El motín dejó claro que había que acabar con la política de deflación. Como resultado, no se hizo ningún esfuerzo real para defender el patrón oro.

Con el abandono del patrón oro y la adopción de un arancel protector, el capital monopolista y el trabajo se unieron en un esfuerzo por aumentar tanto los salarios como los beneficios mediante un programa de precios más altos y restricciones a la producción. Los antiguos monopolios y cárteles aumentaron su fuerza y se formaron otros nuevos, normalmente con la bendición del Gobierno. Estos grupos impusieron prácticas restrictivas a sus miembros y a los extranjeros, hasta el punto de comprar y destruir la capacidad productiva de sus propias líneas. En algunos casos, como en los productos agrícolas y el carbón, estos esfuerzos se basaban en la ley, pero en la mayoría de ellos se trataba meramente de empresas privadas. En ningún caso el Gobierno hizo un esfuerzo real para proteger a los consumidores contra la explotación. En 1942, un observador competente, Hermann Levy, escribió: «Hoy en día, Gran Bretaña es el único país altamente industrializado del mundo en el que todavía no se ha intentado restringir el dominio de las asociaciones casi monopolistas en la industria y el comercio». Es cierto que el Gobierno no aceptó las sugerencias de lord Melchett y de la Federación de Industrias Británicas de hacer obligatorios los cárteles y las asociaciones comerciales, pero dio tal libertad a estos grupos en el uso de su poder económico que el aspecto obligatorio se hizo en gran medida innecesario. Mediante la presión económica y social, los individuos que se negaban a adoptar las prácticas restrictivas favorecidas por la industria en su conjunto se veían obligados a ceder o se arruinaban. Así ocurrió, por ejemplo, con un fabricante de acero que insistió en construir una acería de colada continua en 1940.

Entre los grupos productores, las presiones sociales se sumaron a la coacción económica para imponer prácticas restrictivas. Se afianzó tanto una tradición de ineficiencia, precios altos y baja producción que cualquiera que la cuestionara era considerado socialmente inaceptable y casi un traidor a Gran Bretaña. Como dijo *The Economist,* la única voz importante del país que se resistía a esta tendencia, (el 8 de enero de 1944) «... muy pocos empresarios británicos intentan competir. En estos días, decir que una empresa ha aumentado tanto su eficiencia que puede vender a precios bajos no es elogiar la iniciativa y la empresa, sino criticarla por romper las reglas del comercio justo y permitirse el último pecado de la competencia despiadada».

No se puede hacer aquí un análisis detallado de los métodos o de la organización de estos grupos restrictivos, pero se pueden indicar algunos ejemplos. La Ley de Minas de Carbón de 1930 creó una organización que asignaba cuotas de producción a cada mina y fijaba precios mínimos. La National Shipbuilders Security, S.L., se fundó en 1930, comenzó a comprar y destruir astilleros, utilizando los fondos de una emisión de bonos de un millón de libras cuyos gastos de servicio se sufragaban con un gravamen del 1 % sobre los contratos de construcción. En 1934 se había eliminado una cuarta parte de la capacidad de construcción naval de Gran Bretaña. La Asociación Mutua de Molineros (1920) eliminó por completo la competencia entre sus miembros y creó la Compañía de Financiación de Compras para comprar y acabar con los molinos de harina, utilizando fondos garantizados por un impuesto secreto sobre la industria. En 1933 se había descartado más de una sexta parte de los molinos de harina de Inglaterra. En el sector textil, la Lancashire Cotton Corporation adquirió 10 millones de husos de algodón en tres años (de 1934 a 1937) y rechazó cerca de la mitad de ellos, mientras que el Consejo de Husos desestimó cerca de 2 millones de estos en un año (entre 1936 y 1937). A pesar de la creciente crisis internacional, estas acciones restrictivas continuaron sin cesar hasta mayo de 1940, pero el impulso hacia la movilización total por parte del gobierno de Churchill trajo consigo un aprovechamiento más completo de los recursos en Gran Bretaña que en cualquier otro país.

Esta experiencia de la guerra con el pleno empleo hizo imposible volver al semiestancamiento y al uso parcial de los recursos que había prevalecido bajo el capitalismo financiero en los años 30. Sin embargo, el futuro económico de Gran Bretaña en la posguerra se vio muy obstaculizado por el hecho de que los dos partidos políticos enfrentados representaban intereses económicos arraigados y no eran una agrupación amorfa de intereses diversos como en Estados Unidos. El Partido Laborista, que ocupó el cargo de 1945 a 1951 con Clement Attlee, representaba los intereses de los sindicatos y, de forma más remota, los de los consumidores. El Partido Conservador, que ocupó el cargo bajo Churchill, Eden, Macmillan y Douglas-Home después de 1951, representaba a las clases propietarias y seguía mostrando una fuerte influencia bancaria. Esto creó una especie de equilibrio en el que se estableció un estado de bienestar, pero a costa de una lenta inflación y una escasa utilización de los recursos.

El consumo y el disfrute del ocio, más que la producción, han sido características de la economía británica incluso bajo el Partido Conservador, que ha mostrado más preocupación por el valor de la libra en las bolsas extranjeras que por la inversión productiva. Las clases medias y, sobre todo, los grupos profesionales e instruidos no estaban directamente representados por ninguno de los dos partidos. Al pasar de uno de estos partidos ajenos al otro, podían determinar el resultado de las elecciones, pero no se sentían realmente a gusto en ninguno de ellos y podían, en última instancia, volver al Partido Liberal, aunque eran reacios a embarcarse en el período de coalición, y en los gobiernos relativamente irresponsables que esto podría conllevar.

La estructura de clases en Gran Bretaña, que ha sobrevivido a la guerra a pesar del constante desgaste, se sigue erosionando, no por un aumento drástico de la clase trabajadora que asciende a la clase alta, sino por el desarrollo de la clase media que no pertenece a ninguna de las antiguas. Este nuevo grupo incluye a las personas que «saben hacer», gerentes, científicos, profesionales, empresarios advenedizos en ámbitos que la antigua clase poseedora había ignorado. Estos ricos recién establecidos tratan ahora de ignorar a la antigua clase alta y con frecuencia muestran sorprendentes resentimientos hacia ella. A medida que este nuevo grupo, amorfo y vigoroso, que por desgracia no tiene una perspectiva o ideología común, aumenta en número, difumina los contornos de las dos clases más antiguas. Gran parte de este suceso ha sido el resultado de la adopción de características de la clase alta por parte de personas que no son de la misma. Cada vez más jóvenes adoptan el acento de la British Broadcasting Corporation, lo que hace cada vez más difícil establecer la clase, la educación y el origen geográfico de un hablante. En estrecha relación con esto, está la mejora de la apariencia y de la salud del inglés corriente como consecuencia del aumento del nivel de vida en general y de la llegada del servicio nacional de salud en particular. La pérdida de estas dos características identificativas deja a la vestimenta como principal distintivo de clase, pero esto se aplica solo a los hombres. Muchas mujeres, como resultado de la amplia difusión de las revistas de estilo y de la influencia del cine, llevan vestidos similares, utilizan los mismos cosméticos y adoptan los mismos modelos de peinado. Hoy en día, incluso las vendedoras relativamente pobres suelen ir bien vestidas e invariablemente están llamativamente limpias y cuidadosamente peinadas.

Al igual que en la mayoría de los países del mundo de la posguerra, la economía británica se compone cada vez más de grandes bloques de grupos de interés cuyos alineamientos cambiantes determinan la política económica dentro del triple ámbito del nivel de vida de los consumidores, las necesidades de inversión y los gastos gubernamentales (principalmente la defensa). Todos estos diversos grupos de interés tienen una organización cada vez más monopolista y están cada vez más convencidos de la necesidad de planificar en favor de sus propios intereses, pero el factor principal de este asunto ya no es la fraternidad bancaria, como lo era antes de la guerra, sino el gobierno a través de la Tesorería.

Esta disminución del poder de los banqueros, con el correspondiente aumento del de otros grupos, incluido el Gobierno, no es el resultado de ninguna ley nueva, como la nacionalización del Banco de Inglaterra, sino de los cambios en los flujos de los fondos de inversión, que pasan cada vez más por encima de los bancos. Muchas de las grandes empresas industriales, como British Imperial Chemicals o Shell Oil, se autofinancian en gran medida como resultado de las condiciones monopolísticas basadas en cárteles, controles de patentes o control de recursos escasos. Al mismo tiempo, la gran masa de fondos de inversión procede de fuentes no bancarias. Alrededor de la mitad de esos fondos provienen ahora del Gobierno y de las autoridades públicas, como la Junta Nacional del Carbón, que produce 17 millones de *libras* al año en dinero nuevo en busca de inversiones. Las compañías de seguros (que se ocupan de las pólizas que no son de vida) están bastante vinculadas a la antigua estructura bancaria, como en la mayoría de los países, pero los bancos ignoraron los seguros de vida, que en Inglaterra se desarrollaron como un problema de la clase baja, pagados por primas semanales o mensuales a través de cobros a domicilio. En Gran Bretaña, estas compañías de seguros aportan 1,5 millones de *libras* al día en busca de inversiones (1961), y la mayor compañía, Prudential, abona 2 millones de *libras* a la semana. Gran parte de esta cantidad se destina a acciones industriales. En 1953, cuando el Partido Conservador desnacionalizó la industria siderúrgica, que los laboristas habían nacionalizado en 1948, gran parte de sus acciones fueron compradas por fondos de las compañías de seguros. Estos enormes fondos crearon un gran peligro de que el puñado de hombres desconocidos que manejaban la inversión de dichos fondos pudiera convertirse en un poder centralizado en la vida económica británica. Hasta ahora no han hecho ningún esfuerzo para hacerlo, ya que suministran fondos sin interferir en la gestión actual de las corporaciones en las que invierten. Se conforman con un rendimiento adecuado de su dinero, pero la posibilidad de ese control existe.

Otra fuente de fondos de las clases bajas es el sistema de Ahorro Postal. Este sistema se ha expandido porque las clases bajas de Inglaterra consideran a los bancos como instituciones de la clase alta ajenas a ellas, y prefieren colocar sus ahorros en otro lugar. Como resultado, los ahorros postales, con más de 6000 millones de *libras,* son casi del mismo tamaño que los depósitos de acciones de los 11 bancos.

De carácter similar son las inversiones de los fondos de pensiones, que alcanzaron un total de unos 2000 millones de *libras* a finales de 1960 y están aumentando a un ritmo de unos 150 millones al año.

Otras dos innovaciones no bancarias de la clase baja que han ejercido una influencia revolucionaria en la vida británica son las sociedades de construcción (denominadas «building and loan» en Estados Unidos) y las asociaciones de «alquiler con opción a compra» (organizaciones de compra a plazos) que ayudan a las clases bajas a adquirir viviendas y a equiparlas. En conjunto, han eliminado gran parte de la tradicional monotonía de la vida de la clase baja inglesa, mejorándola con comodidades que han contribuido a aumentar la solidaridad de la vida familiar. La eliminación de los barrios marginales y la reconstrucción por parte de los organismos de la administración local (las llamadas Council houses) han contribuido a ello. Una consecuencia del flujo de fondos de inversión fuera del control de los bancos ha sido que los controles tradicionales sobre el consumo y la inversión, mediante el uso de los cambios de los tipos de interés bancario, se han vuelto cada vez menos eficaces. Esto ha tenido el doble efecto de amortiguar los movimientos del ciclo económico y de trasladar dichos controles al Gobierno, que puede regular el consumo mediante estrategias tales como los cambios en las condiciones de compra a plazos (mayores pagos iniciales y gastos de mantenimiento). Al mismo tiempo, el papel antes independiente de Gran Bretaña en todas estas cuestiones se ha visto cada vez más afectado por influencias externas e incontrolables, como las condiciones comerciales en Estados Unidos, la competencia del Mercado Común Europeo y las presiones de diversos organismos internacionales, como el Fondo Monetario Internacional. El resultado final es una economía de bienestar social compleja y cada vez más organizada en feudos, en la que los gestores, en vez de los propietarios, comparten el poder en un complicado sistema dinámico cuyas principales características siguen siendo en gran medida desconocidas, incluso para los estudiantes avezados.

Alemania

Mientras Gran Bretaña pasaba por las etapas del capitalismo de esta manera, Alemania lo hacía de manera diferente.

En Alemania, el capital era escaso cuando llegó el industrialismo. Como los ahorros procedentes del comercio, del tráfico exterior o de las pequeñas tiendas artesanales eran mucho menores que en Gran Bretaña, la etapa de gestión por parte de los propietarios fue relativamente corta. La industria se encontró con la dependencia de los bancos casi de inmediato. Estos bancos eran bastante diferentes de los de Inglaterra, ya que eran «mixtos» y no estaban divididos en establecimientos separados para las diferentes funciones bancarias. Los principales bancos de crédito alemanes, fundados en el período entre 1848 y 1881, eran al mismo tiempo cajas de ahorro, bancos comerciales, bancos de promoción e inversión, corredores de bolsa, depósitos de seguridad, etc. Su relación con la industria fue estrecha e íntima desde la creación del Banco Darmstadter en 1853. Estos bancos emitían títulos para la industria concediendo créditos a la empresa, y recibiendo valores a cambio. Estos valores se vendían poco a poco al público inversor a medida que se presentaba la oportunidad. El banco retenía suficientes acciones para tener el control y nombraba a sus hombres como directores de la empresa para dar forma definitiva a ese control.

La importancia de la tenencia de valores por parte de los bancos se desprende del hecho de que en 1908 el Banco de Dresdner poseía 2000 millones de marcos. La importancia de los consejos de administración interconectados se desprende del hecho de que, en 1913, el mismo banco tenía a sus directores en los consejos de administración de más de 200 empresas industriales. En 1929, en el momento de la fusión del Deutsche Bank y de la Disconto Gesellschaft, los dos tenían conjuntamente participaciones en 660 empresas industriales y ocupaban la presidencia del consejo de administración en 192 de ellas. Antes de 1914, no eran raros los ejemplos de personas con 30 o incluso 40 cargos de administrador.

Este control bancario de la industria se hizo aún más estrecho por el uso que los bancos hicieron de sus posiciones como corredores y depositarios de valores. Los bancos de crédito alemanes actuaban como corredores de bolsa y la mayoría de los inversores dejaban sus valores como depósito en los bancos para que estuvieran disponibles para una venta rápida en caso de necesidad. Al poseer todas estas acciones, los bancos votaban los cargos directivos y otras medidas de control, a menos que los propietarios de las acciones lo prohibieran (lo que era inusual). En 1929 se aprobó una ley que impedía a los bancos votar por las acciones depositadas en ellos a menos que los propietarios lo hubieran permitido. El cambio tuvo poca importancia, ya que en 1929 el capitalismo financiero estaba en decadencia en Alemania. Además, rara vez se denegaba el permiso para votar. Los bancos también votaban como un derecho todas las acciones dejadas como garantía de los préstamos y todas las acciones compradas al margen. A diferencia de la situación en Estados Unidos, estas acciones se consideraban propiedad del banco (que actuaba como corredor de bolsa) hasta que se pagaba la totalidad del precio. La importancia del negocio de corretaje de valores para los bancos alemanes puede verse en el hecho de que en los 24 años de 1885 a 1908 una cuarta parte de los beneficios brutos de los grandes bancos de crédito provenían de las comisiones. Esto es aún más notable si tenemos en cuenta que las comisiones de corretaje cobradas por los bancos alemanes eran muy pequeñas (a veces tan bajas como la mitad por cada mil).

Con estos métodos se construyó en Alemania un capitalismo financiero muy centralizado. El período comienza con la fundación del Banco Darmstadter en 1853. Este fue el primer banco que estableció un control permanente y sistemático de las empresas que sacaba a bolsa. También fue el primero en utilizar medios de promoción (en 1859). Otros bancos siguieron este ejemplo. El estallido de la promoción alcanzó un pico de actividad y corrupción en los cuatro años entre 1870 y 1874. En estos cuatro años, salieron a bolsa 857 sociedades anónimas con 3 306 810 000 marcos de activos, frente a 295 sociedades con 2 405 000 000 de activos en los 19 años anteriores (de 1851 a 1870). De estas 857 empresas fundadas entre 1870 y 1874, 123 estaban en proceso de liquidación y 37 estaban en quiebra para septiembre de 1874.

Estos excesos de la promoción financiera capitalista dieron lugar a una investigación gubernamental que desembocó en una estricta ley de regulación de la promoción en 1883. Esta ley imposibilitó que los banqueros alemanes ganaran fortunas con la promoción y les obligó a buscar los mismos fines consolidando su control de las empresas industriales a largo plazo. Esto era muy diferente de lo que ocurría en Estados Unidos, donde la ausencia de cualquier regulación legal de la promoción antes de la Ley de la SEC (Comisión de Bolsa y Valores) de 1933 hacía más probable que los banqueros de inversión buscaran hacer «pingües beneficios» a corto plazo con las promociones en lugar de ganancias a largo plazo con el control de las empresas industriales. Otro resultado es la financiación relativamente más sólida de las empresas alemanas a través del capital social en lugar del método más costoso (pero favorecido por los promotores) de los bonos de interés fijo.

El capitalismo financiero de Alemania estaba en su apogeo en los años anteriores a 1914. Estaba controlado por una oligarquía muy centralizada. En el centro estaba el Reichsbank, cuyo control sobre los demás bancos siempre se mantenía relativamente débil. La oligarquía financiera se benefició de ello, ya que el Reichsbank, aunque era de propiedad privada, estaba controlado por el Gobierno en un grado considerable. La debilidad de la influencia del Reichsbank sobre el sistema bancario surgió de la misma debilidad sobre los dos instrumentos habituales de control de la banca central: el tipo de redescuento y las operaciones de mercado abierto. La debilidad del primero se basaba en el hecho de que los demás bancos rara vez acudían al Reichsbank para solicitar redescuentos y normalmente tenían un tipo de descuento inferior al de este. Una ley de 1899 intentó superar esta debilidad obligando a los demás bancos a ajustar sus tipos de descuento a los del Reichsbank, pero nunca fue un instrumento de control muy eficaz. El control del mercado abierto también era débil debido a la reticencia oficial alemana a «especular» con los títulos del Estado y a que los demás bancos respondían más a la condición de sus carteras de papel comercial y títulos que al tamaño de sus reservas de oro. En esto se parecían más a los bancos franceses que a los británicos. Solo en 1909 el Reichsbank comenzó una política deliberada de control mediante operaciones de mercado abierto, pero nunca fue eficaz. La guerra, la inflación y las restricciones del Plan Dawes acabaron con ella por completo entre 1914 y 1929.

Debido a estas debilidades del Reichsbank, el control del capitalismo financiero alemán se hallaba en los bancos de crédito. Esto equivale a decir que, en gran medida, este capitalismo estaba fuera del control del Gobierno y se hallaba en manos privadas.

De los cientos de bancos de crédito alemanes, la abrumadora preponderancia del poder dependía de los ocho llamados «Grandes Bancos». Estos fueron los dueños de la economía alemana desde 1865 hasta 1915. Su posición preponderante puede verse en el hecho de que de 421 bancos de crédito alemanes en 1907 con un capital de 13 204 220 000 marcos, los ocho Grandes Bancos tenían el 44 % del capital total del grupo. Además, la posición de los Grandes Bancos era mejor porque además controlaban otros numerosos bancos. En consecuencia, Robert Franz, editor de *Der Deutsche Ökonomist,* estimó en 1907 que los ocho Grandes Bancos controlaban el 74 % de los activos de capital de los 421 bancos.

Este poder del capitalismo financiero en Alemania se vio muy afectado por la Primera Guerra Mundial, más en teoría que en los hechos. Fue fatalmente perjudicado por la inflación de la posguerra, sometido completamente por la depresión y por las acciones de Hitler después de 1933. El punto de inflexión del capitalismo financiero al monopolista se produjo en el año siguiente al final de la inflación (1924). En ese año se acabó la inflación, se dio a los cárteles un estatus legal especial con su propio Tribunal de Cárteles para dirimir las disputas y se derrumbó la mayor creación de control financiero jamás construida por el capitalismo financiero alemán. La inflación terminó en noviembre de 1923. El decreto sobre los cárteles se publicó el 2 de noviembre de 1923. La gran estructura de control era la alianza de Stinnes, que comenzó a desmoronarse a la muerte de Hugo Stinnes en abril de 1924. En ese momento Stinnes tenía el control total de 107 grandes empresas (sobre todo de la industria pesada y el transporte marítimo) y tenía intereses importantes en otras 4500 más. El intento (y el fracaso) de Stinnes de convertir esta estructura de controles financieros en un monopolio integrado marca el fin del capitalismo financiero en Alemania.

Sin duda, la gran necesidad de capital por parte de la industria alemana en el período posterior a 1924 (ya que gran parte de los ahorros alemanes fueron eliminados por la inflación) dio una falsa esperanza al capitalismo financiero germánico. En cinco años, miles de millones de marcos fueron suministrados a la industria alemana a través de los canales financieros de los préstamos realizados fuera del país. Pero la depresión de 1929 a 1934 reveló la falsedad de esta apariencia. Como resultado de la depresión, todos los Grandes Bancos menos uno tuvieron que ser rescatados por el gobierno alemán, que, a cambio, se hizo cargo de su capital social. En 1937, estos bancos que habían pasado a ser propiedad del Gobierno fueron «reprivatizados», pero para entonces la industria había escapado en gran medida al control financiero.

Los inicios del capitalismo monopolista en Alemania se remontan al menos a una generación antes de la Primera Guerra Mundial. Ya en 1870, los capitalistas financieros, utilizando la presión económica directa así como su sistema de directores entrelazados, trabajaban para integrar empresas y reducir la competencia. En las líneas de actividad más antiguas, como el carbón, el hierro y el acero, tendían a utilizar cárteles. En las líneas más nuevas, como los suministros eléctricos y los productos químicos, tendían a utilizar grandes empresas monopolísticas para este fin. No hay cifras oficiales sobre los cárteles antes de 1905, pero se cree que había 250 en 1896, de los cuales 80 eran de hierro y acero. La investigación oficial de los cárteles realizada por el Reichstag en 1905 reveló la existencia de 385, de los cuales 92 eran de carbón y metales. Poco después, el Gobierno comenzó a ayudar a estos cárteles. El ejemplo más conocido fue una ley de 1910 que obligaba a los fabricantes de potasa a convertirse en miembros del cártel de la misma.

En 1923 había 1500 cárteles, según la Federación de Industriales Alemanes. Como hemos visto, al año siguiente se les concedió un estatuto jurídico especial y un tribunal especial. En el momento del colapso financiero de 1931, había 2500 cárteles y el capitalismo monopolista había crecido hasta tal punto que estaba preparado para asumir el control total del sistema económico alemán. Cuando los bancos cayeron bajo el control del Gobierno, se aseguró el control privado del sistema económico liberándolo de su sumisión a los bancos. Esto se consiguió gracias a leyes como la que restringía los consejos de administración interconectados y la nueva ley de sociedades de 1937, pero sobre todo por el hecho económico de que el crecimiento de las grandes empresas y de los cárteles había colocado a la industria en una posición en la que era capaz de financiarse a sí misma sin pedir ayuda a los bancos.

Este nuevo capitalismo monopolista de gestión privada estaba organizado en una intrincada jerarquía cuyos detalles solo podían desentrañarse con toda una vida de estudio. El tamaño de las empresas había crecido tanto que, en la mayoría de los campos, un número relativamente pequeño era capaz de dominarlos. Además, había una cantidad muy considerable de juntas directivas entrelazadas y de corporaciones propietarias del capital social de otras. Por último, los cárteles entre empresas fijaban los precios, los mercados y las cuotas de producción de todos los productos industriales importantes. Un ejemplo de esto (que no es ni mucho menos el peor) puede encontrarse en la industria alemana del carbón en 1937. Había 260 empresas mineras. Del total de la producción, 21 empresas tenían el 90 %, cinco el 50 % y una el 14 %. Estas minas estaban organizadas en cinco cárteles, de los cuales uno controlaba el 81 % de la producción y dos el 94 %. Por último, la mayoría de las minas de carbón (69 % de la producción total) eran filiales de otras empresas que utilizaban el carbón, productoras de metales (54 % de la producción total de carbón) o de productos químicos (10 % de la producción total).

En la mayoría de los demás sectores de actividad económica existía una concentración similar. En 1929, en el sector de los metales ferrosos, tres empresas de 26 representaban el 68,8 % de toda la producción alemana de arrabio; cuatro de 49 producían el 68,3 % de todo el acero bruto; tres de 59 producían el 55,8 % de todos los productos de laminación. En 1943, una empresa (United Steel Works) producía el 40 % de toda la producción alemana de acero, mientras que 12 empresas producían más del 90 %. La competencia nunca podría existir con una concentración tan completa, pero además la industria siderúrgica estaba organizada en una serie de cárteles del acero (uno para cada producto). Estos cárteles, que comenzaron alrededor de 1890, en 1930 tenían el control del 100 % de la producción alemana de productos metálicos ferrosos. Una empresa miembro había alcanzado esta cifra comprando a las no miembros en los años anteriores a 1930. Estos cárteles gestionaban los precios, la producción y los mercados dentro del país, haciendo cumplir sus decisiones mediante multas o amenazas. También eran miembros del Cártel Internacional del Acero, que seguía el modelo del cártel alemán y lo dominaba. El Cártel Internacional controlaba dos quintas partes de la producción mundial de acero y cinco sextas partes del comercio exterior total del mismo. La propiedad de las empresas siderúrgicas en Alemania era inextricable, pero evidentemente muy concentrada. En 1932, Friedrich Flick tenía la mayoría de la propiedad de Gelsen-Kirchner Bergwerke (minería), la cual tenía el control mayoritario de United Steel Works. Vendió su control al gobierno alemán por el 167 % de su valor amenazando con venderlo a una empresa francesa. Tras la llegada de Hitler al poder, esta propiedad del Gobierno fue «reprivatizada», de modo que la propiedad total del Gobierno se redujo al 25 %. Otros cuatro grupos tenían el 41 % entre ellos y estaban estrechamente relacionados. Flick siguió siendo director de United Steel Works y fue presidente de los consejos de administración de otras cuatro grandes empresas siderúrgicas. Además, fue director o presidente de los consejos de administración de seis minas de hierro y carbón, así como de otras numerosas empresas importantes. Es muy probable que la industria siderúrgica de Alemania en 1937 estuviera controlada por no más de cinco hombres, de los cuales Flick era el más importante.

Estos ejemplos del crecimiento del capitalismo monopolista en Alemania están escogidos al azar y no son en absoluto excepcionales. Otro ejemplo famoso puede encontrarse en el crecimiento de I. G. Farbenindustrie (industria de pinturas), la organización química alemana. Se formó en 1904 con tres empresas principales y creció constantemente hasta que, tras su última reorganización en 1926, controlaba cerca de dos tercios de la producción de productos químicos del país. Se extendió a todas las ramas de la industria, concentrándose principalmente en los tintes (en los que tenía el 100% del monopolio), los medicamentos, los plásticos, los explosivos y los metales ligeros. Se ha dicho que Alemania no habría podido librar ninguna de las dos guerras mundiales sin I. G. Farben. En la primera guerra, mediante el proceso Haber para extraer nitrógeno del aire, proporcionó suministros de explosivos y fertilizantes cuando las fuentes naturales de Chile fueron cortadas. En la segunda guerra, proporcionó numerosos productos de absoluta necesidad, de los cuales el caucho artificial y los combustibles sintéticos para motores fueron los más importantes. En la Segunda Guerra Mundial, esta empresa era la más grande de Alemania y tenía más de 23 328 millones de Reichsmarks (marco imperial) en activos y 1 165 millones de capitalización en 1942. Tenía un centenar de filiales importantes en Alemania y empleaba a 350 000 personas en aquellas en las que estaba directamente implicada. Tenía intereses en unas 700 empresas fuera del país y había firmado más de 500 acuerdos restrictivos con empresas extranjeras.

Entre estos acuerdos, el más importante fue el Cártel Europeo de los Colorantes. Este surgió de un cártel suizo formado en 1918. Cuando I. G. Farben se reorganizó en 1925 y se creó una organización francesa similar (el grupo Kuhlmann) en 1927, ambos formaron un cártel franco-alemán. Los tres países crearon el cártel europeo en 1929. Imperial Chemicals, que había conseguido un casi monopolio en territorio británico en 1926, se unió al cártel europeo en 1931. Este grupo británico ya tenía un acuerdo global con du Pont en Estados Unidos (realizado en 1929 y revisado en 1939). Los esfuerzos de I. G. Farben por crear un monopolio conjunto con du Pont se frustraron tras años de negociación en una disputa sobre si la división del control debía ser 50/50 o 51/49. No obstante, I. G. Farben llegó a muchos acuerdos individuales de cártel con du Pont y otras empresas estadounidenses, algunos formales y otros, «acuerdos de caballeros». En su propio campo de colorantes, creó una serie de filiales en Estados Unidos que llegaron a controlar el 40% de la producción americana. Para asegurar su control sobre estas filiales, se colocó una mayoría de alemanes en cada consejo de administración y Dietrich Schmitz fue enviado a Estados Unidos para nacionalizarse y convertirse en el jefe gerente de la principal filial de I. G. Farben. Dietrich Schmitz era un hermano de Hermann Schmitz, el presidente de la junta de I. G. Farben, director de Trabajos de Acero Unidos, de Metallgesellschaft (el fideicomiso alemán de metales ligeros), del Banco para Acuerdos Internacionales y de una veintena de otras firmas importantes. Esta política de introducción en Estados Unidos también se utilizó en otros países.

Aunque I. G. Farben fue el mayor ejemplo de control concentrado en el capitalismo monopolista alemán, no fue en absoluto atípico. En 1939, el proceso de concentración se había llevado a un grado que difícilmente puede exagerarse. El Comité Kilgore del Senado de Estados Unidos en 1945 decidió, después de un estudio de los registros alemanes, que I. G. Farben y United Steel Works juntos podían dominar todo el sistema industrial alemán. Dado que gran parte de este dominio se basaba en amistades y relaciones personales, en acuerdos y contratos secretos, en presiones y coacciones económicas, así como en derechos de propiedad y otros derechos de control evidentes, no es algo que pueda demostrarse con estadísticas. Pero incluso las estadísticas dan pruebas de una concentración de poder económico. En 1936, había en Alemania unas 40 000 sociedades anónimas, con una capitalización nominal total de unos 20 000 millones de Reichsmarks. I. G. Farben y United Steel Works tenían 1344 millones de Reichsmarks de este capital. Solo 18 empresas de las 40 000 poseían una sexta parte del capital circulante total de todas las empresas.

Aunque la organización monopolística de la vida económica alcanzó su punto máximo en Alemania, se ha insistido demasiado en las diferencias a este respecto entre esta nación y otros países. Solamente se trataba de una diferencia de grado e incluso así, Gran Bretaña, Japón y una serie de países más pequeños no estaban tan por detrás del desarrollo alemán como se podría creer a primera vista. El error surgió por dos causas. Por un lado, los cárteles y monopolios alemanes fueron bien publicitados, mientras que organizaciones similares de otros países permanecieron ocultas. Como informó el Comité Británico de Fideicomisos en 1929, «Lo que es notable entre las consolidaciones y asociaciones británicas no es tanto su rareza o debilidad como su discreción». Es posible que el monopolio británico de aceite vegetal en torno a Unilever fuera tan poderoso como el monopolio químico alemán en torno a I. G. Farben, pero, mientras se ha oído hablar mucho de este último, se ha oído muy poco del primero. Después de un esfuerzo por estudiar la primera, la revista *Fortune* escribió: «Tal vez ninguna otra industria es tan exasperantemente reservada como las industrias del jabón y la manteca».

Por otra parte, las organizaciones monopolísticas alemanas se ganaron el descontento por su disposición a ser utilizadas con fines nacionalistas. Los gestores de los cárteles eran patriotas alemanes en primer lugar y hombres de negocios que buscaban beneficios y poder en segundo lugar. En la mayoría de los demás países (especialmente en Estados Unidos), los capitalistas monopolistas son primero hombres de negocios y después patriotas. En consecuencia, los objetivos de los cárteles alemanes eran con tanta frecuencia políticos como económicos. I. G. Farben y otros trabajaban constantemente para ayudar a Alemania en su lucha por el poder, mediante el espionaje, la obtención de ventajas económicas para su país y el intento de paralizar la capacidad de otros países para movilizar sus recursos o hacer la guerra.

Esta diferencia de postura entre los capitalistas alemanes y los demás se hizo cada vez más evidente en los años 30. En esa década el alemán encontró que sus motivos económicos y patrióticos le impulsaban en la misma dirección (aumentar el poder y la riqueza de Alemania frente a Rusia y Occidente). En cambio, los capitalistas de Francia, Gran Bretaña y Estados Unidos experimentaron con frecuencia motivos contradictorios. El bolchevismo se presentaba como una amenaza económica para ellos al mismo tiempo que el nazismo se presentaba como una amenaza política para sus países. Muchas personas estaban dispuestas a descuidar o incluso a aumentar esta última amenaza para utilizarla contra el primer peligro.

Esta diferencia surgió por muchas causas. Entre ellas estaban *(a)* el contraste entre la tradición alemana de una economía nacional y la tradición occidental del laissez-faire, *(b) el hecho de que la* depresión mundial hizo aparecer la amenaza de la revolución social antes de que el nazismo se alzara como un peligro político para Occidente, (c) *el hecho de que el* capitalismo financiero cosmopolita fuera sustituido más rápidamente por el capitalismo monopolista nacionalista en Alemania que en Occidente, y (d) el hecho de que muchas personas ricas e influyentes como Montagu Norman, Ivar Kreuger, Basil Zaharoff y Henri Deterding dirigieran la atención pública hacia el peligro del bolchevismo mientras mantenían una postura neutral o favorable hacia el nazismo.

El impacto de la guerra en Alemania fue bastante diferente de sus efectos en la mayoría de los demás países. En Francia, Gran Bretaña y Estados Unidos, la guerra desempeñó un papel importante al demostrar de forma concluyente que el estancamiento económico y el subempleo de los recursos no eran necesarios y podían evitarse si el sistema financiero se subordinaba al sistema económico. En Alemania esto no era necesario, ya que los nazis ya habían hecho este descubrimiento en los años 30. Por otra parte, la destrucción de la guerra dejó a Alemania con una gran tarea por hacer, la reconstrucción de la planta industrial alemana. Pero, como el país no pudo emprender esa tarea hasta que tuvo su propio gobierno, las masas de alemanes sufrieron grandes penurias en los cinco años de 1945 a 1950, de modo que, cuando llegaron las condiciones políticas adecuadas para permitir la tarea de reconstrucción, estas masas de trabajadores alemanes estaban ansiosas por casi cualquier trabajo y estaban más preocupadas por ganar un salario digno que por tratar de elevar su nivel de vida. Esta disposición a aceptar salarios bajos, que es uno de los rasgos esenciales de la reactivación económica alemana, se vio incrementada por la afluencia de millones de refugiados en situación de pobreza procedentes del Este ocupado por los soviéticos. Así pues, un excedente de mano de obra, los bajos salarios, la experiencia en operaciones financieras poco ortodoxas y un inmenso trabajo por hacer, contribuyeron a la reactivación alemana.

La señal para que esto comenzara la dio la reforma monetaria de Alemania Occidental de 1950, que fomentó la inversión y ofreció a los empresarios la posibilidad de obtener grandes beneficios gracias a las políticas fiscales del Estado. El conjunto derivó en un gran auge cuando el establecimiento del Mercado Común Europeo de siete Estados de Europa Occidental ofreció a Alemania un mercado para su producción en masa, justo cuando la reconstrucción de la industria alemana estaba bien organizada. La combinación de salarios bajos, una mano de obra dócil, nuevos equipos y un sistema de impuestos bajos a los productores, además de la ausencia de necesidad de asumir durante varios años los gastos de defensa, contribuyeron a que los costes de producción alemanes fueran bajos en los mercados mundiales y permitieron a la nación construir un comercio de exportación próspero y rentable. El ejemplo alemán fue copiado en Japón e Italia y, sobre una base diferente, en Francia, con el resultado de que la zona del Mercado Común disfrutó de una explosión de expansión económica y de prosperidad que empezó a transformar la vida de Europa occidental y a elevar a la mayoría de sus países a un nuevo nivel de movilidad y afluencia como nunca antes habían conocido. Uno de los resultados fue el desarrollo de lo que habían sido zonas atrasadas dentro de estos países, sobre todo en el sur de Italia, donde el auge se produjo en 1960. La única zona del Mercado Común en la que esto no ocurrió fue Bélgica, que se vio obstaculizada por la obsolescencia de los equipos y las animosidades sociales internas, mientras que en Francia el auge se retrasó varios años a causa de los agudos problemas políticos asociados al fin de la Cuarta República (1958).

Francia

El capitalismo financiero duró más tiempo en Francia que en cualquier otro país importante. El origen del capitalismo financiero, al igual que en Holanda pero a diferencia de Alemania, se remontan al período de capitalismo comercial que precedió a la Revolución Industrial. Sus raíces crecieron rápidamente en la última mitad del siglo XVIII y quedaron bien establecidas con la fundación del Banco de Francia en 1800. En esa fecha, el poder financiero estaba bajo el control de unas 10 o 15 entidades bancarias privadas cuyos fundadores, en la mayoría de los casos, habían llegado de Suiza en la segunda mitad del siglo XVIII. Estos banqueros, todos ellos protestantes, estuvieron muy implicados en las agitaciones que condujeron a la Revolución Francesa. Cuando la violencia revolucionaria se desbordó, fueron los principales impulsores del ascenso de Napoleón, al que consideraban el restaurador del orden. Como recompensa a este apoyo, en 1800 Napoleón concedió a estos banqueros el monopolio de la vida financiera francesa otorgándoles el control del nuevo Banco de Francia. En 1811, la mayoría de estos banqueros se habían pasado a la oposición contra Napoleón porque desaprobaban la continuación de su política bélica. En aquella época, Francia se encontraba todavía en la fase del capitalismo comercial y la guerra constante era perjudicial para la actividad comercial. Como resultado, este grupo cambió su lealtad de Bonaparte a los Borbones y sobrevivió al cambio de régimen en 1815. Esto estableció un patrón de agilidad política que se repitió con mayor o menor éxito en los siguientes cambios de régimen. Como resultado, los banqueros protestantes, que habían controlado la vida financiera bajo el primer Imperio, siguieron siendo las principales figuras del consejo de regentes del Banco de Francia hasta la reforma de 1936. Entre estas figuras destacan los nombres de Mirabaud, Mallet, Neuflize y Hottinguer.

En el transcurso del siglo XIX, un segundo grupo se añadió a los círculos bancarios franceses. Este segundo grupo, mayoritariamente judío, era también de origen no francés, una mayoría germánica (como Rothschild, Heine, Fould, Stern y Worms) y una minoría de origen ibérico (como Pereire y Mirés). Pronto surgió una rivalidad entre los antiguos banqueros protestantes y los nuevos banqueros judíos. Esta rivalidad tenía una base más política que religiosa y las líneas se confundieron por el hecho de que algunos banqueros del grupo judío abandonaron su religión y se pasaron al grupo protestante (como Pereire y Heine).

La rivalidad entre estos dos grupos aumentó constantemente debido a sus diferentes actitudes políticas hacia la Monarquía de Julio (de 1830 a 1848), el segundo Imperio (de 1852 a 1870) y la Tercera República (de 1871 a 1940). En esta rivalidad, el grupo protestante era más conservador que el judío, siendo el primero el menos interesado con la Monarquía de Julio, entusiasta con el segundo Imperio y opuesto a la Tercera República. El grupo judío, en cambio, apoyaba con gusto la Monarquía de Julio y la Tercera República, pero se oponía al segundo Imperio. En esta rivalidad, el liderazgo de cada grupo se centraba en la familia bancaria más rica y moderada. El liderazgo del grupo protestante lo ejercía Mirabaud, que se situaba en el extremo izquierdo del grupo. El liderazgo del grupo judío lo ejercía Rothschild, que estaba en del extremo derecho de ese grupo. Estos dos extremos estaban tan unidos que Mirabaud y Rothschild (que juntos dominaban todo el sistema financiero, siendo más ricos y poderosos que todos los demás bancos privados juntos) a menudo cooperaban juntos incluso cuando sus grupos en conjunto estaban en competencia.

Este sencillo panorama se complicó, después de 1838, por el lento ascenso de un tercer grupo de banqueros que eran católicos. Este grupo (que incluye nombres como Demachy, Seilliére, Davillier, de Germiny, Pillet-Will, Gouin y de Lubersac) ascendió lenta y tardíamente. Pronto se dividió en dos. Una mitad se alió con el grupo de Rothschild y aceptó la Tercera República. La otra mitad se alió con el creciente poder de la industria pesada (en gran parte católico) y ascendió con ella, formando bajo el segundo Imperio y a principios de la Tercera República un poderoso grupo industrial-bancario cuya principal manifestación evidente fue el Comité des Forges (el «fondo» siderúrgico francés).

Así, en el período de 1871 a 1900, había tres grandes grupos bancarios en Francia: (a) la alianza de judíos y católicos dominada por Rothschild; (b) la alianza de industriales católicos y banqueros católicos dominada por Schneider, el fabricante de acero; y (c) el grupo de protestantes, banqueros dominados por Mirabaud. El primero de ellos aceptó la Tercera República, los otros dos la rechazaron. El primero se enriqueció en el período entre 1871 y 1900, principalmente a través de su control del mayor banco de inversión francés, la Banque de Paris et des Pays Bas (Paribas). En 1906, este bloque Paribas ocupaba una posición dominante en la vida económica y política francesa.

En oposición a Paribas, los banqueros protestantes crearon en 1904 un banco de inversión propio, la Union Parisienne. En el transcurso del período de 1904 a 1919, el grupo Union Parisienne y el grupo Comité des Forges formaron una alianza basada en su oposición común a la Tercera República y al bloque Paribas. A esta nueva combinación podríamos llamarla bloque Unión-Comité. La rivalidad de estos dos grandes poderes, el bloque Paribas y el bloque Unión-Comité, llena las páginas de la historia francesa en el período entre 1884 y 1940. Paralizó el sistema político francés, llegando a la fase de crisis con el caso Dreyfus y de nuevo de 1934 a 1938. También paralizó parcialmente el sistema económico francés, retrasando el desarrollo del capitalismo financiero al capitalismo monopolista e impidiendo la recuperación económica de la depresión en el período entre 1935 y 1940. Contribuyó en gran medida a la derrota francesa en 1940. En la actualidad, solo vamos a hacer referencia a los aspectos económicos de esta lucha.

En Francia, la etapa del capitalismo comercial se prolongó mucho más que en Gran Bretaña y no empezó a ser seguida por el capitalismo industrial hasta después de 1830. A su vez, la etapa del capitalismo financiero no comenzó realmente hasta aproximadamente 1880 y la del capitalismo monopolista no se hizo evidente hasta casi 1925.

Durante todo este período, los banqueros privados siguieron existiendo y aumentando su poder. Fundados en el capitalismo comercial, al inicio se interesaban principalmente por las obligaciones gubernamentales, tanto nacionales como extranjeras. Como resultado, los mayores banqueros privados, como los Rothschild o los Mallet, tenían conexiones íntimas con los gobiernos y conexiones relativamente débiles con la vida económica del país. Fue la llegada del ferrocarril en el período entre 1830 y 1870 lo que cambió esta situación.

Los ferrocarriles requerían un capital muy superior a la capacidad de cualquier banquero privado para suministrarlo con sus propios recursos. La dificultad se resolvió con la creación de bancos de inversión, bancos de depósito, cajas de ahorro y compañías de seguros que reunían los pequeños ahorros de una multitud de personas y los ponían a disposición del banquero privado para que los dirigiera hacia donde considerara oportuno. Así, estos banqueros se convirtieron en gestores de los fondos de otras personas en lugar de prestamistas de los suyos propios. En segundo lugar, el banquero privado pasó a ser mucho más influyente y menos notorio. Ahora controlaba miles de millones cuando antes controlaba millones y lo hacía de forma discreta, no usando su propio nombre, sino actuando desde el fondo, oculto al ojo público por la sobreabundancia de instituciones financieras y de crédito que se habían creado para explotar los ahorros privados. El público no se dio cuenta de que los nombres de los banqueros privados y sus agentes seguían figurando en la lista de directores de las nuevas empresas financieras. En tercer lugar, la llegada del ferrocarril trajo consigo la existencia de nuevos poderes económicos, especialmente en la fabricación de hierro y la minería del carbón. Estos nuevos poderes, las primeras influencias económicas poderosas en el Estado libres del control de la banca privada, surgieron en Francia de una actividad muy susceptible de ser favorecida o desfavorecida por el Gobierno: la industria del armamento.

El capitalismo industrial comenzó en Francia, como en otras partes, en las áreas textiles y en la fabricación de hierro. Los inicios se pueden vislumbrar antes de 1830, pero el crecimiento siempre fue lento. No había falta de capital, ya que la mayoría de los franceses eran ahorradores cuidadosos, pero preferían las obligaciones de interés fijo (generalmente bonos del Estado) al capital social y preferían invertir en empresas familiares más que en valores de otro origen. El uso de la forma societaria de organización empresarial creció muy lentamente (aunque la ley francesa la permitió en 1807, antes que en otros lugares). Las empresas privadas y las sociedades colectivas siguieron siendo populares, incluso en el siglo XX. La mayoría de ellas se financiaban con los beneficios y los ahorros familiares (como en Inglaterra). Cuando tenían éxito y aumentaban su tamaño, los propietarios solían interrumpir el crecimiento de la empresa existente y creaban una o varias empresas nuevas junto a la antigua. Estas a veces se dedicaban a la misma actividad económica, pero lo más frecuente era que se consagraran a una actividad estrechamente relacionada. El fuerte sentimiento familiar obstaculizaba el crecimiento de las grandes unidades o de las empresas de titularidad pública debido a la reticencia a dar influencia a personas ajenas a la empresa familiar. La preferencia por las obligaciones de interés fijo frente a los valores de renta variable como inversiones dificultó que las corporaciones crecieran de tamaño con facilidad y solidez. Por último, el fuerte sentimiento contra la autoridad pública, especialmente el recaudador de impuestos, aumentó la reticencia a embarcarse en formas de organización empresarial públicas en lugar de privadas.

No obstante, la industria creció, recibiendo su mayor impulso con la llegada del ferrocarril, con su mayor demanda de acero y carbón y con el gobierno de Napoleón III (de 1852 a 1870), que añadió una nueva demanda de armamento al mercado industrial. Napoleón favoreció especialmente a una empresa de fabricantes de hierro y armamento, la empresa Schneider de Le Creusot. Eugène Schneider obtuvo el monopolio del suministro de armas al gobierno francés, vendió materiales para la construcción de ferrocarriles impulsada por el Gobierno, llegó a ser presidente de la Cámara de Diputados y ministro de Agricultura y Comercio. No es de extrañar que los industriales consideraran el período del segundo Imperio como una especie de época dorada.

La pérdida de influencia política de los empresarios de la industria pesada después de 1871 redujo sus beneficios y les llevó a aliarse con los banqueros católicos. Así, la lucha entre el capitalismo financiero y el capitalismo monopolista que apareció en la mayoría de los países fue sustituida en Francia por un enfrentamiento entre dos bloques económicos, ambos interesados en la industria y la banca, ninguno de los cuales estaba dispuesto a aceptar los procedimientos bancarios poco ortodoxos que se convirtieron en uno de los principales objetivos del capitalismo monopolista. En consecuencia, el capitalismo monopolista apareció tarde en Francia y, cuando lo hizo, surgió entre los dos grandes bloques, con ramificaciones en ambos, pero ampliamente autónomo respecto al control central de cualquiera de ellos. Este nuevo grupo autónomo y bastante amorfo que reflejó el surgimiento del capitalismo monopolista puede llamarse Eje Lille-Lyon. Se levantó lentamente después de 1924, y asumió el control de Francia tras la derrota de 1940.

El auge del capitalismo financiero en Francia, como en otros lugares, fue posible gracias a la demanda de capital para la construcción de ferrocarriles. La creación del Crédit Mobilier en 1852 (con 60 millones de francos en activos) puede considerarse como la fecha de apertura del capitalismo financiero francés. Este banco fue el modelo de los bancos de crédito creados posteriormente en Alemania y, al igual que estos, realizó una actividad mixta de cuentas de ahorro, crédito comercial y banca de inversión. El Crédit Mobilier fracasó en 1867, pero después se fundaron otros, algunos mixtos y otros más especializados según el modelo británico o estadounidense.

Una vez iniciado, el capitalismo financiero en Francia mostró los mismos excesos que en otros lugares. En este país fueron peores que los de Gran Bretaña o Alemania (después de las reformas de 1884), aunque no se pueden comparar con los excesos de frenesí y fraude que se produjeron en Estados Unidos. En Francia, al igual que en Gran Bretaña, las principales hazañas del capitalismo financiero en el siglo XIX se encontraban en el ámbito extranjero y en los valores gubernamentales más que en los empresariales. Los peores períodos de delirio se produjeron a principios de la década de 1850, de nuevo a principios de la década de 1880 y una vez más en gran parte del siglo XX. En un año del primer período (del 1 de julio de 1854 al 1 de julio de 1855) se fundaron en Francia nada menos que 457 nuevas empresas con un capital combinado de mil millones de francos. Las pérdidas para los compradores de valores fueron tan grandes que el 9 de marzo de 1856 el Gobierno tuvo que prohibir temporalmente cualquier otra emisión de valores en París. De nuevo, en el período entre 1876 y 1882 se emitieron más de 1000 millones de francos de nuevos valores, lo que provocó un colapso en 1882. Y finalmente, en todo el período de 1900 a 1936, el capitalismo financiero estaba claramente bajo control en Francia. En 1929, un periódico parisino estimó que en un período de treinta años (desde el desfalco de Humbert en 1899) se habían sustraído al pueblo francés más de 300 000 millones de francos (lo que equivale al total de la deuda pública y privada de Francia en 1929) mediante títulos sin valor.

El centro del sistema económico francés en el siglo XX no se encontraba, como algunos creían, en el Banco de Francia, sino que residía en un grupo de instituciones casi desconocidas: los bancos privados. Había más de un centenar de estos, pero solo una veintena eran importantes e, incluso en este grupo restringido, dos (Rothschild y Mirabaud) eran más poderosos que todos los demás juntos. Estos bancos privados eran conocidos como Haute Banque y actuaban como el alto mando del sistema económico francés. Sus acciones estaban en manos de unas 40 familias y no emitían informes sobre sus actividades financieras. Eran, con algunas excepciones, los mismos bancos privados que habían creado el Banco de Francia. Se dividían en un grupo de siete bancos judíos (Rothschild, Stern, Cahen d'Anvers, Propper, Lazard, Spitzer y Worms), uno de siete bancos protestantes (Mallet, Mirabaud, Heine, Neuflize, Hottinguer, Odier y Vernes) y un grupo de cinco bancos católicos (Davillier, Lubersac, Lehideux, Goudchaux y Demachy). En el siglo XX, la fisura básica a la que nos hemos referido había aparecido entre los judíos y los protestantes; el grupo católico se había dividido para aliarse con los judíos o con las fuerzas de la industria pesada monopolística. Sin embargo, los distintos grupos siguieron cooperando en la gestión del Banco de Francia.

El Banco de Francia solo era el centro del capitalismo financiero francés nominalmente, y no poseía ningún poder autónomo propio. Hasta 1936 estuvo controlado, al igual que en 1813, por el conjunto de bancos privados que lo crearon, excepto que en el siglo XX algunos de ellos estaban estrechamente aliados con un grupo de industriales igualmente pequeño aunque más amorfo. A pesar de la fisura, los dos bloques cooperaron entre sí en la gestión de este importante instrumento de su poder.

El Banco de Francia estaba controlado por las 40 familias (y no por las 200, como se afirma con frecuencia) debido a la disposición de los estatutos del banco según la cual solo los 200 mayores accionistas tenían derecho a votar para elegir a los miembros del consejo de administración (el consejo de dirección del banco). Había 182 500 acciones en circulación, cada una de ellas con un valor nominal de 1000 francos, pero que solían valer cinco o diez veces más. En el siglo XX había entre 30 000 y 40 000 accionistas. De los 200 que podían votar a los 12 dirigentes electos, 78 eran sociedades o fundaciones y 122 eran particulares. Ambas clases estaban dominadas por los bancos privados y lo habían estado durante tanto tiempo que los puestos de regentes se habían vuelto prácticamente hereditarios. Los principales cambios en los nombres de estos fueron causados por el crecimiento de la industria pesada y la transferencia de puestos a través de líneas femeninas. Tres puestos fueron ocupados por las mismas familias durante más de un siglo. En el siglo XX, los nombres de Rothschild, Mallet, Mirabaud, Neuflize, Davillier, Vernes, Hottinguer y sus parientes figuran constantemente en el consejo de regentes.

El Banco de Francia actuaba como una especie de Estado Mayor para las 40 familias que controlaban los 19 bancos privados principales. Se hicieron pocos esfuerzos para influir en los negocios mediante el tipo de redescuento y no se recurrió a las operaciones de mercado abierto hasta 1938. El Estado estaba influenciado por la necesidad de la Tesorería de obtenerfondos del Banco de Francia. Otros bancos fueron influenciados por métodos más exclusivamente franceses: por alianzas matrimoniales, por el soborno indirecto (es decir, por el control de sinecuras bien remuneradas en la banca y la industria) y por la completa dependencia de los bancos franceses del Banco de Francia en cualquier crisis. Esto último se debe a que los bancos franceses no hacían hincapié en las reservas de oro, sino que consideraban el papel comercial como su principal reserva. En cualquier crisis en la que este papel no pudiera liquidarse con la suficiente rapidez, los bancos recurrían al poder ilimitado de emisión de billetes del Banco de Francia.

En la tercera línea de control de la economía francesa estaban los bancos de inversión llamados «banques d'affaires». Estos estaban dominados por dos entidades bancarias: la Banque de Paris et des Pays Bas creada por el grupo Rothschild en 1872 y la Banque de l'Union Parisienne fundada por el bloque rival en 1904. Estos bancos de inversión suministraron capital a largo plazo a la industria, y obtuvieron a cambio acciones y cargos directivos. Gran parte de las acciones se revendían al público, pero los puestos de dirección se mantenían indefinidamente a efectos de conservar el control. En 1931, Paribas poseía los valores de 357 empresas; sus propios directores y altos cargos ocupaban 180 puestos de dirección en 120 de las más importantes. El control se facilitó con frecuencia mediante el uso de acciones sin derecho a voto, acciones de voto múltiple, cargos de director por cooptación y otros refinamientos del capitalismo financiero. Por ejemplo, la Compañía General de Inalámbricos creada por Paribas distribuyó 200 000 acciones por un valor de 500 francos cada acción.

De ellas, 181 818 acciones, vendidas al público, se requerían diez acciones para obtener un voto, mientras que 18 182 acciones, en poder del grupo de iniciados, tenían un voto cada una. Una situación similar se dio en las acciones de Havas, también emitidas por Paribas.

El banco de inversión de los bancos privados no judíos y de sus aliados industriales era la Union Parisienne. Entre sus 16 directores se encontraban nombres como Mirabaud, Hottinguer, Neuflize, Vernes, Wendel, Lubersac y Schneider en el período anterior a 1934. Los dos mayores accionistas entre 1935 y 1937 eran Lubersac y Mallet. En 1933, los directores de este banco ocupaban otros 124 puestos en 90 empresas importantes. Al mismo tiempo, poseía acciones en 338 sociedades. El valor de las acciones de la Union Parisienne en 1932 era de 482,1 millones de francos y el de las de Paribas de 548,8 millones, lo que da un total de 1030,9 millones de francos para ambos.

En la cuarta línea de control se encontraban cinco grandes bancos comerciales con 4416 sucursales en 1932. A principios de siglo, todos ellos formaban parte del «Consorcio Paribas», pero después de la fundación de la Union Parisienne en 1904 se fueron pasando lentamente al nuevo bloque. El Comptoir National d'Escompte se pasó casi de inmediato y los demás lo hicieron más lentamente. En consecuencia, el control de los dos grandes bloques sobre los grandes bancos de depósito fue bastante desigual durante el siglo XX y el antiguo grupo judío de banqueros privados perdió terreno de forma bastante constante. El declive de este grupo estuvo estrechamente relacionado con el declive del capitalismo financiero internacional y recibió su peor golpe en las pérdidas de bonos extranjeros resultantes de la Primera Guerra Mundial. Los bancos de depósito regionales estaban controlados en mayor o menor medida por uno u otro de los dos bloques, siendo el control de Paribas más fuerte en el norte, el oeste y el sur, mientras que el bloque Unión-Comité era más fuerte en el noreste, el este y el sureste. El control de las cajas de ahorros y de las compañías de seguros también estaba repartido, especialmente allí donde se habían fundado antes de que los dos bloques alcanzaran su forma moderna. Por ejemplo, la mayor compañía de seguros de Francia, con un capital y unas reservas de 2463 millones de francos en 1931, tenía como directores a personajes como Mallet, Rothschild, Neuflize, Hottinguer, etc.

Esta cooperación entre los dos bloques en lo que respecta a los niveles inferiores del sistema bancario (y el propio Banco de Francia) no solía extenderse a la actividad industrial o comercial. Allí, la competencia fuera del mercado era severa y se convirtió en una lucha a muerte entre 1932 y 1940. En algunas actividades, se trazaron esferas de interés entre los dos grupos, con lo que la competencia se redujo. Dentro de Francia, existía la división básica entre el este y el oeste; el grupo judío enfatizaba la construcción naval, las comunicaciones y el transporte transatlántico, y los servicios públicos en el oeste, mientras que el grupo protestante-católico enfatizaba el hierro, el acero y el armamento en el este. Fuera de Francia, el primer grupo dominaba las colonias, el Norte de África y el Mediterráneo oriental, mientras que el segundo hizo hincapié en Europa central y oriental (principalmente a través de la Union Européenne Industrielle et Financière, creada en 1920 para ser la contrapartida económica de la Pequeña Entente).

En algunos campos la rivalidad de los dos grupos tenía ramificaciones mundiales. En los productos petrolíferos, por ejemplo, los banqueros judíos, a través de la Banque de Paris et des Pays Bas, controlaban la Compagnie Française des Pétroles, aliada de la Standard Oil y de Rockefeller, mientras que los banqueros católicos-protestantes, a través de la Union Parisienne, controlaban la Petrofina, aliada de la Royal Dutch Shell y de Deterding. Jules Exbrayat, socio de Demachy et Cie. (en la que Francois de Wendel era propietario mayoritario) era director de Union Parisienne y de Petrofina, al igual que Alexandre Bungener, socio de Lubersac et Cie. Charles Sergeant, una vez subsecretario del Ministerio de Finanzas y subgobernador del Banco de Francia, fue durante años presidente de la Union Parisienne y desempeñó en un bloque un papel similar al de Horace Finaly en el otro. Fue director de Petrofina y de la Union Européenne Industrielle et Financiére. Cuando se retiró por motivos de salud en 1938, fue sustituido en varios cargos (entre ellos en Petrofina y Union Parisienne) por Jean Tannery, gobernador honorario del Banco de Francia. Al mismo tiempo, Joseph Courcelle, antiguo inspector de finanzas, era director de 17 empresas, entre ellas las mismas mencionadas anteriormente. Por otro lado, Horace Finaly era director general de Paribas y director de Standard Franco-Américaine, mientras que su hijo, Boris, era director de Cie. Française des Pétroles. El ex embajador Jules Cambon y Emile Oudot, ambos directores de Paribas, fueron respectivamente directores de Standard Franco-Américaine y Standard Française des Pétroles (antes de que estas se fusionaran en 1938).

Fuera del sistema bancario que hemos esbozado, la economía francesa estaba organizada en una serie de asociaciones comerciales, monopolios industriales y cárteles. Estos solían estar controlados por el bloque católico-protestante de banqueros privados, ya que el grupo judío seguía utilizando los métodos más antiguos del capitalismo financiero mientras sus rivales avanzaban hacia los métodos más evidentes del capitalismo monopolista. En estos casos, las empresas individuales controladas por el grupo judío se unían con frecuencia a los cárteles y asociaciones creados por el bloque rival.

En el centro del sistema de controles industriales monopolísticos estaba la Confédération générale du Patronat Français, que después de 1936 (acuerdos de Matignon) realizaba la negociación colectiva de la mayor parte de la industria francesa. La Confederación estaba dividida en secciones para las diferentes ramas de la industria. Alrededor de la Confederación había una serie de asociaciones comerciales generales y cárteles como el Comité des Forges, el Comité Central des Houillères, la Union des Industries Métallurgiques et Minières, la Société de l'industrie Minérale, etc. Por debajo de ellos había un gran número de asociaciones regionales y cárteles locales. Estos se integraban en un todo único mediante controles financieros, alianzas familiares y posiciones interconectadas.

En este sistema, el Comité des Forges, asociación comercial de la industria metalúrgica, ocupaba una posición clave. En Francia, la industria del hierro estaba originalmente muy dispersa en pequeñas empresas. De ellas, las fábricas de Le Creusot, adquiridas por la familia Schneider en 1838, fueron tan favorecidas por Napoleón III que empezaron a perfilarse como la principal empresa metalúrgica de Francia. Como consecuencia de la pérdida de privilegios gubernamentales por el paso del segundo Imperio a la Tercera República y del golpe que supuso para el prestigio de Schneider la victoria de los cañones de acero de Krupp sobre los de bronce de Le Creusot en 1870, toda la industria metalúrgica de Francia comenzó a girar hacia el monopolio y a buscar capital de banqueros privados. El giro hacia el monopolio apareció casi de inmediato, especialmente en la forma típica francesa del *Comptoir* (agencia de venta conjunta).

En 1884, como hemos dicho, se constituyó el Comité des Forges como asociación de todas las industrias metalúrgicas de Francia, con un único *Comptoir* para evitar la competencia de precios. En el siglo XX, el Comité des Forges estaba formado por representantes de más de 200 empresas con un capital nominal de unos 8000 millones de francos, pero cuyos títulos valían casi 100 000 millones de francos en 1939. De las 200 sociedades, las principales quizás eran Établissements Schneider; Les Forges et Aciéries de la Marine et Homécourt; La Société des Petits-Fils de François de Wendel; Les Aciéries de Longwy, etc. En el año 1939, el 75 % de la producción siderúrgica francesa correspondía a seis empresas. Sin embargo, las influencias monopolísticas eran mucho más fuertes de lo que indican estas cifras. De las 200 empresas del Comité des Forges, solo 70 tenían importancia en el sector del hierro y el acero. Estas 70 tenían una capitalización total de unos 4000 millones de francos. Cincuenta y una de estas empresas, con 2 727 054 000 francos de capital en 1939, estaban en el bloque Unión-Comité y eran controladas por una alianza Schneider-Mirabaud. Once empresas, con 506 millones de francos de capital, estaban en el bloque Paribas. Ocho empresas, con 749 millones de francos de capital, no estaban en ningún bloque ni tenían dudas.

En la industria francesa del carbón se observa una evolución algo similar. Esto, quizás, no es sorprendente, ya que la industria del carbón estaba ampliamente dominada por los mismos grupos que la industria del acero. En 1938, el 77 % de la producción francesa de carbón procedía de 14 empresas. Tres de estas empresas eran propiedad de Wendel, que controlaba directamente el 15,3 % de la producción de carbón francesa, y en un porcentaje mayor indirectamente. Paralelamente al Comité des Forges en el acero, y controlado por el mismo grupo, estaba el Comité Central des Houillères en el carbón. Este comité se financiaba con impuestos sobre las minas de carbón en función de la producción. El poder de voto dentro de la organización se basaba en esta contribución financiera, de modo que 13 empresas controlaban más de tres cuartas partes de los votos y Wendel más de una sexta parte. La industria hullera francesa estaba controlada por el bloque Unión-Comité casi tan completamente como la industria siderúrgica. En Francia, el carbón se encuentra principalmente en dos zonas: el noroeste, en torno a Lille y el sureste, en torno a Lyon. Esta última estaba controlada casi por completo por el bloque Unión-Comité, pero la influencia de Paribas era muy grande en la zona norte, mucho más rica. Fueron estas minas de carbón Paribas del norte las que se alejaron gradualmente y se convirtieron en uno de los principales elementos del Eje monopolístico Lille-Lyon.

La influencia preponderante del bloque Unión-Comité en campos tan importantes como el hierro, el acero y el carbón se vio equilibrada en cierta medida por la forma hábil en que el bloque Paribas se hizo con el control de los puntos estratégicos en los campos de las comunicaciones y la publicidad.

En 1936 solo había 1506 sociedades registradas en la bolsa de París. De este número, solo unas 600 eran importantes. Si añadimos a estas unas 150 o 200 sociedades importantes no registradas en París, tenemos un total de unas 800 empresas. De estas 800, el bloque Paribas controlaba, en 1936, casi 400 y el bloque Unión-Comité unas 300. El resto no estaba controlado por ninguno de los dos bloques. El mayor número de empresas controladas por Paribas se vio contrarrestado por la mayor capitalización de las empresas de Union-Comité. Esto, a su vez, se vio contrarrestado por el hecho de que las empresas de Paribas ocupaban posiciones estratégicas.

En el siglo XX, todo el sistema Paribas estaba dirigido por el barón Edouard de Rothschild, pero el jefe activo era René Mayer, gerente del banco Rothschild y sobrino por matrimonio de James Rothschild. El principal centro de operaciones del sistema estaba en la Banque de Paris et des Pays Bas, que fue dirigida hasta 1937 por Horace Finaly, de una familia judía-húngara traída a Francia por Rothschild en 1880. Desde este banco se regía gran parte de la sección de la economía francesa controlada por este bloque. Esta sección incluía muchas empresas extranjeras y coloniales, servicios públicos, transporte marítimo, líneas aéreas, construcción naval y, sobre todo, comunicaciones. En este último grupo se encontraban Cie. Genérale Transatlantique, Cie. Genérale de Télégraphie sans Fils, Radio-France, Cie. Française de Cables Télégraphiques, Cie. Internationale des Wagon-lits, Havas y Hachette.

Havas era una gran agencia de noticias monopólica, así como la agencia de publicidad más importante de Francia. Podía, y así lo hizo, suprimir o difundir tanto las noticias como la publicidad. Por lo general, suministraba gratuitamente las noticias a los periódicos, que imprimían los textos publicitarios que también proporcionaba. Recibió subvenciones secretas del Gobierno durante casi un siglo (un hecho revelado por primera vez por Balzac) y a finales de los años 30 estas subvenciones procedentes de los fondos secretos del Frente Popular habían alcanzado un tamaño fantástico. Hachette tenía el monopolio de la distribución de publicaciones periódicas y una parte considerable de la distribución de libros. Este monopolio podía ser utilizado para acabar con los periódicos que se consideraban censurables. Así se hizo en los años 30 con el reaccionario *L'Ami du peuple* de François Coty.

A partir de 1934, el bloque Unión-Comité se vio muy perjudicado por la depresión mundial, que afectó más a la industria pesada que a otros segmentos de la economía. Después de 1937, el bloque Paribas se vio muy dividido por el auge del antisemitismo, la controversia sobre los métodos financieros ortodoxos y no ortodoxos para hacer frente a la depresión y, sobre todo, por la creciente crisis exterior. El deseo de los Rothschild de formar una alianza con Rusia y adoptar una política de resistencia contra Hitler, al tiempo que apoyaban a la España leal, continuaban con la política financiera ortodoxa y construían los sindicatos contra el Comité des Forges, se derrumbó por sus propias contradicciones internas, su propia falta de fe en ello y la presión de Gran Bretaña.

A medida que los dos bloques más antiguos se debilitaban, un nuevo bloque ascendía rápidamente al poder entre ellos. Se trata del Eje Lille-Lyon. Se construyó en torno a dos grupos regionales: uno en el norte, en torno a Lille y otro en el sureste y el este, en torno a Lyon y en Alsacia. El primero tenía un ramal que iba a Bruselas en Bélgica, mientras que el segundo tenía un ramal que iba a Basilea en Suiza. El extremo de Lille estaba originalmente bajo la influencia de Rothschild, mientras que el de Lyon estaba originalmente bajo la influencia de Mirabaud. Los dos extremos se integraron en una sola unidad gracias a las actividades de varios bancos privados y dos bancos de depósito en París. Entre los bancos privados se encontraban Odier, Sautter et Cie, S. Propper et Cie y Worms et Cie. Los bancos de crédito eran el Crédit Commercial de France y la Banque Française pour le Commerce et l'Industrie.

Este Eje Lille-Lyon se construyó en torno a cuatro actividades económicas: servicios eléctricos, productos químicos, textiles artificiales y metales ligeros. Estas cuatro eran monopolísticas y estaban interrelacionadas, principalmente por razones tecnológicas. Eran monopolistas por naturaleza (servicios públicos) o porque se basaban en recursos naturales estrechamente controlados (servicios públicos y productos químicos), o porque requerían una operación a gran escala utilizando subproductos y actividades afiliadas para un funcionamiento rentable (servicios públicos, productos químicos, textiles artificiales y metales ligeros), o porque requerían el uso de patentes estrechamente controladas (productos químicos, textiles artificiales y metales ligeros).

Estas actividades estaban interrelacionadas por varias razones. Los servicios públicos del norte se basaban en el carbón, mientras que los del sureste lo hacían en la energía hidráulica. La fabricación de metales ligeros se concentró en el sureste debido a la disponibilidad de energía hidráulica. Estos metales, sobre todo el aluminio, se fabricaban por electrólisis, que proporcionaba subproductos químicos. De este modo, las dos empresas de metales ligeros de Francia se trasladaron al campo de la química. La industria textil ya estaba centrada en el norte (cerca de Lille) y en el sureste (cerca de Lyon). Cuando esta industria textil se orientó hacia las fibras artificiales, tuvo que aliarse con las empresas químicas. Esto fue fácil porque las empresas químicas del sureste ya estaban en estrecho contacto con las empresas textiles de Lyon (principalmente la familia Gillet), mientras que las empresas químicas del norte ya estaban en estrecho contacto con las empresas textiles de la zona (principalmente la familia Motte y sus parientes). Estas empresas textiles del norte ya controlaban, en colaboración con Paribas, las minas de carbón más ricas de la zona. Estas minas comenzaron a generar energía eléctrica minera, utilizando todos los subproductos para productos químicos y textiles artificiales. Como las familias textiles del norte (como Motte) ya estaban relacionadas con las familias textiles del sureste (como Gillet) por matrimonio y por asociaciones comerciales, fue fácil que el Eje Lille-Lyon creciera en esta línea.

Como resultado del estancamiento entre los dos grandes bloques, entre los capitalistas financieros y los monopolistas, entre los partidarios de la alianza rusa y los del apaciguamiento, entre las medidas financieras ortodoxas y las no ortodoxas, entre los judíos y los antisemitas, Francia quedó completamente paralizada y cayó derrotada en 1940. Esto fue bastante aceptable para el Eje Lille-Lyon. Aceptó la derrota con complacenciay, con la ayuda de Alemania, comenzó a apoderarse de toda la economía de Francia. El bloque Paribas fue destruido por las leyes antisemitas y muchos de sus principales puntos fuertes fueron tomados. El bloque Unión-Comité se vio gravemente perjudicado por una serie de duros golpes, como la venta forzosa de todas las propiedades extranjeras de Schneider y de la mayoría de las propiedades nacionales de Wendel a los alemanes (principalmente a la Hermann Göring Werke), la confiscación de las demás propiedades de hierro de Lorena y la abolición del propio Comité des Forges.

Al mismo tiempo, el Eje Lille-Lyon se refuerza. La industria química francesa, ya ampliamente monopolizada por Établissements Kuhlmann, se vio obligada a formar una sola corporación (Société Francolor) controlada por el Eje Lille-Lyon e I. G. Farben. La industria de los metales ligeros, ya ampliamente monopolizada por Alais, Froges y Camargue, se centralizó casi por completo en esta empresa. La industria textil artificial, ya ampliamente monopolizada por la camarilla de Gillet, se centralizó en una sola empresa, France Rayonne, bajo el control conjunto de Gillet y Alemania. La industria del automóvil se sometió a un control único (el Comité d'organisation d'automobiles) y se creó una empresa de fabricación conjunta (la Société générale française de construction d'automobiles). Todo el sistema estaba controlado por un pequeño grupo de Lyon centrado en la familia Gillet y representado en la escena política principalmente por Pierre Laval.

Las luchas entre estos tres grandes bloques de poder económico en Francia son bastante difíciles de entender para los estadounidenses porque no se reflejaron en la competencia de precios en el mercado, donde los estadounidenses normalmente esperarían que apareciera la competencia económica. En el ámbito de la política de precios, los tres bloques cooperaron en general. También cooperaron en sus actitudes hacia el trabajo, aunque en menor grado. Sus rivalidades aparecieron en los campos del poder económico y político en forma de luchas por controlar las fuentes de materias primas, los suministros de crédito y capital y los instrumentos de gobierno. La competencia de precios, que a un estadounidense siempre le ha parecido el primer, e incluso el único, método de rivalidad económica, en Europa se ha considerado generalmente como el último método posible, uno tan mutuamente destructivo como para ser evitado tácitamente por ambas partes. De hecho, en Francia, como en la mayoría de los países europeos, los grupos económicos rivales no veían nada incoherente en unirse para utilizar el poder del Estado a fin de hacer cumplir las políticas conjuntas de dichos grupos en materia de precios y trabajo.

La derrota francesa de 1940 rompió el estancamiento entre los bloques de poder económico que habían paralizado a Francia en los años 30 y que tanto habían contribuido a hacer posible la derrota. Los dos bloques más antiguos fueron desbaratados bajo la ocupación alemana y el régimen de Vichy, el bloque Paribas por las leyes antisemitas y el bloque Unión-Comité porque sus participaciones eran deseables para los alemanes y sus colaboradores franceses. El Eje Lille-Lyon, dirigido por los socios de la Banque Worms y de la Banque de l'Indochine, trató de hacerse con la mayor parte de la economía francesa como colaboradores voluntarios de los alemanes y de su antiguo socio, Pierre Laval, y tuvo bastante éxito en ello, pero las confusiones económicas de la ocupación y la carga de los costes de ocupación alemanes hicieron imposible obtener beneficios significativos de su posición. Además, como colaboradores de los nazis, el Eje Lille-Lyon no podía esperar sobrevivir a una derrota alemana, y no lo hizo.

Los tres bloques de la preguerra no desempeñaron ningún papel importante en Francia desde 1945, aunque sí lo hizo parte del personal del Paribas, especialmente René Mayer, jefe activo de los intereses de la familia Rothschild, que fue ministro de Finanzas en el primer gobierno de la posguerra. Más tarde, en 1962, De Gaulle nombró primer ministro al director del banco Rothschild,

George Pompidou. El papel bastante destacado que desempeñaron banqueros como estos no impidió que Francia siguiera la pauta de los nuevos procedimientos económicos que hemos observado en otros países. El proceso se retrasó por la parálisis política derivada del sistema parlamentario francés, especialmente por la inestabilidad de los gabinetes derivada de la multiplicidad de partidos. La crisis militar de Indochina, seguida de la prolongada y frustrante guerra civil de Argelia, impidió a Francia establecer un sistema económico satisfactorio hasta 1958.

Sin embargo, el único logro del período anterior fue uno muy grande: el papel de Francia en el establecimiento del Mercado Común Europeo, que fue decisivo. El Tratado de Roma de 1957 lo estableció con seis miembros (Francia, Alemania Occidental, Bélgica, Países Bajos, Italia y Luxemburgo). Se preveía eliminar las barreras aduaneras internas entre sus miembros por etapas a lo largo de, al menos, una docena de años, al tiempo que se adoptaba un arancel exterior común frente a los foráneos. De este modo se crearía un mercado de masas que permitiría una producción masiva con menores costes. Francia no pudo contribuir mucho a este nuevo mercado hasta que se puso fin a su inestabilidad política con la instauración de la Quinta República, de corte más autoritario, en 1958 (constitución del 4 de octubre). En diciembre de ese año se devaluó el franco y se inauguró un programa de austeridad fiscal. De inmediato, la actividad económica comenzó a aumentar. La tasa de crecimiento de la producción industrial alcanzó el 6,3 % en 1961 y casi el 8,5 % en 1962. Las reservas de oro se duplicaron en los dos años siguientes a la devaluación.

La prosperidad resultante, calificada como «milagro económico» en el informe de 1962 de la Organización para la Cooperación y el Desarrollo Económicos de los 20 países (organización sucesora del Plan Marshall), se repartió de forma desigual, ya que los agricultores y los empleados públicos obtuvieron una parte inferior a la que les correspondía y estuvo acompañada de una indeseable inflación del coste de vida (que en 1953 era de 100 puntos básicos) hasta 103 en 1956, 138 en 1961 y hasta 144 puntos básicos en 1962. Sin embargo, llevó a Francia y a los demás países del Mercado Común a un nivel de prosperidad sin precedentes que contrastaba notablemente con las monótonas condiciones de los menos afortunados países tras el Telón de Acero. Los británicos, que habían formado una Asociación Europea de Libre Comercio de los «Siete Exteriores» (Austria, Dinamarca, Noruega, Portugal, Suecia y Suiza) para buscar el libre comercio entre los miembros, pero sin un arancel exterior común frente a los demás, intentaron levantar su economía, más bien aletargada, incorporándose al Mercado Común en 1962, pero fueron rechazados por De Gaulle, que exigió como precio que Gran Bretaña renunciara a sus esfuerzos, que se remontaban a décadas atrás, por establecer una relación especial con Estados Unidos.

Estados Unidos de América

Estados Unidos, que presenta el ejemplo más extremo del capitalismo financiero, alcanzó el capitalismo monopolista solo parcial y distorsionadamente, durante un período muy breve, y i llegó a la siguiente etapa de la economía pluralista solo de forma inconsciente y tentativa.

Desde el principio, Estados Unidos tuvo escasez de mano de obra frente a una riqueza de recursos sin precedentes. En consecuencia, buscó equipos que ahorraran mano de obra y un alto rendimiento por jornada de trabajo, incluso en la agricultura. Esto significa que la cantidad de bienes de equipo por jornada laboral fue inusualmente alta a lo largo de la historia de Estados Unidos, incluso en el primer período, y esto sin duda presentó un problema en un país no desarrollado donde el ahorro privado fue, durante muchas generaciones, escaso. La acumulación de ese ahorro para invertirlo en mecanismos para economizar mano de obra, supuso una oportunidad anticipada para el capitalismo financiero. En consecuencia, Estados Unidos tuvo el capitalismo financiero durante un período más largo y en una forma más extrema que cualquier otro país. Además, el tamaño del país hizo que el problema del transporte fuera tan agudo que el capital necesario para los primeros canales, ferrocarriles e industria del hierro era grande y tenía que provenir de orígenes distintos a las fuentes privadaslocales. Gran parte de este capital procedía de subvenciones gubernamentales o de inversores extranjeros. Ya en 1850 era notable que había conexiones con el extranjero que seguían existiendo en la década de 1930.

En la década de 1880, las técnicas del capitalismo financiero estaban bien desarrolladas en Nueva York y el norte de Nueva Jersey y alcanzaron niveles de corrupción a los que nunca se acercó ningún país europeo. Esta corrupción buscaba engañar al inversor ordinario mediante salidas a bolsa y manipulaciones de los valores en beneficio de los «iniciados». El éxito conseguido con esto era su propia justificación y los practicantes de estos actos deshonestos eran tan socialmente aceptables como su riqueza les permitía ser, sin ninguna animadversión sobre cómo se había obtenido esa riqueza. Las técnicas corruptas, asociadas personajes como Daniel Drew o Jay Gould en los días más financieramente alocados del ferrocarril, también fueron practicadas por Morgan y otros que se hicieron respetables a partir de un largo éxito constante que les permitió establecer empresas.

Cualquier reforma de las prácticas de Wall Street provino de la presión del interior, especialmente del oeste agrícola y se retrasó mucho por la estrecha alianza de Wall Street con los dos principales partidos políticos, que crecieron entre 1880 y 1900. En 1900, en esta alianza, la influencia de Morgan en el Partido Republicano era dominante. Su principal rivalidad provenía de la influencia de un capitalista monopolista de Ohio, Rockefeller. En 1900, Wall Street había abandonado en gran medida el Partido Demócrata, un cambio indicado por el paso de la familia Whitney de los demócratas a los círculos internos republicanos, poco después de establecer una alianza familiar con Morgan. En el mismo período, la familia Rockefeller invirtió la dirección ordinaria del desarrollo al pasar de los campos monopolísticos del petróleo a los círculos bancarios de Nueva York a través del Chase National Bank. Pronto surgieron alianzas tanto familiares como financieras entre los Morgan, los Whitney y los Rockefeller, principalmente a través de las conexiones de las familias Payne y Aldrich.

Durante casi 50 años, de 1880 a 1930, el capitalismo financiero se aproximó a una estructura feudal en la que dos grandes poderes, centrados en Nueva York, dominaban una serie de poderes menores, tanto en Nueva York como en las ciudades de provincia. No se puede dar una descripción de esta estructura tal como existía en la década de 1920 en un breve resumen, ya que se infiltró en todos los aspectos de la vida estadounidense, especialmente en todas las ramas de la vida económica.

En el centro se encontraba un grupo de menos de una docena de bancos de inversión que, en el apogeo de sus poderes, eran todavía sociedades privadas no incorporadas. Entre ellos se encontraban J. P. Morgan; la familia Rockefeller; Kuhn, Loeb and Company; Dillon, Read and Company; Brown Brothers and Harriman; y otros. Cada uno de ellos estaba vinculado en relaciones organizativas o personales con varios bancos, compañías de seguros, ferrocarriles, servicios públicos y empresas industriales. El resultado fue la formación de una serie de redes de poder económico, de las cuales las más importantes tenían su centro en Nueva York, mientras que otros grupos provinciales aliados con estos se encontraban en Pittsburgh, Cleveland, Chicago y Boston.

J. P. Morgan trabajaba en estrecha relación con un grupo de bancos y compañías de seguros, como el First National Bank of New York, la Guaranty Trust Company, la Bankers Trust, la New York Trust Company y la Metropolitan Life Insurance Company. Todo el sistema dominaba una red de empresas comerciales que incluía al menos una sexta parte de las 200 mayores corporaciones no financieras del comercio estadounidense. Entre ellas había 12 empresas de servicios públicos, cinco o más sistemas ferroviarios, 13 empresas industriales y al menos cinco de los 50 mayores bancos del país. Los activos combinados de estas empresas superaban los 30 000 millones de dólares. Entre ellas se encontraban American Telephone and Telegraph Company, International

Telephone and Telegraph, Consolidated Gas of New York, los grupos de empresas de servicios eléctricos conocidos como Electric Bond and Share y como United Corporation Group (que incluía Commonwealth and Southern, Public Service of New Jersey y Columbia Gas and Electric), el sistema ferroviario New York Central, el sistema ferroviario Van Sweringen (Allegheny) de nueve líneas (entre ellas Chesapeake and Ohio; Erie; Missouri Pacific; Nickel Plate; y Pere Marquette); el Santa Fe; el sistema Northern de cinco grandes líneas (Great Northern; Northern Pacific; Burlington; y otras); el Southern Railway; General Electric Company; United States Steel; Phelps Dodge; Montgomery Ward; National Biscuit; Kennecott Copper; American Radiator y Standard Sanitary; Continental Oil; Reading Coal and Iron; Baldwin Locomotive; entre otros.

El grupo Rockefeller, que en realidad era una organización capitalista monopolista que solo invertía sus propios beneficios, funcionaba como una unidad capitalista financiera en estrecha colaboración con Morgan. Aliado con el banco más grande del país, el Chase National, participaba como potencia industrial en las diversas firmas de la Standard Oil y la Atlantic Refining Company, pero controlaba más de la mitad de los activos de la industria petrolera, además de los 2100 millones de dólares de activos del Chase National Bank.

Kuhn, Loeb se interesaba principalmente por los ferrocarriles, donde dominaba el Pennsylvania, el Union Pacific, el Southern Pacific, el Milwaukee, el Chicago Northwestern, el Katy (Missouri-Kansas-Texas Railroad Company) y el Delaware and Hudson. También dominaba el Bank of Manhattan y la Western Union Telegraph Company por un total de casi 11 000 millones de dólares en activos.

El grupo Mellon, con sede en Pittsburgh, dominaba Gulf Oil, Koppers, Alcoa, Westinghouse Electric, Union Trust Company, el Mellon National Bank, Jones and Laughlin Steel, American Rolling Mill, Crucible Steel y otras empresas, con unos activos totales de unos 3300 millones de dólares.

Se ha calculado que las 200 mayores empresas no financieras de Estados Unidos, más los 50 mayores bancos, a mediados de los años 30, poseían el 34 % de los activos de todas las empresas industriales, el 48 % de los activos de todos los bancos comerciales, el 75 % de los activos de todos los servicios públicos y el 95 % de los activos de todos los ferrocarriles. El total de activos de las cuatro áreas era de casi 100 000 millones de dólares, repartidos casi por igual entre las mismas. Los cuatro bloques de poder económico que hemos mencionado (Morgan; Rockefeller; Kuhn, Loeb and Company; y Mellon) más du Pont, y tres grupos locales aliados con estos en Boston, Cleveland y Chicago, dominaban en conjunto los siguientes porcentajes de las 250 corporaciones consideradas aquí: el 58 % de los activos totales de las empresas industriales, el 82 % de los ferrocarriles y el 58 % de los servicios públicos. El valor añadido de los activos controlados por los ocho grupos de poder era de unos 61 205 millones de dólares del total de activos, de 198 351 millones de dólares, en manos de estas 250 corporaciones más grandes a finales de 1935.

El poder económico que representaban estas figuras era casi inabarcable y se vio incrementado por el papel activo que estos gigantes financieros asumieron en la política. Morgan y Rockefeller juntos dominaban con frecuencia el Partido Republicano nacional, mientras que Morgan ejercía ocasionalmente una amplia influencia en el Partido Demócrata nacional (tres de los socios de Morgan solían ser demócratas). Estos dos eran también poderosos a nivel estatal, especialmente Morgan en Nueva York y Rockefeller en Ohio. Mellon era una potencia en Pensilvania y du Pont era obviamente una potencia política en Delaware.

En los años 20, este sistema de poder económico y político formaba una jerarquía encabezada por los intereses de Morgan y desempeñaba un papel principal tanto en la vida política como en la empresarial. Morgan, operando a nivel internacional en cooperación con sus aliados en el extranjero, especialmente en Inglaterra, influyó en los acontecimientos de la historia en un grado que no se puede especificar en detalle pero que, ciertamente, fue inmenso. Sin embargo, la lenta evolución de la vida empresarial que hemos mencionado estaba haciendo obsoletos a los banqueros inversionistas como Morgan, y las políticas financieras deflacionistas en las que estos banqueros insistían, estaban sentando las bases del colapso económico que acabó con su gobierno en un desastre social generalizado en 1940.

Sin embargo, en Estados Unidos la desaparición del capitalismo financiero fue mucho más prolongada que en la mayoría de los países extranjeros y no fue seguida por un sistema claramente establecido de capitalismo monopolista. Esta confusión de las etapas fue causada por una serie de acontecimientos de los que cabe mencionar tres: (1) la continua influencia personal de muchos financieros y banqueros, incluso después de que su poder hubiera disminuido; (2) la condición descentralizada del propio país, especialmente el sistema político federal; y (3) la larga tradición política y legal antimonopolio que se remonta al menos a la Ley Antimonopolio Sherman de 1890. Como consecuencia, Estados Unidos no llegó a tener una economía claramente monopolística y no pudo adoptar una política financiera totalmente heterodoxa capaz de proporcionar un pleno aprovechamiento de los recursos. El desempleo, que había afectado a 13 millones de personas en 1933, seguía siendo de 10 millones en 1940. Por otra parte, Estados Unidos hizo grandes avances para equilibrar los bloques de intereses, reforzando en gran medida los grupos obreros y agrícolas, reduciendo fuertemente la influencia y los privilegios de las finanzas y de la industria pesada.

De los diversos grupos de la economía estadounidense, los financieros eran los que estaban más estrechamente relacionados con la industria pesada, debido a la gran necesidad de capital de esta última para su maquinaria pesada. La política deflacionista de los banqueros era aceptable para la industria pesada sobre todo porque la mano de obra masiva de esta industria en Estados Unidos, especialmente en la fabricación de acero y automóviles, no estaba sindicalizada, y los precios lentamente descendentes de los productos de dicha industria podían seguir produciéndose de forma rentable si los costes llegaban a reducirse mediante la eliminación de mano de obra a gran escala, instalando más equipos pesados. Gran parte de estos nuevos equipos, que dieron lugar a técnicas de cadena de montaje como la acería de colada continua, fueron financiados por los banqueros. Con la mano de obra no organizada, los empleadores de la mano de obra masiva podían reorganizar, reducir o despedir diariamente a dicha mano de obra sin previo aviso y, por lo tanto, podían reducir los costes de la mano de obra para hacer frente a las caídas de los precios por la deflación de los banqueros. Los fabricantes de bienes de la industria pesada ignoraron el hecho de que las reducciones salariales o los grandes despidos en las industrias de trabajo masivo también disminuían el volumen del poder adquisitivo en el conjunto de la economía, en perjuicio de otros grupos que vendían bienes de consumo. De este modo, los agricultores, la industria ligera, los grupos inmobiliarios, los grupos comerciales y otros segmentos de la sociedad se vieron perjudicados por las políticas deflacionistas de los banqueros y por las políticas de empleo de la industria pesada, estrechamente relacionada con los banqueros. Cuando estas políticas se volvieron insoportables en la depresión de 1929 a 1933, estos otros bloques de intereses, que habían sido tradicionalmente republicanos (o al menos, como los agricultores del oeste, se habían negado a votar a los demócratas y habían participado en movimientos de terceros partidos en gran medida inútiles), abandonaron el Partido Republicano, que se mantuvo subordinado a las altas finanzas y a la industria pesada.

Este cambio del bloque agrícola, la industria ligera, los intereses comerciales (especialmente los grandes almacenes), el sector inmobiliario, los profesionales y la mano de obra masiva y no cualificada hacia el Partido Demócrata en 1932 tuvo como resultado la elección de Franklin D. Roosevelt y el New Deal[1]. La nueva Administración trató de reducir el poder de los dos grupos opositores y explotadores (los banqueros y la industria pesada) y de recompensar y ayudar a los grupos que la habían elegido. Los agricultores fueron ayudados por los subsidios; los trabajadores por el gasto gubernamental para crear puestos de trabajo y proporcionar poder adquisitivo y por el fomento de la sindicalización; mientras que los grupos inmobiliarios, profesionales y comerciales fueron ayudados por el aumento de la demanda debido al mayor poder adquisitivo de los agricultores y los trabajadores.

---

1. Nombre dado a la política intervencionista del presidente Roosevelt para luchar contra la Gran Depresión en Estados Unidos.

Las acciones del New Deal contra las finanzas y la industria pesada tenían como principal objetivo evitar que estas dos repitieran sus acciones del período de 1920 a 1933. La Ley de la Comisión de Bolsa y Valores (SEC, por sus siglas en inglés) pretendía supervisar las emisiones de valores y las prácticas bursátiles para proteger a los inversores. La legislación ferroviaria pretendía reducir la explotación financiera e incluso la quiebra deliberada de los ferrocarriles por parte de los intereses financieros (como había hecho William Rockefeller con el Chicago, Milwaukee y St. Paul o como había hecho Morgan con el New York, New Haven y Hartford). La Ley Bancaria de 1933 separó la banca de inversión de la de depósito. La manipulación a gran escala de la mano de obra por parte de la industria pesada se vio limitada por la Ley Nacional de Relaciones Laborales de 1933, que pretendía proteger los derechos de negociación colectiva de los trabajadores. Al mismo tiempo, con el consentimiento de la nueva Administración, los grupos sindicales aliados con ella iniciaron una campaña para sindicalizar a las masas de mano de obra no cualificada empleada por la industria pesada, con el fin de evitar que esta última adoptara cualquier política de despidos masivos o reducciones salariales bruscas y repentinas en cualquier período futuro de disminución de la demanda. Con este fin se creó un Comité de Organización Industrial bajo la dirección del único jefe de un sindicato de masas del país, John L. Lewis, de la United Mine Workers y se comenzó una campaña para organizar a los trabajadores de las industrias del acero, el automóvil, la electricidad y otras que no tenían sindicatos.

Todo esto sirvió para crear bloques de intereses más organizados y más conscientes de sí mismos en la vida estadounidense, especialmente entre los agricultores y los trabajadores, pero no representó ninguna victoria para la financiación no ortodoxa, la verdadera clave del capitalismo monopolista, o para una economía pluralista gestionada. La razón es que el New Deal, por la ideología del presidente Roosevelt, era fundamentalmente ortodoxo en los principios sobre la naturaleza del dinero. Roosevelt estaba bastante dispuesto a desequilibrar el presupuesto y a gastar en una depresión de forma poco ortodoxa porque había captado la idea de que la falta de poder adquisitivo era la causa del desempleo y de la falta de demanda, que hacía que no se vendieran los bienes, pero no tenía idea de las causas de la depresión y sí la tenía de las creencias bastante ortodoxas sobre la naturaleza del dinero. Como resultado, su Administración se enfocó en los efectos en lugar de las causas de la depresión y, aunque gastó de forma poco ortodoxa para tratar estos efectos, lo hizo con dinero prestado por los bancos. El New Deal permitió a los banqueros crear el dinero, poder pedirlo prestado a los bancos y gastarlo. Esto significó que el New Deal hizo crecer la deuda nacional a crédito de los bancos y gastó el dinero de forma tan limitada que no fue posible una reutilización drástica de los recursos inactivos.

Uno de los hechos más significativos del New Deal fue su ortodoxia sobre el dinero. Durante los 12 años que estuvo en la Casa Blanca, Roosevelt tuvo la facultad legal de emitir dinero fiduciario en forma de billetes impresos por el Gobierno sin recurrir a los bancos. Esta autoridad nunca se utilizó. Como resultado de esa ortodoxia, los efectos de los recursos inactivos de la depresión solo se superaron cuando la emergencia de la guerra, en 1942, hizo posible justificar un aumento ilimitado de la deuda nacional mediante préstamos ilimitados de los particulares y de los bancos. Pero todo este episodio puso de manifiesto un fracaso en la comprensión de la naturaleza del dinero y de la función del sistema monetario, del que quedaron considerables rastros en la posguerra.

Una de las razones de la disposición del New Deal para continuar con una teoría ortodoxa de la naturaleza del dinero, junto con una práctica poco ortodoxa en su uso, surgió del fracaso de la Administración Roosevelt en reconocer la naturaleza de la propia crisis económica. Este fracaso puede verse en la teoría de Roosevelt del «pump priming»[1]. Creía sinceramente, al igual que su secretario de Tesorería, que no había nada estructuralmente incorrecto en la economía, que simplemente estaba temporalmente estancada y que seguiría funcionando por sus propios medios si se podía volver a poner en marcha. Todo lo que se necesitaba para reiniciarla, en la teoría del New Deal, era una cantidad relativamente moderada de gasto público de forma temporal. Esto crearía poder adquisitivo (demanda) para los bienes de consumo, lo que, a su vez, aumentaría la confianza de los inversores, que comenzarían a liberar grandes ahorros no utilizados en la inversión. De nuevo, esto crearía poder adquisitivo y demandas adicionales, por lo que el sistema económico despegaría por su propia fuerza. El recorte de los poderes de las finanzas y de la industria pesada evitaría entonces que se repitiera el colapso de 1929.

La insuficiencia de esta teoría durante la depresión se demostró en 1937, cuando el New Deal, tras cuatro años de inversión para el relanzamiento económico y unas elecciones victoriosas en 1936, detuvo su gasto. En lugar de despegar, la economía se hundió en la recesión más pronunciada de la historia. El New Deal tuvo que reanudar el tratamiento de los efectos, pero ahora sin la esperanza de que el programa de gasto pudiera terminar alguna vez, una perspectiva desesperada, ya que la Administración carecía de conocimientos sobre cómo reformar el sistema o incluso sobre cómo escapar del crédito bancario con su creciente deuda pública y asimismo carecía del valor para adoptar el gasto a gran escala necesario para dar pleno empleo a los recursos. La Administración se libró de este callejón sin salida por la necesidad del programa de rearme que siguió a la guerra. Desde 1947, la Guerra Fría y el programa espacial han permitido que continúe la misma situación, de modo que, incluso hoy, la prosperidad no es el resultado de un sistema económico debidamente organizado, sino del gasto público y cualquier reducción drástica de dicho gasto daría lugar a una depresión aguda.

---

1. Inversión para el relanzamiento económico.

Los factores económicos

Desde un punto de vista analítico, hay una serie de elementos importantes en la situación económica del siglo XX. Estos elementos no surgieron todos al mismo tiempo y ninguno de ellos surgió simultáneamente en todas partes. El orden de aparición de estos elementos es más o menos el que se indica aquí:

1. Aumento del nivel de vida
2. Industrialismo
3. Crecimiento del tamaño de las empresas
4. Dispersión de la propiedad de las empresas
5. Separación del control de la propiedad
6. Concentración del control
7. Disminución de la competencia
8. Aumento de la disparidad en la distribución de los ingresos
9. Disminución del ritmo de expansión que lleva a la crisis

1. El aumento del nivel de vida general o promedio en los tiempos modernos es evidente y, con interrupciones intermitentes, se remonta a mil años atrás. Este progreso es bienvenido, pero evidentemente trae consigo ciertos factores que deben ser comprendidos y aceptados. El aumento del nivel de vida, salvo en sus primeras etapas, no implica un aumento del consumo de productos de primera necesidad, sino un aumento del consumo de lujos, hasta el punto de sustituir las necesidades básicas por lujos. A medida que los ingresos medios aumentan, la gente, a partir de cierto nivel, come cada vez menos pan de centeno, papas y coles, o lleva cada vez más ropa. Por el contrario, sustituyen el pan de centeno por el de trigo, añaden carne a su dieta y sustituyen la ropa tosca por ropa más fina; cambian su énfasis de alimentos altos en azúcares y carbohidratos a los alimentos altos en nutrientes.

Este proceso puede continuar indefinidamente. Algunos estudiosos han dividido los bienes desde este punto de vista en tres niveles: *(a) de primera* necesidad, *(b)* productos industriales y (c) lujos y servicios. El primero incluiría los alimentos y la ropa; el segundo, los ferrocarriles, los automóviles y las radios; el tercero, las películas, los libros, el entretenimiento, los yates, el ocio, la música, la filosofía, etc. Naturalmente, las líneas divisorias entre los tres grupos son muy imprecisas y la posición de cualquier elemento concreto variará de una sociedad a otra e incluso de una persona a otra.

A medida que aumenta el nivel de vida, se dedica un porcentaje cada vez menor de atención y recursos a los tipos de productos primarios o secundarios y uno cada vez mayor a los tipos de productos secundarios y terciarios. Esto tiene consecuencias económicas muy importantes. Significa que los lujos tienden a ser relativamente más importantes que las necesidades básicas. También significa que la atención se desplaza constantemente de productos cuya demanda es relativamente rígida a productos cuya demanda es relativamente elástica (es decir, expansible). Hay excepciones. Por ejemplo, la vivienda, que es obviamente una necesidad básica, es un producto cuya demanda es bastante elástica y podría seguir siéndolo hasta que la mayoría de las personas vivieran en palacios, pero, en general, la demanda de necesidades básicas es menos elástica que la de los lujos.

El aumento del nivel de vida implica también un aumento desproporcionado del ahorro (o de la acumulación de excedentes) con respecto al aumento de los ingresos. Es una regla bastante general, tanto para las sociedades como para los individuos, que los ahorros aumentan más rápido que los ingresos, aunque solo sea por el hecho de que una persona con un suministro adecuado para sus necesidades básicas tardará en decidir en qué lujos gastará el aumento de sus ingresos.

Por último, el paso de la producción primaria a la secundaria suele suponer un aumento muy grande de la inversión de capital, mientras que el paso de la producción secundaria a la terciaria puede no suponer un aumento de la inversión de capital proporcionalmente tan grande. El ocio, el entretenimiento, la música, la filosofía, la educación y los servicios personales no suelen requerir inversiones de capital comparables a las que exige la construcción de ferrocarriles, fábricas de acero, plantas de automóviles y estaciones eléctricas.

Como resultado de estos factores, puede surgir que una sociedad cuyo nivel de vida en aumento la haya llevado al punto de pasar del énfasis en la producción secundaria al énfasis en la producción terciaria se enfrente a la necesidad de ajustarse a una situación que haga más hincapié en los lujos que en las necesidades básicas, que preste más atención a los productos de demanda flexible que a los no flexibles y a un aumento del ahorro con una demanda decreciente de inversión.

2. La industrialización es un elemento evidente del desarrollo económico moderno. Tal como se utiliza aquí, tiene un significado muy específico, es decir, la aplicación de la energía inanimada a la producción. Durante mucho tiempo, la producción se realizaba utilizando la energía de fuentes animadas como los cuerpos humanos, los esclavos o los animales de tiro y se realizaba relativamente

poco con la energía de fuentes inanimadas como el viento o la caída del agua. La llamada Revolución Industrial comenzó cuando la energía del carbón, liberada a través de una máquina (la máquina de vapor) se convirtió en un elemento importante del proceso productivo. Continuó con las mejoras en el uso de la energía eólica y la energía hidráulica hasta el uso del petróleo en los motores de combustión interna y, finalmente, la energía de fuentes atómicas.

El aspecto esencial del industrialismo ha sido el gran aumento entre la población del uso de la energía per cápita. No se dispone de cifras adecuadas para la mayoría de los países europeos, pero en Estados Unidos la energía utilizada per cápita fue:

Año	Energía per cápita	Índice
1830	6 millones de BTU[1]	1
1890	80 millones de BTU	13
1930	245 millones de BTU	40

Como resultado de este aumento en el uso de energía per cápita, la producción industrial por hora-hombre aumentó significativamente (en Estados Unidos un 96% de 1899 a 1929). Fue este aumento de la producción por hora-hombre lo que permitió el aumento del nivel de vida y el incremento de las inversiones asociadas al proceso de industrialización.

La Revolución Industrial no llegó a todas las partes de Europa, ni siquiera a todas las partes de un mismo país, en el mismo momento. En general, comenzó en Inglaterra a finales del siglo XVIII (hacia 1776) y se extendió lentamente hacia el este y el sur de Europa, llegando a Francia después de 1830, a Alemania después de 1850 y a Italia y Rusia después de 1890. Este movimiento de industrialización hacia el este tuvo muchas consecuencias importantes, entre ellas la creencia por parte de los nuevos países de que estaban en desventaja con respecto a Inglaterra debido a la ventaja de esta última. Esto era falso, ya que, desde un punto de vista estrictamente temporal, estos países más nuevos tenían una ventaja sobre Inglaterra, puesto que sus instalaciones industriales más recientes eran menos obsoletas y estaban menos obstaculizadas por los intereses particulares. La ventaja que tenía Inglaterra provenía de sus mejores recursos naturales, de una oferta más abundante de capital y de una mano de obra cualificada.

3. El crecimiento del tamaño de las empresas fue un resultado natural del proceso de industrialización. Este proceso requirió un considerable desembolso de capital fijo, especialmente en las actividades estrechamente relacionadas con las primeras etapas del industrialismo, como los ferrocarriles, las fundiciones de hierro y las fábricas textiles. Estos grandes desembolsos requerían una

---

1. Unidad térmica británica.

nueva estructura jurídica para la empresa. La sociedad anónima o sociedad de responsabilidad limitada fue la solución. En este tipo de sociedad, se podían construir grandes instalaciones y gestionar capital, con la propiedad dividida en pequeñas fracciones entre un gran número de personas.

Este aumento del tamaño de las unidades es evidente en todos los países, principalmente en Estados Unidos, Gran Bretaña y Alemania. Las estadísticas al respecto son incompletas y difíciles de utilizar, pero, en general, indican que, aunque el número de empresas ha aumentado y el tamaño promedio de todas estas ha disminuido, el tamaño absoluto de las mayores empresas ha aumentado rápidamente en el siglo XX y la proporción de los activos totales o de la producción total en manos de estas empresas ha aumentado. Como resultado, la producción de ciertos productos, especialmente los químicos, los metales, las fibras artificiales, los equipos eléctricos, etc., ha sido dominada en la mayoría de los países por unas pocas grandes empresas.

En Estados Unidos, donde este proceso se ha estudiado con mayor detenimiento, se descubrió que de 1909 a 1930 el número de empresas de mil millones de dólares aumentó de 1 a 15 y la proporción de todos los activos de las empresas bajo el control de las 200 más grandes aumentó del 32 % a más del 49 %. En 1939, esta cifra alcanzó el 57 %. Esto significaba que las 200 mayores corporaciones crecían más rápido que las demás (5,4 % frente al 2,0 % anual) y más rápido que la riqueza nacional total. Como resultado, en 1930, estas 200 mayores corporaciones tenían el 49,2 % de todos los activos corporativos (u 81 000 millones de dólares de 165 000 millones); poseían el 38 % de toda la riqueza empresarial (u 81 000 millones de dólares de un total de 212 000 millones); tenían el 22 % de toda la riqueza del país (u 81 000 millones de dólares de 367 000 millones). De hecho, en 1930, una sola empresa (American Telephone and Telegraph) tenía más activos que la riqueza total de 21 estados. No se dispone de cifras semejantes para los países europeos, pero no cabe duda de que en la mayoría de ellos se produjo un crecimiento similar durante este período.

4. La dispersión de la propiedad de la empresa fue un resultado natural del crecimiento del tamaño de la misma y fue posible gracias al método de organización corporativa. A medida que las empresas aumentaban de tamaño, era cada vez menos posible que un individuo o un pequeño grupo poseyeran fracciones importantes de sus acciones. En la mayoría de los países, el número de titulares de valores aumentó más rápido que el número de valores en circulación. En Estados Unidos, el número de los primeros aumentó siete veces más rápido que el de los segundos entre 1900 y 1928. La dispersión fue mayor que en otros países, pero en otros lugares también se produjo una considerable dispersión de la propiedad de las empresas. Esto fue exactamente contrario a la predicción de Karl Marx de que los propietarios de la industria serían cada vez menos y más ricos.

5. Ya se ha mencionado la separación entre la propiedad y el control. Era una contrapartida inevitable de la aparición de la forma corporativa de organización empresarial; de hecho, la forma corporativa fue concebida para este mismo propósito, es decir, para movilizar el capital perteneciente a muchas personas en una sola empresa controlada por unos pocos. Como hemos visto, esta contrapartida inevitable fue llevada a un grado bastante inesperado por los dispositivos inventados por el capitalismo financiero.

6. La concentración del control también era inevitable a largo plazo, pero en este caso también fue llevada por dispositivos especiales a un grado extraordinario. Como resultado, en los países altamente industrializados, los sistemas económicos fueron dominados por un conjunto de complejos industriales. La economía francesa estaba dominada por tres poderes (Rothschild, Mirabaud y Schneider); la alemana, por dos (I. G. Farben y Vereinigte Stahl Werke); la estadounidense, por dos (Morgan y Rockefeller). Otros países, como Italia o Gran Bretaña, estaban dominados por un número algo mayor. En ningún país el poder de estos grandes complejos era primordial y exclusivo, y en ningún país estos poderes pudieron controlar la situación hasta el punto de evitar su propio declive bajo el impacto de las condiciones políticas y económicas mundiales, pero su capacidad para dominar sus esferas es innegable. En Francia, Rothschild y Schneider no pudieron esquivar el ataque de Hitler; en Alemania, Thyssen no pudo resistir los ataques de Flick y Göring. En Estados Unidos, Morgan no pudo evitar el cambio económico del capitalismo financiero al capitalismo monopolista y cedió con bastante elegancia ante el creciente poder de du Pont. En Gran Bretaña, igualmente, los jefes del capitalismo financiero cedieron ante los dueños de los productos químicos y los aceites vegetales, una vez que se dieron cuenta que el inevitable destino había sido escrito de manera convincente. Pero todos estos cambios de poder dentro de los sistemas económicos individuales indican simplemente que los individuos, o los grupos, son incapaces de mantener sus posiciones en el complejo flujo de la vida moderna y no indican ninguna descentralización del control. Por el contrario, a medida que los grupos se suceden, la concentración del control se hace mayor.

7. La disminución de la competencia es una consecuencia natural de la concentración del control. Esta disminución de la competencia se refiere, por supuesto, solo a la competencia de precios en el mercado, ya que este era el mecanismo que hacía funcionar el sistema económico en el siglo XIX. Este declive es evidente para todos los estudiantes de economía moderna y es uno de los aspectos más discutidos del sistema económico moderno. Está causado no solo por las actividades de los empresarios, sino también por las acciones de los sindicatos, de los gobiernos, de las organizaciones privadas de bienestar social, e incluso por el comportamiento gregario de los propios consumidores.

8. La creciente disparidad en la distribución de la renta es la característica más controvertida y menos establecida del sistema. Los datos estadísticos disponibles son tan insuficientes en todos los países europeos que la característica en sí no puede demostrarse de forma concluyente. Un estudio exhaustivo del tema, utilizando los materiales disponibles tanto para Europa como para Estados Unidos, con un análisis cuidadoso de los materiales americanos, mucho mejores, permitirá las siguientes conclusiones provisionales. Dejando de lado toda la acción gubernamental, parece que la disparidad en la distribución de la renta nacional se ha ido ampliando.

En Estados Unidos, por ejemplo, según la Junta Nacional de Conferencias Idustriales, la quinta parte más rica de la población recibió el 46,2 % de la renta nacional en 1910, el 51,3 % en 1929 y el 48,5 % en 1937. En los mismos tres años, el porcentaje de la quinta parte más pobre de la población cayó del 8,3 % al 5,4 % y al 3,6 %. Por lo tanto, las proporciones entre el porcentaje obtenido por la quinta parte más rica y el obtenido por la quinta más pobre aumentaron en estos tres años de 9,3 a 13,5 dólares. Si, en lugar de las quintas partes, examinamos las relaciones entre el porcentaje obtenido por la décima parte más rica y el obtenido por la décima más pobre, encontramos que en 1910 la relación era de 10; en 1929 era de 21,7; y en 1937 era de 34,4. Esto significa que los ricos de Estados Unidos se estaban enriqueciendo relativamente y probablemente de forma absoluta, mientras que los pobres se estaban empobreciendo tanto relativa como absolutamente. Esto último se debe a que el aumento de la renta nacional real en el período de 1910 a 1937 no fue lo suficientemente grande como para compensar la disminución del porcentaje destinado a los pobres o el aumento del número de personas de esa clase.

Como resultado de este aumento de disparidad en la distribución de la renta nacional, hubo una tendencia al aumento del ahorro y a la disminución del poder adquisitivo de los consumidores. Esto se debe a que el ahorro de una comunidad lo realizan en gran medida las personas más ricas de la misma y el ahorro aumenta de forma desproporcionada conforme aumentan los ingresos. Por otra parte, los ingresos de la clase pobre se dedican principalmente a los gastos de consumo. Por lo tanto, si es cierto que hay una creciente disparidad en la distribución de la renta nacional de un país, habrá una tendencia a que el ahorro aumente y el poder adquisitivo de los consumidores disminuya. Si esto es así, habrá una creciente reticencia por parte de los interventores del ahorro a invertir sus ahorros en nuevos bienes de equipo, ya que la disminución del poder adquisitivo existente hará cada vez más difícil la venta de los productos de los bienes de equipo existentes y muy poco probable que los productos de cualquier nuevo bien de equipo puedan venderse más fácilmente.

Esta situación, tal y como la hemos descrito, supone que el Gobierno no había intervenido de forma que modificara la distribución de la renta nacional determinada por factores económicos. Sin embargo, si el Gobierno intervenía para alterar esta distribución, sus acciones aumentarían la discrepancia en su distribución o la disminuirían. Si estas acciones la aumentaban, el problema de la discrepancia a la que nos hemos referido entre el ahorro, por un lado, y el nivel de poder adquisitivo y la inversión, por otro, se agravaría. Si, al contrario, el Gobierno adoptara un programa que pretendiera reducir la disparidad en la distribución de la renta nacional, por ejemplo, mediante un programa de impuestos que redujera el ahorro de los ricos y aumentara el poder adquisitivo de los pobres, se plantearía el mismo problema de inversión insuficiente. Un programa fiscal como el que hemos descrito tendría que basarse en un impuesto gradual sobre la renta y, debido a la concentración del ahorro en los tramos superiores de dicha renta, tendría que llevarse a un nivel de graduación tan agudo que los impuestos de los más ricos se acercarían rápidamente al nivel de confiscación. Esto, como dicen los conservadores, «mataría los incentivos». De esto no cabe duda, ya que cualquier persona con una renta ya lo suficientemente grande como para satisfacer sus deseos de consumo será muy poco probable que posea algún incentivo para invertir si cada dólar de beneficio obtenido de dicha inversión va a ser tomado por el Gobierno en forma de impuestos, salvo unos pocos centavos de su valor.

De este modo, el problema de la creciente disparidad en la distribución de la renta nacional conduce a un único resultado (disminución de la inversión en relación con el ahorro), tanto si la situación queda sujeta a factores puramente económicos como si el Gobierno toma medidas para disminuir la disparidad. La única diferencia es que, en un caso, la disminución de la inversión puede atribuirse a la falta de poder adquisitivo de los consumidores, mientras que, en el otro caso, puede atribuirse a una «muerte del incentivo» por parte de la acción gubernamental. Así pues, vemos que la controversia que se ha desatado tanto en Europa como en América desde 1932 entre progresistas y conservadores respecto a las causas de la falta de inversión es artificial. Los progresistas, que insistían en que la falta de inversión se debía a la falta de poder adquisitivo de los consumidores, tenían razón. Pero los conservadores, que insistían en que la falta de inversión se debía a la falta de confianza, también tenían razón. Cada uno miraba el lado opuesto de lo que es un único ciclo continuo.

Este ciclo se desarrolla aproximadamente de la siguiente manera: *(a) el* poder adquisitivo crea demanda de bienes; *(b) la* demanda de bienes crea confianza en la mente de los inversores; *(c)* la confianza crea nuevas inversiones; y *(d)* las nuevas inversiones crean poder adquisitivo, que a su vez crea demanda y así sucesivamente. Cortar este ciclo en cualquier punto e insistir en que el ciclo comienza en ese punto es disfrazar la situación. En los años 30, los progresistas concentraron su atención en la etapa *(a),* mientras que los conservadores lo hicieron en la etapa *(c). Los progresistas,* que pretendían aumentar el poder adquisitivo mediante alguna redistribución de la renta nacional, sin duda aumentaron el poder adquisitivo en la etapa (a), pero perdieron poder adquisitivo en la etapa *(c)* al reducir la confianza de los inversores potenciales. Esta disminución de la confianza fue especialmente notable en los países (como Francia y Estados Unidos) que todavía estaban profundamente involucrados en la etapa del capitalismo financiero.

Parece que los factores económicos por sí solos afectan a la distribución de los ingresos en la dirección de una mayor disparidad. Sin embargo, en ningún país importante los factores económicos fueron los únicos que determinaron la cuestión. En todos los países la acción gubernamental influyó notablemente en la distribución. Sin embargo, esta influencia no suele ser el resultado de un deseo consciente de cambiar la distribución de la renta nacional.

En Italia, los factores económicos tuvieron relativa libertad hasta después de la creación del Estado corporativo en 1934. El efecto de la acción gubernamental fue aumentar la tendencia económica normal hacia una creciente disparidad en la distribución de la renta nacional. Esta tendencia se había dejado actuar desde un primer momento hasta el final de la guerra en 1918. Un esfuerzo drástico de las influencias izquierdistas en el período de 1918 a 1922 dio lugar a una acción gubernamental que invirtió esta tendencia. Como resultado, una contrarrevolución llevó a Mussolini al poder en octubre de 1922. El nuevo Gobierno suprimió las medidas gubernamentales que habían obstaculizado la tendencia económica normal y como resultado se reanudó la tendencia hacia una mayor disparidad en la distribución de la renta nacional. Esta tendencia se hizo más drástica tras la creación de la dictadura en 1925, tras la estabilización de la lira en 1927 y tras la creación del Estado corporativo en 1934.

En Alemania los cambios en la distribución de la renta nacional fueron similares a los de Italia, aunque complicados por los esfuerzos para crear un estado de servicios sociales (un esfuerzo que se remonta a Bismarck) y por la hiperinflación. En general, la tendencia al aumento de la disparidad en la distribución de la renta nacional continuó, con menos rapidez que en Italia, hasta después de 1918. La inflación, al acabar con el desempleo de la clase baja y con los ahorros de la clase media, creó una situación compleja en la que aumentó la riqueza de la clase más rica, se redujo la pobreza de la clase más pobre y, probablemente, se redujo la tendencia general al aumento de la disparidad de la renta. Esta reducción se acentuó bajo los servicios sociales nacionales entre 1924 y 1930, pero se invirtió drásticamente debido al gran aumento de la pobreza en las clases bajas después de 1929. Después de 1934, la adopción de una política financiera poco ortodoxa y de una política que beneficiaba al capitalismo monopolista reforzó la tendencia normal hacia el aumento de la disparidad en la distribución de la renta. Esto estaba en relación con los deseos del gobierno de Hitler, pero el impacto total de esta política no fue evidente en la distribución de los ingresos hasta el período de pleno empleo después de 1937.

Hasta 1938, la política de Hitler, aunque tenía como objetivo favorecer a las clases de altos ingresos, elevó el nivel de vida de los niveles de ingresos más bajos de forma aún más drástica (al hacer que pasaran del desempleo, con ingresos cercanos a la nada, a puestos asalariados en la industria), de modo que la disparidad en la distribución de los ingresos probablemente se redujo incluso durante un período de corta duración, entre 1934 y 1937. Esto fue aceptable para las clases de altos ingresos porque detuvo la amenaza de revolución por parte de las masas descontentas y porque evidentemente les benefició a largo plazo. Este beneficio a largo plazo comenzó a aparecer cuando se logró la capacidad de uso del capital y del trabajo en 1937. La continuación de la política de rearme después de 1937 aumentó los salarios de los grupos de altos ingresos, mientras que disminuyó los de los grupos de bajos ingresos, por lo que, a partir de 1937, sirvió para reforzar la tendencia económica normal hacia una creciente disparidad en la distribución de los ingresos. Esto, por supuesto, fue una de las características esenciales de un gobierno fascista y fue evidente no solo en Alemania desde 1937 y en Italia desde 1927, sino también en España desde 1938.

En Francia y Gran Bretaña, la tendencia al aumento de la disparidad en la distribución de los ingresos se invirtió en las últimas décadas, aunque en Gran Bretaña antes de 1945 y en Francia antes de 1936, no hubo ningún esfuerzo consciente para lograr este resultado.

En Francia la disparidad aumentó hasta 1913 y luego disminuyó, sobre todo por el creciente poder de los sindicatos y las acciones del Gobierno. La inflación y la devaluación resultante perjudicaron gravemente los ingresos de la clase poseedora, de modo que la disparidad se hizo menos diseminada; pero todo el nivel de vida fue disminuyendo, el ahorro se redujo y la inversión disminuyó más rápidamente que cualquiera de los dos anteriores. Este proceso se agravó después de que la depresión afectara a Francia hacia 1931 y aún más después de que el Frente Popular adoptara su programa de bienestar en 1936. Este declive del nivel económico general continuó de forma bastante constante, salvo una breve reactivación después de 1938, pero la disparidad en la distribución de los ingresos aumentó muy probablemente entre 1940 y 1942.

En Gran Bretaña, la disparidad aumentó, pero a un ritmo más lento (debido a los sindicatos), hasta la Primera Guerra Mundial y luego casi se estabilizó, creciendo solo ligeramente, debido a los grandes esfuerzos realizados en el país para pagar gran parte del coste de la guerra mediante los impuestos. Sin embargo, la disminución de los ingresos del nivel superior a causa de los impuestos, fue superada con creces por la disminución de los ingresos del nivel inferior debida al desempleo. Esta condición estática de la disparidad en la distribución de la renta nacional continuó sin duda hasta después de 1931. Desde esta última fecha la situación es confusa. El resurgimiento de la prosperidad y el rápido desarrollo de nuevas líneas de actividad, combinados con las peculiaridades de la incidencia de la fiscalidad británica, redujeron probablemente la disparidad, pero, hasta 1943, no en un grado cercano al que cabría esperar en una primera aproximación al problema. Desde 1943, especialmente desde 1946, el programa de impuestos y el programa de bienestar social del Gobierno redujeron drásticamente la disparidad en la distribución de la renta y también disminuyeron la inversión e incluso el ahorro de fuentes privadas en grado considerable.

Parece que en el siglo XX la disparidad en la distribución de la renta nacional, que había ido en aumento durante generaciones, se frenó y se invirtió como resultado de las actividades gubernamentales. Este punto de inflexión apareció en distintos países en fechas diferentes, probablemente primero en Dinamarca y Francia, más tarde en Alemania e Italia, y después en Gran Bretaña y España. En Francia y Gran Bretaña, la tendencia se invirtió por la acción gubernamental, pero de una manera vacilante que no fue capaz, de manera decisiva, de superar la caída de la empresa privada mediante un repunte de la empresa pública. En Alemania, Italia y España los gobiernos cayeron en manos de las clases poseedoras y los deseos de los pueblos de estos países de una distribución más equitativa de los ingresos se vieron frustrados. En los tres tipos de condiciones se produjo un descenso del progreso económico real hasta después de 1950.

9. Una tasa de expansión económica decreciente fue la última característica importante del sistema económico de Europa en el presente siglo hasta 1950. Este declive fue el resultado casi inevitable de las otras características que ya hemos comentado. Varía de un país a otro; en general los países de Europa oriental han sufrido menos que los de Europa occidental, pero principalmente porque su ritmo de progreso anterior había sido mucho menor.

Las causas de este declive se encuentran básicamente en un aumento relativo del poder de los intereses personales dentro de la comunidad para defender el *statu quo* frente a los esfuerzos de los miembros progresistas y emprendedores de la comunidad para cambiarlo. Esto se reveló en el mercado (el mecanismo central del sistema económico) como resultado de un aumento relativo del ahorro con respecto a la inversión. El ahorro continuó o aumentó por varias razones. En primer lugar, desde la Reforma Protestante hasta los años 30 del siglo XX, existía en Europa occidental una tradición que otorgaba gran consideración social al ahorro. En segundo lugar, se habían establecido organizaciones de ahorro institucionalizadas como las compañías de seguros. En tercer lugar, el aumento del nivel de vida incrementó el ahorro aún más rápidamente. En cuarto lugar, la creciente disparidad en la distribución de los ingresos aumentó el ahorro. En quinto lugar, el aumento del tamaño de las empresas y la separación de la propiedad del control actuaron para aumentar la cantidad de ahorro empresarial (beneficios no distribuidos).

Por otro lado, la inclinación a invertir no aumentó tan rápidamente como el ahorro, o incluso disminuyó. Aquí, de nuevo, las razones son numerosas. En primer lugar, el paso de la producción secundaria a la terciaria en los países industriales avanzados redujo la demanda de grandes inversiones de capital. En segundo lugar, la disminución de las tasas de crecimiento de la población y la expansión geográfica pudieron afectar negativamente a la demanda de inversión. En tercer lugar, la creciente disparidad en la distribución de las rentas, contrarrestada o no por la acción gubernamental, tendió a reducir la demanda de capital de inversión. En cuarto lugar, la disminución de la competencia sirvió para reducir el volumen de la inversión al hacer posible que los reguladores del capital existente mantuviera su valor al restringir la inversión de nuevos capitales que harían menos valioso el capital existente. Este último punto puede requerir una explicación adicional.

En el pasado, la inversión no solo creaba bienes de equipo, sino que también los destruía, es decir, los desvalorizaba al hacerlos obsoletos. La creación, por ejemplo, de astilleros para fabricar barcos de vapor con casco de hierro no solo creó este nuevo bien de equipo, sino que al mismo tiempo destruyó el valor de los astilleros existentes equipados para fabricar barcos de vela con casco de madera. En el pasado, las nuevas inversiones solo se realizaban en uno de estos dos casos: *(a)* si un antiguo inversor creía que el nuevo bien de equipo produciría suficientes beneficios para financiarse a sí mismo y a la antigua inversión ahora convertida en obsoleta, o *(b)* si el nuevo inversor estaba completamente libre del antiguo, de modo que este no podía hacer nada para evitar la destrucción de sus participaciones de capital existentes por parte del nuevo inversor. Estas dos alternativas tendieron a hacerse menos probables en el siglo XX (hasta 1950), la primera por la disminución del poder adquisitivo de los consumidores y la segunda por la disminución de la competencia.

No es difícil ver la forma en que la disminución relativa de la inversión con respecto al ahorro da lugar a la crisis económica. En la comunidad económica moderna, la suma total de los bienes y servicios que aparecen en el mercado es al mismo tiempo la renta de la comunidad y el coste añadido de la producción de los bienes y servicios en cuestión. Las sumas gastadas por el empresario en salarios, rentas, sueldos, materias primas, intereses, honorarios de abogados, etc., representan costes para él e ingresos para quienes los reciben. También se consideran sus propios beneficios, ya que son sus ingresos más el coste de persuadirle para que produzca la riqueza en cuestión. La mercancía se pone a la venta a un precio que es igual a la suma de todos los costes (incluidos los beneficios). En la comunidad, los costes, ingresos y precios añadidos son los mismos, ya que no son más que lados opuestos de los mismos gastos.

El poder adquisitivo disponible en la comunidad es igual a los ingresos menos los ahorros. Si hay ahorros, el poder adquisitivo disponible será inferior a los precios agregados que se piden por los productos en venta y por el importe de los ahorros. Por lo tanto, no todos los bienes y servicios producidos pueden venderse mientras se retenga el ahorro. Para que todos los bienes se vendan, es necesario que el ahorro reaparezca en el mercado como poder adquisitivo. La forma habitual de hacerlo es mediante la inversión. Cuando el ahorro se invierte, se gasta en la comunidad y aparece como poder adquisitivo. Dado que el bien de equipo fabricado por el proceso de inversión no se ofrece a la venta a la comunidad, los gastos realizados para su creación aparecen completamente como poder adquisitivo. Así, el desequilibrio entre el poder adquisitivo y los precios, creado por la acción de ahorrar, se restablece completamente por el acto de invertir, y todos los bienes pueden venderse a los precios solicitados. Pero, cuando la inversión es menor que el ahorro, la oferta de poder adquisitivo disponible es insuficiente en la misma medida para comprar los bienes que se ofrecen. Este margen por el cual el poder adquisitivo es inadecuado, debido a un exceso de ahorro sobre la inversión, puede denominarse «brecha deflacionaria». Esta «brecha deflacionaria» es la clave de la crisis económica del siglo XX y uno de los tres núcleos centrales de toda la tragedia del siglo.

Los resultados de la depresión económica

La brecha deflacionaria derivada de la incapacidad de la inversión para alcanzar el nivel de ahorro puede cerrarse reduciendo la oferta de bienes al nivel del poder adquisitivo disponible, bien elevando la oferta de poder adquisitivo a un nivel capaz de absorber la oferta de bienes existente, o bien mediante una combinación de ambas soluciones. La primera solución dará una economía estabilizada en un nivel bajo de actividad económica; la segunda dará una economía estabilizada en un nivel alto de actividad económica. Si se le deja en libertad, el sistema económico en las condiciones modernas adoptará el primer procedimiento. Esto funcionaría más o menos como sigue: la existencia de la brecha deflacionaria (es decir, un poder adquisitivo disponible menor que los precios añadidos de los bienes y servicios disponibles) dará lugar a la caída de los precios, a la disminución de la actividad económica y al aumento del desempleo. Todo ello se traducirá en una caída de la renta nacional, y esta, a su vez, en un descenso aún más rápido del volumen de ahorro. Este descenso continúa hasta que el volumen de ahorro alcanza el nivel de la inversión, momento en el que la caída se detiene y la economía se estabiliza en un nivel bajo.

De hecho, este proceso no funcionó en ningún país industrial durante la gran depresión de 1929 a 1934, porque la disparidad en la distribución de la renta nacional era tan grande, que una parte considerable de la población se habría expuesto a ingresos nulos y a la miseria absoluta antes de que el ahorro del segmento más rico de la población cayera al nivel de la inversión. Además, a medida que la depresión se volvía más profunda, el nivel de inversión disminuía aún más rápidamente que el nivel de ahorro. No cabe duda de que, en tales condiciones, las masas de la población se habrían visto abocadas a la revolución antes de que los «factores económicos automáticos» fueran capaces de estabilizar la economía, y la estabilización, en caso de alcanzarse, se habría producido a un nivel tan bajo que una parte considerable de la población se habría encontrado en la miseria absoluta. Por ello, en todos los países industriales, los gobiernos tomaron medidas para detener el curso de la depresión antes de que sus ciudadanos estuvieran expuestos a la desesperación.

Los métodos utilizados para hacer frente a la depresión y cerrar la brecha deflacionaria fueron de muy diversa índole, pero todos son reducibles a dos tipos fundamentales: *(a)* los que destruyen bienes y *(b)* los que producen bienes que no entran en el mercado.

La destrucción de bienes cerrará la brecha deflacionaria reduciendo la oferta de bienes no vendidos mediante la reducción de dicha oferta al nivel de la oferta de poder adquisitivo. En general, no se sabe que este método es una de las principales formas de cerrar la brecha en un ciclo económico normal. En dicho ciclo, los bienes se destruyen no produciendo los bienes que el sistema es capaz de producir. El hecho de no utilizar el sistema económico al nivel de producción de 1929 durante los años de 1930 a 1934 representó una pérdida de bienes por valor de 100 000 000 000 de dólares solo en Estados Unidos, Gran Bretaña y Alemania. Esta pérdida fue equivalente a la destrucción de dichos bienes. La destrucción de bienes por no poder recoger la cosecha es un fenómeno común en las condiciones modernas, especialmente en lo que respecta a las frutas, frutos rojos y verduras. Cuando un agricultor deja su cosecha de naranjas, duraznos o fresas sin recolectar porque el precio de venta es demasiado bajo para cubrir los gastos de la recolección, está destruyendo los bienes. La destrucción directa de los bienes ya producidos no es común y ocurrió por primera vez como método para combatir la depresión entre 1930 y 1934. Durante este período, se destruyeron los almacenes de café, azúcar y plátanos, el maizal fue arrasado y se sacrificó al ganado joven para reducir la oferta en el mercado. La destrucción de bienes en la guerra es otro ejemplo de este método para superar las condiciones deflacionarias del sistema económico.

El segundo método para llenar la brecha deflacionaria, es decir, la producción de bienes que no entran en el mercado, cumple su propósito proporcionando poder adquisitivo en dicho mercado, ya que los costes de producción de tales bienes sí entran en el mismo como poder adquisitivo, mientras que los propios bienes no drenan fondos del sistema si no se ponen a la venta. La nueva inversión era la forma habitual de lograr esto en el ciclo económico normal, pero no es la forma normal de llenar el vacío en las condiciones modernas de depresión. Ya hemos visto la creciente reticencia a invertir y la improbable posibilidad de que el poder adquisitivo necesario para la prosperidad sea proporcionado por un flujo constante de inversión privada. Si esto es así, los fondos para producir bienes que no entran en el mercado deben buscarse en un programa de gasto público.

Cualquier programa de gasto público se topa de inmediato con problemas de inflación y deuda pública. Son los mismos problemas que se mencionaron en un capítulo anterior en relación con los esfuerzos de los gobiernos para sufragar las reparaciones de la Primera Guerra Mundial. Los métodos para costear una depresión son exactamente los mismos que los métodos para financiar los costes de una guerra, excepto que la combinación de métodos utilizados puede ser algo diferente porque los objetivos son algo distintos. En la financiación de una guerra, debemos tratar de conseguir un método que proporcione un máximo de producción con un mínimo de inflación y de deuda pública. En el caso de una depresión, dado que el objetivo principal es cerrar la brecha deflacionaria, el objetivo será proporcionar un máximo de producción con un grado necesario de inflación y un mínimo de deuda pública. Por lo tanto, el uso de dinero fiduciario está más justificado para financiar una depresión que para financiar una guerra. Además, la venta de bonos a los particulares en tiempos de guerra podría dirigirse a los grupos de menores ingresos para reducir el consumo y liberar instalaciones para la producción bélica, mientras que en una depresión (donde el bajo consumo es el principal problema) esas ventas de bonos para financiar el gasto público tendrían que dirigirse a los ahorros de los grupos de mayores ingresos.

Estas ideas sobre el papel del gasto público en la lucha contra la depresión se han organizado formalmente en la «teoría de la economía compensatoria». Esta teoría defiende que el gasto público y las políticas fiscales se organicen de manera que funcionen exactamente al contrario que el ciclo económico, con impuestos más bajos y mayor gasto en un período deflacionario y con impuestos más altos y menor gasto en un período de auge, siendo los déficits fiscales del ciclo bajo contrarrestados en el presupuesto nacional por los superávits del ciclo alto.

Esta economía compensatoria no se ha aplicado con mucho éxito en ningún país europeo, excepto en Suecia. En un país democrático, quitaría el control de los impuestos y del gasto a los representantes elegidos por el pueblo y pondría este valioso «poder económico» al control de los procesos automáticos del ciclo económico interpretados por expertos burocráticos (y no representativos).

Además, todos estos programas de gasto deficitario están en peligro en un país con un sistema bancario privado. En un sistema de este tipo, la creación de dinero (o crédito) suele estar reservada a las instituciones bancarias privadas y se desaprueba que sea una acción gubernamental. El argumento de que la creación de fondos por parte del Gobierno es negativa mientras que la creación de fondos por parte de los bancos es benéfica, es muy persuasivo en un sistema basado en el laissez-faire tradicional y en el que las vías de comunicación habituales (como los periódicos y la radio) están bajo control privado o incluso bancario.

El gasto público como método para contrarrestar la depresión puede variar mucho en su carácter, dependiendo de los propósitos del gasto. El gasto para la destrucción de bienes o para la restricción de la producción, como en el caso del programa agrícola del New Deal, no puede justificarse fácilmente en un país democrático con libertad de comunicaciones, porque obviamente resulta en una disminución de la renta nacional y del nivel de vida. El gasto en modelos no productivos es algo más fácil de justificar, pero no es una solución a largo plazo. El gasto para la inversión en equipos productivos (como el IVA) es obviamente la mejor solución, ya que conduce a un aumento de la riqueza nacional y del nivel de vida. Es una solución a largo plazo, pero marca la salida permanente de un sistema de capitalismo privado y puede ser atacado fácilmente en un país con una ideología capitalista y con un sistema bancario privado. El gasto en armamento y defensa nacional es el último método de lucha contra la depresión y es el que se ha adoptado con mayor facilidad y amplitud en el siglo XX.

Un programa de gasto público en armamento es un método para llenar la brecha deflacionaria y superar la depresión, porque añade poder adquisitivo al mercado sin extraerlo de nuevo posteriormente (ya que el armamento, una vez producido, no se pone a la venta). Desde el punto de vista económico, este método de lucha contra la depresión no difiere mucho del método mencionado anteriormente en el apartado de destrucción de bienes, ya que, también en este caso, los recursos económicos se desvían de las actividades constructivas o de ocio a la producción para la destrucción. El atractivo de este método para hacer frente al problema de la depresión no se basa en absoluto en motivos económicos, ya que no tiene ninguna justificación. Su atractivo se encuentra más bien en otros motivos, especialmente políticos.

Entre estos motivos podemos enumerar los siguientes: un programa de rearme ayuda a la industria pesada de forma directa e inmediata. La industria pesada es el segmento de la economía que sufre primero y más drásticamente en una depresión, que absorbe la mano de obra más fácilmente (reduciendo así el desempleo) y que es políticamente influyente en la mayoría de los países. Un programa de este tipo también se justifica fácilmente ante la opinión pública por motivos de defensa nacional, especialmente si otros países se enfrentan a sus crisis económicas con el mismo método de tratamiento.

La adopción del rearme como método para combatir la depresión no tiene por qué ser consciente. El país que lo adopta puede sentir honestamente que está adoptando la política por buenas razones, que está amenazado por la agresión y que un programa de rearme es necesario para la protección política. Es muy raro que un país adopte conscientemente un programa de agresión, ya que, en la mayoría de las guerras, ambas partes están convencidas de que sus acciones son defensivas. Es casi igualmente raro que un país adopte una política de rearme como solución a la depresión. Pero, inconscientemente, el peligro de un país vecino y las ventajas que se derivan de rearmarse ante ese peligro son siempre más convincentes para un país cuyo sistema económico funciona por debajo de su capacidad que para uno en el que dicho sistema está en auge. Además, si un país adopta el rearme por temor a las armas de otro país y estas últimas son el resultado de los esfuerzos por llenar un vacío deflacionario, también puede decirse que el rearme del primero tiene una causa económica básica.

Como hemos mencionado, el fascismo es la adopción por parte de ciertos intereses personales en una sociedad con una forma de gobierno autoritaria, para mantener dichos intereses e impedir la reforma de la sociedad. En el siglo XX, en Europa, los intereses personales normalmente trataron de impedir la reforma del sistema económico (una reforma cuya necesidad se hizo evidente por la prolongada depresión) adoptando un programa económico cuyo elemento principal era el esfuerzo por llenar el vacío deflacionario mediante el rearme.

La economía pluralista y los bloques mundiales

Los desastres económicos de dos guerras, una depresión mundial y las fluctuaciones de la posguerra mostraron claramente, en 1960, que era necesaria y estaba disponible una nueva organización económica de la sociedad. El sistema competitivo del laissez-faire se había autodestruido, también casi había destruido la civilización, por su incapacidad de distribuir los bienes que podía producir. El sistema del capitalismo monopolista había contribuido a este desastre, demostrando claramente que sus esfuerzos, en los países fascistas, por proteger sus beneficios y privilegios mediante un gobierno autoritario y, en última instancia, mediante la guerra, eran ineficaces porque dicho sistema no podía combinar el conservadurismo en la vida económica y social con la innovación y la libertad necesarias en la vida militar e intelectual para ganar las guerras que podía iniciar. Además, el comunismo, en el bando vencedor de la guerra, demostró, sin embargo, que, como cualquier sistema autoritario, no lograba producir innovaciones, flexibilidad y libertad; solo podía realizar amplios avances industriales copiando a pueblos más libres y no podía elevar sustancialmente su nivel de vida porque no podía combinar la falta de libertad y fuerza en la vida política y en la utilización de los recursos económicos con el aumento de la producción de alimentos y la libertad espiritual o intelectual, que eran los principales deseos de sus propios pueblos.

Este fracaso casi simultáneo del laissez-faire, del fascismo económico y del comunismo, para satisfacer la creciente demanda popular, tanto de aumento del nivel de vida como de libertad espiritual, ha obligado a buscar una nueva organización económica a mediados del siglo XX. Esta demanda se ha intensificado con la llegada de nuevos pueblos, nuevas naciones y nuevos grupos sociales que, con sus demandas de estos mismos bienes, han mostrado su creciente conciencia de los problemas y su determinación de hacer algo al respecto. Este nuevo grupo de pueblos subdesarrollados se ha visto sorprendido por las reivindicaciones contradictorias de las dos grandes superpotencias, Estados Unidos y la Unión Soviética. La primera ofrecía los bienes que los nuevos pueblos querían (aumento del nivel de vida y libertad), mientras que la segunda parecía ofrecer métodos para conseguir estos bienes (mediante la acumulación estatal de capital, la dirección gubernamental de la utilización de los recursos económicos y los métodos centralizados de planificación social general) que podrían tender a sofocar estos objetivos. El resultado neto de todo esto ha sido una convergencia de los tres sistemas hacia un sistema común, futuro aunque remoto, del futuro.

La última cualidad de ese nuevo sistema de vida económica y social aún no está clara, pero podríamos llamarlo «economía pluralista» y caracterizar su estructura social como una que proporciona prestigio, recompensas y poder a los grupos directivos de expertos cuya contribución al sistema se deriva de su experiencia y «saber hacer». Estos gestores y expertos, que evidentemente son una minoría en cualquier sociedad, son reclutados en la propia sociedad, y solo pueden ser seleccionados mediante un proceso de «carreras abiertas al talento», sobre una base de ensayo y error, y que además requieren libertad de reunión, discusión y decisión para producir las innovaciones necesarias para el éxito futuro o incluso para la supervivencia del sistema en el que funcionan. Así, la economía pluralista y la sociedad de gestión, desde principios de los años 40, han forzado el crecimiento de un nuevo tipo de organización económica que será totalmente diferente a los cuatro tipos anteriores a 1939 (el laissez-faire americano, el comunismo estalinista, el fascismo autoritario y las zonas subdesarrolladas).

Las principales características del nuevo sistema de gestión pluralista son cinco:

1. El problema central de la toma de decisiones en el nuevo sistema tendrá que ver con la asignación de recursos entre tres demandantes: *(a)* los bienes de consumo para proporcionar niveles de vida crecientes; (b) *la* inversión en bienes de equipo para producir bienes de consumo; (c) el sector público que cubre la defensa, el orden público, la educación, el bienestar social y todo el cuidado central de las actividades administrativas asociadas con los jóvenes, los ancianos y el bienestar público en general.

2. El proceso de toma de decisiones entre estos tres demandantes adoptará la forma de una lucha compleja y multilateral entre una serie de grupos interesados. Estos grupos, que difieren de una sociedad o zona a otra, están en constante cambio en cada una de ellas. En general, sin embargo, los principales bloques o grupos implicados serán: *(a)* las fuerzas de defensa, (b) *los* trabajadores, *(c)* los agricultores, (d) la industria pesada, (e) la industria ligera, *(f) los grupos de* transporte y comunicación, (g) los grupos financieros, fiscales y bancarios, *(h) los* intereses comerciales, inmobiliarios y de la construcción, (i) *los* grupos científicos, educativos e intelectuales, (j) *los* trabajadores de los partidos políticos y del gobierno, y (k) *los* consumidores en general.

3. El proceso de toma de decisiones opera mediante los lentos y casi imperceptibles cambios de los diversos bloques, uno por uno, desde el apoyo al neutralismo hasta la oposición, por parte de la élite dirigente central, a la división existente de los recursos entre los tres sectores demandantes. Por ejemplo, si hay un exceso de asignación de recursos al sector de la defensa o del Gobierno, los grupos agrícolas, los consumidores, los grupos comerciales, los intelectuales y otros, se sentirán cada vez menos satisfechos con la situación y cambiarán gradualmente sus presiones hacia una reducción de los recursos para la defensa y un aumento de los recursos para los sectores de consumo o de inversión de capital. Estos cambios son complejos, graduales, reversibles y continuos.

4. La elaboración de estos cambios de recursos para lograr los objetivos más concretos de los diversos bloques de intereses de la sociedad, estará cada vez más dominada por métodos racionalistas y científicos que hacen hincapié en las técnicas analíticas y cuantitativas. Esto significa que las fuerzas emocionales e intuitivas desempeñarán, como siempre, un papel considerable en el desplazamiento de los bloques de intereses que dominan la asignación de recursos entre los tres sectores, pero que los métodos racionales, más que los emocionales, sobre bases cuantitativas más que cualitativas, dominarán la utilización de dichos recursos dentro de cada sector para objetivos más específicos. Esto requerirá una considerable libertad de discusión en dicha utilización, incluso cuando, como en los Estados comunistas o en las áreas subdesarrolladas, se utilicen métodos autoritarios y secretos en el campo de las asignaciones entre sectores. Y, en general, se producirá una modificación muy considerable de

los ámbitos y objetivos de la libertad en todas las sociedades del mundo, con la reducción gradual de numerosas libertades personales del pasado, acompañada del aumento gradual de otras libertades fundamentales, especialmente la intelectual, que proporcionará las innovaciones técnicas, el choque de ideas y la liberación de la energía personal necesaria para el éxito o incluso la supervivencia de los sistemas estatales modernos.

5. Los detalles del funcionamiento de este nuevo sistema variarán inevitablemente de una zona a otra e incluso de un Estado a otro. En el bloque de Estados occidentales, los cambios de la opinión pública siguen reflejándose en gran medida en los cambios de los partidos políticos. En el bloque comunista, estos cambios se producirán, como en el pasado, entre un grupo más reducido de personas con información privilegiada y sobre una base mucho más personal, de modo que los cambios de objetivos y de dirección de la política se revelarán a la opinión pública mediante los cambios de personal en la estructura burocrática del Estado. Y en los países subdesarrollados, donde la posesión del poder se asocia con frecuencia al apoyo de las fuerzas armadas, el proceso puede reflejarse en los cambios de política y dirección de la élite y los gobernantes existentes, que conservan su poder a pesar de los cambios de política.

De manera más general, el período transcurrido desde 1947 ha demostrado que las diferencias entre cualquiera de los tres bloques son cada vez menores; los tres métodos para lograr cambios de política (que acabamos de mencionar) son de hecho cada vez más similares en esencia, por más que sigan siendo diferentes ante la ley. Además, en los mismos años transcurridos desde 1947, la solidaridad de los occidentales y de los comunistas es cada vez menor, mientras que la unidad de perspectivas, políticas e intereses de los pueblos no alineados y subdesarrollados de la zona intermedia entre los dos grandes bloques de potencias se unifica cada vez más.

El método de funcionamiento de este nuevo sistema pluralista-gerencial puede llamarse «planificación», si se entiende que la planificación puede ser tanto pública como privada y no tiene que estar necesariamente centralizada en ninguna de las dos, sino que se refiere más bien al método general de una utilización científica y racional de los recursos, tanto en el tiempo como en el espacio, para lograr objetivos futuros conscientemente previstos.

En este proceso, los mayores logros han sido los de Europa Occidental y Japón. Este último, liberado en gran medida de la necesidad de dedicar recursos a la defensa, ha podido movilizarlos para la inversión y, en un grado algo menor, para el aumento del nivel de vida y ha podido alcanzar tasas de crecimiento del producto nacional bruto del 7 % al 9 % anual. Esto ha convertido a Japón en la única zona del mundo no occidental y de los países subdesarrollados capaz de pasar al nivel superior de industrialización y capaz de lograr mejoras sustanciales en los niveles de vida individuales. Estas mejoras, frenadas por el énfasis en la reconstrucción y la inversión entre 1945 y 1962, se han desplazado lenta pero constantemente en los últimos años hacia los beneficios de los consumidores, incluyendo aspectos intangibles como el aumento de la educación, los deportes, el ocio y el entretenimiento.

Europa Occidental ha tenido una experiencia algo similar a la de Japón, salvo que su principal énfasis ha sido la mejora del nivel de vida (conocido colectivamente como «estado del bienestar»), con más énfasis en la defensa y menos en la inversión que Japón. Como resultado, Europa Occidental, especialmente Alemania Occidental, Italia, Francia, Escandinavia y Gran Bretaña, se han acercado por primera vez a los elevados niveles de consumo personal de Estados Unidos. En este proceso, estos países han permitido que el poder defensivo de sus fuerzas armadas sufra en aras de sus objetivos de bienestar, pero se han sentido seguros al hacerlo debido a su confianza en el poder defensivo estadounidense para disuadir cualquier agresión soviética.

En este proceso, Europa occidental ha logrado tasas de crecimiento del producto interno bruto (PIB) de entre el 4% y el 8% anual como consecuencia de tres fuerzas básicas. Estas han sido: (1) el hábil (y quizás afortunado) uso de técnicas financieras y fiscales que han fomentado tanto la inversión como la voluntad de consumo; (2) la ayuda económica y técnica de Estados Unidos, que comenzó con el Plan Marshall de 1946 y continuó con la ayuda militar del Gobierno de Estados Unidos y las inversiones de los ahorros procedentes de todo el mundo occidental; y (3) la creciente integración de la economía europea en el Mercado Común, que ha hecho posible la adopción de técnicas de producción en masa para un mercado muy ampliado.

En este mismo proceso, los logros de Estados Unidos y del bloque soviético han sido mucho menos espectaculares desde un punto de vista puramente económico. En Estados Unidos, donde el nivel de vida ha alcanzado niveles de riqueza sin precedentes, las cargas de ser una superpotencia han obstaculizado el bienestar debido a las reivindicaciones contrapuestas de defensa, gastos gubernamentales, prestigio y otras rivalidades con la Unión Soviética, además del deseo de contribuir al crecimiento de las zonas subdesarrolladas del mundo. Como resultado, las tasas de crecimiento del PIB han sido del 2% al 5% anual y la carga del sector gubernamental, incluida la defensa y las crecientes demandas de elementos de bienestar como la educación, la salud y la igualdad de oportunidades personales, han ejercido una gran presión sobre el crecimiento del sector de los consumidores.

El bloque soviético, aparte de la Unión Soviética como miembro dominante de ese bloque, ha sido ambiguo en su crecimiento económico. Las exigencias del sector de la defensa y de otros efectos de la Guerra Fría, como la «carrera espacial», se han combinado con los continuos fracasos de las prácticas agrícolas comunistas y la ineficacia intrínseca del sistema comunista para delimitar estrictamente el aumento del nivel de vida. Sin duda, el nivel de vida de la propia Unión Soviética ha alcanzado el más alto de la historia de Rusia, aunque sigue siendo solo una fracción del de Estados Unidos. Pero en el bloque comunista el panorama ha sido mucho menos optimista. Los países no rusos del bloque han sido explotados por la Unión Soviética, han sido tratados como zonas coloniales (es decir, fuentes de mano de obra, materias primas y alimentos basadas en las reivindicaciones derivadas de las relaciones políticas) y han logrado poco o ningún aumento del PIB más allá del necesario para mantener a sus crecientes poblaciones. En los casos de las zonas más occidentales, como Alemania del Este, Hungría y Polonia, esto se ha reflejado en un descenso absoluto del nivel de vida. El fuerte contraste entre esto y el visible auge de Alemania Occidental ha incrementado enormemente el descontento en los países satélites de Europa.

La posición de las naciones subdesarrolladas también ha sido generalmente ambigua. En conjunto, la falta de conocimientos técnicos y de mano de obra cualificada, la falta de capital, el despilfarro de recursos por parte de pequeñas élites privilegiadas, la escasez absoluta de recursos en algunas zonas, el rápido crecimiento de la población en casi todas partes y unas estructuras sociales y unas ideologías irremediablemente poco progresistas, se han combinado para impedir cualquier mejora considerable de los niveles de vida. De hecho, estos han disminuido en gran parte de Indonesia, Oriente Próximo y Latinoamérica, y en la India, el Sudeste Asiático y África, se han mantenido solo ligeramente por delante del crecimiento de la población. Solo Japón, como hemos dicho, ha tenido éxito desde este punto de vista, mientras que, el fracaso de estos deseos en China y en Latinoamérica, han tendido a llevar a ambos fuera de sus antiguos alineamientos con el bloque soviético y con el bloque occidental hacia la posición política más ambivalente de las naciones no alineadas. De hecho, en este proceso, la enemistad de China tanto con la Unión Soviética como con Estados Unidos ha tendido a situarla en una nueva posición, al margen de todos los alineamientos de la política internacional anteriores a 1962, mientras que el creciente descontento de Latinoamérica ha tendido a conducirla, desde muchos puntos de vista, hacia la posición de los países de Oriente Próximo.

XII

LA POLÍTICA DE APACIGUAMIENTO
1931-1936

Introducción	598
El ataque japonés, 1931-1934	600
El ataque italiano, 1934-1936	610
Círculos y contracírculos, 1935-1939	616
La tragedia española, 1931-1939	627

Introducción

La estructura de la seguridad colectiva, tan imperfectamente construida después de 1919 por las potencias vencedoras, quedó completamente destruida en los ocho años siguientes a 1931 bajo los ataques de Japón, Italia y Alemania. Estos ataques no estaban realmente dirigidos al sistema de seguridad colectiva, ni siquiera a los acuerdos de paz de los que formaba parte. Después de todo, dos de los agresores habían estado en el bando ganador en 1919. Además, estos ataques, aunque provocados por la depresión mundial, iban mucho más allá de cualquier reacción a la depresión económica.

Desde el punto de vista más amplio, los agresores de entre 1931 y 1941 estaban atacando todo el modo de vida del siglo XIX y algunos de los atributos más fundamentales de la propia civilización occidental. Se rebelaron contra la democracia, contra el sistema parlamentario, contra el laissez-faire y la perspectiva liberal, contra el nacionalismo (aunque en nombre del nacionalismo), contra el humanitarismo, contra la ciencia y contra todo respeto por la dignidad y la decencia humana. Fue un intento de embrutecer a los hombres hasta dejarlos sin juicio propio y cuyas reacciones podían ser controladas por métodos de comunicación de masas y dirigidas a aumentar los beneficios y el poder de una alianza de militaristas, empresarios de la industria pesada, terratenientes y organizadores políticos psicopáticos reclutados entre la escoria de la sociedad. El hecho de que la sociedad que llegó a controlar haya podido crear esa escoria, hombres totalmente ajenos a las tradiciones de la civilización occidental y sin ningún tipo de relación social, y que haya permitido a los militaristas e industriales utilizar esa escoria como instrumento para obtener el control del Estado, plantea profundas dudas sobre la naturaleza de esa sociedad y sobre su verdadera fidelidad a las tradiciones que supuestamente defendía.

La velocidad del cambio social en el siglo XIX, al acelerar los transportes, las comunicaciones y al reunir a la gente en multitudes amorfas en las ciudades, había destruido la mayoría de las antiguas relaciones sociales del hombre promedio, y al dejarle emocionalmente desvinculado de la comunidad, la iglesia, la vocación o incluso la familia, le había dejado aislado y frustrado. Los caminos que la sociedad de sus antepasados había proporcionado para la expresión de sus necesidades gregarias, emocionales e intelectuales fueron destruidos por la velocidad del cambio social, y la tarea de crear nuevos caminos para expresar estas necesidades estaba muy por encima de la capacidad del hombre promedio. Así que se quedó sin expresar sus impulsos más íntimos, dispuesto a seguir a cualquier charlatán que le proporcionara un propósito en la vida, un estímulo emocional o pertenencia a un grupo.

Los métodos de propaganda de masas ofrecidos por la prensa y la radio proporcionaron los medios por los que se podía llegar a estos individuos y movilizarlos; la determinación de los militaristas, terratenientes e industriales de expandir su propio poder y extender sus propios intereses incluso hasta la destrucción de la propia sociedad proporcionó el motivo; la depresión mundial proporcionó la ocasión. Los materiales (hombres frustrados en masa), los métodos (comunicación de masas), el instrumento (la organización política psicopática) y la ocasión (la depresión) estaban presentes en 1931. Sin embargo, estos hombres nunca habrían podido llegar al poder ni estar a una distancia apreciable de destruir completamente la civilización occidental, si esta no hubiera fracasado en sus esfuerzos por proteger sus propias tradiciones y si los vencedores de 1919 no hubieran fracasado en sus esfuerzos por defenderse.

El siglo XIX había tenido tanto éxito en la organización de las técnicas que había perdido casi por completo el enfoque en los objetivos. El control de la naturaleza por el avance de la ciencia, el aumento de la producción por el crecimiento de la industria, la difusión de la alfabetización a través de la educación universal, la constante aceleración de los movimientos y las comunicaciones, el extraordinario aumento del nivel de vida: todo ello había ampliado la capacidad del hombre para hacer cosas sin razonar en absoluto sobre lo que valía la pena hacer. Los objetivos se perdieron por completo o se redujeron al nivel más bajo de obtener más poder y más riqueza. Pero la constante adquisición de poder o riqueza, como un narcótico cuya necesidad crece a medida que aumenta su uso sin satisfacer en absoluto al usuario, dejó insatisfecha la naturaleza «superior» del hombre. En el pasado de la civilización occidental, como resultado de la fusión de las aportaciones clásicas, semíticas, cristianas y medievales, había surgido un sistema de valores y modos de vida que recibió escaso respeto en el siglo XIX, a pesar de que toda la base del siglo XIX (su ciencia, su humanitarismo, su liberalismo y su creencia en la dignidad y la libertad humana) procedía de este antiguo sistema de valores y modos de vida. El Renacimiento y la Reforma habían rechazado la parte medieval de este sistema; el siglo XVIII había rechazado el valor de la tradición social y de la disciplina social, el siglo XIX rechazó la parte clásica y cristiana de esta tradición y dio el golpe final a la concepción jerárquica de las necesidades humanas. El siglo XX cosechó lo que este había sembrado. Con su tradición abandonada y únicamente manteniendo sus métodos, la civilización occidental, a mediados del siglo XX, llegó a un punto en el que la principal pregunta era «¿Puede sobrevivir?»

En este contexto, las potencias agresivas se levantaron después de 1931 para desafiar a la civilización occidental y a las potencias «satisfechas» que no tenían ni la voluntad ni el deseo de defenderla. La debilidad de Japón e Italia desde el punto de vista del desarrollo industrial o de los recursos naturales les hacía totalmente imposible haber lanzado ningún desafío a menos que se atacaran las débilidades de sus víctimas. De hecho, está bastante claro que ni Japón ni Italia podrían haber realizado un ataque exitoso sin la agresión paralela de Alemania. Lo que no está tan claro, pero es igualmente cierto, es que Alemania no podría haber realizado ningún ataque sin la aquiescencia, e incluso en algunos casos, sin el estímulo real de las potencias «satisfechas», especialmente Gran Bretaña. Los documentos alemanes registrados desde 1944 lo hacen bastante evidente.

El ataque japonés, 1931–1941

Con una notable excepción, los antecedentes de Japón para el ataque presentaban un fuerte paralelismo con los de Alemania. La excepción era la fuerza industrial de ambas Potencias. Japón era realmente una nación «sin recursos», que carecía de la mayoría de los recursos naturales para sostener un gran sistema industrial. Carecía de gran parte de los materiales básicos necesarios, como el carbón, el hierro, el petróleo, los minerales de aleación, la energía hidráulica o incluso los alimentos. En comparación, que Alemania se denominara una nación «sin recursos», era un mera táctica propagandística. Aparte de esto, la similitud de los dos países era sorprendente: cada uno tenía una industria completamente cartelizada, una tradición militarista, una población trabajadora que respetaba la autoridad y amaba el orden, una obsesión nacional hacia supropio valorconsiderado único y un resentimiento hacia el resto del mundo por no reconocerlo, además de una estructura constitucional en la que una fachada de constitucionalismo parlamentario apenas ocultaba la realidad del poder ejercido por una alianza entre ejército, terratenientes e industria. El hecho de que la constitución japonesa de 1889 se copiara de la constitución de Bismarck contribuye a explicar esta última similitud.

Ya hemos mencionado el severo problema que tenía Japón con el contraste entre sus limitados recursos naturales y sus crecientes problemas. Mientras sus recursos no aumentaban, su población crecía de 31 millones en 1873 a 73 millones en 1939, alcanzando la tasa de crecimiento su punto máximo en el período de 1925 a 1930 (8 % de aumento en estos cinco años). Con gran ingenio e incansable energía, el pueblo japonés trató de salir adelante. Con las divisas obtenidas de la marina mercante o de las exportaciones de seda, productos de madera o mariscos, se importaban materias primas, se fabricaban productos industriales y se exportaban para obtener las divisas necesarias con el fin de pagar las importaciones de materias primas o alimentos. Al mantener los costes y los precios bajos, los japoneses pudieron vender más barato que los exportadores europeos de textiles de algodón y productos de hierro en los mercados de Asia, especialmente en China e Indonesia.

La posibilidad de aliviar su presión demográfica mediante la emigración, como se había hecho antes en Europa, se vio impedida por el hecho de que las zonas obviamente coloniales ya habían sido tomadas por los europeos. Los anglófonos, que poseían las mejores zonas aún sin cubrir, cerraron la puerta a la inmigración japonesa en el período posterior a 1901, justificando sus acciones con argumentos raciales y económicos. Las restricciones americanas impuestas a la inmigración japonesa, originadas entre los grupos de trabajadores de California, fueron un trago muy amargo para Japón y lastimaron mucho su orgullo.

El aumento constante de los aranceles contra los productos manufacturados japoneses después de 1897, un hecho que también fue liderado por Estados Unidos, sirvió para aumentar las dificultades de la posición de Japón. También lo hicieron el lento agotamiento de las pesquerías del Pacífico, las crecientes (llegado el caso) restricciones a dicha pesca por los acuerdos conservacionistas, la disminución de los recursos forestales y el malestar político y social en Asia. Durante mucho tiempo, Japón estuvo protegido de todo el impacto de este problema por una serie de situaciones favorables. La Primera Guerra Mundial fue un espléndido golpe de suerte. Puso fin a la competencia comercial europea en Asia, África y el Pacífico; aumentó la demanda de bienes y servicios japoneses; y convirtió a Japón en acreedor internacional por primera vez. La inversión de capital en los cinco años de 1915 a 1920 fue ocho veces mayor que en los 10 años de 1905 a 1915; los trabajadores empleados en las fábricas que utilizaban a más de cinco trabajadores cada una pasaron de 948 mil en 1914 a 1612 mil en 1919; el transporte marítimo pasó de 1,5 millones de toneladas en 1914 a 3 millones en 1918, mientras que los ingresos por fletes marítimos aumentaron de 40 millones de yenes en 1914 a 450 millones en 1918; el saldo favorable del comercio internacional ascendió a 1480 millones de yenes en los cuatro años de 1915 a 1918.

La vida social, la estructura económica y el sistema de precios, ya quebrantados por este rápido cambio, recibieron una terrible sacudida en la depresión de 1920 a 1921, pero Japón se recuperó rápidamente y quedó protegido de todas las consecuencias derivadas de su gran población y sus limitados recursos por el auge de los años 20. El rápido avance tecnológico en Estados Unidos, Alemania y el propio Japón, la demanda de productos japoneses (especialmente textiles) en el sur y el sureste de Asia, los préstamos estadounidenses en todo el mundo, las grandes compras americanas de seda japonesa y la «psicología de la prosperidad» general de todo el mundo, protegieron a Japón del pleno impacto de su situación hasta 1929-1931. Bajo esta protección, se debilitaron las antiguas tradiciones autoritarias y militaristas, el liberalismo y la democracia crecieron de forma lenta pero constante, se abandonó en gran medida la imitación de las tradiciones germánicas en la vida intelectual y política (que había tenido lugar desde aproximadamente 1880), se estableció el primer Gobierno de partido en 1918; el sufragio universal se estableció en 1925, los gobernadores civiles sustituyeron al Gobierno militar por primera vez en zonas coloniales como Formosa, el ejército se redujo de 21 a 17 divisiones en 1924, la marina se redujo, por acuerdo internacional, en 1922 y en 1930, además hubo una gran expansión de la educación, especialmente en los niveles superiores. Este movimiento hacia la democracia y el liberalismo alarmó a los militaristas y los llevó a la desesperación. Al mismo tiempo, el crecimiento de la unidad y el orden público en China, que estos militaristas habían considerado como una víctima potencial para sus operaciones, les convenció de que debían actuar rápidamente antes de que fuera demasiado tarde. La depresión mundial le otorgó a este grupo su gran oportunidad.

Sin embargo, incluso antes de su aparición, cuatro factores ominosos de la vida política japonesa se avecinaban en forma de tormenta. Estos eran (a) la falta de cualquier requisito constitucional para un Gobierno responsable ante la Dieta, (b) la continua libertad constitucional del ejército con respecto al control civil, (c) el creciente uso del asesinato político por parte de los conservadores como medio para eliminar a los políticos liberales de la vida pública, como se hizo contra tres primeros ministros y muchas personas de menor rango en el período entre 1918 y 1932, y (d) el creciente atractivo del socialismo revolucionario en los círculos obreros.

La depresión mundial y la crisis financiera supusieron un terrible golpe para Japón. La disminución de la demanda de seda en bruto, en competencia con las fibras sintéticas como el rayón, y el lento declive de mercados asiáticos como China e India a causa de los disturbios políticos y de la creciente industrialización, hicieron que este golpe fuera más difícil de soportar. Bajo este impacto, las fuerzas reaccionarias y agresivas de la sociedad japonesa pudieron solidificar su control del Estado, intimidar a toda la oposición interna y comenzar esa aventura de agresión y destrucción que condujo finalmente a los desastres de 1945.

Estas tormentas económicas fueron severas, pero Japón tomó el camino de la agresión debido a sus propias tradiciones pasadas más que por razones económicas. Las tradiciones militaristas del Japón feudal continuaron en el período moderno y progresaron a pesar de las constantes críticas y de la oposición. La estructura constitucional protegía a los líderes militares y a los políticos civiles del control popular, y justificaba sus acciones como si se realizaran en nombre del emperador. Pero estos dos poderes estaban separados para que los civiles no tuvieran control sobre los generales. La ley y la costumbre de la constitución permitían a los generales y almirantes dirigirse directamente al emperador sin el conocimiento ni el consentimiento del Gabinete y exigían que solo los oficiales de este rango pudieran actuar como ministros de estos servicios en el propio Gabinete. Ningún civil intervino en la cadena de mando desde el emperador hasta el soldado raso, y las fuerzas armadas se convirtieron en un Estado dentro del propio Estado. Como los oficiales no dudaron en utilizar sus posiciones para asegurar el cumplimiento civil de sus deseos y recurrieron constantemente a la fuerza armada y al asesinato, el poder de los militares creció constantemente después de 1927. Decían que todos sus actos eran en nombre del emperador, para la gloria de Japón, para liberar a la nación de la corrupción, de los políticos partidistas y de la explotación plutocrática y para restaurar las viejas virtudes japonesas de orden, abnegación y devoción a la autoridad.

Separadas de las fuerzas armadas, a veces en oposición a ellas, pero generalmente dependientes de ellas como principales compradores de los productos de la industria pesada, estaban las fuerzas del capitalismo monopolista. Estas estaban dirigidas, como hemos indicado, por los ocho grandes complejos económicos, controlados como unidades familiares, conocidos como *zaibatsu*. Estos ocho grupos controlaban el 75% de la riqueza empresarial de la nación en 1930 y estaban encabezados por Mitsui, que tenía el 15% de todo el capital empresarial del país. Mantenían relaciones abiertamente corruptas con los políticos japoneses y, con menos frecuencia, con los militaristas japoneses. Solían cooperar entre sí. Por ejemplo, en 1927, los esfuerzos de Mitsui y Mitsubishi por aplastar a un competidor más pequeño, la compañía Suzuki de Kobe, precipitaron un pánico financiero que cerró la mayoría de los bancos de Japón. Mientras el Banco Showa, operado conjuntamente por los zaibatsu, *se* hizo cargo de muchas empresas y bancos más pequeños que quebraron en la crisis y más de 180 000 depositantes perdieron sus ahorros, el Gabinete del militarista general Tanaka concedió 1500 millones de yenes para salvar a los propios *zaibatsu* de las consecuencias de su codicia.

Las tradiciones militaristas y nacionalistas fueron ampliamente aceptadas por el pueblo japonés. A estas tradiciones, engrandecidas por la mayoría de los políticos, profesores, y propagadas por numerosas sociedades patrióticas, tanto abiertas como secretas, se les dio vía libre, mientras que cualquier voz opositora fue aplastada por métodos legales o ilegales hasta que, en 1930, la mayoría de esas voces fueron silenciadas. Hacia esa misma fecha, los militaristas y los *zaibatsu,* que hasta entonces habían estado en oposición o en coalición, se juntaron en su última y fatídica alianza. Se unieron en un programa de industrialización pesada, militarización y agresión extranjera. Asia oriental, especialmente el norte de China y Manchuria, se convirtió en la víctima designada, ya que parecían ofrecer las materias primas y los mercados necesarios para los industriales y el campo de gloria y botín para los militaristas.

Al dirigir su ataque a Manchuria en 1931 y al norte de China en 1937, los japoneses eligieron una víctima que era claramente vulnerable. Como hemos visto, la Revolución china de 1912 había hecho poco por restaurar el país. Las disputas partidistas, los desacuerdos sobre los objetivos, las luchas por las ventajas egoístas y la constante amenaza al buen gobierno por parte de los líderes militares, que no eran mucho más que bandidos, desorganizaron el país e hicieron muy difícil la rehabilitación. Al norte del río Yangtze, los señores de la guerra lucharon por la supremacía hasta 1926, mientras que al sur del río, en Cantón, el Kuomintang, un partido político fundado por Sun Yat-sen y orientado hacia Occidente, estableció su propio Gobierno. A diferencia de los señores de la guerra del norte, este partido tenía ideales y un programa, aunque hay que confesar que ambos se plasmaban en palabras más que en hechos.

Los ideales del Kuomintang eran una mezcla de factores occidentales, chinos y rusos bolcheviques. Pretendían conseguir una China unificada e independiente con un gobierno democrático y un sistema económico mixto, cooperativo, socialista e individualista. En general, el Dr. Sun recurrió a las tradiciones propias de China para sus ideas culturales, a las tradiciones occidentales (en gran medida angloamericanas) para sus ideas políticas, y a una mezcla, con fuertes elementos socialistas, para sus ideas económicas. Su programa preveía la obtención de estos ideales a través de tres etapas sucesivas de desarrollo, de las cuales la primera sería un período de dominación militar para asegurar la unidad y la independencia, la segunda sería un período de dictadura del Kuomintang para asegurar la necesaria educación política de las masas, y solo la tercera sería de democracia constitucional. Este programa se siguió hasta la segunda etapa. Esta presumiblemente se alcanzó en 1927 con el anuncio de que el Kuomintang sería en adelante el único partido político legal. Esto había sido precedido por 11 años de dominación militar en los que Chiang Kai-shek se erigió como gobernante militar de la mayor parte de China en nombre del Kuomintang.

El Kuomintang, bajo la influencia del Dr. Sun, aceptó el apoyo y algunas de las ideas de la Internacional Comunista, especialmente en el período entre 1924 y 1927. Las teorías de Lenin sobre la naturaleza del «imperialismo capitalista» eran bastante persuasivas para los chinos y les daban, según ellos, la justificación intelectual para resistir la intervención extranjera en los asuntos chinos. Agentes rusos, dirigidos por Michael Borodin, llegaron a China después de 1923 para ayudar al país en la «reconstrucción económica», la «educación» política y la resistencia al «imperialismo». Estos rusos reorganizaron el Kuomintang como un partido político totalitario según el modelo comunista soviético y reorganizaron el entrenamiento militar chino en la famosa Academia Militar de Whampoa. De estos círculos surgió Chiang Kai-shek. Con asesores militares alemanes desempeñando un papel destacado en sus actividades, lanzó una serie de ataques que extendieron el dominio del Kuomintang al territorio de los señores de la guerra, al norte del río Yangtze. El jefe de estos señores de la guerra del norte, Chang Tso-lin, mantuvo su posición mediante la cooperación con los japoneses y la resistencia a los esfuerzos rusos por penetrar en Manchuria.

A medida que Chiang Kai-shek lograba éxitos militares en estas zonas después de 1926, se volvía cada vez más conservador y el programa de democracia y socialismo del Dr. Sun retrocedía más. Al mismo tiempo, la injerencia y las intrigas de los elementos comunistas en el campo del Kuomintang justificaron una represión cada vez más enérgica de sus actividades. Finalmente, el creciente conservadurismo de Chiang culminó en 1927 con su matrimonio con un miembro de la rica familia Soong. De esta familia, T. V. Soong era un importante banquero y especulador, su cuñado, H. H. Kung, tenía una posición económica similar, mientras que otra hermana (apartada de la familia por sus afinidades comunistas) era la señora de Sun Yat-sen. Soong y Kung dominaban el Gobierno del Kuomintang, el primero llegó a ser ministro de finanzas y el segundo fue ministro de Industria, Comercio y Trabajo.

En 1927, el Kuomintang puso fin a la colaboración comunista, los rusos fueron expulsados de China y el Kuomintang se convirtió en el único partido legal. Los comunistas chinos, bajo líderes formados en Moscú como Mao Tsetung, concentraron su fuerza en las zonas rurales del sur, donde se establecieron mediante reformas agrarias, expropiando a los terratenientes, reduciendo los alquileres, los impuestos y los tipos de interés, creando una milicia rural comunista comandada por los campesinos. Tan pronto como las fuerzas nacionalistas bajo el mando de Chiang Kai-shek completaron la conquista del norte de China con la toma de Pekín en junio de 1928, cambiaron su ataque hacia el sur en un esfuerzo por destruir el centro comunista en Kiangsi. El ejército comunista, cuyas crecientes exacciones habían desilusionado a sus simpatizantes campesinos, se retiró ordenadamente por una tortuosa ruta de 9656 km hacia el noroeste de China (entre 1934 y 1935). Incluso después del ataque japonés a Manchuria en 1931, Chiang continuó combatiendo a los comunistas, dirigiendo cinco ataques a gran escala contra ellos en el período de 1930 a 1933, aunque los comunistas declararon la guerra a Japón en 1932 y continuaron exigiendo un frente unido de todos los chinos contra este agresor durante todo el período entre 1931 y 1937.

Aunque la toma japonesa de Manchuria en el otoño de 1931 fue una acción independiente de las fuerzas militares japonesas, tuvo que ser consentida por los dirigentes civiles. Los chinos tomaron represalias con un sabotaje a los productos japoneses que redujo seriamente las exportaciones de Japón. Para forzar el fin de este complot, Japón desembarcó fuerzas en Shangai (1932) y, después de duros combates en los que los japoneses causaron mucho daño a los europeos, las fuerzas chinas fueron expulsadas de la ciudad y obligadas a aceptar el fin del sabotaje económico contra Japón. Al mismo tiempo, Manchuria se convirtió en un protectorado japonés bajo el Gobierno de Henry P'ui, que había abdicado del trono chino en 1912.

Ya en enero de 1932, Estados Unidos notificó a todos los firmantes del Tratado de las Nueve Potencias de 1922 que se negaría a aceptar cambios territoriales realizados por la fuerza violando el Pacto Kellogg-Briand para proscribir la Guerra. La petición de apoyo a la Sociedad de Naciones, realizada por China el 21 de septiembre de 1931, el mismo día en que Inglaterra abandonó el patrón oro, pasó por una interminable serie de disputas de procedimiento y finalmente condujo a una Comisión de Investigación bajo el mando del conde de Lytton. El informe de esta comisión, publicado en octubre de 1932, condenaba duramente las acciones de Japón, pero no recomendaba ninguna acción conjunta eficaz para oponerse a ellas. La Liga aceptó la Doctrina Stimson de no reconocimiento y expresó su afinidad por la posición china. Todo este asunto se había repetido sin cesar desde 1931 acompañado de demandas y contrademandas que hicieron que la acción efectiva de la Liga se viera bloqueada por la ausencia de Estados Unidos en sus consejos, por el retraso de Stimson en condenar la agresión japonesa, o por la negativa británica a apoyar las sugerencias de Stimson para actuar contra Japón. Todas estas discusiones pasaron por alto el punto primordial de que el ejército japonés en Manchuria no estaba bajo el control del Gobierno civil japonés, con el que se estaban llevando a cabo las negociaciones, y que estas autoridades civiles, que se oponían al ataque de Manchuria, no podían dar voz efectiva a esta oposición sin arriesgarse a ser asesinadas. El primer ministro Yuko Hamaguchi había sido asesinado en noviembre de 1930 por aprobar el Acuerdo Naval de Londres al que se oponían los militaristas y el primer ministro Ki Inukai fue tratado de la misma manera en mayo de 1932. Las discusiones de la Liga no se llevaron a cabo con la parte adecuada.

Excepto por su incomplimiento con los sentimientos nacionalistas y los medios completamente objetables por los que se logró, la adquisición de Manchuria por parte de Japón poseía muchas ventajas estratégicas y económicas. Proporcionó a Japón recursos industriales cruciales que necesitaba y podría, con el tiempo, haber fortalecido la economía japonesa. La separación de la zona de China, que no la había controlado eficazmente durante muchos años, habría restringido la esfera del Gobierno de Chiang a un territorio más manejable. Sobre todo, podría haber servido de contrapeso al poder soviético en Extremo Oriente y proporcionar un punto de apoyo para frenar las acciones soviéticas en Europa tras el colapso de Alemania. Desgraciadamente, la inquebrantable avaricia e ignorancia de los militaristas japoneses hicieron imposible cualquier solución de este tipo. Esto quedó claro con sus dos grandes errores, el ataque a China en 1937 y el ataque a Estados Unidos en 1941. En ambos casos, el «quien mucho abarca, poco aprieta» de los militaristas destruyó cualquier posible ventaja que pudieran haber obtenido con la adquisición de Manchuria en 1931.

En los siete años que siguieron al primer ataque a Manchuria, en septiembre de 1931, Japón destinó 2,5 billones de yenes a inversiones de capital en esa zona, principalmente en minería, producción de hierro, energía eléctrica y petróleo. Año tras año, esta inversión se incrementó sin devolver ningún rendimiento inmediato a Japón, ya que la producción de esta nueva inversión se reinvertíarápidamente. Los únicos productos de gran ayuda para el propio Japón eran el mineral de hierro, el arrabio y ciertos fertilizantes químicos. La cosecha de soja de Manchuria, aunque disminuyó bajo el dominio japonés, se intercambió con Alemania por productos necesarios que se podían obtener allí. Para otras necesidades materiales urgentes de Japón, como el algodón en bruto, el caucho y el petróleo, no se podía encontrar ayuda en Manchuria. A pesar de las costosas inversiones de capital, no podía producir más que sus propias necesidades de petróleo, principalmente a partir de la licuefacción del carbón.

El fracaso en Manchuria para dar una respuesta a los problemas económicos de Japón llevó a los líderes militares japoneses a un nuevo acto de agresión, esta vez dirigido hacia el propio norte de China. Mientras preparaban su nuevo ataque, Chiang Kai-shek estaba ocupado preparando una sexta campaña contra los comunistas, que aún acechaban en la remota zona noroeste de China. Ni la creciente amenaza de Japón ni los llamamientos de los comunistas chinos para formar un frente chino unido contra el país nipón disuadieron a Chiang de su propósito de aplastar a los comunistas hasta que, en diciembre de 1936, fue secuestrado repentinamente por su propio comandante del norte, Chang Hsueh-liang, en Sian, y fue obligado, bajo amenaza de muerte, a prometer que lucharía contra Japón. Se formó un frente unido Kuomintang-comunista en el que Chiang prometió luchar contra Japón y no contra los comunistas y relajar las restricciones del Kuomintang a las libertades civiles, mientras que los comunistas prometieron abolir su gobierno Soviético Chino, convertirse en un gobierno regional de la República de China, poner fin a la expropiación de los terratenientes, cesar sus ataques al Kuomintang e incorporar sus fuerzas armadas al Ejército Nacional de Chiang Kai-shek sobre una base regional.

Este acuerdo apenas se había tomado y aún no se había publicado, cuando los japoneses iniciaron su ataque al norte de China (julio de 1937). En general, tuvieron éxito frente a la tenaz defensa del gobierno nacional, que lo llevó sucesivamente de Nanking a Hankow (noviembre de 1937) y de Hankow a Chungking, en el remoto curso superior del río Yangtze (octubre de 1938). Los japoneses, con unas fuerzas bastante inadecuadas de solo 17 divisiones que sumaban menos de 250 000 hombres en todas las zonas, intentaron destruir los ejércitos nacionalistas y comunistas en China, limitar a China todos los suministros extranjeros controlando todos los ferrocarriles, puertos y ríos y mantener el orden en Manchuria y la parte ocupada China. Esto fue una tarea imposible. Las zonas ocupadas pronto adoptaron la forma de un entramado abierto en el que las tropas japonesas patrullaban los ríos y las vías férreas, pero el país entre ellas estaba en gran parte bajo el control de las guerrillas comunistas. La retirada del gobierno nacionalista a la remota Chungking y su incapacidad para retener la lealtad de los campesinos chinos, especialmente de los que estaban detrás de las líneas japonesas, debido a su estrecha alianza con la oligarquía de terratenientes, comerciantes y banqueros, debilitó constantemente al Kuomintang y fortaleció a los comunistas.

La rivalidad entre los comunistas chinos y el Kuomintang estalló de forma intermitente entre 1938 y 1941, pero Japón no pudo aprovecharla de manera decisiva debido a su debilidad económica. La gran inversión en Manchuria y la adopción de una política de agresión total requirieron una reorganización de la propia economía japonesa, pasando de su anterior énfasis en la industria ligera para el mercado de exportación a un nuevo énfasis en la industria pesada para el armamento y las grandes inversiones. Esto se llevó a cabo de forma tan despiadada que la producción de la industria pesada de Japón pasó de 3000 millones de yenes en 1933 a 8200 millones de yenes en 1938, mientras que la producción textil pasó de 2900 millones de yenes a no más de 3700 millones de yenes en los mismos cinco años. En 1938, los productos de la industria pesada representaban el 53 % de la producción industrial de Japón. Esto aumentó la necesidad de Japón de importar, al tiempo que redujo su capacidad de proporcionar las exportaciones (anteriormente textiles) para pagar dichas importaciones. En 1937, la balanza comercial desfavorable de Japón con la zona «no yen» ascendía a 925 millones de yenes, es decir, casi cuatro veces la media de los años anteriores a 1937. Los ingresos procedentes del transporte marítimo se redujeron también por las exigencias militares, con lo que la balanza comercial desfavorable de Japón se reflejó en una fuerte salida de oro (1685 millones de yenes entre 1937 y 1938).

A finales de 1938, estaba claro que Japón estaba perdiendo su capacidad financiera y comercial para comprar los materiales necesarios de origen extranjero. Las medidas adoptadas por Estados Unidos, Australia y otros países para restringir la exportación de materiales estratégicos o militares a Japón agudizaron aún más este problema. El ataque a China había pretendido remediar esta situación eliminando el sabotaje chino a las mercancías japonesas, poniendo bajo el control directo de Japón el suministro de materiales necesarios, especialmente el algodón en bruto, y creando una extensión de la zona del yen en la que no sería necesario el uso de divisas para fines comerciales. En general, estos propósitos no se lograron. Las actividades de la guerrilla y la incapacidad de los japoneses para controlar las zonas rurales imposibilitaron la obtención de una zona de uso del yen, dificultaron el comercio y redujeron drásticamente la producción de algodón (en aproximadamente un tercio). La exportación de mineral de hierro de China a Japón cayó de 2,3 millones de toneladas en

1937 a 0,3 millones en 1938, aunque las exportaciones de carbón aumentaron ligeramente.

En un esfuerzo por aumentar la producción, Japón comenzó a invertir capital en las zonas aún no pacificadas del norte de China a un ritmo que rivalizaba con el de las inversiones en Manchuria. El Plan Cuatrienal de 1938 preveía una inversión de 1420 millones de yenes para 1942. Este proyecto, sumado a la necesidad de Japón de alimentar y vestir a los habitantes del norte de China, convirtió a esa zona en un drenaje de toda la economía japonesa, de modo que las exportaciones japonesas a esa región pasaron de 179 000 millones de yenes en 1937 a 312 millones en 1938. Para empeorar las cosas, los habitantes de este territorio ocupado se negaron a aceptar o utilizar la nueva moneda en yenes debido a las amenazas de la guerrilla de fusilar a cualquiera que se encontrara en posesión de la misma.

Todo esto tuvo un efecto adverso en la posición financiera de Japón. En dos años de la guerra de China, de 1936 a 1937 y de 1938 a 1939, el presupuesto japonés aumentó de 2,3 a 8,4 miles de millones de yenes, de los cuales el 80 % se destinó a fines militares. La deuda pública y los precios de los productos básicos aumentaron constantemente, pero el pueblo japonés respondió tan fácilmente a los impuestos, a los préstamos del Gobierno y a las demandas de aumento de la producción que el sistema siguió funcionando. Sin embargo, a finales de 1939, estaba claro que la triple carga de una reconversión a la industria pesada, que arruinó el comercio de exportación, una fuerte tasa de inversión en Manchuria y el norte de China, y una guerra indecisa con la China nacionalista no podría soportarse para siempre, especialmente bajo la presión de la creciente reticencia de los países neutrales a suministrar a Japón los bienes estratégicos necesarios. Las dos necesidades más vitales eran las de productos petrolíferos y caucho.

Para los militaristas, que controlaban Japón tanto política como económicamente después de 1939, parecía que la ocupación de las Indias Orientales Neerlandesas y Malasia podía hacer mucho para aliviar estas carencias. La ocupación de los propios Países Bajos por las hordas de Hitler en 1940 y la participación de Inglaterra en la guerra europea desde 1939 parecían ofrecer una oportunidad única para que Japón se apoderara de estas regiones del sur. Para ello se necesitarían largas líneas de comunicación desde Japón hasta Indonesia. Estas líneas estarían expuestas a un ataque desde las bases americanas en Filipinas o desde la base británica en Singapur. Juzgando la psicología americana como similar a la suya, los militaristas japoneses estaban seguros de que en tales circunstancias América no dudaría en atacar estas vulnerables líneas de comunicación. Por lo tanto, les parecía que un ataque japonés a las Indias Orientales Neerlandesas conduciría inevitablemente a una guerra americana contra Japón. Ante este problema, los militaristas japoneses llegaron a lo que les parecía una decisión ineludible. Decidieron atacar primero a los Estados Unidos. De esta decisión surgió el ataque japonés a Pearl Harbor el 7 de diciembre de 1941.

El ataque italiano, 1934-1936

Aunque el gobierno fascista de Benito Mussolini se mostraba de forma hostil y vanidosa desde su llegada al poder en 1922, haciendo hincapié en su determinación de restablecer las glorias del Imperio romano, de dominar el Mar Mediterráneo y de lograr la autosuficiencia estratégica aumentando la cantidad de alimentos locales, sus acciones fueron mucho más modestas y no fueron más allá de los esfuerzos por limitar la influencia yugoslava en el Adriático y de publicitar excesivamente un modesto aumento de la producción nacional de trigo. En general, la situación de Italia era similar a la de Japón. Los limitados recursos naturales (especialmente la falta casi total de carbón o petróleo) se combinaban con una tasa de mortalidad en rápido descenso para crear una creciente presión demográfica. Este problema, al igual que en Japón, se vio intensificado por las restricciones a la emigración de italianos o a la salida de mercancías italianas, especialmente después de 1918.

Las fechas importantes en la historia moderna de Italia son 1922, 1925, 1927 y, sobre todo, 1934. En 1922 los fascistas llegaron al poder en un sistema parlamentario; en 1925 este sistema parlamentario fue sustituido por una dictadura política con tintes latinoamericanos del siglo XIX y no con el carácter totalitario del siglo XX, ya que el sistema económico siguió siendo el del capitalismo financiero ortodoxo; en 1927, una estabilización ortodoxa y restrictiva de la lira en el patrón oro internacional, condujo a unas condiciones económicas tan deprimentes que Mussolini adoptó una política exterior mucho más activa, tratando de crear una entente económica y política con las tres potencias derrotadas de Europa central (Austria, Hungría y Bulgaria); en 1934, Italia sustituyó las medidas económicas ortodoxas por una economía totalitaria que funcionaba bajo una fachada corporativa fraudulenta y, al mismo tiempo, cambió su dinámica política exterior de Europa central a África y el Mediterráneo.

El impulso italiano para construir un bloque político y económico en Europa central en el período de 1927 a 1934 era a la vez antialemán y anti-Pequeña Entente. Se trataba de una combinación imposible, ya que la división de Europa en potencias revisionistas y antirrevisionistas hacía imposible que Italia creara un nuevo alineamiento que atravesara esta línea de conflicto. Al seguir una política anti-Pequeña Entente y prohúngara, Mussolini era antifrancés y, por tanto, inevitablemente proalemán, algo que Mussolini nunca fue y nunca quiso ser. Sin embargo, tardó siete años en darse cuenta de lo ilógica que era su postura.

En estos siete años, entre 1927 y 1934, la fuerza revisionista más activa en Europa fue Hungría y no Alemania. Al trabajar con Hungría, con los elementos reaccionarios de Austria y Bulgaria y con los elementos croatas disidentes de Yugoslavia, Mussolini trató de debilitar la Pequeña Entente (especialmente Yugoslavia) y de tomar ventaja. Insistió en que Italia era una potencia insatisfecha, debido a la decepción por su falta de ganancias coloniales en Versalles en 1919 y a la negativa de la Liga a acceder a la petición de Tommaso Tittoni, realizada en 1920, de una redistribución de los recursos del mundo, de acuerdo con las necesidades de la población. Es cierto que los problemas de población y de materias primas de Italia eran graves, pero las medidas adoptadas por Mussolini no ofrecían ninguna esperanza de solucionarlos.

La política italiana sobre el Danubio culminó en un tratado de amistad con Austria en 1930 y en una serie de acuerdos políticos y económicos con Austria y Hungría conocidos como los «Protocolos de Roma» en 1934. El gobierno austriaco de Engelbert Dollfuss destruyó las instituciones democráticas de Austria, eliminó todas las organizaciones socialistas y obreras y estableció un estado corporativo, dictatorial y de partido único, a instancias de Mussolini, entre febrero y abril de 1934. Hitler aprovechó para intentar un golpe nazi en Austria, asesinando a Dollfuss en julio de 1934, pero se le impidió entrar al país gracias a una apresurada movilización de tropas italianas en la frontera del Brennero y a una severa advertencia de Mussolini. Este significativo acontecimiento reveló que Italia era la única gran potencia dispuesta a luchar por la independencia de Austria y que los siete años de trabajo de Mussolini por la causa revisionista habían sido un error. Sin embargo, fue un error del que el Duce[1] no aprendió nada. En lugar de ello, consintió un complot de asesinato por parte de elementos revisionistas extremos, incluidos la Organización Revolucionaria Interna de la Macedonia búlgara (IMRO, por sus siglas en inglés), los separatistas croatas y los extremistas húngaros. El resultado fue el asesinato de Alejandro, el rey serbio centralista de Yugoslavia, y de Jean Louis Barthou, el ministro de Asuntos Exteriores de Francia, en Marsella en octubre de 1934.

La ascensión de Hitler al poder en Alemania, en enero de 1933, hizo que la política exterior francesa se viera paralizada por la oposición británica a cualquier esfuerzo de apoyo a la seguridad colectiva o a hacer cumplir a la fuerza a Alemania sus obligaciones derivadas de los tratados. Como resultado, una sugerencia de Polonia en abril de 1933 para una intervención armada conjunta en Alemania con el fin de destituir a Hitler fue rechazada por Francia. Polonia

---

1. Denominación propagandística mediante la cual Benito Mussolini se dio a conocer. Jefe, caudillo, líder.

hizo inmediatamente un pacto de no agresión con Alemania y amplió un pacto previo de no agresión con la Unión Soviética (entre enero y mayo de 1934). Esto inauguró una política de equilibrio entre estas dos grandes potencias que dejó a Polonia lista para la Cuarta Partición, que llegó en 1939.

Tras la llegada al poder en Francia de un nuevo gobierno conservador de coalición, con Jean Louis Bathou como ministro de Asuntos Exteriores en febrero de 1934, Francia comenzó a adoptar una política más activa contra Hitler. Esta política pretendía cercar a Alemania incorporando a la Unión Soviética y a Italia a un alineamiento renovado de Francia, Polonia, la Pequeña Entente, Grecia y Turquía. Ya en febrero de 1934 se firmó un pacto balcánico entre Rumanía, Yugoslavia, Grecia y Turquía; las relaciones francesas con la Pequeña Entente se estrecharon como consecuencia de las visitas de Barthou a las distintas capitales. En septiembre de 1934, Rusia se incorporó a la Sociedad de Naciones; en enero de 1935 se firmó un acuerdo franco-italiano; en abril de 1935, en la Conferencia de Stresa, Francia, Italia y Gran Bretaña hicieron un frente común contra el rearme alemán (anunciado en marzo) y esa misma semana la Sociedad de Naciones denunció la acción de Alemania; en mayo de 1935 se establecieron una alianza franco-soviética y una checo-soviética, esta última solo vinculante para Rusia después de que entrara en vigor la anterior alianza franco-checa. En el curso de la construcción de este frente unido contra Alemania, pero antes de que Italia se hubiera incorporado al mismo, Barthou y el rey Alejandro fueron asesinados en Marsella, como hemos indicado (octubre de 1934). Esto no detuvo el proyecto, pues Pierre Laval ocupó el lugar de Barthou y llevó a cabo los planes de su predecesor, aunque con mucha menos eficacia. Así pues, fue Pierre Laval quien introdujo a Italia en este acuerdo en enero de 1935 y a la Unión Soviética en mayo de 1935.

Laval estaba convencido de que Italia solo se podría incorporaral frente antialemán si se reparaban sus antiguos agravios y sus ambiciones insatisfechas en África. En consecuencia, Laval le dio a Mussolini el 7 % de las acciones del ferrocarril Adís Abeba-Yibuti (que iba desde la Somalilandia francesa en el Mar Rojo hasta la capital de Etiopía), una franja de desierto de 183 465 km² de extensión, pero que estaba habitada solo por unas cien personas (62, según el propio Mussolini) en la frontera con Libia, una pequeña franja de territorio entre la Somalilandia francesa y la Eritrea italiana, un acuerdo sobre el estatus de ciudadanía y educación de los inmigrantes italianos en el Protectorado francés de Túnez, y «el derecho a pedir concesiones en toda Etiopía».

Este último punto era importante porque, aunque Laval insistía en que no había establecido ningún acuerdo que pusiera en peligro la independencia o la integridad territorial de Etiopía, dejaba igualmente claro que, a su parecer, el apoyo italiano contra Alemania era más importante que la integridad de Etiopía. Francia había sido el único país que había apoyado a Etiopía durante muchos años. En 1906, había logrado un acuerdo tripartito entre Gran Bretaña, Italia y Francia que no permitía ningún cambio en el estatus de Etiopía sin el consentimiento tripartito y, en 1923, había incorporado a Etiopía a la Sociedad de Naciones a pesar de las objeciones británicas. Italia, por otra parte, solo pudo evitar la conquista de Etiopía en 1896 gracias a la decisiva derrota de su fuerza invasora a manos de los propios etíopes, mientras que en 1925 Gran Bretaña e Italia habían dividido a Etiopía en ámbitos económicos mediante un acuerdo que fue anulado por un llamamiento francés a la Sociedad de Naciones. La renuncia de Laval al tradicional apoyo de Francia a la independencia e integridad de Etiopía fue, pues, de gran importancia y puso de acuerdo a los tres gobiernos implicados (Italia, Gran Bretaña y Francia) en esta cuestión.

Este punto de vista, sin embargo, no era compartido por la opinión pública de estos tres países. En Francia, la opinión estaba demasiado dividida para permitirnos hacer afirmaciones categóricas sobre su naturaleza, pero es probable que una mayoría estuviera a favor de extender la seguridad colectiva a Etiopía, mientras que otra abrumadora mayoría estaba convencida de que Alemania debía ser el objeto principal de este instrumento de acción internacional. En Italia, es probable que una mayoría se opusiera tanto a la guerra de Mussolini contra Etiopía como a los esfuerzos de la Liga por detenerla mediante sanciones económicas.

En Inglaterra, una abrumadora mayoría apoyaba la Sociedad de Naciones y las sanciones contra Italia. Esto quedó claro en la llamada votación por la paz de 1935, que, siendo una encuesta de sondeo realizada de forma privada entre el electorado inglés, mostró que, de 11 millones y medio de personas encuestadas, más de 11 millones apoyaban la pertenencia a la Liga, más de 10 millones apoyaban las sanciones económicas y más de 6,7 millones apoyaban (mientras que solo 2,3 millones se oponían) las sanciones militares contra los agresores. A este punto de vista se opusieron la izquierda pacifista del Partido Laborista y la derecha imperialista del Partido Conservador. También se opuso el propio gobierno británico. Sir John Simon (secretario de Asuntos Exteriores), sir Bolton Eyres-Monsell (primer lord del Almirantazgo) y Stanley Baldwin (líder del partido y primer ministro) denunciaron la encuesta sobre la paz y su base de seguridad colectiva mientras se realizaba la votación, pero se apresuraron a dar su apoyo verbal en cuanto los resultados fueron evidentes. Baldwin, que en noviembre de 1934 había declarado que un «sistema de paz colectivo» era «perfectamente impracticable», aseguró a los organizadores de la encuesta que «la política exterior del Gobierno se basa en la Sociedad de Naciones», cuando se revelaron los resultados en julio de 1935. Sobre esta base se erigió uno de los ejemplos más sorprendentes de la política «dual» británica en el período de apaciguamiento. Mientras apoyaba públicamente la seguridad colectiva y las sanciones contra el ataque italiano, el Gobierno negociaba en privado para destruir la Liga y ceder Etiopía a Italia. Esta política secreta tuvo un éxito total.

El ataque italiano contra Etiopía comenzó con una incursión en el territorio etíope en Wal Wal en diciembre de 1934, y se convirtió en una invasión a gran escala en octubre de 1935. El hecho de que Italia no temiera realmente las sanciones militares británicas en su contra quedó patente cuando situó la mayor parte de sus fuerzas militares, transportes y fuerza naval en el Mar Rojo, alejado de su país por el control británico del Canal de Suez, y por la flota británica concentrada en Alejandría. El uso del Canal de Suez para transportar municiones y tropas reveló naturalmente sus intenciones agresivas contra Gran Bretaña en una etapa temprana. La posición del gobierno británico sobre Etiopía quedó claramente expuesta en un informe secreto de un Comité Interdepartamental bajo el mando de sir John Maffey. El informe, presentado al secretario de Asuntos Exteriores el 18 de junio de 1935, declaraba que el control italiano de Etiopía sería un «asunto indiferente» para Gran Bretaña. Este informe fue transmitido misteriosa y subrepticiamente a los italianos y publicado posteriormente de forma no diplomática por ellos. No cabe duda de que representaba la opinión del gobierno británico y que esta opinión era compartida por el gobierno francés.

Desafortunadamente, la opinión pública de ambos países y de la mayor parte del mundo insistía en que se impusieran sanciones colectivas al agresor. Para satisfacer esta demanda, ambos gobiernos emprendieron una política pública de sanciones no aplicadas o aplicadas parcialmente, en gran desacuerdo con sus verdaderas intenciones. En consecuencia, perdieron tanto Etiopía como Italia, la primera por su política real, la segunda por su política pública. En el proceso, dieron a la Sociedad de Naciones, al sistema de seguridad colectiva y a la estabilidad política de Europa central un golpe mortal.

Aprovechando la ola de apoyo público a la seguridad colectiva, Samuel Hoare (en ese entonces secretario de Asuntos Exteriores) acudió a la reunión de la Asamblea de la Sociedad de Naciones en septiembre de 1935 y pronunció un discurso contundente en apoyo de la Sociedad, la seguridad colectiva y las sanciones contra Italia. El día anterior, él y Anthony Eden habían acordado en secreto con Pierre Laval imponer solo sanciones económicas parciales, evitando todas las acciones, como el bloqueo o el cierre del Canal de Suez, que «podrían conducir a la guerra». Varios gobiernos, entre ellos los de Bélgica, Checoslovaquia, Francia y Gran Bretaña, habían suspendido todas las exportaciones de municiones a Etiopía, ya en mayo y junio de 1935, aunque la petición de ayuda de Etiopía a la Sociedad de Naciones se había hecho el 17 de marzo, mientras que el ataque italiano no se produjo hasta el 2 de octubre de 1935. El resultado fue que Etiopía quedó indefensa ante un agresor que estaba contrariado, sin verse obstaculizado por unas sanciones económicas incompletas y tardías. La convocatoria de Etiopía para obtener observadores neutrales el 19 de junio nunca fue reconocida y su petición a Estados Unidos de apoyo, en virtud del Pacto Kellogg-Briand el 3 de julio, fue rechazada de inmediato, pero Eden encontró tiempo para ofrecer a Mussolini una franja de Etiopía como parte de un acuerdo que evitaría un ataque italiano abierto el 24 de junio. Sin embargo, el Duce estaba decidido a acometer dicho ataque como único método para conseguir esa pizca de gloria romana que tanto ansiaba.

El discurso de Hoare en apoyo de la seguridad colectiva, pronunciado en Ginebra en septiembre, suscitó tales aplausos en la opinión pública británica que Baldwin decidió convocar unas elecciones generales sobre esta cuestión. En consecuencia, con la sonora promesa de apoyar la acción y la seguridad colectivas y de «no emprender ninguna acción aislada», el gobierno nacional se presentó a las urnas el 14 de noviembre de 1935 y obtuvo una sorprendente victoria. El margen del Gobierno, de 431 escaños sobre 615, lo mantuvo en el poder hasta las siguientes elecciones generales, 10 años después (julio de 1945).

Aunque el artículo 16 del Pacto de la Liga obligaba a los firmantes a romper *todas las* relaciones comerciales y financieras con un país agresor, Francia y Gran Bretaña se pusieron de acuerdo para que sus sanciones económicas fueran parciales e ineficaces. Impuestas el 18 de noviembre de 1935 y aceptadas por 52 naciones, estas sanciones establecían un embargo de armas y municiones, de préstamos y créditos y de ciertos productos básicos y establecían una obstrucción a las compras de todos los productos italianos. El embargo no abarcaba el mineral de hierro, el carbón ni los productos petrolíferos, aunque este último artículo, del que Italia tenía un suministro para unos dos meses en octubre de 1935, habría detenido el ataque italiano de forma rápida y completa. La imposición de sanciones petroleras se pospuso una y otra vez hasta que, en la primavera de 1936, se completó la conquista de Etiopía. Esto se hizo a pesar de que, ya el 12 de diciembre, 10 estados, que habían estado suministrando las tres cuartas partes de las necesidades de petróleo de Italia, se ofrecieron a apoyar el embargo. La negativa a establecer esta sanción fue el resultado de un rechazo conjunto británico-francés, con el argumento de que una sanción petrolera sería tan efectiva que Italia se vería obligada a terminar su guerra con Etiopía y, en su desesperación, declararía la guerra contra Gran Bretaña y Francia. Esta fue, al menos, la asombrosa lógica ofrecida por el gobierno británico posteriormente.

En lugar de sanciones adicionales o efectivas, Samuel Hoare y Pierre Laval elaboraron un acuerdo secreto que habría dado a Italia directamente una sexta parte de Etiopía y habría cedido un tercio adicional como «zona de expansión económica y asentamiento reservada a Italia». Cuando un periodista francés dio a conocer la noticia de este acuerdo el 10 de diciembre de 1935, los partidarios de la seguridad colectiva, especialmente en Inglaterra, protestaron con vehemencia, alegando que esto violaba la promesa electoral hecha apenas un mes antes. Para salvar su gobierno, Baldwin tuvo que sacrificar a Hoare, que dimitió el 19 de diciembre, pero este regresó al Gabinete el 5 de junio de 1936, tan pronto como Etiopía fue derrotada. Laval, en Francia, sobrevivió al primer asalto parlamentario, pero se desprendió del cargo en enero de 1936; le sucedió en el Quai d'Orsay Pierre Flandin, que siguió la misma política.

Etiopía fue conquistada el 2 de mayo de 1936 y anexionada a Italia una semana después. Las sanciones fueron retiradas por los distintos Estados cooperantes y por la propia Liga en los dos meses siguientes, justo cuando empezaban a surtir efecto.

Las consecuencias del fiasco etíope fueron de la mayor importancia. Mussolini se vio muy fortalecido en Italia por su aparente éxito en la adquisición de un imperio ante el bombardeo económico de 52 naciones. El Partido Conservador en Inglaterra se afianzó en el cargo durante una década, durante la cual llevó a cabo su política de apaciguamiento y libró la guerra resultante. Estados Unidos se vio empujado por el pánico a aprobar una «Ley de Neutralidad» que alentaba la agresión al estipular que el estallido de una guerra cortaría el suministro de municiones estadounidenses a ambos bandos, al agresor que se había armado a su conveniencia y a la víctima aún desarmada. Sobre todo, la crisis de Etiopía destruyó los esfuerzos franceses por cercar a Alemania. Gran Bretaña se opuso a estos esfuerzos desde el principio y pudo bloquearlos con la ayuda de una serie de otros factores, de los que Gran Bretaña no era la principal responsable. Este punto es lo suficientemente importante como para exigir un análisis detallado.

Círculos y contracírculos, 1935–1939

El acuerdo de Laval de enero de 1935 con Mussolini tenía como finalidad poner a Italia del lado de Francia frente a Alemania, objetivo que parecía perfectamente posible a la luz del veto de Mussolini al golpe de Estado de Hitler en Austria en julio de 1934. Este resultado se habría conseguido si Italia hubiera podido tomar Etiopía sin intervención de la Liga. En ese caso, argumentaba Mussolini, África habría quedado fuera de la esfera de acción de la Liga, como lo había estado Norteamérica en 1919 (por la enmienda al Pacto de la Doctrina Monroe) y Asia en 1931 (por no haber actuado contra Japón). Esto habría dejado a la Liga como una organización puramente europea, según Mussolini.

Este punto de vista fue compartido en Francia, donde el papel principal, si no el único, de la Liga era proporcionar seguridad contra Alemania. Dicho punto de vista era completamente inaceptable para Gran Bretaña, que no quería ninguna organización política exclusivamente europea y no podía unirse a ninguna debido a sus obligaciones imperiales y a su preferencia por una organización atlántica (que incluyera a los Dominios y a Estados Unidos). Por ello, Gran Bretaña insistió en las sanciones contra Italia, pero el gobierno británico nunca quiso que la seguridad colectiva fuera un éxito. Como resultado, el deseo francés de que no hubiera sanciones se combinó con el deseo británico de que hubiera sanciones ineficaces para que estas fueran infructuosas. Como había sanciones, Francia perdió el apoyo italiano contra Alemania; como eran ineficaces, Francia también perdió el sistema de seguridad colectiva de la Liga contra Alemania. Así, Francia se quedó sin nada. Peor aún, la participación italiana en África retiró el poder político italiano de Europa central y eliminó así la principal fuerza dispuesta a resistir la invasión alemana en Austria. Peor aún, el tumulto de la crisis etíope dio a Hitler la oportunidad de declarar el rearme de Alemania y el restablecimiento de la fuerza aérea alemana en marzo de 1935 y de remilitarizar Renania el 7 de marzo de 1936.

La remilitarización de Renania, en violación del Tratado de Versalles y de los pactos de Locarno, fue el resultado más importante de la crisis de Etiopía y el acontecimiento más importante del período de Apaciguamiento. Redujo en gran medida la propia seguridad de Francia y redujo aún más la seguridad de los aliados de Francia al este de Alemania porque, una vez fortalecida esta zona, podría disminuir en gran medida la capacidad de Francia para acudir en ayuda de Europa del Este. La remilitarización de Renania era el requisito militar esencial para cualquier movimiento de Alemania hacia el este contra Austria, Checoslovaquia, Polonia o la Unión Soviética. Que dicho movimiento era el principal objetivo de la política de Hitler había sido declaradoclara y explícitamente por él durante toda su vida pública.

El rearme alemán había avanzado tan lentamente que Alemania solo tenía 25 divisiones «sobre el papel» en 1936, y los generales alemanes exigieron y obtuvieron órdenes escritas de retirarse si Francia hacía algún movimiento para invadir Renania. No se produjo tal movimiento, aunque Alemania tenía menos de 30 000 soldados en la zona. Este fracaso se debió a una combinación de dos factores: (1) el coste de una movilización francesa, que habría exigido la devaluación del franco en un momento en que Francia trabajaba desesperadamente para preservar el valor de su moneda; y (2) las objeciones de Gran Bretaña, que se negaba a permitir que Francia emprendiera una acción militar, a imponer cualquier sanción (incluso económica) contra Alemania o a utilizar a Italia (contra la que aún estaban en vigor las sanciones económicas) en el campo de batalla contra Alemania, tal y como establecían los pactos de Locarno. En una violenta escena con Flandin el 12 de marzo, Neville Chamberlain rechazó las sanciones y se negó a aceptar el argumento de Flandin de que «si Francia e

Inglaterra mantienen un frente firme, Alemania cederá sin necesidad de guerra». La negativa de Chamberlain a hacer cumplir los Tratados de Locarno cuando estos vencían no era su política personal ni tampoco era nada nuevo. Era la política del Partido Conservador y lo había sido durante años; ya el 13 de julio de 1934, sir Austen Chamberlain había declarado públicamente que Gran Bretaña no utilizaría tropas para hacer cumplir las cláusulas de Renania y que utilizaría su poder de veto en el Consejo de la Liga para evitar que otros lo hicieran en virtud de los Tratados de Locarno.

La remilitarización de Renania también apartó a Bélgica del círculo antialemán. Alarmada por el regreso de las tropas alemanas a su frontera y por el fracaso de la garantía británico-italiana de Locarno, Bélgica denunció en octubre de 1936 su alianza con Francia y adoptó una política de estricta neutralidad. Esto impidió que Francia extendiera a lo largo de la frontera franco-alemana su sistema de fortificaciones, la línea Maginot, que se estaba construyendo en la frontera franco-alemana. Además, como Francia estaba convencida de que Bélgica estaría de su lado en cualquier guerra futura con Alemania, la línea tampoco se extendió a lo largo de la frontera franco-belga. Fue a través de esta frontera no fortificada que Alemania atacó a Francia en 1940.

Así pues, los esfuerzos de Barthou por cercar a Alemania fueron anulados en gran medida, aunque no completamente, en el período entre 1934 y 1936 por cuatro acontecimientos: (1) la pérdida de Polonia en enero de 1934; (2) la pérdida de Italia en enero de 1936; (3) el rearme de Alemania y la remilitarización de Renania en marzo de 1936; y (4) la pérdida de Bélgica en octubre de 1936. Los principales elementos que quedaban en el sistema de Barthou eran las alianzas francesas y soviéticas con Checoslovaquia y entre ellas mismas. Para destruir estas alianzas, Gran Bretaña y Alemania intentaron, por caminos paralelos, rodear a Francia y a la Unión Soviética para disuadir a Francia de cumplir sus alianzas con Checoslovaquia o con la Unión Soviética. Para honrar estas alianzas Francia requería absolutamente dos cosas como mínimo: (1) que la cooperación militar contra Alemania fuera proporcionada por Gran Bretaña desde el primer momento en que Francia emprendiera cualquier acción contra Alemania y (2) que Francia tuviera seguridad militar en sus fronteras no alemanas. Ambas cosas esenciales fueron incumplidas por Gran Bretaña en el período entre 1935 y 1936. En consecuencia, Francia, al verse rodeada, deshizo su alianza con Checoslovaquia, cuando esta venció en septiembre de 1938.

El acorralamiento de Francia obedecía a seis elementos. El primero fue la negativa británica, desde 1919 hasta 1939, de dar a Francia cualquier promesa de apoyo contra Alemania en cumplimiento de las alianzas francesas con el este de Europa o de asumir cualquier compromiso militar en apoyo de dichas alianzas. Por el contrario, Gran Bretaña siempre le dejó clara a Francia su oposición a estas alianzas y que la acción, en virtud de las mismas, no estaba amparada por ninguna promesa británica de apoyo a Francia frente a un ataque alemán al oeste, ni tampoco por ninguna debate militar que surgiera de cualquier esfuerzo anglo-francés para resistir dicho ataque. Esta distinción fue la motivación de los pactos de Locarno y explica la negativa de Gran Bretaña a entablar conversaciones militares con Francia hasta el verano de 1938. La actitud británica hacia Europa del Este quedó perfectamente clara en muchas ocasiones. Por ejemplo, el 13 de julio de 1934, el secretario de Asuntos Exteriores sir John Simon denunció los esfuerzos de Barthou por crear un «Locarno oriental» y exigió la igualdad de armas para Alemania.

Los otros cinco puntos del cerco de Francia fueron: (1) el acuerdo naval anglo-alemán de junio de 1935; (2) el aislamiento de Italia por las sanciones; (3) la remilitarización de Renania por parte de Alemania con la aquiescencia y aprobación británica; (4) la neutralidad de Bélgica; y (5) el aislamiento de España. Ya hemos hablado de todas ellas, excepto de la última, y hemos indicado el importante papel que desempeñó Gran Bretaña en todas ellas, excepto en Bélgica. En conjunto, cambiaron la posición militar francesa tan drásticamente que Francia, en 1938, se encontró en una posición en la que apenas podía esperar cumplir sus obligaciones militares con Checoslovaquia y la Unión Soviética. Esta era exactamente la posición en la que el gobierno británico deseaba que se encontrara Francia, un hecho que queda completamente claro en los documentos secretos recientemente publicados en aquel entonces.

En mayo de 1935, Francia podría haber actuado contra Alemania con todas sus fuerzas porque Renania no estaba fortificada y no había que preocuparse por las fronteras italiana, española o belga ni por la costa atlántica. A finales de 1938, y aún más en 1939, Renania estaba protegida por la nueva línea Sigfrido fortificada por Alemania; había que dejar parte del ejército francés en las hostiles fronteras italiana y española y a lo largo de la extensa frontera neutral belga, y la costa atlántica no podía protegerse contra la nueva flota alemana a menos que Gran Bretaña cooperara con Francia. Esta necesidad de cooperación británica en el mar surgió de dos hechos: (a) el acuerdo naval anglo-alemán de junio de 1935 permitía a Alemania construir una armada de hasta el 35 % de la británica, mientras que Francia estaba limitada al 33 % de la fuerza británica en las principales categorías de buques; y (b) la ocupación italiana de las Islas Baleares y de partes de la propia España tras el inicio de la guerra civil española en julio de 1936, exigió que gran parte de la flota francesa permaneciera en el Mediterráneo para mantener abierto el transporte de tropas y alimentos desde el norte de África hasta la Francia metropolitana. Los detalles de la guerra civil española se tratarán en el próximo capítulo, pero en este punto hay que darse cuenta de que el cambio en el control de España de manos pro-francesas a anti-francesas, era de vital importancia para Checoslovaquia y la Unión Soviética como factor para determinar si las alianzas francesas con estos dos países se cumplirían cuando llegara el ataque alemán.

Paralelamente al cerco de Francia, también se produjo uno de la Unión Soviética y, en menor medida, de Checoslovaquia. El aislamiento de la Unión Soviética fue conocido como el Pacto Anti-Komintern. Se trataba de una unión de Alemania y Japón contra el comunismo y la Tercera Internacional. Se firmó en noviembre de 1936 y al mismo se unió Italia un año después. Manchukuo y Hungría se unieron en febrero de 1939, mientras que España lo hizo un mes más tarde.

El último contracírculo fue el de Checoslovaquia. Tanto Hungría, en la frontera sur checoslovaca, como Alemania, en su frontera noroeste, se oponían a Checoslovaquia por considerarla una creación «artificial» de la Conferencia de Versalles. La anexión alemana de Austria en marzo de 1938 cerró la brecha del círculo anticheco en el oeste, mientras que los agresivos designios de Polonia después de 1932 completaron el círculo en todas partes excepto en la insignificante frontera rumana en el extremo este. Aunque los checos ofrecieron a los polacos un tratado e incluso una alianza militar en tres ocasiones, entre 1932 y 1933, fueron ignorados y el acuerdo polaco-alemán, de enero de 1934, abrió una campaña de difamación contra Checoslovaquia por parte de Polonia, que continuó en paralelo a la similar campaña alemana, hasta la invasión polaca de Checoslovaquia en octubre de 1938.

De estos tres contracírculos a los esfuerzos de Barthou para rodear a Alemania, el más significativo con diferencia fue el de Francia, que fue el único que hizo posible los otros dos. En este círculo francés el factor más importante, sin el cual nunca se hubiera podido lograr, fue el estímulo de Gran Bretaña. En consecuencia, debemos dedicar unas palabras a las motivaciones de Gran Bretaña y a las reacciones de Francia.

Cualquier análisis de las motivaciones de Gran Bretaña entre 1938 y 1939 esdifícil porque diferentes personas tenían motivos distintos. Los motivos cambiaron en el transcurso del tiempo; los del Gobierno no eran claramente los mismos que los de la gente, además, en ningún país se han conservado o han sido tan bien preservados el secreto y el anonimato como en Gran Bretaña. En general, los motivos se vuelven más vagos y menos secretos a medida que desplazamos nuestra atención desde los círculos más íntimos del Gobierno hacia fuera. Como si estuviéramos mirando las capas de una cebolla, podemos discernir cuatro puntos de vista: (1) los antibolcheviques en el centro, (2) los partidarios del «mundo de los tres bloques» cerca del centro, (3) los partidarios del «Apaciguamiento», y (4) el grupo de «paz a cualquier precio» en una posición periférica. Los «antibolcheviques», que también eran antifranceses, fueron extremadamente importantes entre 1919 y 1926, pero luego se redujeron a un grupo de fanáticos, aumentando de nuevo en número e influencia después de 1934 para dominar la política real del Gobierno en 1939. En el período anterior, las principales figuras de este grupo fueron lord Curzon, lord D'Abernon y el general Smuts. Hicieron lo que pudieron para anular las reparaciones de guerra, permitir el rearme alemán y acabar con lo que llamaban «militarismo francés».

Este punto de vista fue apoyado por el segundo grupo, conocido en aquellos días como el «Grupo de la Mesa Redonda» y que más tarde pasó a llamarse, de forma algo inexacta, el «Conjunto de Cliveden», por la finca de lord y lady Astor. Entre ellos se encontraban lord Milner, Leopold Amery y Edward Grigg (lord Altrincham), así como lord Lothian, Smuts, lord Astor, lord Brand (cuñado de lady Astor y director general de Lazard Brothers, los banqueros internacionales), Lionel Curtis, Geoffrey Dawson (editor de *The Times*) y sus asociados. Este grupo ejercía una gran influencia porque controlaba el Rhodes Trust, el Beit Trust, *The Times* of London, *The Observer,* la influyente y muy anónima revista trimestral conocida como *The Round Table* (fundada en 1910 con dinero suministrado por sir Abe Bailey y el Rhodes Trust, y con Lothian como editor), y dominaba el Real Instituto de Asuntos Internacionales, llamado «Chatham House» (del que sir Abe Bailey y los Astor eran los principales apoyos financieros, mientras que Lionel Curtis fue el verdadero fundador), el Carnegie United Kingdom Trust y el All Souls College de Oxford. Este «Grupo de la Mesa Redonda» formaba el núcleo de los partidarios del triple bloque mundial y se diferenciaba de los antibolcheviques como D'Abernon en que buscaban contener a la Unión Soviética entre una Europa dominada por los alemanes y un bloque de habla inglesa, en lugar de destruirla como querían los antibolcheviques. Las relaciones entre los dos grupos eran muy estrechas y amistosas, algunas personas, como Smuts, pertenecían a ambos.

Los antibolcheviques, entre ellos D'Abernon, Smuts, sir John Simon y H. A. L. Fisher (director del All Souls College), estaban dispuestos a llegar a cualquier extremo para derribar a Francia y fortalecer a Alemania. Su punto de vista se puede encontrar en muchos lugares y de manera más enfática en una carta del 11 de agosto de 1920, de D'Abernon a sir Maurice (más tarde lord) Hankey, un protegido de lord Esher que ejerció una gran influencia en el período de entreguerras como secretario del Gabinete y secretario de casi todas las conferencias internacionales sobre reparaciones desde Génova (1922) hasta Lausana (1932). D'Abernon abogó por una alianza secreta de Gran Bretaña «con los líderes militares alemanes para cooperar contra los soviéticos». Como embajador de Gran Bretaña en Berlín entre 1920 y 1926, D'Abernon llevó a cabo esta política y bloqueó todos los esfuerzos de la Comisión de Desarme para desarmar, o incluso inspeccionar, a Alemania (según el brigadier de la comisión, J. H. Morgan).

El punto de vista de este grupo fue presentado por el general Smuts en un discurso del 23 de octubre de 1923 (pronunciado tras un almuerzo con H. A.

L. Fisher). De estos dos grupos surgieron el Plan Dawes y los pactos de Locarno. Fue Smuts, según Stresemann, quien propuso por primera vez la política de Locarno y fue D'Abernon quien se convirtió en su principal defensor. H. A. L. Fisher y John Simon en la Cámara de los Comunes y Lothian, Dawson y sus amigos en The Round *Table* y en *The Times* prepararon el terreno, entre la clase dirigente británica, tanto para el Plan Dawes como para Locarno ya en 1923 *(The Round Table* de marzo de 1923; los discursos de Fisher y Simon en la Cámara de los Comunes el 19 de febrero de 1923, el discurso de Fisher del 6 de marzo y el de Simon del 13 de marzo en el mismo lugar, *The Round Table* de junio de 1923; y el discurso de Smuts del 23 de octubre).

El grupo más moderado de la Mesa Redonda, que incluía a Lionel Curtis, Leopold Amery (que era la sombra de lord Milner), lord Lothian, lord Brand y lord Astor, pretendía debilitar la Sociedad de Naciones y destruir toda posibilidad de seguridad colectiva para fortalecer a Alemania frente a Francia y a la Unión Soviética y, sobre todo, liberar a Gran Bretaña de Europa para construir un «bloque atlántico» de Gran Bretaña, los Dominios Británicos y Estados Unidos. Prepararon el camino para esta «unión» a través de la organización de las Becas Rhodes (de la que lord Milner fue jefe entre 1905 y 1925 y lord Lothian fue secretario entre 1925 y 1940), a través de los grupos de la «Mesa Redonda» (que se habían creado en Estados Unidos, India y los Dominios Británicos entre 1910 y 1917), a través de la organización Chatham House que creó Institutos Reales de Asuntos Internacionales en todos los Dominios y un Consejo de Relaciones Exteriores en Nueva York, así como a través de las «Conferencias no oficiales de relaciones de la Commonwealth» celebradas irregularmente y los Institutos de Relaciones del Pacífico creados en varios países como ramas autónomas de los Institutos Reales de Asuntos Internacionales. Este influyente grupo pretendía que la Sociedad de Naciones dejara de ser un instrumento de seguridad colectiva y se convirtiera en un centro de conferencias internacionales para asuntos «no políticos», como el control de las drogas o los servicios postales internacionales, para reconstruir Alemania como amortiguador de la Unión Soviética y contrapeso de Francia y para construir un bloque atlántico formado por Gran Bretaña, los Dominios, Estados Unidos y, si fuera posible, los países escandinavos.

Una de las derivaciones de este grupo fue el proyecto llamado Union Now, y más tarde este proyecto, junto a Gran Bretaña, fue propagado en Estados Unidos entre 1938 y 1945 por Clarence Streit en nombre de lord Lothian y el Rhodes Trust. Finalmente, el círculo interno de este grupo llegó a la idea del «mundo de los tres bloques». Se creía que este sistema podría obligar a Alemania a mantener la paz (después de que absorbiera Europa) porque estaría atrapada entre el bloque atlántico y la Unión Soviética, mientras que la Unión Soviética podría verse obligada a mantener la paz porque estaría atrapada entre Japón y

Alemania. Este plan solo funcionaría si Alemania y la Unión Soviética pudieran ponerse en contacto abandonando la Austria Alemana, Checoslovaquia y el Corredor polaco. Este fue el objetivo tanto de los antibolcheviques como de los del «triple bloque» desde principios de 1937 hasta finales de 1939 (o incluso principios de 1940). Estos dos grupos cooperaron y dominaron el Gobierno en ese período. Se separaron en el período entre 1939 y 1940, con la gente del «triple bloque», como Amery, lord Halifax y lord Lothian, volviéndose cada vez más antialemanes, mientras que los antibolcheviques, como Chamberlain, Horace Wilson y John Simon, intentaron adoptar una política basada en una guerra declarada pero no combatida contra Alemania, combinada con una guerra no declarada contra la Unión Soviética. La división entre estos dos grupos apareció abiertamente en público y condujo a la caída de Chamberlain de su cargo cuando Amery le gritó a Chamberlain, del otro extremo de la Cámara de los Comunes, el 10 de mayo de 1940: «¡En el nombre de Dios, vete!».

Fuera de estos dos grupos, y mucho más numerosos (pero mucho más alejados de los verdaderos instrumentos de gobierno), estaban los partidarios del Apaciguaminento y los de «paz a cualquier precio». Ambos fueron utilizados por los dos grupos internos para conseguir el apoyo de la opinión pública a sus políticas, muy diferentes entre sí. De los dos, los partidarios del Apaciguamiento eran mucho más importantes que los de la «paz a cualquier precio». Los primeros se creyeron la propaganda constante (gran parte de ella procedente de Chatham House, *The Times*, los «grupos de la Mesa Redonda» o los círculos de Rhodes) de que los alemanes habían sido engañados y tratados brutalmente en 1919. Por ejemplo, bajo la presión de siete personas, entre ellas el general Smuts y H. A. L. Fisher, así como el propio lord Milner, Lloyd George hizo su tardía exigencia, el 2 de junio de 1919, de que se redujeran las reparaciones alemanas y se disminuyera la ocupación de Renania de 15 a dos años. El memorando del que Lloyd George leyó estas demandas fue aparentemente redactado por Philip Kerr (lord Lothian), mientras que las actas del Consejo de los Cuatro, de las que obtenemos el registro de esas demandas, fueron redactadas por sir Maurice Hankey (como secretario del Consejo Supremo, cargo obtenido a través de lord Esher). Fue Kerr (Lothian) quien actuó como miembro británico del Comité de los Cinco y redactó la respuesta a la protesta de los alemanes de mayo de 1919. El general Smuts seguía negándose a firmar el tratado por ser demasiado severo hasta el 23 de junio de 1919.

Como resultado de estos ataques y de gran cantidad de ataques similares contra el tratado, que continuaron año tras año, la opinión pública británica adquirió una conciencia culpable sobre el Tratado de Versalles y en 1930 no estaba preparada para tomar ninguna medida a fin de aplicarlo. Sobre este sentimiento, que tanto se debía a la ideología británica de conducta deportiva hacia un oponente vencido, se construyó el movimiento de Apaciguamiento.

Este movimiento partía de dos premisas básicas: (a) que la reparación debía hacerse por el trato que Gran Bretaña había dado a Alemania en 1919 y (b) que si se satisfacían las demandas más obvias de Alemania, como la igualdad de armamento, la remilitarización de Renania y, quizás, la unión con Austria, Alemania quedaría satisfecha y en paz. El problema con este argumento era que, una vez que Alemania llegara a este punto, sería muy difícil impedir que fuera más allá (como tomar los Sudetes y el Corredor polaco). En consecuencia, cuando se alcanzó este punto en marzo de 1938, muchos de los partidarios del Apaciguamiento se pasaron al punto de vista antibolchevique o del «triple bloque», mientras que algunos incluso se pasaron al grupo de «paz a cualquier precio». Es probable que Chamberlain, sir John Simon y sir Samuel Hoare pasaran por esta vía del Apaciguamiento al antibolchevismo. En cualquier caso, pocas personas influyentes seguían en el grupo del Apaciguamiento en 1939, en el sentido de que creían que Alemania podría estar satisfecha. Una vez que se dieron cuenta de esto, a muchos les pareció que la única solución era poner a Alemania en contacto, o incluso en colisión, con la Unión Soviética.

Los partidarios de la «paz a cualquier precio» eran pocos y carecían de influencia en Gran Bretaña, mientras que lo contrario, como veremos, sucedía en Francia. Sin embargo, en el período comprendido entre agosto de 1935 y marzo de 1939, especialmente en septiembre de 1938, el Gobierno se basó en los temores de este grupo exagerando constantemente el poderío armado de Alemania y menospreciando el suyo propio, mediante indiscreciones calculadas (como la declaración en septiembre de 1938 de que no había verdaderas defensas antiaéreas en Londres), insistiendo constantemente en el peligro de un ataque aéreo abrumador sin previo aviso, construyendo ostentosas y bastante inútiles trincheras antiaéreas en las calles y parques de Londres e insistiendo, mediante advertencias diarias, en que todo el mundo debía llevar una máscara antigás inmediatamente (aunque el peligro de un ataque con gas era nulo).

De este modo, el Gobierno hizo que Londres entrara en pánico en 1938 por primera vez desde 1804 o incluso desde 1678. Y gracias a este pánico, Chamberlain consiguió que el pueblo británico aceptara la destrucción de Checoslovaquia, disfrazando la situación como «la paz en nuestro tiempo», cosa que aprendió de Hitler, ya que le confió a ese despiadado dictador, «la opinión pública británica». Una vez pasado este pánico, a Chamberlain le resultó imposible conseguir que dicha opinión pública siguiera su programa, aunque él mismo nunca vaciló, ni siquiera en 1940. Trabajó con los grupos del Apaciguamiento y de la «paz a cualquier precio» a lo largo de 1939, pero su número disminuyó rápidamente, y como no podía apelar abiertamente al apoyo ni de los antibolcheviques ni de los «tres bloques», tuvo que utilizar el recurso peligroso de fingir que resistía (para satisfacer a la opinión pública británica) mientras realmente seguía haciendo todas las concesiones posibles a

Hitler que llevaran a Alemania a una frontera común con la Unión Soviética, al mismo tiempo que presionaba a Polonia para que negociara y a Alemania para que se abstuviera de utilizar la fuerza con el fin de ganar tiempo para debilitar a Polonia y evitar la necesidad de respaldar con acciones su pretensión de resistencia a Alemania. Esta política fue completamente por mal camino en el período comprendido entre agosto de 1939 y abril de 1940.

Los motivos de Chamberlain no eran negativos; quería la paz para poder destinar los «limitados recursos» de Gran Bretaña al bienestar social; pero era de mente cerrada y totalmente ignorante de las realidades del poder, convencido de que la política internacional podía llevarse a cabo en términos de tratos secretos, como los negocios, y era bastante despiadado a la hora de llevar a cabo sus objetivos, especialmente en su disposición a sacrificar a los no ingleses, que, a sus ojos, no contaban.

Mientras, tanto el pueblo como el Gobierno estaban más desmoralizados en Francia que en Inglaterra. La política de derecha, que habría utilizado la fuerza contra Alemania incluso ante la desaprobación británica, terminó en 1924. Cuando Barthou, que había sido una de las principales figuras del esfuerzo de 1924, trató de revivirla en 1934, fue algo muy diferente y tuvo que dar constantemente un apoyo, al menos verbal, a los esfuerzos de Gran Bretaña por modificar su alianza con Alemania en un Pacto de las Cuatro Potencias (de Gran Bretaña, Francia, Italia y Alemania). Este Pacto de las Cuatro Potencias, que era el objetivo último del grupo antibolchevique de Inglaterra, era en realidad un esfuerzo por formar un frente unido europeo contra la Unión Soviética y, a los ojos de este grupo, habría sido un gran logro para unir en un solo sistema el círculo de Francia (que era la respuesta británica al círculo de Barthou con Alemania) y el Pacto Anti-Komintern (que era la respuesta alemana al mismo proyecto).

El Pacto de las Cuatro Potencias llegó a su culminación en la Conferencia de Múnich de septiembre de 1938, en la que estas cuatro potencias destruyeron Checoslovaquia sin consultar a su aliado, la Unión Soviética. Pero el desprecio que los dictadores sentían por Gran Bretaña y Francia como democracias decadentes había llegado a tal punto que dichos dictadores ya no tenían ni siquiera ese mínimo de respeto sin el cual el Pacto de las Cuatro Potencias no podía funcionar. Como consecuencia, en 1939, Hitler despreció todos los frenéticos esfuerzos de Chamberlain por restablecer el Pacto de las Cuatro Potencias, junto con sus esfuerzos igualmente frenéticos y aún más secretos por ganarse la atención de Hitler mediante ofertas de colonias en África y apoyo económico en Europa oriental.

Como resultado del fracaso de la política de derecha francesa contra Alemania en 1924 y del fracaso de la «política de cumplimiento» de la izquierda francesa entre 1929 y 1930, Francia se quedó sin política. Convencido de que la seguridad francesa dependía del apoyo militar y naval británico sobre el terreno antes de que se iniciara la acción (para evitar una ocupación bélica alemana de la parte más rica de Francia como la que existió entre 1914 y 1918), deprimido por el creciente desequilibrio de la población alemana respecto a la francesa, y acribillado por el pacifismo y el sentimiento antibélico, el ejército francés, bajo la influencia de Petain, adoptó una estrategia puramente defensiva y elaboró tácticas igualmente defensivas para apoyarla.

A pesar de las campañas de Charles de Gaulle (entonces coronel) y de su portavoz parlamentario, Paul Reynaud, para construir una fuerza de ataque blindada como arma ofensiva, Francia construyó una gran barrera fortificada, puramente defensiva, desde Montmédy hasta la frontera suiza y reorientó muchas de sus unidades tácticas hacia tareas puramente defensivas dentro de esta barrera. Para muchos estaba claro que las tácticas defensivas de esta línea Maginot eran incoherentes con las obligaciones de Francia hacia sus aliados en Europa del Este, pero todo el mundo estaba demasiado paralizado por el partidismo político interno, por la presión británica a favor de una política puramente europea occidental y por la confusión intelectual general y el cansancio de la crisis, como para hacer algo para que los planes estratégicos de Francia y sus obligaciones políticas tuvieran un patrón coherente.

Fue el carácter puramente defensivo de estos planes estratégicos, sumado al veto de Chamberlain a las sanciones, lo que impidió a Flandin actuar contra Alemania en el momento de la remilitarización de Renania en marzo de 1936. En 1938 y 1939, estas influencias habían extendido la desmoralización y el pánico en la mayor parte de la sociedad francesa, con el resultado de que el único plan viable para Francia parecía ser cooperar con Gran Bretaña en una política puramente defensiva en el oeste, detrás de la línea Maginot, con camino libre para Hitler en el este. Los pasos que llevaron a Francia hacia este destino son claros: estaban marcados por el Acuerdo Naval Anglo-Alemán de junio de 1935, la crisis de Etiopía de septiembre de 1935, la remilitarización de Renania en marzo de 1936, la neutralización de Bélgica en 1936, la guerra civil española de 1936 a 1939, la destrucción de Austria en marzo de 1938 y la crisis checoslovaca que llegó a Múnich en septiembre de 1938. Debemos continuar nuestra historia siguiendo estos sucesos.

La tragedia española, 1931–1939

Desde el verano de 1936 hasta la primavera de 1939, España fue el escenario de un implacable conflicto de armas, ideologías e intereses. Este conflicto fue tanto una guerra civil como una lucha internacional. Fue un problema controvertido en su momento y lo ha seguido siendo desde entonces. Durante 20 años o más, los penosos sentimientos suscitados por la lucha fueron tan intensos, que resultaba difícil determinar las razones de la disputa y cualquiera que intentara hacer un estudio objetivo de los hechos, era objeto de agresiones por parte de ambos bandos.

El pasado histórico de España ha sido tan diferente al del resto de la Civilización Occidental que a veces parece dudoso que deba considerarse como parte de la misma. Esta diferencia se ve incrementada por el hecho de que, desde finales del siglo XV, España se negó a participar en las experiencias de la Civilización Occidental y, si muchos grupos poderosos hubieran conseguido su deseo, habría permanecido en su condición de país de los siglos XV o XVI.

Desde la invasión de los árabes, en el año 711, hasta su expulsión definitiva en 1492, la vida española estuvo dominada por la lucha contra este intruso extranjero. De 1525 a 1648, España estuvo en lucha con los nuevos movimientos religiosos suscitados por Lutero. Desde 1648 estuvo, salvo breves intervalos y personalidades excepcionales, en guerra con el racionalismo moderno y la ciencia moderna, con la Ilustración, la Revolución Francesa y Napoleón, con la democracia, el laicismo, el liberalismo y el constitucionalismo modernos, además de la concepción burguesa de la sociedad moderna. Como resultado de más de mil años de estas luchas, casi todos los elementos de la sociedad española, incluso los que no se oponían, en teoría, a los nuevos movimientos de la cultura occidental, desarrollaron una intolerancia fanática, un individualismo intransigente y una creencia fatal de que la fuerza física era la solución a todos los problemas, por muy espirituales que fueran.

El impacto del Occidente burgués, liberal, científico e industrializado del siglo XIX sobre España fue similar a su impacto sobre otras unidades políticas atrasadas como Japón, China, Turquía o Rusia. En cada caso, algunos elementos de estas sociedades querían resistir la expansión política de Occidente adoptando su industria, ciencia, organización militar y estructuras constitucionales. Otros elementos deseaban resistir toda la occidentalización, mediante una oposición pasiva si no se encontraba nada más eficaz, hasta la muerte si era necesario, y mantener en su espíritu las antiguas actitudes nativas, aunque físicamente se vieran obligados a ceder a patrones de comportamiento ajenos, occidentales.

En España, Rusia y China, esta actitud de resistencia tuvo el suficiente éxito como para retrasar el proceso de occidentalización hasta una fecha en la que la civilización occidental empezaba a perder su propia tradición (o al menos su fe en ella) y a cambiar su lealtad (o al menos su comportamiento) hacia patrones de pensamiento y acción que eran bastante ajenos a la línea principal de la tradición occidental. Este cambio, al que nos hemos referido en la primera sección de este capítulo, estuvo marcado por la pérdida del elemento básico de moderación que se encuentra en la verdadera tradición de Occidente. A medida que la intolerancia ideológica o el autoritarismo totalitario, por ejemplo, crecían en Occidente, esto tenía que tener un efecto adverso en los esfuerzos por llevar la democracia, el liberalismo o el constitucionalismo parlamentario occidentales a zonas como Japón, China, Rusia o, el caso en cuestión, España.

Durante el siglo XIX, los elementos dispuestos al menos a comprometerse con el modo de vida occidental no fracasaron del todo en España, probablemente porque recibieron cierto apoyo del ejército, que se dio cuenta de su incapacidad para luchar eficazmente sin una sociedad mayoritariamente occidentalizada que le apoyara. Sin embargo, esto fue obstruido por los esfuerzos de la «Monarquía de la Restauración», entre 1875 y 1931, para encontrar apoyo entre los opositores a la modernización y por la derrota española a manos de Estados Unidos en 1898. Alfonso XII (1874–1885) llegó al trono como reacción militar tras un largo período de confusión revolucionaria. La derrota ante Estados Unidos, al igual que la de China ante Japón en 1894, o la de Turquía ante Rusia en 1877, amplió la brecha entre los grupos «progresistas» y «reaccionarios» de España (si se pueden utilizar estos términos para indicar la voluntad o el rechazo a la occidentalización).

Además, la guerra de 1898, al privar a España de gran parte de su imperio, dejó a su sobredimensionado ejército con poco que hacer y con una superficie reducida que proteger. Como un vampiro, el ejército español se instaló para agotar la vitalidad de España, sobre todo, en Marruecos. Esto hizo que el ejército (es decir, los oficiales) se alineara con las otras fuerzas conservadoras de España contra las escasas fuerzas del liberalismo burgués y las fuerzas del descontento proletario que crecían rápidamente. Estas fuerzas conservadoras eran la Iglesia (es decir, el alto clero), los terratenientes y los monárquicos. Las fuerzas del descontento proletario estaban formadas por los trabajadores urbanos y la masa mucho mayor de campesinos explotados. Estos últimos grupos, que no conocían realmente la tradición liberal occidental y que les parecía poco esperanzadora cuando lo hacían, eran como tierra fértil para los agitadores de la revolución proletaria que ya desafiaban el liberalismo burgués de Occidente.

Sin duda, el individualismo español, el provincialismo y la sospecha de que el Estado era un instrumento de las clases poseedoras, hicieron que cualquier apelación al autoritarismo totalitario del comunismo fuera relativamente débil en España. Por otro lado, el atractivo del anarquismo, que era a la vez individualista y antiestatal, era más fuerte en España que en cualquier otro lugar del mundo (más fuerte incluso que en Rusia, donde el anarquismo recibió su formulación verbal más completa por parte de hombres como Bakunin).

Por último, el atractivo del socialismo era casi tan fuerte como el del anarquismo y estaba mucho más eficazmente organizado. Para muchos españoles insatisfechos (incluidos muchos intelectuales y profesionales burgueses), el socialismo parecía ofrecer una combinación de reforma social, progreso económico y un estado democrático secular que se ajustaba mejor a las necesidades españolas que el anarquismo, el bolchevismo o el constitucionalismo del laissez-faire. El eslabón débil de este programa socialista era que el Estado democrático y no totalitario previsto por los intelectuales socialistas en España, era bastante compatible con el individualismo español (y la democracia básica), pero muy diferente de la intolerancia española. Había un motivo legítimo para dudar de que tal estado socialista, si llegaba al poder en España, fuera lo suficientemente tolerante como para permitir ese desacuerdo intelectual que es tan necesario para una sociedad democrática, incluso una que dirija un sistema económico socialista. La burguesía española, relativamente poco numerosa debido al atraso económico de España, se encontraba en una posición difícil. Mientras que la burguesía de Inglaterra y Francia había atacado a las fuerzas del feudalismo, la monarquía burocrática, el militarismo y el clericalismo, había creado un Estado liberal, laico y una sociedad burguesa antes de que ellos mismos fueran atacados por las crecientes fuerzas del descontento proletario de la izquierda, la burguesía de España pudo ver la amenaza proletaria de la izquierda antes de que fuera capaz de superar los intereses particulares de la derecha. Como resultado de esto, la burguesía tendió a dividirse en dos partes. Por un lado estaba la burguesía industrial y comercial, que apoyaba las ideas liberales del laissez-faire, el parlamentarismo constitucional, la propiedad privada, el antimilitarismo, la libertad antiburocrática, el anticlericalismo y una autoridad estatal limitada. Por otro lado estaba la burguesía intelectual y profesional que habría añadido a este programa un grado suficiente de reforma social, democracia, intervencionismo económico y nacionalización de la propiedad para situarse en el campo socialista. Estas dos divisiones del grupo burgués tendieron a desplazarse más hacia la derecha después de 1931, ya que la creciente presión de la revolución proletaria amenazaba tanto la propiedad privada como la democracia liberal. Los liberales burgueses temían la pérdida de la propiedad privada y, para salvarla, abandonaron apresuradamente su anterior antimilitarismo, anticlericalismo y cosas por el estilo; los socialistas burgueses temían la pérdida de la democracia liberal, pero no encontraron dónde ir porque la democracia liberal no podía encontrar una base real en la intolerancia fanática de España, una característica tan frecuente en la derecha como en la izquierda. En realidad, ambos grupos burgueses fueron en gran medida aplastados y sus miembros prácticamente exterminados por la derecha, debido a su anterior lealtad al antimilitarismo, anticlericalismo y carácter antimonárquico, y por la izquierda debido a su continua lealtad a la propiedad privada. Curiosamente, los únicos defensores que estos burgueses encontraron fuera de su propio grupo fue el pequeño pero bien organizado cuerpo de comunistas estalinistas, cuyas ideas preconcebidas sobre el curso natural del desarrollo social eran tan fuertes que insistían en que España debía pasar por un período de capitalismo liberal burgués e industrialización antes de estar lista para la fase posterior del comunismo totalitario. Este punto de vista, declarado explícitamente en la carta de Stalin al líder socialista español de izquierdas, Largo Caballero, del 21 de septiembre de 1936, advertía contra los esfuerzos prematuros de reforma social y económica para los que España no estaba preparada por su grado de desarrollo industrial y pedía un apoyo general «antifascista» para un estado liberal contra los «reaccionarios» de la derecha. Como consecuencia de este punto de vista, los comunistas en España estaban casi tan dispuestos a exterminar a los revolucionarios de la izquierda (especialmente a los anarquistas, a los comunistas «trotskistas» y a los socialistas de izquierdas) como a eliminar a los reaccionarios de la derecha.

Esta compleja y confusa situación en España se vio aún más enmarañada por la lucha entre la centralización castellana (que a menudo era poco ilustrada y reaccionaria) y los partidarios de la autonomía local y el separatismo (que a menudo eran progresistas o incluso revolucionarios) en Cataluña, el País Vasco, Galicia y otros lugares. Esta lucha se intensificó por el hecho de que el industrialismo solo había crecido en Cataluña y en las provincias vascas. En consecuencia, la fuerza del proletariado revolucionario era mayor en las zonas donde el separatismo era más fuerte.

A todas estas fuerzas se oponía la vinculación de oficiales, alto clero, terratenientes y monárquicos que surgió después de 1898, especialmente después de 1918. El ejército era el más pobre de Europa y relativamente el más caro. Había un oficial por cada seis hombres y un general por cada 250 hombres. Los hombres estaban miserablemente mal pagados y maltratados, mientras que los oficiales despilfarraban fortunas. El Ministerio de Guerra se llevaba aproximadamente un tercio del presupuesto nacional y la mayor parte iba a parar a los oficiales. El dinero era desperdiciado o robado en cantidades millonarias en beneficio de los oficiales y de los políticos monárquicos, sobre todo en Marruecos. Todo se hacía a gran escala, por ejemplo, había no menos de cinco academias militares. Pero el ejército siguió siendo tan ineficiente que perdió 13 000 hombres al año durante 10 años luchando contra los rifeños[1] en

---

1. Personas del Rif, al norte de Marruecos.

Marruecos y en julio de 1921 perdió 12 000 soldados de los 20 000 que participaron en una batalla. El ejército tenía el derecho, por increíble que parezca, de someter a los civiles a la corte marcial y no dudó en utilizar este poder para evitar las críticas a sus estragos. Sin embargo, la protesta contra la corrupción y las derrotas en Marruecos dio lugar a una investigación parlamentaria. Para evitarlo, un golpe militar al mando del general Primo de Rivera, con el consentimiento del rey Alfonso XIII, se apoderó del Gobierno, disolvió las Cortes y acabó con las libertades civiles, mediante la ley marcial y una estricta censura en toda España (1923).

Los terratenientes no solo monopolizaban la tierra sino que, lo que es más importante, derrochaban sus ingresos sin apenas esforzarse por aumentar la productividad de sus fincas o por reducir el violento descontento de sus arrendatarios campesinos y trabajadores agrícolas. De los 50 millones de hectáreas de tierra cultivable en España, alrededor del 60 % no se cultivaba, mientras que otro 10 % se dejaba en barbecho. La necesidad de regadío, fertilizantes y nuevos métodos era fuerte, pero se hizo muy poco para conseguirlos. Por el contrario, mientras los grandes de España derrochaban millones de pesetas en los casinos de la Costa Azul, el equipamiento técnico de sus fincas se deterioraba constantemente. Aprovechando el excedente de población agrícola, intentaron aumentar las rentas y disminuir los salarios agrícolas. Para permitirlo, hicieron todo lo posible para que los contratos de arrendamiento tuvieran una duración más corta (no más de un año) y fueran revocables a voluntad del propietario, y para desbaratar todo esfuerzo de los trabajadores agrícolas por buscar una acción gubernamental o sindical para aumentar los salarios, reducir las horas o mejorar las condiciones de trabajo.

Mientras todo esto ocurría y mientras la mayor parte de España sufría de desnutrición, la mayor parte de la tierra estaba sin cultivar y los propietarios se negaban a utilizar las instalaciones de riego que había construido el Gobierno. Como resultado, los rendimientos agrícolas eran los más pobres de Europa occidental. Mientras que 15 hombres poseían alrededor de unas 405 000 hectáreas, y 15 000 hombres poseían aproximadamente la mitad de todas las tierras gravadas, casi 2 millones poseían la otra mitad, a menudo en parcelas demasiado pequeñas para la subsistencia. Unos 2 millones más, que carecían totalmente de tierras, trabajaban de 10 a 14 horas diarias por unas 2,5 pesetas (35 centavos de dólar) al día, durante solo seis meses al año, o pagaban rentas exorbitantes sin ninguna seguridad de tenencia.

En la Iglesia, especialmente en los pueblos, mientras los sacerdotes ordinarios compartían la pobreza y las tribulaciones del pueblo con piadosa devoción, el alto clero estaba estrechamente aliado con el Gobierno y las fuerzas reaccionarias. Los obispos y arzobispos eran nombrados por la monarquía y eran sostenidos en parte por una subvención anual del Gobierno como resultado del

Concordato de 1851. Además, el clero y el Gobierno estaban inexorablemente entrelazados, ya que el alto clero tenía escaños en la Cámara Alta y tenía el control de la educación, de la censura, del matrimonio y contaba con el favor del rey. Como consecuencia de esta alianza del alto clero con el Gobierno y las fuerzas reaccionarias, todas las animosidades creadas contra este último llegaron a dirigirse también contra el primero. Aunque el pueblo español siguió siendo universal y profundamente católico, no encontró ningún atractivo en el protestantismo y muy poco en el escepticismo racional del tipo francés, también se volvió fuertemente anticlerical. Esta actitud se reflejó en la notable reticencia de los españoles a ir a la iglesia o a recibir los sacramentos durante el intervalo entre la confirmación a los 13 años y unción de los enfermos en el lecho de muerte. También se reflejaba en la propensión de los españoles a quemar iglesias. Mientras que otros pueblos expresaban turbulentos estallidos de sentimiento antigubernamental en ataques a cárceles, oficinas de correos, bancos o emisoras de radio, los españoles quemaban invariablemente iglesias y lo han hecho durante al menos un siglo. Hubo grandes estallidos de esta extraña costumbre en 1808, 1835, 1874, 1909, 1931 y 1936, y fue consentida tanto por la derecha como por la izquierda.

Los monárquicos se dividieron en al menos dos grupos. Uno de ellos, la Renovación Española, apoyaba a la dinastía de Isabel II (entre 1833 y 1868), mientras que el otro, la Comunión Tradicionalista, apoyaba las pretensiones del tío de Isabel, Don Carlos. El grupo de la Renovación era una camarilla de terratenientes ricos que utilizaban sus contactos con el Gobierno para evadir impuestos, obtener concesiones y sinecuras para ellos y sus amigos. Los carlistas eran un grupo fanáticamente intolerante y asesino, procedente de remotas regiones rurales de España, eran casi totalmente clericales y reaccionarios en sus objetivos.

Todos estos grupos, los terratenientes, los oficiales, el alto clero y los monárquicos (excepto los carlistas), eran grupos de presión que buscaban utilizar España para su propio poder y beneficio. La amenaza a sus posiciones tras la Primera Guerra Mundial y las derrotas en Marruecos les llevó a apoyar la dictadura de Primo de Rivera. Sin embargo, la inestabilidad personal del general y sus esfuerzos por apaciguar a los industriales de Cataluña, así como sus desequilibrados presupuestos y sus esfuerzos por crear un seguimiento popular cooperando con los grupos obreros, provocaron un cambio de apoyo y se vio obligado a dimitir en 1930, tras una infructuosa revuelta de oficiales en 1929.

Al darse cuenta del peligro que suponía para su dinastía su asociación con una dictadura impopular, Alfonso XIII intentó restaurar el Gobierno constitucional. Como primera medida, ordenó la celebración de elecciones municipales para el 12 de abril de 1931. Tales elecciones habían sido manejadas con éxito por una corrupción electoral indiscriminada antes de 1923 y se creía que este control podría mantenerse. Se mantuvo en las zonas rurales, pero, en 46 de las 50 capitales de provincia, las fuerzas antimonárquicas salieron victoriosas. Cuando estas fuerzas exigieron la abdicación de Alfonso, este pidió apoyo al general Sanjurjo, comandante de la Guardia Civil. Se le negó el apoyo y Alfonso huyó a Francia (14 de abril de 1931).

Los republicanos comenzaron inmediatamente a organizar su victoria, eligiendo una Asamblea Constituyente en junio de 1931 y estableciendo un gobierno parlamentario unicameral ultramoderno con sufragio universal, separación de la Iglesia y el Estado, secularización de la educación, autonomía local para las zonas separatistas y poder para socializar los grandes latifundios o los servicios públicos. Tal gobierno, especialmente las disposiciones para un régimen parlamentario con sufragio universal, era bastante inadecuado para España con su alto analfabetismo, su débil clase media y sus grandes desigualdades de poder económico.

La República duró solo cinco años antes de que comenzara la guerra civil el 18 de julio de 1936. Durante ese período fue desafiada constantemente por la derecha y por la extrema izquierda, siendo la derecha la que ofreció la mayor oposición, ya que dominaba el poder económico, militar e ideológico a través de los terratenientes, el ejército y la Iglesia. Durante este tiempo, la nación fue dirigida por gobiernos de coalición: primero por una coalición de izquierda, desde diciembre de 1931 hasta septiembre de 1933; luego por el centro, desde septiembre hasta octubre de 1934; tercero, por una coalición de derecha, desde octubre hasta las elecciones del Frente Popular de febrero de 1936; y, por último, por la izquierda, después de febrero de 1936. Estos cambios de gobierno fueron el resultado de los cambios de vinculación de la multitud de partidos políticos. La derecha formó una coalición con José María Gil Robles en febrero de 1933, mientras que la izquierda lo hizo con Manuel Azaña, en febrero de 1936. Como resultado, la coalición de la derecha ganó las segundas elecciones parlamentarias en noviembre de 1933, mientras que la izquierda o Frente Popular ganó las terceras elecciones de febrero en 1936.

Debido a este cambio de gobiernos, el programa liberal que se promulgó entre 1931 y 1933 fue anulado o no se aplicó entre 1933 y 1936. Este programa incluía la reforma educativa, la reforma del ejército, la separación de la Iglesia y el Estado, la reforma agraria y la asistencia social a los campesinos y trabajadores.

En un esfuerzo por reducir el analfabetismo (que superaba el 45 % en 1930), la República construyó miles de escuelas y contrató nuevos profesores, aumentó los salarios de los maestros hasta un mínimo del equivalente, en pesetas españolas de la época, de unos 450 dólares al año (esto se aplicó a 21 500 de los 37 500 profesores), fundó más de mil bibliotecas y fomentó la educación para adultos.

Se hicieron esfuerzos para obtener un ejército más pequeño, mejor pagado y más eficiente. Los 23 000 oficiales (incluidos 258 generales) se redujeron a 9500 oficiales (incluidos 86 generales), y el excedente se retiró con la paga completa. El número de soldados rasos se redujo a unos 100 000 con una paga más alta. La organización se reformó por completo. Como resultado, se ahorraron más del equivalente en pesetas de 14 millones de dólares, en el coste del ejército en el primer año (de 1931 a 1932). Por desgracia, no se hizo nada para que el ejército fuera leal al nuevo régimen. Dado que la elección de retirarse o permanecer en el servicio activo era puramente voluntaria, los oficiales republicanos tendieron a retirarse, los monárquicos a permanecer, con el resultado de que el ejército de la República era más monárquico en sus tendencias que el ejército anterior a 1931. Aunque los oficiales, descontentos por la reducción de sus oportunidades de enriquecimiento, se mostraron abiertamente irrespetuosos e insubordinados con la República, no se hizo casi nada para remediarlo.

La Iglesia fue sometida a leyes que establecían la completa separación de la Iglesia y el Estado. El Gobierno renunció a su derecho a nombrar al alto clero, puso fin a la subvención anual a la Iglesia, asumió la propiedad (pero no la posesión) de los bienes de la Iglesia, prohibió la enseñanza en las escuelas públicas por parte del clero, estableció la tolerancia religiosa y el divorcio civil, además exigió que todas las corporaciones (incluidas las órdenes religiosas y los sindicatos) se registraran en el Gobierno y publicaran sus cuentas financieras.

Para ayudar a los campesinos y a los obreros, se establecieron jurados mixtos para conocer las disputas sobre las rentas rurales; se prohibió la importación de mano de obra de un distrito a otro con fines salariales; y se proporcionó crédito a los campesinos para que obtuvieran tierras, semillas o fertilizantes en condiciones favorables. Las tierras señoriales, las de los monárquicos que habían huido con Alfonso, y las tierras no cultivadas habitualmente, fueron expropiadas con indemnización, para proporcionar fincas a una nueva clase de campesinos propietarios.

La mayor parte de estas reformas solo entraron en vigor parcialmente o no entraron en vigor. No se pudo acabar con la contribución anual a la Iglesia porque el pueblo español se negó a contribuir voluntariamente a la misma y hubo que establecer un sistema alternativo de tributación eclesiástica aplicado por el Estado. Pocas de las fincas abandonadas o mal cultivadas pudieron ser expropiadas por falta de dinero para las indemnizaciones. El clero no podía ser excluido de la enseñanza por falta de profesores formados. La mayor parte de los bienes eclesiásticos expropiados quedaron en poder de la Iglesia, bien porque eran necesarios para los servicios religiosos y sociales o bien porque no podían ser localizados.

Los grupos conservadores reaccionaron violentamente contra la República casi desde su inicio. De hecho, los monárquicos criticaron a Alfonso XIII por marcharse sin luchar, mientras que el alto clero y los terratenientes condenaron al ostracismo al legado pontificio por sus esfuerzos para que el primero adoptara una actitud neutral hacia el nuevo régimen. Como resultado, se empezaron a formar tres complots contra la república, uno monárquico dirigido por Calvo Sotelo en el parlamento y por Antonio Goicoechea en secreto; el segundo era una alianza parlamentaria de terratenientes y clérigos bajo el mando de José María Gil Robles; y el último era una conspiración de oficiales dirigida por los generales Emilio Barrera y José Sanjurjo. Sanjurjo dirigió una rebelión infructuosa en Sevilla en agosto de 1932. Cuando se derrumbó por falta de apoyo público, fue detenido, condenado a muerte, indultado y finalmente liberado (con la totalidad de su paga) en 1934. Barrera fue detenido pero liberado por los tribunales. Ambos generales comenzaron a preparar la rebelión de 1936.

Mientras tanto, la conspiración monárquica fue organizada por el exrey Alfonso desde el extranjero ya en mayo de 1931. Dentro de este movimiento se fundó un nuevo partido político bajo el mando de Calvo Sotelo, se creó una organización de «investigación» conocida como Acción Española «para publicar textos de grandes pensadores sobre la legalidad de la revolución», se creó un fondo de guerra de 1,5 millones de pesetas y se elaboró una conspiración clandestina bajo la dirección de Antonio Goicoechea. Esta última medida se tomó en una reunión en París presidida por el propio Alfonso XIII (29 de septiembre de 1932).

Goicoechea realizó su tarea con gran habilidad, bajo la mirada de un Gobierno que se negaba a tomar medidas preventivas por sus propios escrúpulos liberales y legalistas. Organizó una alianza de los oficiales, los carlistas y su propio partido alfonsista. Cuatro hombres de estos tres grupos firmaron entonces un acuerdo con Mussolini el 31 de marzo de 1934. Mediante este acuerdo, el Duce del fascismo prometió armas, dinero y apoyo diplomático al movimiento revolucionario y entregó a los conspiradores un primer pago de 1 500 000 pesetas, 10 000 fusiles, 10 000 granadas y 200 ametralladoras. A cambio, los firmantes, el teniente general Emilio Barrera, Antonio Lizarza, Rafael de Olazabal y Antonio Goicoechea, prometieron, cuando llegaran al poder, denunciar el «tratado secreto» franco-español existente y firmar con Mussolini un acuerdo por el que se establecía una política de exportación conjunta entre España e Italia, así como un acuerdo para mantener el *statu quo* en el Mediterráneo occidental.

Mientras tanto, la coalición de Gil Robles, conocida como CEDA (Confederación Española de Derechas Autónomas), junto con su propio partido clerical (Acción Popular) y el Partido Agrario de los grandes terratenientes, consiguió sustituir al republicano de izquierda Manuel Azaña por el republicano de derecha Alejandro Lerroux como primer ministro (septiembre de 1933). Entonces convocó nuevas elecciones en noviembre de 1934 y obtuvo una victoria con 213 escaños para la derecha, 139 para el centro y 121 para la izquierda. El Gabinete de Centro continuó en el cargo, apoyado por los votos de la derecha. Revocó muchas de las reformas de 1931 a 1933, dejó sin aplicar la mayoría de las restantes, liberó a todos los conspiradores de la derecha de la cárcel (incluido Sanjurjo), amnistió a miles de conspiradores y exiliados monárquicos y les devolvió sus propiedades expropiadas. Mediante un proceso de consolidación de carteras y supresión de puestos en el Gabinete, Gil Robles redujo lentamente dicho Gabinete de 13 ministros a finales de 1933, a nueve dos años después. De ellos, la CEDA se quedó con tres en octubre de 1934 y con cinco en marzo de 1935.

La llegada al poder de la CEDA en octubre de 1934 condujo a una violenta agitación que estalló en una revuelta abierta en los dos centros separatistas del País Vasco y Cataluña. Esta última, dirigida por la izquierda burguesa, recibió poco apoyo de los trabajadores y se derrumbó enseguida; sin embargo, la revuelta de Asturias, encabezada por mineros anarquistas que lanzaban dinamita con pequeñas catapultas, duró nueve días. El Gobierno utilizó a la Legión Extranjera y a los moros, traídos desde Marruecos por mar, y acabó con los rebeldes sin piedad. Estos sufrieron al menos 5000 bajas, de las cuales un tercio murieron. Una vez sofocada la sublevación, toda la prensa socialista fue silenciada y 25 000 sospechosos fueron encarcelados.

Este levantamiento de octubre de 1934, aunque fue vencido, sirvió para dividir a la oligarquía. El hecho de que el Gobierno hubiera enviado moros a la parte más católica de España (donde nunca habían penetrado durante las invasiones sarracenas) y las exigencias del ejército, los monárquicos y los mayores terratenientes, de una dictadura implacable, alarmaron a los dirigentes de la Iglesia y al presidente de la República, Alcalá Zamora. Esto acabó bloqueando el camino de Gil Robles hacia el poder por métodos parlamentarios. A partir de marzo de 1935 controló las carteras de Justicia, Industria y Comercio, Trabajo y Comunicaciones, pero no pudo conseguir la de Interior (que controlaba la policía). Esta fue ocupada por Portela Valladares, un moderado cercano a Alcalá Zamora. Gil Robles, como ministro de guerra, fomentó el control reaccionario del ejército e incluso puso al general Franco como subsecretario de guerra, pero no pudo deshacerse de Portela Valladares. Finalmente, exigió que la policía fuera transferida del Ministerio del Interior a su propio Ministerio de la Guerra. Cuando esto se negó, molestó al Gabinete, pero, en lugar de obtener más de esta acción, obtuvo menos, pues Alcalá Zamora entregó el puesto de primer ministro a los moderados (Joaquín Chapaprieta, un empresario, seguido de Portela Valladares) y ordenó nuevas elecciones.

Para estas elecciones de febrero de 1936, los partidos de izquierda formaron una coalición, el Frente Popular, con un programa y un plan de acción publicados. El programa era de carácter de izquierda moderada y prometía el restablecimiento total de la Constitución, la amnistía para los delitos políticos cometidos después de noviembre de 1933, las libertades civiles, un poder judicial independiente, fijar salarios mínimos, protección para los inquilinos, la reforma de los impuestos, el crédito, la banca y la policía, y las obras públicas. Repudiaba el programa socialista de nacionalización de la tierra, los bancos y la industria.

El plan de acción preveía que, aunque todos los partidos del Frente Popular apoyarían al Gobierno con sus votos en las Cortes, solo los partidos burgueses ocuparían puestos en el Gabinete, mientras que los partidos obreros, como los socialistas, se quedarían fuera.

Las elecciones del 16 de febrero de 1936 siguieron a una campaña de violencia y terrorismo en la que los peores infractores fueron los miembros de un nuevo y microscópico partido político autodenominado Falange. Abiertamente fascista según el modelo italiano y formado en gran parte por un pequeño número de jóvenes ricos e irresponsables, este grupo estaba dirigido por un joven José Antonio Primo de Rivera. En las elecciones, el Frente Popular obtuvo 266 de los 473 escaños, mientras que la derecha tenía 153 y el centro solo 54; la CEDA tenía 96, los socialistas 87, Izquierda Republicana de Azaña 81, los comunistas 14.

Las fuerzas derechistas derrotadas se negaron a aceptar los resultados de estas elecciones. Tan pronto como se conocieron los resultados, Calvo Sotelo intentó persuadir a Portela Valladares para que entregara el gobierno al general Franco. Esto fue rechazado. Ese mismo día la Falange atacó a los trabajadores que estaban celebrando un acto. El 20 de febrero, los conspiradores se reunieron y decidieron que sus planes aún no estaban listos. El nuevo Gobierno se enteró de esta reunión y enseguida trasladó al general Franco a Canarias, al general Manuel Goded a Baleares y al general Emilio Mola de su mando en Marruecos para ser gobernador general de Navarra (el bastión carlista). El día antes de que Franco abandonara Madrid, se reunió con los principales conspiradores en casa del diputado monárquico Serrano Delgado. Completaron sus planes para una revuelta militar, pero no fijaron ninguna fecha.

Mientras tanto, las provocaciones, los asesinatos y las represalias crecían sin cesar, con el estímulo verbal de la derecha. Se confiscaron o destruyeron propiedades y se quemaron iglesias por todos lados. El 12 de marzo, el abogado socialista que había redactado la constitución de 1931 fue disparado desde un automóvil y su acompañante fue asesinado. Cinco hombres fueron llevados a juicio; el juez fue asesinado (13 de abril). Al día siguiente, una bomba explotó bajo la plataforma desde la que el nuevo Gabinete estaba revisando las tropas y un teniente de policía murió (14 de abril). Una multitud tomó represalias atacando a los monárquicos y quemando iglesias. El 15 de marzo hubo un intento de asesinar a Largo Caballero. En mayo los asesinos monárquicos empezaron a concentrarse en los oficiales de la Guardia de Asalto, la única rama de la policía que era completamente leal a la República. En mayo, el capitán de esta fuerza, Faraudo, fue asesinado a disparos desde un automóvil que circulaba a gran velocidad; el 12 de julio, el teniente Castillo de la misma fuerza fue asesinado de la misma manera. Esa noche un grupo de hombres con el uniforme de los Guardias de Asalto sacó a Calvo Sotelo de su cama y lo fusiló. Sin embargo, la sublevación ya estaba comenzando en Inglaterra y en Italia, y estalló en Marruecos el 18 de julio.

Una de las principales figuras de la conspiración en Inglaterra fue Douglas Jerrold, un conocido editor, que reveló algunos detalles en su autobiografía. A finales de mayo de 1936, consiguió «50 ametralladoras y medio millón de proyectiles de calibre 22 a 30» para la causa. En junio convenció al comandante Hugh Pollard para que volara a las Islas Canarias con el fin de transportar al general Franco en avión hasta Marruecos. Pollard despegó el 9 de julio con su hija Diana, de 19 años y su amiga Dorothy Watson. Louis Bolin, que era el principal contacto de Jerrold con los conspiradores, se dirigió inmediatamente a Roma. El 15 de julio las Fuerzas Aéreas italianas dieron órdenes a ciertas unidades para que se prepararan para volar al Marruecos español. Las insignias italianas de estos aviones fueron pintadas el 20 de julio y posteriormente, pero por lo demás estaban completamente equipados. Estos aviones entraron en acción en apoyo de la revuelta el 27 de julio; el 30 de julio cuatro de estos aviones, que aún llevaban las órdenes del 15 de julio, aterrizaron en la Argelia francesa y cuyos ocupantes fueron encarcelados.

La intervención alemana se planificó con menos cuidado. Parece ser que Sanjurjo fue a Berlín el 4 de febrero de 1936, pero no pudo conseguir ningún compromiso más allá de la promesa de proporcionar los aviones de transporte necesarios para trasladar las fuerzas marroquíes a España en caso de que la flota española hiciera peligroso el transporte marítimo al mantenerse fiel al Gobierno. Tan pronto como Franco llegó a Marruecos desde Canarias el 18 de julio, solicitó estos aviones a través de un emisario personal a Hitler y a través del cónsul alemán en Tetuán. El primero se reunió con Hitler el 24 de julio y se le prometió ayuda. Los planes de intervención fueron elaborados esa misma noche por Hitler, Göring y el general Werner von Blomberg. Treinta aviones con tripulación alemana fueron enviados a España el 8 de agosto y el primero fue capturado por el Gobierno republicano al día siguiente.

Mientras tanto, la revuelta fue un fracaso. La Marina permaneció del lado republicano porque las tripulaciones derrocaron a sus oficiales; la fuerza aérea, en general, también permaneció de ese lado; el ejército se rebeló, junto con gran parte de la policía, pero, excepto en zonas aisladas, estas unidades rebeldes fueron vencidas. Ante las primeras noticias de la revuelta, el pueblo, dirigido por los sindicatos y las milicias de los partidos políticos obreros, exigió armas. El Gobierno se mostró reticente por temor a la revolución, tanto de la izquierda como de la derecha, y lo retrasó varios días. Dos gabinetes dimitieron el 18 y el 19 de julio en lugar de armar a la izquierda, pero uno nuevo, bajo el mando de José Giral, estaba dispuesto a hacerlo. Sin embargo, como faltaban armas, se enviaron inmediatamente órdenes a Francia. El Gobierno reconocido en Madrid tenía derecho a comprar armas en el extranjero e incluso estaba obligado a hacerlo en cierta medida por el tratado comercial existente con Francia.

Como resultado del fracaso de la revuelta, los generales se encontraron aislados en varias partes de España, sin apoyo popular masivo y sin controlar ninguna de las tres principales zonas industriales. Los rebeldes controlaban el extremo noroeste (Galicia y León), el norte (Navarra) y el sur (Andalucía occidental), así como Marruecos y las islas. Tenían el apoyo ilimitado de Italia y Portugal, así como la simpatía ilimitada y el apoyo provisional de Alemania. Pero la posición de los rebeldes era desesperada a finales de julio. El 25 de julio, el embajador alemán informó a su Gobierno de que la revuelta no podría tener éxito «a menos que ocurra algo imprevisto». El 25 de agosto, el secretario de Estado de Asuntos Exteriores en Alemania, Hans Dieckhoff, escribió: «no es de esperar que el Gobierno de Franco pueda resistir mucho tiempo, incluso después de los éxitos exteriores, sin un apoyo a gran escala del exterior».

Mientras tanto, la ayuda italiana y portuguesa mantuvo la rebelión. Los franceses y los británicos, cuyo único deseo al principio era evitar un enfrentamiento abierto por el suministro de armas y hombres por parte de las Grandes Potencias a bandos opuestos en el conflicto, estaban dispuestos a sacrificar cualquier interés de sus países para evitarlo. Impulsados por sentimientos pacifistas y por el deseo de evitar la guerra a cualquier costo, el primer ministro francés Léon Blum y el ministro de Asuntos Exteriores francés, Yvon Delbos, sugirieron el 1 de agosto de 1936 que las principales potencias interesadas firmaran un acuerdo para no intervenir en España. Esta idea fue adoptada con entusiasmo por Gran Bretaña y resultó aceptable para el Gobierno del Frente Popular de Francia, ya que estaba claro que si no había intervención, el Gobierno español podría reprimir a los rebeldes. Gran Bretaña aceptó de inmediato la oferta francesa, pero los esfuerzos por conseguir que Portugal, Italia, Alemania y Rusia participaran en el acuerdo fueron difíciles debido a la demora de Portugal e Italia, que estaban ayudando a los rebeldes. El 24 de agosto las seis potencias habían aceptado y el 28 de agosto el acuerdo entró en vigor.

Los esfuerzos por establecer algún tipo de supervisión por parte del Comité de No Intervención o de fuerzas neutrales fueron rechazados por los rebeldes y por Portugal, mientras que Gran Bretaña se negó a permitir que se impusieran restricciones al material bélico que iba a Portugal, en el mismo momento en que se estaba ejerciendo todo tipo de presiones sobre Francia para que restringiera cualquier flujo de suministros a través de los Pirineos hacia el gobierno legítimo de España (30 de noviembre de 1936). Gran Bretaña también presionó a Portugal para que dejara de ayudar a los rebeldes, pero con poco éxito, ya que

Portugal estaba decidido a ver una victoria por parte de los rebeldes. Junto con Italia y Alemania, Portugal retrasó su adhesión al acuerdo de no intervención hasta que decidió que dicho acuerdo perjudicaría más a las fuerzas republicanas que a los rebeldes. Incluso entonces no tenía intención de respetar el acuerdo ni de permitir que se tomara ninguna medida para aplicarlo si tales acciones podían perjudicar a los rebeldes.

Por otro lado, Francia hizo poco por ayudar al Gobierno de Madrid, mientras que Gran Bretaña se mostró hostil con él. Ambos Gobiernos detuvieron todos los envíos de material bélico a España a mediados de agosto. Al insistir en aplicar la no intervención contra los republicanos, mientras ignoraba las evasivas sistemáticas y a gran escala del acuerdo en nombre de los rebeldes, Gran Bretaña no fue ni justa ni neutral e incurrió en infracciones a gran escala del derecho internacional. Gran Bretaña se negó a permitir que se impusieran restricciones al material bélico que iba a Portugal (a pesar de sus protestas hacia Portugal por trasladarlo a los rebeldes). Se negó a permitir que la Armada española republicana bloqueara los puertos marítimos que estaban bajo el poder de los rebeldes y tomó medidas inmediatas contra los esfuerzos del Gobierno de Madrid por interferir con cualquier tipo de envíos a las zonas rebeldes, mientras que los numerosos ataques de los rebeldes a los barcos británicos y a otros barcos neutrales que se dirigían a las zonas republicanas, apenas provocaron débiles protestas por parte de Gran Bretaña. En agosto de 1936, cuando un crucero republicano interceptó un carguero británico que llevaba suministros a Marruecos, el crucero de batalla británico *Repulse* fue tras el crucero español autorizado para la acción. Por otra parte, la negativa británica a reconocer al gobierno rebelde, o a concederle el estatus de beligerante, situó la acción de interferir con el transporte marítimo de estas fuerzas en la categoría de piratería; sin embargo, Gran Bretaña no hizo casi nada cuando en un año (de junio de 1937 a junio de 1938) 10 barcos británicos fueron hundidos, 10 fueron capturados y retenidos, 28 más sufrieron graves daños y, al menos otros 12, fueron dañados por los rebeldes de un total de 140 barcos británicos que fueron a España en ese año. A principios de 1937, Gran Bretaña buscaba claramente una victoria por parte de los rebeldes y, en lugar de intentar imponer la no intervención o proteger los derechos británicos en los mares, apoyaba activamente el bloqueo rebelde contra la España republicana. Esto fue claramente evidente cuando la Armada británica, después de mayo de 1937, comenzó a interceptar los barcos británicos que se dirigían a los puertos republicanos y, con algún pretexto, o simplemente por la fuerza, los hizo ir a otro lugar, como Burdeos o Gibraltar. Estas tácticas fueron admitidas por el primer lord del Almirantazgo en la Cámara de los Comunes el 29 de junio de 1938.

Las fuerzas rebeldes eran menos numerosas que las republicanas y lucharon con menos vigor y bajo un pobre liderazgo, según informes secretos alemanes de la España de la época, pero finalmente tuvieron éxito debido a su gran superioridad en artillería, aviación y tanques, como resultado de la aplicación unilateral del acuerdo de no intervención. Esto fue admitido por los gobiernos implicados tan pronto como la guerra terminó y por el general Franco el 13 de abril de 1939. Hemos visto que la intervención italiana comenzó incluso antes de que estallara la revuelta y que la intervención portuguesa en favor de los rebeldes se produjo poco después. La intervención alemana fue algo más lenta, aunque todas sus simpatías estaban con los rebeldes. A finales de julio, un ciudadano alemán en Marruecos organizó una sociedad española llamada Hisma para obtener suministros y ayuda alemana para los rebeldes. Esta empresa comenzó a transportar las tropas rebeldes desde Marruecos a España el 2 de agosto. Pronto obtuvo el monopolio de todas las mercancías alemanas vendidas a la España rebelde y estableció una central de compras para este fin en Lisboa, Portugal. En agosto, todas las unidades importantes de la marina alemana estaban en aguas españolas y su almirante de mayor rango realizó una visita de Estado a Franco en su cuartel general de Marruecos ya el 3 de agosto. Estas unidades dieron apoyo naval a la rebelión a partir de entonces.

A principios de octubre, el general Göring estableció una corporación llamada Rowak, con un crédito de tres millones de reichsmarks proporcionado por el Gobierno alemán. Se le concedió el monopolio de la exportación de mercancías a España y se dieron órdenes a la marina alemana de proteger estas mercancías en tránsito.

El fracaso de las fuerzas franquistas en la toma de Madrid llevó a una reunión conjunta italo-alemana en Berlín el 20 de octubre de 1936. Allí se decidió emprender una política de amplio apoyo a Franco. Como parte de esta política, ambas potencias reconocieron el gobierno de Franco y retiraron su reconocimiento a Madrid el 18 de noviembre de 1936 e Italia firmó una alianza secreta con el gobierno rebelde 10 días después. Japón reconoció el régimen de Franco a principios de diciembre, tras la firma del Pacto Anticomunista Alemán-Japonés del 25 de noviembre de 1936.

Como resultado de todas estas acciones, Franco recibió todo el apoyo de los estados agresores, mientras que el gobierno republicano fue obstruido en todos los sentidos por las potencias «amantes de la paz». Aunque la ayuda del Eje a los rebeldes fue principalmente en forma de suministros y asistencia técnica, también fue necesario enviar un gran número de hombres para trabajar en algunos de estos equipos o incluso para luchar como infantería. En total, Italia envió unos 100 000 hombres y sufrió unas 50 000 bajas (de las cuales 6000 murieron). Alemania envió unos 20 000 hombres, aunque esta cifra es menos precisa. El valor de los suministros enviados al general Franco fue estimado por los países implicados en 500 millones de reichsmarks por parte de Alemania y 14 mil millones de liras por parte de Italia. En conjunto, esto equivale a más de tres cuartos de mil millones de dólares.

Por otro lado, los republicanos se vieron privados de suministros extranjeros casi de inmediato debido a los embargos de las grandes potencias y solo obtuvieron cantidades limitadas, principalmente de México, Rusia y Estados Unidos, antes de que el acuerdo de no intervención los cortara. El 18 de enero de 1937 se revisó la Ley de Neutralidad americana para aplicarla tanto a las guerras civiles como a las internacionales y se invocó contra España inmediatamente, pero las presiones «extraoficiales» del gobierno americano impidieron las exportaciones de este tipo a España incluso antes. Como resultado de estas acciones, la escasez de suministros para el gobierno de Madrid se hizo evidente a finales de agosto y se agudizó unas semanas después, mientras que los suministros para los rebeldes aumentaban constantemente.

El gobierno de Madrid realizó violentas protestas contra la intervención del Eje, tanto ante el Comité de No Intervención de Londres como ante la Sociedad de Naciones. Estas fueron negadas por las potencias del Eje. Se realizó una investigación de estas acusaciones bajo la presión soviética, pero el comité informó el 10 de noviembre que estas acusaciones no estaban probadas. De hecho, Anthony Eden, nueve días después, llegó a decir en la Cámara de los Comunes que, en lo que respecta a la no intervención, «había otros Gobiernos más culpables que Alemania o Italia».

Dado que hemos revisado grandes cantidades de documentos secretos alemanes e italianos y ninguno soviético, no es posible fijar la fecha o el grado de intervención soviética en España, pero se ha establecido de forma concluyente que fue mucho más tardía en fecha e inmensamente menor en cantidad que la de Italia o Alemania. El 7 de octubre de 1936, el representante soviético informó al Comité de No Intervención que no podía estar obligado por el acuerdo de no intervención en mayor medida que los demás participantes. La intervención soviética parece haber comenzado en ese momento, tres años y medio después de la intervención italiana y casi tres meses después de que unidades italianas y alemanas combatieran con los rebeldes. Los equipos militares rusos entraron en acción antes que los madrileños en el período comprendido entre el 29 de octubre y el 11 de noviembre de 1936.

Hasta el 28 de septiembre de 1936, el enviado diplomático alemán en la Unión Soviética informó de que no podía encontrar ninguna prueba fiable de violación del embargo de armas por parte del gobierno soviético y, el 16 de noviembre, informó que no había pruebas del transporte de tropas desde Odessa. El 19 de septiembre, se enviaron cargamentos de alimentos y, un mes después, se empezó a informar de amplios envíos de suministros militares. Anteriormente, pero sin fundamento, habían llegado informes de agentes alemanes en la propia

España. No se conoce la cantidad de ayuda soviética a Madrid. Las estimaciones del número de asesores técnicos y asistentes varían entre 700 y 5000, probablemente no superaron los 2000; no se enviaron fuerzas de infantería. Además, la Tercera Internacional reclutó voluntarios en todo el mundo para luchar en España. Estos entraron en acción a principios de noviembre de 1936 antes de Madrid y se disolvieron en octubre de 1938.

Esta intervención soviética en apoyo del gobierno de Madrid, en un momento en el que no podía encontrar apoyo en casi ningún otro lugar, sirvió para aumentar en gran medida la influencia comunista en el Gobierno, aunque el número de comunistas en España era escaso y solo habían elegido a 14 de los 473 diputados en febrero de 1936. Los comunistas entraron en el Gabinete por primera vez el 4 de septiembre de 1936. En general, actuaron para mantener el Frente Popular, para concentrarse en ganar la guerra y para impedir todo esfuerzo hacia la revolución social por parte de la extrema izquierda. Por esta razón, derrocaron al gobierno de Largo Caballero en mayo de 1937 y pusieron a Juan Negrín, un socialista más conservador, como primer ministro en un Gabinete que continuó en las mismas líneas generales hasta después de terminada la guerra.

El escaso número de «voluntarios» rusos o de otro tipo en el bando republicano, a pesar de la exagerada declaración de los partidarios de Franco en aquel momento y a partir de entonces, se desprende de la incapacidad de las fuerzas rebeldes para capturar un número importante de «extranjeros rojos»[1] a pesar de su gran deseo de hacerlo. Después de la batalla de Teruel, en la que se suponía que tales «extranjeros rojos» eran muy activos, Franco tuvo que informar a Alemania de que había encontrado «muy pocos» entre los 14 500 cautivos tomados; este hecho tuvo que mantenerse «estrictamente confidencial», dijo (diciembre de 1937).

De hecho, la intervención de la Unión Soviética en España no solo fue limitada en cantidad, sino también de corta duración, principalmente entre octubre de 1936 y enero de 1937. El camino hacia España era, para la Unión Soviética, difícil, ya que la flota submarina italiana esperaba a los barcos rusos en el Mediterráneo y no dudaba en hundirlos. Esto se hizo en los últimos meses de 1936. Además, el Pacto Anticomunista de noviembre de 1936 y el ataque japonés al norte de China en 1937, hicieron pensar que todos los suministros rusos eran necesarios en la nación. Además, la Unión Soviética estaba más preocupada por reabrir los suministros a la España republicana desde Francia, Gran Bretaña o cualquier otro lugar, porque, en una competencia de suministros y tropas en España, la Unión Soviética no podía igualar a Italia sola y, desde luego, no a Italia, Alemania y Portugal juntos. Por último, el gobierno alemán entregó en 1936 al dirigente checoslovaco Edward Benes documentos que indicaban

---

1. Así se les llamaba de forma peyorativa a los republicanos.

que varios oficiales del ejército soviético estaban en contacto con oficiales del ejército alemán. Cuando Benes envió estos documentos a Stalin, dieron lugar a una serie de purgas y juicios por traición en la Unión Soviética, que eclipsaron en gran medida la Guerra Civil española y sirvieron para poner fin a la mayor parte de la contribución soviética al gobierno republicano. Los esfuerzos por compensar esta disminución del apoyo soviético con un aumento del apoyo de la III Internacional no fueron efectivos, ya que esta última organización podía conseguir hombres para ir a España pero no podía obtener suministros militares, que eran los que el gobierno republicano necesitaba para sus propias filas.

Aunque la evidencia de la intervención del Eje en España era abrumadora y fue admitida por las propias potencias a principios de 1937, los británicos se negaron a admitirla y a modificar la política de no intervención, aunque Francia sí relajó sus restricciones en su frontera en algunas ocasiones, especialmente entre abril y junio de 1938. La postura británica fue tan confusa que difícilmente se puede comprender, aunque los resultados son bastante claros. El resultado principal fue que en España un gobierno de izquierdas aliado con Francia fue sustituido por un gobierno de derechas poco unido con Francia y profundamente ligado con Italia y Alemania. Resultaba evidentemente claro que las verdaderas simpatías del gobierno de Londres favorecían a los rebeldes, aunque tuvo que ocultar este hecho a la opinión pública británica (ya que esta opinión favorecía a los republicanos sobre Franco en un 57%, frente al 7%, según una encuesta de opinión pública de marzo de 1938). Mantuvo esta opinión a pesar del hecho de que tal cambio no podía dejar de ser adverso a los intereses británicos, ya que significaba que Gibraltar, en un extremo del paso intermedio hacia la India, podía ser neutralizado por Italia al igual que Adén, en el otro extremo, había sido neutralizado por la conquista de Etiopía. Que el miedo a la guerra era un motivo poderoso está claro, pero ese miedo era más frecuente fuera que dentro del Gobierno. El 18 de diciembre de 1936, Eden admitió que el Gobierno había exagerado el peligro de guerra cuatro meses antes para conseguir que se aceptara el acuerdo de no intervención y que cuando Gran Bretaña quería utilizar la fuerza para conseguir sus objetivos, como hizo contra la piratería de los submarinos italianos en el Mediterráneo en el otoño de 1937, lo hacía sin riesgo de guerra. El acuerdo de no intervención, tal como se practicó, no fue ni una ayuda a la paz ni un ejemplo de neutralidad, sino que se aplicó claramente de forma que se diera apoyo a los rebeldes y se pusieran todos los obstáculos posibles para que el gobierno republicano reprimiera la rebelión.

Esta actitud del gobierno británico no podía admitirse públicamente y se hizo todo lo posible para presentar la actuación del Comité de No Intervención como una neutralidad imparcial. De hecho, las actividades de este comité se utilizaron para engañar al mundo, especialmente a la opinión pública británica.

El 9 de septiembre de 1936, el conde Bismarck, miembro alemán del comité, notificó a su Gobierno que el objetivo de Francia y Gran Bretaña al establecer el comité no era «tanto una cuestión de tomar medidas reales inmediatamente, como de apaciguar los exaltados sentimientos de los partidos de izquierda en ambos países mediante el establecimiento mismo de dicho comité, y para aliviar la situación política interna del primer ministro francés.»

Durante meses, se informó detalladamente al mundo de los debates sin sentido de esta comisión, y se ofrecieron a una confusa opinión pública mundial acusaciones, contraacusaciones, propuestas, contrapropuestas, investigaciones y conclusiones a medias, aumentando así con éxito dicha confusión. En febrero de 1937, se llegó a un acuerdo para prohibir el alistamiento o el envío de voluntarios a luchar en cualquiera de los dos bandos en España, y el 30 de abril se establecieron patrullas en las fronteras portuguesas y francesas de España, así como en sus costas marítimas. Al cabo de un mes, Portugal puso fin a la vigilancia en su frontera terrestre, mientras que Italia y Alemania abandonaron la patrulla marítima.

Los constantes esfuerzos de Portugal, Italia y Alemania por conseguir el reconocimiento de los rebeldes como «beligerantes» según el Derecho Internacional fueron bloqueados por Gran Bretaña, Francia y Rusia. Rusia deseaba extender los derechos de beligerancia a Franco solo si se retiraban primero todos los voluntarios extranjeros. Mientras se debatía y se discutía sobre cuestiones como la beligerancia, la supervisión por parte de las patrullas, la retirada de los voluntarios y otros temas ante el Comité de No Intervención de Londres, las fuerzas rebeldes de Franco, con sus contingentes extranjeros de moros, italianos y alemanes, abatieron lentamente a las fuerzas republicanas.

Como resultado de la política de no intervención, la preponderancia militar de los rebeldes era muy grande, excepto en lo que respecta a la moral. Los rebeldes disponían generalmente de unos 500 aviones o incluso más, mientras que el Gobierno llegó a tener hasta 150. Se ha estimado que la mayor concentración de artillería republicana fue de 180 piezas en la batalla de Teruel en diciembre de 1937, mientras que la mayor concentración de artillería rebelde fue de 1400 piezas frente a las 120 del bando republicano en la batalla del Ebro en julio de 1938. Las Fuerzas Aéreas italianas fueron muy activas, con 1000 aviones que realizaron más de 86 000 vuelos en 5318 operaciones distintas durante las cuales lanzaron 11 584 toneladas de bombas durante la guerra. Con esta ventaja, las fuerzas «nacionalistas» pudieron unir sus contingentes del suroeste y del noroeste durante 1936, aplastar a los vascos y crear una zona continua entre Galicia y Navarra a través del norte de España en 1937, avanzar hacia el este hasta la costa oriental en 1938, dividiendo así la España republicana en dos; capturar la mayor parte de Cataluña, incluida Barcelona, en enero de 1939; y acercarse a Madrid en 1939. La capital republicana se rindió el 28 de marzo.

Inglaterra y Francia reconocieron al gobierno de Franco el 27 de febrero de 1939 y las tropas del Eje fueron evacuadas de España tras una marcha triunfal por Madrid en junio de 1939.

Cuando la guerra terminó, gran parte de España estaba destrozada, al menos 450 000 españoles habían muerto (de los cuales 130 000 eran rebeldes, el resto republicanos) y se había impuesto una dictadura militar impopular en España como resultado de las acciones de las fuerzas no españolas. Unos 400 000 españoles estaban en las cárceles y un gran número de ellos pasaban hambre y estaban en la miseria. Alemania reconoció este problema e intentó que Francia siguiera un camino de conciliación, reforma humanitaria y reforma social, agrícola y económica. Este consejo fue rechazado, con el resultado de que España permaneció débil, apática, cansada de la guerra y descontenta desde entonces.

Ediciones **Discovery** es una editorial multimedia cuya misión es inspirar y apoyar la transformación personal, el crecimiento espiritual y el despertar. Con cada título, nos esforzamos en preservar la sabiduría esencial del autor, del instructor espiritual, del pensador, del sanador y del artista visionario.

www.ingramcontent.com/pod-product-compliance
Lightning Source LLC
Chambersburg PA
CBHW081412230426
43668CB00016B/2211